Public Administration

公共行政学

孙学玉等　著

社会科学文献出版社

SOCIAL SCIENCES ACADEMIC PRESS (CHINA)

图书在版编目（CIP）数据

公共行政学/孙学玉等著. －北京：社会科学文献出
版社，2007.10
ISBN 978 - 7 - 80230 - 819 - 0

Ⅰ. 公… Ⅱ. 孙… Ⅲ. 行政学 Ⅳ. D035

中国版本图书馆 CIP 数据核字（2007）第 147240 号

目　　录

第一章
公共行政导论

一个多世纪以来，公共行政以其与政治国家和市民社会之间广泛而又密切的联系成为具有重要价值的研究课题，备受官员、学者以及普通民众的关注。米切尔·蒂茨说："现代的人是在政府资助的医院里出生的，是在公立中小学、大学中接受教育的，他的很多旅行时间是在公共交通设施中度过的，他与外面的联系则是通过邮局或半公共性质的电话系统进行的；他喝的是公共生产的饮用水，读的是公共图书馆里的书；他用公共排污系统处置垃圾，他在公园中野餐，他受公共治安、消防、卫生部门的保护，最终，他又在医院里离开人世，甚至被埋葬在公共墓地。总之，不管人们在意识形态上多么守旧，现代人的日常生活总是同政府关于提供上述和许多其它地方服务的决策联在一起，这种联系是挣不脱、割不断的。"① 公共行政对社会"无微不至"的关怀，为公共行政学注入了持续不懈的发展动力，在社会的变革和进步中日益成熟，其研究内容历久弥新，学科体系日益庞杂，研究方法也越来越丰富，与政治学、经济学、法学等学科之间的交流也越来越密切。

第一节　公共行政的内涵及相关概念界说

本节首先对公共行政学的基本概念做一深入分析，以期对这一学科的基本问题有一个清晰认识和准确把握。具体包括：西方学者的主要观点，学科恢复时期我国学者的主要分歧，我们对定义的基本态度等。

---

① 米切尔·蒂茨：《关于城市公共设施定位的理论》，载《地区科学协会刊物》1967 年第 11 期，第 36 页。引自罗伯特·L. 莱因伯里《平等与公共政策：城市公共服务的分布》，加利福尼亚州的贝弗利希尔斯，塞奇出版公司，1977，第 10 页。转引理查德·D. 宾厄姆等《美国地方政府的管理——实践中的公共行政》，北京大学出版社，1997，第 3 页。

一 公共行政的内涵

19 世纪末 20 世纪初，行政学渐渐走出政治学的怀抱，开始了蹒跚学步的成长历程。一百多年来，一代又一代勤勉而严谨的学者围绕这一学科理论体系的创建付出了艰辛劳动，使其逐步发展成为一门独立的学科。但令人遗憾的是，迄今为止，其基本概念"行政"的界定一直缺乏确定性指向，在学界仍处于变动不居之中，这在一定程度上削弱了行政学的权威性和影响力。有人说，"世界上有多少个行政学家就有多少个行政概念"。此话尽管有言过其实之嫌，但也的确在一定程度上颇为精当地揭示了这一概念的复杂性，暴露出人们认识上的严重分歧。

（一）西方学者主要观点综述

国外行政学界关于行政概念的分歧，在他们所下的定义中表现得颇为清楚。威尔逊（W. Wilson）认为："行政是一切国家所共有的相似性很强的工作，是行动中的政府，是政府在执行和操作方面最显眼的部分，政治是政府在重大而且带着普遍性事项方面的国家活动，而行政是政府在个别、细致而且带技术方面的国家活动，是合法的、明细而且系统的执行活动。"[①] 古德诺（Frank J. Goodnow）认为："在所有的政府体制中都存在着两种主要的或基本的政府功能，即国家意志的表达功能和国家意志的执行功能"[②]。"政府的这两种功能可以分别称作'政治'与'行政'"[③]。怀特（Leonard D. White）认为："行政是完成或实现一个权力机关所宣布的政策而采取的一切运作，即对其部属所采取的指挥、协调和控制活动。"[④] 古利克（L. Gulick）认为："从工作着眼，行政就是 POSDCORB，即计划、组织、人事、指挥、协调、报告、预算七种职能。"[⑤] 费富纳（John M. Phiffner）认为："行政就是一些人为完成政府任务所作的协调努力"，"是集体努力与合作的艺术"[⑥]。魏劳毕（W. F. Willoughby）下的定义是："行政是政府组织中行政机关所管辖的事务。"[⑦] 西蒙（Herbert A. Simon）、史

---

① 伍德罗·威尔逊：《行政学之研究》，载美国《政治科学季刊》1887 年 6 月第 2 期。
② F. 古德诺：《政治与行政》，华夏出版社，1987，第 12 页。
③ F. 古德诺：《政治与行政》，华夏出版社，1987，第 10 页。
④ L. D. 怀特：《行政学导论》，麦格劳—希尔图书公司，1947，第 1 页。
⑤ L. Gulicd & L. Urvick, *Papers on the Science of Administration*, *Institute of Administration*, N. Y. 1937, p. 187.
⑥ J. M. Pfiffner, *Public Administration*, Ronald, N. Y, 1955, p. 6.
⑦ W. 魏劳毕：《行政学原理》，约翰·霍普金斯出版社，1927，第 1 页。

密斯伯特（Donald W. Smithbury）、汤普森（Wietr A. Thompsom）则认为"行政是为达到共同目的时合作的集体行动"。[1] 以上观点，见仁见智，看似相去甚远，其实不过是着眼点不同而已，归纳起来不外乎以下几种类型。

第一，依照制衡原理，着重从资本主义国家组织分工关系上来确立行政的内涵，认为只有政府行政部门所管辖的事务才是行政。有学者认为，这一观点在说明政治体系的不同构成要素方面有一定的价值，但用来概括一定社会的行政现象则是失之偏颇的。[2] 其原因在于：其一，行政活动的日益复杂使立法权与行政权日益交融，难以清晰划分。按照"三权分立"的理论，资本主义国家的权力体系一般分为立法、司法和行政三部分，分别由立法机关、司法机关和行政机关掌握，这三种权力或者机关，各自独立，相互制约，发挥不同的职能，这在资产阶级政权初建时期表现得较为典型。但是随着科学技术的发展，大量专业性和技术性立法已不是作为政党成员的议员组成的国会所能独自胜任的。为了适应这一发展变化，各国国会不得不以"行政立法"、"委任立法"的形式授予行政机关部分立法权，这就在一定程度上打破了立法与行政的严格界限。其二，行政案件的裁决与处理使行政权与司法权密不可分。在大陆法系的法国和德国先是建立了各级行政法院，随后又在英美法系的英国和美国出现了大量的行政审判庭，而苏联则一直由行政机关负责处理行政诉讼。我国也不是完全把行政救济权交与司法机关，而是由行政机关复议、人民法院审理和国家赔偿等环节构成的。这都表明行政权与司法权具有某种程度上的不可分离的关系。其三，立法、司法机关也存在着大量的行政活动。行政管理具有普遍性和广泛性，遍布于国家政治和社会生活的各个方面。以人事行政和财务管理为例，这两项活动是行政管理的基本内容之一，但同时也是立法、司法机关管理中不可缺少的组成部分。总之，把行政仅仅说成是行政机关所管辖的事务，是不符合现代国家实际状况的。

第二，从政治与行政分离的角度来确立行政的内涵，认为行政是国家意志的执行。这一观点的代表人物是古德诺。我国台湾地区也有一部分学者持这种观点，并概括为"国家意志执行说"、"目的实现说"或"积极目的

---

[1] H. A. 西蒙、D. W. 史密斯伯特、V. A. 汤普森：《行政学》，艾尔弗雷德·克诺夫联合公司，1950，第1页。

[2] 王沪宁、竺乾威主编《行政学导论》，上海三联书店，1988，第2页。

说"等，认为行政起着执行国家意志，积极实现国家政治目的的作用。这种把政治与行政分离的观点"是作为脱离国家理论的一种实践而提出的"①。创立者"只相信科学，不相信政治哲学"，"要求公共行政官员应成为技术专家完成当选官员交付的任务，最有效地实施公共政策"②。其实这一观点也是不符合现今国家政治生活状况的。行政活动的全过程可以表明，一定社会的行政虽从属于一定社会的政治，服务于政治，但它并不是消极地、完全被动地服从。行政本身就是构成政治的一个重要条件，它要求在执行政治任务的过程中，不断地做出因地制宜的政治性决策，这些决策同样也是国家意志的体现，因此有人称之为"行政过程的政治"。同时在政治活动中，任何体现国家意志的政治决策，也都要经过一系列信息、咨询、监督、反馈等行政环节。可以说，没有科学的行政就不可能有有效的政治，政治的成功有赖于优化的行政，政治与行政具有高度的统一性。

第三，从管理功能的角度来确立行政的内涵，认为协调众人努力达到一定目标的一切管理活动都是行政。其代表人物是费富纳以及西蒙、史密斯伯特、汤姆森、怀特、古利克等。他们所说的"从工作着眼"、"一些人"、"集体行动"不仅包括立法、司法、行政机关，而且还包括企业和各类非营利性组织。在这些人看来，只要是协调众人努力达到一定目标的一切管理活动都是行政。这种观点显然混淆了公共管理、工商管理和其他社会管理的界限，失去了科学分类的意义。因为，它脱离了公共行政学研究的特殊客体，无法准确地反映公共行政学研究的对象，无法准确地把握国家管理研究的主要矛盾，更无法有效地探讨国家行政管理活动规律。同时，由于它完全撇开了行政活动中的政治因素，因而也无法正确地认识和分析当今公共行政管理之现实。

（二）我国学者的主要分歧

同西方国家一样，我国行政学者对行政概念的理解和定义也是纷繁复杂，各执一端，难以统一。纵观20多年来我国学者的大量专著、教材，比较有代表性的观点主要有以下几种。夏书章认为，"行政是行使国家权力的

---

① 参见萨姆·哈伯尔《效率和社会进步：进步时代的科学管理》，芝加哥大学出版社，1964；理查德·斯蒂尔曼《公共行政理论导论》，圣马丁出版公司，1990。转引自理查德·宾厄姆等《美国地方政府的管理——实践中的公共行政》，北京大学出版社，1997，第25页。

② H. A. 西蒙、D. W. 史密斯伯特、V. A. 汤普森：《行政学》，艾尔弗雷德·克诺夫联合公司，1950，第1页。

管理，凡不属于国家机关的管理活动，便不属于行政"。"应将以行使国家
权力从事国家管理的活动称为行政"①。周世述认为，"所谓行政，就是国家
行政部门为实现代表统治阶级意志的国家目的和任务，而对所属的国家职能
和国家事务的组织管理活动的总体"②。黄达强主张，行政是"国家政务的
管理活动"③，认为这里的管理是严格的政务管理，它不包括企事业的管理，
也不包括国家立法机关的管理和国家司法机关的管理。李方则认为，行政
"有广义和狭义之分，狭义的仅指政府行政部门的管理工作，广义兼指国家
立法、行政、司法部门乃至其附属单位的管理工作。企事业单位的某些管理
工作也叫做行政管理，社会主义国家的党、团、工会、妇联等大型组织的管
理工作也应该是行政部门和学术界所关心的对象"④。王沪宁对行政也做了
广义与狭义的区分，认为行政"是与政府活动有直接关联的一种活动，是
围绕执行社会公共权威而展开的活动和关系，特别是与实现政治目的、制订
计划和推动具体过程相关的各项活动"。这是狭义的含义，"即将行政限于
政府的行政活动"⑤。行政还有广义的一面，"广义行政的意义是，一定机构
或部门为达到一个特定的政策目标（一般是非营利性的目标）而展开的各
项管理活动。这种活动广泛存在于社会的许多部门、机构、单位、团体之
中，其基本特性与宏观行政相似，因为宏观行政本身是由众多的微观行政构
成的"⑥。唐代望的定义更为宽泛，认为"社会主义国家的行政管理是管理
整个社会的，不仅包括国家行政机关的管理，而且包括立法、司法以及事业
单位的行政管理"⑦。

　　以上观点，可以做如下分类：其一，以周世述和黄达强为代表的狭义政
府管理理论。他们认为行政就是政府及其组织部门对国家政务和事务所进行
的管理活动。在这里管理的主体是国家行政机关，而不是立法机关和司法机
关，更不是个别人或社会组织。因而立法、司法机关，企事业单位以及社会
团体的活动都不算行政。王沪宁关于行政的狭义表述也属于狭义政府管理理
论的范畴。其二，以夏书章为代表的广义政府管理理论。他们认为，行政是

①　夏书章：《行政管理学》，山西人民出版社，1985，第5页。
②　周世述：《行政管理学通论》，劳动人事出版社，1989，第4页。
③　黄达强、刘怡昌：《行政学》，中国人民大学出版社，1988，第3页。
④　李方：《行政管理学纲要》，中国劳动出版社，1989，第9页。
⑤　王沪宁、竺乾威：《行政学导论》，上海三联书店，1988，第3页。
⑥　王沪宁、竺乾威：《行政学导论》，上海三联书店，1988，第4、5页。
⑦　唐代望：《现代行政管理学教程》，湖南科学技术出版社，1988，第3页。

国家机关的管理活动，国家机关以外的企业、事业单位属经济、经营管理范围，不应当把它们列入行政的范畴。在我国，国家机关的管理既指行政机关的管理活动，又包括立法和司法机关的管理活动。此类观点可称作广义的政府管理理论。其三，以李方和唐代望为代表的最广义的行政管理理论。他们认为我国的行政管理既包括立法机关、司法机关、行政机关的管理活动，也包括事业单位的管理活动。此外，李方还强调指出属于国家政治体系中的党的机关、群众团体、国有企业单位的管理活动也应属于行政的范畴。尽管他在《行政管理学纲要》中对行政做了广义和狭义的区分，但书中的论述和使用都是以广义概念为主的。王沪宁的以非营利性政策目标为标准的广义概念也与此观点有相近或相通之处。可以看出，行政概念的分歧主要集中于管理主体的确立和幅度范围的划分上，如行政的边界在哪里，立法机关、司法机关、企事业单位以及社会团体的管理活动能否划入行政的范畴，能否超越国体和政体、超越时间和空间找出一个为人们所普遍接受的行政概念，等等，一直没有权威性的解释和令更多学者认可的答案。

形成这一局面的原因，人们也做了多方面的研究。一种观点认为，行政定义之所以难以确立主要在于与行政有关的、在数量和范围方面日益增多的各项活动变化多端，错综复杂，使得任何高级的归类方法都无法把它们融合进去。因此，想用十分具体的细节描述来限制行政的范围、确认行政的内涵，很可能是一种无效劳动。正如美国学者德怀特·沃尔多（Dwight Waldo）所言，"公共行政学中所有用一句话或一段话的定义的直接结果，是精神麻痹远胜过启蒙和激励"[1]。另一种观点认为，行政是发展的行政，其概念的内涵和外延要受到政治体制和经济体制的影响，党政不分与政企政事分开的体制，其概念的确立就不可能一致。可以说，体制上的复杂性和不稳定性必然导致行政概念的不确定。还有一种观点认为，行政研究是一种高度综合的折中性课题，它只是一个问题的焦点而不是一种科学，是一个兴趣的领域而不是科学的领域。因此，行政的定义不可能确立，也不要去确立。概念理解上的莫衷一是，无论对行政活动的开展，还是学科体系的建立、规律的研究总结都是极其不利的，因此有必要对其进行科学的理解与界定。

（三）行政概念的界定

首先，"行政"概念具有动态性，不论是国内还是国外都是不断发展变化的。这种发展变化，既受社会生产力发展的影响，更受各种社会科学以及

---

[1] 菲利克斯·A. 尼格罗等：《公共行政学简明教程》，中共中央党校出版社，1997，第1页。

自然科学的影响。在美国，行政一词最早属于政治学的范畴，只是因为受到民主主义的激荡或受"制衡原理"学说的影响，或囿于立法、司法、行政"三权分立"的传统，才出现了行政是除立法、司法以外的国家事务的管理活动的理论。到 1920 年代，泰罗、法约尔等人的科学管理理论和原则逐步引入公共行政学领域，这时从管理功能和管理特点的角度来认识行政的观点便应运而生。在我国，孙中山在辛亥革命时期建立了行政、立法、司法、监察、考试五院分立制度，这同新中国成立后所建立的"议行合一"的政治体制完全不同。国家消亡后的"公共行政"，在内涵和外延上将会被重新界定。基于这一点，对行政概念的理解也是不可能完全一致的。因此，我们在确立行政概念时，既要立足于特定的政治和社会环境，又要根据不同历史时期的需要，适应不断发展变化的政治体制的需要；既不能一成不变，又不能强求划一，这样才有可能使概念的内涵和外延具有更强的适应性和科学性。

其次，行政是国家的管理活动，因而具有阶级属性，世界上不存在超阶级的国家观和行政观。第一，我们所说的公共行政是国家意志的贯彻执行，是国家的行政，因而它不同于私人的、个别人的管理。马克思在《评"普鲁士人"的"普鲁士国王和社会改革"一文》中明确指出，"要清除在行政机关任务、它的善良意愿和它所能采取的手段、办法之间的矛盾，国家就必须消灭自己，因为国家本身就是以这个矛盾为基础的。国家是建筑在社会生活和私人生活之间的矛盾上，建筑在公共利益和私人利益之间的矛盾上的。……哪里有了市民生活和市民活动，行政机关的权力就要在哪里告终"，行政机关的活动只不过是"形式上的和消极的活动"。在此基础上，他得出"行政是国家的组织活动"[①] 这样一个基本结论。这个结论，应当成为我们区别个人和经济组织非政治、纯技术社会活动的重要依据。第二，行政是国家的产物，是统治阶级按照本阶级的利益和意志对国家事务进行管理的活动。它既然不能脱离国家而独立存在，就必然具有阶级的属性。这是因为，行政管理是整个国家活动的一部分，是社会上层建筑的一种功能，它的性质必然与整个国家政权的性质相一致，归根到底又必然取决于它为之服务的经济基础的性质。如果不把国家的阶级实质与行政联系起来，或否认行政阶级属性抽象地谈论行政，就不能真正认清行政的本质，我们的研究工作就有可能会走入迷途。

再次，必须注意行政与管理的区别和联系。"管"是主事，"理"是治

---

① 《马克思恩格斯全集》第 1 卷，人民出版社，1956，第 479 页。

事。管理就是对人和事的主持和治理，延伸其义，凡是对人、财、物、事的决策、组织、指挥、协调、监督等职能活动都叫管理。从纵向来看，管理的历史要比行政长得多，可以说自从有了人类的群体活动，就有了管理活动。在原始社会，人们聚集起来从事生产，组织分配，同自然界作斗争，都离不开管理活动。但是这时的管理只有社会属性，不具备阶级属性，还不包含行政的本质内容，只有出现了剥削，产生了阶级，诞生了国家，才有了政治性的管理——行政。从横向上来看，管理的外延更宽，它贯穿于社会生活领域的各个方面，凡人迹所至之处，有人群活动和有"共同劳动"的地方，就有管理活动的存在。可见，行政只是整个管理系统中的一个子系统，是众多管理门类中的一个重要门类。尽管我们认为行政是一种管理活动，而且管理主义理论在目前正大行其道，即便如此也不能把所有的管理都视为行政。在这一点上，笔者不同意管理功能论的观点，也不赞成"行政"是高层次的管理、管理是低层次的执行活动的理论。

第四，必须关注社会主义国家职能的特点和范围。社会主义国家行政管理的经济基础是生产资料的社会主义公有制，它在组织和领导社会经济生活方面的作用超过了以往任何一种类型的国家，其行政活动既包括行政机关自身的管理，也包括国家通过行政机关对政治、经济、文化、教育和其他社会生活各个方面事务的管理。同时，社会主义国家的行政管理是按照"议行合一"和民主集中制的原则建立起来的。它与权力机关之间有着不可分割的联系。因此，除国家行政机关的管理毫无疑义地属于行政范畴外，其他国家机关也的确存在着大量的行政管理活动。如人大常委会接受、审查、处理提案；组织讨论、通过、发布各种法令等，就是立法行政的责任。受理案件、传讯、审理案件就是司法行政的责任，等等。我国事业单位是在国家行政机关的领导下执行和完成国家交办的各项任务，组织和指挥本单位的业务活动，管理日常行政事务的职能机构。它们虽然不是行政机关，也不是行政机关的派出机关，但是，它们为了完成国家行政机关交办的任务，依据法律的规定在本单位内部行使行政管理权力，可以采取必要的行政措施，其活动具有一定的独立性和自主性。此外，各级党委是政府在政治上的领导机关，且在人事上直接管理一部分干部；工会、共青团、妇联等大型社会团体，都是靠政府财政经费维持的，它们积极配合各级政府，做好各项组织、协调和发动工作，等等。这些活动的存在都是不争的事实，对其不同的定位，便是得出不同"行政"结论的根本原因。笔者认为，这些机关、团体的活动尽管带有一定的行政色彩，并使人们难以有效地加以区分，但是笔者认为，它们仅仅具有行政的某些特点，并不具有行政的基本性质，而且随着我国政治和行政体制改革的不断深化和逐步完善，这些机关团体的"行政"功能将会逐步淡化减弱，直至消失。

最后，必须注意行政活动与企业经营管理活动的区别。企业的经营管理活动是不同于行政活动的一种特殊领域，把它们纳入行政范围我们认为是不适当的。早在1979年，美国学者邓洛普就在《政府管理部门与私营企业的印象比较》一文中，从时间观点、任期、绩效评估、人事限制、利益平衡与绩效、工作方法、传播媒体的作用、舆论影响和命令指挥、立法和司法影响、最基本要求等10个方面①，对行政活动与企业管理的差异做了详尽的对比分析，指出国家行政是一种以强制力为后盾的管理，具有较高的权威性，一切行政活动均由法律作保证，机关之间有严格的层级性；而企业管理是生产资料的所有者或经营者对企业经济活动进行的管理，带有明显的营利性。企业之间是经济利益的关系，是一种商品交换的关系。尽管西方以企业家精神重理政府的管理主义理论正大行其道，且大有不可逆转之势，但是必须明确，它们之间只是工具意义上的相似，绝非本质意义上的相同。

基于以上分析，可以把行政定义为：国家行政机关为实现国家目标和统治阶级利益，依照法律管理国家政务和社会公共事务的执行性活动。其主体是国家行政机关，客体是国家政务和社会事务，目的是实现国家目标和统治阶级利益，依据是法律规范，性质是执行性活动。

二 公共管理与新公共管理

半个多世纪以来，公共行政恪守政治与行政二分原则的传统不断受到挑战。其中公共管理和新公共管理形成的冲击最为剧烈，它们以其对经济学和管理学等其他学科理论工具的引入极大地推动了公共行政学科的发展。为了对公共行政及其发展有一个更为清楚的认识，下面我们先就"公共管理"和"新公共管理"的概念及其产生的背景、动因、发展做一简要分析。

（一）公共管理

"公共管理"一词最早出现于20世纪30年代，美国联邦政府布朗诺（Brownlow）委员会（即行政管理或行政科学委员会），为推动行政革新而将管理主义与公共行政相结合，这是公共管理的最初萌芽。在此之前，自由主义思想一直居于主导地位，亚当·斯密的小政府观深得公众认可，人们视

---

① 参见格雷厄姆·T. 奥尔森《公共行政研究讨论会会议记录》，1979年11月，第30~35页。

政府为"必要的罪恶",而将其责任仅限于保障人民的生命、自由和财产安全,主张"政府最好,干预最少"。就像路易斯·博洛尔所抨击的那样:"政治本来是一门非常高尚的、非常重要的关于管理公共事务的艺术,但是,政治这一美好的形象长期以来一直被许多错误的政治原则所玷污。"①在这种观念的影响下,为了避免来自"错误的政治原则"的伤害,人们对政府敬而远之,认为政府的目的,不在于积极地增进人民的福利,而在于消极地排除人民福利的障碍。20 世纪二三十年代席卷整个资本主义世界的经济大危机,使人们重新意识到了政府的重要性,凯恩斯主义在减轻危机所造成的破坏的同时,为资本主义国家的经济赢得了长达 20 多年的高速增长。由此,公众对政府的信心开始转变。

在这一背景下,政府权力重新获得了扩张。以行政立法权和行政司法权的兴起为标志,公共行政权力的运用突破了官僚制时期严格的二分法界限,并逐步获得了立法机关的认可。在 1930 年代初,美国国会通过了新政法案和国家工业复兴法,授予总统广泛的权力,而联邦最高法院认为此举不当,并在巴拿马案和谢克特案判例中宣布立法权的委任违宪。但此后却一直支持所有的联邦授权,并在 1942 年的亚库斯案中认可了国会授权的合法性。1944 年的联邦电力委员会一案,最高法院又进一步推翻了原来认为国会在制定授权法时必须规定种种标准的见解,进而准许行政机关自定标准,不必在授权法中定出标准。1946 年以后,最高法院对放宽"授权标准"又做了多次解释,"标准要件"为"公共利益"一类的模糊词语所取代,国会授给行政机关的立法权,几乎成了不受控制的空白支票。日本、德国、英国、法国等国家的立法机关,在这一时期也程度不同地授予政府立法权,以应付国内的经济危机。第二次世界大战以后,各资本主义国家都进一步强化了行政权,自觉地、大量地将委任立法作为国家干预经济的手段。公共行政权力的运用遂获得了充分发展,各国步入了"行政国家"时期。

布朗诺委员会在这一时期的研究结果实际上肯定了先前威尔逊行政理论的重要论点,认为政府效率取决于两个条件:政府统治的合法性及其良好的行政管理。而由古立克所整理的备忘录《组织理论评论》,则被看做是重新陈述传统公共行政理论的经典。他除了用前述著名的首字母缩写POSDCORB 来概括行政首长的工作之外,还提出了同质性原则、丛林结构、

---

① 〔法〕路易斯·博洛尔:《政治的罪恶》,李柏光、蒋庆译,改革出版社,1999,第 1 页。

控股公司观念和"一个主子"等概念。同质性原则意味着手段必须有助于完成某一特定的任务,"政治"与"行政"是异质的,不能混合在行政结构内,否则会产生非效率;通过完善等级组织并不必然得到以最低成本完成工作计算的行政效率;在某些情况下,等级制组织会违反这一原则,并损害行政效率。在这一原则指导下,政府活动可以根据其服务目的、对象、地点以及程序进行分类,并以这种分类作为构造工作单位的基础,相互之间不得出现排斥,据此,特定部门可以垂直组织,有些活动则可以组织成水平部门;这样,"单一权威结构"被分解为"组织间相互关联的结构",等级金字塔的对称性被替代为"丛林结构"。控股公司观念意味着可以把总统比作控股公司的行政首长,而政府的每个部门则是各个子公司,它们被赋予广泛的自由,以其认为适当的方式运作,在母公司核心的总统只负责防止产生冲突和竞争。"一个主子"的观念却又重新肯定了命令统一原则,与同质性原则、控股公司观念一样,共同面对丛林结构中所出现的多元命令困境,又"从其质疑性的袭击退回到重新肯定这一传统的智慧,'一个人不可能伺候两个主子'"。① 显然,古立克的这种努力,虽然以提高行政效率为目标,试图更多地引入管理主义的理论和方法,赋予行政以更为广泛的独立性和裁量性,从而为"行政"拓展更大的自由空间,但并未构成"公共管理"对"公共行政"命题的取代,对于命令统一原则的恪守,使他又重新回归传统的"行政"上来。

1947 年,政治学家达尔(Robert A. Dahl)和管理学家西蒙(Herbert A. Simon)又同时对公共行政发动了新的挑战。达尔指出,公共行政学不应当把价值因素排除在行政学的研究范围之外;它必须研究社会所需要的价值和目的;它需要更多地考虑公平、正义等伦理问题,而传统行政学的理论则局限于公共行政体系内部,执著于提高服务效率,并没有从更为宽广的视野中看待公共行政学的体系构建。② 西蒙则运用效率标准作为基本工具来界定行政的意义,他认为提高专业化水平并不必然提高效率,只有在给定资源的条件下取得最大结果的选择才是最有效率的;在选择心理学的局限下,行政组织的重要问题是加强人类选择的理性,决策的任务是考察不同的战略选择,并预测这些选择事实上可能导致的结果;协作性团队需要每个组织成员

---

① 文森特·奥斯特罗姆:《美国公共行政的思想危机》,上海三联书店,1999,第 48 页。

② Robert A. Dahl , "Science of Public Administration: Three Problems", Public Administration Review, vol. 7, no. 1 (November-December 1947), pp. 1 – 11.

都拥有裁量权，他们的协调行动依靠适当的事实前提和价值前提，事实情况涉及对可能结果的计算，而评价则涉及对偏好的计算，这使得权威也是"有界的"；在有界理性和有界权威的约束下，"顾客"、"雇员"和"企业家"构成了一个均衡组织，立法机关一方面可以被视为顾客，为公共机构提供资金，另一方面也起着控制集团的作用。但他在"组织"内部所做的探讨，使他又回到了面对等级制的现实，回到了达尔所批评的体系内部，重新在政治与行政二分法所确立的基本原则之内进行研究。

　　经过 20 世纪五六十年代的发展，"行政国家"表面上的繁荣和稳定给美国的政治科学带来了一种近乎盲目的乐观。他们认为美国"多元民主"模式的系统运作达到了一种极致，以致选民的冷漠也可以看做是一个积极的信号，用以表明他们如此喜欢这种系统的运作方式而觉得再没有参与的必要。但 1964 年的瓦茨暴动、1968 年的罗伯特·肯尼迪（Robert Kennedy）和马丁·路德·金（Martin Luther King）的遭谋杀，以及伴之而来的城市骚乱、越战的各种暴力和悲剧及其抗议运动、混乱的民主党总统候选人提名，"突然把美国人从这一梦幻般的状态中惊醒了"，"美国不情愿地开始承认在其内部存在着严峻的自然、社会和经济问题的现实"。整个社会科学包括历史学、经济学、心理学、社会学甚至人类学、女性主义也掀起了要求改革的浪潮，并波及大学校园里，爆发了要求广泛改革的学生运动。"法兰克福学派的批判理论家的著作，尤其是赫伯特·马尔库塞和尤尔根·哈贝马斯的作品，被广泛地阅读和讨论。整个学术界都在批判启蒙运动、技术与技术主义、利益集团/多元主义的民主制、社会科学研究中的自由主义和理性主义。""政治科学也不能逃脱这一浪潮的冲击，其对美国政治的实证解释在大众报刊中受到了质疑。一家重要刊物的一位编辑攻击罗伯特·达尔的著作不仅没有预测到瓦茨暴动这样的事件，而且还描画了一幅使公民看不到这种倾向的社群政治的图景。""明诺布鲁克会议举行时，已经出现的学术情形是这样的：捍卫一般社会科学、政治科学尤其是公共行政中某些最强大的学术传统的努力，实际上已经松动了。伴随着学术批判和教育的标准认知研究的动摇而来的对主要制度的挑战，为一个相当不同的公共行政的出现创造了可能性。看样子，'理性的人的体制'是失败了，得有不同的东西来取代它。"①

---

① 参见〔美〕O. C. 麦克斯怀特《公共行政的合法性：一种话语分析》，中国人民大学出版社，2002，第 172～177 页。

在此背景下，"新公共行政运动"登上了公共行政学科发展的历史舞台。1968 年，时任《公共行政评论》主编的沃尔多（Dwight Waldo）得到锡拉丘兹大学马克斯韦尔学院的赞助，在该校的明诺鲁克会议中心举行了一次研讨会。结集的会议论文《走向新公共行政学：明诺布鲁克观点》认为，新公共行政学应当解决三个问题：一是如何把道德观念引入公共行政的过程中来；二是如何有效地执行公共政策；三是如何确定政府与社会的关系。但这种标新立异并不是一种真正替代性的观点，它与 20 年前达尔所做的批评并无二致。早在 1948 年，沃尔多在其《行政国家》一书中明确地宣告了古典公共行政学派的衰落。他批评整个古典理论建立在既没有明确表达，也无法进行科学评估的基本哲学假设基础之上："无论是作为一种事实描述，还是作为一种改革方案，任何简单地将政府两分为政治和行政的模式都是不充分的"（Dwight Waldo，1984，121）。并认为将所谓的科学方法运用到公共部门研究中，会带来严重的问题，而公共行政学派却没有意识到这一点。

概括而言，这一时期新公共行政学派对传统公共行政模式的价值中立和狭隘的、内视性的批判主要集中在两个方面：一是在传统公共行政的目标中增加公平、民主的内容，主张突破价值与事实、目的与手段、技术与民主以及政治与行政的二分法，强调注重效率的同时，要融入个人价值、平等、自由、公共利益、社会公平等价值理念，以突出行政的"公共性"；二是对传统公共行政学的"组织内部"取向和狭隘的理性主义研究方式提出了质疑，主张进一步分权和权力下放，树立动态、开放的组织观，以发现具有灵活性、变化能力的公共组织和政治形式。[①] 但半个世纪以后，英国著名经济学家和公共管理理论家简·莱恩（Jane-Erik Lane）却对这种批评又一次进行了严肃地再批评："政治和行政两分法是在公共行政学派的批评者们的著作中反复出现的主题，批评者的看法是基本一致的，都认为 CM4：目的 ≠ 手段，事实 ≠ 价值，技术 ≠ 民主中的划分不可能实现。这些批评者，包括沃尔多都应该大吃一惊的是，新公共管理对政治和行政两分法，以及 CM4 中包含的其他区分抱持了赞成的态度。""沃尔多的批评对于推动古典理论的瓦解无疑是有效的，但是，如果运用科学方法来研究公共部门治理，公共行政

---

① H. George Frederickson. *Toward A New Public Administration* [A]. in Jay M. Shafritz and Albert C. Hyde (eds). *Classics of Public Administration* [C]. Moore Publishing Company, Inc., Oak Park：Illinois. 1978. 392 – 426.

或公共管理可能会是什么样子，在这些方面，沃尔多几乎没有任何积极的贡献。"①

上述混乱的状况一直持续到1970年代，由石油危机引发的经济危机进一步引发了较为严重的政府信任危机，新一轮的政府再造与行政改革被迫启动。它肇始于1979年的英国，后迅速波及澳大利亚、新西兰、美国以及斯堪的纳维亚半岛、欧洲大陆。这一时期学者们所做的研究也因价值取向上的差异而表现出了不同的风格与内涵。波兹曼将其概括为两种途径：一种是公共政策途径（public policy approach，简称为P途径）；另一种是企业管理途径（business approach，简称为B途径）。P途径认为：①公共管理和政策分析是相互补充的，同时二者构成了教学与研究的两大方向；②应重视个案分析，以实务工作者的经验为素材；③应以高层管理者，特别是政治官员的任命为教学研究的对象，致力于促进政府实践与学术研究之间的沟通。当时，遵循这一途径的学术机构包括哈佛大学肯尼迪学院、密歇根大学公共政策研究所、柏克莱公共政策学院，其代表组织为"公共政策分析与管理学会"，著名期刊是《政策分析与管理期刊》。B途径则认为：①P途径的研究遵循的是公共政策学院的传统，而自己则在课程设计上遵循了商学院的传统；②P途径特别突出公共组织的特殊性，而企业管理途径则不强调公共组织与私人组织之间的差异性；③P途径的研究企图摆脱传统的公共行政，开辟一个独立的管理研究领域，而自己则与传统公共行政的研究是一致的；④P途径强调政策与政治问题，而企业管理途径则重视策略与组织管理，是过程取向的，强调的是组织设计、人事管理、财政预算等问题；⑤P途径注重个案研究，而自己则采用量化分析。通过这种考察，波兹曼认为，公共管理比政府的内部行政具有更为广泛的含义，后者仅与政府的官僚组织相关，而前者则更有弹性，与"战略管理"密切联系。

澳大利亚莫纳什大学的欧文·E.休斯教授认为，从公共行政转变为公共管理并不只是表面现象，而是意味着理论与实践上的重大变化：公共行政是一种服务于公众的活动，公务员执行的是他人制定的政策，它注重的是过程、程序和符合规定，将政策转化为行政和办公室管理；而公共管理涉及的内容则更为广泛，一个公共管理者不仅仅是服从命令，他注重的是取得"结果"和为此负有的责任。"公共行政"作为对执行性工作的描述明显失

---

① 〔英〕简·莱恩：《新公共管理》，赵成根等译，中国青年出版社，2004，第29~30页。

去了人们的偏爱；"管理者"一词已比过去常用的"行政者"一词用得更为普遍。公共管理的目标是取得结果、改进技能和增强责任。[①] 但同时他也认为，"从本质上说，现在并没有确定管理的角色和职能实际上究竟与行政有何不同，或者进一步说，也没有确定公共管理和公共行政究竟有何不同。这种说法是正确的"。[②]

皮瑞和克莱姆（Perry and Kraemer, 1993）认为，公共管理是一种新的途径，它是传统公共行政规范取向与一般管理的工具取向的结合体。公共管理的重点是将公共行政作为一种职业，将公共管理者视为职业的实践者，而不是政客或政治家。

奥拓、海蒂和沙夫里茨（Otto, Hyde and Shafritz）认为，公共管理是公共行政或公共事务广大领域的一部分，它综合了公共行政的方案设计与组织重建、政策与管理规划、预算制度的资源分配、财务管理、人力资源管理以及各种方法与艺术。公共管理关注那些能够将理念、政策转化为行政的管理工具、技术和知识。[③]

通过以上考察，我们不仅可以看到传统公共行政的理论、原则与方法在应对新的经济、政治和社会发展形势时，其研究方法和行政实践所反映出来的改革的必要性；而且可以看出公共管理作为一种新的研究方法和理论探讨结果，其产生具有深刻的社会变革背景和学术进步的动力。从形式上看，二者存在很大的区别，其满足公共服务的目标、手段、方式均有所不同，但从其管理和服务的内容来看，二者并无本质的差别：毫无疑问，没有公共事务，无论被称作公共行政还是公共管理，都将失去其学科研究的对象，并因之失去存在的理论与实践价值。无论奥斯特罗姆对于古立克"异常学说"重新回归"行政"传统的揭示，还是西蒙对于达尔所批评的"组织"内部的回归，抑或沃尔多的批评、莱恩对于这种批评的再批评，终是公共行政作为一门学科在其学科发展史上的争鸣与探讨，无不揭示了公共管理只是公共行政在其学科演进上的一种阶段性的变化，究其实质，并未跳出公共行政研究的窠臼。

（二）新公共管理

对于新公共管理的探讨仍然要追溯到1970年代：各国面临全球性的石

---

① 〔澳〕欧文·E. 休斯：《公共管理导论》，中国人民大学出版社，2002，第5~10页。

② 〔澳〕欧文·E. 休斯：《公共管理导论》，中国人民大学出版社，2002，第63页。

③ 张康之等编著《公共管理导论》，经济科学出版社，2003，第27页。

油危机，进而再次引发了全面的经济危机。在这一背景下，各国人民对政府的能力由信任转为普遍的怀疑，各国政府遂为解决巨额财政赤字，并回应选民的质疑，驱动了新一轮的政府再造与行政革新。

1979年冬，英国首相玛格丽特·撒切尔及其所在的保守党上台。"当时的国内生产总值（GDP）一落千丈，10％的通货膨胀还在不断加剧。公共税收停滞不前，公共支出不断增加，而公共服务质量却日益下降。政府消费占到GDP的44％。"① 之后，新政府采取了一系列改革措施：发起反对浪费和低效益运动，成立效率工作组，对政府的有关项目计划和工作进行效率审计；大力改革公共部门的工会；实行大规模的私有化，将包括石油、电讯、钢铁、航空等著名公司在内的40多家主要国有企业卖给私人；对地方政府的预算开支实行总量控制；要求所有的地方建筑和公路建设项目实行公共部门与私营部门公开竞标；成立"执行局"，将提供公共服务的职能从政府各部分离出来，部长就公共服务的任务及其具体运行方面与之签订"绩效合同"，而局长由来自公共和私人部门的人员进行竞争产生，而非终身制，他们每三年必须重新申请一次；为招纳贤能，给予局长的待遇相当优厚，成绩突出者所发的奖金高达其工资额的20％。至1996年，英国成立了126个这样的"执行局"，承担了近75％的公共服务。"这段时期，英国行政改革的主题曾被有关学者概括为：私有化、分权化、竞争机制、企业精神、非管制化、服务质量、对工会力量的限制。这些主题在雷纳评审、部长管理信息系统、财务管理新方案、'下一步'行动方案、'公民宪章'运动、为质量而竞争中具体表现出来"②。1997年布莱尔政府上台，又进一步推行了合作政府理念，以克服撒切尔时期引入竞争机制所造成的制度结构碎片化的缺陷。

1983年、1984年，澳大利亚和新西兰两国工党也于上台后开始了大刀阔斧的公共行政改革。澳大利亚于1983年实行财政管理改革；1984年创建高级公务员执行委员会，以使高级公务员系统更具开放性和竞争性；1987年将中央政府的28个部重组为16个大部，撤销了相当数量的部委，创建了行政管理部，并进一步推行私有化；1993年又出台了布尔报告，实施"国家竞争政策"；1997年颁布公务员条例，削减高级公务员的特权，并出台财

---

① 〔美〕奥斯本·普拉斯特里克：《摒弃官僚制：政府再造的五项战略》，中国人民大学出版社，2002，第23页。

② 参见陈振明主编《政府再造：西方"新公共管理运动"述评》，中国人民大学出版社，2003，第48~58页。

政管理和会计法案，推行权责会计计划。① 而同时进行的新西兰改革，因其力度大、富于系统性而被学界誉为"新西兰模式"。它以公共选择理论为指导，推行管理主义，废弃所有的公务条例，政府部门结构重组，缩减预算，建立数十个按绩效预算运行的小型部门，并将价值50亿美元的公有工业私有化，其他公共行业也完全变为自主经营的国有企业。1987年，新西兰财政部出版的《政府管理》一书被誉为"新公共管理的宣言"。

美国政府的改革自卡特政府起，从来就没有停止过。至1993年，克林顿政府明确地把建立一个"工作得更好而花费更少"的政府作为目标，各州以及各级地方政府开始普遍推行行政改革。至1990年代中期，有39个州实施了公共服务质量计划，29个州开展了政府部门绩效测评，30多个州简化了人事制度，28个州向公众征求公共服务的反馈意见。据奥斯本和盖布勒的观察，美国在这一时期主要遵循了"十条原则"来构造企业化政府以摆脱窘境②，而且这种对企业精神的移植一直持续至今。

为应对危机，加拿大、荷兰、法国等经合组织的其他成员国也相继采取了类似的改革措施。与此同时，一些新兴工业化国家和发展中国家，如韩国、菲律宾等也加入了这一改革的大潮。

对于"新公共管理"运动的特征，一些学者从不同视角进行了观察。戴维·奥斯本认为各国政府，尤以英国政府为代表，主要实施了五项战略，即核心战略（core strategy）、结果战略（consequences strategy）、顾客战略（customer strategy）、控制战略（control strategy）和文化战略（culture strategy），即"五C战略"。③ 詹姆斯·W.费斯勒和唐纳德·F.凯特尔认为，"工业化国家的公共行政改革具有三个典型特征：重建，来自私人部门对重建组织过程和组织结构的努力；不断改进，来自质量运动；精简，来自世界范围内缩小政府规模的举措。许多国家的主要行政创新常呈现出多个……有的是全部……的这些特征"。④ 劳伦斯·R.琼斯（Lawrence R. Johnes）和弗雷德·汤普森（Fred Thompson）概括的新公共管理改革五项战

---

① 参见陈振明主编《政府再造：西方"新公共管理运动"述评》，中国人民大学出版社，2003，第144~145页。

② 参见〔美〕戴维·奥斯本、特德·盖布勒《改革政府：企业精神如何改革着公营部门》，上海译文出版社，1996，序第3页。

③ 〔美〕戴维·奥斯本、彼德·普拉斯特里克：《摒弃官僚制：政府再造的五项战略》，中国人民大学出版社，2002，第41页。

④ 詹姆斯·W.费斯勒、唐纳德·F.凯特尔：《行政过程的政治：公共行政学新论》，中国人民大学出版社，2002，第68页。

略称为"五 R":即重构（restructuring）、重建（reengineering）、再造（reinventing）、重组（realigning）和再思（rethinking），认为"五 R"提供了理解构成新公共管理分散概念的一个"框架"①。休斯从经济学理论融入公共行政改革这一视角来分析新公共管理的内容和特征，他认为，"当经济学的理论，特别是公共选择理论、委托人/代理人理论和交易成本理论融合到新公共管理中时，在官僚制组织的高层人员中，他们所信奉的公共行政的概念正在被经济学思想取而代之"。② "管理主义的议程实质上非常简单。……公司的规划技术可以阐明各个部门所承担的任务；进行项目预算意味着能把有限的资金用在刀刃上；绩效指标则可确定如何有效实现这些指标的标准；而人事改革则增加了弹性，使得最有能力的人能够得到奖励，不称职的人则被解雇。……比起现有的模式而言，管理主义模式的问题可能要少些。"③

综上所述，新公共管理面对传统公共行政弊端，引入经济学和管理主义的一些原则和方法，实现研究范式上的转换，为政府部门的实践描绘了新愿景。但是，包括莱恩在内的以"新公共管理"作为研究命题的学者也不得不承认，"新公共管理并没有取代传统的分析框架，而是增加了一种新的公共部门治理研究途径。……它是有关政府公共服务提供方式的一种理论，并或多或少地具有内在的一致性。政府并不必然要运用这种管理模式，政府长期以来一直运用韦伯的官僚制组织模式，或者政策网络模式，它可以继续采用这些模式"。④ 休斯也认为，"关于新公共管理或管理主义的争论提出了公共服务的角色，以及政府的社会角色等更重要的问题。归根到底，公共服务是对公共目标的管理，而后者是由公民通过政治过程表达出来的愿望决定的"。⑤ 企业型政府理论作为这一理论的一个重要派别，"只不过是对嬗变中的政府模式和理论趋向的概括、总结和预制"。⑥ 我国台湾学者詹中原、江丙坤也认为，"我们应该注意的是在此世界性'再造'风潮下，对公共行政典范最大的冲击是'公共行政'界定的修正，公共行政是什么？——公共

---

① Lawrence R. Johnes & Fred Thompson, *Public Management Renewal for the Twenty-First Cenrury*. Stamford, Connecticut: JAI Press Inc. 1999, p.32.

② 〔澳〕欧文·E. 休斯：《公共管理导论》，中国人民大学出版社，2002，第12页。

③ 〔澳〕欧文·E. 休斯：《公共管理导论》，中国人民大学出版社，2002，第92页。

④ 〔英〕简·莱恩：《新公共管理》，赵成根等译，中国青年出版社，2004，第3~9页。

⑤ 〔澳〕欧文·E. 休斯：《公共管理导论》，中国人民大学出版社，2002，第92页。

⑥ 孙学玉：《企业型政府论》，社会科学文献出版社，2005，第30页。

行政是在整合公部门（政府）、私部门（企业）、第三部门（非营利组织）的资源，以共同承担公共责任"。①

与上述我们对公共管理的考察一样，我们并没有得出新公共管理与公共行政在本质上有什么不同的结论。唯其与公共事务相关，管理和服务的对象与内容恒定，政府与公民之间服务和接受服务的关系存在，无论实践提出了何种需求，研究范式出现了何种转换，则这一探讨的"公共性"和"行政性"特征仍将奠定这一学科研究的主题。

第二节 公共行政学的典范变迁*

正像在上一节对公共行政概念的考察一样，公共行政在伴随社会实践发展而不断演进的过程中，亦有其典范的变迁。自 1887 年伍德罗·威尔逊（Woodrow Wilson）在《政治学季刊》（Political Science Quarterly）上发表《行政之研究》（The Study of Administration）一文，至今一百多年间，公共行政学不断吸取法学、政治学、经济学、管理学、社会学等学科的理论精髓，借鉴其研究方法和研究手段，在密切关注社会实践发展的同时，不断丰富和完善自身的研究内容和理论体系。

一 政治与行政二分法

政治与行政二分法较早由德国学者布隆赤里倡导，后由威尔逊进行了推介，古德诺等人进行了系统论证；他们认为，政治是国家意志的表达，而行政则是国家意志的执行。西蒙、沃尔多、阿珀比以及新公共行政学派、新公共管理学派则对这一划分进行了批判。

布隆赤里强调，政治是重大而且带有普遍性的事项方面的国家活动，而行政管理则是国家在个别和细微事项方面的活动。因此，政治是政治家的特殊活动范围，而行政管理则是技术性职员的事情。政策如果没有行政管理的帮助就将一事无成，但行政管理并不因此就是政治。② 之后，威尔逊的《行政

---

① 詹中原主编，江丙坤特稿《新公共管理：政府再造的理论与实务》，台北，五南图书出版有限公司，2000，第 25 页。

* 此处所称"典范"，乃指一定时期公共行政研究的"焦点"、"定向"、"坐标"和认知方式、观点等，是一定时期内公共行政学科社群研究方法和研究理念的整合概念；另有一些学者如美国的尼古拉斯·亨利教授、我国的一些学者则称之为"范式"，其内容所指与此无异。

② 〔美〕伍德罗·威尔逊：《行政学研究》，转引自彭和平、竹立家《国外公共行政理论精选》，中共中央党校出版社，1997，第 15 页。

学研究》一文对这一划分进行了推介，但其影响远远超过了布隆赤里的阐述。

美国倡导政治与行政二分法有着深刻的政治社会背景。1790 年，美国在罗德岛州建立了英国式的水力纺纱厂，这成为其工业化的起点。进入 19 世纪，美国工业化进程加快，但在就业和财富增加的同时，与之并行的还有社会管理上的混乱。直至南北战争时期，西进运动的移民还在为争取无偿获得土地而斗争。1880～1890 年代，美国开始进入从农业社会向工业社会的转型期，大量农业人口拥入城市，成为工厂工人和城市居民。但处于当时政治制度下的城市管理体制并未提供相应的市政设施以满足城市人口不断增长的需求，而城市的扩张又不仅来源于美国农村人口的迁移，还有来自世界各地的移民；大型工业公司及其国际市场的开拓也为市政管理的改革起到了催化作用①。但这一时期，美国政府管理中存在的一些问题开始显现；1812 年战争后，腐败行为开始表面化，发生了一系列贪污联邦资金的事件②；内战结束后，美国经济进入了一个高速发展的时期，腐败的程度也不断恶化；1869～1877 年格兰特总统在位时期，是美国历史上腐败程度较高的一个时期③；1881 年，就职不久的加菲尔德总统被一名求职未遂者枪杀④，这一重大事件促使公众开始密切关注腐败问题，从而推动了文官制度的改革。1881

---

① Chandler AD, Jr The Visible Hand: *The Managerial Revolution in American Business.* Cambridge, MA: Harvard University Press, 1984. Degler CN. Out of Our Past: *The Forces that Shaped Modern America.* New York: Harper, 1959.

② 此后，随着西部开发进程的加快，一些国会议员和开发商相互勾结，大肆进行土地投机买卖，同时利用政府合同进行肮脏交易，肆意侵吞联邦津贴。内战爆发后，联邦军需开支剧增，经纪人和军火商与腐败的官员又相互勾结，至少掠取了几十亿美元的国库财富。内战结束后，美国经济进入了一个高速发展的时期，腐败的程度也不断恶化。

③ 这个时期发生了两起重大丑闻，即信贷公司丑闻和威士忌酒帮事件。在修建拓展西部的联合太平洋铁路时，公司经理建立了一家所谓的信贷公司，然后向这家公司提供可赚大钱的建筑合同。修筑铁路的实际费用为 4400 万美元，信贷公司的收费却高达 9400 多万美元。国会议员艾米斯是这家"操纵铁路"新公司的主要负责人，他为了防止政府调查这两家有关联的公司，而到处分发公司股票，受贿者中包括当时的众议院议长和副总统以及后来的总统加菲尔德等重要人物。事发后，只有艾米斯受到谴责。在威士忌酒帮事件中，税务官员、酿酒者与商贩勾结共同偷税高达数百万美元，案件牵扯到了财政部的主要官员和格兰特总统的私人秘书。

④ 其实，早在 1830 年代安德鲁·威尔逊任期时曾一度达到黑暗巅峰的政党分赃制就开始自食其果了。腐败不仅在联邦政府中盛行，在州政府和地方政府中更为严重。从 19 世纪中后期以来，政党机器特别是地方党魁操纵着城市政府甚至州政府，他们靠收买城市贫民选票控制了政府，利用政府合同收取回扣，利用政府职位酬劳党羽，使政府成了核心小集团谋取私利的工具。费城、纽约、芝加哥、旧金山、巴尔的摩等许多城市都曾沦为党魁操纵的工具，坦慕尼大厦成为腐败城市政府的代号。

年，全国文官制度改革协会成立，1883 年参众两院又通过了由民主党参议员乔治·亨特·彭德尔顿提出的《文官制度法》（即《彭德尔顿法》），并由总统签署生效，它对于防止由政党分赃制带来的各种腐败现象起到了十分重要的作用。国家管理体制中存在的弊端和这一相应解决法案的通过，孕育着行政学理论的萌生。

1887 年威尔逊经典论文的发表对这一呼唤做出了及时回应，它认为，"行政是政府最显著的部分；是行动中的政府；是执行的、运转着的、政府最为显著的方面……"①。但现在，政府行政中所存在的问题，使得"宪法政治的运作比宪法本身的制定显得更加困难"，因而，要投入更多的智力资源以肩负起国家的管理。虽然威尔逊本人在本文中对于到底什么是公共行政并没有阐释清楚，亦未能"进一步说明公共行政研究涉及哪些领域，政治领域和行政领域的适当关系，以及公共行政能否成为像自然科学一样抽象的科学"。② 但毫无疑问，威尔逊对公共行政地位的强调为后来公共行政学研究的开展确立了第一个基点。之后，古德诺（Frank J. Goodnow）于 1900 年出版了《政治与行政》一书，伦纳德·D. 怀特于 1926 年出版了专著《公共行政学导论》，公共行政遂真正作为一门独立的学科步入其第一个典范时期。

古德诺认为，在分权的基础上"存在着两种性质截然不同的政府功能，而且，这两种功能的分化又导致了法定的正式政府体制规定的政府机关的分化，尽管这种分化并不彻底。为了方便起见，政府的这两种功能可以分别称作'政治'与'行政'。政治与政策或国家意志的表达相关；行政则与这些政策的执行相关"③。"政治与指导和影响政府的政策相关，而行政则与这一政策的执行相关。这就是这里所要分开的两种功能。'政治'与'行政'正是我们为表达这两种功能而选用的两个词。"④ 这种划分虽然将公共行政定位于政府的"执行"功能，仍然以"政治"这一"国家意志的表达"为前提，但毕竟使它定位于以政府的官僚体制为中心，使它从"政治"中独立出来。

---

① Woodrow Wilson, "The Study of Administration", Political Science Quarterly 2 (June/July 1887), pp. 197 - 222.

② Richard J. Stillman II, "Woodrow Wilson and the Study of Administration: A New Look at an Old Essay", American Political Science Review, 67 (June 1973) p. 587.

③ 〔美〕弗兰克·J. 古德诺：《政治与行政》，华夏出版社，1987，第 10 页。

④ 〔美〕弗兰克·J. 古德诺：《政治与行政》，华夏出版社，1987，第 11 页。

　　一百多年后，美国著名公共行政学家尼古拉斯·亨利对之做出了生动的解释："有个用来象征性地区分政治与行政的术语是'没有所谓共和党人的建造公路的方法'。这个思想表明只能有一种铺盖柏油碎石马路的方法，就是工程方法。然而，这个陈述忽视了的确有共和党人的途径决定是否需要建造公路，选择铺路的地方，购买土地，重新安置居住在公路那里的人们，以及更加肯定的是共和党人的方法，就是把铺路工程承包出去。当然也会有民主党人的方法，社会主义的方法，自由意志主义者的方法，以及无政府的方法来做出这些'公共行政'决策。在这些决定中，价值（而不是中立性）和效率扮演了重要角色。"①

　　与解决分离问题同时产生的还有二者之间的协调问题，它同样是人们争论的焦点。古德诺认为，"分权原则的极端形式不能作为任何具体政治组织的基础。因为这一原则要求存在分立的政府机构，每个机构只限于行使一种被分开了的政府功能。然而，实际政治的需要却要求国家意志的表达与执行之间协调一致"。② 但"世界上所有的行政体制都程度不同地属于两种主要类型中的一种。即要么是握有国家意志执行权的官员具有极大的处理权力，而事实上成了具体地表达国家意志的机关；要么是这些官员几乎没有任何处理权力，他们只是其他不仅决定应该做什么，而且决定应该怎样去做的国家机关的工具而已。第一种行政体制所处的时代是政府组织中政治与行政的功能没有明确分野的时代，那时没有或几乎没有表达民众意志的活动。第二种则走向另一个极端，民治政府努力要使民意在政府所有的细节上都表现出来"。③ 但后一种情况下出现的所有官员对法律的平等效率会产生责任太过分散而导致控制完全无效，进而有可能引发无政府状态。因而，控制是必要的，但控制过度又会退回第一种类型。

　　为解决这一问题，古德诺认为二者之间必须进行必要的协调，而协调的基础是政治对行政的适度控制。在英国这样的议会制国家，政治对行政的控制就是通过议会党团实现的。而在美国，竞选中的政党则扮演了这一角色。然而，通过政党政治对行政的控制，如果缺乏制度约束就不能解决困扰美国政治生活中的政党分肥问题。如何把政党政治的行政控制限制在合理的范围内，古德诺提出了一些原则：第一，适度行政集中原则。美国政治奉行分权

① 〔美〕尼古拉斯·亨利：《公共行政与公共事务》，中国人民大学出版社，2002，第49～50页。

② 〔美〕弗兰克·J. 古德诺：《政治与行政》，华夏出版社，1987，第14页。

③ 〔美〕尼古拉斯·亨利：《公共行政与公共事务》，中国人民大学出版社，2002，第52页。

原则，这种分权不仅体现在立法、行政和司法的三权分立，而且体现在联邦中央政府与州政府、州政府与地方政府之间的纵向分权。古德诺认为，地方政治共同体倾向于牺牲国家利益，中央政府试图通过立法来控制地方权力，但掌握行政权的地方权力机关便会采取消极手段应付，使国家意志无法贯彻。为解决这一问题，就必须在保留立法分权的同时，加强行政权的集中。第二，法外调节原则。所谓法外调节就是通过政党的意志统一来促进国家的政治与行政、中央与地方的协调一致。在当时的情况下，参加政治竞选的政党，在没有进入国家权力系统之前，只是"民间法团"，在法定体制之内没有任何地位。然而，政党为了竞选成功，必须统一意志、统一行动，实现党内的组织控制。一旦这样的政党通过竞选进入中央与地方公共权力系统，政党在竞选中所形成的集中统一就能发挥其协调功能。第三，把政党纳入法制化管理的轨道。既然政党对政治与行政的协调在实际上发挥着基础性作用，那么就必须以制度化的方式规范政党行为，把政党纳入法治的轨道。同时，要通过完善选举制度，防止政党独裁、政党分肥。这就进一步提出了如何处理行政对效率的追求与政治对公平的追求的重大关系问题。

到了 1926 年，古德诺提出的原则以及所遗留的问题在洛纳德·怀特的《公共行政导论》（*Introduction to the Study of Public Administration*）中得到了进一步阐述。它第一次对公共行政学进行了系统的理论建构，确定了行政学和政治学是两个不同的研究领域，也确立了公共行政学术的正当性地位。怀特主张政治不能干预行政、行政学的价值中立、行政达成经济和效率目的等多项论点，强化了政治应与行政区分的观念，成为这个领域的第一本专著。书中还提出了建立行政学的四个基本假定：一是行政具有共性，"行政为单一之程序，无论何处所见到之重要特征，均大体相同"；二是管理为其基础，"而不宜始自法律之依据"；三是行政管理是科学，是实践的技术；四是行政乃现代政府的核心问题，行政学的目的在于追求经济和效率。

与这一划分方法的确立同时展开的还有对它的批判。

1940 年代，伯特·A. 西蒙在《行政谚语》一文中就对政治与行政二分法进行了质疑。他认为，政治与行政不能截然分开，因为行政行为中也必须从事某些决策活动，政治问题与行政问题都包含价值与事实两种因素。在《管理行为》一书中，他又从决策角度对政治与行政二分法做了进一步考察，指出古德诺企图分离出需要外部控制的一类决策，即事实性决策也是不可能的：决策并非完全是伦理问题，也非完全是事实问题。① 所以，从决策方面考虑，政治与行政的区别也是非常模糊的。

1948 年，沃尔多在《行政国家》一书中认为，"无论是作为一种事实描述，还是作为一种改革方案，任何简单地将政府分为政治和行政的模式都是不充分的"②。1949 年，阿珀比又出版了《政策与管理》一书，对政治与行政二分法进行了系统批判，他通过对美国联邦政府系统进行现实考证后认为，事实与价值的区分并不是对现实的科学概括，政治与行政二分法实际上没有描述任何现实的东西。在政府机关的实际运作过程中，"法院影响立法机关，立法机关影响法院，法院和立法机关影响或控制行政机关，而行政机关也影响着立法机关和法院"③。之后，20 世纪 60 年代至 80 年代，新公共行政学派、新公共管理学派又相继进行了更为猛烈的批判。新公共行政学派认为，"由于传统行政学的政治与行政二分法观念使行政学研究局限在一个非常狭窄的领域内，尤其把研究焦点放在行政机关预算、人事、组织以及大量其他的所谓'中性'问题上，相反却很少重视与社会、政治密切相关的政策制定与政策分析等问题的研究，致使公共行政游离于社会政治现实之外，远远不能满足解决社会问题、处理社会危机的需要"④。并进一步指出，政治与行政的分离只是一种理论虚构，在政治与行政的现实运行中，行政体系游离于政策制定之外的情况根本不存在。新公共管理学派也认为，传统公共行政对政治与行政分离、公务员价值中立的强调只是一种无法实现的理论假设。如盖伊·彼得斯认为，政治与行政的分离是不可能的，因为"行政管理与政策并非表现为互不相关的离散现象，而是相互关联的。无论是通过主观还是客观的方式，行政系统的特性都会影响政治系统的政策产出。行政系统的确在制定政策，尽管这些政策与立法机构以及执行机构所制定的政策在拟订与公布的方式上不完全相同，但与那些公开发布的规则相比，行政机关所制定的可实施的规则对个人的实际影响更大"⑤。

这一时期无论对于政治与行政的划分还是对这一划分展开的批判，无论理论还是实践中产生的混乱，均是公共行政作为一门学科诞生之初所必须经

---

① 〔美〕赫伯特·西蒙：《管理行为——管理组织决策过程的研究》，北京经济学院出版社，1988，第 54~55 页。

② Waldo, D. *The Administration State*. New York：Holmesand Meier，1948，p. 121.

③ Appelby, P. H. *Policy and Administration*. Alabama：University of Alabama Press，1949，p. 51.

④ 丁煌：《西方行政学史》，武汉大学出版社，1999，第 345 页。

⑤ Peter, B. Guy. *The Politics of Bureaucracy*. New York：Longman，1989，p. 4.

历的困惑。作为与人类历史共同存在和发展的现象，政治与行政在理论还是实践上虽然不同，但二者之间并没有不可逾越的鸿沟，无论对之进行划分还是对这一划分进行的批判，都是人类智力发展的结果和学者智慧的结晶；但不可否认，政治与行政二分法在公共行政学科的确立与发展上具有奠基性的意义。

二 行政管理原则的凸显

公共行政原则问题由魏劳毕提出，继而由古立克和厄威克加以明确；巴纳德、马克斯、西蒙等人对之进行了批判。政府改革实践对公共行政教育提出的要求为这一学科的成长创造了条件，学术会议的召开、学术研究机构的成立和学术刊物的创办亦为其发展注入了动力；但围绕行政原则所展开的争辩，却相当激烈，甚至重新质疑了学科的独立性。

1927 年，魏劳毕（W. F. Willoughby）的《公共行政原理》（*Principles of Public Administration*）问世，它是公共行政学科领域第二本教科书。尽管该书与怀特的《公共行政导论》都有美国进步时期的基调，但魏劳毕的书名表明了公共行政的新进展：存在公共行政的科学原则；能够发现这些原则；如果公共行政人员学会怎样应用这些原则；他们就是他们工作领域的专家。

1937 年，古立克和厄威克（Lyndall Urwick）的《行政科学论文集》（*Papers on Science of Administration*）明确倡导七项公共行政的原则，这就是著名的"POSDCORB"职能。这些原则贯穿公共行政的整个过程和各个方面，它所具有的"普适性"一方面使公共行政再一次明确了自己的"典范"，使其从政治学的"挽留"中分立出来；但另一方面，这些原则又在一些学者的探讨中成了不可变更的"金科玉律"，逐渐成为僵化的"科学原则"。古立克和厄威克认为，原则的存在是"一般的"论题，这些原则来自对人类组织研究的归纳，应该支配人类结合的任何安排形式。它们能够作为技术性问题来研究，而不论企业的目的、人事的组成以及组织设立所根据的任何宪法、政治或社会理论。

作为罗斯福总统的朋友，古立克和厄威克向总统提出了各种建议，这一论文集也是布朗诺委员会 1937 年的报告。报告认为"总统需要帮助"，呼吁行政部门机构重组。而在 1933 年罗斯福总统实施新政计划之后，政府规模即已开始迅速膨胀，"行政国家"的雏形开始显现。与行政权的膨胀同时发生的便是对公共行政学管理知识需求的增加，这一过程持续了整个 1930 年代和 1940 年代。早在 1935 年，公共行政交流机构（Public Administration Clearing House）在普林斯顿大学召开了一次会议，与会的政治学者认为，政治学系现有的课程以及其他相关学科，如法学、经济学以及管理学，如果能够正确地结合在一起就可以为成长的公共行政人员提供一整套的教育。但此时，公共行政的教育问题已经超出了"任何单一学科体系或特殊学院或学院的范围"，政治学系本身无法满足这一要求。1939 年，在公务人员实践培训委员会基础上建立起来的美国公共行政学会（the American Society for Public Administration），继续作为公共行政学者和实践者的联合组织发挥重要作用，并成为公共行政学科领域主要杂志《公共行政评论》（Public Administration Review）的赞助组织。至此，公共行政逐步摆脱了政治科学的"挽留"，从中独立出来。

学会的建立，同时也表达了公共行政学者和实践者摆脱公民、工商人士、纳税人、政治官员和政治学者的联合与限制，建立以"专业主义"为基础的新联盟的愿望。而这种所谓的"专业主义"心理定势早在威尔逊时期就已表露无遗："严格地讲，大多数人是没有思想的。然而，今天大多数人要参加选举。问题是如何使公共舆论更加有效率，而不至于产生多管闲事的困惑。"① 这种对大众的蔑视虽然以公共行政精英可以抑制无知民众的偏见为理由，但无知并不代表罪恶；而同样重要的问题是，"从事公共行政实践的人们所运用的种种知识是改善还是损害了人类的福利。如果根据运用于公共行政实践的知识所作出的行为之结果损害了人类的福利，我们就不得不断定这样的知识引起了社会病症"。②

任何新生事物的成长都不是一帆风顺的，公共行政的发展也是如此。对刚刚站立起来的公共行政提出严峻挑战的两股潮流几乎贯穿了整个 1940 年代：一种反对意见认为政治与行政根本无法分离；另一种意见则认为根本不存在行政原则。早在古立克和厄威克的著作发表后的第二年，查斯特·I. 巴纳德（Chester I. Barnard）的《经理的职能》（*The Function of the Executives*）一书便问世了，只是由于巴纳德本人不属于公共行政共同体的注册会员，其影响才没有立即显现出来，但它对后来赫伯特·A. 西蒙（Herbert A. Simon）的《行政行为：对行政组织中决策过程的研究》（*Administrative Behavior: A Study of Decision-Making Processes in Administrative Organization*）一书却产生了相当大的影响，而后者却是"对公共行政这个学科领域具有毁灭性批判的

---

① Woodrow Wilson, "The Study of Administration", Political Science Quarterly 2 (June/July 1887), pp. 197–222.

② 文森特·奥斯特罗姆：《美国公共行政的思想危机》，毛寿龙译，上海三联书店，1999，第 13 页。

论著"。1946 年，弗里兹·莫斯坦·马克斯（Fritz Morstein Marx）的《公共行政要素》（*Elements of Public Administration*）一书问世，它"是主要质疑政治与行政分离假设的著作之一。这本书里的 14 篇文章都是由公共行政实践者撰写的，并表明了一种新的意识，也就是通常表现价值中立的'政治'，实际上是充满价值的'行政'。……在许多方面，又回到了起初对公共行政专业的看法，即把公共行政人员看成是一种类型的公共领导人，他们比大多数人有更多的知识"。① 次年，西蒙的《行政行为》一书发表，它"指出每一个行政'原则'都会有一个与之相对抗的原则出现，致使'原则'的概念有所争论。例如，'狭窄的控制幅度'虽便于控制部属，然因此形成较多的组织层级，反而使沟通过程增加了歪曲的可能，终致控制无效或松懈；而为了使沟通达到最大化，组织又须改变成扁平形。对西蒙而言，'狭窄的控制幅度'原则与'沟通最大化'原则是相互抵触的，因此依定义就不能再称为原则"。② 除了质疑原则之外，西蒙还重新构想了整个公共行政的典范。他认为，公共行政应允许两种类型的学者和谐工作和相互促进：一类完全以社会心理学为基础而形成"纯粹的"行政科学；另一类是则关注制定公共政策，但必须吸收经济学和社会学的知识，而不能只停留在政治学里面。但"纯粹的"行政科学的提议却并不像对原则的挑战那样容易为人们所理解和接受。首先，西蒙本人对行政原则的质疑即表明了对行政原则几乎不可能做出"纯粹的"科学表达，而早在古立克和厄威克时期，他们就倾向于将自己倡导的原则认定为"科学的"、应该支配人类结合的"任何安排形式"。这种重蹈覆辙的行为使得公共行政现象能否完全按照科学术语表达受到了怀疑。其次，对心理学的推崇又使得没有受过社会心理学训练的大多数公共行政学者感到震惊和担心。再次，"价值中立"的行政科学将会限制公共行政学者去探究诸如公共利益的概念、规范政治理论以及人类价值的整个维度等在价值上会有所取向的问题。这种争论所带来的严重后果直接困扰了公共行政的学科走向，以及公共行政学者研究的信心。而此时，政治科学发展的不景气也导致它对公共行政的挽留情绪再度产生。"1952 年，在《美国政治科学评论》（American Political Science Review）上发表的一篇文章，很坦白地论述了这件事，并呼吁'政治科学对公共行政的支配'将继续。"③ 政治科

---

① 〔美〕尼古拉斯·亨利：《公共行政与公共事务》，中国人民大学出版社，2002，第 57 页。
② 颜良恭：《公共行政中的典范问题》，台北，五南图书出版公司，1999，第 19～20 页。
③ 〔美〕尼古拉斯·亨利：《公共行政与公共事务》，中国人民大学出版社，2002，第 61 页。

学发展的不景气缘于多方面的原因：一是 1950 年成立的美国科学基金会认为政治学是社会科学中地位较低的学科；二是在"行为革命"的影响下，政治学遭受了行为主义学派的冲击，引起传统政治理论、科学哲学、科学方法论甚至是行为主义学派内部一些学者如达尔、尤劳、伊斯顿等人的批评，在这些批评中，一些学者再次质疑政治学能否作为一门学科的地位；三是美国政治科学联合会的财政进一步紧缩；四是正如公共行政一样，政治学的一些其他次领域，如国际关系的独立倾向也日益显现。这种四面楚歌的背景，导致政治科学很难允许其最重要的次领域独立出去。内外交困之下，公共行政只好向政治学举手投降，这促成了下一个典范的到来。

三　法学取向的公共行政学

伴随社会问题的进一步复杂化，立法机关和司法机关愈益显出力不从心，这使得行政权力得以迅速扩张；同时，社会维权意识的逐步觉醒，又对其提出了规范化运行的要求。理论层面上以德国学者斯坦茵提出"行政学"这一概念为标志，法国学者杰兰德、奥柯、莱菲利埃尔、狄骥、奥利弗，德国学者莫尔、冯·迈耶，美国学者古德诺，我国学者应松年等对公共行政的规范化进行了积极探讨；在实践层面上，各国政府相继建立了公共行政权力的制度约束体系。

在西方，各国自古希腊、罗马至近代以来，先后即有柏拉图的《理想国》、亚里士多德的《政治学》、谢雪卢的《共和国》、文艺复兴时期意大利政治家马基雅维利的《君主论》、法国政治家让·布丹的《共和六论》，以及近代英国思想家洛克的《政府论》、法国启蒙思想家孟德斯鸠的《论法的精神》、卢梭的《社会契约论》等经典性著作，相当深刻地论及公共行政的思想，但基于历史发展阶段的局限性，这些思想并不具有系统性和专业性，因而未形成一门科学。至 1845 年，法国学者 M. A. 安培曾设想建立"管理国家的科学"，被认为是公共行政产生的萌芽。1865～1868 年间，德国学者冯·斯坦茵又出版了七卷本的《行政学》，第一次使用了"行政学"一词[1]，他认为政治主要是国家的宪政建构，是国家意志及其活动；宪政提供行政活动的限度与秩序，但不能替代行政，行政具有相对的独立性，行政机关的活动有其自身的规律。这一阐述开辟了公共行政法学研究的视角，而其后公共行政在权力、主体、内容、程序以及相对方权益的保护、救济等方面

---

[1]　参见丁煌《西方行政学说史》，武汉大学出版社，1999，第 1～2 页。

的理论和实践探索，则承继了这一范式，并始终为"法治"国家和向着"法治"努力的国家所关注。仅就这一典范发生和嬗变的历史而言，公共行政权力的运用在理论和实践中的规范化和程序性始终是其追求的主题。就美国而言，1883 年《联邦文官法》（《彭德尔顿法》）的通过显然是一个标志，它使公共行政最重要的主体开始以严肃的态度审视自身存在的问题；而典型的不成文法国家英国，则早在 1853 年就由斯坦福·诺斯科特爵士和查理·屈维廉爵士提出了《关于建立英国常任文官制度的报告》；1889 年，西班牙又第一个制定了《行政手续法》，以法典形式规定行政程序，成为规范公共行政行为的开端。而真正使公共行政开始以法学家审慎的眼光关注公共事务的管理，从权利角度对待公共行政中被服务的相对方的利益，则是进入 20 世纪以后的事，同时，这种审视仍如斯坦茵一样，尊重公共行政的独立性，但依然坚持了"宪政"的原则。

第一次世界大战所造成的灾难使各国陷入了贫困与动荡，为应对这一危机，各国政府加强了对社会的控制，但同时却又使民主宪政陷入了危机[①]，直至"二战"结束，和平、民主和进步力量才开始增强，各国步入平稳发展时期。但经济的快速发展又使社会关系日益复杂、社会矛盾层出不穷。而面对瞬息万变的社会生活，议员们却暴露出对具体领域技术性问题的无知，严格的议会立法程序也使议会立法相对滞后——议会立法开始力不从心，于是，委托立法和行政立法日益增多；加上违宪审查机制对议会立法权威的挑战，议会的中心地位开始发生动摇。与之同时发生的是行政权力的扩大和集中，行政权逐渐深入到社会各个领域。在原有行政执法权的基础上，不仅行政立法权得到加强，行政司法权也得到了扩张：面对大量的具有高度技术性的案件，法院由于人员和物质配备的限制、严格而低效的司法程序、法官对于大量技术性问题同样的无知等原因而难以胜任——行政司法权的运用已大大超过普通司法权的管辖领域；各国又普遍赋予其政府或国家元首在国家遇到紧急情况时享有发布具有法律效力或停止执行宪法条款的紧急命令权、采取紧急措施权。[②]

---

① 1920 年英国颁布《政府应付紧急情况权力法》、1936 年又颁布《反共秩序法》；德、意、日三国则干脆走上法西斯专政的道路，日本于 1925 年制定《治安维持法》，由特别高等警察（简称"特高"）在全国境内执行检肃政治异议者的工作；意大利 1926 年的《维护秩序法》、德国 1933 年的《保卫人民和国家法》等，将这些国家的民主政治变成了彻底的法西斯专制。

② 参见谷春德主编《西方法律思想史》，中国人民大学出版社，2004，第 342～343 页。

英国早在 1834 年修正的"济贫法"中就规定，执行济贫法的官员可以制定和发布他们认为适当的规程、规则和命令，自此开了行政立法的先河。进入 20 年世纪之后，行政立法获得了长足发展，立法数量每年达到 1000 多件，至 1950 年代，又达到了每年 2000 多件。同时，英国还是行政司法制度的发源地。本来英国最反对行政司法：他们认为，司法只能是普通法院的事，一国内无论何人、何事，均应受制于一种统一的法院和统一的法律，即普通法院和普通法。但 19 世纪末，尤其进入 20 世纪以后，经济和社会的快速发展以及伴之而来的大量社会矛盾和社会问题，迫使政府做出干预，结果却又招致了大量与之相关的争议案件；而普通法院却不具备解决这些案件的专门技术、专门知识以及对行政管理有关规则应有的了解，但这些案件却数量很大，且涉及领域非常广泛，如果得不到解决，必定会给经济、社会的稳定和发展造成威胁。面对这一形势，英国人不得不放弃他们原来的偏见，修改其"法治"理论，提出法治并不排斥行政机关行使准司法权，法治要求的是依法行政；行政机关的行为，无论是行政执法行为，还是行政司法行为，只要不违法、不越权、符合法定程序和"自然公正"原则①，就符合"法治"——这种现实的迫切需要和对"法治"理论的修改，使得设置于普通法院之外、行使行政司法职能的行政裁判所最早在英国出现了②。之后，大量行政裁判所相继建立。至 1950 年代，行政裁判所的总数已超过 2000 个，达 50 多种，覆盖了交通运输、劳资关系、商标、专利、工业伤害、矿山纠纷等各个领域。在这种情况下，英国人开始以认真的态度来审视公共行政领域法治化的研究。至 1970 年代末，其主要研究成果有史密斯（De Smith）的《行政行为的司法审查》、加纳（J. F. Garner）的《行政法》、韦德（H. Wade）和克莱格（P. P. Craig）的同名著作《行政法》以及豪克（N. Hawke）的《行政法导论》等，通过这些研究，他们构建了富有英国特色的法律体系来规范公共行政。以克莱格的《行政法》为例，它探讨了行政决定的做出及其效力；权力及其分配；权力之间的关系；权力的行使及其

---

① 英国是典型的不成文法国家，以自然公正原则为核心确定其行政机关活动程序方面的规则，它包括两个基本的程序规则：一是任何人不能做自己案件的法官，即排除偏见原则；二是任何人在行使权利而可能使别人受到不利影响时必须听取对方意见，即听取对方意见原则。行政机关贯彻这一原则，其内容有三：一是公民有在合理时间以前得到通知的权利；二是有了解行政机关的论点和根据的权利；三是有为自己辩护的权利。

② 英国最早的行政裁判所可以追溯到 1846 年的"铁路专员公署"和 1888 年的"铁路运河委员会"，当时它们负责裁判运费纠纷以及有关运输的其他纠纷。

限制；做出决定的机关和程序；有关公益事业的司法审查；有关公共机构的陈述；有关救济和赔偿的程序、证据、效力、社会公共政策、期限、豁免等问题。

就改革的实践而言，法国的情况最为典型。自大革命之后，法国"在全国范围内，消除各地区的特权和差别，建立全国一致的行政区域。在各地区内建立民选的政府，实行极端的民主和地方分权。在行政活动方面，宣扬法律最高，三权分立、政治自由、经济自由、公民在法律和行政面前平等的资产阶级自由主义原则"①，成为其近代行政制度的开端。经过拿破仑一世时期的行政集权和经济自由，伴随科技进步和生产力提高所引起的社会、经济生活的变迁，行政开始民主化，经济自由也逐渐与国家干预相结合。"行政民主制的发展，首先为逐渐完善各种制度，以保障公民不受专横行政的压迫。共和八年拿破仑一世建立的制度给予公民的法律保护比较薄弱，以后的发展在于使行政完全服从于法律和法院的监督，最主要的表现为扩大行政诉讼和行政赔偿责任的范围。其次，行政民主要求公民有权参加行政权力的行使，这个要求主要表现为地方行政机关由公民选举产生，扩大地方自治的权力。"② 而公共行政法治化的渊源却更早的来自早期资产阶级启蒙思想家卢梭（1712～1778）、孟德斯鸠（1689～1755）等人的民主、自由和平等思想，以及波澜壮阔的大革命斗争所传承下来的"法治"精神。1789 年《人权宣言》第 5 条即规定："凡未经法律禁止的行为不得受到妨碍，而且任何人都不得被迫从事法律所未规定的行为。"这种规定"当然"适用于指导公共行政的原则和行为。之后，受民族传统、历史和文化等条件的影响，法国又形成了独具特色的行政法律体系和独立的行政法院系统。与之相适应，作为行政法和行政法学的发源地，法国最早展开了公共行政法治化的讨论，并形成了"巴黎学派（Ecole de Paris）"和"普瓦捷学派（Ecole de Poitiers）"。"巴黎学派"的创始人杰兰德是巴黎大学法学院行政法讲座的首任教授，1829 年他出版了《法国行政法提要》，认为近代行政是指各种旨在充实社会之一般需要的各种服务；它包括"警察行政"和各种"服务行政"，前者包括保全人们的生活、管理公民权、处理教育文化事务、保卫各种产业和管理公共财产，后者则指涉及管理财政、军事、公共工程、交货契约等事务；而行政法就是这种追求作为社会性作用（机构）的行政所进行的公益的法律。

---

① 王名扬：《法国行政法》，中国政法大学出版社，1997，第 12 页。
② 王名扬：《法国行政法》，中国政法大学出版社，1997，第 12 页。

"普瓦捷学派"则认为行政法仅仅是关于国家、地方团体以及行政裁判所的组织与物的管理行政的一种行政组织法，而行政作用法仅是政治法中的一种对人权的限制法。① 奥柯在其《行政法述要》（ Conferences Sur I' administration et le droit administratif ）一书中认为，行政机关进行的公共服务这种管理行为，均属于"行政行为"而应当接受行政审判的管辖。行政作用，除传统的警察行政之外，还包括占行政作用之大部分内容的公共工程行政和事业行政即公共服务管理行为。莱菲利埃尔于 1887 年出版了《行政裁判论》，认为行政行为乃行政诉讼之重要对象，并提出国家行政行为二元理论，将国家行政行为分为"权力行为"和"管理行为"，前者在性质上带有行政特色，应服从行政审判权，后者则属于私法管辖范围，在没有特别法规规定的限度内服从司法审判权。1911 年、1913 年，狄骥分别出版了《宪法概论》和《公法变迁论》，认为行政行为是"以公共服务为目的的个别性行为"。"行政诉讼，是提起关于公共服务的运营问题的所有各种诉讼"，针对公共服务的运营给国民个人带来损害之"行政性危险"，国家一般必须承担这种危险责任。1892 年，奥利弗出版了名著《行政法精义》，指出公共服务是行政要实现的目的，而公共权力则是实现这一目的的手段；依公共服务之目的，公共权力必须对自己作客观性的限制，"越权诉讼"发挥的就是这种自我限制的作用，行政法制度是受客观上限制的拥有公共权力的一种制度。他还认为，行政为了完成自己的使命，坚持客观地限制自己的权力的立场，和行政为实现自己的目的，同时履行广泛的公共服务的职能的立场，两者并不矛盾。

即便像美国这样严格实行三权分立制度的国家，"自 1887 年州际商业委员会成立以后，特别是罗斯福实行'新政'以后，三权分立的严格性逐渐失去了：行政机关不仅行使行政权，而且开始大量制定规章，裁决争议和具体案件，广泛行使行政立法权和行政司法权"。② 正像前面提到的那样，国会和法院也在这种形势下步步退让，至 1930 年代大危机时，又为了维持和改善局面，国会通过了《紧急银行法案》、《农业调整法》、《工业复兴法》等一系列法案，授予总统空前广泛的权力，而联邦最高法院虽然经过几个判例的反复③，试图改变这一趋势，但最终还是屈服了，且自身司法权的管辖

---

① 以上论述可参见以下等著作：何勤华《西方法学史》，中国政法大学出版社，1996；丁煌《西方行政学说史》，武汉大学出版社，1999；王名扬《法国行政法》，中国政法大学出版社，1988。

② 罗豪才主编《行政法学》，中国政法大学出版社，1999，第 225 页。

③ 即前述巴拿马案、谢克特案、亚库斯案和联邦电力委员会案等判例。

领域也受到了行政权的"侵略":到 1981 年里根政府上台时,像州际商业委员会一类的独立管理机构已经发展到了 62 个,如联邦贸易委员会、联邦电讯委员会、联邦动力委员会、原子能委员会、劳资关系委员会、环境保护局、国内税收局等,其职能几乎覆盖了公共事务的各个方面。这些机构既制定有关的管理规章,同时还裁定相关争议案件,每年审理的案件数量已大大超过法院。同时,很多行政部门,如农业部、劳工部、内务部等,也行使一定的行政司法职能;有些部则干脆设立相对独立的局、所来承担其行政司法职能,如商业部内设立的海上运输管理局,运输部内设立的海岸检查所等,每年受理和裁决大量案件。1893 年,古德诺出版了《比较行政法》,深入探讨了行政行为形式和效力问题;1905 年,他又出版了《行政法原理》,对分权原则做了详细讨论。1903 年,怀曼(B. Wyman)的《支配政府官员关系的行政法原理》对行政组织、行政机关的权力、官员的权利和义务、行政机关进行活动的方法进行了详细讨论。之后,又有迪金森(J. Dickinson)的《美国行政司法和法律最高权力》(1927 年),弗罗因德(E. Freund)的《对人和财产行使的行政权力》(1928 年)等著作对行政机关的权力问题、行政程序问题、司法审查等问题进行了研究。

休泰尔(F. J. Stahl)在德国历史上最早强调君主及其政府进行的行政,必须符合作为国家意志的表现的法律。奥托·迈耶(Otto Mayer)曾任莱比锡大学的公法学教授、校长,1895~1896 年出版了代表作《德国行政法》,他运用实证主义的思考方法,认为"法治"乃在于"行政的司法化","行政是渐渐地从原来无所不包的政府概念中分离出来的最后一种国家活动。……行政概念的这个分离是在上个世纪(指 19 世纪——笔者注)的前半叶、伴随新的宪法以及由此而产生的对公法进一步发展的要求的出现而完成的。这个概念带来了法制国家的要求:行政从一开始就被认为是国家的活动,而国家活动是国家法律制度确定的,必须遵循其活动的新的方式,并受立法的约束。由此自然可得出,对行政而言,所有不在法制范围内的国家为实现其目的而进行的活动都是不允许的。如果国家能这样做,则完全违背了这个文明地完善起来的思想"。① 至于斯坦茵的探索,则沿用了当时更为常用的行政社会学的研究方法,"采用黑格尔学派的表达方式来论述行政学,即将国家活动的细节看做是学术对其背景观念的必要揭示。然后在一个封闭的系统中、依据不同的目的将之划分为:学校事务、工商事务、卫生事务、

---

① 〔德〕奥托·迈耶:《德国行政法》,商务印书馆,2002,第 9~10 页。

贫民事务、铁路事务等等。通过每一种'事务'及其在学术上的必要性来'制造'一个相应的部门法，行政法由此而形成，并自然也确立了其体系"。① 经过邦君权国时期对罗马法传统中国家至上观念的改造之后，到警察国家时期，国家权力虽然仍拥有绝对优势，但民法已开始取得对国家生活的调整地位，"这样就使得国家的普遍性权力也能被纳入到法律的形式和结构中去。除适用于行政的民法之外，一种真正的——不仅仅是委婉地这样称的——公法在行政中形成了，它不是仅仅等同于民法的，而是行政自己的、相对于民法而言构成了例外的法"。② 步入"法治"国家的门槛之后，法学研究的视角进一步取得了公共行政实践和理论探索的支配地位。

在我国，应松年教授曾参与中国行政管理学会的筹建，是我国首批行政管理学研究者之一，现为中国法学会行政法研究会会长。在其《行政管理学》、《行政行为法》、《中国走向行政法治探索》、《行政程序立法研究》等著作中对行政权力、行政主体、行政行为、行政程序的法治化等问题进行了系统研究。

同样，对意大利、日本、前苏联等国的考察还可以继续下去，或许从前苏联的公共行政研究中可以发现更多行政权力占支配地位的事实，但不可否认，其行政法治化的努力也是一种事实，而且这种倾向直接影响了我国早期公共行政的发展趋势，只是后来由于历史发展使然，才使我们有了更加宽广的视域。但统观各国公共行政权力和作用的变化，无疑，伴随科技进步和社会发展，公共事务管理的进一步复杂化使得行政权力的膨胀在全世界范围内成为一种不可阻挡的趋势；而法治国家的勃兴和人类维权意识的普遍觉醒又使得以法治手段控制和利用这种权力成为必然选择。各国公共行政波澜壮阔的理论和实践发展，也证实了从法学视角规范公共行政权力的主体、内容和程序，加强对行政法律关系主体另一方权益的保护，完善公共行政运行的监督体系，是必要的，也是成功的。或许这样考察尚存在纰漏和偏颇，但历史表明，宗教的、道德的、习惯的抑或其他的对公共行政控制的手段都存在着至少比法治手段更多的缺陷，而正是为了避免这些缺陷给公共行政所造成的伤害，才使公共行政迈入了法学研究的门槛。当然，在选择这个视角的同时，公共行政仍然主动或被动的吸收了其他学科研究的手段，这其中包括对政治学的回归。

---

① 〔德〕奥托·迈耶：《德国行政法》，商务印书馆，2002，第20页。
② 〔德〕奥托·迈耶：《德国行政法》，商务印书馆，2002，第56页。

四　政治学取向的公共行政学

公共行政对于政治科学的回归，早在 1940 年代达尔和沃尔多的著作中就已有所反映，之后，阿诺、布坎南、塔罗克、尼斯卡宁等学者又相继进行了论述。对政治科学基本信念的尊重与坚持，如民主价值、多元政体、政治参与、法律面前人人平等、正当程序等，使这一时期公共行政的哲学与规范基础仍反映了政治学的价值取向，即"民主体制中的官僚体制的存在不是为统治者服务，而是为被统治者服务的"。① 这种倾向明显地反映在这一时期公共行政的主要观点中：①强调组织的人性化，反对理性主义；②主张政策建议，认为官僚有义务成为政策建议者；③代表性和参与性官僚制，认为组织成员应反映各种族、民族和社会不同部分的利益，并应参与组织的决策；④顾客代表，认为官僚制必须寻找其委托人；⑤公共行政的正统学派仍然强调政府制度包括官僚制是社会的主要治理形式，强调政府的积极作用；⑥政策以及政治与行政的不可分性，反对政治与行政二分法。

在《公共行政科学：三个问题》（1947 年）中，达尔认为，公共行政学必须处理行政场景中的价值规范问题，并要考虑公共行政与其社会背景的关系；如果公共行政学的研究不采用比较研究的方法，其结果必然是空洞的。② 沃尔多则在其《行政国家》（1948 年）一书中讨论了优良生活的特征、政策制定的标准以及权力的划分、集权与分权问题。20 年后，在他召集的明诺布鲁克会议上再次探讨了公共行政学者如何将道德和价值观念注入行政过程、政府组织与其服务对象的恰当关系等问题。而 1960 年代美国社会的动荡和公众对越战的不满，则昭示了公共行政所必须面对的困窘。20 世纪二三十年代的大危机所引起的政府开支项目的激增导致对预算理论的争鸣，科伊（V. O. Key）、路易斯（Verne B. Lewis）、怀尔德威斯基（Aaron Wildavsky）等学者先后撰文对这一问题进行探讨，但到了 1960 年代，讨论的结果却认为"预算在现实中是一个渐进的过程，很大程度上受政治因素的影响"，"应该有助于决策制定并帮助获取政策目的和项目目标的一致性"。③ 这直接导致 1970 年代零基预算制度的建立。如前所述，这一时期兴起的"新公共行政"运动也对传统公共行政模式的价值中立和组织的狭隘

---

① 〔美〕尼古拉斯·亨利：《公共行政与公共事务》，中国人民大学出版社，2002，第 67 页。

② Robert A. Dahl，"Science of Public Administration：Three Problems"，Public Administration Review，vol. 7，No. 1（November-December 1947），pp. 1－11.

③ 参见张梦中《美国公共行政学百年回顾》（下），《中国行政管理》2000 年第 6 期。

性、内视性展开了批判，并提出了自己的主张：一是主张在传统公共行政的目标中增加公平、民主的内容，要求突破二分法的界限，突出政府行政的"公共性"；二是主张突破传统公共行政学的"组织内部"取向和狭隘的理性主义研究方式，进一步发展分权和权力下放，树立动态、开放的组织观。1965 年，由塔罗克（Gordon Tullock，1922～）和布坎南（James Buchanan，1919～）发起成立了公共选择学会（Public Choice Society），他们认为公共选择理论是用经济学的研究方法去研究习惯上由政治理论家研究的问题。这一学派自 1951 年阿诺（Kenneth J. Arrow）发表《社会选择与个人价值》之后，不断发展壮大。虽然公共行政将这一学派纳入自己的学科范围，但它却更倾向于政治角度的探讨。这一点在这一时期的著作中已有所反映，如 1957 年唐斯（Anthony Downs，1930～）的《民主的经济理论》、1960 年科斯（Ronald Harry Course，1910～）的《社会成本问题》、1962 年布坎南与塔罗克的《赞同的计算：宪法民主的逻辑基础》、1965 年奥尔森（Mancur Olson，1932～1998）的《集体行动的逻辑：公共商品与团体理论》、1971 年尼斯卡宁（William Niskanen，1933～）的《官僚政府与代议政府》。

对公共行政问题的探讨总是归结为政治问题，但又试图突破这一束缚，使得公共行政把自己置于一个十分尴尬的境地。"1962 年，在美国政治科学联合会的政治科学学科委员会（Committee on Political Science a Discipline of the American Political Science Association）的报告中，公共行政没有包括在政治科学的次领域里。1964 年，对政治学者的一项主要调查表明，教职员工对公共行政的兴趣普遍下降。1967 年，公共行政在美国政治科学联合会年会议程上的组织类别消失了。一位最主要的学者在 1968 年写道，'许多没有认同公共行政的政治学者是冷淡的，甚至是敌视的；他们迟早会得到解脱'，而且公共行政学者有'不舒服'的'二等'公民感觉。在 1960 到 1970 年间，在发表在五本政治科学主要杂志上的文章中，只有 4% 的文章涉及公共行政，甚至在 20 世纪 70 年代末，美国政治科学联合会主席称公共行政是一个'知识的荒地'。在 20 世纪 60 年代，'公共行政类群'，正如政治科学教职员工经常这样称呼，多半在美国政治学系里混日子。"① 这一时期的案例研究和比较与发展行政研究，同样反映了公共行政寻求独立的愿望。案例研究作为一种认识论的工具，一方面作为模拟教学的工具，另一方面仍

---

① 〔美〕尼古拉斯·亨利：《公共行政与公共事务》，中国人民大学出版社，2002，第 62 页。

在于说明公共行政氛围内的道德选择和决策行为问题。而比较与发展行政研究作为公共行政的一个亚领域，从一开始就企图"建立理论"，并为知识的目的而寻求知识，"用弗里德·W. 里格斯（Fred W. Riggs）的术语来说，就是比较公共行政就是要做到经验的、律则的（nomothetic）、生态的，也即事实的、科学的、抽象的、系统的与非褊狭的（nonparochial）"①；但公共行政则是实践朝向的，重视实用取向，并卷入实际世界的。这种追求纯学术的矛盾导致了这一研究途径的失败。

五 管理学取向的公共行政学

如果将视野转向 1970 年代以后各国政府声势浩大的改革运动和支持这一运动的理论探讨，则会发现一个可以被称为管理学时期的典范转换。

自 1970 年代末 1980 年代初以来，西方各国掀起了政府改革（政府再造）的浪潮。代表工业化国家的经济合作与发展组织（OECD）在 1993 年的一个调查中，发现它的 24 个成员国都处于行政改革的浪潮之中。经合组织 1996 年度的公共管理发展报告《转变中的治理：OECD 国家的公共管理改革》声称："经合组织国家的公共管理改革具有一个已经发展起来的共同的议事日程，那就是'管理主义'（managerialism）或'新公共管理'（new public management，NPM）。它以采用商业管理的理论、方法和技术，引入市场机制，提高公共管理水平及公共服务质量为特征，往往被人们描述为一场追求'三 E'（economy, efficiency and effectiveness，即经济、效率和效益）目标的管理改革运动。'新公共管理'既成为当代西方政府改革的基本趋势，又是一种正在成长着的公共部门管理的新实践模式。"②

英国是"新公共管理"运动的发源地之一。1979 年撒切尔夫人上台以后，英国保守党政府推行了西欧最激进的政府改革计划，开始了这种以注重商业管理技术、引入竞争机制和顾客导向为特征的新公共管理改革。商业管理技术在英国公共部门的引入始于 1979 年，并以雷纳（Rayner）评审委员会的成立为标志。1983 年"财政管理创议"启动，建立起一个自动化的信息系统来支持财政管理改革；1987 年著名的《下一步》报告（全名是《改变政府管理："下一步"行动方案》），提倡采用更多的商业管理手段来改善

---

① 转引自颜良恭《公共行政中的典范问题》，台北，五南图书出版公司，1999，第 23 页。
② 陈振明主编《政府再造：西方"新公共管理运动"述评》，中国人民大学出版社，2003，第 2 页。

执行机构，提高公共服务的效率。"新公共管理"的顾客导向和改善服务的特征，特别明显地体现在 1991 年梅杰政府的"公民宪章"白皮书上；而引入市场竞争机制这一特征则明显地体现在 1979 年以来英国公共公司以及公共机构的私有化浪潮之中，也反映在 1992 年梅杰政府的"为质量而竞争"的政策文件上。

美国的"新公共管理"改革尽管不像英国那样，有明确的起点和目标，但似乎开始得更早（可以从 1978 年卡特政府的《文官制度改革法案》的实施算起），并且带有更明显的管理主义或"新泰勒主义"倾向。里根政府大规模削减政府机构和收缩公共服务范围，当时负责推行改革的格雷斯（Grace）委员会的基本职责是将私人部门成功的管理方法（"最好的实践"）引入公共部门管理领域之中，以提高政府效率。1993 年，克林顿上台，开始了大规模的政府改革，即重塑政府运动（reinventing government movement），其目标是创造一个少花钱多办事的政府，并坚持顾客导向、结果控制、简化程序和一削到底原则；改革的基本内容是精简政府机构、裁减政府雇员、放松管制、引入竞争机制以及推行绩效管理。[1]

澳大利亚和新西兰两国，尽管改革的总体框架、制度设计、改革进程和管理实践等方面存在着差别，"但是，这两个国家与其他经合组织成员国相比，更多、更明确地采用了管理主义的模式。在公共部门引入私人部门的管理方式以及市场机制，是公共管理方式的根本性转变。改革几乎涉及所有公共部门以及公共部门的组织、过程、角色和文化等方面。改革的具体措施包括结构变革、分权化、商业化、公司化和私有化等。欧洲大陆各国（德国、法国、荷兰、瑞典等）的行政改革有所不同，它们虽不具有英、美、新西兰和澳大利亚等国行政改革的那种系统、全面、连续和激进的特点，但是欧洲大陆的行政改革同样带有明显的管理主义色彩，或多或少以'新公共管理'为取向"。[2]

对于这一改革，欧文·E. 休斯认为，"公共管理的新模式已经有效地取代了传统的公共行政模式，公共部门在将来必然会接受管理主义的理论和实践"。[3] 并于其《公共管理导论》一书的第七、八、九 3 章对阿利森

---

[1]　参见陈振明主编《政府再造：西方"新公共管理运动"述评》，中国人民大学出版社，2003，第 11 ~ 12 页。

[2]　参见陈振明主编《政府再造：西方"新公共管理运动"述评》，中国人民大学出版社，2003，第 15 ~ 16 页。

[3]　〔澳〕欧文·E. 休斯：《公共管理导论》，中国人民大学出版社，2002，第 63 页。

（Allison）所归结出的"管理的一般职能"在公共部门中的运用展开了详细论述。并且，休斯将管理主义对于公共行政的影响追溯到了 20 世纪的五六十年代。"只是从 50 年代或 60 年代末，官僚制的僵化问题才在私营部门中显露出来。分工和作业手册不可能将所有的偶然因素包含在内，管理者由于这种现实应运而生。某些人需要注重结果并对结果承担个人责任。……1968年英国的富尔顿报告是一个起点。该报告提出了对公务员管理能力的关注。报告中指出，政府制度应该开放，各个层次都可雇用外部人员，僵化的等级制结构在许多方面设置了障碍，因此应被取消。"① 报告表述了一种现代的、以结果为基础的管理观念，并指出公务员的整个管理任务由四个方面组成：①在政治指导下制定政策；②创立政策执行的"机制"；③行政体制的运转；④对议会和公众负责。休斯还认为，在英国自撒切尔政府开始、在美国从卡特政府开始，公共部门便出现了改进管理的要求，而 20 世纪七八十年代英国、加拿大、新西兰、澳大利亚等国的政府改革，"趋向于管理主义的最显著特征之一是，改革的动力主要来自于政治领导而不是公务员本身。而且，当改革的细节可能有所不同时，这些新政府在所进行的改革性质方面的意见一般是相同的"。② 经济合作与发展组织则将管理主义概括为几个主要的方面：①提高包括绩效工资制在内的人力资源管理水平；②员工参与决策制定过程；③放松管制但同时推进绩效目标管理；④运用信息技术；⑤顾客服务；⑥合同外包形式；⑦撤销垄断性的管制规定。英国学者胡德（Hood）则认为，管理主义的过程包括七个要点：①公共政策领域中的专业化管理；②绩效的明确标准和测量；③格外重视产出控制；④公共部门内由聚合趋向分化；⑤公共部门向更具竞争性的方向发展；⑥对私营部门管理方式的重视；⑦强调资源利用要具有更大的强制性和节约性。③

由前述我们对公共管理和新公共管理的考察中也可以看出，1970 年代开始的大规模的政府变革或政府再造运动，其行政改革的实践与学者们对管理主义理论移植的探索是同时进行的。坚持这一理论取向或对这一取向做出研究的除胡德和休斯之外，还有前面述及的古立克、西蒙、皮瑞、克莱姆、奥拓、海蒂和沙夫里茨以及倡导"新公共管理"运动的一些学者，如戴维·奥斯本、詹姆斯·W. 费斯勒、唐纳德·F. 凯特尔、劳伦斯·R. 琼斯

① 〔澳〕欧文·E. 休斯：《公共管理导论》，中国人民大学出版社，2002，第 66～67 页。
② 〔澳〕欧文·E. 休斯：《公共管理导论》，中国人民大学出版社，2002，第 67～68 页。
③ 〔澳〕欧文·E. 休斯：《公共管理导论》，中国人民大学出版社，2002，第 71～72 页。

和弗雷德·汤普森等。

正是基于管理学理论在这一时期对公共行政改革的理论与实践同时产生的重大影响和震撼，我们把这一时期公共行政学的典范界定为管理学时期。

六　经济学取向的公共行政学

进入 1970 年代，由于西方发达国家普遍的"滞胀"局面难以再通过政府干预手段予以克服，主张经济自由的新自由主义重新占据了经济理论的中心位置。他们认为，政府的角色既不能像计划经济中那样配置资源，调节经济；也不能像凯恩斯主义所主张的那样，运用经济政策干预经济，而只能维护市场经济的秩序。就像在足球比赛中那样，政府只能作为裁判员维护比赛秩序，绝不能同时作为运动员参加比赛。这一时期公共选择理论和新制度经济学的交易成本理论、产权理论、委托/代理理论、制度变迁理论在政府变革的实践中得到了广泛应用；而其代表人物和作品主要有布坎南的《自由、市场和国家》、科斯的《社会成本问题》、罗斯的《代理的经济理论：委托人问题》等。

公共选择理论的主要代表人物布坎南在其《自由、市场和国家》一书中指出，政府的角色主要就是设法将社会摩擦的系数和交易费用降低到人们认可的范围。资本主义国家希望通过政府介入、加强国家干预来弥补市场缺陷。但是，用来弥补市场缺陷的政府角色却非完美无缺，人们原指望政府能够办好市场办不好的事情，结果却发现政府干预反而降低了经济效益和社会效益。因此公共选择学派主张在政府部门实行竞争机制，对政府的支出和税收加以限制。这一理论还对政府行为的出发点提出了挑战，它认为经济领域的个人"自利的、理性的效用最大化"行为在政治领域也不例外：①人是理性的自利主义者，是"经济人"。不管他们是购买商品的消费者，还是提供商品的生产者，还是某一政治团体的领袖，他们的行为动机都是自利的。现实政治和社会生活中真正大公无私的非自利主义者只是个例，不具有普遍性。②在行动上每个人都是理性的，都能充分运用他们所能得到的信息使其利益最大化。③自利的过程是从好的到较好的、坏的等偏好依次选择的过程。他们总是希望以最小的付出获取最大的利益。据此，公共选择理论把政治舞台模拟成经济学意义上的交易市场，认为供方是政府、政治家、官僚和党派，需方是公众、选民和纳税人，他们的行为始终遵循着一个共同的效用最大化原则，即选民总是把选票投给那些能给他们带来最大利益的人；政治家、官员则总是对那些最能满足自己利益的议案报以青睐。^① 为避免"滞胀"所表现出来的政府失败，公共选择理论拟定了许多措施：一是改革宪制。引导"人们注意和重视规则、宪法、宪法选择和对规则的选择"。^② 不必为政策制定者提出具体的建议，只要为改革宪制提供一种指导和规范，为政策制定提出一种规则和程序，就可以使政策方案趋于合理，减少或避免决策失误。二是建立竞争机制，即打破政府对公共物品供应的垄断，在政府内部建立竞争机制。如设立两个或两个以上的机构来提供某些公共物品或服务，使机构之间形成竞争等。三是约束政府税收和支出行为。可以从两个方面入手，首先是在政府预算审批时要确保收支平稳；其次使政府收支增长与国民经济的增长在量上保持平衡和一定的比例。四是建立利润激励机制，允许将节余预算资金自行处理，以增强政府的节俭意识、利润意识。当然，各种方法只有综合使用才会有效力。这些主张均体现在西方国家政府变革的实践中：如撒切尔政府的私有化、分权化、竞争机制、企业精神、非管制化、服务质量等；澳大利亚政府的私有化和国家竞争政策；新西兰政府的预算缩减、部门重组和私有化等；美国的公共服务质量计划、绩效测评、人事制度简化等。

新制度经济学运用正统经济理论分析制度的构成和运行，并考察这些制度在经济体系运行中的地位和作用，它对经济学研究领域的拓展促使人们把经济学引入政治、法律、道德等诸多社会领域。其主要代表人物有科斯（Coase）、诺斯（North）、威廉姆森（Oliver Williamson）、张五常（Cheung）、阿尔奇安（Alchian）、德姆塞茨（Demsetz）等。新制度经济学经过19世纪末至20世纪30年代的旧制度经济学、30年代以后至战后初期的制度主义两个时期的发展，60年代末70年代初以后在西方国家"政府再造"的变革运动中获得了广泛运用。

传统经济学认为供给与需求决定商品的价格和数量，并认为这种市场机能决定了"交易"的发生在市场经济中是很自然的事情，而且对于整个市场机能中价格数量的影响相当小，小到可以忽略不计，即成本为零。但1937年科斯在《企业的性质》（The Nature of Firm）一文中专门探讨了"交易成本"概念。他认为市场机能要正常运作必须要有均衡价格，然而环境的不确定性和人类的有限理性却增加了价格机能的运作成本，而且交易过程均须通过协商谈判来签订契约，由此产生的协商与签约成本也将影响到整个

---

① 丹尼斯·缪勒：《公共选择》，上海三联书店，1993，第2页。

② 詹姆斯·M. 布坎南：《自由、市场和国家》，北京经济学院出版社，1988，第13页。

市场机能的运作。1975 年，威廉姆森（Williamson）又综合了科斯的理论和其他有关交易成本的文献，发展出一套完整的交易成本经济学。威廉姆森引入了有限理性、机会主义和资产专用性等概念来解释资本主义经济组织存在和转化的条件，认为在这些条件下，通过市场组织完成交易的成本非常高，而通过企业间的协调则可以大大降低交易成本。在环境不确定、产权关系界定不清、信息不对称以及大量存在政府组织设租、寻租行为的情况下，交易成本也势必增加。而通过合理的制度安排和制度创新，却能够有效地控制或减少交易成本，提高经济活动的内在效率，促进经济的持续增长。此外，意识形态和人们的诚信态度也是降低人类生活交易成本的重要因素。"社会强有力的道德和伦理法则是使经济体制可行的社会稳定的要素"。[①] 这同样构成了西方社会"政府再造"运动的理论基础。

1959 年，科斯又发表了一篇学术论文《社会成本问题》，提出了通过严格界定产权来克服外部性的方案。之后，经张五常、阿尔奇安、德姆塞茨等人的潜心研究，形成了产权经济学理论。根据这一理论，国有产权条件下，权利由国家所选定的代理人来行使，而代理人由于对资源的使用、转让和最后成果的分配都不具备充分的权利，这使其对经济绩效和其他成员的监督动力降低；同时国家要对代理人进行充分监督的成本又很高，而行使国有权力的实体往往为了追求其政治利益而偏离利润最大化的动机，因而，它在选择代理人时也具有从政治利益而非经济利益出发来考虑问题的倾向。由此可见，国有产权下的外部性也是极大的。而相比之下，私有产权条件下，私人在做出这一行动时，则会考虑未来的收益和成本，并会选择他认为能使自己利益最大化的方式来做出资源使用的安排；同时，他为获取这些收益而付出的成本也由他自己承担。这种国有产权条件下所产生的外部性在私有产权条件下的内在化而产生的更加有效率，成为西方各国政府大规模私有化的理论契机和行动依据。

1973 年，罗斯（S. Ross）发表《代理的经济理论：委托人问题》，首次提出委托/代理问题。这一理论最初用于解释投保人和承保人之间的关系，后扩展至企业理论、产权理论、交易成本理论以及公共选择的党派理论和官员理论等。其基本内容主要包括：①委托人和代理人之间存在着明显的信息不对称，即前者对后者的行动细节并不了解或保持着"理性的无知"；②由

---

① 道格拉斯·C. 诺斯：《经济史中的结构与变迁》，上海三联书店、上海人民出版社，1994，第 51 页。

于前述情况的存在，在报酬由委托人支付的情况下，代理人有可能从自身利益出发而采取某些机会主义行为以使自身利益最大化，并降低所承担的风险；同时由于信息不对称，双方均可能存在不道德的欺诈行为，甚至违法行为，而对不道德行为的监控成本又非常高；③委托人预期效用的实现依赖于代理人的行动，同时也取决于双方在契约中的制度供给、相互承诺和信任、激励与补偿机制以及监督制度的安排等。由这些问题所产生的"逆向选择"和"道德风险"使委托人先是可能不知道雇佣哪个代理人才是最优的选择，也不知道如何规定契约条款或职权范围；而当雇佣关系确定之后，代理人却有可能改变自己的行为并由此损害委托人的利益。这种委托/代理关系同样存在于公共关系领域，而其中的逆向选择和道德风险同样存在于公民和政治家、政治家和行政官员之间。因而，这构成了政府再造运动中分权化、竞争机制以及绩效评估等制度建立的理论基础。

科斯在其《社会成本问题》一文中还谈到了制度问题，他认为在交易费用为正的情况下，一种制度安排与另一种制度安排的资源配置效率是不同的。这个结论被诺斯更为简洁地概括为，当交易费用为正时，制度是重要的。诺斯还认为，由于制度安排决定了经济效率，由于一种制度安排的效率可能不同于另一种，那么历史的进步和经济的发展就要到制度变迁中去寻找原因。所谓制度变迁，就是用一种制度安排去替代另一种制度安排。这仍如诺斯今天所讲的一样："改善经济绩效意味着降低生产和交易成本，达到这个目的的主要方法就是改进制度。这包括建立统一的度量系统，创建有效的司法体系和执行机制，并发展制度和组织整合分散的知识，监督衡量合约的执行并裁定纠纷。这些活动直接的后果就是交易成本整体的急剧上涨，但上升的量总会被生产成本的大量下降所抵消。"① 这同样反映在撒切尔政府的私有化、分权化、竞争机制、非管制化、服务质量；澳大利亚政府的私有化和国家竞争政策；新西兰政府的预算缩减、部门重组和私有化；美国的公共服务质量计划、绩效测评、人事制度简化等制度变革中。

这一时期，"经济学将公共管理活动置于资源稀缺的硬约束之下，促使其必须讲求经济效益；公共经济学揭示了公共管理的根本目的在于提高人民的生活福利，为此就要弥补或矫正市场失灵；公共物品理论十分周密细致地区分出公共物品与私人产品的各种类型，论述了公共物品提供的有效途径，而公共管理中'以顾客为导向'的公共服务制度构建，正是将公共物品理

① 道格拉斯·C. 诺斯：《经济制度与经济增长》，2004 年 9 月 3 日《国际金融时报》第 4 版。

论付诸实践的具体体现。……新制度经济学……充分肯定公共管理活动的主观能动性，强调国家对于制度变迁的推动作用，认为国家可以凭借强制性、垄断性、规模经济以及国家理性等自身优势，降低制度供给的成本，拓宽可供选择的制度范围，从而有效地增加制度供给"。[①]

无论从各国政府公共行政改革的实践来看，还是从公共行政理论所受到的冲击来看，这一时期经济学，尤其新制度经济学的一些理论工具对整个社会和社会科学，包括公共行政的影响都是震撼性的，并且这种影响一直持续到今天。所以，我们把这一时期公共行政的发展称为经济学取向的公共行政学。

第三节 我国公共行政学研究的历史与现状

诚如我们前面对公共行政概念和典范的探讨一样，公共行政科学在近一个世纪的发展过程中，以其理论与实践的紧密结合，对各国行政活动的科学化、民主化、现代化和法治化起到了极为重要的作用。但在我国，由于"左"的错误思潮的影响，行政科学在过去的几十年里，却走过了一条异常曲折的道路。直到党的十一届三中全会以后，才在我国得以恢复、重建，并迅即成为人们学习和研究的热点，在此背景下，我们有必要对我国公共行政科学的发展历程和现实表现进行全面的回顾和反思，从而使我们以更清醒、更明晰的头脑去面对行政科学研究的未来。

一 我国公共行政学研究的历史回溯

我国为历史悠久的世界文明古国，有着丰富的行政管理经验。国外不少学者认为，历史上最早谈管理而且谈得最好的首推中国。1972 年美国出版的《管理史》写道："3000 年前，在中国的概念里，已有现代管理轮廓，如组织、职能、协作、增加效率的程序和各种控制方式等。"我们研究公共行政科学，必须珍惜这份遗产，大力弘扬民族优秀精神，挖掘其积极、健康的成分，做到古为今用，为行政管理的科学化、现代化服务。

我国古代行政管理的研究自有文字记载以来，孔子的论述为最早。他以德行、言语、政事、文学设科讲学，其中的"政事"就是行政。因当时权力集中于国君一人手中，没有政治与行政之分，统称为"政事"。因此，所

---

① 张康之等编著《公共管理导论》，经济科学出版社，2003，第88页。

谓"政事"即是国家事务的管理。儒家后学将孔子的讲学内容整理成《论语》，一直被奉为经典之作，享有"半部《论语》治天下"的美誉。以孔孟为基础的儒家学说，主张"德治"和"教化"，提倡"法先王"，行"仁政"，举贤才，提出通过"养民"、"富民"、"惠民"手段来达到"使民"之目的等一系列"宽猛相济、恩威兼施"的方法来统治劳动者。这些方法，在中国历史上影响很大，特别是孟子提出的诸侯"三宝"，即"土地"、"人民"、"政事"，比西方学者提出的国家三要素还早几千年。可以说，孔孟是世界上最早研究公共行政管理的学者。

战国末期的韩非，亦是古代对政事有重大研究的人物之一。他主张以法统治国家，以权势统御臣下，采取任用贤才，富国强兵政策。他是先秦法家思想的集大成者，他建立了以法制为主的"法、术、势"相结合的法家思想理论体系。他认为"抱法处势则治，背法去势则乱"，"赏原而信，刑重而必"①。主张君主要在法律的范围内行事，不可"释法用私"②；不可"释法术而任心治"③，"道"是"是非之纪"④，君主要"守自然之道"⑤，"不以智累心，不以和累己；寄治乱于法术，托是非于赏罚，属轻重于权衡；……守成理，因自然"⑥，使法律纯洁淳朴，普及万物而不遗地把"法"视为连君主都不得侵犯的东西。法家从哲理上还分析了社会发展的趋势，认为历史是发展的、进化的，"进异则事异，事异则备变"。"不期修古，不法常可"。⑦ 这种顺应时代发展，适时变革的思想是有深远意义的。

"一部兵书可以为王者师"，这是人们对"东方兵学鼻祖"孙子的《孙子兵法》的评价。这是一部成书于春秋末期的军事理论著作，是一部揭示战争规律的杰出之作，闪烁着非凡的智慧之光，历来为古今中外的军事家、政治家和企业家所推崇。孙子在"十三篇"中提出的"兵者，国之大事"，"知彼知己，百战不殆"，"奇正之变，不可穷胜"等许多著名论断早已超越国界，成为全人类的宝贵财富。可以说《孙子兵法》是古代世界史上研究军事行政管理的最为辉煌的著作。

---

① 《韩非子·定法》。
② 《韩非子·有度》。
③ 《韩非子·用人》。
④ 《韩非子·主道》。
⑤ 《韩非子·主道》。
⑥ 《韩非子·大体》。
⑦ 《韩非子·五蠹》。

我国古代史上还先后涌现出商鞅、王安石、张居正等著名的政治家、改革家，他们在参与行政管理的实践中提出了一系列治国安邦、知人用人、提高管理效率的措施，取得了一定的成效。还有一些著作，如《商君书》、《五蠹篇》、《史记》、《贞观政要》、《资治通鉴》以及《三国演义》等，都不同程度地总结了我国历代行政管理方面的经验和教训，包含着丰富的管理思想。

必须指出的是：虽然我国古代形成了一套比较健全的公共行政制度和行政管理思想，积累了比较丰富的实践经验，但这并不是真正意义上现代公共行政管理学理论。因为，我国古代的公共行政主要受封建传统思想的支配，君主圣旨是公共行政的最高法则。其经济政治基础是封建社会的自然经济和专制主义，因而无法使公共行政上升到现代科学的高度，更谈不上形成一门独立的科学。

现代意义上的公共行政科学，首先是在西方产生、发展起来的，但我国学者很快就开始重视并加以介绍、翻译和研究。据载，1896 年梁启超在《论译书》中就曾提出"我国公卿要学习行政管理学"的倡议①。早在 19 世纪末 20 世纪初，上海江南制造局就出版了金楷理口译、清代李凤莲笔述的美国的《行海要术》、《行政纲目》和日本蜡山政遂的《行政学总论》及日本美浓部达吉的《行政法撮要》等著作。辛亥革命以后，孙中山提出立法、司法、行政、考试和监察五院分立制度，我国的行政体制开始向现代行政体制转变。

在旧中国的国民政府时期，公共行政科学得以正式建立，其理论体系在西方文化的影响下不断完善和发展起来。在 1930 年代，一些学者陆续开始自己编著、出版行政学著作，其中影响最大的是 1935 年张金鉴教授所著的《行政学之理论与实际》，由上海商务印书馆出版，这是我国最早的一部行政学专著。1936 年又有江康黎的《行政学原理》由民智书局出版发行。与此同时一些大学也开始设置行政管理学课程和从事有关研究工作。如 1936 年，国民党行政研究会在南京举行会议，在讲座大学课程设置时，就把行政学列为政治学系的必修课。国民党政府还从一定的需要出发，于 1934 年在行政院内部设立了行政效率委员会，出版了《行政效率》半月刊，并编译行政学丛书。抗战期间，国民党立法委员杭立武和学者张金鉴在重庆于1943 年和 1944 年分别成立了"中国行政学会"和"中国行政学学会"，一

---

① 笔者查阅梁启超《论译书》，并未见此倡议，疑为梁氏其他著作中所载。

个重实践的研究，一个重理论的总结，两个学会互相促进，不断发展，为行政学的逐步完善起到了一定的推动作用。1949 年后，在台湾，行政学研究一直受到国民党当局的重视，许多大学及学院都设有公共行政学系，有的大学还成立了行政研究所，设立公共行政和企业管理教育中心，办理各种在职训练，并出版《中国行政》杂志。以后又逐渐出现了招收硕士研究生的大学和学院。行政学在当时确实有了一定的发展，但由于历史条件和自身体制的局限性，其理论研究不可能得到更多的发展。

我国的无产阶级行政管理实践在新中国建立之前的革命根据地取得了卓著的成就。1931 年 11 月，在江西瑞金建立了中华苏维埃共和国，成立了行政管理机构，进行有效的行政管理活动，并积累了极为宝贵的行政管理理论素材。第一，人民政府由人民当家做主的思想和实践。《中华苏维埃共和国宪法大纲》和《中华苏维埃组织法》规定，人民通过民主选举产生各级代表大会，作为人民行使权力的机关，各级行政机关由其选举任命，执行权力机关的决议和意志，对权力机关负责并受其监督。行政工作人员是人民的公仆。第二，政府机关贯彻精简和廉洁的原则。从中央政府到地方政府都尽可能地达到人员少，层次简，对行政首长职数实行限额制；工作人员实行平均供给制，不发薪饷。第三，贯彻任人唯贤、德才兼备的原则。第四，实行人民群众与专门机关相结合的监督制度。第五，实行调查研究，理论联系实际的工作方法等。以后在抗日战争和解放战争时期的革命根据地创造了许多行政管理经验，如民主集中制、"三三制"和"从群众中来到群众中去"的领导方法等。以上这些思想和管理经验在毛泽东和其他领导人的著作中都做过专门的或重要的论述。尽管这些论述并不是专门就行政管理而言的，但其中包含着许多行政管理学研究的内容。这对我们研究行政管理学和建立中国行政管理学体系具有重要的意义。

二　我国公共行政学研究的现状评述

新中国的诞生标志着中国新民主主义革命向社会主义的转变，工作重点也由动员和组织革命战争转移到发展国民经济的中心任务上来。从中央到地方都建立了新的行政管理体制，我国的行政管理进入了一个新的历史时期。此时本应加强公共行政科学的研究，以科学的理论指导行政管理体制的完善和行政活动的有效开展，但由于"左"的错误思潮的影响，行政管理学和政治等学科被作为资产阶级的伪科学打入冷宫，并在 1952 年高等院校院系调整时加以取消，其后虽然也做了一些工作，但毕竟没有把它当作一门独立的学科研究，以至国家行政管理活动的一些失误在很大程度上是由于缺乏科学理论的指导而造成的，这是应当吸取的一个惨痛教训。

党的十一届三中全会以后，我国进入了现代化建设的新时期。改革和开放给我们的经济建设注入了新的活力，生产力得到了迅速发展。但是政府在体制和管理效率等方面的弊端日益突出，越来越不能适应社会主义现代化建设的需要。加强政府行政管理的科学研究，改革行政体制，提高效率，日益成为现代化发展进程中迫切需要解决的问题。为此，1979年邓小平郑重指出"政治学、法学、社会学以及世界政治的研究，我们过去多年忽视了，现在也需要赶快补课"。① 这段话对我们解放思想，建立和发展行政管理科学起到了极大的推动作用。在此背景下，长期关闭的"禁区"冲破了，行政管理学和其他一些社会科学一样，得以恢复并活跃起来。1982年1月29日夏书章先生在《人民日报》上发表《把行政学的研究提上日程是时候了》一文，呼吁我们需要社会主义的行政学，引起了人们对行政管理学研究的关注。以后经过党和国家领导和广大理论工作者的共同努力，行政管理学在短短的几年里得到了迅速发展，取得了可喜的成绩。概括起来，主要表现在以下几个方面。

第一，举办各种形式的讲习班、研讨会，促进学术交流。1982年中国政治学会在上海复旦大学举办政治学讲习班，第一次把行政管理学搬进讲坛，学员有幸在几十年的沉寂后，聆听先辈们的教诲，以后，一批学员陆续放弃了原来的专业和工作，转向行政管理学的领域，很快成为我国新一代的行政管理学者。1984年是我国行政管理学恢复的重要起点。7月，中国政治学会、中国法学会和天津行政学会联合召开了"行政科学学术讨论会"，这是老一辈学者和年轻学者与行政部门的实际工作者的第一次大聚会。8月，国务院办公厅和劳动人事部在吉林市召开了"行政管理学研讨会"，这是我国高级行政部门领导出面召开的第一次全国性的研讨会，是在国务院领导的直接关怀和领导下召开的，国务院办公厅和劳动人事部的几位领导出席、主持并讲了话。以后的《纪要》报到国务院，并作为参阅文件发往各地和各部门。《纪要》阐述了行政管理科学的意义和作用，指出了行政管理科学研究的指导思想、方针、原则和当前应研究的主要内容，提出了宣传和普及行政管理科学知识、建立研究机构、出版学术刊物、组织专业学术团体等建议。由于政府领导部门的直接倡导，行政管理学很快为各级行政部门的领导

① 《邓小平文选》第2卷，人民出版社，1994，第180～181页。

所了解、所重视，为今后行政管理学的发展创造了极为有利的条件。

第二，成立各级行政学会，建立各种研究机构，加强组织领导。自1984 年中国行政管理学会筹备组成立起，全国已有 22 个省、自治区、直辖市成立了省级行政管理学会，地市级行政管理学会也纷纷成立。几年来，国家学会和地方学会紧密结合改革实践，对行政管理的科学研究做了大量的组织工作和其他有益的工作，在一定程度上对政府起了咨询参谋作用。此外，在政府有关部门的支持下，还成立了一批专门性的研究机构，如原劳动人事部主持成立的"行政管理科学研究所"，中国人民大学的"行政管理学研究所"等，都是在这一时期建立的。北京大学、中国人民大学、中山大学、南京大学、吉林大学、武汉大学等几十所高校成立了政治与行政学系。它们紧密配合行政工作，积极参与，不断地研究行政体制改革的新情况、新问题，产生了一大批有一定价值的科研成果，受到了人们的重视。

第三，出版各种教材、专著和刊物，加强理论研究和理论阵地的建设。自1984 年以来，大量的学术论著相继问世。据不完全统计，最近 10 多年来公开出版的行政学专著、教材就有 300 多种。这些著作和文章，以我为主、博采众长，从我国的实际出发，对学科体系的建立和改革理论的研究作出了贡献。与此同时，各种专业刊物纷纷涌现，它们不断地反映我国行政管理的理论和实践的科学成果，总结行政体制改革的经验，交流各地行政管理的信息，尤其是在普及行政管理知识方面发挥着重要的作用。

第四，初步形成了公共行政研究的各种学派。如管理学派有夏书章、竺乾威等；政治学派有黄达强、李方、刘怡昌等；法学派有应松年、姜明安等；经济学派有毛寿龙等。[①] 这些学派各自从不同的视角对公共行政的发展阐述了自己的看法，并且期待更多学者加入，以进一步做系统、深入的研究，它们都为我国公共行政改革的理论和实践作出了积极的贡献，是繁荣和发展我国公共行政事业必不可少的推动力量。

此外，专业设置日益增多，大专、本科、研究生，函授、夜大、电大、自学考试等均设置了行政管理专业；培训工作不断加强，各级党校、行政学院和其他一些管理干部学院都普遍地开设了行政管理学课程；对外学术交流空前活跃，1989 年国际行政学会在摩洛哥召开的第 21 届大会上，取消了台湾"会员国"的资格，正式接纳我国为会员国，为我国加强国际学术交流

---

① 笔者本人亦从制度经济学视角对公共行政做过探讨，并在《企业型政府论》中做过详细论述，目前仍致力于这一领域的研究。

开辟了重要渠道。1996 年我国成功地举办了由 130 多个国家和地区参加的第三届国际行政科学大会，我国的行政科学研究由此全面走向世界。与此同时，我们必须清醒地看到，我国的行政管理学研究仍处于初创时期，在理论基础和队伍建设等方面还存在着许多不足之处。

其一，理论脱离实际。理论与实际脱节是学术发展的致命弱点。国外行政学迅速发展的成功经验之一就是理论研究者与实际工作者携手合作，理论工作者在实践发展的基础上，把大量的实践活动加以系统分析，上升为理论，产生普遍的原则和方法，形成一套系统的科学理论，最后才建立起一门独立系统的学科。而我们的学科建设和发展是逆向的，是从理论介绍开始，然后回到实践，因而闭门造车、纸上谈兵的现象十分普遍，其"成果"很难发挥对行政改革和其他社会问题的指导作用。

其二，具有中国特色的行政管理学体系尚未形成。一门学科是否成熟，在很大程度上体现在学科体系上。行政管理学在我国恢复发展以来，许多学者和专家对学科体系进行了有益的探索，产生了不少好的见解，如因素排列式、纵横结合式、功能贯穿式、网络交叉式、主题研讨式等等。但令人信服的主导体系难以形成。这不能不说是十几年来公共行政科学发展过程中的一大遗憾。

其三，开放引进工作薄弱，研究方法单调。近百年来，特别是"二战"以来，随着经济的发展，西方国家对行政管理学展开了大规模的研究，取得了显著的成绩，但是，我们对早已行之有效的经验知之不多，既浪费了人财物，又耽搁了时间。在研究方法上亦是如此，我们长期热衷的传统的定性分析方法仍然居主导地位，而对于国外社会科学界当前流行的情景模拟、案例分析等方法甚为生疏，因而很难对那些规范的、静态的单一方法加以扬弃和改造。

其四，教学和研究人员素质较低，难以适应客观形势的需要。由于几十年的学科断层，公共行政科学教学和研究领域一度人才奇缺，一大批相关相近学科的教研人员纷纷转向公共行政科学领域，因此，除为数极少的老一辈行政学者外，真正科班出身者寥若晨星。虽然高校专业调整后一大批行政学专业的本科生、研究生不断走上社会，但其成长还有一个艰难的"时滞"过程。近年来，有些教研人员通过艰苦努力，在广泛吸收政治学、管理学、行政法学等理论的基础上逐渐成为行家里手，但也有鱼龙混杂的现象。一些"成果"错误百出，质量极其低劣，甚至连最基本的概念都不甚明了。个别作者甚至将国外同一个学者的不同主张，当作两位不同的学者在文中大加比较分析，荒谬绝伦。

总之，我国的行政管理学自恢复重建以来，取得了很大成就，但相对来说，还处于比较落后的状态，其理论指导作用和理论研究成果距离实际需要差得很远，我们对现状不能估计过高。

三 我国公共行政学研究的前景展望

根据我国的现实情况，在今后一个时期时内我国公共行政科学的发展将会出现以下趋势。

第一，研究领域不断扩大，专业化程度进一步提高。一是从过去一般行政理论、行政概论和一般规律的研究扩展到专业行政的研究。即从过去的概括性的研究扩展到行政管理的对象、要素和层次分门别类的研究。如，各种专业的行政管理，行政各分支学科，以及不同层级、不同区域的学科，都是专业化的具体体现。以上各学科将按照行政管理的一般规律组成一个行政管理学科群，形成有关行政管理的多层次、多方面、多侧面的多学科体系。二是从一个国家的行政管理研究扩展到重视各国行政管理的比较研究。通过比较研究进一步总结其规律性，吸取其精华，"洋"为中用，而不再是"言必称希腊"、食"洋"不化。三是从过去及现状的研究扩展到未来的研究，不仅研究我国过去的历史经验和当前的状况以及改革实践，而且还将重视我国在市场经济条件下人口剧增、社会结构突变、科学技术发展、社会组织猛增以及自然资源日趋减少的情况下，政府遇到什么新问题，应采取哪些应变措施等。

第二，研究侧重点不断转移，理论与实际愈加密切。这一趋势主要表现在两个方面：一是政府管理经济的职能愈益成为研究的重点。政府行政管理的存在，就是为产生它的经济基础服务，即以各种形式来推动社会生产力的发展，保护经济基础的巩固和发展。但是，政府在行政管理中究竟如何管好经济的问题，一直没有得到很好的解决，政府大包大揽，统得过多、过死的现象依然存在，严重地制约着我国市场经济体制的形成、完善和发展。党的"十五大"以后，我国的经济改革已进入一个新的历史阶段，到底如何发挥经济职能的作用，管理方式要作哪些调整等，都需要行政管理学作出科学的回答。二是研究的重点从行政体制改革的"硬件"转移到"软件"。行政体制的构成要素较多，涉及行政管理的各个方面，但大致可以分为"硬件"和"软件"两大部分。其中机构设置和人员编制为行政体制的"硬件"部分，而职能配置、决策程序、行政责任、行政方式、行政监督、行政保障以及各级政府和政府各部门的相互关系等，则是行政体制的"软件"部分。

今后，我们必须进一步拓宽改革的范围，加深改革的层次，全面展开行政体制"软件"部分的改革。这些"软件"大体包括以下几个方面：继续合理配置政府职能，理顺政府各部门及各级政府之间的关系；完善决策体制，实现行政决策科学化；健全行政执行体制，强化行政指挥的权威性；完善行政监督体制，加强对各种违纪腐败现象的监督；完善国家公务员制度，提高政府工作人员的素质；改善经常与人民群众打交道的执法、监督和经济管理等"前沿机构"的工作质量，重塑政府形象，密切政府与人民群众的关系；规范行政行为，加强行政管理的法制建设，切实做到依法行政；完善行政管理的协调、激励、约束等运行机制，保证整个行政管理体系的良性运转。以上诸方面，对整个政治体制和经济体制的进一步改革，加强廉政、勤政和良政建设，严肃政纪法纪，巩固和发展机构改革的成果，全面提高行政管理质量，实现行政管理的法制化、民主化、科学化和现代化起着决定性的作用。因此，在今后 10 年，甚至更长的一个时期内，大力加强对行政体制改革"软件"的研究，是大势所趋。

第三，研究视野仍需进一步拓宽，新的问题层出不穷，形势也更加严峻。当前国际上国家间竞争力已然转移，而民族矛盾、宗教矛盾、文化冲突和地区冲突频仍，人类生存环境进一步恶化，暴力和恐怖事件增多、级别上升；国内也同样面临地区发展差距进一步拉大，贫富差距继续扩大，资源枯竭，人口压力过大，阶层分化加剧，社会矛盾增多，恶性案件不断发生，行政官员中良莠不齐，腐败大案、要案年年"翻新"，道德滑坡，拜金主义甚嚣尘上等一系列问题。无疑，在改变这种状况的过程中，公共行政的理论和实践负有极其重要的责任，亦将起到非常重要的作用。这召唤致力于公共行政研究的学者倾注更大的心血，深入实际，加强学派之间、国际之间的交流，共同面对人类当前面临的难题；而网络时代的到来，网络政治的兴起，对公共行政传统的服务方式、服务水平亦将提出全新的挑战①，这也将成为各国公共行政学者们需要共同探讨的新命题。在这一过程中，作为对学术的探讨、对先进经验的共享和汲取，笔者呼吁大家放宽历史的视野，以历史代替意识形态，或者至少可以减轻下一代的负担，以"使他们确切看清当前的道路"②。

当前，为解决阶段性的困难，我们提出了科学发展观，乃至和谐社会的

---

① 参见刘文富《网络政治——网络社会与国家治理》，商务印书馆，2002，第 205～210 页。
② 黄仁宇：《放宽历史的视界》，中国社会科学出版社，1998，第 447 页。

构建，亦是发展过程中的矛盾累积使然。但综观世界各国为消融冲突而发动的公共行政改革，其终极目标与我们并无二致，亦只有最终回归到马克思在《共产党宣言》中所描述的"自由人的联合体"中才能获得根本解决。但这种对于将来的希望并不是等待，当前面临的困难仍需逐步解决，如果惮于改革代价的沉重而裹足不前，只能使沉疴难治，积重难返；同样，如果有些问题和困难是我们在向着"自由人的联合体"这一共同目标迈进的过程中所必需面对的，则当我们面对实践中试错的代价和理论更新的痛苦时，仍有理由像马克思在《不列颠在印度的统治》中所说的那样，"无论古老世界崩溃的情景对我们个人的感情是怎样难受，但是从历史的观点来看，我们有权同歌德一起高唱：'既然痛苦是快乐的源泉，那又何必因痛苦而伤心？难道不是有无数的生灵，曾遭到帖木儿的蹂躏'"。①

---

① 《马克思恩格斯选集》第2卷，人民出版社，1972，第68页。

第二章
公共行政组织

荀子言:"人力不如牛,走不如马,而牛马为人所用。何也?曰:人能群,彼不能群也。"群者,组织也。人类之所以能够战胜洪水猛兽成为万物之主宰,是因为创设和完善了具有聚集、转换和释放功能的社会组织。可以说,组织是人类社会最为成功的发明。行政组织是人类社会各种组织中的一种,它是国家为有效地管理社会公共事务、按照一定的法律程序建立起来的公共机构。其设置与运行是否科学合理直接决定和影响着行政绩效水平。因此,行政组织始终是公共行政学研究的基本问题之一,并列入宪法和法律范畴,成为各国政府和行政学家研究的重要课题。

第一节 公共行政组织概念的阐释

一 公共行政组织的含义

在古代中国,"组织"一词意为将丝棉织成布帛。现代意义上的组织,一般用"群"来表示,如荀子《王制》中"人能群,彼不能群"句。在西方,"组织"一词源于器官,属生理学范畴,意为具有特定功能的细胞结构。从汉语来看,由于"组织"具有名动两种词性,所以人们一般从静态和动态两个角度来考察其内涵。从静态意义上看,它是指人们为实现某种目标和功能,按照一定的形式组建起来的、具有特定结构的整体。从动态意义上看,则是指人们为实现一定的目标而进行的活动过程。完整的组织的含义是动与静的结合,是目的、结构和活动方式的统一。

公共行政组织是组织系统中的一个子系统,是国家为推行政务和管理社会事务,按照法定程序组建起来的组织实体,以及借此实现一定目标的运行过程。它包括两层含义：①机构设置的实体。它包括从中央人民政府到乡镇人民政府以及它们的部委、厅局、处科等职能部门的行政组织。在理论研究上，主要考察其职能的确立、职权的划分、职位和人员数额的编制等，目的是尽可能地使其设置合理化。②机构的运行过程。即组织实体为实现管理目标和管理功能而进行的活动过程。研究考察的着重点在于制定工作程序，沟通协调关系，确定行为规范，履行行政职责，监督行政行为等，目的是使行政组织运行高效化。

公共行政组织以其实体的定位，决定了它在国家机器中的位置和国家管理活动中的作用。在本质上，它是统治阶级推行政令、管理事务的工具；在形象上，它是社会和公众推出的服务者，是社会公众利益的维护者和代表。因而，它对于维护统治阶级的地位，发展生产力，协调各方面的矛盾，促进社会的和谐和安定，调动社会各个方面的积极性，具有举足轻重的作用。

二 公共行政组织的特征

行政组织是国家机构体系的重要组成部分，除具有一定阶级利益、体现统治阶级意志的政治特性和管理社会公共事务的社会性外，还具有以下几个方面的特征。

系统性。行政组织有极强的整体性，其权力关系、组织结构和工作流程具有纵横交织、层级分明、上下沟通、统分有据、密切配合等突出特点。当今各国政府组织皆是这样一些规模庞大、结构复杂的整体。它不仅有纵向层次的上下级机构，而且有横向的职能部门，它们共同构成一个遍布所有公共管理和服务领域的一个大系统。

服务性。这是行政组织行为的出发点和基本属性。行政组织作为上层建筑的重要组成部分，必须适应和服务于经济基础，为国民经济的稳定和发展服务；行政组织作为立法的执行性机构，必须服从立法，为执行宪法和法律服务；行政组织作为社会中的一个组织，它必须施益于社会，服务于社会公众。

权威性。国家行政组织依照宪法和法律设置，按照宪法和法律行使职权，是国家权力机关的执行机关，因而，可以对各种社会组织、公民和广泛的社会生活进行管理，具有强大的、普遍的约束力。不论是行政组织自身，还是企事业单位、社会团体和公民等，都必须接受这一约束。当这一权威受到威胁、抵制和违背时，行政组织可以以国家的名义和有力的强制措施，促使其接受义务，履行职责。

　　法制性。这一特性主要体现在三个方面：一是行政组织的设置具有法制性。它的成立主要依照宪法和法律的原则、程序和要求来进行，不得随意设置；它的变更要以编制要求、变更程序和预算承受力来确定；它的撤销也要经过法定程序的审批。二是行政组织的运行具有法制性。行政组织在行政管理中的所有行政行为，都要符合宪法和法律精神，要依法行政。三是行政组织实施行政管理的始与终都要接受国家权力机关、司法机关和社会公众的法制监督，防止滥用职权，违法行政。可以看出，行政组织的法制性贯穿于组建、运行和变更的全过程。

　　动态性。任何行政组织都要适应统治阶级的意志、社会文化传统和现代科学技术变化等因素，不断地进行调整和变革，始终处于动态之中。因为它受制于特定的生态环境，因而必须不断地调整其结构形式、管理方法、人员素质和技术条件等，并始终与生态环境相互协调，保持平衡，才能使组织具有生命力。

三　公共行政组织的要素

　　行政组织是一个由若干个要素构成的整体。要素即构成组织的部分或条件。行政组织的构成要素一般来说具有八个方面。

　　职能目标。即行政组织存在和活动的指向。任何行政组织的存在总是要有一定的目的，承担一定的事务，履行一定的职责。如劳动行政组织，就是要合理配置和开发劳动力资源、促进劳动就业，维护劳动者和用人单位的合法权益，提高社会劳动生产率等等。职能目标的作用在于：保证组织设置合理化；增进组织的协调能力和整合能力；确保考核制度公平合理；促使组织成员自我引导，努力工作。完整的组织目标是一个层级分明的网络，它由总职能目标、次职能目标、子职能目标和个人目标组成。

　　机构设置。行政机构是行政组织的实体，也是行使行政权力、履行行政职责的载体。它包括从纵向到横向的机构网络，其合理程度、完备程度，对组织效力的实现具有重要影响。因此，人们一般认为机构是组织的核心，也是影响效率的关键。

　　人员构成。这是行政组织智能的构成和活的灵魂。任何活动都是由人来推动的。人员构成，一般分为两类，一是领导者，二是一般公务人员，他们素质的高低、数量的多寡、协调的程度以及组织文化状况，对行政组织的良好运转有着直接影响。

　　权责分配。行政组织目标不同、功能各异，与此相适应，权责关系也必须进行合理的配置，以确保公务人员权责分明、各司其职、各尽其责，科学有效地进行管理活动。

资金设备。指行政组织运行所需要的费用开支、物财设备等，这是构成行政组织的物质条件。任何行政管理活动都必须以一定的社会化投入为前提，否则，就无法实施行政管理。但是，由于行政组织缺乏自律性，必须以有力措施降低行政支出，减少各种消耗。降低行政投入、提高管理效益和效率，是世界各国公共组织的共同目标。

管理方式。组织行为总是以一定的方式加以体现的，行政组织对社会公共事务的管理也是通过具体的管理方式来实现的。管理方式是行政组织最基本要素之一，是实施有效管理的重要手段。

运行过程。从动态的角度看，行政组织是一个由办事程序和信息流程组成的运行过程。程序，即办事的路线和步骤。现代行政组织要求行政管理尽可能地减少管理环节，缩短运行路线，提高管理效率。

法制规范。行政组织依法组建，依法运行，依法接受监督，始终体现法治的要求。失去法制或违背法治精神，行政组织就会失去可靠的保障。行政组织法治完备程度如何，标志着行政组织的完备度和健全程度。

四 公共行政组织的类型

行政组织是一个体系庞大、职能齐全的系统，按照不同的标准，从不同的角度可以分为若干类型。

按照职权和管辖范围的大小，可将我国的行政组织分为中央人民政府和地方各级人民政府。中央人民政府，即中华人民共和国国务院，是最高国家权力机关的执行机关，是最高国家行政机关。它由全国人民代表大会产生，对其负责并报告工作。在全国人民代表大会闭会期间对全国人民代表大会常务委员会负责并报告工作。它在全国人民代表大会及其常务委员会的监督下，统一领导和管理全国的行政事务。国务院由总理、副总理若干人、各部部长、各委员会主任、审计长和秘书长组成。国务院实行总理负责制。地方各级人民政府（含自治机关）是中央人民政府领导下的地方国家行政组织，又是地方各级人民代表大会的执行机关。它们分别对上一级人民政府和本级人民代表大会负责并报告工作，负责组织、领导和管理本行政区域内的社会公共事务，贯彻执行上级政府的指示、决议和决定。地方各级人民政府实行首长负责制。

按照工作性质、内容和作用，可将我国的行政组织分为以下几种类型：

①领导机关。是指各级人民政府的行政首脑机关、统率机关，是行政组织各层级的中枢，其主要任务是对所辖区域内的公共事务进行统一领导、指挥、协调和控制等。其工作具有统率性。②职能机关。亦称本部机关或实行机构，它是在统率机关的直接领导下，独自执掌某一方面行政事务的机关。它们是根据行政需要，按照法定程序设立的，是领导机关的组成部门。我国国务院所属的各部、委、办，各级地方人民政府负责专业行政管理的厅、局、处、科等，均为职能机关。这些机关，按照政府职能划分，掌管具有独立性的产业部门和社会事务，对上受行政首长的指挥监督，对下行使其管理职能。其工作具有局部性。③直属机关。指根据需要而设置的主办各项专门业务、为领导机关直接管辖的单独机构。它不是领导机关的组成部门，级别比职能机关低，主要负责人不列入政府组成人员。如国务院下属的国家海洋局、国家专利局、国家气象局、国务院机关事务管理局等。其工作具有专业性。④辅助机关。指协助行政首长处理专门事项，或分掌政府机关内部综合、平衡、协调等工作的办事机关。如国务院和省级人民政府的办公厅、县市人民政府的办公室等均属此类。辅助机关没有特定的专业事务，不能脱离行政首长而独立存在，因而也不能直接对各专业职能部门行使指挥和监督权，只有在特别授权的情况下，才可代表行政首长行使一定的权力。辅助机关在工作特点上具有综合性。⑤咨询机关。亦称智囊机关或参谋机关，是指专为各级人民政府出谋划策的机关。它的出现是现代行政组织的一个突出特征。现在我国各级人民政府所属的各种研究室、研究中心和顾问委员会等基本上属于这一类型。咨询机关不是执行机构，也不是秘书班子，其职能就是出主意、当参谋、提建议。其工作具有明显的参谋性。⑥派出机关。指一级人民政府为减少管理幅度，依法定程序，在所辖区域内设立的代表机关，它不是一级政权机关，其权力是上级人民政府的委派与延伸。如省人民政府的地区行署、城市市区人民政府的街道办事处、县（市）人民政府的区公所，以及铁道部在不同地段设置的各大路局，公安、工商管理、税务、邮电、财政在不同区域设置的局、所等。派出机关的主要任务是执行和督促执行上级行政机关的决定、决议，反映下一层次的意见和要求，发挥承上启下的作用。派出机关的工作具有辅助性。

第二节　公共行政组织结构框架的考察

行政组织是指将组织的目标、行政职位、层级制度等各要素组合起来的方式。它一般将其内部机构划分若干层次，并按其职能进行一定的分工，这种组合的表现形式就是行政组织机构。依据这种结构，人们可以确定组织的职责范围、权力关系、决策程序、活动方式以及控制方法等。

一 公共行政组织的纵向结构分析

行政组织体系必须纵向分层、横向分部，二者的统一才构成完整的行政组织结构。行政组织的纵向分层，即行政组织的纵向结构，它是上下级政府之间以及上下级政府所属部门之间所形成的关系形式。它是按照等级原则设计而成的，其职权和职责从最高层向最低层沿直线垂直分布。上级与下级、领导与被领导关系是这一结构形式最突出的特征。

行政组织纵向结构中的每一层级都有相应的机构、职位、人员和责任、权力、工作程序的等级划分。一般来说，在同一纵向结构上的不同层级所管辖的业务性质大体相同，只是管辖的范围随层级的降低而缩小。换句话说，层级越高，管辖范围愈大，职责与权力也愈大。就中国来看，行政组织体系一般分为中央政府和地方政府，地方政府又分为省、县（市）、乡三级（实行市管县的省则分为省、市、县、乡四级）。如果将未实行市管县体制，但实际上已经在行使一级政府职能的地区行署作为一个层次来看，那么，我国行政组织的纵向层级则有五级，如图2-1所示。

不可忽视的是，在同一层级的政府内部，同样也有纵向的不同层次的行政机构。如国务院各部委，向下又有司（局）、处；省级政府各委、办、厅，向下又有处、科等。其差异只是规模大小和管理范围大小不同而已。

纵向层次的设置必须适中适宜。层次过多，会造成程序复杂、手续繁多、公文旅行、官僚主义丛生，不仅会延缓信息的传递速度，而且增加推诿扯皮现象，从而造成人、财、物的浪费，降低行政效能；层次过少，事务集中于几个领导者或单位，又会出现分工不明、权责不清、一个部门或上级管理多种不同性质工作的局面，领导者疲于应付、难以控制。

管理幅度是行政组织纵向结构中的一个重要概念。它是指一级行政组织或领导者直接领导和指挥的下级组织数目或人员数目。如一个行政机关直接领导十几个部门，一个局长直接领导几名处长等等。对管理幅度也有量的限制问题。过宽，领导者管不过来，浮于表面、疲于应付；过窄，则会管理过细，干涉下级事权，挫伤下级机关和行政人员的积极性、主动性和创造性。

管理层次和管理幅度都必须适中适宜，但其中任何一个因素的变化，又

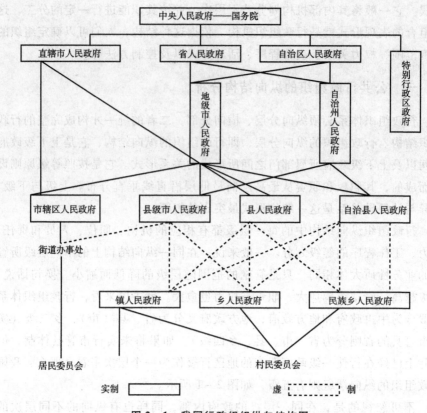

图2-1 我国行政组织纵向结构图

会导致另一方的变化。这主要是因为管理层次与管理幅度之间呈反比例关系，即管理幅度小时，管理层次就多，这时呈尖三角形；管理幅度大时，管理层次就少，这时呈扁三角形。有人将管理幅度作为自变量，认为中层的管理幅度以9~12为宜，也有的主张8~9个为宜。这些观念，严格来说是缺乏科学依据的。因为，影响行政效率的因素很多，我们很难在不分层次、不分地域、不分能力的情况下，做出量的统一规定。但在具体处理管理层次与管理幅度之间关系时，有一些最基本的变量关系必须加以考虑：第一，管理对象的复杂、难易程度；第二，被管理者的素质高低；第三，管理者本人能力的大小；第四，管理手段的现代化程度；第五，法律规范和运行机制的完备程度，等等。如果事务简单、被管理者素质高、管理者能力出众、管理手段的现代化程度高、法制和运行机制完备，管理幅度就可以大些；反之，就应当小些。当然，行政管理活动是错综复杂的，随时可能出现新的变化因素。因此，管理者要善于审时度势，适时调整组织的管理幅度。

二 公共行政组织的横向结构分析

行政组织的横向结构，又称部门化、分部化结构，是指同一层级各部门之间构成的分工合作的关系形式。在某一层级政府中，除领导统率机关外，一般还需要按照行政目标和业务性质对总职能进行分解，确立职能部门。这种结构的特征是分工合作、相互协调。分部化的各行政部门在一级组织的领导下，各职责范围内的工作任务。横向分部是现代社会分工加剧的必然结果，尽管有人对"项目政府"提出批评[1]，但是随着社会分工的进一步加剧和专业化程度的提高，职能部门会以各种形式不断增加。

对于职能部门的划分标准和方法，西方现代管理学界曾做过详细研究，其中，L. 古利克的四标准理论影响最为广泛。他指出，要在归类活动过程中将工作任务分配给各单位而又不违背同类的原则，就必须遵循四条标准，即依照目标、程序、人物或事物、地区来建立和划分机关种类。[2] 这一理论，一直成为世界各国各类社会性组织划分部门和组织分工的基本依据之一。

（一）按职能目标划分

这一方法是将管理目标进行分解，把事物同类、职能一致者划为一个部门。如中央和地方人民政府下设的工业、农业、贸易、民政、公安、人事等部门都是依职能目标法设置的。这种方法是目前世界各国设置横向部门的基本方法，它能够较好地体现专业化分工的组织原则，有利于组织内部的指挥统一，有利于行政人员专业技术水平的培养和提高。但这一方法也有一些缺陷：一是由于不同职能间的界限难以把握，很难一下子划清各职能的范围；二是不同职能部门间的关系容易冷漠、僵化，难以协调。

（二）按程序划分

即以工作路线、流程或设备为标准而设置机构。该划分方法有利于及时吸收运用现代技术成果，发挥专业特长；有利于加强技术合作，节省单位成本，提高行政效率；有利于培养和造就行政管理人才，促进公务员队伍专业化。其缺陷是，容易导致内部管理人员和公务员倚重技术轻视政策、崇尚手段忽略目的的倾向。

---

[1] 美国学者戴卫·奥斯本和泰德·盖布勒在 1992 年出版的《重塑政府》一书中认为，遇到行政目标出现，就设立相应的部门，结果新项目年年增，而旧项目不见减少。现代政府对一些新的行政需求，可以通过市场来完成，不一定都靠增加新部门来满足。

[2] 〔美〕L. 古利克：《组织理论的笔记》，第 15 页。

（三）按管理区域划分

该方法主要适用于按地区范围分工的机构，一般以地点命名，如各省、市、自治区，铁道部下属的各大路局，城市工商、税务、公安各派出机构等。这种划分有利于因地制宜、发挥区域优势，缺陷是容易产生地方主义、分裂主义、号令难以统一等弊端。

（四）按服务对象划分

该方法主要适用于工作性质相同但深浅程度有别的机构，一般以服务对象的名字命名。如国家教委内设的高等教育司、基础教育司、成人教育司，人事部内设的高级公务员管理司、专家司、军官转业安置司等。这种划分讲究对口、服务方便，但容易办事杂乱、出现专权现象。

以上划分方法各有利弊，如何选用要根据行政环境来确定。其基本思路是，首先要把总的机构按职能进行配置，之后再根据需要采用其他划分方法。但不论采用何种方法，都要以方便服务、功能齐全、结构合理、完整统一、运转协调、适应发展为前提。

第三节　公共行政组织体制的一般理论

行政组织体制是国家根据社会经济发展的需要，通过法定程序将行政组织各层次、各部门的行政关系制度化的表现形式，其实质在于保证行政组织整体功能的实现。

以行政权力的归属为标准，一般可将行政体制分为三种类型，即首长制和委员会制、层级制和职能制、集权制和分权制。

一　首长制和委员会制

首长制和委员会制是依照行政组织拥有最终决策权承担责任人数的多少来划分的。首长制，亦称独任制，系指行政组织的最终决策权和责任集中于一人承担的体制。美国的总统制是首长制的典型。这种体制，行政首长对行政事务享有最终决定权，对其所负责范围内的工作承担全部责任。委员会制，亦称合议制，系指行政组织的最终决策权力和责任由两人以上的合议集体承担。瑞士联邦政府是委员会制的典型。这种体制，一切重要行政事务都由联邦委员会集体讨论决定。首长制和委员会制的最大区别在于，前者是多数服从行政首长一人，行政首长可以不采纳多数人的意见；后者是少数服从多数，委员会核心人物必须听从多数人的意见。

在首长制体制下，行政首长权力集中，责任明确，因而指挥高度统一，命令上下贯通，控制坚强有力，行政纪律严明，保密程度高，信息沟通和行政决策的速度快。各国政府和具有行政特点的组织一直推崇并广泛使用这一体制。但是首长制也存在许多缺陷，一方面，行政首长面对日益庞杂多变的行政事务，可能因个人智力、能力和精力的限制而疲于奔命、顾此失彼、贻误工作；另一方面长期大权独揽，加之个人品质恶化，容易导致行政首长偏执己见，独断专行，营私舞弊，拉帮结派，培植势力，甚至置国民利益于不顾，行政组织的公正和廉明受到冲击和破坏。

委员会制是民主精神的一种体现，其优点主要表现在：易于博采众长、集思广益，实现民主决策、科学决策；易于分工合作、减轻领导者负担；易于相互牵制、防止权力专断和营私舞弊。其缺点也十分明显，体现在：事权分散、决策迟缓、协调困难；责任不明、职守不清，相互争功诿过；力量分散、行政迟缓，易贻误时机；易于泄密，保密制度往往形同虚设。

首长制与委员会制各有利弊长短，没有绝对好坏、优劣的划分，其运用应视特定行政环境来确定。自古以来，中外政治家和管理者对此都有过详尽的探讨。东汉末年的仲长统指出："春秋之时，诸侯明德者一卿为政，爰及战国亦皆然也。……夫任一人则政专，任数人则相倚。政专则和谐，相倚则违戾。和谐则太平之所兴也，违戾则荒乱之所起也。"[1] 明张居正认为："天下事虑之贵详，行之贵力，得在于众，断在于独。"外国学者对此也有论及，孟德斯鸠认为："行政贵乎迅速，与其付托于多数人，不如付托于一人；立法要深思熟虑，与其付托于一人，不如付托于多数人。"美国行政学者认为，执行与指挥的事务应采用首长制，制定决策、决定法令宜采用委员会制，因为集体的智慧常高于个人的智慧。可见，对于两种体制的选用要趋利除弊、扬长避短，使之相互配合。一般来说，凡属执行性、事务性等带有速决性质的行政事务宜采用首长制，以收行政快、效率高之效；凡属立法性、决策性、顾问性的组织宜采用委员会制，以体现各方利益，反映各方要求。

我国行政组织原为委员会制，直到1982年才由宪法规定实行首长负责制。但这一体制同一般意义上的首长制有很大区别，而是在首长制的基础上，吸收委员会的优点而形成的一种混合制。它既兼备首长制和委员会制的优点，又可避免首长制和委员会制的缺点。在国务院实行总理负责制，在总

---

[1] 仲长统：《昌言·法诫篇》。

理负责制下的国务院会议只开展讨论，不进行表决，最后决定由总理在集体讨论意见的基础上做出。与此相适应，国务院各部、委实行部长、主任负责制，地方各级人民政府分别实行省长、自治区主席、市长、州长、县长、区长、乡镇长负责制。这种体制既事权集中、责任明确，又决策民主、分工合作，是一种较为理想的模式。

二 层级制和职能制

层级制和职能制是依照行政组织体系内部各构成单位的职权性质和范围划分的。层级制亦称分级制，系指一个行政组织纵向分为若干层次，每个层次所管辖业务性质完全相同，其管辖的范围随层次的降低而缩小。比如省、市、县都负有管理经济、教育、农业、民政等任务，种类几乎是完全一样的，只是管理的范围和领域大小不同。职能制，亦称分职制，系指一级行政组织平行划分为若干部门，每个部门所管辖的业务与其他部门不同，但其管辖的范围大体相同，如省级人民政府分设各委办厅局，其工作内容各异，但其职权范围是相同的。

层级制和职能制，作为一种体制，各有优缺点。层级制是典型的层级节制结构，在实践上往往与首长制相联系，其优点在于指挥统一，事权集中，节制分明，成一系统，便于指挥。但层级制往往因节制过严而抑制下级组织的首创精神和主动精神；行政首长常常管辖过多，事繁责重，既无暇顾及大事，又容易出失误。职级制的优势在于有利于发挥组织的技术专长，使之合理分工、相互配合；同时可以使首长把主要精力置于整体和长远目标，不致独任其劳、陷入冗杂琐事之中。但是，如果分职不当，分工过细，则又容易造成机构部门林立、机构松弛、分工不合作、甚至相互制约等弊端。正因为如此，在现代行政组织中没有一个是单纯采用层级制或职能制的，事实上它们也不可能单独使用，而是把两种制度有机结地结合起来，即形成"级职综合体"。其具体程序是，先按管理范围划分组织层级体系，之后再对每一层级按管理性质划分部门。

我国的行政组织是层级制和职能制相结合的层级职能制体制。从层级上看，从中央到地方按范围大小划分为国务院、省（直辖市、自治区）、市（州）、县（旗）、乡（镇）若干层级；从职能上看，每一个层级又分设为若干部门，如国务院设立若干部委署，省市自治区政府设立若干委办厅局等。这样就构成了一个纵横交错、相互配合的层级职能体系。

三　集权制和分权制

集权制和分权制是依照行政权力的归属及范围划分的一种组织体制类型。所谓集权制，是指行政权力集中于上级机关，下级机关没有或很少有自主权，一切措施、法令均由上级机关决定，下级机关必须按照隶属关系、按照上级指令被动地从事各项管理活动。与此相反，分权制的下级在其管辖职权范围内，拥有采取行政措施、开展行政活动、做出行政决策的自主权，不必事事请命于上级，上级亦不随意干预，中央或上级仅是处于监督的地位。

集权制有利有弊，其优点是政令统一、标准一致，层层节制，指挥灵便；同时，有利于统筹全局、成一系统，符合行政统一之精神；就国家而言，还有利于推行大型建设项目和完成综合性的社会治理。但是，如果权力过于集中，就会使组织趋于僵化，环境适应能力差；缺乏有效监控时，还易于导致管理上的专制与独裁；层级节制过多，还易导致下级消极待命、唯命是从，缺乏自主精神和创造性；只顾整齐划一，忽视因地制宜，等等。

分权制的组织体制在管理方式上具有灵活性和适应性的特点，它有利于分权分工、分级治事、分层负责、因地制宜，避免政策上的"一刀切"；有利于充分发挥下级个性、特长，使体制富有弹性、适应性。但是，如果过度分权而不加以适当集中，就有可能破坏行政统一，出现各自为政、本位主义，甚至分庭抗礼、割据称霸的现象，导致行政体系功能紊乱，难以控制。

政治和管理实践表明，集权与分权既相互排斥，又相互依赖。一个组织既要集权，又要有适度的分权，否则，不是专断、独裁、僵化，就是相互冲突、相互残杀。因此，在实际运用中必须有机地加以统一，使其统中有分、分中有合、统分结合、相得益彰。就一般情况来看，凡是涉及全国整体利益，对全国具有普遍意义的事情；凡属立法、军事、外交、国家安全、公安等政治、法律方面的重大事务；凡是在特定的变动不稳的历史时期等，都应实行集权制。至于那些关系到地方利益的事务，如各地区的经济建设规划、生活福利、基础设施建设、文化教育事业等等，都应分权归地方管理。

我国是具有高度集权传统的国家，实践证明这种做法弊多利少。经过十几年的改革，我们已取得了许多可喜的进步，如赋予地方人民政府以较大的行政立法权和行政管理权，在少数民族聚居区实行区域自治，在经济特区实行特事特办，香港、澳门实行"一国两制"，赋予中心城市计划单列体制等等。仅此还远远不够，尚需在"还权于社会、还权于民"的世纪变革进程中进行普遍改革。

第四节　跳出怪圈：公共行政机构改革

一　公共行政机构改革意义的再认识

我们这里研究的机构，主要是行政机构。它是国家为推行政务和管理事务依法组建的行政机关体系，是特指的国家行政组织机构，与狭义的政府机构相一致。公共行政机构是国家机器的主要组成部分，在国家政治上层建筑的范畴里具有十分突出的地位和作用。在几千年的人类文明发展历程中，它始终以严密的层级性、高度的权威性和稳定性使一座座"金字塔"耀眼生辉，成为人类战胜"洪水猛兽"、主宰万事万物不可缺少的重要工具，并被誉为现代人类社会最为成功的发明。其领域在一个多世纪以来始终为行政学研究所重视。

行政组织机构属于上层建筑的范畴，它虽然具有自身的特殊性和相对独立性，但其发展与更新主要取决于推动社会历史进程的终极动力——生产力的发展。这是上层建筑发展规律的必然反映。因此任何时代、任何社会制度的国家，要想保持其经济的发展和社会的进步，都必须随着经济、社会的发展，按照经济基础发展的内在要求，不断地对行政机构进行调整。

对于机构改革的重要意义，人们的认识并不完全一致，它经历了从个别到一般、从特殊到普遍的发展过程，经历了从不确定到相对确定的发展过程。1981 年以前，党和政府的正式文献、文件上一直是用精简机构来代替机构改革的，机构改革就是精简机构和人员似乎已经成为定理，因此，尽管党的"十三大"报告正式使用了机构改革的表述，但是人们的认识和理解仍然停留在狭隘的阶段。今天，我们所进行的机构改革早已不是过去意义上的单纯的机构本身的增减盈缩了，而是以适应经济与社会发展变化，以转变职能为核心的、全面的、深刻的社会变革和政府制度的创新。其内容主要包括：按照市场经济体制的要求，重塑和再造政府职能；撤销、合并与新体制、新职能不相适应的机构，尤其是专业经济管理部门；理顺上下之间、左右之间的组织结构和隶属关系；精简领导职数，紧缩人员编制，提高人员素质；建立健全各种工作制度、领导制度和人事制度，加强机构的法制建设，等等。这一认识的建立、丰富与发展对于搞好机构改革，使之走上良性循环的道路异常重要。

关于机构改革的范围，理论界和实践中在使用上也是不尽相同的。有的使用广义的概念,认为机构改革就是行政管理体制改革;有的使用狭义的概念,认为机构改革主要是政府机构的改革。笔者主张使用后一种观点。因为,行政管理体制是一个十分宽泛的概念,与机构改革之间是大系统与小系统的关系,不加区别地使用,容易引起混乱。但是我们也看到,大规模的机构改革,实际上已经触及整个行政管理体制的改革,在此情况下,使用行政管理体制改革要比使用机构改革准确得多。但在这里却是两回事。此外,党的机构我们也姑且列入行政机构改革的范畴,这是基于目前党的机构所具有的特殊职能模式、活动方式以及现有的党政机构关系状态来考虑的。目前研究机构改革如果撇开党的机构则无法准确地反映我国机构改革的全貌。

机构改革是一项事关社会主义现代化建设全局的战略举措,是深化经济改革、建立社会主义市场经济体制和加快现代化建设的重要条件,是我国政治体制改革、加强社会主义与法制建设的紧迫任务,也是全面贯彻党的基本路线,巩固党的执政地位和社会主义政权的客观需要,各级党政领导干部只有从这一战略的高度来认识和组织实施这一改革,才能切实增强责任感和紧迫感,保证改革有条不紊地推进。

二 我国公共行政机构改革历程的回溯

新中国成立以来,随着国家政权的巩固和政治、经济、文化等因素的不断变化和发展,我们曾对国家行政机构进行了几次较大规模的改革,为了更加深刻地认识改革的意义,更好地吸取经验教训,我们有必要对各个阶段的改革背景、改革进程以及改革的成效进行回顾和总结。

1952~1956年,国家进行了第一次大规模的机构改革。1952年,国民经济恢复时期的任务提前完成,新的大规模的经济建设与文化建设高潮即将到来。为了适应新形势和新任务,特别是完成近百个大型项目的建设任务,中央人民政府对各项工作都必须实施高度集中的组织与管理,这样才能弥补地方能力的缺陷,改变权力过于分散的局面。于是从1952年底开始,便全面借鉴学习苏联高度集中的管理体制,进行了第一次大规模的机构改革。首先,将各大行政区人民政府(军政委员会)一律改为行政委员会,作为中央人民政府在各地进行领导和监督地方政府的代表机关;其次是加强中央人民政府的机构,增设了国家计划委员会,调整了政务院的工作部门,由重工业部分设出第一、第二机械工业部,建筑工程部、地质部;由教育部分设出高等教育部、体育运动委员会、扫盲工作委员会;撤销了新闻总署和情报总署。到1953年底,政务院工作部门达42个。

　　1954年，为了进一步加强中央对省、自治区、直辖市的统一领导，减少管理层次，提高工作效率，中央决定撤销各大区行政委员会，从而从根本上消除中央与省的管理环节。同年，依宪法成立了国务院，即中央人民政府。按照《国务院组织法》的规定，对原政务院的组织机构进行了改革，国务院的工作部门在原政务院42个的基础上增加到64个。具体内容是：撤销政治法律、财政经济、文化教育3个委员会，设立国务院政法、文教、重工业、轻工业、财贸、交通、农林、对外改造8个办公室，协助总理掌管和处理国务院所属各部门的工作。设立20个国务院直属机构，主办各项专门业务。调整部分部委机构，即：撤销人民监察委员会，设立监察部；增设国防部、国家建设委员会和地方工业部。国家计划委员会改为国务院组成部门；中国科学院不再作为政府工作部门，成为国家最高学术机构。

　　1955年和1956年，"一化三改"运动进入高潮，工业、农业和商品流通业日益发展，各大中型工业建设项目进展顺利。为了推动国民经济有计划按比例地均衡发展，加强对整个经济工业的指导，中央对所属的财经部门的组织机构进行了较大范围的调整，先后增设工作部门17个，其中绝大多数为经济管理部门，如国家经济委员会、国家技术委员会、第二机械工业部、电机制造部、森林工业部、产品采购部、农垦部、水产部、物资供应总局、城市建设总局，重工业部分解为冶金部、化学工业部、建筑材料工业部，燃料工业部分解为煤炭工业部、石油工业部和电力工业部。这时的国务院部门达81个，形成了新中国成立以来机构膨胀的第一个高峰。与此同时，省级和省级以下政府也比照国务院的工作部门对口设置机构。至此，中央高度集权，实行部门管理，按行业和产品设置管理机构的管理体制基本形成。

　　这套机构和管理体制，在新中国成立之初，对稳定政权，保证和促进国民经济稳定持续发展起到了积极作用。但是，随着经济的进一步发展，权力高度集中，抑制地方积极性的弊端逐步暴露出来。为此，1956年2月初，毛泽东用了很长时间听取了4个部门的工作汇报，感到权力集中，统得过多过死有百害而无一利，于是严肃指出："应当在巩固中央统一领导的前提下，扩大一点地方的权力，给地方更多独立性，让地方办更多的事情。这对于建设强大的社会主义国家比较有利。我们的国家这样大，人口这样多，情况这样复杂，有中央和地方两个积极性，比只有一个积极性好得多。我们不能像苏联那样，把什么都集中到中央，把地方卡得死死的，一点机动权也没有。"① 他

---

① 《毛泽东著作选读》下册，人民出版社，1986，第729页。

因此建议党政机构必须进行大精简。1957 年，国务院决定对经济体制进行改革，从而拉开了第二次大规模机构改革的序幕。

从 1958 年开始，中央向地方下放权力，把以中央部门为"头"的条条管理为主，改为以地方的块块管理为主。如将工业、商业和财政的一部分权力下放给地方和企业，将原由中央各部门管理的企业、事业单位下放给地方政府。与此相适应，国务院经济管理部门也随着职能目标的改变与消失进行了较大幅度的合并和调整。到 1959 年，国务院工作部门比 1956 年减少了 21 个，其中主要是经济管理部门。

这一阶段的改革，对于调动地方的积极性，无疑是重要的，并且已经开始触及行政管理体制中权力高度集中的弊病。但是，机构改革是一场复杂的巨型系统工程，人们在当时的认识条件下很难理性地顾及全部，因而不可避免地会顾此失彼。因为，当时的社会生产力水平已经大大提高，小生产的生产规模和方式开始向社会化大生产转化。这给我们带来两个方面的问题：一是专业化分工愈来愈细，二是在分工基础之上的合作与协调需要加强。然而，这一阶段的改革并没有面对这样一个现实。由于政企之间紧密合一，行政机构必须按照专业分工的趋势和要求不断地增设，为此导致各部门之间分工不合作和机构人员严重超编等问题十分突出，而精简机构和编制又反过来影响甚至削弱中央的宏观调控和综合平衡。这是计划经济体制下机构改革的两难选择。这一阶段的机构改革在当时的历史条件下只能以失败作为结局。

1961～1965 年是新中国成立以来第三次较大规模的机构改革。为了贯彻发展经济的"调整、巩固、充实、提高"八字方针，中央开始上收 1950 年代后期下放给地方的一系列权力。与此相适应，在机构设置上也逐步开始恢复权力下放时被撤销和合并的中央经济管理部门，并且增设了一些新的经济管理部门，如二轻工业部、对外经济联络委员会等。到 1965 年底，国务院设部委 49 个，直属机构 22 个，办公机构 7 个和 1 个秘书厅，共 79 个单位，机构数量接近 1956 年的水平。在调整机构的同时，还大批地精减下放国家机关人员。1961～1963 年间，共精简下放机关干部 80 万人。

这一阶段的改革是在国民经济受到严重破坏，并难以为继的情况下，为贯彻八字方针所采取的应急措施。尽管机构再次趋于膨胀，但是稳定了经济局势，达到了恢复和发展的目的，实践证明这是当时所能选择的最佳方案。更为可喜的是，经过这次改革，人们已开始注意并触及我国的行政管理体制、政企分工、企业自主权以及中央管理经济的职责范围等问题。可以设想，如果循此思路进一步研究适宜的管理体制和机构设置模式，我国的经济和社会状况早已是另一种局面了。

"文化大革命"开始后，国家机关普遍受到冲击，机关工作陷于停顿、半停顿状态。在"斗批改"中，机构撤并，人员下放。1970 年国务院将 79 个部门撤销合并为 32 个，其中包括划归军委办事组管辖的国防部，第二、三、四、五、六、七机械工业部和划归总参、空军、海军领导的体育运动委员会、中国民用航空总局、国家海洋局以及归中央文革和中联部领导的新华通讯社、广播事业局、外文出版发行事业局等 13 个部门。实际上归国务院领导的部门只有 19 个，即：外交部、国家计划委员会、国家基本建设委员会、公安部、农林部、冶金工业部、燃料化学工业部、第一机械工业部、轻工业部、交通部、水利电力部、财政部、商业部、对外贸易部、对外经济联络部、卫生部、科教部、文化部和国务院办公室。这种机构变革中的随意性，是"文化大革命"特殊历史条件下的必然产物。

"文化大革命"后，国家进入新的历史发展时期，各条战线拨乱反正，党的马克思主义思想路线、政治路线和组织路线重新得以确立。尤其是广大干部把国民经济搞上去的热情日益高涨，纷纷提出加强自己所主管的工作，要求恢复在"文化大革命"中被撤并的机构，或者增加新的机构。此后，国务院工作部门急剧增多、膨胀，无论是增加的速度，还是数量，都远远超过了新中国成立以来任何时期。到 1981 年，机构由 1976 年的 52 个猛增到 100 个，达到了新中国成立后的最高水平，其中经济管理部门就有 65 个。

这几年机构的急剧增加，在百废待兴的特定历史条件下，对于国民经济的调整和恢复，加强传统体制下的集中管理，站稳脚跟，大踏步前进，起到了一定的积极作用。但是，由于这一时期沿用的仍是过去传统的、过时的管理体制和机构模式，因而，其弊端便随着党的工作重心的转移和经济的迅猛发展急剧而又广泛地暴露出来。

1982 年是新中国成立以来第四次较大规模的机构改革。早在 1980 年，邓小平就明确指出："我们的各级领导机关，都管了很多不该管、管不好、管不了的事"①，而且"机构臃肿，人浮于事，办事拖拉，不讲效率，不负责任，不守信用，公文旅行，互相推诿……都已达到令人无法容忍的地步"。② 邓小平在文中所列举的这些现象，是伴随着经济体制改革的深入，

---

① 《邓小平文选》第 2 卷，人民出版社，1994，第 2 版，第 328 页。
② 《邓小平文选》第 2 卷，人民出版社，1994，第 2 版，第 327 页。

商品经济的迅速发展，政治体制改革不配套，政府职能转变滞后所逐步暴露出来的。因此，如果不对现行机构进行改革，"不论党和政府的整个方针政策怎样正确，工作怎样有成绩，我们却只能眼睁睁地看着党和政府的机构这样地缺少朝气、缺少效率，正确的方针、政策不能充分贯彻，工作不能得到更大的成绩，我们怎么能得到人民的谅解，我们自己又怎能安心？"[①] 在这一背景之下，国务院部署了这一阶段的机构改革。

这次机构改革的主要内容是：第一，把调整领导班子实现干部队伍的"四化"放在突出位置；同时，明确了干部离退休制度，打破了干部职务终身制。第二，根据重叠机构撤并、业务相近机构合并的原则，撤委并部，大大削减直属机构。经过改革，国务院工作部门由 100 个减少到 61 个，其中部委减为 43 个，直属机构减为 15 个，办事机构减为 3 个。第三，紧缩了人员编制。如国务院工作部门由 5 万余人减少到 4 万人。第四，在撤并经济管理机构的同时，还在经济较为发达的广东、辽宁、江苏等省试行地、市合并的市管县体制，在一定程度上打破了城乡之间、条块之间的分割。此外，还加强了综合部门、智囊机构和统计、监督等反馈机构的建设，如增设审计署等。这次改革取得了一定的成效，尤其是在调整领导班子，实现干部的新老交替，废除干部的终身制等方面成绩更为突出。但是由于改革是在经济体制改革尚未全面展开的情况下进行的，其他方面的改革尚未配套进行。因此，精简后不久又恶性膨胀起来。

第五次机构改革是在 1988 年，正值经济体制改革逐步深入，扩大企业自主权的呼声日渐增高，政治体制改革被提上议事日程的时候，人们试图通过改革，实现提高行政效率，适应政治、经济发展之近期目标，以及逐步建立起一个具有中国特色的功能齐全、结构合理、运转协调、灵活高效的行政管理体制之长远目标。其改革带来三个方面的变化：一是调整了国务院机构的总体格局，强化了综合部门、经济调节部门、监督部门和社会保障部门，适当弱化了专业经济管理部门。国务院常设机构由 72 个缩减为 66 个，非常设机构从 75 个降为 49 个。工作人员由原来的 5.28 万人，精减至 4.48 万人。二是按照党政分开的原则，对党中央直属机构进行了改革，将应由政府部门承担的职能移交给政府有关部门，不再设置与国务院职能部门工作交叉重叠的办事机构。三是地方政府机构改革，尤其是试点县、市的改革试点成效显著。如山西省隰县围绕主导产业，兴建服务实体的做法；山东省昌邑县转变政府

---

① 《邓小平文选》第 2 卷，人民出版社，1994，第 2 版，第 397 页。

职能、理顺各种关系的尝试，湖南省华容县减少部门中间层次，在精简上的突破；内蒙古卓姿县实行"三分开"、"三转变"的举措；① 等等。这些试点县（市）的改革成果，为地方机构改革的全面展开提供了经验和依据。②

第六次机构改革是在 1993 ~ 1996 年间展开的（极少数省份延至 1997 年底）。这次改革距离上一轮仅有 4 年时间，可是国务院的常设机构已由 66 个增至 86 个，非常设机构由 49 个增至 85 个，平均每年增加 14 个常设和非常设机构。③ 在外部环境上，经济体制改革步伐不断加快，社会主义市场经济体制目标已经正式确立。这就迫使行政管理体制和机构改革必须进行重大变更。然而，由于经济体制改革的变动不居，由此而推开的机构改革无法实现预期目的。因此，这轮改革除第九项机构改革是 1999 ~ 2000 年进行的。改革重点是撤销计划经济沿袭下来的经济部门，全面推行国家公务员制度，实现公务员"进、管、出"法治化外，别无大的突破。

1998 年的改革，可以说是大体走出了精简与膨胀的循环怪圈，其关键是着眼于市场经济建设的需要，精简了很多与计划经济相关的经济部门。这些经济部门转变为国家经贸委下属的 9 个局，而这 9 个局没有在改革之后恢复原来的身份，在 2001 年 2 月 19 日，终于找到了各自的归宿：7 个局撤销，国家煤炭生产局改称国家安全生产局，只有国家烟草专卖局依然保留。到此为止，中央各部委办直属局公务员从 1997 年 3.4 万人减少到 1.7 万人，国务院人员编制总数减少了 47.5%。不过，改革的动力虽然是有很大的财政压力，但是改革的成本依然是很高的，中央财政并未因此而节约，反而为此多支出了 20%。除此之外，一些市场监管机构得到了强化，规格提高了，如国家工商行政管理总局、新闻出版总署、国家质量技术监督局和国家出入境经验检疫局合并成为国家质量监督检验检疫总局，成为正部级单位。而一些部门下面也设立了很多司局级单位，比如外贸部建立了世界贸易组织司，还成立了中国政府世贸组织通报咨询局、进出口公平贸易局等。还成立了一些正部级单位，如国务院信息化办公室等。为了加强国家对重点大学的管理和支持力度，一些重点大学校长和书记升格为副部级。这些部门职能的强化或许是必要的，但并非一定要通过提高机构和官员的行政级别来运作。这些现象都可以看做是 1998 年改革之后的回潮。但即便如此，改革成就依然得

---

① 详见后文中"县级机构改革的几种模式"部分。
② 吴佩纶：《政府机构改革概述》（下），载《中国机构与编制》1990 年第 12 期，第 28 页。
③ 鲁牛：《建国后的历次政府机构改革》，载 1993 年 7 月 9 日《工人日报》。

到了巩固。

2003 年国务院机构改革的依据是中共"十六大"提出的深化行政管理体制改革和十六届二中全会审议通过的《关于深化行政管理体制和机构改革的意见》，其核心内容是：①深化国有资产管理体制改革，设立国务院国有资产监督管理委员会；②完善宏观调控体系，将国家发展计划委员会改组为国家发展和改革委员会；③健全金融监管体制，设立中国银行业监督管理委员会；④继续推进流通管理体制改革，组建商务部；⑤加强食品安全和安全生产监管体制建设，在国家药品监督管理局基础上组建国家食品药品监督管理局，将国家经济贸易委员会管理的国家安全生产监督管理局改为国务院直属机构；⑥将国家计划生育委员会更名为国家人口和计划生育委员会；⑦不再保留国家经济贸易委员会、对外贸易经济合作部。2003 年春天新一届政府的改革没有在机构数量和人员规模上下工夫，但通过机构调整，为了建设适应市场经济需要的政府体制奠定了组织基础。

三　我国公共行政组织低效与失灵问题的症结

机构改革能不能克服行政组织现存的弊端，能在什么程度上克服这些弊端，首先取决于我们理论上的认识达到什么程度。为此，我们有必要从分析组织的弊端入手，为人们探寻产生弊端的原因，更好地开展下一轮的公共行政机构改革提供积极有益的帮助。

纵向层次过多，机构规模庞大。按照效率、效能的原则，纵向层次要尽可能的适中适宜，层次不可过多，以缩短领导层与实施层的行政距离，便于上下沟通，降低信息的失真失落率，提高工作效率。实践表明，管理层次每多出一级，信息的失真失落率就会增加一倍。我国目前的情况是：在宏观上，从中央到地方依次要经过省—市（地区）—县（市）—乡（镇）五个层次，有许多省份，县与乡（镇）之间还有派出机关——区公所，使层次在整体上虚虚实实高达六级。如此繁多的层级在世界上是绝无仅有的。据有关资料显示，在世界 168 个国家中，有 8 个国家设中央一级（即无地方政府，无层级可言），有 25 个国家地方仅设一级政府，有 67 个国家地方上只设两级，如澳大利亚、比利时、荷兰、加拿大、日本和巴西等国均是两级制地方政府。当然这与国家幅员大小、人口多寡有着直接的关系，但像美国这样的大国，地方政府也只有两级或三级（美国是两级制和三级制并存）。①

---

① 陈嘉陵主编《各国地方政府比较研究》，武汉出版社，1991，第 67 页。

这是值得我们研究的。所以，国家决定撤销县级的派出机关区公所是十分正确的。在微观上，层次也是叠床架屋。企业与政府之间，依次要经过企业—公司—局—委（办）—办公厅（室）的处（科）—政府等若干层次，有的甚至还要经过局（处）党组—×小组—党委各级党的组织机关。如此繁多的层次，不仅大大地降低了信息上传下达的速度，而且也给机构臃肿、人员膨胀提供了条件。

横向部门划分过细，职能交叉重复。现代行政组织理论告诫我们，横向职能部门宜粗分不宜细分，要尽可能地在总目标的统帅下归类、裁并专业管理部门，紧缩管理幅度，凡业务相近的要坚决合并，能合署办公的就合署办公，以避免出现职能交叉重复、扯皮掣肘的局面。以两个圆的关系喻之，就是只能相切，不能相交。然而，我们目前的状况是：职能部门的分设与职权划分普遍过细，以产品结构形式设置的部门仍然没有从根本上改变。以县级农口为例，各县普遍设有农业局、多管局、农垦局、畜牧局、林业局、农机局、水利局、乡镇企业管理局、农业资源开发局等十几个部门，涉工、涉商部门也大都如此。如此过细的分工，必然造成职能交叉、职能不清、互相推诿、效率低下的状况。有幅漫画表现得很深刻：一人肚上中箭，到外科就医，外科医生把箭杆锯掉，留下箭头，要求病人到内科去诊治。如此荒唐之事，在行政组织系统也是司空见惯、屡见不鲜。

管理幅度失当、比例失调。管理幅度是指一级行政组织所管辖的一级行政单位的数目。这是一般狭义上的理解，它还有广义的理解，即一级组织所管辖的区域和人口。我们这里所讨论的主要是后者。我们知道，管理幅度的大小对于提高效率是至关重要的。过大，容易顾此失彼，产生官僚主义；过小，则容易增加层次，造成事事干预，使下级难以因地制宜地开展工作，挫伤下级的积极性、主动性和创造性。当前，我国行政组织幅度失调表现在哪里呢？从中央来看，由于层次过多，导致管理幅度偏少，尤其是随着简政放权的趋势和市场经济体制的建构，偏小的幅度越来越难以适应事业发展。我国地域辽阔，人口众多，民族种类复杂，各地情况变化快，差异大。久不变革的划分只能造成"一刀切"，使改革缺乏针对性和灵活性。因此，应尽快扩大省级数量，设立 50 个省、市、自治区和特别行政区。从地方来看，省与省之间大小失衡严重。人口，大省近 1 亿，如山东；小省 600 多万，如海南省。地域面积悬殊更大，有的省 50 多万平方公里，有的省仅有 3.4 万平方公里。县与县、乡（镇）与乡（镇）之间也有类似的问题。大县人口过百万，小县不足 6000 人；大乡过 5 万，小乡不足 300 人。① 如此不平衡的状况亟须国家做出相应的调整。

机构膨胀，自我服务现象严重。按照国家有关编制规定，省级党政机关厅（局）级机构的数额为 40 个左右，地区一级为 30 个左右，地级市为 40 个左右，县（市）级 35 个左右。而目前的状况是：全国省级党政机关厅（局）级机构多达 2100 个，平均每个省设置 70 多个，超过中央编制部门规定的机构限额 15 个左右；地区、地级市、县级市分别达到 50、65 和 45 个，分别超限 20、15 和 10 个左右。据初步统计，县级以上党政机关常设机构超限已达 3 万多个。在这些超限的机构中大多是直接或间接管理企业的专业经济部门，当然也有属于社会性、事务性的内设机构，这些机构必须随着政企分开和机关事务社会化的推进逐步加以撤销。在常设机构骤增的同时，非常设机构更加泛滥。某省的一个地级市近几年所设置的非常设机构竟多达 130 多个。某县仅 1989 年以来所设置的非常设机构就达 176 个，精简后仍有 98 个。这些非常设机构由于大多数是因人而设的，因而普遍缺乏职能目标。为了体现存在价值，它们不断地制造无用劳动干扰企业、事业单位，干扰基层和群众。

人员严重超编，财政负担沉重。管理层次过多导致机构膨胀，而机构膨胀又必然导致人员的骤增。据不完全统计，1979 年全国靠预算支付工资的人员为 1500 万人，到 1991 年便增加到 2700 万人。现在全国干部总数已逾 3800 万，加上离退休干部总数达 4000 万，等于 25 个老百姓养一个官，这在古今中外都是绝无仅有的。② 如此庞大臃肿的工作人员队伍，使我国本来有限的财政更加紧张，"生之者寡，食之者众"的矛盾日益加剧。县级情况更为严峻，财政赤字率高达 50% 以上，而且目前仍呈扩大趋势。剩下的大多数县也只是"有钱养兵，无钱打仗"的"吃饭财政"。一些县欠发工资的现象十分普遍，只好靠借款、贷款和向国家伸手要补贴度日，有的甚至靠摊派和向企业等增收税利来缓解矛盾。

四　我国公共行政机构改革成效不彰的原因

有人把新中国成立后推行的八次公共行政机构改革，尤其是 1990 年代前的历次改革形象地称为"割韭菜式的改革"、"刮胡子式的改革"。认为

---

① 张文范主编《中国行政区划研究》，中国社会出版社，1993，第 1 版，第 20 页。

② 从汉、唐、宋、明、清 5 个朝代财政供养人员与老百姓的比例来看，汉 1：7945，唐 1：3927，宋代滥设官吏，但仍达 1：500 左右，清代 1：911。目前，日本约为 1：150，美国的马里兰州约为 1：180。

"机构改来改去，只是多挂了几块牌子，多添了几张桌子，多增了几个位子，多造了几幢房子，多购了几部车子"，结果是"肥了刻章的，好了配锁的，忙了印刷的"。造成这一现状的根本原因是复杂的，也是值得研究总结的。

没有抓住主导矛盾即行政权力这一核心问题，并根据行政权力的纵向和横向定位来确定和划分政府职能。细察以往的历次改革不难发现，几乎都是在不触动高度集权、以行政手段直接控制为主的计划经济体制和部门分割、条块分割的基本格局下进行的，改革的基本模式是进行简单的裁并，改革的基本内容是权力在各级政府和政府各部门之间上下左右的转移，而政府与企业、与事业、与社会的权力关系丝毫没有改变。这些做法，在当时的政治经济条件下和理论局限内，对于机构改革本身来说每次都达到了极限，不可能再往深层多走一步。因为在当时，作为社会主义国家所恪守的计划经济体制未能从根本上打破，国家对整个国民经济的干预有增无减，成千上万的企业一直成为各级政府统帅下的一个个车间，以经营决策权、劳务产品定价权、人事管理权、工资奖金分配权为核心的14项权力统统由各级政府及其组成部门所把持，有的还分解到各级党委、党组。对事业和社会的管理也同样如此。在这种体制下，政府必将把经济与社会生活的诸领域全部纳入自己的管理范围，使政府的管理体制始终处于"膨胀状态"。这样，政企、政事关系就不可能分开；权力就无法划分，职能就无法更动，政府也就不得不随时随着管理目标的存在和增加而增添相应的机构和人员。即使遇到政治和财政的原因，不得不进行机构的调整和人员削减，但也只是权宜之计，过不多久，各种机构又会重新恢复，并以各种理由增人设"庙"，扩大编制，造成机构减而复增。

未能与干部人事制度的改革结合起来，造成机构改革孤军深入，"单兵操练"。机构改革是一项复杂的系统工程，涉及社会生活的各个领域，它除转变职能、划分权责关系、精简裁并机构外，还要与干部人事制度的改革结合起来，既要考虑宏观的人事调控，又要考虑微观的人员转移或分流。这样才有可能使机构改革达到应有的目的，走上良性循环。而新中国成立以来进行的历次改革都忽视了这样一个重要环节，以至于很大程度上因人事问题使机构改革流于形式，难以深入。这一问题主要表现在：其一，干部的来源渠道不科学。短短的几年，我们的干部总数从1700万增加到3800多万，每年都以100多万的速度递增。1982年、1988年喊精简，1993～1996年又喊精简，结果不仅没有减少，反而与日俱增。其原因很复杂。就1993年以前来看主要是我们的干部从总体上缺乏科学的分类，"眉毛胡子一把抓"，使得各个领域的人员不分工作性质，不分行业特点地往"干部"堆里钻，贴上干部的"身份签"。我们的教育体制是既包学知识，又包当干部，不管大中专毕业生分到何处，也不管成绩好坏，干何工作，统统录用为国家干部。军队转业干部的安置也同样如此。公务员制度推行以后，分类问题初步得以解决。但是由于干部"能上不能下，能进不能出"的新陈代谢机制尚未完全建立起来，加之企业效益普遍下滑，就业渠道狭小等原因，党政机关及事业单位的人员增长问题仍然没能从根本上解决。正因为如此，人浮于事；冗员充斥也就在情理之中了。其二，精简的人员没有合理的流向。由于缺乏良好的社会保障制度，许多地方政府常常是把事业单位、临时机构作为"蓄水池"，精简时下去，宽松后上来；或者利用"翻牌公司"，"换汤不换药"。这种上下左右转移的"内部消化"，与西方一些国家"来自社会回到社会"的改革模式是完全不同的。因此，有人提出把安排"富余"人员作为改革难点和突破口，是不无道理的。其三，机关职务系列缺乏整顿。1986 年，确立了以职务为主的结构工资制度，由于职务序列未能跟上，在以后的几年中，机构升格、人员升职，因人设事、因官设署的风气盛行。基础工资多年一贯制，不能随物价等因素随时调整，工龄工资更是少得可怜。这样，剩下的增资渠道只有两条，一是升级，二是升职。而升级因受到国家和地方的统一部署的限制，绝大多数机关和工作人员只有从增设或升格机构以及增加职数上寻找出路。这是 1993 年公务员制度推行之前，造成机构重叠、人员超编、职数失控等现象不断蔓延的重要原因之一。由于职级制度没有很好的建立起来，这些问题仍然没有得到有效解决，一个五六人的科室，科级干部几乎是等额的，许多地区和部门"五官科"、"八大处"、"十羊九牧"，甚至"九羊十牧"的现象司空见惯。

缺乏理论上的深入研究和科学论证。理论是行动的先导，没有科学的理论，便不会有成功的实践。机构改革是一项复杂的工程，也是一场深刻的革命，它涉及政治体制、经济体制、文化环境等各种因素，因而需要统筹规划、配套设计。从理论和实践方面深入研究、反复论证，对正确指导机构改革的开展和保证它的圆满成功具有重要作用。西方资本主义国家的机构改革在这一方面是十分重视的。像美国，自 19 世纪以来进行了一系列的行政改革，而每次改革前都要组成专门性的、享有极大权力的研究机构。如 1947年、1953 年和 1993 年三次成立的"政府行政部门研究委员会"，就是非常专门性和权威性的机构。他们的理论研究既非笼统地建议精简几分之几的机构，亦非单纯地主张精简几分之几的人员，而是深入实际调查研究，具体问题具体分析，使机构和人员的增减严格以目标需要为前提，而且每一次改革建议都有精确的事实和严密的论证。这一点在我们的历次机构改革中始终未能引起足够的重视。一些领导者只注意埋头搞"方案"，用其闭门造车的盲目性和主观随意性代替理性的抉择，致使机构改革一次又一次步入误区。一些机构的名称重复混乱，不讲修辞甚至存在着明显的逻辑语病。还有一些机构今日合，明日分；今日撤，明日复。原本决定自上而下的改革，没多久又提出可以自下而上地进行。政策上的朝令夕改，使得地方的改革工作无所适从。这种"计划不如变化快"的怪异现象，完全是因缺乏周密的总体规划和充分的理论准备所造成的。

组织法制不健全。历次机构改革成果均缺乏法律保护，尤其是编制法，既立法不够，又执法不严。一是法制基础薄弱，欠缺太多。新中国成立初期，我们曾经比较重视法制建设，当时不仅在宪法中规定了各级机关组织建设的一般原则，而且制定了国务院和地方人民政府组织法。此外，还制定颁发了不少部门的单项组织条例，如《内务部组织条例》。后来由于众所周知的原因，这项工作被忽视了。如今除宪法、国务院组织法、地方各级人民政府组织法规定了政府组织的一般原则外，其余的单项组织法规根本没有，而且国务院和地方各级人民政府组织法的规定也过于原则、过于笼统，执行起来很难把握。二是组织立法不及时，改革成果难以巩固。把"转变职能—调整机构—组织立法"作为改革的三个阶段，是人们一致赞同的做法。然而在历次改革中，人们往往只对前两个阶段的工作重视并感兴趣，而对第三个阶段的工作置之不顾。这样精简风头一过，一些机关和个人便以种种借口增人设"庙"，重蹈旧辙。三是对现有的法律法规执行不力。由于多头审批，编制部门的职能作用很难发挥。有的部门领导人一方面严厉指责机构臃肿，人浮于事；另一方面又不断地为机构升格，扩大编制。"编制就是法律"，"超编就是违法"的观念，还有待进一步强化。

传统思想文化根深蒂固。部门本位、好大喜"高"、只上不下的心理影响范围大，程度深。机构改革总是在特定的历史文化环境和心理环境下进行的，因而它不可能不受管理主体消极因素的制约，其中消极的心理因素是助长和推动机构反复膨胀的一个重要原因。有的部门领导本位心理严重，总是片面强调本部门的重要性，愿管实不愿管虚，希望本部门大而全、上下对口、自成体系，好像管辖机构越多自身的重要性就越大。于是便利用编制立法和执法的漏洞来扩大自身机构，或者施加压力，要求下面增设对口机构。

有的部门领导人好大喜高心理严重,喜欢摊子大、人员多总是希望不断地增加部属,以管多少人来体现其价值,通过拔高机构的规格和级别来增加人员编制,享受高的待遇。此外,长期以来,在干部队伍中形成了一种"能上不能下,能进不能出"的心理习惯,领导干部流动,不是升迁,就是平级调动,"下岗"几乎是不可能的。这种只能进不能出,只能上不能下的消极心理,给干部队伍正常的新陈代谢带来种种障碍。

由此所得出的结论是:行政机构改革必须始终以权力划分为前提,以调整和转变职能为核心,并与干部人事制度的改革相配套。只有这样,才有可能在理论论证、总体设计的基础上,有计划、分步骤地推进改革,从而逐步建立起适应市场经济体制运行要求的,以结构合理、运转协调、行为规范、富有效率为标志的、科学的、现代化的行政组织体系。

五 精简、统一、效能:机构改革的基本原则

公共行政机构改革的指导思想概括地说就是:要适应建立社会主义市场经济的要求,转变政府职能,实现政企分开;科学调整政府部门的职责权限,明确部门分工;加强行政体系的法制建设;按照精简、统一、效能的原则推进机构改革,致力于办事高效、运转协调、行为规范的行政管理体系的构建。这是经党的"十四大"报告等纲领性文献确立,并由党的"十五大"报告加以充实完善的重要的行动指南。

(一) 转变职能,政企政事政社分开原则

在前几次政府机构改革中,以转变职能为核心的问题,切实实行政企分开的问题,或因缺乏科学的理论基础,或因缺乏系统的研究,而未能真正得以实施,其主要精力一直倚重于机构的增减盈缩上,因此每一次机构改革大潮过后又出现新一轮的机构膨胀。现在,人们从上到下几乎已经形成一个共识:机构改革不再是单纯意义上的"精兵简政",而是要从根本上转变行政管理职能,改革与发展社会主义市场经济不相适应的管理职能体系,改革与发展社会主义市场经济不相适应的管理方式和方法。

在1998年推开的第七次机构改革过程中如何贯彻转变政府职能的原则呢?笔者认为主要有以下几个途径:一是推进政企政事分开,这是转变政府职能的根本途径。政府是国家权力的执行机关,是与企业性质完全不同的一个系统。按照市场经济运行规律要求其主要职能是统筹规划、掌握政策、信息引导、组织协调、提供服务与检查监督。它对国民经济的管理职能,是从全体人民的根本利益出发,按照经济活动的内在规律和要求,运用经济、法

律和必要的行政手段进行调节和引导，保证国有资产的增值和保值，促进整个国民经济持续、稳定、协调发展。企业是相对独立的商品生产者和经营者，具有特定的权利和义务。政府应按照《企业法》及有关条例的规定，进一步调整和完善所有制结构，把属于企业的权利放给企业，做到所有权与经营权两权分离，使企业在遵守国家法律的前提下，成为自主经营、自负盈亏、自我发展、自我约束的法人实体和市场竞争的主体。二是解决职能越位错位问题。要进一步确定政府机构的权责范围，将社会和市场可以自行解决的事务从政府职能范围中分离出去，使行政机构从冗杂的具体事务中解脱出来，集中精力搞好关系到国计民生的社会经济总量平衡与调控。要加强宏观调控和监督部门，力求宏观管好，微观放开。具体来说，政府不能事无巨细地什么都管，更不能管具体操作。大的方面政府要管，该管的一定要管住，不该管的不要去管，许多事情应当由市场来引导调节，由企业自己来决定。领导干部在履行职能时，也要摆正位置，讲求实效，不能管得过多过细。三是切实"简政放权"。社会主义市场经济体制的确立，已经从理论上为打破集权、简政放权奠定了基础，提供了环境和方向，因此，我们要按照市场经济规律的要求，进一步改变行政权力高度集中的状况，按照"凡是适宜下面办的事情都要交给下面办"的思路，把应该下放、能够下放的权力全部放下去，通过简政放权为社会主义市场经济的发展创造一个宽松的行政环境。当前，最最迫切的任务是对国有经济进行战略性重组，缩小政府的经济职能范围，将国有企业逐步从竞争性生产和经营领域退出，主要收缩到基础设施和特殊行业，并"据此推进国有企业的非国有化进程。随着政府直接参与企业行为的消失，以直接经营为主要工作的政府机构失去了存在的必要"①。

（二）精简、统一、效能原则

《宪法》明确规定，"一切国家机关必须实行精简的原则"。革命导师也都做过精辟的论述。1871 年，马克思针对资产阶级政府的庞大、臃肿和巨额耗费，指出这种政府实际上是补充直接经济剥削的第二剥削人民的手段，设想社会主义的国家机关应当是真正的"廉价政府"。② 列宁曾在不少文章中严厉批评国家机关的官僚主义弊端，坚决主张精简机构，紧缩编制，并尖锐地指出："宁肯少些，但要好些"③，要求那些"贵族老爷式的玩具性的机

---

① 张成福：《创造新的政府治理模式》，载刘智峰主编《第七次革命——1998 年中国政府机构改革备忘录》，经济日报出版社，1998，第 199 页。
② 《马克思恩格斯选集》第 3 卷，人民出版社，1995，第 58 页。
③ 《列宁选集》第 4 卷，人民出版社，1995，第 784 页。

构"要一律撤销。毛泽东在《抗日时期的经济问题和财政问题》一文中也曾郑重指出：精简机构"必须是严格的、彻底的、普遍的，而不是敷衍的、不痛不痒的、局部的……必须达到精简、统一、效能、节约和反对官僚主义五项目的"[1]。毋庸置疑，精简原则在机构改革实践中一直具有普遍意义。就目前来看，贯彻精简原则必须着重抓好以下几个环节的工作。

要下大力气精简机构的数量和规模。行政机构设置的前提是职能目标。职能目标分解、职能内容转变之后，机构改革也就有了科学的依据，也就水到渠成了。不存在组织目标，机构也就不应当存在，更不应当再设立，即使目标不清，机构也不允许设置并运行。总之，要从行政任务的需要出发来确立机构的层次、部门和规模大小。无水力资源的地区对口设置水产局，无畜牧业目标的地区对口设置畜牧局的做法都是与精简原则相悖的。在一定的职能范围内，只要不影响工作的开展，能一级履行职能的就不设两级；能一个部门履行的就不设两个。这应当成为贯彻精简原则的基本指导思想。日本的通商产业省，既管工业、商业，又管外贸和国际经济合作，其工作范围相当于我们十几个部委的工作。美国的运输部也管理着我们国家几个部局的职能内容。澳大利亚在近几年的改革中也把大量职能相近的部委加以合并，使中央级的机构数量大大削减，收到了很好的效果。

要切实精简领导者的职数。[2] 翻开中国历史不难看出，"官冗"之患一直是各封建王朝头痛至极的问题。西汉近 6000 万人口，官僚骨干队伍不过 7500 人。明初，全国总人口大致相同，但官员比西汉扩大了 2.29 倍。到清初发展到 2.7 万人，是西汉的 3.6 倍。清朝后期，一个县的胥吏高达 3000 人之多。由于冗官庞大，封建统治内部门户纷争，妒贤嫉能，假公济私、贿赂公行。人们叹道：治民难，治吏尤难。历史发展到 20 世纪末，冗官现象也引起了人们的高度重视。据有关资料报道：一些省级机关厅、处级干部数占全干部总数的 40% 左右，某县的乡镇干部中，副乡级以上者占 65%，县直机关副乡级以上干部占 55.7%。传统的"金字塔"结构形态已开始倾斜、倒置。人们强烈呼吁党和政府尽快通过机构改革来削减或限制领导者的职数。当前，最重要最迫切的问题，不再是精兵简政，更确切地说是要精"官"简政，彻底改变副职多、闲职多、兼职多的"三多"现象，为领导者

---

① 《毛泽东选集》第 3 卷，人民出版社，1991，第 895 页。

② 高文浩：《略论"简政"与"精官"》，《管理科学》（中国人民大学复印报刊资料）1997 年第 6 期，第 31 页。

的职数设定一个适中的数额。

要精简机关工作人员数量。R. B. 苛希纳公式得出一个结论，如果实际在编人员超出实际所需人员的 3 倍，工作时间就要多耗费 2 倍，管理成本就要加大 6 倍。我国编制管理中所形成的一个重要原则，就是"任务大于编制"，"一个人的饭可以供三个人吃，但一个人的活绝不能交给三个人来干"。冗员过多会给组织职能造成严重危害。国家统计局的材料显示，本已拥有近 4000 万在职干部职工的机关、事业单位，1997 年上半年竟比上年同期增加 135.2 万人，上涨幅度为 3.8%，增加的人数比国有企业减少的人数（126.9 万人）还多。其中事业单位涨势更猛，上半年增加达 107.9 万人。①"生之者寡、食之者众"的矛盾日益加剧。为此，江泽民总书记在党的"十五大"报告中发出要"坚决裁减冗员"的警示，同党的"十四大"报告中"富余人员"的表述相比，语气重，态度坚决，精减冗员目标与决心毋庸置疑。目前，当务之急是要认真吸收和总结历次改革的教训，研究西方国家和我国一些地区和部门精减人员的成功做法，通过冻结录用、最高年龄任职限制、提前退休、辞职辞退、买断工龄、鼓励从事个体和企业经营等政策，把新一轮的冗员精减工作真正落到实处。

要精简行政程序和办事环节。这是简政的重要内容之一，也是体现组织功效的根本所在。行政程序繁杂、办事环节多是计划经济体制下的一种必然结果。在以分散、自由为特征的市场经济体制下则成为企业、事业和社会发展进步的桎梏，它使得市场机制的配置作用无法充分发挥，经济规律得不到应有的尊重，市场干预代替市场调节；使得政府部门整天忙于审批和一些具体微观的管理环节，无力去抓宏观调控等涉及国计民生的大事，使得政府不得不依靠增加机构和人员来满足职能扩张和错位的需要。目前，一些行政部门仍然不愿放松手中控制的那些已经被实践证明是有害的制约权和干预权。这除习惯性支撑外，更重要的是一些部门想通过一些环节来设租、寻租，维护既得利益。因此，新一轮机构改革，要在重新划分权责关系，配置政府职能的基础上，拆"庙"、移"庙"，彻底下放审批权，减少审批层次，做到不揽权、不贪权，以最大限度地避免层层请示、层层审批、层层报告、层层盖章等旷时低效的现象，为企业、事业、社会创造一个宽松的行政环境。

统一原则。包含四层意思，第一，领导体制统一。我国是单一制的社会

① 李淳：《关于政治体制改革的一些认识与设想》，《内部文稿》1998 年第 2 期，第 7、8 页。

主义国家，在中央与地方的关系上，必须坚持中央的统一领导，地方服从中央，下级服从上级。对此，宪法曾有明确规定：国务院统一领导全国地方各级国家行政机关的工作；地方各级人民政府除对本级人民代表大会负责并报告工作以外，还要对上一级国家行政机关负责并报告工作；全国各级人民政府都是国务院统一领导下的国家行政机关，都必须服从国务院的领导。不论机构如何改革，由宪法规定并行之有效的统一的行政领导体制不能改变。第二，机构完整统一。即按照管理功能原理，把行政机构逐步建成一个中心、四个系统的完整体系，做到不短缺、不重复，运转协调、功能齐全。要求决策系统精干，执行系统有力，咨询系统善谋，监督系统相对独立，反馈系统快捷灵敏。① 目前，我国决策和执行系统臃肿庞大，冗员过多，而咨询、监督、反馈系统薄弱的现象仍未有彻底改观。特别是监督系统，虚监、空监现象严重，许多涉及国家全局的廉政问题、社会问题无力解决。调整现有机构格局，形成功能完整统一的机构体系成为机构改革最为迫切的任务之一。第三，权责对应统一。一个组织机构拥有多大的权力，就应承担多大的责任，否则，就会因缺乏约束而滥用权力；反之，承担多大的责任，也应赋予与责任相匹配的权力，否则，就会因缺乏权威的保障而无法履行职责。因此，在机构设置和改革过程中应当通过法律、制度等形式进一步划分和确立各级组织及其部门之间的权责关系，力求达到权责的对称统一。第四，指挥命令统一。按照分工的原则和职能目标的要求，将行政组织划分为不同的部门，形成分工合作的组织体系，是行政组织设置和变革的基本规律之一。如果职能分工不清，部门之间的职责范围很容易交叉重叠，运行过程中就会出现一个下级组织同时接受不同上级组织指挥的现象，就会政出多门、多头领导。这是在下级组织系统内部的表现；在其外部也会形成指挥命令不统一的现象，最突出的就是党政关系问题。有人认为党政分设违背系统管理的原则，形成了事实上的两个指挥系统。既造成了职能交叉重复，又造成了机构规模的庞大和冗员的增加，也使得党政之间在一些决策问题、实际执行问题、领导人的分工问题上矛盾层出不穷，极大地降低了工作的效率与效能。无视或者回避这一现象的做法都会给事业带来严重危害，亟须通过改革加以解决。在政府工作部门职能的划分、机构的设立、职位的设定和人员的配备等方面一定要考虑是否有利于整体职能的发挥，是否有利于政令统一，是否符合党的机

---

① 潘小娟：《政府机构设置浅谈》，载《中国机构的沿革》，中国经济出版社，1988，第118页。

关、行政机关的工作性质。

效能，不仅是机构设置与改革的核心问题，而且是整个行政管理活动追求的终极目标。它像一根红线贯穿于行政管理的各个环节、各个层次之中，是行政管理体系中多种因素的综合反映。所有国家和地区，不论是决策系统、执行系统、信息系统、咨询系统、监督系统；所有行政人员，不论职务高低、权力大小；所有管理部门，不管是财务、人事、机关自身管理；所有行政环节，不论是决策、执行、协调、控制，等等，都把提高效能作为自己最高目标。而这一目标的实现，归根结底都必须从体制和结构上把组织完善到高效的状态。一切依赖于领导者主观意志，忽视组织功能建设的本末倒置行为都是极端错误的。

在机构改革中贯彻效能原则，还有其特定的含义，主要表现在三个方面：其一，从现实要求上看，要有利于功能齐全、运转协调、富有效率的行政管理目标体系的实现，要坚决打破计划经济体制下按行业、产品门类设置专业经济管理机构的模式，从根本上建立起适应市场经济自主性、多元性、时效性、竞争性要求的新的机构模式。其二，从长远目标上看，要以创造性的思维来重新审视已有的和即将建立的政府机构职能体系，要准确把握信息社会的基本特征和要求，敏锐观察和研究当代西方国家政府机构的变革趋势，逐步告别线形组织体制，压缩管理层次①，限制官僚体制传统结构的膨胀，以一种新的设计来促使政府机构变得更经济、更有效。② 其三，从结果上看，任何一项改革都不得以牺牲工作效率为代价，不论是着眼于长远还是立足于当前，机构改革都要有利于生产力的解放与发展，有利于市场经济体制的建立、完善与运行，有利于政治、经济和社会的稳定，有利于整个行政

---

① 对于线形组织体制的运行机制，史维季特（Robert Swiggett）曾形象地做过描述：将两只滑轮溜冰鞋，以一个弹簧连起来，用第一只溜冰鞋来控制第二只鞋的移动，这是可以做到的。接着再用另一个弹簧连起第三只鞋，并试着借助第一只鞋的运动来控制第三只，难度进一步加大。接着继续增加溜冰鞋，每只鞋都附上不同弹性系数的弹簧。这样到一定的限度就无法控制最末端的鞋子。组织远比单纯地由溜冰鞋和弹簧连成的线复杂多了。这也正是在线的一端下达指令，不可能控制组织中所发生一切的原因。告别线形组织体制的主要手段是通过"学习型组织"的理念促使以"地方为主"（locaness）的扁平式组织的建立。"地方为主"的组织是决策权往组织的结构下层移动，尽最大可能让地方、低层决策者面对所有的问题。也就是说给人们行动的自由去实现他们自己的构想，并对所产生的结果负责。参见彼德·圣吉《第五项修炼——学习型组织的艺术与实务》，上海三联书店，1996，第332、335页。

② 〔德〕鲁伯特·肖尔茨：《未来属于机构精简的国家》，载1997年11月18日《法兰克福汇报》。

管理工作效率的提高。如果仅仅出于财政上某些因素的需要，或者仅仅出于迎合某些舆论的要求，等等，而去单纯地精简机构、裁减人员，使得正常工作职责无法履行，导致工作效率降低，则是对效能原则的极大违背。相反，在精简的同时，在提高效率的前提下，为加强中央的协调能力和宏观调控能力，提高服务水平，增加新体制运行所必需的机构和人员，则是完全必要的，应毫不迟疑地进行。

六　公共行政机构改革的程序和模式选择

通过上述讨论，我们已经对机构改革的指导思想、指导原则有了一个初步的认识。但这还远远不够。进行机构改革除十分注意原则性的规定外，还应当始终把握好诸如时机、模式、策略等方面的软规定，这对于我们搞好改革同样具有重要意义。

（一）科学的程序和步骤

做任何事情都得有个先后步骤、有个过程，机构改革同样也不例外。机构改革作为一个动态过程，是由多个环节构成的，但这个过程究竟包括哪些环节，并未有固定不变的科学概括和分析框架。多年来，西方许多学者曾经进行过大量的研究工作，形成了一些比较有代表性的观点。这里主要介绍四种。

唐纳利程序。[①] 这一程序包括八个环节：改革力量，包括外部力量和内部力量；认识改革的需要，不能到发生大的灾难才认识到改革的必要；对问题进行分析诊断，即分析问题的症状，发现问题的实质；找出组织发展的方法和战略；认识限制条件，认识限制条件的范围及其影响程度；选择方法和战略，确定各种改革策略与改革本身的相对成效关系，在改革方法上，既有独断制、分权制，又有介于二者之间的分享制；实施计划，既要考虑时机，又要注意规模；评价计划，即不断评价改革的长处和不足，及时修改补充。这一程序唐纳利还用运行图来加以说明（见图 2-2）。

罗希程序[②]。这一程序把机构变革概括为四个环节：制造或形成需要变革的知觉；分析诊断环境，以创造一个良好的改革环境和改革方向；沟通协调改革中所涉及的人际关系；监督控制改革结果，并及时调整修正，使其更

---

① 小詹姆斯·H. 唐纳利、詹姆斯·L. 吉布森、约翰·M. 伊凡赛维奇：《管理学基础》，中国人民大学出版社，1982，第 324 页。

② 胡爱本等编著《新编组织行为学教程》，复旦大学出版社，1993，第 193 页。

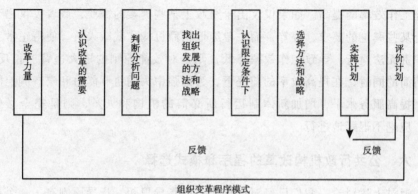

图 2 - 2　组织变革程序模式

加符合改革目标的要求。

艾诺芬程序[1]。这种程序把组织机构的变革过程概括成十大主题，它们分别是：清楚地了解你和你们组织的变革力量；衡量并决定你们的变革能力；创造并形成变革的环境或气候；触及参与人员；为变革组织有效的活动；引发变革的动机；规划变革的内容范围；执行变革计划；降低风险，减少冲突；提供领导。

克利程序。这种程序把变革概括为九个阶段：确定问题；准确诊断；制定可行性方案；发展决策准则；选择解决问题的方法；计划组织变革；执行变更方案；评估改革效果；积极反馈、修正。

根据以上类型，我们可以从系统科学的角度，把改革过程概括为以下几大环节。

认识机构改革的必要性和重要性。对于机构改革的主体和参与者来说，最重要的是认识改革的必要性和重要性，激发对改革需求的认知。公共行政机构是国家机器的主要部分，是政府职能的最终承载体，属上层建筑的范畴，因而本身具有很强的结构性和可变性，它除受经济基础的决定性影响外，还始终受其他一些因素的制约：一是行政职能的变化。随着市场经济新体制的确立与完善，计划经济的观念、机制及管理方式正逐步消亡。这意味着政府对经济和社会的干预范围和干预程度已经发生重大变化，政府原有的职能一部分取消，一部分交给市场，空缺弱化的部分职能要增加或强化，这样许多管理经济的专业部门要大大削减，履行规划、协调、监督和服务职能

①　胡爱本等编著《新编组织行为学教程》，复旦大学出版社，1993，第 193 页。

的机构会大量增加。二是管理方式的变化。经济体制的变化导致管理方式的变化，原有的以行政手段为主，管理方式过渡为以经济手段、法律手段为主的行政组织机构也必然要随之转轨变型。三是新的社会问题的出现。市场经济体制一旦定型，新的社会问题便会应运而生，如限制外部不经济行为，加强社会公共服务和社会保险，等等，都需要政府有相应的机构进行管理。四是行政权限的集中与分散。行政权力的集中与分散，是行政管理中的经常性活动。这种活动在当前主要体现为政企、政事权力的划分。随着政府权力的缩小，政府的机构必须随之削减。以上是导致机构变革的外部因素，从内部上说它还会受到诸如组织目标、人员素质、价值观念，以及管理水平、人际关系的变化等因素的影响。西方管理学家西斯克曾做过细致的研究，认为组织内部，只要面临以下一种情形，就应当着手改革：决策过程过于缓慢，或时常作出错误决策，以致错失良机；沟通不良，信息系统失灵；组织功能无效或得不到有效的发挥；缺乏创新，组织停滞不前。

　　诊断机构病根，确立改革目标。在采取改革行动之前，必须分析机构的症状以发现问题的实质。所谓行政机构诊断，是指行政管理者和行政专家运用各种科学管理理论、方法，对行政组织机构的现状进行缜密的调查研究，找出机构在功能、结构、权责、人员与程序等各方面所存在的问题，并对它进行定量和定性分析，查明病因，提出切实可行的改革方案，以指导行政改革的一种管理活动。行政机构诊断是一项专业性、技术性很强的活动，在西方已经形成一门专门的学问——组织诊断学。其活动的开展一般由政府委托行政学专家来进行，目的在于对行政机构现状进行综合评估，提出客观公正的意见，为搞好改革提供充分的依据。这一阶段的工作，首先要解决三个问题：本质问题在哪里？解决这一问题要改革什么？改革的结果是什么？如何衡量？其次是把握诊断的方法。第三是明确改革目标，使人们对改革有一个明晰的行动趋向和追求。在目标确立过程中，既要制定长远目标，又要制订近期目标，使目标更趋科学、合理。就我国历次机构改革来说，党中央制订了明确的目标。从长远看，必须根据政企分开和精简、统一、效能的原则，逐步建立一个符合现代化管理要求，具有中国特色的功能齐全、结构合理、运转协调、行为规范、灵活高效的行政管理体系；从近期看，机构改革的目标是理顺关系，转变职能，精兵简政，提高效率。显然，这些规定和理论为机构改革的成功提供了一定的客观标准和前提条件。

　　制订并选择科学的改革方案。在目标的约束下，制订并选择科学的方案是非常关键的。首先，要对改革方案有一个轮廓设想，即从不同的角度和途径，设想出多个可行方案，以便为做出选择提供尽可能广阔的思考和选择余地。其次是精心设计方案。轮廓设计之后得出的只是方案的毛坯，进一步加工后才能对改革产生实用价值。这一阶段要做多项工作，一是确定机构方案的细节，二是估计机构改革方案的实施结果，第三是评估选择改革方案。这项工作十分重要，否则，方案的好坏、优劣就无从识别。评估方案，主要是看改革方案能否在改革过程中加以推行，各有哪些限制条件和不利因素，如政治、经济、社会、心理等。选择方案，就是要在前面评估的基础上，运用合理的标准和科学的方法，在尽可能满意的前提下，对既定方案进行挑选，以最大限度地减少改革阻力，推进改革顺利进行。

贯彻实施改革方案。这是机构改革最重要的一个环节，也是困难最多的一个环节。因为，改革是对权力格局和利益关系的调整，涉及各地区、各部门、各单位，甚至每个人的利益，人们的心态不同，习惯和价值观不一样，稍有疏漏都会给某些设阻者以可乘之机。因此，在实施机构改革方案过程中，要注意把握以下环节：其一，明确目标任务，创造最佳的改革环境，激发人们改革的愿望，让更多的公务员和社会群众欢迎改革，支持改革，投身改革。其二，选准改革的突破口。有人主张先拆"庙"，后搬"神"，有人主张先搬"神"，后拆"庙"；有人主张先改专业经济部门，有人主张先调整综合管理部门等等，这些主张反映出不同的突破口，其科学合理程度，直接影响改革的进程。其三，善于并及时协调各种矛盾，改革中必然要遇到许多矛盾，纵向上的上下级之间，横向上的党政之间、政企政事之间、"议行"之间等等都会因为机构的撤并，权力的调整而发生这样或那样的矛盾，改革者必须始终注意化解矛盾，把改革过程中的负效应控制在最小的规模和范围内。其四，及时制定各种法律、法规和规章制度，巩固各阶段的改革成果。其五，总结评估改革的结果。改革结束之后，各改革主体都要认真总结经验教训，看其是否达到预期目标，看其有无负面影响。[①] 对于经验要及时总结推广，对于负影响要采取补救措施及时消除。

（二）公共行政机构改革的主要模式

模式，有时亦称类型，是相对固定的、人们可以比照做的标准样式。从不同的角度，按照不同的标准，可以把机构改革的模式划分为很多种，这里我们仅从改革的范围、与外部诸因素的关系以及进程等方面分为以下几种[②]。

---

① 许文蕙主编《行政管理学》，红旗出版社，1992，第 314 页。
② 许文蕙主编《行政管理学》，红旗出版社，1992，第 315、316 页。

外延型改革与内涵型改革。这是从改革所涉及的范围划分的一种模式。所谓外延型改革，是指以精简机构和人员数量、变革机构外部形态为内容的改革。如行政机构的撤并，冗员的削减等。这种改革内容单纯，易于操作，适宜于在体制相对合理、职能较为明确、权力关系统一的情况下，用以解决机构臃肿，人浮于事，行政经费开支过大等较为单一的问题。这种模式是以精兵简政、控制机构规模为主要目的的改革，一般不触及诸如权力、体制等核心问题。所谓内涵型改革，是指以调整行政管理职能，调整行政权力结构，变革组织之间的组织关系和工作关系，改革领导制度和工作制度为内容的机构改革。这种模式实质上是对整个行政管理体制的变革，目的是建立结构合理、功能齐全、运转灵活、协调高效的行政管理体系。尽管改革过程中也涉及机构的撤并和人员的精简，但不是改革的直接目的。这种模式规模大、范围广、程度深，因而难度要比外延型改革大得多。我国在 1980 年代初期前的历次机构改革，基本上都是外延型的，改革的内容自始至终未能触及矛盾的实质，因而迭陷"精简—膨胀"的怪圈。科学的改革模式，应将二者有机地结合起来，通过变革职能和权力结构，来达到精兵简政的目的。

单一型改革与复合型改革。所谓单一型改革，是指在关系上不与机构以外的要素相关联而独立进行的改革。从某种意义上说，这种模式是就事论事，所引起的社会和心理震动以及其他连锁反应相对较弱。因而适用于范围窄、程度浅的机构改革。所谓复合型改革，是指必须与外部相互配套而进行的大范围的改革，常常构成更大范围的综合性改革的一个子系统，它们之间必须相互配合，相互促进，否则，难以达到改革的预期目的。如改变行政内部的权力关系，必须从根本上调整党政关系、政企政事关系等，因为，它们对机构特别是对经济管理机构有着最直接的影响。在一般情况下，全面而又深刻的机构改革，必须相应的对政治体制和经济体制进行改革。但同时我们也看到，及时地对机构进行改革也会为体制的改革创造条件开辟道路。

一次型改革与渐进型改革。所谓一次型改革，又称突变式或激进式改革，是指在短时间内对机构所进行的一次性变革。其特点是解决问题迅速，见效快，但也容易引起较强烈的社会心理震动，同时也容易因改革措施不配套而造成疏漏、"夹生"甚至"夭折"等问题。因而，改革的外部环境要求较高。渐进型改革，是指有计划有步骤地实现改革阶段目标，通过阶段性调适，最终实现总目标的机构改革。其特点突出地表现在：①改革是一个"链带"。每项小改革，每个阶段性步骤，每个小目标都是大改革、总过程和总目标的起点，前后相继，一环接一环，聚沙成塔，集腋成裘，共同构成改革的大系统。②随时调适。每个阶段的工作告一段落后，可以及时地总结经验教训，及时地调整和修改下一阶段改革的具体目标或总目标。通过不断地反馈调节来避免改革中的失误和损失。③社会心理震动小，风险小。"大型设计常常会立即把维持现状的卫道士们动员起来。每个卫道士通常只反对计划的某一部分，而对其余部分并不关心。如果将计划一揽子提出，把所有的反对意见在同一时刻集中起来，将足以使这一揽子计划来不及争取支持就遭到毁灭之灾。"① 而渐进式改革恰恰把改革的总目标分解为若干子目标，这就等于把引起恐慌的震动、阻力一部分一部分地分解并"释放"出去，从而避免了可能引起的"共振现象"。④见效慢。由于改革需要的时间较长，加之改革是分阶段进行的。因此，以后各阶段的改革都要受到前一阶段改革进程的制约。这就使得改革的效果难以一下子发挥出来。更为不利的是，由于时间过长和目标的隐蔽，可能使改革"失去一面聚集支持者的旗帜，失去一种激发热情的手段，失去一种成就感，失去将聚零为整的憧憬。从而使支持者可能减少为一小批人"。② 可见，渐进型的机构改革方式，适宜于在社会发生重大转折，客观上需要进行广泛、深入、大规模的机构改革，而现实条件，如政治、经济和社会心理能力还不能一下子适应的情况下采用。

上述六种模式并不是绝对的，它只是从某种意义上给我们提供一种分析和认识问题的角度。在实践中很少有哪一个改革主体绝对地机械地被某一种模式捆住手脚，而常常是相互融通，兼而用之，灵活使用。即使最终会偏重于某一模式，但只是部分，而非全部。

① 赫伯特·考夫曼：《对行政改组的一些看法》，载 R. J. 斯蒂尔曼《公共行政学》（下册），中国社会科学出版社，1988，第 202 页。
② 赫伯特·考夫曼：《对行政改组的一些看法》，载 R. J. 斯蒂尔曼《公共行政学》（下册），中国社会科学出版社，1988，第 202 页。

第三章
公共行政领导

行政领导是公共行政学研究的核心内容。言其重要，原因在于：作为主体的行政领导者，其价值理念的定位、行为方式的取舍将对行政活动产生根本性的影响；作为过程的领导活动，是行政活动的构成要素，并且其从宏观的、战略的、目标的层面对行政活动的效率产生无可替代的影响。

第一节 公共行政领导概述

行政领导产生于行政管理活动，但又有别于行政管理。这种差异性既体现在价值观层面，又体现在行为方式层面；既反映在职能取向上，又反映在功能定位上。因此，通过对行政领导的一般描述，有助于揭示行政领导活动的基本面目。

一 领导与管理："源"同"道"不同

尽管在实践形态上，领导与管理并没有清晰可辨的边界，但在学理上，两者之间存在着微妙的差异却是不争的事实。行政管理中的领导与管理的差异绝不仅仅是由两者的行为方式决定的，从某种意义上说，这种差异性取决于行政活动中的理念、价值观和意识形态，进而言之，取决于支撑行政管理研究的不同视角的研究旨趣和学科关怀的异质性。[①]

（一）领导孕育于管理

一般而言，有了人类的社会生活，就有了管理，就有了人们对管理的不

---

① 如果说管理学研究存在管理途径和政治途径的视角差异，那么，行政管理中的管理取向主要受管理主义的影响，其追求的是管理中的效率；而领导取向可能暗合了政治主义的研究旨趣，其关注的是管理中的道德、正义和人性等。

同界说，但严格意义上的研究始于工业革命。由英国为代表的西欧各国掀起的工业革命造成了前所未有的大型工业组织的蓬勃兴起。与以往社会组织不同的是，工业组织主要遵循经济逻辑，奉行效率原则，强调利益最大化。工业管理的基本理念和价值导向从这一时期人们对管理的经典界定得到体现①：确切地了解你所希望工人干些什么，然后设法使他们最好；设法最大可能地利用企业掌握的全部财力、人力——确保六个职能的顺利执行，以引导企业实现目标；管理是开动、指挥、控制组织计划和程序的生命火花。由此，管理迅速成为相对独立于土地、劳动、资本的第四生产要素而受到人们的普遍关注。而以泰勒（Frederick W. Taylor）为代表的定量作业、法约尔（H. Fayol）为代表的一般管理等构成了"科学管理"的基本方式和主要内涵。②

事实上，工业革命所创造的巨大社会财富足以触发人们对行政组织效率的热切关注和理性思考，其中尤以韦伯（Marx Weber）为代表。韦伯将科学管理的一般原理运用于行政组织，提出了行政管理中的"官僚体制"（bureaucracy）。③ 这一体制成为迄今为止世界范围内行政组织的主要运行模式；其所界定的五个基本特性，即等级性、事务性、制度性、专业性和报偿性也成为衡量行政组织结构化程度的典型指标。④

如果说"工作"和"员工"构成组织行为的两个基本维度，那么，显而易见的是，管理或管理主义的取向主要关注的是工作任务的完成和组织目标的实现，即便如泰勒一类科学管理者也较为关注劳资关系，关注员工利益的获得程度，但实际管理实践中的工作导向规限了人的工具性色彩。员工仅仅是使组织利益达到最大化的工具。这种取向也明显地体现在行政组织之中。⑤

问题是，功利主义的管理尽管解决了部分问题，但同时却可能制造更多、更大的问题。其中不可回避的原因即在于对人的存在的漠视和对人性的"经济人"假设的设定。首先对此进行挑战的是美国心理学家梅奥（George

---

① 曹堂哲：《领导与管理异同辨析》，士柏咨询网，2003 年 8 月 11 日。

② 事实上，不同国家科学管理的路径有所差异。具体参见"管理理论研究网"中美国"科学管理"的相关论述。

③ 一译科层制度。

④ 具体论述请参见马克斯·韦伯《经济与社会》（上），商务印书馆，1998，第 254 页。

⑤ 如有的学者认为，管理主义在行政组织中的表现一如企业组织，其所奉行的基本价值仍在于"三 E"，即经济（economy）、效率（efficiency）与效能（effeteness）。具体论述请参见张成福《公共行政的管理主义——反思与批判》，www.ChinaMPAonline.com，2003 年 1 月 6 日。

Elton Mayo）以及其所做的霍桑实验（Hawthorne Experiments/Studies）。在此实验中，梅奥向人们揭示了社会人的假设、人的基本需求、非正式群体的功能以及管理方式转换的必要性。这就为思考领导问题提供了契机。

尽管关于领导的研究并非肇始于对管理的批判，但对片面的管理或管理主义的理性反思的确为领导的研究提供了舞台。因为，领导学的研究旨趣在于其更为关注组织的目标与员工价值的共存和共赢。这一旨趣在人们对领导的定义中具体地体现出来①：领导与赤裸裸的行使权力者的不同之处在于，前者是与追随者的需要和目的紧密相连的；领导是一种说服别人热诚地追求已经确定目标的能力；领导是一种影响一个群体实现目标的能力；领导是影响人们心甘情愿地和满怀热情地为实现群体的目标而努力的艺术或过程。因此，领导所要关注的是组织文化价值观界定与目标的设计、员工的基本需要与个体差异、领导者的影响方式与组织环境等一系列复杂的变量以及诸种变量间的关系，通过对上述变量及关系的考量与整合，以消除管理主义的"单向度"倾向所造成的管理偏差。

因此，在论述领导与管理的区别之前，通过对管理和领导的关联性和共通性的揭示，试图说明的是领导并不必然地优于或高于管理，实际上，领导孕育于管理这一事实本身便决定了两者存在着某种程度上的共性。

从组织的目的来看，管理和领导都是为了实现组织的目标。尽管在理念、视角和导向等方面，领导与管理存在差异，但两者的基本目的都在于实现组织的目标。虽然组织目标的实现程度可能受到领导者或管理者的人生观、行为风格、价值偏好等个人性因素的影响，但组织自身的目标导向性却是任何社会组织得以存在的基本前提。

从实现目标的支持因素来看，管理和领导都需要一定的组织架构。一般而言，社会组织是指人们有一定的目的，依一定的组织形式和原则，通过一系列的活动执行特定的社会职能，以达到特定社会目标的独立群体。② 因此，缺少基本的组织架构和组织形式，领导和管理都难以为继。就此而言，结构化是社会组织的基本特征。

从组织目标的实现效果来看，管理和领导具有共通的评判标准。尽管近年来学界不乏工具主义和人文关怀的争论③，但绩效考核仍然是评价管理和

①　曹堂哲：《领导与管理异同辨析》，士柏咨询网，2003 年 8 月 11 日。
②　王康：《社会学词典》，山东人民出版社，1988，第 245 页。
③　如究竟是"效率优先，兼顾公平"，还是"公平基础上的效率"，就是人们争论不休的问题。

领导效度的核心环节；效率、效益、组织度、生产率仍然是管理和领导绩效考核的核心要素。换言之，无论是管理过程还是领导活动，成本都是无法回避的问题。因为，有效性是衡量组织目标实现程度的基本标准。

（二）领导与管理的区别

当然，管理和领导在制度化组织层面的共通性并不能消弭两者在价值、行为、功能和组织运作等层面的差异。随着领导学研究的拓展，有些西方学者甚至提出将领导与管理视为两个相对独立的范畴。

在 1977 年发表的文章中，扎莱兹尼克（A. Zaleznik）认为，管理者和领导者是两类具有不同人格的人，一些人在本性上就是管理者，一些人在本性上就是领导者。他具体分析了管理者与领导者在五个方面的差异[①]：在承担任务上，管理者强调理性和控制，管理者是一个问题解决者。领导者则仅仅是指出问题并致力于完成自己和组织使命的实践者；在对待目标的态度上，管理者的目标通常源自于需要而非欲望，他往往倾向于以一种不带个人情感的态度对待目标。领导者则以富于个性化和积极的态度看待目标；在工作方法上，管理者倾向于将工作视为一种授权的过程，这一过程将不同的人员和观点结合起来。管理者的战术是灵活的，他们一方面进行讨价还价，另一方面采用奖励、惩罚以及其他强制性措施。领导者关注的是组织长期的战略问题，他们力图拓展新的思路，并开启人们新的选择空间；在与他人的关系上，管理者乐于同他人一起工作，尽量避免单独行动，关心的是事情怎样进行下去，努力将输赢博弈转化为双赢博弈。而领导者更关心人们的观念和感受，以一种直觉的和更富以情感的方式与人交往。在由领导者主导的组织中，人际关系往往是骚动的、紧张的甚至是无组织的；在自我意识上，管理者将自己视为现存秩序的卫道士和规则制定者，其自我价值意识通过现存组织的强化和永久化得以加强。而领导者的生命中充满了为获得某种秩序而进行的斗争。尽管身处某一组织，但却从未真正属于这一组织，他们通过个人奋斗来谋求发展，追求心理乃至社会的变化。

本尼斯（W. G. Bennis）认为，管理者与领导者的行为方式完全不同，这种差别主要表现在：管理者好于管束，领导者善于创新；管理者是模仿者，领导者是原创者；管理者因循守旧，领导者追求发展；管理者依赖控制，领导者营造信任；管理者目光短浅，领导者目标远大；管理者问怎样做

① 扎莱兹尼克：《管理者和领导者：二者有什么不同?》，载 H. 明茨伯格等 《〈哈佛商业评论〉精粹译丛：领导》，中国人民大学出版社，2000，第 62～89 页。

和何时做，领导者问做什么和为何做；管理者只顾眼前，领导者放眼未来；管理者接受现状，领导者挑战现状；管理者是听话的士兵，领导者是自己的主人；管理者习惯正确地做事，领导者注重做正确的事。[1]

当然，许多学者并不赞同将两者截然分开，例如，加德纳就认为，领导与管理的差异只是程度问题。一些管理者比另一些管理者考虑得更长远，关注更广泛的组织和环境问题，施加的影响超越官僚等级的边界，更直觉地理解影响中的非理性和非意识的因素，更有技巧地处理相互冲突的因素，更能接受和促进组织变革和发展。根据这一观点，领导并不是一个标签或固定的范畴，而只是表明管理者视角的宽度和影响的性质。[2]

二　公共行政领导的界定与类型

何谓行政领导？行政领导存在哪些基本类型？对于这些问题的不同回答，反映了研究者异趣的领导学观。

（一）行政领导的概念界定

一般而言，研究者从三个方面对行政领导加以界定：其一，从权力运用、规章制度的执行、与组织结构相吻合的角度去观察行政领导。持这种观点的人认为，行政领导就是通过命令、指挥，使整个组织活动达到其预期的目标。[3] 其二，从人际关系、感情因素的角度去观察行政领导。持这种观点的人认为，行政领导是对组织内群体或个人施加影响的活动过程，是一门促使下级满怀信心地完成其任务的艺术，是一种说服他人热心于一定目标的努力。[4] 其三，综合权力因素和情感因素去考察行政领导。持这种观点的人认为，行政领导是通过指挥和说服影响组织内的个体和群体，在一定条件下实现组织某种目标的活动过程。[5] 本书采用第三种界定。这一选择是基于如下几点思考：第一，行政领导活动的根本任务是为了实现组织的目标。组织的目标导向决定了行政领导活动的参与者，尤其是行政领导者应采取特定的领导方式，以维持组织的运行和目标的实现。第二，组织的目标究其本质而言并非是单一的。它有内部目标、外部目标之分；整体目标、个人目标之别。

①　W. 本尼斯：《21 世纪中的领导》，载谢尔顿《领导是什么》，上海人民出版社，2000，第 5 页。

②　参见常健《现代领导科学》，天津大学出版社，2004，第 9 页。

③　代表性观点见夏书章等《行政管理学》（第二版），中山大学出版社，2001，第 106 页。

④　代表性观点见朱立言《行政领导学》，中国人民大学出版社，2002，第 30 页。

⑤　代表性观点见王沪宁、竺乾威《行政学导论》，上海三联书店，1988，第 38～39 页。

目标的差异性决定了行政领导活动应采取多样化的领导方式。第三，管理型的方式主要是从权力和效率的角度来考虑行政领导活动，其突出管理者的主体地位，强调控制和驾驭。领导型的方式倾向于从权威和效益的角度来考虑行政领导活动，其突出领导者与追随者的双主体，强调引导和影响。第四，在行政实践中，两种行政领导方式互为借鉴、互为补充。事实上，片面强调任何一种方式，都难以称为高效的行政领导活动。

（二）行政领导的类型划分

行政领导的研究视角的差异性，决定了类型划分的多样性。一般而言，研究者主要将行政领导区分为下列三种类型。

1. 集权型，又称自决型或独裁型

该类型的特点是领导者独揽一切重大事务，将决策权高度集中，独自做出决策，下级只能绝对地、无条件地服从。领导者严格控制决策的执行过程，亲自或通过自己信赖的监控系统监督执行过程和执行结果。一般而言，该类型的领导适用于任务简单，内容带有例行性或重复性，完成任务的步骤、方法能事先做出明确安排的工作。因为领导者凭个人经验和能力就可能对工作的各主要方面做出正确决定，凭个人权威就能执行到位。该类型的优点是：决策迅速，指挥方便，政令统一，步调一致。其缺点是：领导者总揽一切决策权，下级被动服从，缺少积极性；由于领导者主要依靠个人的经验、常识和技能等进行领导活动，客观上容易导致领导失误；因为领导者过分专权，可能致使"一言堂"、个人崇拜和专制主义等现象的产生。

2. 分权型，又称参与型

该类型的特点是决策过程吸收被领导者参加，决策的执行采取分权的方式进行。对执行过程和执行者的监督，主要依靠享有一定自主权的不同部门互相制约和执行者之间的工作竞赛来实现。这种类型的领导一般适用于任务复杂、内容具有创新性、事先又难以对工作步骤和方法做出明确安排的工作。该类型的优点是：领导的决策建立在充分讨论的基础之上，下级广泛参与决策并自觉自愿地执行；领导者采取积极的激励、引导、协调等方法指挥下级；彼此尊重与信任，人际关系和谐；领导机关透明度高，接受社会公平监督；有严格的工作责任制度。因此能够做到集思广益，使下级各尽其能、各展所长，充分发挥积极性和创造性。其缺点是：由于大家都参与决策，因此致使决策过程缓慢，易坐失良机；由于过度分权，易产生各自为政，造成思想和工作上的混乱，影响行政目标的实现。

3. 放任型，又称仁慈型

该类型的特点是，领导者不把持决策权，只对下级工作做必要的原则、方针和政策性规定，对决策的执行过程及对工作人员的检查与监督，也没有严格的规章制度，领导者只是执行例行公务，其余由下属自行决定。只有当下级部门或工作人员之间发生矛盾，或者出现重大问题时才出面协调解决。这种"无为而治"、"顺其自然"的领导方式，仅适用于个别行政组织中，即小团体和个人的独立性与主动性较强的那些行政组织中，而对绝大多数行政组织是不合适的。

三 公共行政领导者的产生方式

行政领导者产生的标志是，取得行政组织中一定的职位并承担相应的职权与责任。在不同的社会制度下，行政领导者的产生途径和方式是不同的。一般说来，当今世界各国行政领导者的来源主要有两种。一种是内部来源，即从国家行政系统内部来升任与补充。这种方式能保证遴选出的行政领导者熟悉组织内部情况，具有施政经验，便于尽快打开领导工作局面；同时又可以激励内部人员的进取心。另一种是外部来源，即从全社会选拔优秀人才。这种方式可以取得引进新思想、新作风，开创新局面的效果，同时有助于防止小集团的滋生。不同的产生方式，对行政领导者有不同的要求和影响。当前我国法定的行政领导者的产生方式主要表现为下列四种类型。

（一）选任制

即行政领导者由被领导者或被领导者的代表选举产生的制度。选举形式可以表现为投票选举，也可以意向选举或民意测验。选任制适合于政治型行政领导者的产生，它能代表民意，视野开阔，选举的结果具有较大的权威性和公正性。选举产生的行政领导者一般都有任期的限制。美国、法国、日本、印度等国多采取选举方式产生国家首脑和部分行政官员。我国宪法和政府组织法明确规定，各级政府组成人员都要由各级人民代表大会或县以上各级人民代表大会常务委员会产生或任命。

（二）委任制

又称任命制，即依法由任免机关在其任免权限内经过考察了解，直接下令委任所需人员担任某种领导职务的制度。任命制是各国普遍使用的传统选拔方式。目前，西方国家实行公务员制度的国家，行政首长一般都有权直接委任助手，以便相互密切配合。委任制的优点是权力集中、责任明确；指挥统一、不受牵连；行动迅速、简便易行。缺点是上级领导者或上级机关可能会根据个人或少数人的意志和标准任命产生行政领导者，从而导致选任过程中的精英化取向和人情化色彩；在少数人中选人，又会导致选人视野过分狭窄的现象。

（三）考任制

即由用人单位在符合规定条件的基础上，按照公开考试、择优录取的程序招收担任政府部门行政职务人员的制度。考任制源于我国的科举制，后为欧美和其他国家所效仿，目前已成为各国选拔行政领导者的一种主要方式。考任制的方式产生行政领导者的优点在于：广开才路，吸收广大真才实学者来报考，能做到适才适用；择优录取，在竞争基础上鉴别人才；公开平等，有效防止任人唯亲，仅凭领导者个人好恶决定任用的弊端。但考任制也存在缺陷：对能力测定不易准确把握，可能产生高分低能的现象；对应试者的政治素质、道德品质和工作表现和工作实绩更不易通过考试方式体现出来。

（四）聘任制

即根据工作需要和职务要求，采用竞聘方式，通过与应聘者签订合同、协议类的契约选聘外部人员在一定任期内担任一定的行政领导职务的制度。聘任制方式的优点是：开阔选任视野，有利双方进行双向选择、广招人才；有助于解决本地区、本部门人才短缺问题；能有效地打破干部管理上的部门所有制，促进人才的合理交流；有助于克服论资排辈和常任制中的弊端。聘任制方式适合于专业技术职务、学术型行政领导者。

四　公共行政领导的职位、职权与功能

行政领导的职位、职权与功能具有密不可分的关系。担任一定职务和承担特定责任的领导者总是享有与之相应的领导职权，而领导职位和领导职权的匹配是领导者履行其功能的前提和基础。

（一）职位与职权的关系

行政领导者的职位，是指权力机关或人事行政部门根据法律与行政规程，按规范化程序选举或任命行政领导者担任的职务与责任。因此，职务与责任是职位的两个基本构成要素。其中职务赋予领导者相应的指挥权和统御权；政治、工作和法律等责任对领导权力的使用予以规限。

行政领导者的职权，是指与行政领导者职位相当的、由法律所赋予和规定的行政权力，是行政领导者行使职责的实质条件和必要依据。

行政领导者的职位和职权的关系主要表现为：其一，职位对职权具有规

定性。因为职权是由职位派生出来的，所以，职位的性质决定职权的性质，职位的高低决定职权的高低，职权需要职位加以确认。其二，职权对职位的责任要求和目标实现具有能动性。行政领导者拥有的人权、财权、物权和组织权有助于行政活动的实施。

（二）行政领导的功能

关于行政领导的功能，学者们所持的观点不尽相同：美国俄亥俄大学通过对行政领导理论的研究，认为行政领导有三大基本功能：保持团队关系、达成团体目标、增进部属的交互行为。美国行政学家怀特认为，行政领导的功能是：决定重要的决策、发布必要的命令和指示、协调组织的内部、授权下级处理一般事务、控制财务的运用、部属的任免、控制并考核工作的执行、处理对外的公共关系。德鲁克认为，行政领导的功能是：创造让部属发挥其才华的机会、使部属的潜能得以发展、消除管理过程中的障碍、鼓舞部属的情绪、给予部属晋升的机会、提供部属工作的明确导向。①

一般而言，行政领导的功能主要表现为以下几个方面。

1. 计划与指导的功能

行政领导者的首要职责就是制定组织发展的目标、确定组织发展的战略，并将目标与战略转化为具体的行政计划和行政标准；同时，行政领导者还要对计划的执行、监督、考核予以指导与评估，以此作为奖惩的依据。

2. 授权与激励的功能

领导者应依据行政职位的高低，逐级下放权力，并将权力与责任结合起来，使下属在拥有权力的同时，也明确其应尽的责任。除了授权激励外，领导者还应通过满足下属需要的其他激励方式，借此调动下属的积极性和创造性。

3. 沟通与协调的功能

行政领导的沟通有助于领导者了解组织内部的情况，并做出相应的决策；对于组织中因结构性、资源性和人性等方面造成的利益冲突，领导者应适时地加以协调。

4. 整合与变革的功能

组织内部行政人员之间目标的差异性，决定了行政领导者应通过目标的整合，使行政组织成为一个有效的工作团队；同时，领导者应力求保持团队的开放性，以应对来自组织外部的挑战和适应外部环境的变革。

---

① 转引自张国庆《行政管理学概论》，北京大学出版社，2000，第242～243页。

第二节　领导理论发展脉络的梳理

美国领导学家 K. 勒温认为，没有什么比优秀的理论更能指导实践。① 严格意义上说，领导活动的发展史就是一部领导理论的演进史。在领导理论的演进过程中，形成了纷繁复杂的理论流派，而各种流派都在不同程度上影响了领导活动的基本方式。

一　领导特质理论

领导特质理论（trait theories of leadership）源于 1820 年代的伟人理论或英雄理论。伟人理论认为，天赋的特质是一个人能否成为领袖人物的根本因素。所以，只要某人天生具备特定的领导才能和品质，他终将成为人们的领袖。领导特质理论继承并拓展了伟人理论，认为先赋的特质和后天获致的特质同样重要，因此，通过对众多特质的归纳和描述，可以寻求领导者和非领导者的不同特征，并借此解释领导者之所以成为领导者的因素，在此基础上预测领导活动的效能。在通过对一系列领导者的历史检索和跟踪调查，研究者认为，诸如进取心、领导意图、自信、正直与诚实、智慧、自我监控能力等是与有效领导密切相关的特质。② 领导特质理论一旦形成便迅速得到推广，并成为选任领导者、测评领导绩效的基本依据。

但领导特质理论在领导者、被领导者与领导环境等三个构成领导活动的基本要素方面都暴露出其致命的弱点：第一，就领导者个体而言，首先，特质理论并不能标明成为领导者的众多特质的相对重要性；其次，领导特质与有效领导行为之间并不存在相对稳定的匹配模式；更为重要的是，尽管某些特质能够增加成功的可能性，但没有一种特质能够确保领导者一定会成功。第二，就领导者与被领导者关系而言，特质理论由于过分强调某些领导特质的重要性，事实上已将领导者置于无可动摇的主导地位，从而忽略了员工在

---

① 参见威廉·D. 希特《典范领导者》，机械工业出版社，2004，第 2 页。
② 详见 S. P. 罗宾斯《组织行为学》，中国人民大学出版社，1997，第 321 页。当然，研究者的视角差异，决定特质类型划分的不同，如斯多蒂尔提出领导者的"大五维个性模型"，即应变能力、情绪稳定性、责任感、情绪愉快、智力。参见吴岩《领导心理学》，中央编译出版社，1996，第 43～45 页；亨利通过经验分析，总结出成功领导者的 12 种特质，参见朱立言《行政领导学》，中国人民大学出版社，2002，第 94 页。

领导活动中的特定作用。第三，就领导者与领导环境的关系而言，个体改变环境还是环境塑造个体，确实是有待深入研究的问题，但组织中的制度环境、文化环境，乃至组织外的社会环境可以影响领导活动，甚至替代领导者的作用却是不争的事实①，而这恰恰为特质理论所忽视。

二 领导行为理论

既然特质理论由于过分强调领导者内在的气质而有失偏颇，那么，通过对领导者外显、客观、可控行为的研究，建立领导行为与领导活动有效性的关联就是一个不错的选择。领导行为理论（behavioral theories of leadership）的基本假设即建基于此。这里，问题的关键是如何确定领导者的行为要素，不同的行为研究方式提供了不同的答案。

（一）领导风格理论

美国著名心理学家勒温（Kurt Lewin）认为，团体的任务领导并不是以同样的方式表现他们的领导角色，领导者们通常使用专制型、民主型和放任型等三种不同的领导风格，而领导风格的差异会影响团队方针的制订、员工对团队活动的了解与透视、工作的分工与同伴的选择、领导者对工作的参与与工作评价的态度等方面，从而造成不同的团体氛围和工作效率。

美国学者利克特（R. Likert）后来发展了勒温的学说，提出专制型、温和型、协商型和参与型等四种领导风格理论。

（二）领导行为的双维度

1945 年，在斯多蒂尔领导下，美国俄亥俄大学的商业研究所着手建立一种描述有效领导行为的工具。经过亨普希尔（J. K. Hemphill）与孔斯（A. E. Coons）对教育团队的分析、哈尔平（A. W. Halpin）与温纳（J. Winer）对空军团队的描述，该所从众多影响领导行为的要素中归纳出两个核心维度：体恤（consideration）与建构（initiating structure）。其中体恤维度描绘的是领导者是否希望与下属建立彼此信任、相互尊重、体谅和关怀他人；建构维度描述的是领导者是否愿意设定工作目标、建立组织模型、界定工作角色、确立任务行为。通过对两个维度的组合，可以构成如图 3-1 所示的四种领导行为。②

---

① 领导替代理论认为，个体、任务和组织变量可能成为领导的替代因素。参见 S. P. 罗宾斯《组织行为学》，中国人民大学出版社，1997，第 335 页。

② 证验性研究发现，高体恤、高建构的领导行为方式常常比其他三种方式更能使下属产生高工作绩效和高工作满意度。

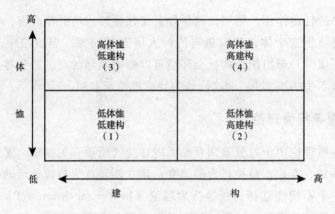

图 3 – 1　俄亥俄维度的领导行为类型

与此同时，美国密歇根大学调查研究中心进行着另一项类似的领导行为研究。1950 年，卡茨（D. Katz）等人提出领导行为的员工定位（employee-centered dimension）和工作定位（job-centered dimension）两个维度。其中员工定位指领导者重视工作中的人际关系，能将员工视为有重要意义的独立个体，并接受他们的个性和个人需要。工作定位是指领导者强调工作的生产和技术方面，主要关心组织任务的完成情况，因而只将员工视为往常工作的工具。①

（三）领导方格模型

在总结两所大学研究成果的基础上，美国学者布莱克（R. R. Blake）和莫顿（J. S. Mouton）于 1964 年提出以"关心人"（concern for people）和"关心生产"（concern for production）为基本维度的管理方格模型，后又被称为领导方格（Leadership Grid）模型。如图 3 – 2 所示，在 81 种领导风格中，如下 5 种类型较为典型。②

1，1—贫乏型：领导者既不关心员工，又不关心工作，放任自流，始终保持局外人的身份。

9，1—权威 – 服从型：领导者只关心工作而不关心人。为了完成工作，领导者采取严格和全面的控制方式，员工仅仅是实现组织目标的工具。

---

① 证验性研究认为，员工导向的领导者与高生产率和高工作满意度成正相关；生产导向的领导者与低生产率和低工作满意度成正相关。

② 布莱克和莫顿认为，在所有的领导风格中，团队型领导者是最有效的领导者。但除了他们及其同事提供了支持性证据外，并没有其他研究者验证这一观点。持批评态度的研究者认为，该模型只适用于团队管理的情境，并不存在所谓的普适性。

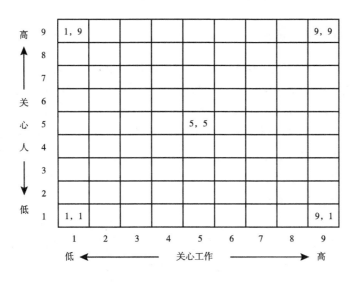

图 3-2　领导方格模型

1，9—乡村俱乐部型：领导者只关心人而不关心工作。其将主要精力用来创设和谐、友好的人际氛围，从而忽略了组织的工作任务。

9，9—团队型：领导者既关心人，又关心工作。其能以积极、开放的心态寻求新的方法以应对不断变化的工作环境，并能激励员工有效的完成工作任务。

5，5—中庸型：领导者在关心人和关心工作方面皆处中间状态，其基本目标是将工作绩效和与员工的关系维系在安全可靠的范围内。如产生组织冲突，则采用妥协方式，即便这种方式会产生负面影响。

领导行为理论通过对领导者行为要素的归纳与揭示，可以使人们直观地认知有效的领导行为；同时，该理论也为通过培训塑造成功领导者开辟了广阔的前景。但该研究方式同样存在悬而未决的问题：第一，理论上的行为类型与实践中的行为样式是否能够一一对应。尽管行为理论观照了现实的领导行为，但其逻辑化研究方式和抽象化的归纳形式难以描绘纷繁复杂的领导行为。第二，领导行为与领导绩效的相关性是否如该理论所揭示的那样直截了当。上述行为理论都试图向人们展示有效领导行为的样板和范例。但实际上，任何行为样板都或多或少受到人们的质疑。第三，与领导特质理论一样，行为理论由于只强调领导者的行为对组织绩效的影响，从而忽略了员工、领导环境等变量的作用，而这正是两种理论共有的致命缺陷。

三　领导权变理论

正如斯多蒂尔所言：领导者所需要的品质、个性和技能在很大程度上由他所处环境的需求决定。[1] 在权变理论的发展过程中，能够构成影响领导绩效的环境变量主要有：领导者的职权、工作结构化程度、群体规范、领导者与追随者的关系、下属的成熟度、信息的可得性、下属角色的清晰度、下属的工作士气及对决策的满意度等。实际上，对不同权变因素的强调构成了风格各异的权变理论。

（一）费德勒权变模型

在《怎样使领导者更有效》一文中，费德勒（F. E. Fiedler）第一次系统地将领导情境与领导方式结合起来加以研究。费德勒认为，团队工作的效力受到领导者的激励模式和环境给予领导者的权力及影响力的程度等两个因素的影响。其中通过"对最不喜欢的合作者"（the least prefered coworker，LPC）的态度量表（1953）可测试领导者的两种领导风格：任务驱动型和关系驱动型。[2] 其又设计了三个情境变量：领导者－员工关系、任务结构和职位权力。[3] 在费德勒看来，领导者的领导风格是相对固定的，因而领导绩效的高低取决于领导风格与领导情境的匹配程度（如图 3－3）。在此基础上，费德勒得出结论：任务取向的领导者在非常有利（三个情境因素都好）和非常不利（三个情境因素都差）的环境下工作更有利；而关系取向的领导者在中等有利的情境中做得更好。

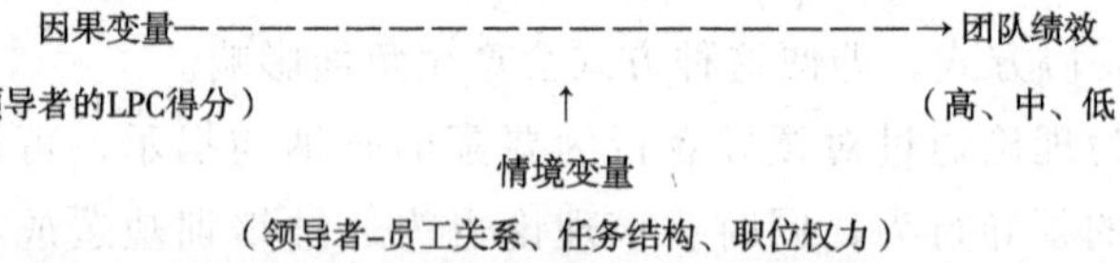

因果变量———————————————————→团队绩效

（领导者的LPC得分）　　　　　　　↑　　　　　　　（高、中、低）

情境变量

（领导者－员工关系、任务结构、职位权力）

图 3－3　领导过程的因果模型

---

[1] R. M. 斯多蒂尔：《与领导有关的个人因素：对文献的研究》，转引自 J. L. 皮尔斯、J. W. 纽斯特罗姆《领导者与领导过程》，中国人民大学出版社，2003，第 56 页。

[2] 费德勒将 LPC 得分低的领导风格称为任务驱动型，LPC 得分高的领导风格称为关系驱动型。其中前者指追求任务的完成，并从很好地完成了工作的认同中获得满足；后者指乐意和他人保持亲密的人际关系。

[3] 这里，"领导者－员工关系"说明如果领导者与员工有良好的关系，其将获得更大的权力和影响力，因而有好差之分；"任务结构"指高度结构化、有详细说明或计划的任务和作业能给予领导者更多的影响力，因而有高低之别；"职位权力"指如果能够雇佣和解雇、训练、惩戒雇员等，领导者就会有更多的权利和影响力，因而有强弱之判。

1987 年，费德勒和其助手又提出认知资源理论，用以探讨情境压力对领导者的智力和经验有效性的影响。在费德勒看来，领导活动可能面临人际关系冲突、对绩效的关注以及组织所处的变革状态等诸种压力，这就决定了作为认知资源的智力和经验发挥不同的作用。一般而言，在支持性、无压力的领导情境下，领导者的智力是珍贵的资产；在高压力环境下，领导经验与团队绩效呈正相关。可以认为，认知资源理论，尤其是关于压力的研究，丰富了原有的权变理论。

（二）赫西与布兰查德的情境理论

赫西（P. Hersey）与布兰查德（K. H. Blanchard）的情境领导理论考虑了以下三个因素之间的相互作用：①领导者给予的指导或指示的数量，即领导者的任务行为，它是指领导者能清楚地说明个人或团队的职责和责任的程度，这些行为包括告诉人们做什么、怎么做、什么时候做、在哪里做和由谁来做。②领导者给予关心和支持的数量，即领导者的关系行为，它是指领导者执行的双向或多向交流的程度。这些行为包括倾听、提供方便和支持行动。③追随者在执行特定任务、职责或目标时表现的准备程度。它包括两个方面：其一，能力，指个人或团队参与一个特定的任务或活动的知识、经历和技能；其二，个人意愿（心理上的乐意程度），指个人或团队有信心、赞成和努力完成一项特定任务的程度。由此构成如图 3－4 所示的情境领导模型。①

根据任务行为和关系行为，可将领导者的行为划分为四种风格。

风格 1（命令）：这种行为表现出高度的任务行为和低度的关系行为。

风格 2（推荐）：这种风格以高度的任务行为和关系行为为特征。

风格 3（参与）：这种风格使用了高度的关系行为和低度的任务行为。

风格 4（委派）：在这种风格中，使用了低度的任务行为和关系行为。

四种风格中的任何一种，都可以在给定的环境中生效，亦即领导风格的有效性取决于个人意愿水平的不同状态。

准备水平 1（R1）：追随者不能做这项工作，并且缺乏信心和个人意愿。

准备水平 2（R2）：追随者受到做出努力的激励，如果领导者给予指导，他会尝试，但是他缺乏做好目前工作的能力。

---

① 赫西：《情境型领导》，载 J. L. 皮尔斯、J. W. 纽斯特罗姆《领导者与领导过程》，中国人民大学出版社，2003，第 243～246 页。

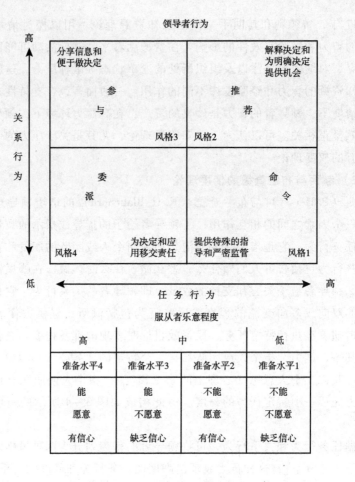

图 3 - 4　领导情景理论模型

准备水平 3（R3）：追随者有履行职责的能力，但是他不愿意使用这种能力。

准备水平 4（R4）：追随者有成功达到要求的能力，并且表现出了达到要求的必要行为和信心。

领导情境理论具有独特的优势，即该理论认为领导风格的有效性是随着环境的变化，尤其是随着下属成熟度的变化而变化，因此，领导者只要将领导风格与其所置身的领导环境加以匹配，就可能取得较高的领导绩效。但问题是领导者是否能够轻易地变换自己的领导风格；即便领导者能够做到自我调节，但如果每个个体准备水平各异，领导者又如何处理团队中情态殊异的差别，对于这些问题，领导情境理论显然无法予以回答。

（三）格兰的领导交换理论

从社会交换的角度来说，领导者为了实现组织目标，会以身份、尊重以及更多关注的形式给追随者以回报。①

G. 格兰（Graen，1975）的领导者 – 员工交换理论，作为领导交换理论的一种，主要说明交换关系的发展过程。在格兰看来，领导者与下属之间的交换具有不同的类型，因而形成了不同的关系，并使下属在组织中的角色有所不同。该理论特别区分了"圈内的"下属与"圈外的"下属。②

所谓"圈内的"下属，是指有领导者有特别亲密关系的一小群下属。这种亲密关系一般是由于情投意合、下属的能力或具有依赖关系，他们充当领导的助手、副手或顾问。这样的下属受到领导的信赖，被赋予更多权力和责任、参与某些决策、被提供特别的利益和更多提升的机会。作为交换，下属会对组织目标给予更大的承诺、更努力的工作、更忠诚和支持领导。

所谓"圈外的"下属，是指与领导者之间相互交换和影响水平比较低的下属。领导者可能认为他们缺乏能力与动机，给他们的机会也少、对他们的绩效与忠诚的期望很低、领导者对他们更多的使用强制权而叫少使用奖赏权。

根据领导交换理论，由于领导者与下属的关系在早期即已形成，因此，关系的开发要在适当的阶段进行。为此，格兰和乌尔宾（M. Uhl-Bien）于1991年提出开发领导者 – 员工关系的三阶段：检验与评估阶段——关系尚未定型，领导者依据主客观标准对下属的能力、忠诚度进行检验，以此确定哪些下属不是圈内人；发展信任阶段——领导者为圈内下属安排挑战性的任务，提供表现的机会，下属通过表现证明他们对领导者的忠诚；建立感情盟约阶段——领导者与圈内下属之间的关系和盟约进一步增强，并带有情感色彩，下属高度服从领导者的意愿。

（四）豪斯的路径 – 目标理论

1971年豪斯（Robert J. House）提出该理论的基本假设是：领导者的激励有助于追随者达到目标和明确这些目标的路径，而领导者正是由于对追随

---

① E. D. 霍兰德、J. W. 朱利安在《当代研究领导过程的趋势》一文中认为：在领导者的角色中，非常重要的一点就是他的被认同的合法性，即他是如何得到这个职位的，以及他在这个职位上是怎样做的。对领导者职位合法性过程的一种理解方式，就是把它看成一种互惠的交流过程，这个过程使得领导者的职位和权力被大家所接受。转引自 J. L. 皮尔斯、J. W. 纽斯特罗姆《领导者与领导过程》，中国人民大学出版社，2003，第30页。

② 具体参见常健《现代领导科学》，天津大学出版社，2004，第219~220页。

者的动机、有效工作的能力和满意程度的影响而产生领导效力。据此，豪斯确定了四种领导行为。[①] ①指示型领导：领导者让下属知道对他们的期望，对应该做什么和怎么做作出具体指示，要求员工服从标准化的条例和规章，使其理解在团队中的作用。②支持型领导：领导者细致、友好、平等的对待每个下属，关注他们的地位、福利和需要。③参与型领导：领导者向追随者咨询，征求他们的意见，在做决定前慎重地考虑这些建议。④成就导向型领导：领导者会设置具有挑战性的目标，期望追随者发挥最高水平，不断追求工作绩效的提高，并对追随者能够履行责任、努力工作和完成挑战性目标具有高度的信心。

同时，路径－目标理论将两类情境作为领导行为和结果的中间变量，即追随者的个人特征（控制点、经验和感知到的能力等）和追随者的环境特征（任务结构、正式权力系统以及工作群体等），并认为领导的行为因追随者和领导情境而异。具体而言：

（1）与具有高度结构化和安排完好的任务相比，当任务不明或压力过大时，指示型领导会带来更高的满意度。

（2）当下属执行结构化任务时，支持型领导会带来员工的高绩效和高满意度。

（3）对于能力强或经验丰富的下属，指示型的领导可能被视为累赘多余。

（4）组织中的正式权力关系越明确、越官僚化，领导者越应表现出支持型行为，降低指示型行为。

（5）当群体内部存在激烈的冲突时，指示型领导会带来更高的员工满意度。

（6）内控型下属（即相信自己可以掌握命运）对参与型领导更为满意。

（7）外控型下属对指示型领导更为满意。

（8）当任务结构不清时，成就导向型领导将会提高下属的期待水平，使他们坚信努力必会带来成功的工作绩效。

四　领导魅力理论

"魅力"一词通常用于社会学与政治学文献之中，用来描述领导者的人

---

① 具体参见 J. L. 皮尔斯、J. W. 纽斯特罗姆《领导者与领导过程》，中国人民大学出版社，2003，第 228～230 页。

格力量，它们能够对追随者产生深远而非同一般的影响。但不同研究者对魅力型领导者的人格构成有不同的界说。[①] 豪斯提出极高的自信、支配力和对自己信仰的坚定信念等"三特点说"；班尼斯提出有令人折服的远见和目标意识、能清晰地表述这一目标、对目标的追求表现出一致性和全身心的投入、了解自己的实力并以此作为资本等"四特点说"；康格（Jay A. Conger）和卡农戈（R. N. Kanungo）则认为，魅力型领导者的人格特点包括他们有一个希望达到的理想目标、为此目标能够全身心的投入和奉献、反传统、非常固执而自信、是激进变革的代言人而不是传统现状的卫道士。[②]

魅力型领导总是通过特定的行为方式表现出来的，在豪斯看来，具体而言：

（1）角色模型。

具有魅力影响的领导者通过自己的行为表明了一系列的价值观和信仰，这也正是他们希望其追随者遵从的。

（2）形象塑造。

具有魅力影响的领导者不仅为其追随者树立了价值观和信仰的榜样，而且也有意识地采取设计好的行动，使追随者对他们的看法有利。

（3）明确目标。

魅力型领导者必须详细表明一个卓越的目标，并是该目标成为某项运动或事业的基础；或者魅力型领导者的工作就是明确已经发动的运动的目标，并证明该目标在道义上的正当性。

（4）阐明较高的期望和表明信心。

领导者如果向追随者表示出较高的绩效期望，并且表明他们有能力实现该期望，就会增强追随者的自尊心，并且会影响他们对目标的认可或者他们自行设定的目标。

大量的研究证明，魅力型领导与下属的高绩效和高满意度之间有着显著

---

① 实际上，魅力型领导源于 M. 韦伯的经典研究。韦伯首次将魅力与统治方式联系起来，并将人类既往的统治方式分为传统型、法理型和个人魅力型三种"理想型"。豪斯曾对魅力型领导的影响做出概括，即追随者信任领导者信仰的正确性；追随者与领导者信仰的相似性；对领导者毫无疑问的接受；对领导者的感情；自愿服从领导者，认同并模仿领导者；追随者对使命的感情投入；被提高的追随者目标；追随者认为他们会完成任务的感觉。具体参见豪斯 1976 年的魅力型领导方式理论。载 J. L. 皮尔斯、J. W. 纽斯特罗姆《领导者与领导过程》，中国人民大学出版社，2003，第 434 页。

② 参见 S. P. 罗宾斯《组织行为学》，中国人民大学出版社，1997，第 338 页。

的相关性，特别是当下属的任务中包含观念性要素时，这种方式最为恰当。① 当然，该领导方式并不是所有领导活动所必需的，因为在危机消退时，过分固执而自信的性格往往使魅力型领导者成为组织的负担；同时，由于个人化领导方式的张扬，事实上使追随者始终处于领导者的笼罩之下。

五 变革型领导理论

1980 年代以来，随着全球化进程的加快，各类组织日益处于急剧的变革之中，而领导方式也遇到前所未有的挑战，因此，变革型领导理论应运而生。② 区别于交易型领导方式变革型领导理论认为，变革型领导者应包含如下四个特征。③

（1）理想化的影响。变革型领导者能够产生巨大的具有象征意义的力量，追随者愿意认同领导者的这种能力，将领导者理想化，并常常对他们产生一种强烈的依附心理。

（2）动机激发。领导者通过为追随者提供意义感与挑战来指导他们的行为和沟通模式。

（3）智力上的激励。领导者激发追随者的革新精神与创造力。

（4）人性化的关心。领导者将追随者作为个体来对待，对他们给予人性化的关注、教导和发展机会，以满足每个追随者的成就与成长的需要。

根据相关研究，与交易型领导相比，变革型领导与低离职率、高生产率和高员工满意度之间存在更高的相关性。因为，变革型领导方式提高了员工的意识，帮助人们超越自我利益的眼界，有助于员工理解变革并寻求自我实现。但这并不意味着否定交易型领导方式的作用，实际上，变革型领导侧重外部适应，交易型领导强调内部运行；变革型领导指明方向，而交易型领导为实现目标提供基础。就此而言，两者存在着显著的互补性。

---

① 因此，不难理解为什么魅力型领导更多出现于政治、宗教、战争期间或组织面临生存内危机之时。
② 实际上，"变革型领导"是美国领导学家伯恩斯（J. M. Burns）区别于"交易型领导"而提出的概念。在《领袖论》中，伯恩斯认为，领导可以采取两种形式：一种是交易型领导；另一种是变革型领导。在交易型领导的情况下，领导者与追随者通过交换来满足各自的需要；而变革型领导要通过诉诸追随者的价值和他们对更高目标的感觉来改变现存状态。伯恩斯：《领袖论》，中国社会科学出版社，1996。
③ 该观点是阿维里奥（B. J. Avolio）在总结巴斯研究的基础上形成的。具体参见常健《现代领导科学》，天津大学出版社，2004，第 319～321 页。

第三节 影响领导行为的要素解析

在现实的领导活动中，领导行为受到一系列相关因素的影响，其中价值观、权力和角色是制约领导行为的基本要素。

一 价值观：领导行为的义理之本

班尼斯曾说：领导者是做正确事情的人，而管理者是正确做事情的人。[①] 这一界定本身便蕴涵着领导行为的价值倾向、价值标准和价值要求。尽管对价值观的理解存在着因人而异的主观性和因文化而异的相对性，但行政领导者秉持正确的价值观，是公共行政的应有之义。

（一）价值观的一般界说

1. 概念界定

关于价值观的概念，不同的学科存在着因视角不同的内涵界定[②]，即便在行政领导者的研究中也同样有着异趣的看法。罗宾斯认为，价值观代表一系列基本的信念，从个人或社会的角度来看，某种具体的行为类型或存在状态比与之相反的行为类型或存在状态更可取。这个定义包含着判断的成分，这些成分反映了一个人关于正确和错误、好与坏、可取和不可取的观念。[③] 而戈登（L. V. Gorden）则认为，价值观是阐述个人认为是最重要的一般行为或事态的构想、概念，其重要性在于它能影响一个人对情境和问题的看法，并影响他的偏好、期望和抉择。同时，一个人的满足感，在很大程度上要看其日常生活方式能否表现其价值观。[④] 克洛克（K. Cloke）和高史密斯（J. Goldsmith）认为，价值观基本上是指看待事情的优先顺序。它是我们对所有事情做与不做、抗拒或忍受所做的选择。严格说来，价值观建立在真正的选择以及对每项选择后果的实际考量上。[⑤]

由此，可以认为，价值观代表一个人对周围事物的是非、善恶和重要性

---

① Warren Bennis. *Why Leaders Can't Lead*. p. 19，Jossey-Bass Pubishers，1990.

② 一般认为，价值观是关于价值的一定信念、倾向、主张和态度的系统观点，受到主体所处社会历史条件、社会地位、教育水平等诸多因素的影响，起着行为取向、评价标准、评价原则和尺度的作用。参见《辞海》，上海辞书出版社，2002，第787页。

③ S. P. 罗宾斯：《组织行为学》，中国人民大学出版社，1997，第138页。

④ 哈格斯（Richard L. Hughes）：《领导学——在经验积累中提升领导力》（第四版），清华大学出版社，2004，第125页。

⑤ 克洛克、高史密斯：《放下管理 展开领导》，台北，中国生产力中心，2003，第151页。

的评价。人们对各种事物的评价，如对自由、幸福、自尊、诚实、服从、平等等，在心中有轻重主次之分。这种主次的排列，构成了个人的价值体系。价值观和价值体系是决定人们期望、态度和行为的心理基础。在同一客观条件下，具有不同价值观的人会产生不同的行为；不同的生活和教育经历下，人们的价值观更表现出多样性。

2. 类型划分

根据不同的视角，研究者将价值观作了若干分类。具体而言，主要有以下几种类型。

其一，奥尔波特的价值观类型。奥尔波特和他的助手将价值观划分为六种类型：重视以批判和理性方法寻求真理的理论型；强调有效实用的经济型；重视外形与和谐匀称价值的审美型；强调对人热爱的社会型；重视拥有权力和影响力的政治型；关心对宇宙整体理解和体验融合的宗教型。

其二，戈登的价值观类型。戈登将价值观分为六个方面：①支持，即被别人了解、鼓励和关怀，得到亲切的对待；②从众，即做社会所认可的事情，遵循规定；③重视，即受人尊敬景仰，被认为重要，受人关注；④独立，即有权做想做的事，能自由地做决定，能以自己的方式做事；⑤仁慈，即为别人做事，与别人共享，帮助不幸的人，慷慨；⑥领导，即统率他人，有权指使他人，身居领导职位。①

其三，罗克奇的价值观类型：罗克奇（M. Rokeach）将价值观划分为两种类型，每一种类型有 18 项具体内容。第一种类型称为终极性价值观（包括成就感、平等、自由、救世、社会承认等），指的是一种期望存在的终极状态。它是一个人希望通过一生而实现的目标。另一类型称为工具性价值观（包括能干、宽容、正直、负责、独立等），指的是偏爱的行为方式或实现终极价值观的手段。②

其四，格雷夫斯的价值观类型。格雷夫斯将价值观划分为七个等级。反应型：不能意识到自己和周围的人作为人类而存在；部落型：服从于传统习惯和权势；自我中心型：信仰冷酷的个人主义，自私和爱挑衅，主要服从于权力；坚持己见型：对模棱两可的意见不能容忍，难于接受不同的价值观；玩弄权术型：通过摆弄别人，篡改事实，以达到个人目的；社交中心型：把

---

① 参见常健《现代领导科学》，天津大学出版社，2004，第 57 页。
② S. P. 罗宾斯：《组织行为学》，中国人民大学出版社，1997，第 140 页。

被人喜爱和与人善处看作重于自己的发展；存在主义型：能高度容忍模糊不清的意见和不同的观点，敢于直言。①

（二）价值观的基本功能

相关研究认为，领导者的价值观与领导有效性存在着明显的正相关，这一事实说明，价值观对领导活动具有重要影响。② 英格兰（G. W. England）和李（R. lee）的研究，向人们示明了价值观通过六种不同方式来影响领导者。③

其一，价值观会影响领导者对即将到来的情境和问题的感知。将职业成功看得高于一切的领导者可能将与工作有关的问题看成是其成就的绊脚石，而重视帮助他人的领导者则将与工作有关的问题看成是帮助下属的一次机会。

其二，领导者的价值观会影响到其提出的解决方案和有关问题的决策。如果领导者相信为人勇敢、坚持个人信念十分重要，他们就更有可能在没有考虑到组织中"政治正确"的情况下，提出一些解决方案或决策。

其三，价值观在人际关系中发挥着极端重要的作用，它们影响着领导者对不同个人和群体的感觉。如，重视个人控制的领导者可能发现与那些情绪外露的追随者很难相处。

其四，价值观常常会影响领导者对个人成功和组织成功的感知，并会影响其赢得这些成功的方式。关注竞争性、独立和想象力的领导者在评估领导的有效性时，可能与重视帮助他人、逻辑性及愉悦感的领导者存在差异。

其五，价值观为领导者区分正确与错误、道德行为与不道德行为提供了基础。

其六，价值观也会影响领导者在多大程度上接受或抵制组织压力和目标。特别重视服从上级的领导者从不质疑组织的目标，而相信独立思考很重

---

① 郭卜乐：《价值观》，《今日心理》，http：//www. cptoday. net.

② F. A. 尼格罗等就曾认为，价值观是一些合意性方面的观念，是明确的或潜在的，表明一个人的特点或一个群体的特性，影响着对可利用的模式、手段和目的做出的选择。价值观涉及在情感上深深信奉对某种价值对象的认识；它们是理性的社会行为的后盾，就社会活动的范围内来说，它们是人类活动的动力来源。价值观指导着行政目标，影响着对组织方法的选择，因此，它们实际上是所有行政活动中的基本的、根深蒂固的因素。当价值观转化为行动时，对人们自身的、心理的、社会的生活性质和质量有重要影响。参见尼格罗等《公共行政学简明教程》，中共中央党校出版社，1997，第35～36页。

③ 参见哈格斯《领导学——在经验积累中提升领导力》（第四版），清华大学出版社，2004，第131页。

要的领导者常常质疑，甚至积极抵制某些组织目标在其工作单位的实施。

（三）行政领导者的价值观

1. 价值观理论

价值观理论的代表性研究成果主要表现在以下几个方面。

（1）功利主义价值论。功利主义要求人们对一项行动的效果进行检验，如果这项行动总的净收益（包含对他人的影响和行动的间接效果等）超过了任何一项其他行动总的净收益的话，这项行动在道德上就是正确的。功利主义价值论包括两种形式：其一，行为功利主义，要求人们根据所有受到影响的人的最大净收益，对所有行动进行评价。在行为功利主义者看来，行为本身没有对错之分，如果谎言所带来的好的效果要比坏的效果更多的话，谎言就是正确的。其二，规则功利主义要求人们根据一整套规则来评价行动，以便让所有受到影响的人能够获取最大的净收益。在规则功利主义者看来，如果每个人都能够遵守道德规则的话，这些规则就必定能够带来最大的效用。下面两个规则在规则功利主义中处于中心地位：如果一项活动是正确的道德规则所要求进行的，那么这项活动在道德上就是正确的；如果每个人都遵守一项规则所能产生的总效用大于其他任何可替代规则所产生的总效用的话，那么这项规则就是正确的。

（2）权利价值论。权利价值论认为，权利可能集中在人们所做的事情上，或者集中在其他人对他所采取的行动上。因为法律权利和道德权利的存在，人们能够以在法律上或道德上正确的方式来行动。权利的目的在于使人们在不受其他任何人干扰的情况下，自由地从事特定的活动。权利具有三个特点：首先，尊重他人的权利是其他所有人员、群体和社会的一项法律责任和道德责任。其次，权利使得人们可以按照自主平等的原则追求自己的利益。最后，权利给人们的行动提供了法律和道德上的正当理由。

（3）公正价值论。公正价值论者认为，行为的公正成果高于功利主义成果，如果一项行动的成果对于社会中的某些成员来说是不公正的，尽管其他人可以从中获益，这项行动仍然是不公正的。应该说，公正价值论基于罗尔斯（J. Rawls）的《正义论》。在罗尔斯看来，社会正义是建立在以下三条原则的基础上：同等自由原则：每个人的基本自由必须与其他人相同，同时这些自由必须得到保护；差异性原则：社会上存在不公正，但是必须对处于不利地位的人提供帮助；机会均等原则：每个人都拥有相同的机会来获取社会提供的最好地位。

（4）利己主义价值论。利己主义价值论分为两种基本形式，其一，个人价值利己主义。将行动建立在追求个人快乐和避免个人痛苦的基础之上，通过行动对自身利益的影响来判断行为的有效性。其二，普遍价值利己主义。要求人们在其行动效果与个人利益之间进行权衡。由于在追求个人利益的过程中已经兼顾到他人的利益，所以又被称为"开明的自私自利"。①

2. 行政领导者的价值冲突

伯恩斯认为，行为上不符合伦理道德的领导者没有体现出真正的领导。② 但遗憾的是我们很少反省自身的管理哲学，或自觉地去试图改进赋予我们生活意义的价值、伦理与正直。然而缺乏哲学性的质疑、心理层面的自我检讨以及伦理道德方面的反省，我们很容易轻易地合理化自己的行为，并且把所做的每一件事都正常化，不论是微小的道德瑕疵或严重的罪恶。③ 因此，探讨行政领导者的价值观便是对行政领导者政治正确性和合理性的一种追问。可以说，西方公共行政中有关价值观的问题业已形成独具特色的研究传统。④ 但问题是行政领导活动的价值并非是单一的。价值的多元性决定了公共行政中的领导者至少面临来自两个维度的价值冲突。

其一，组织价值和员工价值的冲突。这一冲突的核心在于行政领导者在实现组织目标的过程中如何看待"人"的问题。无疑，实现组织目标是行政领导者的基本职责，但如何处理领导者与追随者的关系，是实现组织目标无法回避的问题。因此，从价值和道德的角度来审视，涉及的是领导者应当将他人看成目的本身，还是看成手段的冲突。

其二，组织内部价值和外部价值的冲突。这一冲突的核心在于行政领导者如何确立组织目标的问题。一般而言，某一行政组织只是更大社会系统的子系统，这一属性决定了行政组织目标的外部指向性，即任一行政组织目标的实现程度应以其对公共社会的贡献加以衡量。但在现实行政活动中，行政组织存在着事实上的相对独立的色彩，而行政组织的相对独立性决定其目标的内部指向性和行动上的自功能性。这一冲突仍然是行政领导者无法回避的问题。

---

① J. E. Champoux：《组织行为学基本原理》，清华大学出版社，2004，第 45～48 页。

② 参见哈格斯《领导学——在经验积累中提升领导力》（第四版），清华大学出版社，2004，第 125 页。

③ 克洛克、高史密斯：《放下管理 展开领导》，台北，中国生产力中心，2003，第 148 页。

④ 这一传统表现为从威尔逊提出的效率价值到后来的公正价值；新公共行政重视的社会公平、代表性、响应、参与及社会责任感（通常被概括为公平价值与民主价值）等，而且包括科学性、自由与廉洁等。

二　权力：领导活动运行之基石

斯默希克和摩根认为，领导行为不是行动或行为的简单过程，也不是一个控制收益的过程，而是一个基于权力的实际的构建过程。[①] 此语至少包括两层含义：其一，领导活动离不开权力；其二，领导与权力存在区别。[②] 事实上，权力构成了领导活动的基础。

（一）权力的界定

权力究竟是中性的抑或天生就是危险的，不同研究者从各种视角给予迥异的回答，因而也就形成了不同的权利概念。大致说来，人们关于权力的界定主要划分为如下几种类型。

（1）权力的能力说。

权力是把一个人的意志强加在其他人的行为之上的能力（韦伯）。权力是指对他人施加影响的能力（豪斯）；权力是指影响他人的潜在能力（巴斯）；权力是指让某些事情能够按照人们所想要的方式加以完成的能力（P. J. 弗罗斯特）；权力也包括为了达成个人目标，而收集并运用各种实物资源和人力资源的能力（R. M. 康特）。

（2）权力的职能说。

权力是领导和管理的根本职能（R. M. 康特）；权力是使组织与其现实相一致的一些机制（J. R. 萨兰西克）；尽管对于很多人来说，权力都存在负面的含义，但是权力对于组织确实也有积极的作用（C. 哈迪）。权力是领导者使得组织的工作得以执行的基本手段（B. 努纳斯）。

（3）权力的危险说。

权力导致腐败，绝对的权力导致绝对的腐败（阿克顿勋爵）；权力权力是领导者手中的货币，是组织最后的肮脏的秘密（W. 班尼斯）。

（4）权力的要素说。

权力是领导者、追随者与情境的函数（哈格斯）。

（二）权力的基础

弗伦奇（B. French）在《社会权利的基础》一文中，将权力的来源分为奖赏权、强制权、合法权、参照权和专家权等五种类型；达布林则将领导

[①] 参见 J. L. 皮尔斯、J. W. 纽斯特罗姆《领导者与领导过程》，中国人民大学出版社，2003，第 43 页。

[②] 罗宾斯认为领导与权力在目标的相容性、影响的方向和研究的重点等方面存在显著的区别。具体参见 S. P. 罗宾斯《组织行为学》，中国人民大学出版社，1997，第 356 页。

者的权力来源划分为七种类型：被组织授予的权力、来自个人特征的权力、来自所有权的权力、由提供资源得来的权力、由利用机会得来的权力、由处理严重问题得来的权力和由接近权力而得来的权力。[①]　一般而言，行政领导者的权力主要源于如下几种因素（见图3-5）。[②]

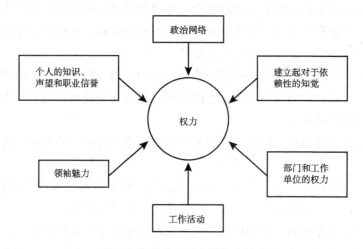

图3-5　行政领导者的权力源泉

个人的知识、声望和职业知识：如果其他人要依靠某些特殊知识来从事自己的工作的话，那么具备这些特殊知识的人就拥有了权力。

组织网络：政治网络依赖于人们在组织中的沟通网络。这种沟通可以按照正式的组织设计或按照非正式的方式进行。建立起强有力的权力基础。

建立起对于依赖性的知觉：这种知觉源于这样一种信念：领导者控制了稀缺资源，并且可以利用这些资源来帮助或妨碍其他人。

工作单位的权力基础：取决于该部门处理不确定性的能力、它的独特职能、外边环境的变化以及该部门在组织工作流程中所处的中心地位。

工作活动：那些对于组织目标而言是非同寻常的、显著的和适当的工作活动，都是重要的权力来源。

领袖魅力：它的重要性就来自于具备领袖魅力的人相对于其他人所拥有的权力。那些将领袖魅力归因于领导者身上的人会为领导者的观点感到欢欣鼓舞。

[①]　参见常健《现代领导科学》，天津大学出版社，2004，第183页。
[②]　J. E. Champoux：《组织行为学基本原理》，清华大学出版社，2004，第284~285页。

按照领导交换理论，领导过程并非领导者施展权力的独角戏，在行政领导活动中，追随者也可以通过多种渠道积聚对领导者的"对抗权"，从而对领导者产生潜在的影响。余克（G. Yukl）曾总结了追随者对抗权的不同来源。[1]

由选举和更换领导者而来的权力。如果领导者是由下属选举产生的，而且下属有权更换领导者，就形成领导者对下属的依赖。在这种情况下，领导者必须满足追随者，才能保持领导地位。

由领导者对员工评价和绩效的依赖而来的权力。如果领导者的绩效是由下属评价，且评估结果影响领导者的薪酬、名誉和升迁时，就会产生领导者对追随者的依赖现象。

通过集体行动产生的权力。如果下属采取集体行动，其对抗权就比较明显和有效。

通过控制信息产生的权力。当下属能够获得上级做决策所需的信息时，他们可以通过歪曲信息内容而对上级决策产生微妙的影响。

来自特殊才能和资源的权力。当下属吃准组织中重要问题时，表现出特殊的才能，就可以获得影响力；当下属与外界有特殊的接触，能获得领导者所需的资源时，也会增加领导者对下属的依赖性。

由掌握规定和法规而产生的权力。在高度官僚化的组织中，懂得组织的规则和法规，也是一种专业才能，可成为一种对抗权的来源，因为规则和传统是下属合法要求的基础。

通过逢迎和维护领导者而获得的权力。对上级领导者表现赞同和忠诚，是下属对领导者影响力的又一个来源，下属可以通过与领导者的密切关系，影响和改变领导者。

（三）权力的运用

因为从某种意义上说，领导的过程就是领导者运用权力的过程，所以，从 1980 年代以来，一些学者在对领导者以正式的、惯常的方式运用权力进行研究的基础上，对组织中非正式但却大量存在的权力运用的策略进行系统的研究，并大致总结出若干权力运用策略的基本类型。[2]

理性劝说。用逻辑证据和事实证据，使被影响者相信所建议的行为是其满足需要或达到目标的最好方法。

---

[1] 余克：《领导学》，台北，天麟文化事业有限公司，1983，第 27~30 页。
[2] 转引自常健《现代领导科学》，天津大学出版社，2004，第 202~203 页。

告知。解释贯彻一项要求或支持一个提议如何会使被影响者个人受益或有助于被影响者的职业生涯。

鼓舞。诉诸价值和理念，或试图激起被影响者的情感以获得对一项要求或提议的承诺。

协商。对需要被影响者个人支持或协助的行动或变革，鼓励被影响者对提议提出改进建议，或帮助计划这种行动或变革。

交换。提供奖励，建议交换互利，或说明如果被影响者按照影响者的要求去做，便会在以后给予回报。

协作。向被影响者提出，如果其愿意执行一项所要求的行动或同意被提议的一项改革，就会向其提供相应的资源和协助。

个人诉求。出于友谊而要求被影响者执行一项所要求的行动或支持一项提议，或在说出要求内容之前就请求被影响者给予支持或帮助。

逢迎。在试图影响之前或影响过程中，采用颂扬或吹捧的手段，或表达对被影响者执行一项困难要求的能力的信心。

合法化的策略。通过引证规则、正式的政策或官方文件，寻求确立要求的合法性，或证明提出该要求的权威性。

施压。通过要求、威胁、频繁的检查或不间断的提醒来对被影响者施加影响。

联盟的策略。通过寻求他人的帮助来说服被影响者去做某事，或用他人的支持作为使被影响者同意的理由。

三 领导行为的"角色扮演"

严格意义上说，领导活动的过程就是领导角色扮演的过程。角色的定位、角色的转变对领导心理和行为将产生根本性的影响。

(一) 角色的界定

角色是指与个人的某种社会身份有关的规定了的行为模式。1935 年由米德（G. H. Mead）引入社会心理学和社会学领域，用以分析个人在不同情境中的行为方式。角色是社会的产物，是社会地位的动态表现。社会地位和社会角色是一个问题的两个方面：社会地位是指个人在社会关系中的位置实体，社会角色是指个人在社会关系位置上的行为模式。地位是角色的基础，角色是地位的表现。[①]

---

① 王康：《社会学词典》，山东人民出版社，1988，第 206 页。

所谓领导角色是指具有领导身份和地位、权利和义务、人格心理和社会习惯的一套行为模式。它由以下几个要素构成。

角色地位，是指领导角色的特殊身份。个体通过一定的方式（如选举、委任等）晋升领导岗位，便预示着其享有与职位权力和组织角色相称的身份和地位。角色地位在领导角色中处于中心位置。

角色心理，是指领导角色的特殊心理状态。角色扮演者通常将角色地位的规定和角色期望的要求，经由自我的角色认知和角色评价，不断内化，并通过独具特色的个体行为显现出来。

角色行为，是指领导角色的特殊行动方式。领导的角色地位规定领导者应该表现出与其身份匹配的行动方式，而这种行动方式又受到领导角色心理和社会习惯的影响。

（二）角色的分类

关于行政领导者角色类型的代表性的研究成果主要有以下几种。

1. 明茨伯格的角色分类

明茨伯格（Henry Mintzberg）在《管理工作的本质》一书中，将管理者的角色分为三种职能10种类型：第一，人际关系职能，包括名义领袖、领导者、联络者等3种类型；第二，信息处理职能，包括监督者、传播者、发言人等3种类型；第三，决策职能，包括企业家、混乱处理者、资源分配者、谈判者等4种类型。明茨伯格的角色分类被认为是对领导任务和作用的权威性解释，因而在领导学中被反复引用。

2. 达布林的角色分类

达布林认为，领导角色不应当被等同于管理角色，它应当是管理角色的一个子类。因此，他将明茨伯格的角色分类称为"管理者的领导角色"或"管理的领导职能"。基于此，他对领导角色进行重新归类，从而归纳出8种领导角色：名义领袖、发言人、谈判者、企业家、教练、团队建设者、团队合作者、技术问题解决者。[①]

3. 奎恩的角色分类

奎恩将领导角色分为8种类型：导师（了解自己和别人，有效沟通，帮助下属成长发展）、促进者（建立团队，善用参与式决策，调和冲突）、监督者（监督个人成绩，管理集体成果，管理组织绩效）、协调者（管理专案、设计工作、跨功能管理）、指导者（提出远景、设定目标、规划策

---

① 常健：《现代领导科学》，天津大学出版社，2004，第15页。

略，组织设计，委托、授权）、生产者（懂得如何有效工作，塑造一个良好工作环境，管理时间和压力）、掮客（掌握和维持权力，凝聚共识、争取承诺，表达构思）、革新者（了解和掌握环境变迁，创造性思维，创造变革）。①

此外，P. 圣吉将领导者划分为设计师、仆人和教师三种角色。②

（三）角色的转变

随着经济社会的发展和全球化趋势的加强，行政领导环境正发生着深刻的变化，这就要求行政领导者不断地进行角色转变，以适应社会变迁和组织变革的需要，换言之，行政领导者应该扮演如下角色。③

战略领导者。领导者在实现计划、组织、人事、指挥和控制等管理基本功能的同时，还要执行大量战略性的外部任务；不同层次的领导者必须参与战略规划的研究，制定组织的目标任务。领导的首要职能就是确定组织发展的远景与前进目标，制定进行变革的战略。战略路径的寻求，通过战略计划将组织的价值体系、领导者的眼光和顾客的需求联系起来。其精髓在于激发人们对长远目标的兴趣，使组织的视野更为广阔。

人力联合者。联合群众，形成联盟，对远景目标达成共识并投身于这一目标的实现。联盟可以保证组织的结构、体系和运作过程都有助于完成组织的任务和目标，以满足顾客的需要。当人们与领导者的任务、远见和战略相一致时，才能最大限度的发挥这一联盟的作用。

授权者。组织结构与层次的变化，决定了许多传统的领导职能和角色开始由下属承担。因此，下属希望了解与自己工作相关的战略，自己制定目标和安排工作，并对自己行为的后果承担责任。

帮助者。一个有效的领导者并非对团队进行控制，他可能更需要具有帮助与参与的意识。随着员工角色和责任的变化，他们期望领导者提供相法和建议，帮助他们获取所许的资源，从而使领导者承担支持者的角色。当工作发生变化时，领导者的特性也要随之改变。领导工作是帮助人们去发展。

---

① 杨波：《西方发达国家高级行政领导者能力探讨》，《中国公务员》2001 年第 12 期。
② 具体参见 P. 圣吉《第五项修炼》，上海三联出版社；2002。
③ 常健：《现代领导科学》，天津大学出版社，2004，第 15 ~ 19 页。实际上也有研究者提出不同的看法，如章义伍认为领导者应该实现从策略者到愿景者、指挥者到说书者、系统的构建者到变革者的转化。具体参见章义伍《共赢领导力》，北京大学出版社，2004，第 15 ~ 19 页。

鼓舞者。当工作井然有序时，任务是可以预测的，在这种情况下，人们并不需要太多的领导。但领导者领导变革的这一特性决定了变化、危机和紧急状态产生对领导者的渴望。因此，从某种意义上说，领导并不是智力或感觉的产物，而是情感的产物，正由于此，人们将激励和鼓舞作为领导者的基本职能之一。

组织文化和价值的创造者。领导最重要的作用，就是为团队和组织创造和发展一种组织文化和环境。正如斯多蒂尔所言，未来的领导者将把"精神上的"职责看成是首要的职责，通过设定决策的文化框架来控制和影响组织。

第四章
公务员制度及其发展

公务员是国家管理活动的具体实施者。公务员的素质和能力直接关系到国家权力运行的质量，关系到国家的生死存亡。治国安邦选好人、用好人是基础。公务员制度就是关于如何合理配置国家公职人员的重要制度。公务员制度是人事行政管理科学发展到一定阶段的产物，是人类文明发展的重要成果，为世界多数国家采用。公务员制度的优劣，直接决定着国家行政能力的高低。一国的公务员制度也是该国政治架构的核心内容。

第一节 公务员内涵及其范畴的界定

一 公务员含义的约定

一般而言，公务员是指在政府中行使国家行政权力、执行国家公务的工作人员。"公务员"一词，在西方，由于拼书写方法不同，中文译法亦不同。英文是 Civil Service 或 Civil Sorvant，其原意是"文职仆人"，即公务员是国王的奴仆。在封建社会，国王就是国家，所以公务员也是国家的臣仆。英国公务员称之为文官是与武官相对应的。文官、武官地位的规定主体不一致，英国本义有"官"这个词，"管"（Mandarin）这个词是从中国传过去的，原意为中国朝廷做官的人。中文多将 Civil Service 或 Civil Servant 译为公务员、文职人员、文官、公职人员等。美国则称为 Govermmental employee，译为政府雇员。法文是 Fonctionnaire，直接译为公务员。日本在第二次世界大战前称在政府部门工作人员为"文官"，战后称"公务员"。意大利、澳大利亚和印度等国，把国家公务员称为"文官"。德国、瑞士、泰国等国家，把国家公务员称为"公务员"，其中原德意志联邦共和国称"联邦公务员"。埃及、阿根廷等国家称国家公务员为"文职人员"或"公职人员"等。

公务员的概念是一个特定的概念，各个国家对其名称提法、基本含义和特定的范围都有着严格的规定性，并存在着一定的差异，但应该看到其基本内涵是相一致的：①公务员是按照国家有关规定，通过一定的特定程序而任用的人员；②公务员代表国家处理国家事务，必须依法履行职务行为；③公务员是执行国家公务的人员，其服务对象是国家；④公务员职业受法律保障，享有法定的权利，同时必须承担法定的义务等。以上几点构成国家公务员概念的基本内涵，也体现了公务员的质的规定性。

二　公务员范畴的比较分析

由于西方各国社会历史条件和文化背景不尽相同，世界各国根据本国行政生态环境特别是政治体制、行政体制对公务员在行政关系上的法律地位及其范围做出了不同的界定。窄范围划分法，在横向上将公务员限定在政府系统内，又将选举产生官员排除其外；纵向上，仅指中央政府事务官。英国最为典型。英国公务员（或文官）指所有不与内阁共进退，经过公开竞争考试录用，无过失可长期任职的文职人员，也叫常任文官。由于英国在法律背景上是一个非成文法国家，往往以社会普遍接受的行为准则来约束政府和人们的行为。所以，英国没有系统的、专门的公务员法规，缺乏全面、确切定义。英国最初对文官界定在 1859 年的《年老退休法》：（甲）凡由英王直接任命，或持有文官事务委员会颁发的合格证书，准予参加文职机关工作者；凡其酬金全部来自联合王国统一基金，或由议会通过款项付给者，均得称文官。[①] 1931 年，英国汤姆林委员会（The Tomlin Commission）对文官范围又规定为："作为国王臣仆的文官，不同于其他政治性及司法性官员。文官以文治的治事能力被使用，其支领的年薪由国会通过，并全部由国会直接付给。"[②]。1977 年，英国内阁再一次对文官概念做出解释："凡在法律上无国家工作人员身份的便不是文官。政治人员、司法人员以及部队、王室其他公务员，其服务条件有别于文官的，均不在文官之列。文官仅指内政和外交的行政部门的工作人员。"[③] 由此可以看出，英国文官范围比较狭，文官不包

---

① 李和中：《比较公务员制度》，中共中央党校出版社，2003，第 14 页。
② 杨百揆等：《西方文官系统》，四川人民出版社，1985，第 18 页。
③ 杨百揆等：《西方文官系统》，四川人民出版社，1985，第 19 页。

括由选举产生或政治任命产生的议员、首相、部长、国务大臣、政务次官、政治秘书和专门委员会成员等政务官，也不包括政府经营的企事业单位的工作人员，更不包括法官和军人。由于英国在世界发展中的历史地位，受到英国政治影响的一些英联邦国家，如澳大利亚、新亚兰、印度、巴基斯坦、马来西亚、缅甸、阿尔及利亚、肯尼亚、南非和新加坡等国，对文官范围的规定，大体与英国相同。

宽范围。横向上把政府行政机关所有工作人员统称为公务员或文官；纵的方面，包括中央、州和地方政府工作人员。在美国，公务员范围与立法、行政、司法三权分立的政治体制有密切联系。其文官的范围比较宽泛，根据美国有关法律规定，广义上的文官是和军人相区别的所有政府雇员。包括总统、州长、市长等民选人员，部长、副部长、助理部长、独立机构的长官等政治任命官员和行政部门的其他所有文职人员，此外还包括公共事业单位人员和政府经营的企业单位管理人员。而立法部门的参议员和众议员，司法部门的法官以及国会雇佣人员不属于文官。美国的文官实际上指立法和司法部门除外的各级政府行政系统所有工作人员。狭义上讲，美国文官是指职业文官，即不包括从政治上任命的人员。大体相当于英国"常任文官"。世界上有不少国家如加拿大、菲律宾、泰国和韩国仿效美国文官制度，在公务员的范围界定方面，大致与美国相类似。

特宽范围。从横向上看，把政府系统工作人员，立法、司法、检察机关的工作人员、在职人员和在公共企事业单位供职人员，全部称为公务员；在纵的方面，从中央到地方所属上述部门所有工作人员都包括在公务员范围内。法国和日本公务员属于这种类型。法国把国家机关中所有工作人员统称公务员。一类适用公务员法的公务员，1959年颁布《法国公务员总章程》第1条规定："本章程适用于所有由于被任命担任某项常设职务而在国家（中央）行政机关中、其附属驻外机构中或公立公益机构中拥有职称官等的人员。"另一类不适用公务员法的公务员，指"议会工作人员和司法部门的法官，军事人员以及工商业性的国家管理、公用事业和公立公益机构的人员"。[①] 受法国政治制度影响比较大，其公务员范围划分与法国相似的国家有非洲的象牙海岸（今名科特迪瓦）、摩洛哥、突尼斯、几内亚、尼日利亚、乍得和亚洲的黎巴嫩等国家。

根据以上类别的划分，也可以将公务人员划分归为两类八种：一类为各

---

① 彭和平：《公共行政管理》，中国人民大学出版社，1995，第257页。

级国家行政机关范围内的人员：①事务官；②政务官；③工勤人员。另一类为各级国家行政机关范围外的人员：①国会议员；②法官、检察官；③立法机关和司法机关的工作人员；④军事人员；⑤国家企事业单位人员。其中事务官是各国公务员范围内普遍包括的，其他各类人员取舍则构成各国公务员范围方面的差别。①

三　我国公务员范畴的界定

中华人民共和国公务员的界定。中国"国家公务员"概念，是在中国干部人事制度改革过程中，吸取历史教训，借鉴国外经验而提出的。改革前传统"干部"或"国家工作人员"概念实际上包括了除工人、农民以外，所有有国家工资的工作人员。我国自 1993 年 10 月 1 日起正式实行公务员制度。根据《国家公务员暂行条例》规定，我国公务员是指中央和地方各级国家行政机关中的工作人员；国家公务员工作性质是行使国家行政权力，执行国家公务；国家公务员必须由国家通过一定的方式选任，并确定其身份；必须服务于国家，服务于人民。2005 年 4 月 27 日，十届全国人大常委会第十五次会议通过的《中华人民共和国公务员法》，该法第 2 条规定："本法所称公务员，是指依法履行公职、纳入国家行政编制，由国家财政负担工资福利的工作人员"。根据这一规定，我国公务员范围包括：各级国家行政机关工作人员，各级人大机关工作人员、各级政协机关工作人员、中国共产党和各民主党派机关工作人员、法官、检察官等。《公务员法》的范围比《国家公务员暂行条例》所规定的范围有所扩大。

《公务员法》对公务员范围的界定是从中国实际情况出发的。①各级机关都是履行或实行履行国家管理或是执政、参政有关的公共职能机关，其工作人员从事或实际从事的是国家管理或与国家管理有关的公共事务。②上述机关或人员均使用国家核定的行政编制、从行政费用中支付薪酬，应由国家通过立法对其依法管理并保障其合法权益。③我国党政机关干部队伍是一个有机整体，从管理方式上看有其共同特点。这一范围界定符合党对干部管理的实际做法，有利于保持各类机关干部整体一致性，有利于统一管理和干部的交流使用。

中国香港特别行政区公务员界定。香港地区的公务员的适用范围是：①上至布政司等政务官、下至清洁工人在内的在编人员，以及在房屋委员

---

① 王仲田主编《国家公务员制度概论》，中共中央党校出版社，1999，第 25 页。

会、行政立法局非官守议员办事处，高级公务员课程中心，职业培训局、香港信用保险局、市政局和区域市政局工作，并由上述机构付薪的人员；②包括政务官；③不包括港督和其他"公共机构雇员"。香港公务员按工作类别划分，公务员分成 420 个职系，按工作级别划分，共有 1210 个职级，分布在行政、专业、技术及体力劳动等部门。① 1997 年中国恢复了对香港行使主权，根据《香港行政区基本法》规定，香港特别行政区的公务员制度基本不变。除与基本法相抵触或经香港特别行政区立法机关做出修改者外，基本予以保留。

中国澳门行政区的公务员界定。澳门行政区公务员制度经历了一个较长的演变过程，在葡萄牙人统治澳门的大部分时间里，其公务员制度向葡萄牙国内看齐。澳门公务员有 111 个纵向职称和 157 个横向职称。按职称、职级和职位分为 8 个职业组，我们也可从看出澳门行政区公务员的范围：①领导和主管人员。包括各机关领导人员如司长、副司长、协调员、主席、指挥官以及主管人员，如厅长等。②高级技术员。包括高级技术员、医生、翻译、顾问、司法警察探员及其他高级技术职级。③教学人员。包括官立学校和专业学校，如幼稚园教师等教学人员。④技术人员。包括所有技术及文案职称。⑤专业技术人员。包括辅助技术人员、绘图员、护士、助理探员、法院人员、统计人员、公证人员等。⑥行政人员。除一般行政职称外，还包括邮务员及记录打字员。⑦工人及辅助人员。包括卫生医疗助理、市政警察、司机、海员、杂役。⑧保安人员。包括消防员、狱警、狱警乐队及澳门保安部队其他非文职人员。②

中国台湾地区的公务员界定。台湾地区的公务员制度源于前中华民国的公务员制度，准确地说，是继承于 1928 年后的中华民国文官制度。1949年伴随中华人民共和国的成立，国民党政府将旧中国时期的政治及行政体制沿用于台湾地区。中国台湾地区的公务员范围有最广义、广义和狭义之分。最广义的概念依台湾"宪法"所做规定，"凡依法令从事于公务之人员统称公务员"。另台湾《公务人员保险法》规定，公务员指"法定机关编制内之有俸给人员"。这是台湾地区对公务员最广泛的范围规定。广义概念依台湾《公务员服务法》第 24 条规定，凡有俸给文武职公务员，及其他公营事业机关服务人员，皆为公务员。对公务员范围最狭义的是台湾《公

---

①　严强等：《东亚公共行政比较研究》，南京大学出版社，2002，第 353 页。
②　仝志敏：《香港现行公务员制度》，中国人民大学出版社，1992，第 14 页。

务员任用法》规定"具有任用资格，并叙有简任、荐任、委任职系者"为公务员。这里规定公务员范围包括下列机关中除政务官和民选人员外，有职务等级的人员。这些机关主要是台湾"总统府"及其直属机关；行政、立法、司法、考试、监察五院及其直属机关；"国民代表大会"秘书处、省市民意机关；自治行政机关；教育机关；公营事业机关；其他依法组织机关。[①]

第二节　西方公务员制度的演变

国家公务员制度，又叫"文官"制度，是指国家机关对其公职人员的录用、权利与义务、培训、考核、晋升、奖惩、交流调动、任免、工资福利和退休退职等方面依法实施科学管理的各种制度的总和。

西方公务员制度作为现代形态的人事制度，是许多国家废除了各种封建落后和日趋腐败的人事制度后而建立起来的一种新型的政府人事管理制度，也是在资产阶级革命推动下，建立三权分立的国家政权，实行政党政治的产物，体现了资产阶级构建新的政治制度的客观要求，适应了民主政治和市场经济发展的客观需要。

一　国家公务员制度产生的动因

国家公务员制度最早产生于 19 世纪中期的英国，后来美国、法国、日本也相继建立了这一制度。公务员制度在西方国家产生是资本主义经济、政治和社会发展的必然产物。

（一）经济原因

19 世纪中叶，主要资本主义国家先后完成的工业革命，确立了资本主义关系的统治地位，资产阶级逐步成为统治阶级。工业革命使西方国家的社会经济结构发生了巨大变化，促进了经济的迅速发展，一方面，大力构建国内经济市场，开展自由竞争，促进社会化大生产，另一方面，大举向国外扩张，采取各种方法打开世界各国大门，推销商品，掠夺资源。社会化的大生产日益发展和社会矛盾的引发，社会公共事务日益增多，资产阶级和社会其他利益集团都纷纷提出其政策诉求：①增加政府管理社会的职能，妥善处理日益增多的社会矛盾，为社会提供有效服务；②增加新的管理机构和管理人

---

①　严强等：《东亚公共行政比较研究》，南京大学出版社，2002，第411页。

员；③社会分工细化，要求政府管理人员专业化，管理人员要根据专业化要求成为管理内行；④要求构建廉洁政府、有效政府，公民要求更多地参与政治事务，政府应广罗人才，公职应向社会敞开；⑤原有国家官僚机构已不能适应经济发展需要，必须进行改革；⑥要求国家通过采用新的人事管理方法，通过竞争择优的办法，选拔专门人才。以上这些诉求成为国家公务员制度产生的客观要求。

（二）社会政治原因

17、18世纪西方各国资产阶级革命胜利后，确立了资产阶级君主立宪制政体，议会成为最高权力机关，一些国家通过一系列法令，最终取消了封建社会长期由国王任命政府官员的"恩赐官职制"，重要官员的任免权逐渐转移到议会中。但随着选举制度的广泛推行，各主要资本主义国家形成了政党政治和官职分赃制度（政党分肥制），政府重要官吏的任免权由执政党控制，几个党通过竞选获胜方式执掌政权，上台执政的党把政府官职当成战利品，公开地进行"肥缺分赃"。无功受禄者和昏庸之辈纷纷登上权力宝座，每次政党更迭都导致一场"人事大地震"。[①] 这种一朝天子一朝臣的办法，暴露出严重的问题，主要是：结构性贪污腐败；周期性政治震荡和缺乏效率与人才。原有人事制度已不能适应工业化浪潮带来的生产社会化、商品化和政治民主化、公开化对国家管理的要求，也不能适应社会发展对政府管理工作提出了新要求，既不能保证政治的长期稳定和政府工作的连续性，更难遏制官员贪污腐败和各种不正之风，往往使政府工作随时有陷于停顿的危险。正是这种社会发展的新趋势、新要求与旧的人事管理制度的矛盾，才使得国家公务员制度的产生。

（三）思想文化原因

资产阶级启蒙学者自由、平等、博爱的思想得到普遍传播，资产阶级革命所具有的人人平等的思想为文官制度提供了主要理论依据。在16、17世纪荷兰和英国革命时期，资产阶级先进人物纷纷走上政治舞台，掌握了国家命脉；1783年美国独立和1789年法国大革命发生时，《独立宣言》和《人权宣言》这两个文件，明确提出天赋人权、人人平等、公民是国家的主人等基本原则，随着这一原则的确立和思想的传播，民主、人权、公开、竞争和法制等现代政治观念及崇尚科学、注重理性的文化观念深入人心。这些思想观念反映在政治生活领域，必然要求参与平等，公职开放，自由竞争，择

---

① 黄达强：《各国公务员制度比较研究》，中国人民大学出版社，1990，第35页。

优用人，科学管理，法律保障。这些基本原则和思想对公务员制度的形成起到重要的推动作用。

二 西方各国公务员制度的发展变迁

公务员制度在西方的建立经历了一系列曲折的过程，公务员制度建立的主要标志有政务官与事务官相区分和考试择优录用制度的建立。公务员制度的建立在西方各国有着各不相同的历程，下面我们围绕上述两个重要标志介绍主要国家公务员制度的形成和发展过程。

(一) 现代公务员制度的发祥地：英国

英国公务员制度是在不断改革旧的官吏制度的过程中逐步产生和形成的，经历了一个较长的历史过程。17世纪之前，在封建君主专制制度下，英国国王集立法和行政大权于一身，所有官员都是国王臣仆，一切听命于国王，官吏的任用和升迁，取决于门第出身和对国王的忠诚，而非个人才学，形成人事制度上的"恩赐官职制"。1688年以后，英国确立了资产阶级的君主立宪制度，资产阶级地位迅速上升，对官吏制度进行改革。首先从"政务官"和"事务官"区分开始。1694年，英国政府公布法律，限制印花税局的服务人员不得为国会议员；1699年，又将这项法律限制于其他政府机关工作人员。1700年，英国国会颁布的《吏治澄清法》明确规定："凡接受皇家薪俸及年金的官吏，除各部大臣及国务大臣外，均不得为议会下议院议员"。这就是说在英国官员制度中开始出现"政务官"与"事务官"的划分，从而为现代文官制度的建立创造了基本的政治基础和前提。

英国文官制度的第二次重大突破在19世纪中叶，英国政府从考试录用人才入手，进行重大改革。1853年，英国东印度公司的特许状期满，向议会请求继续任用时，议会向该公司提出改进人事考选制度的条件。1854年，麦克莱（Macaulary）三人委员会去东印度公司调查人事管理问题，并形成改革人事制度报告，建议实行"公开竞争，考试取士"。[①] 与此同时，英国财政大臣格拉斯顿（Gladstoone）授意两位爵士斯坦福·诺斯科特（Sir Starfford North Cote）和查尔斯·屈维廉（sir charles Edward Trevelyan），就

---

① 当时的英国贵族常常依仗权势，安插子弟亲友到印度去发"洋财"，导致该公司官员腐败，管理混乱，效率低下。麦克莱（Macau lary）的报告成为改革东印度公司录用人员制度的蓝本。英国哲学家密尔称这是英国政治史上极为重要的改革。

英国文官制度状况进行全面调查并提出改革意见。1854 年他们形成了《关于建立英国常任文官制度的报告》，即《诺斯科特—屈维廉报告书》。此报告奠定了英国近代文官制度的基础。1855 年 5 月 21 日，刚上台的帕麦斯顿政府为了迎合舆论。以枢密院命令形式颁布了依据上述报告书内容拟成的《关于录用王国政府文官的枢密院命令》。1870 年 6 月，英国政府又颁布第二个枢密院令，对文官的考试、录用、等级做了一系列的规定，尤其是它以正式承认"政务官"和"事务官"的分类为前提，第一次明确地把考试录用与事务官结合在一起，从而确立了现代公务员制度两大根本原则：第一，政务官与事务官分开；第二，事务官考试录用。历史上将第二个枢密院令之颁布作为英国近代文官制度的正式确立标志，也意味着世界第一个国家公务员制度的建立。英国的做法极大地提高了政府管理效率，产生了积极的社会效果，西方资本主义国家纷纷效仿。

（二）建立在反政党分赃制上的文官制度：美国

美国公务员制度的形成一般分为三个主要历史阶段和两大改革时期。美国学者戴维·H. 罗森布鲁姆、罗伯特·S. 克拉夫丘克将其分为以下阶段：① "绅士" 时期（the era of gentlemen，1789 ~ 1828）；② "政党分赃制" 时期（the spoils system，1829 ~ 1882）；③ "功绩制度" 时期（the merit system）；④1978 年的联邦文官改革和 20 世纪 90 年代的新公共管理改革时期。[①]

美国公务员制度建立之前，盛行将近 50 年之久的是政党分肥制，美国政府的各级官员几乎都是由选举胜利的党任命和支配的，被任命的官员有"2% 俱乐部成员"之称。[②] 在这个时期，美国官员队伍中没有政务官与事务官的区分。1829 年，美国总统杰克逊以发展合理政治为由，使得"政党分赃制"制度化。杰克逊认为：第一，终身任用制度使得官员缺乏对人民与公共利益的回应；第二，联邦服务中的上流社会的偏见，令人难以忍受；第三，政府官员终身任命制会造成退休时严重问题。[③] 杰克逊在 8 年任期内，几乎更换了 1/5 联邦政府官员。政党分赃制的长期盛行，导致美国政府管理中出现以下问题：行政伦理、效率和绩效严重堕落；公共行政与政党政治的

---

① 〔美〕戴维·H. 罗森布鲁姆/罗伯特·S. 克拉夫丘克：《公共行政学：管理、政治和法律的途径》，中国人民大学出版社，2002，第 223 页。

② 美国各级官员由选举胜利的党任命，他们是执政党的党徒，代表着党的利益，要求每月拿出薪水的 2% 用来资助政党活动。

③ 〔美〕戴维·H. 罗森布鲁姆/罗伯特·S. 克拉夫丘克：《公共行政学：管理、政治和法律的途径》，中国人民大学出版社，2002，第 226 页。

混杂；高度的政治竞争；政府官员的社会阶层降低等等。① 19 世纪六七十年代美国政府开始致力于发展功绩制度，到 1883 年，这种制度写入法律，即《彭德尔顿法》（Pendleton Act，又称《文官法》），该法案直到 1978 年的《文官改革法案》（Civil Service Reform Act）通过后才被取代。"彭德尔顿文官法"规定禁止文官参加政治运动和捐助政党经费，不准以官员职位的分配做出政党竞选的许诺，文官职位受保护，不犯过失不得撤换；该法规定文官委员会领导文官制度在联邦的任命中推行功绩制原则。该法主要内容包括：在招工制、竞争考试制、政治中立和职位任期基础上建立一种功绩制，创立一种"开放"式人事制度；公共服务去政治化；不以政治理由解雇人员；依法成立文官委员会等。"彭德尔顿文官法"标志美国公务员制度的形成。

到了 19 世纪末期，美国公务员制度随着职位分类制的实行向前发展。泰罗掀起的科学管理运动对公共行政领域产生了很大影响，特别是"工作分析"、"工作评价"等科学方法的引进推动了文官制度改革。1896 年，联邦文官委员会提出以工作人员的职务和责任作为职位分类的原则，并于 1903 年建议政府机构正式推行职位分类制，1923 年，美国国会正式通过联邦政府职位分类法案。②

应该看到，美国政府进行的文官制度改革最终取得了积极效果，但也存在诸多弊端。如文官委员会不适应公务员管理需要；公务员录用和管理程序复杂；执政者奖善罚恶权力受到限制；考核形同虚设，缺乏激励机制等等。1978 年 3 月 12 日卡特总统向国会提出改革公务员制度计划。③ 1978 年 10 月国会通过《公务员制度改革法》，并于 1979 年 1 月生效。这次改革的核心是推进按工作表现付酬的功绩制。改革的主要内容是：确定联邦政府人事制度应遵循的九条功绩制原则。④ 推出五大举措：设立高级行政文官职位；修改处分程序；推行绩效工资制；改革考核内容；改组管理机构等。⑤

自 1980 年代起，特别是进入 1990 年代之后，公共选择理论和新公共管理都尊崇市场力量、市场作用和市场机制，对百年来行之有效的公务员制度

---

① 〔美〕戴维·H. 罗森布鲁姆/罗伯特·S. 克拉夫丘克：《公共行政学：管理、政治和法律的途径》，中国人民大学出版社，2002，第 227 页。
② 彭和平：《公共行政管理》，中国人民大学出版社，1995，第 262 页。
③ 卡特总统认为该法可以使政府更具管理性，符合有效率、有效能与政治回应性的要求。参见〔美〕戴维·H. 罗森布鲁姆/罗伯特·S. 克拉夫丘克《公共行政学：管理、政治和法律的途径》，中国人民大学出版社，2002，第 235 页。
④ 详见李和中《比较公务员制度》，中共中央党校出版社，2003，第 109 页。
⑤ 李和中：《比较公务员制度》，中共中央党校出版社，2003，第 110~111 页。

的核心价值产生激烈冲击，引发美国新一轮的公务员制度改革。其主要功能包括：适当增加临时录用的合同制雇员；淡化职位分类；简化规则；改善绩效工资制；借鉴企业成功经验等等。

（三）深受历史影响的公务员制度：法国

法国经历了一个漫长的封建君主专制时代，早在16世纪亨利四世时期，法国就建立了统一的封建中央集权制度。法国公务员制度的建立经历了长期、曲折复杂的过程，大约经历了一个半世纪（1789~1945）。法国1789年的资产阶级大革命摧毁了封建王朝统治，建立了资产阶级专政，出现法国现代公务员制度雏形。《人权宣言》第4条规定："所有公民在法律上的地位既然一律平等，所以政府官吏的任用也应平等，除以才能品德根据外，不应受其它条件之限制。"但在实际运行中，这个原则并没有受到尊重。拿破仑执政时期，公务员制度一些主要轮廓已勾画出来：①建立等级制，1809年法国第一次把公务员的等级同工资联系起来；②实行严格的纪律；③建立一些单项管理规章制度，统一行政部门工作方法。在此期间，法国公务员素质有了明显提高。从19世纪到20世纪上半叶，法国政府又陆续出台了一系列文官制度，如关于大学、中学、小学教师地位的法律，海关部门、司法部门、公务员法律，退休法等等。到第三共和国时期，法国公务员制度已具相当规模，尤其是1875年第三共和国宪法颁布。宪法规定总统由上院、下院的共同会议选举产生，任期7年。由此完成了政务官员与事务官员的区分，形成法国公务员系统。

20世纪初，为改变混乱的公务员管理制度，建立新的、统一的公务员制度，法国成立了"研究委员会"。1920年议员密尔朗提出一个新的全面规定公务员在职期间有关问题的法律草案，1936年勃鲁姆总理委托一个咨询委员会研究有关公务员问题。

法国现代公务员制度是在第二次世界大战结束后才得以进一步完善的。为了重建统一完备的公务员制度，戴高乐政府在1945年，设立"公职管理总局"，专门管理公共职务；设立"国家行政学院"（I'Ecole Nationaled'Administration，简称ENA），培训高级公务员；设立公务员管理局，指导各部人事行政；成立最高公务员制度协议会，作为人事纠纷仲裁机构等等。1946年10月，法国议会通过了政府拟定的《公务员总法》，设置了公职最高委员会。此后，为了进一步完善对公务员的管理，法国政府又于1959年2月对1946年的公务员章程做了上百处修改，颁布了新的公务员章程，许多政府部门还根据特殊需要，修订了公务员管理的专门章程。由此，法国公务员制度逐步发展成为统一、完整和比较科学的现代人事制度，在社会经济运行中发挥了重要作用。从 1980 年代开始，西方国家先后启动了公共行政改革，其核心内容之一是公务员制度现代化，但法国在 1980 年代与美英改革比较相对缓慢。1995 年希拉克出任总统，将公务员制度现代化进程当成整个公共行政改革的突破口，取得成效。法国公务员制度现代化改革的基本内容连续从三个主题上展开：第一，政府内部职能调整的非集权化改革；第二，在现代人力资源管理模式下，由"人员管理"转向"人才资源开发性管理"的改革；第三，以确保公务员素质为目的，在公务员选拔和提升中推行竞争机制。这三大改革内容既相互关联、互为前提，又相互渗透。① 这次改革对法国公务员制度现代化发展起到至关重要的作用。

（四）西方最早实行考录制的国家：德国

德国是西方最早实行考试录用官员制度的国家。其发展模式与英国首先实行政务官与事务官分开，然后实行考试取仕制不同；也与美国基本同时完成政务官与事务官分开和考试录用官员制度不同；德国是先实行考试制度，然后将政务官和事务官区分开来最终实现公务员制度的国家。早在 18 世纪初德意志诸邦中的普鲁士已开始实行考录官员制度。1713 年由威廉一世亲自制定了任用法官必须经过竞争考试原则，建立了最初的官员考试制；1737 年，这一制度扩大到其他官员的挑选上，规定凡与司法行政有关的各种官员必须考试录用。1743 年，腓特烈大帝颁布命令，规定所有到政府工作的大学生，必须经过国家考试及格后，才能授予职位。进入 19 世纪和 20 世纪初叶，德国政府官员考试制度基本定型，并于 1817、1848、1869、1874、1879 和 1906 年，多次就考试方法的内容通过法律程序进行调整，以适应社会发展的需要。②

德国公务员制度最初叫官员制度，是经济、社会发展的产物。在第一帝国时期，普鲁士政权刚刚巩固，过去各诸侯列国急需管理人员，于是形成原始的"行政管理"。行政长官由皇帝任命，始称"官员"，此项制度稳固而有效，值得称道的有四点：第一，官员出身来源多是中产阶级；第二，官吏视职业为终身事业，使吏治趋向专业化与功绩化；第三，重视官吏培训，社会上优秀分子很多被吸取至政府机关服务；第四，重视为民众服务，并具有法律的责任观念。尽管当时文官制度已较完备，但随着时间推移，尤其到19 世纪晚期已暴露出诸多缺点：政府职能扩张，行政内容日趋复杂，呆板迟缓的文官制度已难胜任；法国大革命的人权平等民主思潮波及德国，文官

---

① 详见李和中《比较公务员制度》，中共中央党校出版社，2003，第 163 页。
② 杨百揆：《西方文官系统》，四川人民出版社，1987，第 54 页。

制度渐遭批评；当时公务员考选重视法律知识与司法经验，但其知识与能力渐感不足。因此，当前社会有识之士斯坦因等人力主改革，提出政府责任在于积极为民众服务，提倡专家政治，主张行政人员应有效率。由于斯坦因等人倡导，宰相俾斯麦大力推行，使吏治改革向前迈进。威廉二世于1873年颁布了德国历史上第一部《官员法》和《资历条例》，德国建立了官僚制的公务员制度。魏玛共和国时期，《魏玛宪法》又明确规定了公共行政管理的基本原则，即"公开、平等、竞争录用人员，全心全意服务于公众"，为德国公务员制度进一步发展打下基础。但是到了1933年希特勒上台，实行专制，独裁统治，行政管理失去法律保障。

第二次世界大战结束后，一直到1953年颁布《德国联邦公务员法》（Federal Civil Service Act）以及配套法规体系后，才成立联邦文官委员会（Federal Personnel Committee），进行公务员的统一管理，并又在1965～1975年之间进行行政改革，使联邦德国公共行政管理更具科学化和法制化。1990年10月3日，两德在分裂了45年之后实行统一。德意志民主共和国加入德意志联邦共和国。德国统一后带来巨额社会成本，因而进行了一场以"调整公共事业，压缩人事开支，转变组织结构"为中心的现代化改革。20世纪90年代以来，德国又掀起了新一轮的行政现代化改革，其目的是为了削减行政管理成本，提高行政管理效能。核心之一是建立一支高素质、精简高效的公务员队伍。具体做法主要是调整政府职能范围、压缩公务员规模，改善绩效、评估选择等等。公务员的改革也本着以下原则开展：以节约、高效原则压缩公共事业服务中的人事开支和人员规模；引入先进管理方法和技术，改善绩效评估；重视公务员人才资源开发，加大培训力度等等。德国公务员制度改革的最大特色是能够按照本国实行"量体裁衣"，"走了一条更富选择性的发展路径"。①

（五）自觉适应和具有学习力的制度：日本

日本公务员制度变迁经历了三次大的转折。第一次是明治维新后，明治政府根据本国的实际，经过对西方各国官吏制度的反复比较，最终决定以普鲁士官吏制度为蓝本，创建日本的官吏体系构架，形成独具特色的"明治官吏"制度。

1868年明治维新以后，资本主义得到迅速发展，尽管当时经济基础比

---

① 〔德〕汉斯·班贝格：《德国的行政现代化：新瓶装旧酒》，国家行政学院国际合作部编译，国家行政学院出版社，1998，第135页，转引自李和中《比较公务员制度》，第206页。

较薄弱，但明治政府赶超英美愿望十分强烈。1871 年以岩仑县视为首的日本政府使节团出访欧洲，1881 年伊藤博文也赴欧考察，在此基础上，日本开始改革封建官僚体制。1885 年 12 月 22 日日本创设近代内阁制度。第一届内阁上台后几天立即颁布《官吏纲要》，规定以后录用官员要通过考试。开始把日本从一个主要依靠世袭决定个人地位的传统社会向一个主要依靠个人受教育程度来决定其地位的民主社会转变。1898 年日本政党内阁出现，高级官吏开始政党化，为此，1899 年明治政府进一步修改原《文官任用令》，并制定了《文官资格保障令》、《文官惩戒令》，史称"文官三令"。1913 年，日本枢密院通过法令，明确了政务官与事务官的不同任用、管理方式。

　　第二次转折是以第二次世界大战日本战败为契机，在美国占领政策的强制下，制定和颁布日本国宪法，改革日本政治制度，实行政治民主化，肃清军事法西斯遗毒。在政治民主化大背景下，以美国人事行政制度为蓝本，构筑日本现代公务员制度。[①]"二战"以后，美国对日本采取了间接统治方式，推行宪法、土地等一系列民主改革。1946 年 1 月，美占领军负责人事行政工作的埃斯曼提出了《改革日本公务员制度备忘录》；1947 年 10 月，日本通过了《国家公务员法》；1948 年 7 月日本颁布《国家行政组织法》，1949年 1 月颁布《教育公务员特例法》，1950 年 5 月制定《关于国家公务员职阶制的法律》，同年 12 月出台《地方公务员法》，从而形成较为完整的体系，成为日本公务员制度的主要法规。

　　第三次转折是在 20 世纪 80 年代以来，历届日本政府为解决政府职能滞后，机关效率低下，官僚作用蔓延及经济低迷而采取的改革措施。如 1981年 3 月，日本政府成立"临时行政调查会"，旨在推动改革进程，1982 ~1992 年，有计划地减少公务员 34383 人，同时扩大外务省、防卫厅公务员数量。1997 ~ 2001 年中央政府人员精减 3.5 万人，2001 年，日本宣布完成由原来 1 府 22 省（厅）合并为 1 府 12 省（厅），历时 5 年的改革终于画上句号。总体看，日本政府在改革具体实施中采取了小心谨慎、稳定渐进策略。从日本公务员制度三次转折来看，第一次、第三次可以说是自觉适应的过程，第二次可以说是被迫适应的过程。应该看到，无论是自觉适应，还是被迫适应都取得了一定程度的、令人瞩目的成绩。

　　总之，公务员制度作为一种科学的人事行政制度，它是西方资本主义制度发展的产物，它是随着政府职能演变和管理需求变化，人类对政府管理方

---

① 阎树森：《日本公务员制度研究》，国家行政学院出版社，2001，第 22、23 页。

式不断进行选择的结果。在社会经济发展进程中，由于社会结构分化和市场经济的发达，平等、竞争、理性、法治、契约等理念的形成，国家和社会管理需要摆脱非理性的行为，以达到公共行政的制度化、法制化、理性化、科学化和民主化的要求，这些正是西方产生公务员制度的必要土壤。

三　西方公务员制度的基本原则

西方国家公务员制度从 19 世纪 70 年代英国诞生起，至今已有一百多年的发展，在发展与完善过程中形成了几种制度化模式和较为完整的制度体系。由于各个国家的政治、社会文化、经济制度的差异性，各国公务员制度的模式内容和表现形式也不尽相同。但作为一项具有普遍性的、科学的现代人事管理制度，它们具有共同的原则。这些原则是公务员制度的灵魂，正是由于这些共同的原则使各国公务员制度成为一个完整的系统，也成为区别于其他人事管理制度的重要标志。西方公务员制度具有以下基本原则。

（一）分类管理原则

分类管理就是对国家公职人员按照工作性质和工作方式等不同特点区分不同类型，然后对不同类型的官员采取不同的、有针对性的管理方法。从实践上看，西方各国公务员分类管理主要有两个方面的内容：一是政务官与事务官相区分。政务官是选举产生的官员和由这些官员从政治高度考虑任命的官员，主要从事政治活动和政治决策，他们有任期限制，与内阁共进退；事务官是常任的官员，不受选举的影响，没有重大过失可以工作到退休。这种区分标志着西方政党政治的成熟。二是对常任的事务类公务员实行职位分类制度。一种是以职位为对象的"职位分类"（Position Classification）制度；另一种是以人为对象的"品位分类"（Rank Classification）制度。"职位分类"制度以美国为代表，以工作性质、责任轻重、难易程度所需资格条件等四个因素为标准；划分为不同类别和等级，为公务员考试录用、考核、晋升、奖惩、培训及其工资待遇等各项人事管理提供依据。"品位分类"以英国为代表，其分类依据是个人所具备的条件（如资历、学历）和身份（如官职地位高低，所得薪俸多少）为标准进行分类。两种分类依据不同标准，各有特色，各有所长，各有所短，从世界各国公务员制度发展趋势看，职位分类与品位分类两种方法在取长补短、相互渗透，有机结合。

（二）择优录用原则

美国行政学家怀特认为：选拔贤能是现今人事管理的两大支柱之一。"公开考试、择优录用"是西方各国公务员制度的一个重要特征，也是现代人事制度形成的标志。择优录用就是在竞争考试的基础上以考试成绩优劣为标准进行筛选和录用。西方的择优录用制度贯穿着三个基本原则：第一，公平竞争原则。英国 1854 年《关于建立英国常任文官制度报告》中指出：要得到一流人选，必须求助于竞争。择优录用中的公开竞争原则有着双重含义，首先是考试的公开性，这里包括考试程序与录用条件公开，考试名次公布于众，考试成绩通知本人；其次是考试的竞争性，包括报考人的录用按其考试分数排出名次，鉴别优劣，择优录取。美国 1883 年颁布的《彭德尔顿法》的核心之一就是要通过"竞争性考试"选拔人员。"应该尽可能地提供保证优良行政的条件，如在对那些以应用为特征，很少能对求职者的相关能力与任命职位适合程序作公平测试的竞争性职位上，要采取公开、竞争的考试以制定求职者是否合适……一个求职者只有通过了考试或者是获得特别免试，他才可以在竞争性职位上获得任命"。[1] 英国政府还规定，凡未经过公开竞争考试，未持有"文官事务委员会"颁发的及格证书者，一律不得从事任何事务官职。法国 1959 年《公务员总章程》第 18 条规定："每次竞争性考试都要由考试委员会根据报考人成绩发榜，并根据榜上的名单顺序提名任用。"第二，一律平等原则。即公民在担任公职方面具有平等的权利与机会。不论个人政治派别、种族、肤色、宗教、信仰、性别、年龄和婚姻家庭状况如何，人人在"分数"面前平等，对他们录用的条件只看其是否具备任职所需的知识和技能。1788 年法国《人权宣言》中明确规定："所有公民在法律上的地位一律平等，故政府官吏的任用亦应平等，除以才能品德为根据外，不应受其他条件的限制。"[2] 美国 1978 年"文官改革法"中也规定禁止歧视，如对妇女、病残者放宽报名年龄，降低分数等等。这些都是现代社会"法律面前人人平等"、"机会均等"等观念的反映。第三，人才主义原则。挑选出类拔萃的人才为政府提供高效服务和支持是择优录用的核心原则，这里至少表现在两个方面内容：首先，人员录用的择优性，公务员的候选人要经过规范的程序，严格考试，层层筛选，合格后才能录用。其次，人才使用的广泛性。自"二战"以后，世界结构发生重大变化，在全球化、市场化、信息化、民主化浪潮的影响下，政府功能向多元化方向改变，科技进步导致计算机网络进入政府各部门，而周期性的经济衰退又使各国常常面

---

[1] 这句话出于 the Pendleton Civil Servier Act of 1883。转引自〔美〕詹姆斯·W. 费斯勒/唐纳斯·F. 凯特尔《行政过程的政治——公共行政学新论》，中国人民大学出版社，2002，第 165～166 页。

[2] 转引自杨百揆等《西方文官系统》，四川人民出版社，1987，第 216 页。

临恶劣形势。"专家治国"和"人是组织获得成关键"的管理理念占了主要地位，各国政府对人才的需求也日趋增长。高学历者占政府文官比例越来越高。

（三）政治中立原则

政治中立原则在西方国家公务员制度中，是通过政务官和事务官分途而治，规定事务官或业务类公务员的政治权利和义务来实现的。美国《文官制度法》明确规定："政府公务员在政治上必须采取中立态度，禁止参加竞选等政治活动。"日本等国的公务员制度也做出禁止公务员在职期间参与政党及其活动，公务员不得成为政党或议员的候选人的规定。这一原则"贯穿在公共人事行政的管理途径中的观念是：从政党政治的角度，文官应该保持政治中立。以管理为导向的人事行政坚持的想法是公共部门面对与私营部门相同的组织与管理情况和问题，党派因素在大多数公共人事及管理决定上不具有正当性。铺路和卫生等功能无须牵扯党派，这是相当清楚的。公共部门与公共利益有密切的关系，而与政党选举的利益无关。党派意识与人事的混杂不仅会阻碍效率并形成贪污现象，也可能扭曲公共利益，造成公民认为公务员热衷于抢夺狭小的党派利益"。[①] 可以看出坚持"政治中立"原则，可以使国家业务类公务员不卷入党派斗争，可以避免像"政党分肥制"时期那样由于不同政党首脑上台所进行的官员"大换位"，做到国家业务类公务员不与内阁共进退，保持公务员队伍稳定性，适应了西方国家两党制或多党制发展的需要。同时值得关注的是，第一，虽然政治中立规定对公务员的政治权利施加限制，却也同时保护他们不受主管逼迫参加党派活动。[②] 第二，在限制参加竞选活动的原则要求下，在有些问题上，西方国家也有差异性。如在当候选人必须辞去公职方面，英法两国较特殊。英国文官按等级分三，第一类是文官中的低级人员，他们完全可以自由地从事中央或地方的竞选活动，但在竞选提名前辞去公职；第二类是中层人员，所在部部长不可以参与竞选；第三类是高职文官，完全被禁止参加全国性竞选，但在部长批准下可以参加地方性竞选。与英国相比，法国文官具有较大的自由度，他们不仅可以参加各种竞选，而且竞选失败后还可以回原部门工作，而英国公务员则没有这一保护网。[③]

---

① 〔美〕戴维·H. 罗森布鲁姆/罗伯特·S. 克拉夫丘克：《公共行政学：管理、政治和法律的途径》，中国人民大学出版社，2000，第 255 页。

② 〔美〕戴维·H. 罗森布鲁姆/罗伯特·S. 克拉夫丘克：《公共行政学：管理、政治和法律的途径》，中国人民大学出版社，2002，第 256 页。

③ 杨百揆等：《西方文官系统》，四川人民出版社，1987，第 200 页。

（四）功绩主义原则

功绩制是西方公务员制度的重要原则之一。根据这一原则，公务员的录用、提升，必须依据实绩。因此考绩是西方公务员激励机制的重要依据，早在 1887 年，英国联邦政府就开始实施考绩制度，1920 年联邦政府以总统命令形式，正式普遍地实行考绩；1950 年，又正式公布考绩法，废除统一考绩制，采用工作者绩制，把公务员的工作实绩与奖惩、晋升、培训、工资福利待遇等方面挂起钩来。

从 1979 年开始，美国又对担任高级行政职务的官员进行考核，内容是指个人工作表现和他主管单位的工作表现，并从礼貌、效率、生产率、工作质量、文牍工作的减少等方面进行考核。美国联邦政府还提出了功绩制的相关原则①（见框 4-1），英国、德国、法国和日本也都纷纷推出各具特色、自成一格、适应本国国情考绩制度。但在考绩技术和内容方面，具有明显的两大趋同倾向：第一，考绩技术追求科学化、标准化、力求判断的有效性和

框 4-1 功绩制的原则

> 联邦人事管理必须始终如一地贯彻以下功绩制原则：
>
> （1）公务员的录用应从适当来源中选择合格人员，并致力于使社会各个阶层的劳动力都被涵盖。选拔与晋升应该经过公开与公平的程序，确保所有的公务员平等的机会，以相对能力、知识、技能为决定的基础。
>
> （2）在人事管理的所有方面，所有雇员和求职者都应该受到公平和平等的对待，而不应该考虑政治、种族、肤色、地区、性别、婚姻状态、年龄或者残疾因素，必须适当地尊重他们的隐私权和宪法权利。
>
> （3）公务员的工资应该实行同工同酬原则，并考虑全国性以及地方性的私营企业的工资水平；工作成绩优秀者也应该给予适当的奖励和肯定。
>
> （4）所有雇员都应该维持高度的廉洁及行为标准，并且关心公共利益。
>
> （5）联邦政府的人力资源应该得到有效率和有效益的运用。
>
> （6）雇员应该保持充分的绩效水平，没有绩效的行为应该予以纠正，不能或者不愿提高绩效水平以满足规定标准的雇员应该同其他雇员分离。
>
> （7）应该给予雇员充分的教育和训练，如果这种教育和训练能够使组织和个人绩效得到改善。
>
> （8）雇员应该：
>
> A. 不受主管专断行为、个人徇私迫害，或基于党派政治性目的的胁迫；
>
> B. 禁止使用职务权力或者影响力来干预选举的结果或者选举的提名。
>
> （9）雇员如果因揭露以下任何合乎法律事实的或项而受到报复，应该受到保护；
>
> A. 违背任何法律、规则；
>
> B. 管理不善、物资浪费、权力滥用或者对公共健康和安全造成现实威胁。

资料来源：5U. S. Code, See. 2301。

---

① 转引自〔美〕戴维·H. 罗森布鲁姆/罗伯特·S. 克拉夫丘克《公共行政学：管理、政治和法律的途径》，中国人民大学出版社，2002，第 232 页。

公正性；第二，考绩内容，从普遍的标准转向个别标准，即对每一个文官职位提出不同的要求。

（五）讲求职业道德原则

现代公务员制度认为，公务员是管理国家事务的具体承担者，在公众心目中认为他们是社会优秀分子，其行为举止具有示范和导向作用，而封建时代以及个人恩赐、政党分肥制时期，官员无所谓职业道德，以权谋私、贪赃枉法、仗势欺人习以为常。美国学者 O. 格伦·斯达尔（O. Glenn Stahl）在《公务员的伦理道德标准》一文中指出，民主制度使公务员意识到"伦理道德实际上是工作能力的一部分，更是民主的一部分。那些把担任公职看作横征暴敛的良机或是以权谋私、泽及亲友的人是公共利益的绊脚石，有损于公职工作的效率和为全民服务的目的"。[1] 现代公务员制度对公务员有明确的职业道德要求。美国公共官员道德准则是 1924 年由国际城市管理协会采用的，但它反映的不是诸如教育、工程、法律和医学行业的那种职业道德规范，而是当时城市改革运动的反腐败和反政治价值观。1958 年，美国国会通过了联邦官员道德准则，并在 20 年后加以扩充。根据 1978 年的政府道德法，联邦政府成立了政府道德署。1992 年政府道德署又发布了联邦政府的第一部全面的道德行为规范。涉及礼物、全体利益冲突、中立性、滥用职权、兼职和公务之外的活动等各个方面。美国第一部州道德准则出现于 1967 年，美国各级政府的各主要公共管理组织——美国公共行政学会直到 1984 年才提出有必要为公共部门职业人员起草和通过一部道德准则。该准则包括的主要原则有：公共利益服务，尊重宪法和法律，显示个人诚实，推进道德纪律，追求卓越成绩等[2]。

与此同时，欧美各国普遍对公务员的职业道德研究予以重视。美国学者 G. 坦哈达特（G. Denhardt）出版《公职伦理学》；1940 年代 A. R. 莱斯（Wayne A. R. Leys）研究行政官员应遵循的伦理价值标准；1950 年代 R. 安德森（Hurst R. Aderson）研究行政管理的伦理价值；1960 年代 T. 哥莱姆比俄斯基（Rokert T. Golembiewski）著有《人、管理和道德》一书；1960 年代末 1970 年代初，公职道德研究形成热潮；重要代表人物是尼古拉斯·亨利（Nicholas Henry），他利用新的研究成果和思维方式；重新界定了伦理道德范围，以动态的发展眼光差错立取活动的伦理道德。而 1990 年代特里·L.

---

[1] 黄达强：《各国公务员制度比较研究》，中国人民大学出版社，1990，第 151 页。

[2] 〔美〕尼古拉斯·亨利：《公共行政与公共事务》（第七版），华夏出版社，2002，第 385 页。

库珀（Terry L. Cooper）致力于行政伦理学和公民权方面研究，出版了《行政伦理手册》、《行政伦理学：实现行政责任的途径》，产生极大的影响力。最值得关注的是，1975 年著名的国际学术团体"国际公职伦理价值研究联合会和行政管理研究所（IASIA）"在墨西哥成立，近 40 个国家代表参加，这个组织为发展各国公务员行为规范作出了巨大贡献。① 西方不少国家专门制定了公务员道德法规或道德结构的准则，适应了当代民主制度和民主政治实践发展的客观要求，增强了公务员自律意识、抵抗能力和服务能力。从曾任美国行政学（ASPA）会长的罗伯特·B. 登哈特（Robert B. Denhardt）教授描述美国遭到"9·11"袭击可以略见一斑。"当别人奋力挣扎着从世界贸易中心向下逃生的时候，警察和消防队员们"都正在往世界贸易中心的楼梯上冲，这些人再一次向美国表明他们与众不同。②

第三节　我国公务员制度的发展历程

我国国家公务员制度，是具有中国特色的、适应社会主义市场经济体制需要的、国家机关工作人员的管理制度。它是在继承和发扬我国干部人事管理优良传统和基本经验的基础上，吸收党的十一届三中全会以来干部人事制度改革的成果，并借鉴发达国家的有益做法而形成的。这一前提决定了中国公务员制度在政治过程中的定位。它的建立和推行，有利于国家机关全心全意为人民服务，有利于分类管理体制的形成和确立，有利于政权的巩固和国家的长治久安，有利于改革开放和现代化事业的发展。

一　我国公务员制度建立的背景与过程

（一）我国公务员制度建立的背景及过程

应该看到，西方公务员制度对我国人事制度改革产生的影响。世界各国的经验表明：一个有效的政府，必定是拥有一个精明强干、士气高昂的公务员队伍的政府；而这有赖于高度发达的现代化的公务员制度。因为有了高度发达的公务员制度，就可以从社会中吸收人才，并通过激励和培训，使人才在政府部门迅速成长。有效政府成功的先决条件就是要争取一流的人

---

① 黄达强：《各国公务员制度比较研究》，中国人民大学出版社，1990，第 153～155 页。
② 〔美〕珍妮特·V. 登哈特/罗伯特·B. 登哈特：《新公共服务：服务，而不是掌舵》，中国人民大学出版社，2004，第 18 页。

才，并使人才能够在政府组织内得以迅速成长。因此，要发展国家的能力，首先在于建立现代化的公务员制度，培养积极主动和精明强干的公务员队伍。

在中国，人事制度一直是核心制度。1949～1980年间，我国的人事管理一直沿袭民主革命时期建立的干部制度。干部制度基本上是一种身份制度，一个人一旦取得干部身份，就拥有了与这一身份相关的名誉、地位和福利待遇。除此，干部制度还有如下特征：缺乏具体的管理制度；人员任命基本上实行委任制；单纯依靠行政手段任命干部；一旦任命，只要不犯严重错误，就终身享受干部待遇。干部外延广泛。它不仅包含国家机关除工勤人员之外的工作人员、国有企业除工人之外的工作人员，还包括政党、事业单位、人民团体等组织的工作人员。

1978年的中国经济体制改革对人事制度提出新的要求。1979年末中共中央十一届三中全会决定开始完善和发展干部的选拔、录用、任免、考核、轮换等制度。

1980年，邓小平提出，要"坚决解放思想，克服重重障碍，打破老框框，勇于改革不合时宜的组织制度、人事制度"。1984年下半年，中央将干部立法工作提上日程。1987年，党的"十三大"提出"要对'国家干部'进行合理分解，改革集中统一管理的现状，建立科学的分类管理体制"，"当前干部人事制度改革的重点，是建立国家公务员制度"。1992年召开的中共"十四大"再次提出了尽快推行国家公务员制度的要求。1993年4月24日国务院第2次常务会议通过、1993年8月14日国务院令第125号发布，1993年10月1日正式实施《国家公务员暂行条例》。自此开始，中国国家公务员制度正式建立。

在此基础上，人事部还进一步出台了很多重要规章，其中重要的有：《国家公务员制度实施方案》、《国家公务员录用暂行规定》、《国家公务员奖励暂行规定》、《国家公务员辞职辞退暂行规定》、《国家公务员申诉控告暂行规定》、《国家公务员职务升降暂行规定》、《国家公务员任职回避和公务回避暂行办法》、《国家公务员培训暂行规定》、《国家公务员职位轮换（轮岗）暂行办法》、《公务员申诉案件办案规则》等。《暂行条例》和这些暂行规定，奠定了中国公务员制度录用、考核、奖励、晋升、培训、交流、回避、辞职辞退、退休、申诉控告以及公务员权利、义务、工资保险福利、需要遵守的纪律等制度的法律基础，国家公务员管理无法可依的局面基本得到了改变。

（二）我国公务员制度的实施状况

《国家公务员暂行条例》于1993年8月发布，同年10月1日开始实施。到1997年底，有中国特色的国家公务员制度在全国基本建立。经过10多年的运行，中国公务员制度着力在进、管、出的各个环节上，革除旧的弊端，注入新的活力，构成了规范的管理体系。随着我国公务员制度推行的力度加大，公务员的各项管理制度已逐步得到全面落实，新的运行机制正步入良性循环的轨道。

1. 职位分类制度和人员过渡工作初步完成

我国公务员制度的推行是结合机构改革进行的，行政机关首先按照"三定方案"合理设置职位，将机关职能分解落实到各个职位，制定职位说明书，然后按照编制数额和职位要求，通过严格考核进行人员过渡、人员分流。完成职位分类、人员过渡，意味着已全面推行了公务员制度。

2. 考录制度在社会上引起巨大反响

录取非领导职务的公务员，采用竞争性考试，严把"入口"关。全国31个省、自治区、直辖市政府机构录用公务员，普遍实行了公开招考。一些地方还打破身份、地域限制，不拘一格选人才。公务员考录制度，赢得了民心，受到了广泛的支持和欢迎。

3. 考核工作步入规范化轨道

对现有工作人员进行严格考核，将公务员的"德、能、勤、绩"考核结果同奖惩、工资、职务升降、辞退等环节挂钩，使"干多干少一个样，干好干坏一个样"的现象开始改变，管好了公务员队伍的"楼梯口"。坚持了功绩制原则，强化了国家公务员制度的竞争机制和激励机制。

4. 任职晋升工作加大了公开和竞争力度

公共行政机关按照公务员制度规定的程序选拔晋升人员，改变过去"少数人说了算"的状况。政府部门内领导职务晋升，实行了竞争上岗，使一大批优秀人才脱颖而出。通过公布职位空缺，公开报名推荐、考试、演讲答辩，群众评议、领导集体研究等程序，决定走留，破除能上不能下的陋习。

5. 轮岗、回避制度的实施初见成效

对领导职务和"热点"职位有计划地轮岗，对有亲属关系的公务员在任职和执行公务时实行回避，打破了亲情关系网，为公务员创造了廉洁奉公的工作环境。这一制度优化了人员结构，锻炼了干部，促进了廉政建设。

6. 疏通了国家公务员队伍的"出口"

退休制度得到切实的贯彻；辞职辞退从无到有，逐步完善，对于不愿意在机关工作的公务员，允许辞职另谋他业；对于那些不干事、不尽职，大错不犯、小错不断的人员，辞退出公务员队伍，建立了国家公务员的新陈代谢机制。

7. 培训制度化、规范化

培训是建设高素质专业化公务员队伍的有效途径。通过培训，掌握科学的思维逻辑和方法，公务员素质得到提高，工作能力得到加强。

8. 公务员权利得到保障

据不完全统计，申诉控告制度的实施维护了公务员合法权益，实行公务员管理的法制化。

9. "全心全意为人民服务"的宗旨得到弘扬

自1996年始，在全国公务员中开展了"做人民满意的公务员"活动，涌现出一大批"人民满意的公务员"为代表的先进典型，在人民群众中体现了公务员的价值，展示了新时期公务员改革开放、勤政廉政的新形象。

10. 较为完备的公务员法规体系基本形成

《国家公务员暂行条例》发布以后，又出台了与之相配套的法规、规章及实施办法，使公务员管理的各个主要环节做到了有法可依。

（三）公务员法的制定及其制度创新

《国家公务员暂行条例》颁布10多年来，中国公务员制度推行取得了显著成绩，但也有一些问题需要通过立法得到解决。比如：需要通过公务员法解决立法层次低问题，确立制度权威；解决范围过窄问题，实现依法统一管理；解决管理体制与干部体制衔接问题，加强综合管理；解决激励机制不全问题，增强制度活力；解决制度创新问题，将改革新成果法制化。

公务员法从起草到通过，经过了以下阶段：第一阶段：2000年8月中组部和人事部在深入调查和总结经验基础上，着手研究起草；2001年12月中组部和人事部向中央报送《关于制定公务员法有关问题的请示》；2001年12月27日，中央政治局常委会同意请示；2002年初至2004年初，中组部和人事部在征求中央和国家机关各部门以及各省、自治区、直辖市有关部门和专家学者基础上形成送审稿，由人事部2004年3月报送国务院审批；国务院法制办立即征求各方面意见，并向全国人大法律委、全国人大内司委、全国人大常委法制工作委员会汇报。国院第71次常务会议通过草案。第二阶段：2004年12月25日正式进入立法程序，草案提交十届全国人大常委会第13次会议进行初次审议。2005年4月十届全国人大常委会第15次会议对修改稿进行再次审议，4月27日通过。历时5年的时间。先后起草了14

稿。5 年当中，起草组总结了国务院国家公务员暂行条例实施 10 年的经验，并且根据我国公务员队伍的建设和一些新的情况，还参考借鉴了国外公务员管理的一些有益的经验。

《中华人民共和国公务员法》内容（共 18 章 107 条）包括：第一章总则；第二章公务员的条件、义务与权利；第三章职务与级别；第四章录用；第五章考核；第六章职务任免；第七章职务升降；第八章奖励；第九章惩戒；第十章培训；第十一章交流与回避；第十二章工资福利保险；第十三章辞职辞退；第十四章退休；第十五章申诉控告；第十六章职位聘任；第十七章法律责任；第十八章附则。《公务员法》与《国家公务员暂行条例》比较，制度创新点主要有：确立党管干部原则；调整了公务员的范围；公务员分类制度（职务、职级）设计有重大创新；建立了职位聘用制；将"公开选拔"与"竞争上岗"确立为法定的职务晋升方式之一；公务身份和履行公务的法律关系以及增强公务员责任意识；工资制度改革；辞职后任职企业规定严格；引咎辞职法制化；对公务员管理的法律责任做出规定；交流范围比《规定》有所缩小；调任比《规定》更加严格等。《公务员法》的制定是贯彻依法治国方略，实现公务员依法管理的需要；是深化干部人事制度改革、推进干部人事管理科学化、民主化、制度化的需要；是建设一支高素质公务员队伍的需要；也是完成全面建设小康社会宏伟目标的需要，将会对中国的发展产生深远的影响。

二 公务员管理的理论基础与运行机制

（一）公务员管理的基本要素

公务员制度是一个关于人力资源怎样合理配置的制度。"人"理所当然是制度的基础。根据现代公共人力资源管理的指导思想，公务员管理的基本要素包括以下主要方面。

1. 公务员管理的规划

所谓公务员管理规划是指对未来一定时期的公务员资源的需求质、需求量、需求结构和公务员资源可能出现的数量、质量、结构进行推测，并使公务员资源供求相适应的过程。公务员资源规划过程具有以下特征：一是重调查研究，要在对现有公务员资源大量调查基础上，运用科学分析方法，对公务员资源进行科学研究。二是着眼于整体。公务员资源管理是一项系统工程，是一系列管理措施的集合，目的在于通过全面的、系统的管理，从整体上提高公共部门解决问题的能力。三是针对未来，公务员管理要立足于现实条件，但公务员资源管理的结果则是一种未来现象，所以公务员资源管理规划要建立在对现实状态和未来趋势理性分析和判断基础之上。

2. 公务员环境的营造

公务员吸引是指确定公共组织中的工作要求，决定工作岗位需要的人数与技术，对有资格的工作申请人提供均等的机会和良好的环境。公共组织应通过各种渠道，获得适应公共组织职位要求、具有开发潜力的优秀人才。由此可见，公共组织，为公共管理人才的选择、使用、开发创造一个良好的环境显得尤为重要。良好的管理体制，可以保证公务员管理职能的实现；科学的管理机制可以通过有效的激励约束机制，达到人力资源开发、使用效益的最大化；良好的环境则是人力资源顺利成长、发展的基础。[①] 从具体操作层面看，吸引环节涉及如何进行岗位分析，确定公共组织中各个工作岗位的性质和要求；如何为公共组织开展招聘工作做好准备等等。

3. 公务员的录用

录用是国家根据工作需要确定最合适人选的过程。国家应运用公开考试、公平竞争、择优录用的方式甄别、遴选人才。首先，考试录用之所以科学、可靠，关键在于其是一种开放型、全方位的选人方式，从而消除了封闭式选拔程序中存在的种种弊端。在录用中做到政策公开；招考时间、对象、条件、部门、指标、岗位、资格公开；考试时间、方法、程序公开；考试成绩、录取结果公开。其次，平等是指一切符合报考条件的公民，在进入公共部门担任公职方面享有平等机会和权利，任何人不因民族、性别、出身、个人成分、宗教信仰等原因在录用时受到歧视。第三，在公共部门引入竞争机制，按考核结果鉴定优劣，优者胜、劣者汰。第四，录用单位择优选拔。把好报名资格审查关、面试关、考试关，把政治素质好、工作实绩突出和具有良好道德品质的人员录用为公共行政人员，提高公务员的质量。

4. 公务员队伍的稳定

要建立和完善公务员的保障机制、晋升机制和激励机制，实现公务员管理的动态平衡，要防止公共组织人才大量外流情况的出现。公共组织应保持公职人员工作的积极性，保持安全健康的工作环境。这里包括工资和薪金，做到按照公务员贡献等因素进行奖励，做到奖惩分明，同时通过奖赏、福利等措施激励员工。国家应研究公务员流动规律和发展趋势，完善

① 吴江、胡冶岩：《公共部门人力资源管理》，中共中央党校出版社，2003，第30页。

内部管理机制，提高整体凝聚力，进一步完善分配机制、规范用人机制、架构信息沟通机制、完善情感激励机制，发挥公务员管理优势，提高国家的感召力。

5. 公务员的发展

充分合理使用公务员现有资源，努力提高公职人员的知识、技能和能力等方面的素质，保持和增强其工作能力。在公务员管理中要努力实行全员培训；实现培训的制度化、法制化，实行考试、录用与培训相结合；培训与职务晋升相结合；不断更新培训内容。[①] 通过培训、考核、任职、晋升等方式，及时发现人才、培养人才，合理配置人力资源。努力做到人适其位、事得其人、人尽其才。在人才使用中，实现人力资本增值，适应国家可持续发展的要求。

6. 公务员的评价

这是对公务员工作结果、工作表现和对人事政策的服从情况做出的观察和鉴定。要制订科学、有效、易行、具体的评价标准，没有具体、细化的评价标准，不仅重在考绩的评价原则无法落实，而且在评价实践中也难以把握。要参照一些国家公务员管理制度建设方面的成功经验，制订详细、有效、操作性强而又符合我国实际的评价标准。通过评价，为公务员的奖惩和薪金调整提供客观依据，为选拔优秀人才和合理使用人才提供制度保证，从而充分体现公共组织评价的功绩制原则。

（二）公务员管理函数

公务员的创造力究竟有多大？公务员发挥的创造作用取决于哪些主要因素？这是一个有待深入研究的问题。就一个公共组织而言，其工作效率可用以下管理函数表达[②]：

$$F = f(N, Q, M, B)$$

式中 F 是公共组织的工作效率，N 为组织内人员数量，Q 为组织成员素质水平，M 为组织激励程度，B 为组织协调状况。根据此函数可导出公务员资源管理的四个基本途径。

公务员管理基本途径一：在公务员管理中增加人力投入。换句话说，使人由纯粹的消费者变成生产者或管理者。人力投入可以增加产出。但是以人

---

① 牛仁亮：《公务员制度：国家公职人员的重新安排》，中国财政经济出版社，1992，第39页。

② 参见孙景奎《企业劳动管理》，山东人民出版社，1984。

力投入的方式开发人力资源，其前提是必须有事可做，不能无目的地投入，还必须有资金保证。其次，还必须考虑管理规模，使人力适度集中在一些工作岗位。从目前我国现实情况看，大量闲置人员与大量待做的事并存，许多公共部门人力分散，存在有人无事做，有事无人做的现象，因此人力投入作为资源开发的途径应根据公共组织状况而定。

公务员管理基本途径二：人员激励。激励，从一般意义上说，就是使系统运动起来，使系统潜在能量发挥出来。从管理学的角度，激励就是激发热情、调动积极性。"主管人员的工作并不是要去操纵人，而是要认识到怎样激励人"①。实践证明，同样一个公共部门或一个公务人员，士气即积极性不同时，工作效率有很大的不同。组织激励水平越高，公务人员积极性越高，组织工作效率也就越高，这既是一般常识，也是科学研究得出的结论。美国哈佛大学威廉·詹姆士一项研究表明，员工在受到充分激励时，可发挥其能力的 80% ~ 90%，而在仅保住饭碗不被开除的低水平激励状态，员工仅发挥其能力的 20% ~ 30%。② 一般而言，政府服务效果与激励水平存在以下关系，服务效率随激励水平迅速上升，但随后就逐渐减缓增长，直到趋近于同一水平。不过公务员的素质越高，激励效果越好。对一个文盲来说，激励极限以其拼体力为限，而素质较高的公共管理者，在积极性高涨时可以创造性开展工作，其效率增长无可估量。

公务员管理基本途径三：通过教育、培训促进人力发展。"一般来说，雇员受训练的程度越高，经验越丰富，生产率的水平就越高，因此，雇员的开发是一种合理的长期决策。"③ 早在 1960 年代，美国经济学家西奥多·W. 舒尔茨就根据美国奖金增长因素分析提出了人力投资理论。根据计算，美国 1950 ~ 1957 年物质投资增加 4.5 倍，产生的利润为 3.5 倍，教育投资增加 8.5 倍，产生的利润达 17.5 倍，可见人力投资效率高于物质方面投资。④ 从微观角度看，公共组织应当重视公务员的培训，舍得智力投资，有了高素质的公共管理人员，就有了立足和发展的基础。

公务员管理基本途径四：人才素质评价和业绩考核。"公共部门的组织尤其要日益关心其人力资源的潜在能力"⑤，一方面，绩效考核可以作为人

---

① 哈罗德·孔茨、海因茨·韦里克：《管理学》，经济科学出版社，1993，第464页。
② 参见马洪《国外企业管理的比较研究》，中国社会科学出版社，1990。
③ 杰伊·M. 谢夫利兹：《政府人事管理》，中共中央党校出版社，1997，第56页。
④ 西奥多·W. 舒尔茨：《人力投资》，华夏出版社，1990。
⑤ 杰伊·M. 谢夫利兹：《政府人事管理》，中共中央党校出版社，1997，第74页。

事决策基础、人事研究标准、预测因素、确定训练计划目标、促进组织诊断和发展等[①]。另一方面"绩效评价作为一种手段不光用来决定晋升，也决定提薪、减薪、降级和解雇"。[②] 为了合理地使用人才，使之做到人尽其才，才尽其用，就必须对公务员的素质和业绩做出公正合理的评价和考核，公务员素质的高低是由多方面的能力和因素综合地反映出来的，因此，公务员素质评价问题也是一个多指标综合评价问题。关于多指标综合评价已有许多方法，但大多数都存在着人为的定性因素问题，这往往导致评价结果缺乏公正性。所以，应构造一种新的评价方法，以避免人为评价的不公正性。

（三）公务员资源配置的基本原理

公共组织要实现有效的公务员资源配置，除掌握公共人力资源的目标、任务等基本理论外，还应分析和运用以下基本原理[③]。

原理一：能位匹配。能位匹配原理是根据公务员的政治素质和业务能力，把公务员安排到公共组织的相应职位上，保证公共管理工作岗位的要求与公务员的实际能力相一致。"能"是指人的才能，"位"是指工作岗位、职位。公务员才能的发挥和提高、工作成果和效率与人员使用上的"能位适合度"成函数关系。"能位适合度"是公务员的"能"与所在其"位"的配合程度。能位适合度越高说明能位匹配越适当，位得其人，人适其位。这不但会带来工作效率，还会促进公务员能力的提高和发展。

原理二：同素异构。同素异构原理一般是指是物的成分因在空间关系（排列次序和结构形式）上的变化而引起不同结果，发生质的变化。在公共事务管理中，公共组织成员的组合上，同样数量和素质的一群人，由于排列组合不同产生不同的效应；在公共服务过程中，同样人数和素质的公务人员，因组合方式不同，其服务效率高低也不同。在公共组织工作中表现为同样数量的公共管理人员因组合方式不同，其服务效果也就存在差异性。

原理三：协调优化。协调优化原理是充分发挥每个公务员的特长，采用协调与优化的方法，扬长避短，发挥团队精神，集聚团体的优势，组合成最佳的结构，更好地发挥集体力量，实现个体不能达到的目标。所谓协调，就是要保证群体结构与工作目标协调，与组织总任务协调，与内外部环境相协调，领导与被领导者协调及成员之间的协调；所谓优化，就是在公共事务管

① 韦恩·卡西欧：《人事心理学》，中国人民大学出版社，1991，第 78 页。
② 尼古拉斯·亨利：《公共行政与公共事务》，华夏出版社，2002，第 247 页。
③ 安鸿章：《现代企业人力资源管理》，中国劳动出版社，1995，第 8 页。

理中，要经过比较、分析、选择最优结合方式，以满足社会公众需要。

原理四：合理流动。合理流动原理是指在动态中用好人、管理好，充分利用和开发人的潜能和聪明才智。社会一切事物和现象都是处在变动当中的，公务员也处在变动当中，有上有下，有升有降，有进有出，不断调整，合理流动，才能充分发挥每个成员的潜力、优势和长处，使公共组织能科学合理地用人，降低用人风险，提高公务员公共服务效率，使社会、公共组织和个人都得益。

原理五：双赢竞赛。相互竞赛原理是指采用比赛、竞争的手段，调动公务员的积极性、主动性和创造性。在公共组织中，为了促进组织更好地为社会服务，应当提倡组织成员间相互比赛，相互竞争。造成真正广泛地、大规模地竞争，把大多数人员吸引到这一舞台上，让他们大显身手，施展本领，发挥才能。公共组织应创造各种条件，贯彻"效率优先、平等竞争"的原则，鼓励公务员在服务质量、行政管理等方面相互比赛、相互竞争、实现双赢。使公务员的才能得到充分开发和利用。

原理六：奖惩激励。奖惩激励原理是指通过奖励和惩罚，使公务员明辨是非，对公务员的工作行为实现有效激励。对公务员要有奖有惩、赏罚分明，才能保证各项制度的贯彻实施，才能使每个成员自觉遵守劳动纪律，严守岗位，各司其职，各尽其力。达到鼓励先进、鞭策后进、带动中间，实现公共组织的各项工作目标的目的。同时，通过奖惩激励可以把公共组织所需要人才吸引进来，提高组织凝聚力，形成良好集体观念和社会的影响。

原理七：监督制约。公共管理部门及其工作人员中的各种腐败现象的本质，说到底是拿人民赋予的权力去进行交易。不受制约的权力会形成绝对的权力，而绝对的权力必然导致腐败。因此，在公务员管理中，要强化对公务员的监督和制约，建立结构合理、配置科学、程序严密、制约有效的权力运行机制，从而保证公务员正确行使权力，清除官僚主义，提高工作效率，清除腐败，树立公仆形象，保证把人民赋予的权力真正用来为人民谋利益。

原理八：系统运行。公共组织是一个复杂的公共管理系统，公务员管理是一项系统工程。在公务员管理规划、决策实现运行的系统管理中要努力体现以下内容：公务员管理目标的系统化，保证社会综合效益整体最优，并形成互联互用的目标网络体系；公务员管理过程的完整化，根据公务员管理的本质要求，将公务员管理贯穿在计划、组织、职能、效率、决策、执行、监督、控制的一系列环节之中；公务员管理的全员化，"将公众纳入公共行政之中"①，发动更多力量参与到公务员管理目标制定、决策、实施、反馈过程中来；公务员管理的科学化，在公务员管理中广泛采用现代管理技术和沟通手段，如目标管理、TQC 管理，电子技术、听证会等。

（四）公务员管理的运行机制

公务员管理的运行机制是公务员整体效能发挥的推动力，它是整个公务员制度正常运转的发动机。公务员运行机制贯穿于公务员管理活动的全过程，它以"进口"管理开始直至"出口"管理。② 《国家公务员暂行条例》对各个环节都做了明确而具体的规定。

1. 公务员"进口"管理机制

公务员"进口"管理是指对进入公务员队伍，获得公务员身份的过程的管理。这一过程通过制定法律和规章依法进行管理的制度称为公务员"进口"管理制度。我国公务员"进口"管理制度主要包括：其一，职位分类制度。就是将公务员职位按其工作性质、责任轻重、难易程度、所需资格条件等四个因素，划分为不同类别和等级，为公务员考试录用、考核、奖惩、晋升、培训、调转及其工资待遇等各项人事管理提供依据。职位分类是公务员制度中的一项重要制度。我国主要划分为综合管理类、专业技术类和行政执法等类别。其二，考试录用制度。是国家机关为补充担任主任科员以下非领导职务的公务员，按法定条件和程序，采用考试和考核方法，将不具备公务员身份的人员录用为公务员的一种人事管理制度。其三，调入制度。作为调任的一种形式，是根据国家机关工作需要和职位空缺，按法定条件和程序，把国家机关以外工作人员调入国家机关担任领导职务或助理调研员以上非领导职务的一种制度。其四，聘任制度。机关根据工作需要，对专业性较强的职权和辅助性职位实行聘任制。

2. 公务员"在职"管理机制

公务员"在职"管理，是指从获得公务员身份后，一直到失去公务员身份的整个过程的管理。主要包括以下几种类型：①考核机制。为促进公务员积极工作，遵章守纪，提高行政效率，并为公务员的奖惩、培训、晋升等提供依据。主要有晋升考核和年度考核两种。②奖惩机制。是公务员奖励制度和公务员惩戒制度的合称，据国家机关对工作中表现突出，有显著成绩和

---

① 戴维·H. 罗森布鲁姆/罗伯特·S. 克拉夫丘克：《公共行政学：管理、政治和法律的途径》，中国人民大学出版社，2002，第 507 页。

② 李和中：《比较公务员制度》，中共中央党校出版社，2003，第 324 页。

贡献的，以及有其他突出事迹的公务员，给予奖励；对违反纪律、尚未构成犯罪者给予行政处分，予以惩戒的一种制度。③职务升降机制。职务升降即职务的晋升和降低。据国家机关按照有关法律、法规需要，提高或降低公务员原有职位与级别的制度。④职务任免机制。指国家机关根据有关法律法规和任职条件，在其任免范围内，通过法定程序，任用或免去公务员担任的某一职务的制度。⑤培训机制。是国家行政机关为了提高公务员的政治和业务素质，根据社会发展及不同职位需要，按有关规定，通过各种形式，对公务员采取的有组织、有计划的教育和训练活动。⑥交流机制。交流是指国家机关根据工作需要或公务员个人愿望，通过调任、转任、轮换、挂职锻炼等形式，将公务员调入或调出机关任职的一种任职制度。⑦回避制度。是为了防止公务员因亲属关系等因素，对公务活动产生不良影响，而对公务人员所任职务、任职地区和执行公务等方面做出的一定限制性的制度。⑧工资、保险和福利制度。国家建立的科学合理的工资、保险、福利制度，以保障公务员生活的基本制度，是实现公务员队伍优化、高效、廉洁的基本保证。⑨监控机制。国家为使公务员清廉公正并有效地推行公务，设立了公务员的监督机构，对公务员的公务行为进行有效控制，实现依法行政。国家对公务员的监控一般包括内部监控和外部监控等。

3. 公务员"出口"管理机制

为促进机关系统内外资源的合理流动，保证公务员队伍充满活力，公务员队伍必须保持有进有出，从而使公务员制度形成正常新陈代谢机制。公务员"出口"渠道，有退休、退职、辞退、辞职、开除等形式，主要有：①辞职、辞退制度。辞职是指根据公务员本人的申请，经任免机关或主管部门批准，辞去所担任职务，解除其与所在单位或部门职务关系的行为，它是公务员享有的一种权利；辞退是指国家机关依法做出的解除公务员全部职务关系的行为。它是机关的一项权利，是优胜劣汰竞争机制的表现形式。②退休制度。指公务员工作达到一定的年龄和工龄，符合法定退休条件，按国家规定办理手续以后，离开工作岗位，并享受应有的退休金和其他待遇的制度。③调出制度。指公务员经原任机关批准，离开国家机关到国家机关之外单位任职。调出后不再保留公务员的身份。

三　我国公务员制度的基本特征

现代资本主义国家公务员制度是适应社会化大生产和现代行政管理的需要，在反对封建制度，实现资产阶级民主过程中所选择实行的一种新型的人事管理制度。它是资本主义生产方式和政党政治发展的必然产物。中国的国家公务员制度是在改革传统干部人事制度基础上，吸取了西方发达国家公务员制度的合理经验，并结合中国社会政治发展的实际状况而创造性地建立起来的，适应了我国社会主义经济建设和各项事业的发展，适应了建立社会主义市场经济体制的需要，是对我国传统的高度集中的干部人事制度的重大改革，标志着我国新型的人事管理制度的建立。

同西方文官制度相比，我国公务员制度有以下特点。

应当看到，世界各国公务员制度各有特色，如英国以品位分类为基础，美国以职位分类为基础。我国公务员制度与世界各国相比有共同的地方。在制度设计中，我们充分吸收和借鉴了国际上的好经验，但同外国公务员制度相比，也具有自己的特点，这些特点主要表现在如下方面。

1. 在基本原则方面，坚持"党管干部"，不搞"政治中立"

"政治中立"是西方公务员制度基本原则，其含义是公务员队伍对各政党保持中立，不参加各政党的竞选、募捐等政治性活动，"公务员不应该有明显的政治倾向，他们应该能够为任何一个具有合法地位的统治者亦即任何一个政党组成的政府服务"。[①] 各政党都不得干预插手文官管理，也无权推荐文官。我们强调公务员制度要按照党的干部路线、方针、政策和政府机关的特点，通过法定程序，以法律、法规形式公之于众，让大家来贯彻执行。党管干部原则是我国人事制度中不可动摇的根本原则。实行公务员制度不是摆脱、削弱或淡化党的领导，而是要加强和改善党的领导。党管干部原则在公务员制度中体现为：党委要领导和搞好干部人事制度改革；通过一定程序把党的路线、方针、政策转化为人事管理法律和法规；推荐并管理政府部门重要干部；加强实施公务员制度的监督；公务员中共产党员必须遵守党的章程等。

2. 在用人标准方面，坚持德才兼备，不回避政治要求

德才兼备用人标准是我党在长期实践中总结出的基本经验，已成为我国人事管理的基石。我国公务员从录用到退休或以其他方式离开公务员队伍的各个管理环节，都贯穿和体现德才兼备、用人唯贤的原则，并重点体现在录用、考核、职务升降、职务任免、交流、培训等具体管理环节中，这种既要有德，又要有才的全面用人标准，是贯穿我国公务员制度的一大特色，与西方国家用人标准有着较大差异。

---

① B. 盖伊·彼得斯：《政府未来的治理模式》，中国人民大学出版社，2001，第5页。

3. 在服务宗旨方面，坚持为人民服务，接受人民监督

我国的公务员队伍不是一个独立的利益集团，这是由我国政权性质、国家机关性质所决定的。公务员既是国家的主人，又是人民的公仆，他们代表人民群众执行国家公务，是人民利益的忠实代表。公务员的义务规定，公务员要"密切联系群众，倾听群众意见，接受群众监督，努力为人民服务"。在公务员考核、晋升中都要考察为人民服务的态度和政绩。而西方国家公务员队伍则是一个独立的利益集团和职业集团，有自己的代表、自己的组织，为他们自己的利益服务。西方公务员队伍本身是白领阶层中的一支重要力量。① 他们对百姓来说是官员，对政府来说是雇员，他们可以通过工会组织同政府谈判，维护自身利益。

4. 在管理体系方面，坚持政治业务相统一，不搞"两官分途"

西方国家实行所谓"两官分途"，强调政务官"政治化"，事务官"职业化"。政务官随政党进退而进退，事务官职务常任，只管推行政令。因而形成封闭的管理体系。我们不搞多党竞争，因而没有政务官与事务官截然分野。我国国家机关中，机关组成人员在产生方式上虽有不同，但所有工作人员不论职位高低，都是人民的公仆，党和国家要求他们，必须既懂政治，又懂业务，他们之间可以根据工作需要互相转任，相互交流，所以构成一个非封闭体系，对于提高公务员队伍素质，提高执政效率起到了积极作用。

第四节　我国公务员制度运行的问题与改革趋势

一　我国公务员制度运行中的新老课题

应该看到，我国推行国家公务员制度取得了明显成效。国家机关的生机活力明显增强，队伍的年轻化、知识化水平有了较大提高，机关的勤政廉政建设得到加强。实践证明，我国公务员制度是符合中国国情、适应社会主义市场经济客观需要、符合社会主义民主政治的发展方向，是一项比较成功的改革。

当然，在肯定成就的同时，还应看到目前我国公务员制度实施尚存在一些问题和局限性：一是在考录中坚持"公开、平等、竞争、择优"原则贯

---

① 《实施国家公务员制度专题讲座》，国家行政学院教务办公室，1994，第39页。

彻尚不彻底；各种限制条件如地域、专业、年龄、性别限制成为用人单位照顾"关系户"的借口；面试过程不公开，导致考录中的"暗箱操作"等现象。二是考核范围过窄；考核缺乏客观公正的标准，仍存在较浓厚的主观色彩；考评等级较少，不利于对业绩做出确切评价，导致"老好人"流弊等。三是在晋升方面，晋升依据主要不是功绩和才能，而是年资，导致一些有才能的公务员外流；受职位分类限制，制约了人才交流；晋升缺乏系统评价，存在浓厚的主观色彩，导致有真才实学者长期难以得到晋升。四是监控制度仍不很完善，监控机制功能还不能充分发挥；对公务员监控以消极防范为主，监控力度不够大，程序尚不规范；公务员违法行为较多，贪污腐败现象较严重等等。

应当看到，以上这些问题的存在与我国所处的生态环境有关。从政治上看，农业社会和工业社会特征并存，二元体制下的政治民主化尚有一段漫长的路要走；政治体制改革存在两难困境，政府（公务员）既是改革的动力，又是改革的对象；法制根基浅，存在大量非规范。从经济上看，我国生产力水平较低，经济实力不足，市场体系不健全，政府执行着超度的管理职能。从文化上看，中国行政文化内在缺陷无法回避，传统封建主义政治文化影响，家长制余风犹在，理性精神的阙如，法治理念的艰难植入和现代契约观念的淡薄等等[①]。这些因素的存在，制约着公务员制度效能的发挥，在迈向现代化、信息化、工业化、城市化的进程中，必须对我国公务员制度进行改革，实现公共行政的科学化、现代化和法制化。

二　国家公务员制度改革趋势前瞻

进一步完善公务员制度对于21世纪中国的发展有着特殊的意义。我们必须认真分析、研究和把握公务员制度改革的趋势，"以建立健全选拔任用和管理监督机制为重点，以科学化、民主化和制度化为目标，改革和完善干部人员制度，健全公务员制度"。努力培养造就一支高素质、专业化的公务员队伍，以满足21世纪中国公共行政发展的要求。

通过引进新公共管理价值理念，形成新的运行机制。[②] 管理主义和公共选择是激励新公共管理的两个清晰的思想来源。管理主义强调职业化管理、明确绩效标准和绩效评估，结果而不是程序的正确性来评估管理水平。强调

---

① 李和中：《比较公务员制度》，中共中央党校出版社，2003，第338页。
② 参见李和中《比较公务员制度》，中共中央党校出版社，2003，第416～419页。

公共服务的针对性而非普遍性。将政策制定与日常管理运行分析。鼓励引进竞争,以选择公共服务的最佳提供者,确保公共利益的最大化。

抛弃传统公务员管理模式,实行以结果为本的管理模式。一是要实现规则为本到结果为本的转变,摒弃公共管理部门长期以来形成的以规则为本的服务文化。二是要实现从过程控制到结果控制的转变,在公务员管理中牢固树立"以结果为本"的绩效意识。

实行公务员制度管理分权化改革,着眼于工作绩效的提高。分权化改革是当代公共管理改革一个重要发展趋势。它涉及公务员管理的权力分散化。公务员管理的分权将以绩效为基础,在这一模式下,管理权威将通过努力而非法定权力赢得自己管理力量。随着公务员管理的分权,政府部门上下级隶属关系结构将转变为契约关系新结构,实现以共识为基础的契约式管理。

建立健全充满活动的公务员管理机制,增强公共组织活力。进一步研究我国公务员制度的三大机制,即竞争激励机制、新陈代谢机制、廉政约束机制。大力推进任用制度改革;实施公务员职务任期制;建立最高任职年龄限制制度;规范公务员竞争上岗,公开选拔制度;对部分操作性、辅助性、技术性、临时性职位实行聘任制;建立领导职务公务员的引咎辞职制度;完善考核制度,净化民主测评环境;全面提高公务员素质,增强公共组织活力。

"改革人力资源管理政策和实践",全面提升公务员队伍素质。应该看到,"各级政府都面临迅速改变的经济和社会制度的巨大挑战。……改革人力资源管理政策和实践可以清除路障,使组织流通命脉通畅。如果我们这样做,我们的公共部门将会处于更好的地位来吸引并留住那些具有获得成功所需精力、才华和献身精神的人"。[1] 经过几十年的发展,人力资源管理理论在原理、方法、措施上已形成一套完整体系。在公务员管理中,必须站在人力资源开发的角度,从现代人力资源管理理论和实践中吸取营养,以人为中心,把人看成"第一资源",注重公务员的潜力开发和创造力的突破,改革传统公共人力资源管理政策,疏通公共组织命脉,选拔、培养和造就一支高素质的公务员队伍、国家管理专家和政务活动家。

吸收国外公务员制度积极成果,提高执政水平。应该看到,在全球化、信息化、民主化浪潮推动下,公务员制度在世界范围迅速发展,其科学成分

---

[1] 马克·G. 波波维奇:《创建高绩效政府组织》,中国人民大学出版社,2002,第134页。

和先进经验是人类文明的共同成果，对于我国完善公务员制度具有重要参考价值，我们应大胆地、有选择地吸收。如公务员录用形式的多样化，有考任、选任、委任、聘任制；公务员考试综合化，情景模拟、测评中心等方法的应用，更具有科学性；公务员培训终身化，通过培训机构和网络运行加以实施；公务员考核的定量化，运用系统学、心理学、数学、社会学、制定考核指标体系进行定量考核；理论和方法的现代化，运用"结构分析"、人员调整使用布局优化链调整公共组织各类人才，从而提高行政管理现代化水平，为社会提供更加高效、优质的公共服务。

第五章
公共行政的政治维护职能

国家的政治维护职能即政府的政治职能。西方国家不同时期的政治维护职能是当时特定历史条件下的产物。它反映了当时统治阶级的意识形态，维护了统治阶级的政治统治。我国的政治维护职能在改革开放前后也发生了很大的变化。在以阶级斗争为纲的年代里，我国的阶级统治职能极为突出。改革开放以来，我国的政治维护职能发生了巨大的历史性转折，更为广义的阶级统治职能终于开始从侧重阶级专政的工具转变为实现政治民主的主要手段。转型时期，在全球化和民主化浪潮的影响下，推进善治与和谐社会的实现，加强民主和法治建设以及加强党的执政能力建设，营造一个行政法治、社会自治以及社会资本、善治良性互动的社会环境，回应市场经济、民主政治对和谐社会的理性要求，已是不可逆转之势。

第一节 政治维护职能的内涵与内容

一 政治维护职能的内涵

国家的政治维护职能即国家的政治职能，其内涵可以简单地理解为国家通过运用强制性权力对社会进行统治和控制的各种政治活动，目的在于预防外来入侵和渗透，镇压被统治阶级的反抗，制止和打击不法分子的各种破坏活动，建立和维护有利于统治阶级的制度和环境，妥善处理统治阶级内部的各种关系。在政治维护职能中，国家机器起着至关重要的作用。法国马克思主义学者阿尔都塞认为，国家机器可以分为两种：镇压性国家机器和意识形态的国家机器。执行政治职能的镇压性国家机器包括：政府、行政机构、军队、警察、法庭和监狱等，这种国家机器是以暴力和强制方式发挥作用的。① 美国政治学家多伊奇则认为，强制国家具有三种主要结构要素：包括军队、警察及其物质附属物、建筑物和装备在内的强制机关；由高层决策者、立法者和职业统治者构成的决策机关，由中层平民管理者和服务者直接实施立法、行政和协调的决策者构成的执行机关。②

追根溯源，亚当·斯密的关于国家提供内外部安全及主持正义的经典性表述仍然是政治维护职能的重要组成部分。亚当·斯密极力推崇市场机制这只"看不见的手"，反对国家干预经济生活。他认为国家的职能只能限于：保卫本国不受他国侵犯；保护社会成员的财产和人身安全不受他人侵犯；建设和维护一些公共工程和公共事业，这些事业对于个人是无利可图的，但对社会却是非常必要的，这些方面是政府发挥作用的领域。近代以来关于西方政治维护职能比较具有代表性的阐述主要有精英主义、多元主义、结构—功能主义等等。

精英主义产生于19世纪末20世纪初，精英主义理论的基本前提是，任何社会都存在着统治者和被统治者两大阶级。统治阶级是极少数，他们垄断着政治权力，履行着所有重大的政治职能。被统治阶级是绝大多数人民群众，他们是统治阶级的工具，不可改变的历史规律是，绝大多数群众始终受极少数统治者的统治。意大利的莫斯卡、帕累托和德国的米切尔斯是早期精英主义政治理论的主要代表，他们都对传统的民主理论提出了批评，认为大多数人的统治的民主只是一种虚构出来的神话，一切政治统治都是少数人对多数人的统治，民主政治也不例外。莫斯卡认为，任何社会都存在着统治阶级和被统治阶级，掌握着政治权力的统治阶级只能是社会中的少数人，而绝大多数人属于被统治阶级，民主政治下仍然是少数人对多数人的统治关系。他说，"在所有社会中——从极不发达的和几乎尚未到达文明开端的社会，到最发达的和最强大的社会——都出现两个人类阶级：一个统治阶级和一个被统治阶级。第一个阶级的人数始终很少，他们履行着所有政治职能，垄断着权力，享受权利所带来的利益。相反，第二个阶级的人数极多，它受第一个阶级的领导和控制，这种领导和控制有时多少有些合法，有时则多少有些跋扈和残暴，至少从表面上来看，第二个阶级为第一个阶级提供物质的生活资料和政治机体存在所必需的基本手段"。③ 帕累托将社会阶级划分为两个

① 阿尔都塞：《意识形态和意识形态的国家机器》，载《列宁和和哲学》，台北，远流出版有限公司，第164页。

② 多伊奇：《国家职能与国家前景》，《国外政治学》1987年第3期。

③ 盖塔诺·莫斯卡：《统治阶级》，麦格劳—希尔出版公司，1939，第50页。

阶层：①下层，非精英阶层；②上层，精英阶层。而精英阶层还可以一分为二：即执政的精英阶层和不执政的精英阶层。① 统治精英是社会的统治阶级，民主制国家也是由少数精英统治的，不存在人民的统治。米切尔斯则在分析现代民主制的政党政治中，提出了著名的"寡头政治铁律论"。他认为现代民主制是靠政党政治来运行的，而政党实际上是由少数领袖人物来领导的，归根到底仍然是少数人统治的寡头政治，而不可能是人民的统治。在精英主义理论解释中，国家的政治维护职能一般通过四个方面表现出来。第一，政治统治具有象征性作用。政治精英一般要利用个人魅力和象征性符合维持对大众的统治。美国学者伊德尔曼认为，在民主制度的领导技术之中，有许多是与"政治的象征性运用"（symbol-uses of politics）相关的。第二，国家的决策权力高度集中。激进的精英理论家认为，在现代西方民主国家中，尽管许多国内问题可以进行公开的政策辩论并由政治影响力来决定，但凡是涉及国防、外交和经济等重大决策问题，决策权都是由核心行政官员即权力精英所垄断的。第三，一些民主精英主义理论认为，民选的政治领袖在政治和政策上具有引导作用。他们认为，党的领袖和最高行政首脑可以通过公开的方式为政治决策划定范围，从而提高政府的代议性质。最后，所有的精英理论家都认为。国家的政治领导具有危机决策功能。当例行的官僚制度的运转无法依赖时，当必须通过命令体制迅速做出决策时，国家权力的核心机构就会立即做出反应。②

而多元主义则认为，国家是一种控制领土和人民的实际组织，它是一个以第三方身份出现的仲裁者，其政治维护职能就是公正地解决各社会团体之间的冲突。罗伯特·达尔是当代多元民主论的最重要的代表。他承袭了美国早期的团体政治分析家阿瑟·本特利、戴维·杜鲁门的多元主义观点，建立了较为完善的多元民主论。达尔认为："一个民主社会可定义为一个社会体系，它不仅具有民主的政治（次）体系，而且还有许多其他直接地或间接地起着民主政治过程作用的次体系。"③ 这里的政治体系指的是国家（政府）系统，民主社会除了国家的政治体系外，还有各种利益团体、社会组织的次体系。民主并不意味着由大多数人在某个政策的制定上能够通过政治体系形成一致的决定，而是各种利益集团、社会组织能够参与决策过程，分享决策

---

① V. 帕累托：《普通社会学纲要》，三联书店，2001，第 298 页。
② 王列：《现代国家的政治职能》，《经济社会政治比较》1995 年第 2 期。
③ 罗伯特·A. 达尔：《现代政治分析》，上海译文出版社，1987，第 24 页。

机会，通过讨价还价而做出决策的稳步的妥协过程。对于达尔来说，有各种各样相对独立的团体的存在，并能有效地参与决策过程，是维持民主政治存在的至关重要的条件。"在'民主多元论'或'多元主义民主'的说法中，'多元论'和'多元论者'这两个术语都指组织的多元论，也就是指在一个国家范围内许多相对自治的（独立的）组织（子系统）的存在。"① 达尔认为，如果没有各种相对自治的团体，唯有政府才是单一的强有力的决策中心的话，就可能造成政府通过等级的政治体制对公民的单向控制。而许多相对独立的自治团体的存在便能减轻或抑制政府的单向控制，从而保证民主政治的真正实施。因而国家的政治维护职能就是要在各种压力团体之间寻求力量的平衡，保证社会各团体和阶级之间的竞争有秩序和公正地进行。

二　政治维护职能的内容

行为主义政治学中的结构—功能学派从功能主义的角度分析了政治维护职能的内容。阿尔蒙德在其《发展中地区的政治》一书中认为，政治系统有七个基本功能：①政治社会化和社会录用；②利益表达；③利益聚集；④政治交流；⑤规则制定；⑥规则实施；⑦规则裁决。② 随后他又和 G. B. 鲍威尔一起在《比较政治学》一书中又将政治系统功能进一步概括为体系功能和过程功能两大部分，前一部分具体包括政治化、政治录用、政治交流，而后一部分包括利益表达、利益综合、决策规则和决策及政府结构及其功能。③ 米歇尔认为，政治系统有四个功能：系统目标的权威性阐述；为达到系统目标对资源的权威性动员；系统的结合；价值与代价的分配。阿普特将政治系统功能分析的重点放在了政府，认为政治系统的功能是：适应能力；目标实现能力；综合能力和目标能力。④ 尽管西方学者从各个角度论证了政治维护职能的内容，但其本质仍是为了维护统治阶级的利益，因而无法从根本上说明国家的政治维护职能的内容。

国内有学者认为，虽然古代政府与现代政府、资本主义国家的政府与社

---

① 罗伯特·A. 达尔：《多元主义民主的困境》，求实出版社，1989，第 5 页。
② 转引自潘世强《结构—功能主义》，载《中国大百科全书·政治学卷》，中国大百科全书出版社，1992，第 171 页。
③ 加布里埃尔·A. 阿尔蒙德等：《比较政治学：体系、过程和政策》第 2 版，曹沛霖等译，上海译文出版社，1987，第 89～329 页。
④ 转引自潘世强《结构—功能主义》，载《中国大百科全书·政治学卷》，中国大百科全书出版社，1992，第 171 页。

会主义国家的政府、发达国家的政府与发展中国家的政府其具体的政府维护职能内涵有很大不同，但就现代国家的政治维护职能内涵而言，大体上主要包括下列内容。[①]

（1）构建和维护有利于统治阶级掌握国家政权的政治、经济、法律和文化的制度和环境。

（2）制定维护统治阶级利益的政治、经济、社会和文化政策。

（3）建立和维护军队、警察、法院、检察院、监狱等暴力机器。对内镇压被统治阶级的反抗，对外侵略或防御外来侵略，维护统治阶级的利益。

（4）建立和维护从中央到地方的政府组织网络结构系统及其必要的附属设施。

（5）以制度和文化等形式，维护政府的权威性和相对稳定性。

（6）保障政府机关及其工作人员的合法权益，包括工作和生活方面的工资福利待遇等。

（7）向社会和公民征收维护政府正常运转所需的赋税、劳役和兵役等。

第二节　西方国家政治维护职能的纵向演变

西方国家的政治维护职能的演变与社会的历史形态、发展历程等紧密相连，这里将西方社会的发展历程分为古希腊罗马时期、现代化早期、现代化中期、后现代化时期，并对个历史形态下西方国家的政治维护职能进行分析研究。

一　古希腊罗马时期

在古希腊城邦国家，就已存在私人领域与公共生活领域、家族领域与政治领域的区别，但是，由于人既被看做是"社会动物"，又被视为"政治动物"，因而其国家和市民社会是复合的，公民政治生活和社会生活是相融合的。在古希腊罗马时期，城邦的本质是公民的自治团体。城邦一般都使用直接民主制，公民通过公民大会等机构，直接参与城邦重大事务的讨论和决策。"对全希腊人来说，城邦就是一种共同生活"，"城邦的宪法是一种'生活的模式'而不是一种法律结构"。正如伯里克所言，"在我们这里，每一个人所关心的，不仅是他自己的事务，而且也关心国家的事务；就是那些最

---

① 施雪华：《政治科学原理》，中山大学出版社，2001，第 187～188 页。

忙于自己事务的人，对于一般政治也是很熟悉的——这是我们的特点：一个不关心政治的人，我们不说他是一个注意自己事务的人，而说他根本没有事务"。① 正是这种城邦政治生活与公民生活紧密融合的状况，"竟使大多数希腊思想家不知区分国家和社会，亦不能想象不同于城邦生活的其他生活样式"。② 对于古希腊人和罗马人而言，对公民社会的国家做出界分是难以理解的。③ 也就是说，在这一时期，国家与市民社会是复合的，公民把"对自己私事的关心同参与公共生活结合起来"了。④ 正如汉娜·阿伦特所说，"他们每天必须超越私有的狭隘家庭领域而升入政治领域，其阻止城邦侵犯公民的私人生活并使每份财产的界线保持其神圣性的指向，也并非是出于对私有财产的尊重，相反却是参与公共事务的需要"。⑤ 而公民的积极民主参与，则有力推动了国家事务的社会化。这样，国家就等"直接同于社会"。⑥

古希腊罗马时期，国家的政治维护职能在整个国家职能结构中占据主导地位，其他职能处于从属的次要的地位，这就使国家习惯用政治统治方法来管理社会、经济、文化等事务；传统国家职能结构中的社会管理、社会服务和社会平衡职能的内部结构分化和内涵扩张很有限，而且国家职能的范围很宽而内容又极为简单，当传统国家的社会管理不适应社会发展要求时，社会通过革命或改良的手段，改变传统国家的阶级属性和政治功能，从而再造政府的职能结构。

二　现代化早期

现代化启动时期，西方学者们开始意识到了西方国家与公民社会发生分离的历史运动。"一方面是政府、政治、集体利益等'公共'领域与作为另一方面的包括个人利益，反映这些利益的社会关系以及基于私人财产、合同等观念产生的私人交易的'私人'领域之间的分离。只有在承认'公众'和'私人'社会生活的范围已明确分开，同时国家的权力也已延伸到能控

---

① 修昔底德：《伯罗奔尼撒战争史》，转引自徐大同《西方政治思想史》，天津教育出版社，2000，第 20～21 页。
② 于海：《西方社会思想史》，复旦大学出版社，1993，第 45～46 页。
③ 查尔斯·泰勒：《市民社会的模式》，转引自邓正来译，〔英〕J. C. 亚历山大编《国家与市民社会》，中央编译出版社，1999，第 16 页。
④ 乔治·霍兰·萨拜因：《政治学说史》（上），盛葵阳等译，商务印书馆，1986，第 34 页。
⑤ 汉娜·阿伦特：《人的条件》，竺乾威译，上海人民出版社，1999，第 22～26 页。
⑥ 贾恩弗兰科·波齐：《近代国家的发展》，沈汉译，商务印书馆，1997，第 96 页。

制社会生活的每一个角落的程度时，法律才能独立于社会而存在。"① 于是近代政治哲学家们开始提出公民社会与政治国家相分离的理念。

洛克第一次将公民社会作为逻辑推演中的一个分析概念来使用，提出了"市民社会先于或外于国家"的理论架构。他的公民社会等同于其政治哲学中从自然状态经过订立契约而形成的政治社会，这是人类发展逻辑中的一个阶段，即有政治的阶段。在《政府论》中，洛克论证了由自然状态到政治社会或公民社会的国家生成过程，即"政治社会起源于自愿结合和人们自由地选择他们的统治者和政府形式的相互协议"。② 洛克已经意识到，社会先于国家，而且决定着国家，"在此一图景中，许多有价值的东西都被视为来自一个前政治或非政治的领域，它们至多是得到政治权力的保护，但绝不受其督导"。③ 洛克虽已意识到社会中的政治领域与非政治领域的区分，但在他的观念中，两者同属于公民社会，因此他并没有明确指出国家与公民社会之间的区别。

与洛克相同，卢梭也认为社会先于国家，并决定国家，他推崇法律至上，以维护平等和自由。卢梭认为，"人类由于社会契约而丧失的，乃是他的天然的自由以及对于他所企图和所能得到的一切东西的无限的权利；而他所获得的，乃是社会的自由以及对于他所享有的一切东西的所有权"。④ 国家权力的合法性根植于社会契约，每个人都有参加决定一切社会事务的权利，并形成"公意"。人民主权创制政府，而"创制政府的行为绝不是一项契约，而是一项法律"，并且政府必须"负责执行法律并维持社会的以及政治的自由"。⑤ 而同时，任何公民都必须忠诚地服从法律，从而建立起公共利益统治着的法治共和国。

孟德斯鸠的思想也为国家和社会相分离的观念奠定了基础。孟德斯鸠的分权主张认为，通过瓦解国家的一体化权力，使之分立和均衡牵制而避免专权，并借此来维护市民社会权利。因此，"尽管孟德斯鸠一如古人仍然是完全根据政治界定社会，但他却为古人十分陌生的关于市民社会和国家相分离的观念奠定了基础。他是通过把社会视为中央权力与一系列根深蒂固的权利

①　沈宗灵：《现代西方法理学》，北京大学出版社，1996，第33页。
②　洛克：《政府论》（下），叶启芳、瞿菊农译，商务印书馆，1993，第63页。
③　查尔斯·泰勒：《市民社会的模式》，邓正来译，〔英〕J.C. 亚历山大编《国家与市民社会》，中央编译出版社，1999，第15页。
④　卢梭：《社会契约论》，何兆武译，商务印书馆，1996，第30页。
⑤　卢梭：《社会契约论》，何兆武译，商务印书馆，1996，第132、76页。

间的均衡状态而完成其使命的"。①

　　相对于洛克、卢梭与孟德斯鸠，黑格尔对政治国家和公民社会做了更为明确的划分。黑格尔在他的《法哲学原理》中，认为公民社会是历史过程的产物，是现代世界的产物，它的出现标志着现代世界的来临。他是西方历史上将政治国家与公民社会进行明确区分的理论先驱。他认为公民社会只是外部的国家，它是独立于国家而使市场运作并保护其成员的必要机构。公民社会是自私而又贪婪的，内部存在着冲突，它独立却不自足，只有凭靠政治秩序——国家才能够解决。公民社会的道德地位比较低，代表的是私人特殊利益，"是各个成员作为独立的单个人的联合"。② 黑格尔把个人与社会、普遍利益与特殊利益统一于伦理性的国家理念之中。认为"国家的力量在于它的普遍的最终目的和个人的特殊利益的统一"，"在国家中，一切系于普遍性和特殊性的统一"。家庭要向公民社会过渡，公民社会要向国家过渡，因为"国家是达到特殊目的和福利的唯一条件"。③ 这样，公民社会就成了家庭和国家之间的差别阶段，并最终归依于国家"具体自由的现实"。④

　　潘恩则将国家与公民社会完全区别开来，他"通过明确区分国家和市民社会，在拓深有关国家行为的早期现代理论方面起了决定性的作用"。⑤潘恩认为，"社会是由我们的欲望所产生的，政府是由我们的邪恶产生的"。⑥ 当一群人来到一个陌生的地方定居下来，与其他人不发生联系，那么这些人所处的状态无疑可以被认为是自然状态。"在这种自然状态下，他们首先想到社会"，处在这种自然状态之下的人民为了生存就必须与他人不断地交往，"单独一个人的力量应付不了他的各种需要，他的心境又不堪永受寂寞，因此他不久就被迫寻求另一个人的帮助与安慰，而对方也有同样的要求"。⑦ 因此在潘恩看来，社会的产生是一种自然发展的结果，是人民从自然状态中寻求和谐和幸福的必然要求。但是人们组成社会之后，由于人性本身的弱点就会被各种邪恶的东西所浸染。这种人性的懈怠使得有必要建立

---

① 查尔斯·泰勒：《市民社会的模式》，邓正来译，〔英〕J. C. 亚历山大编《国家与市民社会》，中央编译出版社，1999，第 17 页。
② 黑格尔：《法哲学原理》，范扬、张启泰译，商务印书馆，1979，第 174 页。
③ 黑格尔：《法哲学原理》，范扬、张启泰译，商务印书馆，1979，第 263 页。
④ 黑格尔：《法哲学原理》，范扬、张启泰译，商务印书馆，1979，第 260 页。
⑤ 约翰·基恩：《市民社会与国家权力型态》，邓正来译，〔英〕J. C. 亚历山大编《国家与市民社会》，中央编译出版社，1999，第 112 页。
⑥ 《潘恩选集》，马清槐等译，商务印书馆，1981，第 3 页。
⑦ 《潘恩选集》，马清槐等译，商务印书馆，1981，第 4 页。

某种形式的统治来克服由于人们德行的缺点所产生的对于社会的危害。因此，基于某些社会无法解决问题的要求便有了成立政府的需要。① 潘恩认为政府的产生是人们的邪恶所致，它"制止我们的恶行，从而消极地增进我们的幸福"。所以在潘恩那里认为社会是自由和谐的保证，共同的需要和利益是构成社会并使之具有凝聚力的原则。而政府是邪恶的产物，成立政府只不过是去管理一些社会所无力涉及的一些事情，正如潘恩所言："社会在各种情况下都是受欢迎的，可是政府呢，即使在最好的情况下，也不过是一种免不了的祸害。在其最坏的情况下就成了不可容忍的祸害。"②

这样的国家与社会的结构关系，决定了现代化运动开展前资本主义国家政治维护职能的结构的基本特征：即国家的政治维护职能极为突出。随着资本主义商品经济的发展，工业资产阶级和无产阶级队伍日益壮大，他们要求分享政府权力，但政治体制尚没有容纳新兴阶级参政力量的程序机制。因此，这一阶段，强化国家的资产阶级统治职能，成为统治阶级维护自己的"合法"统治地位的首要任务。所以，这一阶段西方各国颁布或完善了宪法及其他有关法律，发展了内阁制等政府决策机制，加强了常备军和警察队伍，以国家自身的结构功能完善化来维护阶级统治的社会秩序。③ 而这正是由国家与社会二元化要求决定的。既然经济是公民社会独立的行为领域，国家和政府在这个领域中就不可能有过多的作为，当然更谈不上像后来的国家那样具有较大的社会管理和社会服务职能了。所以，密尔说："在政府现有职能之外的每一增加，都是以更加扩大散布其对人们希望和恐惧心理的影响，都是以使政治活跃而富于进取性的一部分公众愈来愈变成政府的依存者。"这就是国家与社会的二元化结构对国家职能的一种限制。

三　现代化中期

19 世纪末 20 世纪初，西方各国都相继完成了由自由资本主义向垄断资本主义的转变。社会财富日益集中到少数垄断寡头的手里，而广大劳动人民的生活却没有得到相应的改善。于是，工人阶级的反抗斗争不断地涌起。与此同时，垄断资本由国内垄断向国际垄断的发展，列强之间争夺原料产地、商品销售市场的竞争也在不断加剧并最终导致了"一战"的爆发。随着国

---

① 浦兴祖：《西方政治学说史》，复旦大学出版社，1999，第 292 页。
② 《潘恩选集》，马清槐等译，商务印书馆，1981，第 3 页。
③ 施雪华：《政府权能理论》，浙江人民出版社，1998，第 230 页。

内外形式的发展变化，使以往的"自由放任主义"信条逐渐失去了吸引力。为了适应日趋激烈的国际竞争，调节和缓和国内尖锐的社会矛盾和阶级冲突，资产阶级开始重视发挥国家的作用。

罗尔斯的《正义论》被人认为是"第二次世界大战后在美国出现的最重要的政治哲学著作"。罗尔斯提出的正义概念，将洛克、卢梭、康德等人的社会契约论加以概括，并提到了一个更高的抽象水平。罗尔斯强调正义是至高无上的，它是"社会制度的首要美德，正如真理是思想体系的首要美德一样。不管一个理论怎样精制或简洁，如果它不是真的，那就必须抛弃它或修正它；同样，不管法律和制度怎样有效而巧妙地设计，如果它不是正义的，就必须改革或废除"。[①] 罗尔斯把正义作为最高政治和道德标准，因而其理论出发点与功利主义很不相同。他强调"每个人都有一种基于正义的不可侵犯性，即使作为整体的全社会利益也不能小视之"。[②] 罗尔斯在"社会契约论"的基础上阐述了正义原则，把社会看作人们自给自足的联合体，人们在相互关系中认识到某些具有制约性的行为准则，并且依据这些准则来行动。这些准则的目的是促进参与其中的人们的利益，而社会的特征是，既有利益冲突的一面，又有利益一致的方面。"之所以有利益的一致，是因为社会合作有可能使共同生活比单独生活更好；而之所以有利益的冲突，则是因为人们对于他们合作所产生的较多的利益不是无动于衷。为了达到各自的目的，每个人都要求多多益善。"因此，需要一系列原则来确定社会组织的分配。"这些就是社会正义的原则：它们提供了在社会的基本制度中分配权利和责任的一种方式，并规定了社会合作的利益和负担的合理分配。"[③] 在原始协议的基础上罗尔斯反复论证了以下两条基本的正义原则："第一，每个人都具有这样一种平等权利，即与其他人一样拥有相同的最广泛的基本自由；第二，社会和经济的不平等是这样安排的：（1）合理地指望它们对每个人都有利；（2）加上地位和官职对所有人开放。"[④] 罗尔斯的正义理论内容非常丰富，很难在此——阐述。罗尔斯的正义理论无疑为福利国家的建立提供了坚固的理论基础。

新自由主义的先驱格林最先提出了以道德为基础的"积极自由"理论，强烈主张抛弃自由放任主义政策，实行对国家经济生活和社会生活的全面干

---

① J. Rawls, *A Theory of Justice*, Harvard University Press, 1971, pp. 30 – 32.

② J. Rawls, *A Theory of Justice*, Harvard University Press, 1971, p. 3.

③ J. Rawls, *A Theory of Justice*, Harvard University Press, 1971, p. 4.

④ J. Rawls, *A Theory of Justice*, Harvard University Press, 1971, p. 60.

预。格林政治思想的核心是国家干预理论。他承袭了卢梭国家学说中的公意思想，明确提出："国家的基础是意志，不是武力"。① 格林所谓的意志就是指公共意志、道德意志。国家为每个个人实现道德善创造必要的条件，为全体成员的共同善提供保证；因此，国家就是公共意志的体现，就是道德意志的体现；国家的作用不再是消极的和被动的，而是积极的和主动的。国家的权力增强了，干预的范围扩大了；国家不仅要干预经济生活，在经济领域发挥更多的作用；而且要干预社会生活，促进道德善的发展。英国政治思想家博赞克特认为，国家与社会有极大的相似之处，社会的影响和国家的权力本质上无差异，然而，他又指出："社会与国家之间的相对差别是固定和永恒的"，"社会始终具有严酷的和消极的一面，因为在社会中法律本身总要表现为一种强制，尽管可以用一种不断取得胜利的活力成功地掩饰它，而且似乎可以取代它"。② 博赞克特将国家概括为："国家是人类精神的形形色色的化身，是历经历史的磨难和失败后在各自领土上形成的集团。每个国家都是一个伦理的国际大家庭的成员"，"国家的特点在于，每个国家都有其独特的使命或作用，借以对人类生活作出具有特色的贡献"。③与众多的新自由主义者一样，博赞克特强调，为了实现社会的共同的善，国家必须发挥积极的作用。国家活动的独特性就在于，它容许了为了最终的积极目的而采取种种积极的行动和干预。国家的作用是"排除障碍"，即破坏不利于实现国家目的的各种条件。甚至可以使用暴力来制止妨碍共同利益的行为。

这一时期国家与社会处于势均力敌的二元化平衡状态，政府与公民之间的二元分立结构关系也得到了巩固。此时国家能呈现不断扩张的趋势：国家的政治维护和社会管理职能迅速膨胀，国家与社会、政府与公民的二元化结构导致这两组关系之间矛盾冲突的加剧，政府的社会平衡职能极为繁重。

在国家与社会的二元化结构下，社会保持有限自治，相对于国家，公民社会处于守势，而国家随时可以以社会事务管理职能的扩张来侵蚀公民社会的自治领域，事实上也正是如此。在现代化的借口下，国家职能不断侵蚀公民社会的经济社会生活领域。而政府与公民的二元化结构，使公民没有真正

---

① Groly, *The Future of American Life*, Dardon, New York, 1963, p. 139.
② 〔英〕鲍桑葵:《关于国家的哲学理念》，汪淑钧译，商务印书馆，1995，第42页。
③ 〔英〕鲍桑葵:《关于国家的哲学理念》，汪淑钧译，商务印书馆，1995，第29、30页。

有力和有效的措施来改变政府执行的有利于大资产阶级的社会资源分配政策。这样，公民只有诉诸暴力，推翻现有的政府机器，才能彻底改变不公正的社会资源分配状况。在当时的情况下，软弱的代议民主制政府确实面临来自左右两个方面的威胁：一是无产阶级通过暴力斗争夺取资产阶级政权；二是法西斯主义分子通过政变等手段实行法西斯独裁统治。阶级斗争主要是围绕社会资源的分配方式和份额进行的，也即围绕阶级利益进行的。对于资产阶级政府来说，如何既维护阶级统治又能平衡社会阶级矛盾，在当时是极为棘手的一个问题。因为这一问题解决得好坏直接影响到国家其他职能的政治取向。在靠资产阶级自身无法通过体制和程序的手段解决政治维护职能与社会平衡职能之间的矛盾时，只有采用上述两种极端的手段了。然而，在无产阶级革命和法西斯专政之间，大资产阶级更害怕前者，因此，他们选择了法西斯专政。当然，法西斯专政毕竟是一种反民主、反国家的极权统治，因此它既不可能真正解决国家与社会、政府与公民的矛盾冲突，也不可能实现社会资源的公平分配，倒是加剧了社会矛盾，所以它最后还是被世界各国人民以反法西斯的手段制服了。① "二战"结束以后，西方发达国家的政府重新反思其走过的现代化道路，总结了爆发无产阶级革命和法西斯独裁统治的教训：如果再不主动改革国家和社会、政府与公民的结构关系，再不改革政府职能结构的话，西方代议制民主政府将无法长期存在，西方社会将不可能长治久安。

四　后现代化时期

"二战"后，随着全球化进程加快、信息技术的高速发展，使得西方各国的政治、经济和文化都发生了重大变化，即在政治上，国家权力向行政部门的集中，动摇了三权分立、地方自治等传统体制和观念；大利益集团的政治影响力显著增强，普通民众被排斥在政治决策的过程之外；专家治国倾向使公民知情权、参政权受阻。② 在经济上，凯恩斯主义的国家干预政策受挫，福利国家也因财政等原因而陷入危机，因而西方国家开始进入"行政改革"时代。而在思想文化上，出现多元文化价值观的张力、撕裂和迷茫。道德共识让位于道德相对主义，也缺乏一种政治哲学来证明社会优先和分配常规原则的合理性③，甚至引发了以否定性、非中心化、破碎性、反正统

① 施雪华：《政府权能理论》，浙江人民出版社，1998，第235～236页。
② 马长山：《国家、市民社会与法治》，商务印书馆，2002，第183页。
③ 丹尼尔·贝尔：《资本主义文化矛盾》，三联书店，1989，第71页。

性、不确定性、非连续性、多元性等为特征的后现代思潮，形成了对西方文化的重大冲击。① 这些变化必然导致政治国家政治职能产生重大变化，使二者之间的关系不再是自由资本主义时期政治国家与公民社会简单的对抗状态，而形成了国家社会化与社会国家化的互动关系。

西方社会传统的个人本位原则受到团体本位观的冲击，社群主义、法团主义、第三条道路等思潮日益张扬。这也充分说明西方世界对公民社会与政治国家之间"对抗"关系的解析与重构。自由主义与社群主义作为西方政治哲学的两大主流，呈现出明显的对立与互补之势，其核心是重新思考国家行动的形式和界限与市民社会的形式与界限，通过"双重民主化"来划分国家和市民社会，并促进其互相依赖着进行转型，以期协调自由和平等、个人/群体与国家、私域与公域、个性与共性、普遍与特殊等等的对立冲突。② 总体而言，社群主义与自由主义的分歧在于两个基本方面，"从方法论上说，自由主义的出发点是自我和个人，个人成为分析和观察一切社会政治问题的基本视角。所以自由主义的方法论是个人主义或'原子主义'（Atomism）。社群主义的出发点则是社群，各种各样的群体而不是个人成为分析和解释的核心范式，社群主义的方法论从根本上说是集体主义，它把社会历史事件和政治经济制度的原始动因最终归结为诸如家庭、社区、阶级、国家、民族、团体等社群。从价值观方面看，自由主义强调个人的权利，最重要的是个人的自由权利，个人的自由选择以及保证这种自由选择在公正的环境中实现是自由主义的根本价值，它认为一旦个人能够充分自由地实现其个人的价值，那么个人所在的群体的价值和公共的利益也就随之而自动实现。社群主义强调普遍的善和公共的利益，认为个人的自由选择能力以及建立在此基础上的各种个人权利都离不开个人所在的社群"。③ 这可以说是对自由主义与社群主义特征争论的基本理解，但社群主义理论还有其更为深刻的意蕴。社群主义认为，自由主义发展所促成的集体主义价值观的衰退已经到了必须加以纠正的地步。过分的自由导致了社会分裂，就如泰勒指出的，"一个分裂的社会就是其成员愈来愈难以与他们生活于其中的政治社会相认同。这种认同的缺乏反映了原子主义的观点，根据这种观点，人们总是纯工具性地看社会。而且这也有助于巩固原子主义，因为有效的共同行动的缺少

① 道格拉斯·凯尔纳：《后现代理论——批判性的质疑》，中央编译出版社，1999，第329~338页。
② 马长山：《国家、市民社会与法治》，商务印书馆，2002，第109页。
③ 俞可平：《社群主义》，中国社会科学出版社，1998，第3~4页。

把人们推回到他们自身"。① 针对自由主义的价值观，社群主义认为，个人权利既不能离开群体自发的实现，也不会自动导致公共利益的实现。反之，只有公共利益的实现才能使个人利益得到最充分的实现，所以，只有公共利益，而不是个人利益，才是人类最高的价值。社群主义者倡导的公共利益是对个人主义的挑战，它促成了新集体主义的到来。正如詹姆斯·W.西瑟所言，"摩登时代政体的自由基础必须让位于——无论如何必须让位于——现代社会的一种更具有集体主义的基础"。② 这种集体主义的基础要求一种共同体精神，以社会主义的社群主义观而闻名海外的米勒就主张社群成员作为公民应担负着集体共同决策的责任。③

20世纪90年代，超越左与右的第三条道路理论逐渐兴起，对政治国家与公民社会关系也呈现出多元化发展。第三条道路的积极倡导者，英国首相布莱尔指出："'第三条道路'是通向现代社会民主主义的复兴和成功之路。它并不是左派和右派之间的简单妥协，它力图吸取反对派和中—左派的基本价值，把它们运用于社会经济发生了根本变化的世界中，而这样做的目的是摆脱过时的意识形态。"④ 在他看来，"第三条道路"不是简单的中间道路，而是希望摆脱意识形态对立时代所限定的各种选择，超越"左"与"右"的新选择。在政治国家与公民社会的关系上，第三条道路理论强调增进政治国家与公民社会之间的互动合作关系，一方面鼓励公民积极参与政治生活，更多地发挥民间组织的自主性，使其更多地发挥作用，参与政府的有关决策；另一方面，政府应该更加透明、法治、高效、负责，加快民主化，成为公众能够信赖的公共机构。与此同时，第三条道路理论对福利国家重新进行了定位。吉登斯指出，"'第三条道路'政治接受右派对福利国家的某些批评。现在这种依赖于自上而下的福利分配制度，从根本上说是很不民主的。它的主要动机是保护和照顾，但是它没有给个人留下足够的空间。某些类型的福利机构是官僚化的、脱离群众的、没有效率的，而且，福利救济有可能导致违反设计福利制度之初衷的不合理结果。但是，'第三条道路'政治并不把这些问题看成是应删除福利国家的信号，而把它视为重建福利国家

---

① Charles Taylor：*The Ethics of Authenticity*，Cambridge，Massachusetts：Harvard University Press，1991.

② 詹姆斯·W.西瑟：《自由民主与政治学》，上海人民出版社，1998，第135页。

③ 戴维·米勒：《市场、国家与社群》，牛津大学出版社，1992，第250页。

④ 托尼·布莱尔：《第三条道路》，载杨雪冬、薛晓源《"第三条道路"与新的理论》，社会科学文献出版社，2000，第25页。

的理论"。① 他认为，以往的福利观念所涉及的是匮乏、疾病、无知、肮脏等消极的方面，现在应倡导一种"积极的福利"政策。为此，他提出应该用"社会投资国家"取代"福利国家"，把改革重点放在培养个人对自己负责的精神和独立意识上，要发挥社会各种组织和机构的作用，使他们对福利制度有更大的贡献。由此可见，第三条道路政治的指导性原则，就是深化并扩展双向民主，使"政府可以同公民社会中的机构结成伙伴关系，采取共同的行动来推动社会的复兴和发展"。②

后现代化时期国家与社会的关系开始从对立、对抗的二元分立结构向互为渗透的"一体化"意义上的一元包容结构关系过渡，与此相联系的就是政府与公民的关系也从二元分立结构开始走向"一体化"意义上的一元包容结构。这种关系直接制约着西方国家职能结构的转型，西方国家职能不断膨胀的势头得到有效控制，但国家职能总体规模并没有因此而得到缩小。国家职能结构中社会服务和社会平衡职能发展较快，国家的政治维护职能和社会管理职能更为巧妙地隐藏在社会服务和社会平衡职能之后。值得注意的是西方国家跨国政府的职能有所扩大，并有居于主权国家政府职能之上的趋势。③ 如欧洲联盟跨国政府的职能将比原先的欧共体政府的职能更为广泛，它必将对其他具有地缘、历史、文化和种族相近性的跨国组织具有深远的影响。

第三节 我国政治维护职能的发展前瞻

在计划经济时代，我国的政治维护职能表现为以阶级统治职能为主；而在市场化改革进程中，中国政府的政治职能开始发生重心转移，即由侧重于阶级专政的工具转变为实现民主和法治，促进和谐社会构建的主要手段，概括地说，当代中国的政治维护职能主要包括两个方面：一是加强党的执政能力建设，二是加强民主和法治建设，并最终促进和谐社会的构建。下文将对当代中国的政治维护职能做具体的阐释。

一 当前我国政治维护职能重心的转移

在以阶级斗争为纲的年代里，社会主义国家的阶级统治职能极为突出，

---

① 安东尼·吉登斯：《第三条道路——社会民主主义的复兴》，北京大学出版社，2000，第117页。

② 吉登斯：《第三条道路——社会民主主义的复兴》，北京大学出版社，2000，第73页。

③ 乔耀章：《政府理论》，苏州大学出版社，2000，第258页。

专政机关非常庞大，落后的国民经济难以支撑。改革开放以来，随着国家职能重心从阶级斗争向经济建设转移，政府专政机关的结构规模有所收缩。突出表现为军队数量的大幅度裁减和政府机构的大规模精简。如，中国军队削减了 100 万；各级政府机构和人员也大规模精简，国务院所属部委和直属机构 1981 年为 100 个，1993 年则缩减为 59 个（不包括 26 个非常设机构），1991～1993 年间国务院工作人员裁减了 20%。① 虽然国家的政治维护职能有所收缩，但其实际效力并没有减弱。原因在于，改革开放以来政府机构的民主化和政府行为的法制化规范有了长足的进步。如，中国式的代议民主制度——人民代表大会制度日趋完善，其权威性不断提高。这一制度成为公民表达自己的政治主张，控制政府立法、行政和司法行为的有效形式。我国政府立法、行政和司法机关与公民的关系，政府内部各部门的关系，都进一步法制化和程序化。政府虽精简了工作人员，但由于实行了国家公务员制度，政府工作人员的素质有所提高。这些都保证了政府工作效率的提高，从而实质上强化了新形势下社会主义国家的政治维护职能。国家职能的这种转变是一个巨大的历史性转折：更为广义的政治维护职能终于开始从侧重阶级专政的工具转变为实现政治民主的主要手段。这是剥削阶级消亡后，政治维护职能内涵的重心位移。

党的"十六大"为深化我国政治维护职能转变勾画了蓝图。江泽民在《全面建设小康社会，开创中国特色社会主义事业新局面》的报告中指出，要"进一步转变政府职能，改进管理方式，推行电子政务，提高行政效率，降低行政成本，形成行为规范、运转协调、公正透明、廉洁高效的行政管理体制。依法规定中央和地方的职能和权限，正确处理中央垂直管理部门和地方政府的关系。按照精简、统一、效能的原则和决策、执行、监督和协调的要求，继续推进政府机构改革，优化人员结构，实现机构和编制的法制化，切实解决层次过多、职能交叉、机构臃肿、权责脱节和多重多头执法等问题。按照政事分开原则，改革事业单位管理体制"。② 2003 年 3 月 10 日，十届全国人大一次会议又通过了新一届政府根据"十六大"精神提出了行政管理体制与政府机构改革方案，其中机构改革的指导思想主要内容如下：以邓小平理论和江泽民同志"三个代表"重要思想为指导，按照完善社会主

---

① 浦兴祖：《当代中国行政》，复旦大学出版社，1993，第 417 页。
② 江泽民：《全面建设小康社会，开创有中国特色社会主义事业新局面——在中共十六次全国代表大会上的报告》，人民出版社，2002，第 20 页。

义市场经济体制和推进政治体制改革的要求，坚持政企分开，精简、统一、效能和依法行政的原则，进一步转变政府职能，调整和完善政府机构设置，理顺政府部门职能分工，提高政府管理水平，形成行为规范、运转协调、公正透明、廉洁高效的行政管理体制。这为深化我国的政治维护职能转变提供了方向。

二 当前我国政治维护职能的完善

从某种意义而言，我国的政治维护职能的转移也是全球化和民主化进程推动下产生的必然结果。民主化的理念要求尽可能实现公民社会的自主决策与自主管理，而全球化进程则使民族国家面临的不确定性因素空前增加，常常产生政府无法独自解决问题的困境，处于这一困境中的民族国家政府必然寻求与公民社会的合作治理，全球化和民主化进程为我国政治维护职能转变的发展提供了契机。从1970年代末开始，我国就已经确立了民主化的目标并不断地加快融入全球化的进程，因此，民主化也终将成为我国政治维护职能转变的必然趋势。而政治维护职能转变也是推进善治的必然选择。善治可归结为"公民价值体现"，彰显社会自治的要求和能力。① 善治亦可归结为"以人为本"，即人民为促进幸福的实现而民主决定的东西。② 或换言之，善治实际上是国家权力向社会的回归，是政府与公民对公共生活的合作管理，是政治国家与市民社会的一种新颖关系和二者关系的最佳状态。③ 目前中国的治理结构正在发生着深刻的变革。私人经济部门和第三部门的力量日益发挥壮大，并在经济和社会生活中发挥着越来越大的作用。国家、市场和公民社会、公共部门和私人经济部门及第三部门之间正在形成一种相对独立、分工合作的新型治理结构。在治理结构发生深刻变革的同时，国家的政治维护职能也应发生重要的变化。当然，我国基本的政治维护职能仍包括以下内容。

第一，对敌人的专政。即国家依法打击极少数敌对势力和敌对分子的破坏活动，包括依法打击各种犯罪活动。国家只有运用强制力量约束、控制以

① 迈克尔·巴泽雷：《突破官僚制：政府管理的新愿景》，中国人民大学出版社，2002，第133页。
② 查尔斯·福克斯：《后现代公共行政——话语指向》，中国人民大学出版社，2001，第201页。
③ 俞可平：《治理与善治引论》，转引自俞可平《治理与善治》，社会科学文献出版社，2000，第8页。

至镇压敌对势力和敌对分子的反抗，才能维护人民民主专政国家政权的政治稳定和政治统治，才能保护人民当家做主的地位。第二，维护社会治安和社会秩序。良好、稳定的社会秩序，是维护人民民主专政国家政权的重要的社会环境条件。第三，保护国家、集体、公民的合法权益不受侵犯。国家进行政治统治的根本目的就是为了维护统治阶级的政治和经济利益。保护人民的根本利益不但是人民民主专政国家政权的根本任务，而且直接关系到巩固自己的政治统治。第四，保护、维护人民民主，建设社会主义民主政治。这直接关系到人民当家做主地位的巩固和完善。第五，保卫现代化建设。现代化建设是人民的根本利益所在，也关系到人民民主专政国家政权物质基础的不断巩固。因此，保卫现代化不但是保护人民的根本经济利益，也是巩固保卫人民的政治统治。第六，协调人民内部矛盾和利益关系。统治阶级内部关系协调得好坏，直接关系到阶级统治的稳固。因此，协调好人民内部关系，保持人民内部的安定团结，直接关系到我国国家政权的巩固。而转型时期，在全球化和民主化浪潮的影响下，为了推进我国社会资本的充分发育和善治的实现，我国亟待发展的政治维护职能如下。

（一）加强党的执政能力建设

在马克思主义党的学说文献当中，党的执政能力建设是一个全新的概念和深邃的理论命题，同时也是一个重大的实践课题。这一概念和命题提出的重要意义在于：深化了我们对共产党执政规律的认识。加强党的执政能力建设是党的"十六大"和十六届四中全会上提出的带全局性、根本性的重大课题，其本质内涵在于立足国情实际、从党所处的历史方位和时代要求出发，不断培养提升党在执政实践中的谋略与制胜能力，为民族振兴和人民幸福创造坚实的基础。

"十六大"报告提出，"我们党已经从一个领导人民夺取全国政权而奋斗的党，成为一个领导人民掌握全国政权并长期执政的党，已经从一个受到外部封锁的状态下领导国家建设的党，成为在全面改革开放条件下领导国家建设的党"。我们的党从革命的党转变为执政党，党的地位变了。同时，党的任务也变了。革命年代党的任务是要通过阶级斗争和革命战争，打碎一个旧世界，那时党就要认识阶级斗争和革命战争的规律。执政党的任务是要领导国家走向富强，人民走向富裕，社会进步。我们党从革命党向执政党地位和任务转变后，长期以来，我们都是从总结研究执政党的历史经验，从思想建设、组织建设、作风建设等方面来展开考虑和部署党的建设。党的十三届四中全会以来，江泽民同志从执政的高度加强和改进党的建设，先后提出了增强执政意识、认识共产党的执政规律，在党的"十六大"报告中第一次明确把"加强党的执政能力建设"列为党的建设的重要任务。江泽民同志在党的"十六大"报告中强调指出，按照"三个代表"的要求，全面推进党的建设"新的伟大工程"，必须"加强党的执政能力建设，提高党的领导水平和执政水平。"胡锦涛同志在2004年"七一"讲话中又强调，以加强党的执政能力建设为重点，全面推进党的建设新的伟大工程。加强党的执政能力建设是党的第三代中央领导集体在领导建设中国特色社会主义事业的伟大实践中，在不断探索和深化人类社会发展规律、社会主义建设规律和共产党执政规律认识的基础上，立足于我们党所处的历史方位和时代赋予的历史使命，着眼于中国特色社会主义事业的前进方向，从党和国家长治久安的战略高度，向全党提出的带全局性、根本性的重大时代课题。

在中国共产党的第十六届四中全会上，又全会审议通过了《中共中央关于加强党的执政能力建设的决定》。这个《决定》是在中央政治局常委会直接领导下，充分发扬民主，贯彻群众路线，集中全党智慧而形成的，体现了科学决策、民主决策的要求。《决定》深刻阐述了加强党的执政能力建设的重要性和紧迫性，全面总结了半个多世纪以来党执政的主要经验，明确提出了加强党的执政能力建设的指导思想、总体目标和主要任务，是加强党的执政能力建设的重要纲领。① 这个重要纲领的提出标志着中国共产党对执政规律的认识更加深刻，标志着中国共产党的建设理论从革命党的视角转变为执政党的研究，标志着新世纪的中国共产党人在加强自身建设方面的新觉醒。

十六届四中全会指出，加强党的执政能力建设的总体目标是：通过全党共同努力，使党始终成为立党为公、执政为民的执政党，成为科学执政、民主执政、依法执政的执政党，成为求真务实、开拓创新、勤政高效、清正廉洁的执政党，归根到底成为始终做到"三个代表"、永远保持先进性、经得住各种风浪考验的马克思主义执政党，带领全国各族人民实现国家富强、民族振兴、社会和谐、人民幸福。② 面对新的历史条件下严峻的挑战和崭新的课题，我们党必须不断地进行理论创新，将创新的理论落实到更好地指导实践上来，落实到发展中国的先进生产力、先进文化，实现和维护中国最广大人民的根本利益上来。中共中央总书记胡锦涛同志指出："对其他国家在治国理

---

① 《加强党的执政能力建设的重要纲领》，www. people. com. cn，2004 - 9 - 21。

② 《中共中央关于加强党的执政能力建设的决定》（全文），www. Chinanews. com. cn，2004 - 9 - 21。

政方面的有益做法，我们要研究和借鉴，以开阔眼界，打开思路，更好地从世界政治经济发展的大格局中把握加强党的执政能力建设的规律。"① 从理论与实践的结合上，深入研究和破解这一重大时代课题，具有十分重要的意义。

然而，在我们党的执政能力建设的过程中，还存在种种问题和不足之处，正如十六届四中全会所指出的，"面对新形势新任务，党的领导方式和执政方式、领导体制和工作机制还不完善；一些领导干部和领导班子思想理论水平不高、依法执政能力不强、解决复杂矛盾本领不大，素质和能力同贯彻落实'三个代表'重要思想、全面建设小康社会的要求还不适应；一些党员干部事业心和责任感不强、思想作风不端正、工作作风不扎实、脱离群众等问题比较突出；一些党的基层组织软弱涣散，一些党员不能发挥先锋模范作用；腐败现象在一些地方、部门和单位还比较严重"。② 正是由于这些问题的存在，导致了我国以"信任、规范、公民参与的网络"为成分的社会资本普遍地缺失，并对我们党与公民良好合作关系的建立形成了极大的制约，这与社会主义市场经济的要求相比还有很大的差距。亚里山德罗·波茨和塞森布雷纳认为，有关社会资本的思想萌芽可以追溯到古典社会学家迪尔凯姆和帕森斯的"价值融合"以及"强制性信任"、马克思和恩格斯的"有限度的团结"、齐美尔（Simmel）的"互惠交易"。社会资本这一概念，最早则出现于社会学家格伦·卢里（Glenn. Loury）的一篇题为《收入的种族差异的动力理论》的论文中，而正式提出这个概念的则是法国社会学家皮埃尔·布迪厄（P. Bourdieu）。但是，真正将社会资本概念引入公共政策领域的则是罗伯特·帕特南。帕特南自称和他的一些同仁花了20年时间就社会资本问题对意大利行政区政府进行了调研，而他在这次调研的基础上写成的《使民主运转起来》一书在社会上引起了广泛的关注，帕特南在该书中将社会资本界定为"社会组织的特征，例如信任、规范和网络，它们能够通过推动协调的行动来提高社会的效率"。③ 此外，肯尼斯·纽顿、罗纳笛和纳尼蒂等人也将社会资本看成是从非公开投资活动过程演化而来的网络、规范和社会信任。社会资本对现代经济的有效运行起着重要的作用，同时也是自由主义民主制度保持稳定的必要条件。④ 为了培养和提高我们党的执政

---

① 胡锦涛：《大力加强党的执政能力建设》，www. people. com. cn，2004－9－21。
② 《中共中央关于加强党的执政能力建设的决定》（全文），www. Chinanews. com. cn，2004－9－21。
③ 罗伯特·D. 帕特南：《使民主运转起来》，王列等译，江西人民出版社，2001，第195页。
④ 弗朗西斯·福山：《公民社会与发展》，转引自曹荣湘选编《走出囚徒困境——社会资本与制度分析》，上海三联出版社，2003，第71页。

能力，我们必须采取一些切实可行的措施，提升我国社会资本的存量，为加强我们党的执政能力和民主化建设提供条件。

1. 建立回应行政，在党与公民的良好关系的基础上实现党的执政宗旨

党的执政宗旨，是党执政能力建设的核心问题。党的执政宗旨主要是立党为公，执政为民，是正确认识党与人民群众的关系。十六届四中全会指出，"必须坚持立党为公、执政为民，始终保持党同人民群众的血肉联系。人民群众的拥护和支持是我们党的力量源泉和胜利之本。党只有一心为公，立党才能立得牢；只有一心为民，执政才能执得好"。① 始终坚持党的执政宗旨，既是党永葆先进性和执政资格的根本条件，也是党经受住改革开放和长期执政考验的根本保证。而建立回应行政，在党与公民的良好关系的基础上提升党的执政能力，从而推动"信任"社会资本的发展则有助于实现我们党的执政宗旨。

回应行政的内涵是党和政府必须对公民的要求做出及时的和负责的反应，不得无故拖延或没有下文。同时，党员和政府还应当定期地、主动地向公民征询意见、解释政策和回答问题。对党员道德素养的培育有助于增加党和政府的为民服务理念，促进回应行政的实现。我国市场经济的发展和完善可以增强党员的主体意识、效率意识和效益意识，但市场在培养党员的思想、道德、情操方面显然乏力无助。弗朗西斯·福山说，"正在兴起的商业世界需要一套道德体系，它需要以道德来支持对陈诉和承诺的信赖"。② 因此，在市场经济不断发展的今天，就必须不断培养党员的道德素养，以增强拒腐防变和抵御各种风险的能力。正如十六届四中全会所指出的，必须坚持以马克思列宁主义、毛泽东思想、邓小平理论和"三个代表"重要思想为指导，立足于新的实践和新的发展，着眼于对重大问题的理论思考，解放思想、实事求是、与时俱进，不断开拓马克思主义理论发展的新境界③，使党员能自觉抵制"官本位"心理和西方腐朽文化的侵袭，增强拒腐防变的能力。

另一方面，回应行政也强调党与公民的互治。十六届四中全会指出，要"加强和改进党的基层组织建设，使党的基层组织真正成为贯彻'三个代表'重要思想的组织者、推动者、实践者"。④ 而实现这一目标的最重要的措施是借鉴彼得斯的参与式政府模式的做法，使公民与基层党员共同参与地

---

① 《中共中央关于加强党的执政能力建设的决定》（全文），www. Chinanews. com. cn，2004 - 9 - 21。
② 弗朗西斯·福山：《信任、社会美德与创造经济繁荣》，海南出版社，2001，第154页。
③ 《中共中央关于加强党的执政能力建设的决定》（全文），www. Chinanews. com. cn，2004 - 9 - 21。
④ 《中共中央关于加强党的执政能力建设的决定》（全文），www. Chinanews. com. cn，2004 - 9 - 21。

方治理。① 在公民与基层党员共同参与地方治理的实践过程中所进行的许多制度创新开辟了党与公民合作运用公共权力的途径，例如鼓励社区自治，发展志愿性的自治参与；开展社区论坛；组织网络社区；公民与基层党员共同参与地方公共政策的制定等等。公民与基层党员共同参与地方治理有利于形成一个上下互动的治理过程，并且主要通过合作、协商、伙伴关系、确立认同和共同的目标等方式共同参与地方治理，有利于形成基层党员与公民合作治理的网络。如马奇和奥尔森所言，"在地方，公民正不断通过对话和直接讨论，以不同于以往代表制和官僚机构的决策方式，向政府显示需求，表达不同方面的利益，以求对公共政策产生实际影响力，可以说，这是当代治理的标志"。②

福山将信任界定为"在正式的、诚实和合作行为的共同体内，基于共享规范的期望"。③ 并指出："社会资本是从社会或其特定部分盛行的信任中产生的能力。它可以表现在最小和最基础的社会团体如家庭中，也可以存在于所有最大的团体如国家中，以及其它处于二者之间的团体中，社会资本不同于所有其他形式的人类资本，因为它总是来源于文化决定的信任。"④ 帕特南也认为，信任是社会资本必不可少的组成部分。在意大利公共精神发达的地区，社会信任长期以来一直都是伦理道德的核心组成部分，它维持了经济发展的动力，确保了政府的绩效。建立回应行政可以使我们党全心全意、尽心竭力地为公民谋利益，促进了党与公民之间良好合作关系的建立。当党员自愿地全心全意地为公众服务时，他们在工作中的诚信意识和责任意识就必定会极大地增强。由此，公民对党员的信任感，党员的亲和力和公信力就会自然得到提升，因此也增加了"信任"这种社会资本的存量，使我们党"立党为公、执政为民"的执政宗旨得以实现。

2. 培育壮大我国的第三部门并充分发挥其在实现我国协商民主中的桥梁作用，最终促成我国善治的普遍形成

公民通过信任的第三部门组织来参与政府管理，既便于合作程序的开展，也便于与执政党达成共识，有助于保护公民的合法权益，因此，第三

---

① 梁莹：《重塑政府与公民的良好合作关系——社会资本理论的视域》，《中国行政管理》2004 年第 11 期。

② March, J., and J. Olsen (1995). *Democratic Governance.* New York: free Press. p. 31.

③ 弗兰·汤克斯：《信任、网络与经济》，转引自曹荣湘选编《走出囚徒困境——社会资本与制度分析》，上海三联出版社，2003，第 242 页。

④ 弗朗西斯·福山：《信任、社会美德与创造经济繁荣》，海南出版社，2001，第 30 页。

部门的发展对党的执政能力、执政方式有很大的影响。比如日趋活跃的第三部门利益表达和政治社会诉求多样化倾向，有利于分担政府的社会管理和经济管理职能，不自觉充当了执政党在民间社会中的政治宣传和社会动员角色。其次，活跃的第三部门组织可以对执政党进行有效的监督。第三部门具有与党和政府的权力相互制衡的属性，如有学者指出，"民主在某一国家里的活动是与那个国家里社会结构和社会趋向相关的"。① 而且，现代民主政体的特殊力量就在于"它可以容纳如此众多的利益"②，因此，仅有政治体制的分权制衡是不够的，还必须实现社会分权制衡，尤其是自治性、多元性、社会性、开放性社团组织的大量存在，是抗衡专制、监督权力的一只"独立之眼"。③ 此外，第三部门与执政党的政策体系和政策过程保持着一种互动联系。这种互动联系必将推进执政党的民主化、科学化、法治化进程。

　　第三部门的发展有利于"公民参与的网络"社会资本存量的提升。帕特南详细分析了公民参与在社会资本形成中的作用，并且认为美国公民参与下降的重要原因在于以公民社团形式体现的社会资本比上一代人大大地削弱了。④ 正如社群主义者贝尔所言"当代社会的基本单位不再是群体、行会、部落或城邦，它们都逐渐让位给个人"。⑤ 所以，帕特南认为美国的社会资本下降了，他甚至认为美国的公民心消失了。另一方面，帕特南指出，在一个共同体中，公民参与网络越密，其公民就越有可能进行为了共同利益的合作。他认为：公民参与网络增加了人们在任何单独交易中进行欺骗的潜在成本……培育了强大的互惠规范……促进了交往，促进了有关个人品行的信息之流通。⑥ 而第三部门正是透过资金分配、服务传递、公民教育，促进了公民参与，加速了"公民参与的网络"社会资本的形成和转化。改革开放以来，我国第三部门在数量上已初具规模，且在社会生活中已发挥一定作用，但我国第三部门的生存模式基本属于政府主导的模式。在政府主导模式下，

---

① 米歇尔·克罗齐、〔美〕塞缪尔·P. 亨廷顿、〔日〕绵贯让治：《民主的危机——就民主国家统治能力写给三边委员会的报告》，马殿军等译，求实出版社，1989，第5页。
② 查尔斯·E. 林布隆姆：《政策制定过程》，朱国斌译，华夏出版社，1988，第118页。
③ 托克维尔：《论美国的民主》（上），董果良译，商务印书馆，1991，第217页。
④ 罗伯特·D. 帕特南：《独自打保龄球：美国下降的社会资本》，转引自李惠斌、杨雪冬《社会资本与社会发展》，社会科学文献出版社，2001，第166~172页。
⑤ 丹尼尔·贝尔：《资本主义文化矛盾》，上海三联书店，1989，第65页。
⑥ 罗伯特·D. 帕特南：《使民主运转起来》，王列等译，江西人民出版社，2001，第203~204页。

第三部门仍存在种种问题和不足，例如第三部门人均拥有量不足、公众对第三部门认同度不高、第三部门功能结构不合理以及与第三部门相关的法律、法规不健全等。我国第三部门发育的现状无疑对我国"公民参与的网络"等社会资本存量的提升形成了一定的制约，也无法充分发挥其在建立党与公众的良好合作关系中的桥梁作用，对加强党的执政能力建设产生了很不利的影响。

对于植根于中国社会的共产党，是从中国公民社会的支持中获得其长期执政的合法性的，正如亨廷顿所言："正在实行现代化的国家中存在的问题并不是进行选举，而是创建组织。在许多不是特别现代化的国家中，选举只是对加强分裂势力、并且常常是反动势力的权力有帮助，并摧毁政府机构的结构。"① 改革开放前，中国共产党及其领导的政府对第三部门基本上持否定态度，而且认为"在社会主义的中国不可能产生相对独立的公民社会"。② 我国在改革开放后，开始进行经济体制和政治体制的渐进改革，一个相对独立的公民社会慢慢成长起来，1980 年代后得到了长足的发展。虽然"使民主的政治成为可能的文明风气只有在社团组织的网络里才能得到助长；但维持社团网络的大致均等和分布广泛的能力则必须由民主的国家予以扶植"。③ 因而要充分发挥第三部门在加强党的执政能力建设中的作用，离不开党和政府作用的发挥。党应该听取意见、鼓励第三部门的参与。第三部门的优势在于能贴近基层，有相当的专业技能和创新能力，处理问题客观公正、方式多样、灵活，因此党在处理有关公共事务时，应当充分听取第三部门的意见，尊重它们的建议，鼓励它们积极参与党和政府的开发计划。④ 这对于增强第三部门提供社会服务的责任，扩大它们制定地方发展计划乃至重大公共政策的贡献将大有裨益。

社会资本形态是一个历史和文化的产物，它的作用的发挥受公民社会的成长状况、政治文化传统、现行政治体制的形态等因素的制约。归根到底，它取决于国家与公民社会关系形态的历史和现状。⑤ 因而第三部门也应促进

---

① 塞缪尔·P. 亨廷顿：《变化社会中的政治秩序》，三联书店，1989，第 7 页。
② 俞可平：《中国公民社会的兴起及其对治理的意义》，转引自俞可平《中国公民社会的兴起与治理的变迁》，社会科学文献出版社，2002，第 204 页。
③ 迈克尔·华尔泽：《公民社会的思想——社会重建之路》，《国外社会科学》1994 年第 2 期，第 13 页。
④ 梁莹：《论我国社会资本的发展与党的执政能力建设》，《人文杂志》2005 年第 1 期。
⑤ 约翰·基恩：《市民社会与国家权力形态》，转引自邓正来译《国家与市民社会》，中央编译出版社，2002，第 101~120 页。

党与民众的合作，缓解党与公民的关系，以促进我国协商民主和善治的实现。瓦拉德斯认为，"协商民主是一种具有巨大潜能的民主治理形式，它能够有效回应文化间对话和多元文化社会认知的某些核心问题。它尤其强调对于公共利益的责任、促进政治话语的相互理解、辨别所在政治意愿，以及支持那些重视所有人需求与利益的具有集体约束力的政策"。[1] 国内有学者认为协商民主可以理解成一种理性的决策形式，或者是一种组织形态，或者是一种治理形式。概括起来讲，协商民主是一种治理形式，其中平等、自由的公民在公共协商过程中，提出各种相关理由，说服他人，或者转换自身的偏好，在广泛考虑公共利益的基础上利用公开审议过程的理性指导协商，从而赋予立法和决策以政治合法性。协商民主的实质是以理性为基础、以真理为目标。[2] 协商民主理论的兴起，是为了回应西方社会面临的诸多困难，特别是多元文化社会潜藏的深刻而持久的道德冲突，以及种族文化团体之间认知资源的不平等而造成的多数人难以有效地参与公共决策。协商民主重新强调公民对于公共利益的责任，强调对民意的质的提升，即通过不断地对话和协商，使各方都能了解彼此的立场，扩宽彼此的心胸，进而把私利提升为公利，以弥补代议制民主制度的缺陷。基于协商民主的这种描述，公民社会各部门如利益集团和公民就能通过促进对话或参与社会活动而广泛地参与协商。[3] 而正在兴起的中国第三部门应成为促进我国协商民主和善治实现之津梁。在我国，众多的第三部门组织能迅速把群体利益要求和主张传递给党和政府，也把党和政府的方针政策宣传贯彻给群众，密切党群、政群关系和增强社会凝聚力。通过上述诸方面的努力，第三部门就可以名副其实地成为协调党与公民之间关系的信息交换器、缓冲器和平衡器，它有助于促进"公民参与的网络"社会资本的形成和转化，有助于推动我国协商民主的实现，因此也将必然加快推进我国善治的普遍形成。

（二）加强民主法治建设，促进和谐社会的构建

加强民主和法治建设的目标是要实现政府的民主执政与依法执政相统一。源于古希腊文的民主一词，是由"人民"和"统治"两词合成的，其原意便是人民的统治。民主是与自由和平等紧密联系在一起的，正如西方学

---

[1] Jorge M. Valadez, *Deliberative Democracy, Political Legitimacy, and Self Democracy in Multicultural Socities*, USA Westview Press, 2001, p. 30.

[2] 陈家刚：《协商民主引论》，转引自陈家刚《协商民主》，上海三联出版社，2004，第3页。

[3] 卡罗琳·亨德里克斯：《公民社会与协商民主》，转引自陈家刚《协商民主》，上海三联出版社，2004，第128页。

者所言："民主制度就是尽可能使其人民同时获得更多的自由和最多的平等的政治制度。"① 因为只有能够自由而平等地主宰自身命运和参与公共事务，才能切实成为社会和国家的主人。而作为自由和平等反映的民主也必然要求其自身的法制化，确立现代法治。因为"在理性人为自身所确立的最大的平等协议中，法治原则具有坚实的基础。为了确实拥有并运用这些自由，一个组织良好的社会中的公民一般都要求维持法治"。② 而要使人们的基本生存权利得到保障，使个人自由不受任意侵犯，"民主国家必须以法治为基础"。③ 从历史发展的层面看，民主和法治相伴而生。民主是法治的前提，法治是民主的产物。人类最早的古希腊雅典城邦民主政治就实行严格的法治，无论是平民，还是官吏触犯法律，都要受到惩罚。雅典实行法治还表现在它们以法律形式确立民主政治，通过选举选出自己的议事机关、行政机关、司法机关。在近现代西方民主国家，民主与法治的结合达到了最为完善的状态。它们首先以宪法的形式确认了资产阶级的政权，同时又以完备的基本法律确立了一系列的民主制度和民主运作程序，使公民的权利与自由得到了有效保障。在我国，法律也渗透到了民主政治的各个方面。这就要求进一步健全、扩大民主和推进法治，促进民主与法治的互动发展；具体而言，即加强和完善人民代表大会制度、选举制度、政党制度、社会自治制度等，并以社会多元权利来制约、抗衡国家权力的滥用，最终实现民主法治化和法治民主化。

在民主和法治的主体建设方面，政府应该建立、健全促进和扶助第三部门发展的相关法律法规，促进我国公民社会的健康成长，充分发挥第三部门在政府实现法治过程中的积极作用。善治的基础与其说是在政府或国家，还不如说是在公民或民间社会。从这个意义上说，公民社会是善治的现实基础，没有一个健全和发达的公民社会，就不可能有真正的善治。④ 作为公民社会载体的第三部门也在实现民主和法治发挥着重要的支撑作用，康芒斯就把社团组织看做是"民主和法治的生命线"，而吉尔克和梅特兰则把自愿社团视为"现代法治思想的基础"。⑤ 因此，为实现民主和法治，就必须大力

---

① 李普森：《民主的基本原理》，载《交流》1996 年第 3 期。
② 罗尔斯：《正义论》，上海译文出版社，1991，第 230 页。
③ 米哈利·西麦：《民主化进程和市场》，载猪口孝、纽曼、基恩《变革中的民主》，吉林人民出版社，1999，第 153 页。
④ 俞可平：《治理与善治引论》，俞可平：《治理与善治》，社会科学文献出版社，2000，第 13 页。
⑤ 曼瑟尔·奥尔森：《集体行动的逻辑》，陈郁等译，生活·读书·新知三联书店，1996，第 141、148 页。

培育我国的公民社会，促进我国第三部门的成长。而目前缺乏完善法律体系的保障是我国第三部门发展的一大障碍，也是许多第三部门不得不依附政府机构的重要原因。政府应该看到，第三部门对于实现民主政治、实现基本人权和促进社会发展有着重要的意义。因此，政府应适当放松对公民结社自由的限制，扩大社会团体的活动范围，积极促进公民社会的健康发展，以便更有效地解决日益增长的公共管理中的热点和难点问题，包括经济问题、社会问题以及环境问题等等。毫无疑问，健全和完善第三部门相关的法律法规是维护其合法性、独立性和组织权益的基本要求，但是由于第三部门自身的复杂性及我国现阶段政治体制改革所面临的诸多现实的困扰因素，这将是一项需要多方面努力来推进的艰巨任务。[1] 在建立、健全促进和扶助第三部门发展的相关法律法规的同时，政府还应加强第三部门在民主参与和民主监督中的重要作用，发挥第三部门抵御公权力的滥用和扩张、捍卫和保护私权利的重要堡垒作用，以充分发挥第三部门在实现民主和法治中的积极作用。

再次，在实现民主和法治内容方面，政府还应该加强草根民主的制度化、法治化建设。所谓草根民主或基层民主是指基层民众在自己所在的社区和单位，通过各种组织形式和活动方式，直接参与管理经济、政治、文化和社会生活的活动过程。斯托克认为，"治理意味着参与者最终将形成一个自主的网络。这一自主的网络在某个特定的领域中拥有发号施令的权威，它与政府在特定的领域中进行合作，分担政府的行政管理责任"。[2] 草根民主的发展有利于形成一个上下互动的管理过程，并且主要通过合作、协商、伙伴关系，确立认同和共同的目标等方式实施对公共事务的管理，有利于形成政府基层行政人员与公民合作治理的网络，促进善治的实现。但我国草根民主建设中普遍存在着的法律不完备和法律监督不力的现象，这说明我国当前法治的严重缺失。中国幅员辽阔，经济和社会发展不平衡，社会结构、利益关系、生活方式和价值观念等方面的分化程度不同，农村和城镇之间在各方面的差距都相当大。这就要求各级地方立法机构要根据具体情况，制定相应的配套法律和实施细则，完善草根民主的法律保障。因此，各地各单位要根据政治、经济、文化等方面的实际情况，对基层委员会成员连选连任进行适当的限制；应当引入公共管理的竞争机制，鼓励公开的、合法的竞争和竞选活

---

① 梁莹：《论我国第三部门的成长与社会资本的建构》，《学海》2004 年第 4 期。

② 格里·斯托克：《作为理论的治理：五个论点》，华夏风译，载于《国际社会科学杂志》（中文版）1999 年第 1 期，第 20 页。

动，制定一些具体的法规和制度。例如：政务公开制度，参政议政制度，协商对话制度，民主理财制度，还有村规民约、民主评议干部实施办法等法规性文件。① 通过这些制度使每个公民都能实际参与讨论和决定与他们切身利益直接相关的各种公共事务。这些法规和制度的实施将促进我国草根民主的法治化建设。

最后，在民主和法治的执行和回应的过程中，应加快政府问责制的建设，同时也要增加执行过程的透明性。透明性是善治的基本要素之一，其内涵是指政治信息的公开性；在我国公共管理的实践中，善治的透明性可以通过厉行政府问责制来实现。政府问责制是对政府一切有过失的行为及其后果都必须和能够追究责任的制度。建构政府问责制是基于因公众对政府授权而产生的后果必须承担相应制度责任与道德责任的法理逻辑，是对政府及其官员的行为制度规范和道德规范的必然要求。政府问责制的运行机制是外在的强制机制与对官员内部控制的统一，其建构的思路如下：①通过加强法治、完善监督制约机制以及充分发挥社会多元主体在对追究官员责任中的作用；②把对政府官员责任追究与加强对行政官员的道德教化和行为导引结合起来，使我们的官员自觉地关爱公民，使"公共行政的精神建立在对所有公民的乐善好施的道德基础之上"（弗雷德里克森语）；③建立外部惩罚和奖励机制。巴纳德认为，组织发展的关键在于组织向其成员提供或分配的诱因同个人的贡献之间的平衡。"在所有组织中，最强调的任务是提供适当的诱因以使自己能够存在下去。"② 有效的奖惩机制，即正强化与负强化机制，正是实施政府问责制的关键之一。在政府实施的公共管理活动中厉行问责制，是一个涉及面广、影响深远的关系政府创新的重大历史使命。现代政府责任是对传统政府责任的超越，它已不再是消极的责任，而是积极的责任，不再是简单的责任履行，而是强调积极回应的责任性。③ 因此，建构政府问责制必须要强化政府与其服务公众的宗旨相对应的责任意识和道德意识，并实施以宪政规制为导引的民主行政、依法行政和有效治理，推进政府与公民、政治国家与公民社会的和谐与合作，并使各级政府、政府机构及其官员都能廉洁奉公，恪尽职守，最终促成法治的充分发展。

而从某种意义而言，实现民主和法治的过程就是走向和谐社会的过程。

---

① 梁莹：《社会资本与我国的草根民主》，《天府新论》2004 年第 6 期。
② 切斯特·巴纳德：《经理人员的职能》（中译本），中国社会科学出版社，1997，第 110 页。
③ 黄健荣、梁莹：《建构问责制政府：我国政府创新之路》，《社会科学》2004 年第 9 期。

在党的"十六大"报告中多次出现"和谐"一词：比如，在谈到全面贯彻"三个代表"重要思想时，强调要"努力形成全体人民各尽所能、各得其所而又和谐相处的局面"；在谈到政治建设和政治体制改革时，强调要"巩固和发展民主团结、生动活泼、安定和谐的政治局面"；在谈到维护社会稳定时，强调要"完成改革和发展的繁重任务，必须保持长期和谐稳定的社会环境"；特别是在谈到全面建设小康社会的奋斗目标时，强调要"促进人与自然的和谐"，使"社会更加和谐"，并且指出："综观全局，二十一世纪头二十年，对我国来说，是一个必须紧紧抓住并且可以大有作为的重要战略机遇期。根据十五大提出的到 2010 年、建党一百年和新中国成立一百年的发展目标，我们要在本世纪头二十年，集中力量，全面建设惠及十几亿人口的更高水平的小康社会，使经济更加发展、民主更加健全、科教更加进步、文化更加繁荣、社会更加和谐、人民生活更加殷实。"①

党的十六届四中全会首次提出了"要适应我国社会的深刻变化，把和谐社会建设摆在重要位置"的执政理念。② 2004 年 2 月 19 日，胡锦涛总书记在省部级主要领导干部提高构建社会主义和谐社会能力专题研讨班开班式上发表的重要讲话中，又对社会主义和谐社会的基本特征做了进一步阐述，指出"我们所要建设的社会主义和谐社会，应该是民主法治、公平正义、诚信友爱、充满活力、安定有序、人与自然和谐相处的社会"。这是我们党新一代领导集体对社会主义和谐社会理论思考的新突破。而从民主法治作为和谐社会应有之义的角度来看，民主与法治是和谐社会最根本的指导原则和最重要的运作机制。通过实现政府的民主执政与依法执政，促进我国公民社会的健康成长，加强草根民主的制度化、法治化建设以及加快政府问责制的建设，均有助于促进政府与公民、政治国家与公民社会在善治过程中的良性互动，由此也促进了和谐社会的构建。

改革开放以来，中国在实行法治方面不断迈出新的步伐。首先，从建设社会主义法制国家到建设社会主义法治国家提法的转变，反映出中国政府在实行法治的认识上有了质的飞跃。从新中国成立初期时的法制不健全，到改革开放开始强调健全法制，这本身就是一个认识上的飞跃。1990 年代，中国确立了建设社会主义市场经济的目标后，市场经济的法律保障问题显得日

---

① 江泽民：《全面建设小康社会、开创中国特色社会主义事业新形式——在中国共产党第十六次全国代表大会上的报告》，人民出版社，2002，第 19 页。

② 《中共中央关于加强党的执政能力建设的决定》，《党建研究》2004 年第 10 期，第 9 页。

益突出，最终促成党的第三代领导集体在党的"十五大"上明确提出"建设社会主义法治国家"的目标，从而实现了认识上的更大飞跃。其次，我国的立法工作成绩突出，初步形成了有中国特色的社会主义法律体系。最后，我国的司法体制改革也被提上议事日程，保证司法独立和司法公正成为司法体制改革的主要目标。今后，面对全球政府治理和构建和谐社会的大趋势，我国还必须加快法治建设的进程。我们要深入领会党的"十六大"以及党的十六届四中全会的精神，以提高党的执政能力为宗旨，适应社会主义市场经济发展、社会全面进步和加入世贸组织的新形势，加强立法工作，提高立法质量，到2010年形成有中国特色社会主义法律体系①，营造一个行政法治、社会自治以及政府善治良性互动的社会环境，以回应市场经济、民主政治对和谐社会的理性要求。

---

① 江泽民：《全面建设小康社会、开创中国特色社会主义事业新形式——在中国共产党第十六次全国代表大会上的报告》，人民出版社，2002，第33页。

第六章
公共行政的经济职能

公共行政的经济职能又称政府的经济职能，它是政府职能的一个重要组成部分。概括地说，它是指政府从社会经济生活的宏观角度，履行对国民经济进行全局性的规划、协调、服务、监督的职责和功能，是为了达到一定目的而采取的组织和干预社会经济活动的方式、方法和手段的总称。① 金融专家路易斯·马尔肯认为：在 1980 年代，各国的致命弱点，是不了解政府在经济中的职能。美国学者约翰逊在《政府到底应该干什么?》一书中亦指出：所有政府都干预经济，且有其各自的原因，但问题在于干预到什么程度？目的何在？这个问题一是 20 世纪以来政治上的关键。② 这些结论，不论是对前市场经济国家，还是对后市场经济的中国，都是切中要害的。本章拟从政府经济职能的历史发展入手，探讨前市场经济国家的经济活动历程带给我们的思考与启示，分析政府职能与市场机制的关系，探询确立政府经济职能的前提和现实基础，明确政府管理与企业自主经营的边界，研究中国政府经济职能配置的问题。

第一节　政府经济职能的历史发展

公共行政伴随着国家的产生而产生，随着国家制度的发展而不断变化。在从传统社会向现代社会和后现代社会转变的历史进程中，国家的政府职能也在不断地调整。对其我们可以从四个阶段来分析：一是维护共同利益；二是协调社会矛盾；三是赋税预算伴生；四是经济领域的扩张渗透。

---

① 郭小聪：《政府经济职能与宏观管理》，中山大学出版社，1999，第 10 页。
② 约翰逊：《政府到底该干什么?》，转引自辛向阳《新政府论》，工人出版社，1994，第 37 页。

一 维护共同利益

在私有制和阶级产生之前的氏族制度下，氏族和部落的公共事务是由氏族、部落的长老会、人民大会等公共组织管理、协调的。由于当时生产力水平低、生产关系简单，它们的管理职能也比较单一，主要局限在社会服务和社会管理两大方面。① 如为全体氏族和部落成员、家庭提供共同生产和生活所必要的物质资源和精神资源，保持氏族和部落成员及其家庭的利益，协调氏族和部落成员和家庭在生产和生活中不能遇到的困难和矛盾。但是，随着生产力的发展，出现了产品剩余和交换，并随之出现了私有制，这样原有氏族制度中维护共同利益的机制再也适应不了这种变化了的社会关系，氏族制度也就不得不让位于国家制度。正是从这一角度出发，恩格斯认为："国家是社会在一定发展阶段上的产物。"② 国家的产生③，拓宽了氏族制度共同利益的范围，改变了氏族制度中维护共同利益的机制和方法，运用公共权力维护社会成员的共同利益④成为社会发展的必然。

二 协调社会矛盾

恩格斯曾经指出：国家是"一种表面上凌驾于社会之上的力量，这种力量应当缓和冲突，把冲突保持在'秩序'的范围以内"。⑤ 然而，国家一旦由维护社会共同利益的需要成长为一个独立的政治组织，就会日益同社会相异化，通过获得的排他性的社会事务管理权，迫使被统治阶级服从有利于统治者的制度安排。

由于国家权力的统御者运用公共权力不再是维护全体社会成员的共同利益，而是用来维护统治阶级的利益，这就必然会引发处于非统治地位者的不满和对抗。于是面对国家机器，依靠暴力强制手段，迫使其服从制度安排的

① 施雪华：《政府权能理论》，浙江人民出版社，1998，第 183 页。
② 《马克思恩格斯选集》第 4 卷，人民出版社，1995，第 170 页。
③ 顾准在对希腊史加以深入研究之后，针对城邦制度是从氏族制度演变而来的观点提出了质疑，并指出海外殖民城市是城邦制度的发源之地。参见《顾准文稿》，中国青年出版社，2002，第 461～533 页。在我们看来，无论顾准的这一观点是否具有普适性，但其至少是对原有的国家起源学说的一个重要补充，同时也表明从氏族制度演变出国家制度的论断并不具有普遍性。
④ 当然，我们在这里所做出的论述并非忽视了国家具有维护统治阶级利益的功能。正如经典作家所言："国家……是建筑在公共利益和私人利益之间的矛盾上的。"参见《马克思恩格斯全集》第 1 卷，人民出版社，1956，第 479 页。
⑤ 《马克思恩格斯选集》第 4 卷，人民出版社，1995，第 170 页。

阶级统治职能，成为这一时期政府的核心职能。

需要指出的是，依靠暴力强制手段协调统治阶级与被统治阶级矛盾的根本目的，在于迫使非统治阶级的服从，而不是完全剥夺被统治阶级的利益，否则，统治阶级也就难以生存。因此，在履行统治职能的同时，也一直通过"安抚"、调解等手段，兼顾社会成员的共同利益，以实现统治阶级利益的最大化。

三　赋税预算伴生

为维护统治阶级利益，保证国家强制力的实施，履行以举办和维护社会公共工程建设为中心的社会职能，国家必须建立强大的国家机器，如军队、警察、监狱、法庭和官僚组织等，其运转又要以一定的收入为基础。但是政府本身不生产和提供私人物品，不可能通过交换获得收入来源，因此，政府必须在社会生产力水平较低、社会剩余劳动产品有限的情况下，凭借国家权力无偿地、强制性地将一部分社会产品和国民收入征归己有，通过劳役和兵役保证工程的实施和国家机器的正常运行。这种对国民收入的征收即为税收，由此所形成的花钱计划和内部合理制度就是预算制度。可见，伴随着国家的镇压、调解、防御和公共工程建设职能，必然产生税收和预算职能。

四　经济领域的扩张渗透

国家所处的暴力强制地位，使其对社会公共权力具有自然垄断性，并进而形成扩张之势。社会领域在哪一方面出现矛盾和冲突，公共权力就要在哪里告终。纵观国家发展史，所有国家的政府都随着经济、社会的发展，将其职责和作用力扩展到经济领域。如传统国家的财政职能完全是为了满足国家机器运转的需要，而现代国家才将其扩大到更多的领域：一是实现税收杠杆职能，即通过税种和税率的变化调整投资方向和产业结构；二是实现收入再分配职能；三是实现投资职能，加大公共品投资力度，介入高新技术和竞争性行业。[①]此外，现代国家的政府职能还扩展到产权界定与保护、宏观经济调控、建立社会保障体系、控制外部经济作为、监控市场秩序、提供信息咨询服务等领域。政府职能向经济领域的扩张与渗透是现代国家经济社会发展的必然要求。

---

① 廖进球：《论市场经济中心政府》，中国财政经济出版社，1998，第28、29页。

第二节　前市场经济国家的实践

公认的经济学鼻祖亚当·斯密在震惊世界的经济学巨著《国民财富的性质和原因的研究》（简称《国富论》）中有一段生动的描述："我们每天所需的食品和饮料，不是出自屠户、酿酒家或烙面师的恩惠，而是出于他们自利的打算。"① 他们追求私利，而且诚心诚意地关心经济活动的效用或利益的极大化。这种利己动机的驱动必然促使他们选择资本和劳动最有利的用途，从而实现资源的最佳配置，引致个人财富最大速度的增长。国家财富是由个人财富组成的，因而追求私利的行为也自发带动国家财富的增长。因此，"每个人改善自身境况的一致的、经常的、不断的努力是社会财富、国民财富及私人财富赖以产生的重大原因"。② 这实际上就是著名的"看不见的手"理论的基本内涵。在斯密看来，市场经济是一架功能完善、可以自动调节的机器，即价格机制自动调节商品供求关系，工资机制自动调节劳动供求关系，并能够自行解决经济运行和发展中的各种矛盾，从而达到帕雷托最优状态。为此，他提出政府最好的政策是自由放任，政府职能只是充当维护个人财产和国家安全的"守夜人"，"政府管得越少越好"。国家干预经济只能使劳动从比较有利的用途转到不利的用途上去，年产品的价值不仅不会顺从立法者的意志而增加，相反还会减少，社会的进步受到阻碍。只有经济自由，才能促使年产品价值增值，加速社会发展。斯密的经济主张在19世纪和20世纪初得到广泛传播，以这种思想为指导的经济政策也在世界各主要资本主义国家得以推行。

然而，斯密的"天条"并不能长久，很快就为日益加剧的困扰市场的尖锐矛盾所推翻。自1920年代开始，市场出现了明显的增长与衰退交替出现的周期，但经济并未一下子陷入绝境。每次衰退与萧条出现之后，通过"看不见的手"的作用，经济又重新增长甚至起飞。遗憾的是，增长与衰退交替循环的周期间隔不断缩短，资源浪费现象日趋严重。为此，一些经济学家开始怀疑传统经济理论的前提和出发点，怀疑市场机制的真正价值。直到1929～1933年的大危机，使资本主义国家经济纷纷跌入泥淖不能自拔，凯恩斯革命（Keynesian revolution）大爆发之时，自由放任理论才逐渐偃旗息鼓。

---

① 亚当·斯密：《国民财富的性质和原因的研究》（上卷），商务印书馆，1983，第13页。
② 亚当·斯密：《国民财富的性质和原因的研究》（上卷），商务印书馆，1983，第315页。

凯恩斯（John Maynard Keynes）出于对资本主义救危扶倾的愿望，出版了著名的《就业、利息和货币的一般理论》一书，提出了改变政治家行为的有效需求（effective demand）理论和加强政府干预和减少失业的就业理论。他认为市场经济具有内在的不稳定因素，其自律作用不可能自动实现均衡，保证资源有效配置，实现充分就业。如果政府积极干预经济，主动采取措施刺激需求，那么总需求就能够与总供给保持平衡，实现充分就业。因此，他强调政府必须时时防止祸起萧墙，必要时挺身而出，用行政手段干预经济，实施反经济周期政策，调节经济运行偏差，救民于经济灾难的边缘。受凯恩斯主义的感染，美国总统罗斯福制订并实行了政府调节方案，美国政府就此有了政府干预的传统和基础。其他西方国家也都争相仿效，制定和实施了"充分就业方案"以及其他一系列政府干预经济的法案、政策和措施。凯恩斯政府干预政策，减轻了危机对经济发展的巨大冲击和破坏，避免了1930 年代大危机的重演，使西方资本主义国家经济获得了长达 20 年的高速增长。凯恩斯因此被视为"资本主义的救星"和"战后繁荣之父"。"二战"后至 1970 年代初这段历史被称作"凯恩斯时代"。

不幸的是，自 1970 年代初开始，西方各资本主义国家出现了前所未有的双重社会"瘟疫"：一方面商品供过于求，生产增长率下降，失业率上升，经济陷入停滞之中；另一方面，通货膨胀率上升，货币流通规律不仅使物价居高不下，而且继续猛涨。面对这种经济上的"艾滋病"，凯恩斯主义者陷入了"两难选择"的尴尬境地：根治高失业，须增加通货膨胀，紧缩货币又必然提高失业率。真是左右为难，走投无路。在此情况下，以货币学派、合理预期学派、供应学派、费莱堡学派、哈耶克斯自由主义学派、公共选择学派为核心的新自由主义"市场自发论"者，向"凯恩斯革命"发起了一场声势浩大的"反革命"运动，其中影响最大的货币学派和供应学派。

货币学派认为，通货膨胀的根本原因是货币供应量太大，是货币的供应与国民生产总值的增长不相适应，而货币供应量过多的根源是凯恩斯主义的赤字财政政策。要解决通货膨胀问题，保证经济的均衡运行，必须严格控制货币供应量，使货币供应量的增长与生产的增长相适应。因此，货币学派在政策上主张政府应减少对经济的干预，实行自由经济政策；应根据经济增长率来调整货币增长率，确定货币供应量，为使酒鬼清醒却又不停地让其干杯的做法是极其荒唐的；政府还应精简政府机构，削减开支，降低税收，以刺激经济的发展。货币学派的基调是自由放任，同时辅之以国家干预，而国家干预的主要内容是货币控制，而不是财政政策。

供应学派认为，经济运行的现实状况不是需求小于供给，而是需求大于供给。通货膨胀的原因，是因为政府长期刺激需求，向社会投放过多的货币，而商品供应却相对减少的结果。因此，在政策上主张对凯恩斯主义反其道而行之，由刺激需求转为扩大供给。政府的职能作用是：第一，以减税刺激投资，扩大生产，提供更多的就业机会，"施人钱财，不如给人以工作"。① 第二，减少政府开支。要削减以军事支出和福利支出为重点的政府支出，以平衡预算。第三，减少政府对企业的干预，增强经济活力。可以看出，供应学派的理论学说和政策主张，从本质上说是"穿着现代服装的古典经济学"，是传统的经济自由主义在现代的重演。

1970 年代以来，英国采用货币主义政策②，美国采纳供应学派的理论③，试图以此为契机，摆脱"滞胀"的困境。然而遗憾的是，力主减少政府干预实行自由放任政策的新自由主义"市场自发论"并未能彻底挽救处于"滞胀"境地的资本主义市场经济国家，于是逐渐由新奇转为失望和困惑。如今已很难找到哪个国家公开宣称自己属于哪一学派的了。有人喻之，宏观经济学家的境地就像遇难后的船员，幸存者爬在孤岛上正为各自的前途沮丧、呐喊。

令人惊奇的是，经过七八十年代新自由主义自由放任政策冲击后凯恩斯主义的政府积极干预理论又重新得到了人们的重视。许多国家纷纷重操旧"器"，不断增强政府调控经济、干预经济的能力，使经济在一定时期内得到了较快发展，尤其是日本及亚洲一些新兴工业化国家普遍强化政府干预的成功实践，使许多国家和政府形成一个基本共识：增加政府对经济的干预是解决"滞胀"的根本途径，也是世界性的趋势。

以上可以看出，从斯密的自由放任论到凯恩斯的国家干预论，从新自由主义的"市场自发论"再到国家干预的兴起，大致经历了一个循环往复螺旋式演进的过程。对这一过程我们只做了一个简单的线条式的描述，即令如此，我们仍可以从中获得以下几点启示：其一，单纯的自由放任经济不能实现市场经济的均衡运行，过分强调国家干预又会使经济失去效率和活力。市场经济的运行不能没有国家的干预，也不能没有市场的调节。问题的关键是

---

① 周开年：《政府与企业：角色如何安排》，湖北人民出版社，1994，第 169 页。
② 货币主义学派代表人物费里德曼以"自由选择"为题在美国广播公司将货币主义理论推向电视后，英国很快进行转播，首相撒切尔夫人及其内阁在此后宣布坚决推行货币主义。
③ 里根总统在竞选和执政期间宣称根据供给经济学行事，并选用供给学派的一些代表人物入主白宫决策机关，故供给主义又称"里根经济学"。

如何确立和定位政府与市场的作用程度和范围。而这又恰恰是市场经济国家试图解决而又未能解决的难题。其二，从总体上看，各个理论学派的长期论争，不是以一方的胜利与另一方的失败为终结，而是相互吸收和相互渗透的过程。斯密的自由放任论否定了原始的政府干预论——重商主义，凯恩斯的政府干预主义又否定了斯密的经济自由主义，当代新自由主义的复兴又是对凯恩斯主义的反叛。这一现象看似水火不容，其实相互融通。政府干预主义者并未否认自由主义者市场机制的作用，如凯恩斯只是要求政府采取宏观经济政策，实现总供求平衡，熨平经济波动；经济自由主义者尽管极力宣传市场机制的妙用，但并不完全排斥政府的干预，只是要求政府成为自由经济的保护者和仆人，而不是运作的直接管理者，争论的焦点是角色的主次及干预的方式、手段和范围问题。其三，一个时代有一个时代的理论，一个理论反映了一个时代的特征和要求。西方市场经济理论演化的过程体现了资本主义经济关系在不同历史条件下的发展和变化，透视出了不同发展阶段的矛盾和问题。这本身说明，各种历史结论对现实问题尽管有参考借鉴价值，但不可能完全适合现时代问题的解决，因而绝不能把某一理论视为绝对神通的灵丹妙药顶礼膜拜。从这一点来说，国际社会的理论与实践不可能向我们提供一个具体明确而又满意的中国政府经济职能模式。

第三节　政府职能与市场机制

一　政府与市场的关系

对于政府干预，人们习惯地称为"看得见的手"，而将市场机制视为"看不见的手"。"两只手"之关系一直是一个多世纪以来众多政治学家、经济学家苦苦探索而又成果甚微的课题。从已有的成果来看，人们多是从它的各自缺陷与失灵的角度来揭示它们之间的互补关系。即从市场缺陷角度看政府的作用，从政府失灵看市场的功效。

（一）市场缺陷：政府干预的前提

作为一种资源配置方式，市场经济较之计划经济有明显的优势，但它并不是完美无缺的，而恰恰是由于这种不完美，才构成了政府干预的前提。市场经济的缺陷具体体现在以下六个方面：①无法解决经济的宏观平衡问题。②规模效益显著的行业易产生垄断行为。③单纯的市场调节会导致收入分配中的严重两极分化，并进而影响社会公平和安定。④单纯的市场调节易形成

"蛛网波动"。⑤市场下的自由竞争和利润追逐，易产生外部不经济行为。致使竞争主体只是关心私人成本和个体效益，损害公共利益。⑥市场无法自动地给社会提供公共品和劳务服务，这是市场普遍存在的短视行为所带来的必然结果。由于在下一节中笔者将对以上六点进行详细阐释，故在此不做赘述。

（二）政府干预：防止和纠正市场失灵

在早期的市场经济中，政府的作用是微不足道的，它主要以社会管理者的身份出现，主要充当"守夜人"的角色，市场主体只是生产者和作为消费者的家庭和个人。这时政府的主要作用是保护本国社会的安全，免受强敌的侵入；设立一定的司法机构，保护私人所有权和其他人身权利；建立社会所必需的公共工程和公共设施等。政府没有调节社会经济活动的职能。其原因是：在早期市场经济中，生产的社会化程度低，各经济主体之间相互联系、相互制约的关系尚未形成，客观上不需要公共权力的渗入；同时，早期市场经济中的市场机制运作灵活、作用明显，缺陷尚未显现；此外，由于社会经济发展水平较低，产业结构和产品结构比较简单，企业的外部性也不明显①，因此政府的作用只是局限在社会管理领域，政府与市场的关系也就很容易厘清。

但是，随着市场经济的发展，生产的社会化，专业化程度不断提高，国民经济规模日趋扩大，生产者与生产者之间以及生产者与消费者之间的关系开始复杂化，对此，市场机制的调节能力日显不足，各种经济和社会矛盾逐渐暴露出来。与此同时，市场拓展空间问题、企业的外部性问题、企业垄断问题、公众对公共品的需求问题，等等，也都开始暴露出来，这时，参与经济活动，并要求政府发挥适当作用成为历史的必然。以后在凯恩斯主义理论的影响下，政府的作用范围进一步扩大，干预经济的程度也进一步提高。人们普遍感到，在市场经济中政府与市场的作用同等重要。如果没有政府对市场的干预，现代市场经济是无法有效运转的。

那么，在现代市场经济中，政府应当担当什么角色呢？首先，政府应当是市场秩序的制定者和维护者，要通过设立监督主体，规范和监控市场秩序，降低各种交易成本。其次，政府应当是市场运行规则的仲裁者，以权威性的奖惩手段，保证市场竞争的公平性和有效性。第三，政府应是经济运行过程的调节者，通过微观与宏观调节，保证市场健康运行。第四，政府应是

---

① 参见卫兴华《市场功能与政府功能组合论》，经济科学出版社，1999，第 202～209 页。

市场经济运行过程中的直接参与者，如直接向社会提供公共品，进行公共采购等，但是政府必须与其他主体一样遵守市场规则，而不能恣意妄为。最后，政府应是经济和社会发展的规划者，即为本国经济和社会发展制定长期规划和发展战略，避免和克服市场可能带来的"短视行为"。[1]

二 政府与市场的协调与配合

对于政府与市场关系的协调与配合问题，国内外学者进行了长期不懈的探索。在我国改革开放初期，由于受"计划经济为主，市场调节为辅"理论的影响，人们习惯上将国民经济分为政府管制的计划经济和市场调节的市场经济两大板块，并视其为此消彼长的对立关系。"有计划的商品经济"理论的出现，克服了这一观点的局限性，认为政府的计划调节与市场调节是相互联系、相互渗透的，计划调节需要充分利用市场机制，发挥价格、利率的经济杠杆作用；反过来市场调节领域也需要计划的指导，以保持宏观经济的平衡。该观点大大提高了市场调节的地位与作用，对于改革的深化和市场化进程的推进起到了积极作用。另一个对实践有较大影响的观点是"二次调节论"。该观点认为，市场机制是第一次调节，政府干预是第二次调节，只有在市场机制失效后，政府才能出面干预。这一观点显然存在两个方面的缺陷，一是在市场机制失灵后再进行政府干预的优势，使之发挥导向性、全局性的作用；二是即便市场失灵了，政府的理性和偏好能否进行有效的平衡仍然是未知数。再一种观点是自由市场观，主张实行自由的市场经济，反对政府干预，认为政府作用是消极的，只能将其限制在制定竞争规则和保护产权上，经济运作应完全由市场机制来起作用，该理论脱离了中国国情，也不符合西方国家的现实。最后一个观点是政府主导型的市场经济模式，这一观点认为，政府的作用不能仅限于维持社会秩序和保持经济稳定，更重要的是要推动经济社会的发展，实现经济的持续增长，担当起现代化、市场化的发动者和组织者的责任。这一模式在后现代化国家的转型国家具有积极而又广泛的影响[2]。

以上任何一种关于政府与市场关系的观点，都不是刻意和排斥市场机制和政府作用，关键是两者各处于何种地位以及相互关系如何。如果是市场经济体制，市场机制自然要起主要的和基础性的调节作用。市场机制的实质是

---

[1] 参见卫兴华《市场功能与政府功能组合论》，经济科学出版社，1999，第 12 页。
[2] 参见卫兴华《市场功能与政府功能组合论》，经济科学出版社，1999，第 295、296 页。

权力和责任的分散化，风险独立、经济自主，资源配置和利益调节主要通过市场机制完成。政府的作用在于弥补市场不足，为充分发挥市场机制的作用创造适宜的外部条件。政府的干预不是政府进入市场、参与竞争，更不是政府干预代替市场机制，破坏市场机制。市场机制和政府干预应当处在不同层面和不同领域，各展其长，优势互补。政府既不能以投资者或者"企业主"的身份进入赢利性、竞争性的产业领域，也不应当直接规定竞争性市场的价格，政府只能对市场无能为力或较多负效应的领域承担起干预的责任。

在我国，处理好政府与市场的关系，除了遵循市场经济一般规律外，还必须立足国情，综合权衡国内的经济基础状况、社会文化传统、伦理道路规范、法制完备程度等因素。我国是后市场经济国家，一方面政府干预过多的领域还未完全退出，政企政事不分现象依然存在；另一方面，市场无力承担而必须由政府履行的协调、服务、监督职能，政府还没有完全到位，假冒伪劣、坑蒙拐骗等一系列违反竞争道德的非市场行为肆意猖獗，严重地制约着市场机制的形成与完善，因此，我国政府与市场关系的协调与配合问题，既具有迫切性，又具有特殊性。

还需要指出的是，政府的干预固然可以弥补市场不足，但并不具有必然性。按照公共选择理论、政府管制俘虏理论、生命周期理论和"合谋理论"的观点，政府及其工作人员由于在行使职权过程中所暴露的"经济人"特点和"私欲"的偏好选择，"看得见的手"往往演变成"看不见的脚"，踩住"看不见的手"。"看得见的手"向"看不见的脚"的转化过程，实际上就是政府失败的过程。如果政府是以失败面目出现，政府则需要将职能范围上缩减到最小限度。权力一旦与经济相碰撞，就会给整个社会带来灾难，市场就会是败上加败、雪上加霜。这是目前世界各发达国家重新审视传统官僚体制下的政府职能范围和方式的重要理论和实践依据，也是我们在确立政府与市场关系方面不得不涉及的另一个深层问题。

第四节　确立政府经济职能的前提与现实基础

市场经济仅仅是一种由市场自动配置资源的经济制度，它改变的只是市场与政府之间在资源配置上的位置，也就是资源基础配置的主体由过去的政府转为现在的市场，其优点就是在完全竞争的前提下能够自动地导向社会范围内资源的合理化和给予每个经济主体以经济选择的自由。具体来看有这样几个方面：第一，由于决策在结构上是分散的，众多的商品生产者和消费者能够对供求的变化做出直接的、灵活的、有效的反应，从而使供求之间实现平衡。第二，市场的动力结构是以个人利益和自由竞争为主，因而有利于调动人们的主动性和创造性。第三，市场的信息结构是以价格体系为主要特征的，因而能够使每个参与经济过程者通过价格的变化获取简单、清楚、有效的信息，并能充分有效的加以利用，及时做出决策，从而有利于资源的合理配置。第四，市场经济关系是以等价交换、公平竞争、自由开放为主要特征的，因而有利于打破封闭、保守和狭隘的自然经济的生产方式、生活方式和思想观念等。正是由于这些优越性的存在，市场经济一直成为最富有活力和生命力的运行机制和资源配置方式，适应了 19 世纪以来，尤其是"二战"以来资本主义经济发展的需要。事实表明，这是目前任何一种机制都无法代替的一种主导力量。

但是应当清楚地看到，市场经济不是万能的，它毕竟是一种把外部强制减少至最低限度的一种机制，其自发性和消极性是显而易见的。由于过分宽松、放任与自由，商品生产者和消费者，以及其他社会诸要素在各种利益的关隘上便不可避免地陷入种种冲突之中，完全竞争（perfect competition）成为假设，均衡逐渐失去支撑，从而给市场本身带来许多无法顾及的难题，这些难题自然也就成了市场的局限所在。对此，世界各国学者在经济学文献中，做过大量而详尽的、规范而符合逻辑的阐述。

无法解决经济的宏观平衡问题。单纯的市场调节所能解决的仅仅是微观平衡问题，而对于社会总供求失衡引起的经济衰退和通货膨胀却无能为力。这一点在资本主义国家的实践中已经得到淋漓的展现，在社会主义市场经济条件下，如果没有国家干预，同样会一一重演。因为企业生产者和经营者为了获取尽可能多的利润，并且要在激烈的竞争中站稳脚跟，必然会在企业里采取先进设备，改善经营管理，降低生产成本，以提高生产效率，这种严密的高效率的管理无疑使众多的企业具有高度的自组性。但是在市场条件下，决策结构的分散使企业之间原来意义上的分工合作关系，成为经济利益对立的竞争对手。作为企业的生产者和经营者，他们并不准确知道社会真正的产需状况，他们只能根据自己的私利和对市场的估计来决定和指定企业生产什么、生产多少以及如何进行生产。因此，整个社会生产不可能实现统一的计划管理，必然处于无政府状态之中。长此下去，社会总供求关系就会失去平衡，并进而导致经济危机的爆发和通货膨胀的"猖獗"。

规模效益显著的行业会产生垄断行为。市场经济的要求是公正平等的完全竞争，但由于受买卖者比例失调、价格传导机制受阻以及市场信息不完备等因素的制约，这种要求也就成了海市蜃楼，而出现在我们面前的却是真实存在的垄断。通过弱肉强食和部门的生产及销售活动，并进而对其销售的商品和劳务价格实行绝对的控制，以通过提高价格和控制产量的办法获取高额利润。这种垄断已由过去市场的自动调节平衡机制变为一定程度的人为操纵，垄断寡头间的默契和妥协代替了理想的市场均衡，弱肉强食成为市场竞争中的通行法则，竞争中的公平性荡然无存。

单纯的市场调节导致收入分配中严重的两极分化，并进而影响社会公平和安定。市场机制以优胜劣汰为原则，因而无法保证公平分配，这就像不能保证人的天赋和教育平等一样。在资本主义国家，商品生产者和经营者按资本的大小取得相应的利润，劳动者按劳动力的价值得到工资报酬，这实际上已经存在着贫富两极分化的现象。在垄断竞争条件下，这种分化将会进一步扩大，并且严重损害中小企业和广大劳动群众的生产积极性，阻碍乃至破坏市场机制固有的刺激作用。与此同时，市场本身无法阻止租金的出现。国家或集体开发基础设施可能会给某些私人带来土地的丰厚收入；通货膨胀或货币紧缩造成的货币混乱，可能会使某些收入增加，而另一些人则蒙受损失等等。这些问题只能由国家通过税收和货币等方面的政策来消除。

单纯的市场调节容易造成"蛛网波动"。市场调节是一种事后调节，从价格形成、信号反馈到产品产出，有一定的时滞，所以市场调节过程中往往发生"蛛网原理"所描述的波动，这在那些生产周期较长的产业部门，如粮食生产、牲畜养殖中表现得更为明显。粮食生产从谷贱伤农到粮食稀缺，再从价格上扬到普遍种植，最快的周期也要一年，这种情况下，如果单靠市场来调节，经济衰退的周期就会加快，经济的稳定性也会受到影响。

市场下的自由竞争和利润追逐，容易产生外部不经济行为。在市场条件下，有些部门的生产具有较强的外部性，社会成本和私人成本，社会效益和私人效益存在差异。因为价格机制反映出来的一般是个别成本，而非社会成本，厂商在无止境的追求利润的过程中，最关注的是企业内部产品的成本，即消耗的原材料，工人的工资，水电开销等等，而对于诸如土地肥力的耗竭、河流污染、生态平衡等外部效应问题很少过问，甚至百般逃避，推给社会。这显然降低了价格信号的准确程度。因此，西方国家逐渐认识遵守生态高于市场的原则，把环境保护作为国家的基本国策，并把它置于政府强有力的干预之下。

无法给社会提供公共产品和劳动服务。当代世界社会化的发展，暴露了市场的短视行为。作为市场经济主体的企业关心的是物价、汇率、利率等等，对长期的经济发展战略是不感兴趣的，因此，像高速公路、高速火车、运河、机场等基础设施和公共设施以及国防、科学技术研究等投资大、利润少和风险大的长期发展项目就不可能交给市场去承担或组织。南美一些国家的发展已经为我们提供了良好例证。

从以上分析我们不难看出，市场是有局限性的，并不像有些人说的那么美好，"甚至自由企业制度的忠诚卫士也承认，市场经济不是完美无缺的"。① 可以肯定地说："没有国家干预的市场导致二元的，甚至四分五裂的社会，它不仅会埋葬市场经济，使市场成为万恶之源，而且还会使自由遭到毁灭。"② 正因为如此，现代经济生活中，任何市场经济国家都不得不从典型的周期性危机中和个别资本主义国家没落、失败的教训中清醒过来，把弥补市场局限与不足作为确立政府经济职能的基本前提。

当代中国是后市场经济国家，除遇到前市场经济国家共同的难题外，还不可避免地遇到过渡期一些特殊的矛盾和问题。首先，西方国家的市场经济体制是在商品生产过程中自发渐进地形成的，而中国是在吸收前市场经济国家经验和教训的基础上，通过外部的、行政的力量实现体制转换的。因而，在实现经济体制转型过程中，既要充分尊重市场经济自身的发展规律，又要发挥政府职能作用。其次，由于历史原因，中国国民经济基础薄弱，市场不完善，发育程度低，法制不健全，经济生活中无序失控现象大量存在。单靠市场机制的局限性将在较长时间内比前市场经济国家更为突出。第三，由于长期高度集权体制的影响，"一朝权在手，便把令来行"的恶习十分顽固，一些既得利益者，利益集团粗暴干预经济的"惯性"还难以在短时间内消失，因而也就难以真正赋予各经济主体以宽松自由的环境。第四，计划经济向市场经济的转变，标志着中国从人治社会向法制社会、从传统社会向现代社会的迈进，它必定引发社会结构、价值观念和道德规范等一系列因素的变化。人们对政府干预的方式和接受程度也必定因中国的具体国情、转轨期的特殊因素而有所不同。因此，我们在确立和定位中国政府经济职能的范围与程度时，除充分考虑市场失灵与局限这一共性外，还必须深入分析研究中国现时期的特殊矛盾。既要确定市场经济常态下的政府经济职能，还要确定政府在经济转型期特有的经济职能。

---

① 凯斯·费尔：《宏观经济学原理》，经济科学出版社，1989，第45页。
② 罗奈·勒努阿：《没有国家的市场？》，《国外理论动态》1992年第41期。

第五节　政府管理与企业自主经营

如果把市场比作水的话，那么企业则为水中之鱼。因此，讨论政府的经济职能不能不进一步介绍和研究政府与企业的关系以及政府对企业的经济性管制和社会管理。

一　不同理论视角下的政府与企业关系

政府与企业的关系在不同背景条件下是不同的。从理论上看，它经历了重商主义、自由主义、凯恩斯主义和新自由主义的理论等不同时期。每个时期的主导理论不同，政府与企业的关系也就不一样；从社会实践的角度看，不同的所有制形式，政府与企业的关系也有质的不同。因此，我们的分析讨论也必须是分类的、多角度的。

政府与企业之间的关系是一个永远而又全新的课题，历来为经济学界各学派所关注，可以说是多个人类经济学说中的一根红线。不同时代的经济学家从不同的历史条件和不同的历史需要出发对此做出了不同的回答。

盛行于16、17世纪的重商主义，为适应中央集权的君主专制国家和新兴商业资本对外扩张利益的要求，主张通过立法、财政等国家干预手段，引导企业在国际贸易中能够多卖少买，最大限度地增加本国金银财富的占有量。为了实现贸易顺差，晚期重商主义进一步扩大了政府管制企业的范围。在西欧尤其英法两国，政府对制造业的各个方面都制定了详尽的管理条例；同时实行低工资政策，严禁工贸超"标"；禁止技术工匠移居国外和工具设备的出口，以保持本国的出口优势。[①] 显然，在重商主义盛行时期，政府与企业的关系是十分密切的。

以亚当·斯密为代表的自由主义经济理论，高举经济自由主义大旗，向重商主义的政府干预理论提出挑战。认为企业比政治家、立法者更了解经济的变动规律，更了解投资最大利益，它们会自动地实现资本在各产业最优配置。因此，一个国家最好的经济政策就是自由放任，政府对企业应奉行不干预政策以便提供尽可能宽松的企业经营环境，让"经济人"自主地从事其所选择的经营活动，追求各自利益的最大化。"听人民自由贸易，有关货物的价格必廉；行使独占，这些货物的价格必贵"。政府的理想角色就是充当

---

① 宋承先：《现代西方经济学》（宏观经济学），复旦大学出版社，1997，第544、545页。

企业自由经营的"守夜人"，其职责不是直接干预企业，而且给企业的自由经营提供一个宽松而又安全的环境。①

以 1929～1939 年资本主义世界罕见的经济危机为历史背景而诞生的凯恩斯主义，对企业自由经营论进行了猛烈的抨击。该理论独辟蹊径，以"失业"作为理论的出发点。认为失业源于资本主义经济内在机制怕引起的有效需求不足，摆脱困境的有效途径是放弃传统的企业自由经营论，让政府参与经济生活，实行有力的政府干预政策，弥补有效需求的不足。其具体内容和方式有：①扩大政府投资比例，建立国有企业或国私共有的混合所有制企业，经由政府对部分部门和产业的私有企业进行保护和扶持，通过对这些企业的直接或间接干预，影响或调节整个社会经济活动。②通过计划和辅以财政政策、产业政策、金融政策引导和调节企业持续、健康发展。③利用财政收支政策、货币政策调节经济结构及企业规模。④制定和实施有关促进进出口贸易以及促进政府间政治、经济、文化交往的政策推进企业贸易发展，同时实行一定的贸易壁垒保持国内民族产业的发展。

1974 年世界性的经济大危机再次爆发，经济停滞和通货膨胀共存，这种从未出现过的经济现象，动摇了凯恩斯主义在经济理论上的主流地位，致使新自由主义应运而生。② 它们大反凯恩斯主义，极力主张减少国家干预经济或企业的范围和程度。它们的持久性收入假设反对凯恩斯的"边际消费倾向递减规律"，认为扩张性货币政策不会对企业行为和人们的收入水平发生重大影响。它们还以"理性预期假说"、"自然失业率"假设反对凯恩斯主义的理论干预和充分就业理论，认为政府解决就业的能力是有限的。独具特点的公共选择理论认为在企业问题上市场不是万能的。同样政府也不是万能的。政府是由有经济偏好的官僚组成的，其垄断和寻租行为决定其不可能完全站在公共利益的角度制定和实践政策。因此，政府的职责范围必须是有限度，只能限于为企业提供稳定的法律和秩序环境，保证企业间契约的履行，扮演垄断和外部效应的反对者，有限度地充当社会家长等。

---

① 周开年：《政府与企业：角色如何安排》，湖北人民出版社，1994，第 59 页。
② 新自由主义经济思潮是由多个学派组成的：包括以米尔顿·费里德曼为代表的货币学派，以马丁·费尔德斯曼坦、阿瑟·拉费、保罗·K. 罗伯茨为代表的供给学派，以罗伯特·卢·卡斯、罗伯特·巴罗等人为代表的理性预期学派，以及以詹姆斯·布坎南为代表的公共选择学派等。这些流派尽管有各自的理论体系和政策主张，但在反对凯恩斯主义、倡导市场作用方面却是共同的。

新凯恩斯主义是一个主张政府对企业和市场给予更多干预的理论流派。① 该学派认为基于市场连续出清假设的新古典经济周期模型是不现实的，只有把经济周期模型建立在作非市场出清的假设之上才是有现实意义的。② 认为凯恩斯主义的国家干预经济的主张是正确的，政府的政策不仅能改变经济中的名义变量，而且能改变经济中的实际变量，政府不需要愚弄有理性的经济人。在市场中，企业的市场力量是很小的，单个经济人是无力协调整个经济作为的。政府的有效干预能够改变协调失灵的状况，能够促使经济学者最优均衡的运动，从而实现社会企业间资源的优化配置。

可以看出，不同理论流派对政府干预范围与程度的表述是不同的，由此而产生的政企关系也是疏密不等，形式不一的。但政府通过市场对企业直接或间接干预所产生的一种挣不脱、割不断的关系则为所有流派所认可。

二 政府对企业的经济性管制和社会管理

不论是西方还是中国，企业都存在两种形式；一类是私有企业，另一类是国有企业。在西方国家前者为企业队伍中的主导力量。它们为私人所有或由私人操作运营。尽管它们与政府之间不是直接听从的行政关系，但是仍然要接受政府对其进行的经济性管制和社会管理。后者，即国有企业，在西方因素比重较小，在我国则很大。③ 政府对它们的管制与管理与私有企业是不同的。由于两者经营自主权的不同，政府对私有企业的规制较宽松，而对国有企业的管理则比较严格、直接。

（一）政府对私营企业的管制与管理

一般来说，私营企业是市场经济中的典型实体。拥有比较真实的自主经营权，政府的干预和管制相对较少。但正如经济学家们所说的，企业的自主经营权是有一个限度的，政府的政策和法规总是不可避免地或多或少地制约着企业的生产和经营活动。首先，政府通过立法规定来控制企业行为，如制定鼓励竞争的反垄断法，制定规定劳动时间、劳动条件和最低工资水平的劳

① 新凯恩斯主义学派的主要成员有：格雷戈·曼丘、拉里·萨默斯、奥利维尔·布兰查德、马克·格特勒以及更多中国人所熟悉的约瑟夫·斯蒂格利茨。该学派对政府干预经济学说的重新表述受到了各国政府、经济界和学界的重视。

② 非市场出清的含义是指在出现需求冲击或供给冲击之后，工资和价格不能迅速调整制度市场出清。缓慢的工资和价格调整使经济回到实际产量等于正常产量的状态需要一个很长的过程。非市场出清假设是新凯恩斯主义强调政府干预范围和程度的重要前提。

③ 我国对国有企业的战略性重组、"抓大放小"、最大限度地退出赢利性竞争行业等政策，使国有企业比重出现下降趋势。

动法，实施环境保护法、产品质量法等，规范企业行为，并通过专门的监督机关保证法律、法规的实施，对于违法行为，严厉打击。其次，强化政府对私营企业宏观计划指导。一般存在两种类型：一是以德国和日本为代表的指导性经济计划，二是以美国为代表的宏观经济调节。在实行经济计划时，国家、政府把国民经济发展的重点、产业结构调整的方向等问题列入计划之中，通过中长期发展规划预测国民经济发展态势，以此来引导私营企业的经济活动。但这些计划只是指导性的，对私营企业没有强制性，但由于辅以相应的税收、信贷等经济参数的引导，对私营企业还是有很大影响力的。[1] 在客观宏观经济调节的国家，一般是通过经济立法、年度经济报告、国情咨文、倡导实施的项目计划等措施确立国民经济发展的方向和重点，然后用税收、信贷等优惠政策引导私营企业的投资和经营。第三，对私营企业实行扶持政策。如通过政府贷款、贸易保护、政策采购和订货、公共投资，为私营企业的运行和发展提供资金来源，扩大销售市场，建立基础设施等服务网络体系，有时还用税收优惠政策直接资助一些企业的发展。第四，充当私营企业之间矛盾的协调员。私营企业经营中的无政府状态必然会产生各种各样的矛盾，因此，政府经常通过专门机构协调计划，协调劳动冲突，协调企业间的技术标准和劳动时间。第五，向私营企业提供服务。如向企业提供经济税收和预测，供企业决策时参考。有的国家还建立监听员制度，建立消费者交谈室，广泛地收集消费者的意见和市场信息，随时向企业发出指导性意见。有的国家还把私营企业无力或不愿承担的风险大、收益少的基础设施作为服务内容。加大政府投资力度；同时组织科研攻关，进行教育和职业培训，为私营企业的经营活动提供物质、人力和科技等方面的便利条件。最后，根据法律向企业提供服务。通过上述活动，政府既充当了私营企业活动的规范者、监督者，又扮演了扶植者和服务者的角色。[2]

（二）　政府对国有企业的管制与管理

与私营企业相比，政府与国有企业的关系更紧密，管制也更直接、更严

---

[1]　日本对私营企业实行的"行政引导"和"窗口引导"制度也很有特点。"行政引导"制度，是政府有关部门的官员深入到企业内部，利用政府所赋予的权力，如颁发经营行为证，减税等，影响和改变企业人经营作为，引导企业研究或选择某种经营内容和方式，使之纳入政府意图。"窗口引导"则是在中央银行和人员向私营银行取获贷款时的银行窗口进行的，根据政府经济计划的意图，告诉银行在放贷时应注意流向和轻重取向，从而引导私营企业投资。

[2]　参见周开年《政府与企业：角色如何安排》，湖北人民出版社，1994，第195～199页。

厉。在西方国家，政府对国有企业实行立法控制，政府法案对于国有企业的设立及其经营方针、人事和财务制度、劳动条件、业务范围和经营方法、融资方式、企业计划、产品和服务价格、企业的权利和义务、分配方式等都有明确规定，这些规定都体现出对国有企业管理的法定性，只有立法机关才有权加以变更。在具体管理过程中，政府一般通过人事控制、财务控制、规模与经营方式控制、价格控制等手段来保持对企业的管制关系。另外企业必须定期向议会或政府主管当局汇报企业的经营和财务状况，并对企业前景做出预测，议会和主管当局对国有企业的各项决策和财务开支拥有否决权，并且通过专门的机构或下派到企业的监督员检查、监督企业的生产、经营和管理等运作态势，但是，这并不意味着政府可以任意干预企业的日常经营管理。政府除下达某些指标和附加的特殊约束条件外，不得侵犯企业所享有的生产、经营和销售自主权。企业可以自行制订生产计划和销售政策，有权签订私人合同，雇佣或解聘工人，任免中下层主管人员，在就业人数、编制结构、人员培训、晋级和职工奖金等方面，享有自决权。① 但是，由于国有企业目标的多样化②，经营决策的相对集中，以及管理体制的官僚化和经营的垄断性，致使大多数国有企业效益低下，亏损严重，并成为政府的财政包袱。为了改变这一局面，西方国家纷纷改革现有的国有企业管理体制，进一步理顺政府与国有企业的关系，逐步改变政府对企业统得过多、过死的局面，缩小政府的管理范围，最大限度地扩大企业经营自主权，使国有企业与私有企业在经营规则上趋向一致。同时，许多国家还都掀起了国有企业私有化的浪潮。它们以发行股票的方式全部或部分地出售国有企业的资产，让私人持股，使企业与政府的财政支出脱钩，政府不再拥有直接管理企业的权力。当然，这种私有化进程，改变的只是一部分企业的性质，许多国计民生的自然性垄断行业仍然在所有制上归国家所有。需要改变的只是以企业存在方式、规模、管制体制等因素构成的政府与企业的关系形式。

在我国，政府对国有企业的管制更具有特殊性。在长期高度集权的计划经济时期，政府以高度集中的行政命令管理经济，经严格的税收统支控制国有企业的经营活动。国家计划部门按照有关生产资料的市场供求情况、生产

---

①　参见周开年《政府与企业：角色如何安排》，湖北人民出版社，1994，第201页。

②　与私有企业不同的是，国有企业往往不是把利润的最大化作为经营目标，而是代表政府意志，追求社会目标，如充分就业、公平公正、提供服务等。有时不得不在政府的压力下雇佣失业人员，不得不以低于成本的价格向公众提供商品和公共服务。

技术和生产能力制订详尽的生产计划，然后把生产计划和指标层层落实到各级基层政府及其部门，国家物资部门再按照供给情况制订生产资料分配计划，并逐级将物资指标分配下去。与此同时还要制订资金分配计划，投资项目平衡计划等等。可以说，从中央政府到地方政府及部门与企业之间完全是一种指令与服从、管制与依附的关系，国有企业在人财物产供销等各个方面都没有自主权，基本上是政府的附属物。

改革开放以来，特别是实行市场经济体制后，政府为了有效地提高企业的经济和社会效益，使企业成为充满生机和活力的微观经济实体，先后对企业进行了基金制度、利润分成制度、利改税制度、承包制、税制分流以及股份化改造等一系列改革，促使政企关系分开，即把属于企业的权力交还给企业，政府不再干预企业的日常经营活动，并将其以制度和法律的形式固定下来，政企关系由此开始朝着健康的方向发展。

三　构筑我国政府企业的新型关系

多年来的实践，使企业对政府的依赖关系有所改变，但深层次问题仍未能从根本上解决。政府与企业职能交叉，功能错位，目标混乱的状况仍然一定程度的存在着。我国经济体制改革的目标是建立健全社会主义市场经济体制，与此同时还要建立起"产权清晰，责权明确，政企分开，管理科学"的现代企业制度，使企业真正成为"自主经营，自负盈亏，自我发展、自我约束"的独立经济实体。因此，构筑与市场经济体制相适应的新型政府与企业关系具有十分重要的现实意义。

（一）转变政府职能，改变管理方式

构筑新型的政企关系，必须首先按照社会主义市场经济体制的要求转变政府职能，全面推进政府行政体制改革。其具体措施如下。

1. 转变政府经济部门职能，大力精简专业经济部门

通过综合经济部门的设立和职能履行，减少对企业的具体审批事务，制订本地区周边国民经济和社会发展和中长期发展规划，把搞好总量平衡和结构调整作为政府的基本经济职能。要大力精简按计划经济制要求设立的专业经济部门，使企业形成无主管理的体制关系，对综合部门要尽可能地以法律的形式界定和规范权利义务关系，政府不能超越法律范围干预企业的正常生产经营活动，企业也不得违法违规经营。总之，政府对企业要做好四件事：管理产权代表，加强立法和监督，制定公共政策，建立社会保障体系。

2. 对国有企业进行分类和合理指导

根据国有企业的地位及其与政府的关系，将国有企业可分为垄断性的和竞争性的两种类型。垄断性国有企业可以以国有独资或政府控股的形式加以管理和控制，政府推荐任命企业领导人，决定企业的利润分配和亏损处置，对政策性亏损进行补贴。对于垄断性的国有企业不可能实行严格意义的政企分开。对于竞争性的国有企业一般采用股份制的形式，使其与私营企业的法律相一致。享有充分真实的法人财产权，能够按照一般经济法律和市场规律运作。政府的作用则主要体现在立法监督、政策引导和选择产权代表方面。

3. 取消企业行政级别，改革企业领导人管理办法

企业参用行政级别，企业领导人的管理照搬行政机关的模式，必然导致企业管理的官僚化弊端，因此，大多数国家的国有企业一般都没有行政级别的划分，而且企业董事长和总经理及其下属也不得来自政府机构。政府的部长和议员亦不得参加董事会，政府官员一旦被任命为企业的董事长便不再担任政府职务，这一原则一般称为企业直接经营者的非政府官员化原则。我国实行无级别经营管理尚有一定难度，目前为按照"老人老制度，新人新办法"的原则逐步推开。即现任企业领导人的行政级别可以保留，而对新就任的企业领导人员不再给予行政级别，通过一个时期的过渡和交替，这一问题会逐步得以解决。

（二）完善所有制结构，实现产权多元化

实践证明，建立我国新型的政企关系必须打破单一的公有制体系，积极调整国有经济布局，深化产权制度改革。首先，要对国有企业实行战略性重组。要不断强化公共经济领域，将国有资本尽可能地转移到关系国计民生的重要行业或领域，择机退出一般竞争性行业，通过市场盘活国有资本，影响优势行业集中。其次，要大力发展非公有制经济。我国《宪法》已明确规定了非公有制经济的法律地位，政府要为非公有制经济发展提供各种适宜的外部环境。最后，要加快国有大中型企业产权制度改革的步伐。为彻底改变与新体制不相应的政企关系，政府可将少数垄断性、公益性行业的企业和生产特殊产品的企业改造为国有独资公司，其他大多数国有大中型企业都应采取法人或自然人投资参股、债权转股权、产权能让、嫁接外资、技术入股、内部职工持股等各种形式，改造为产权主体多元化的有限责任公司或股份有限公司，条件成熟的，可改造为上市公司。原则上政府不应再组建由政府独资的国有企业，新建企业都要产权多元化，从而为新型政企关系的构建提供最基本的前提条件。

（三） 派驻稽查特派员和财务总监，改善监督方式

我国向500家国有大型企业委派稽查特派员和财务总监的制度，是改善政企关系的重大举措，是国家对国有企业管理方式的重大转变，也是对企业领导人员管理制度的重大转变。稽查特派员和财务总监的作用是维护出资者的权益，代表政府对资产经营公司和重点骨干企业行使监督权力，他们以财务监督为核心，不参与也不干预企业的经营活动。其工资福利由政府支付，企业不负担该项支出。政府向国有企业派驻稽查派员和财务总监同样是一种"委托—代理"关系，因而政府必然花费一定的行政监督成本，以避免其经营者向政府提供非真实信息，损害公共利益。

四　建立和完善新型的政企分开的投融资体制

改变现有的企业投融资体制，扩大企业投融资自主权是改善政企业关系的关键所在。要改变过去那种企业申请、政府批准并担保、银行出资、企业办的投融资体制，实行谁投资、谁决策、谁担风险的原则，实现投融资的社会化、市场化，形成多元化、多所有制的投资格局。其具体要求是：①政府不再介入一般经营性项目的投资活动。除极少数的以社会效益为主的大型公益性基础建设项目外，政府不必成为投资或融资的主体。②改革投资行政审批制度。对产业政策鼓励的竞争性项目，除按国家法律规定审批的之外，政府不要再审批可行性报告。③加速国有银行的企业化进程，建立适应现代企业制度需要的多元化资本市场、证券市场和产权交易市场等，以满足国有企业转换产权、资产重组和盘活固有资本的要求。[①]

第六节　我国政府经济职能的配置

政府经济职能是政府在国家经济行政管理的职责范围内应发挥的作用，在市场经济条件下，是对市场第一次调节的局限与不足的一种补充，也是构成现代市场经济、纠正和克服市场失灵的一种有效手段。前面我们对市场局限和现实环境所做的描述，旨在为这一职能的确立提供充分的理由。从总体范围上来看，市场机制在解决涉及全局性的、公益性的社会经济事务方面是无能为力的。因此，世界各国的政府经济职能都是围绕市场

---

① 张志坚、唐铁汉：《中国：地方政府机构改革研究》，国家行政学院出版社，1999，第136～143页。

管不到、管不了、管不好的基本格局确立的。就我国的实际情况来看，政府经济职能和宏观调控范围，主要集中在统筹规划，掌握政策，信息引导，组织协调，提供服务和检查监督等方面。[①]当前重点要把握好以下几个方面的内容。

一　平衡经济发展

保持社会总需求与总供给的动态平衡，确保经济稳定协调发展。在市场经济条件下，社会再生产的核心问题是市场实现，即通过市场机制的作用，实现各地区、各部门、各企业和居民个人之间的实物替换和价值补偿。社会再生产的顺利实现，即国民经济的稳定运行，需要综合平衡，其基本内容就是保持社会总需求与总供给的动态平衡。按照凯恩斯国家干预的理论，有效需求不足是市场经济的常态，单靠市场调节是解决不了的，需要政府通过财政政策和货币政策等手段来调节市场供求关系。具体做法是：当总需求大于总供给时，生产高涨、市场繁荣，有经济过热之虞时，政府一般必须采取抑制总需求政策，即紧缩银根，减少财政支出，提高利率等手段来增加社会的有效需求；当市场有效需求不足，失业增加时，应提高政府的转移支付水平，反之应减少社会福利费用，降低转移支付水平。这种总需求的调节，对于国民经济保持良好的态势，实现社会再生产至关重要。

二　制订发展计划

制订中长期经济发展计划，实现国家和地方经济发展目标。计划是政府对未来经济发展的倾向和安排，对引导企业生产，保证市场运行具有一定的作用。微观经济决策主体的企业是自主经营、自负盈亏的真正独立的商品生产者，因而有其完全独立的利益和目标，这些众多的利益和目标，必定因其主体上的差异而各不相同，并由此与社会整体利益和长期目标难以吻合，这必然需要政府制订中长期的经济发展战略和规划来加以协调。这一职能是各发达国家所普遍行使的。如法国、日本、瑞典、韩国都是运用计划管理经济的国家，其中最典型的又数法国和日本的计划。法国深受法约尔计划思想的影响，自1946年起每5年制订一个经济计划；日本除制订一年经济计划外，还制订了"七十年代后期经济计划"等各具职能的计划形式。这些计划一般不具有强制性，因而也不需要借助委员会去实现，只是确定生产规模，调

---

①　《中国共产党第十四次全国代表大会文件汇编》，人民出版社，1992，第26页。

整生产方向，力求国民经济运行受计划的引导和影响。但是这些计划是在综合国民经济整体情况的基础上形成的，反映了政府对未来经济发展的倾向和安排，因而对引导企业生产，保证市场运行具有一定的作用。我国在从计划经济体制向市场经济体制转变过程中，彻底排斥和取消计划的企图和做法都是十分错误的。

三　强化经济立法

制定各种法规和规章，并就执行情况进行监督检查。市场经济从某种意义上说是法制经济，没有法律规范保护和约束的经济必定是混乱的经济，这既是市场经济运行机制的需要，也是商品生产者和消费者排除自身限制和否定的需要。政府履行这一职能，一方面要尽力使管理者有法可依，有章可循，行为规范，减少主观随意性，实现行政管理的统一性和稳定性。另一方面要通过对企业的合法生产和经营情况、税收负担情况以及产品标准、技术标准、技师标准、环境标准等方面的执行情况进行检查，保证企业生产的合理性和合法性。制定法规与实行有效的监督检查是一个问题的两个方面，必须全面体现，不能顾此失彼，当前，我们应当积极吸收和借鉴西方发达国家立法的经验，尽快制定和完善有利于市场运行的各种法律规范，加速依法管理市场和企业的进程；坚决落实法律所赋予企业的各种自主权，检查监督《全民所有制工业企业转换经营机制条例》的执行和落实情况，为企业进入市场，提供一种宽松的社会环境。可以说，用整个法律体系保证市场经济的正常运行和市场作用的发挥，是政府的一项基本职能。

四　优化产业布局

制定产业政策和重大投资项目政策，优化生产力布局和产业结构。市场本身制定不出产业政策，尽管市场可以推进技术进步，使高新技术产业化，使产业升级换代，实现产业的调整和优化，但都必须在科学的产业政策指引下进行。政府在通过制定和实施产业政策，实现资源的合理有效配置，促进主导产业的快速发展，并引导企业调整产业结构，促进产业结构的合理化，提高经济效益。投资决策权应当放给企业，但重大的投资项目和生产力布局，政府必须控制。如三峡工程的论证与上马，大型煤钢联营体的兴建等等，都必须在政府的直接干预下进行，否则宏观上的浪费难以避免。

五 履行二次分配责任

实施有效的税收政策，调节行业之间、企业之间、个人之间的收入差距。公平的收入分配，是社会主义的重要社会目标。然而，市场不可能自动实现这一目标，必须依靠政府力量来保证收入分配的相对公平。实现这一目标的途径很多，但最有效的是税收政策。因为税收是政府最易操纵的经济参数，因而也是世界各国共同具有的一项重要职能。为避免贫富悬殊过大，导致两极分化，西方国家一般通过两个途径实施：一是制定累积进税法和高额遗产税法来限制收入者的收入数额。二是采取对低收入阶层的特殊福利措施来提高其收入水平。如美国政府雇员的工资收入必须按照 1～18 级的等级，按 10%～30% 的比例累积进税；在日本，幼儿入托的费用要视父母收入高低交纳等等，都是政府为缩小贫富差距，保证相对公平所采取的必要的税收和收入政策。中国政府理应在这方面做得更好。

六 优化竞争环境

建立和健全全国统一市场，搞好各种协调工作。政府对于促进市场发育和建立市场竞争秩序负有主要责任，对于初建市场经济体制的国家更为重要。其内容主要是打破地区、部门分割和封锁，建立和完善全国统一市场；协助建立并协调生产和生活资料市场、劳务市场、金融市场、技术市场、信息市场和企业产权转让市场等，促进市场体系的发育和完善，从整体上为企业创造一个公正、自由、平等的竞争和生存环境。

七 管理特殊行业和企业

直接控制必须由国家经营的某些行业和企业，保证国民经济的有效运转。凡涉及国家安全、国防尖端技术、具有战略意义的稀有金属开采等行业，以及必须由国家专卖的企业和行业，政府应责无旁贷地承担起管理的职责，不能一味地推向市场。同时，对于政府重点发展的能源、交通、邮电和通信等垄断性较强的行业，政府亦必须重点予以扶持、帮助和管理，这样既可以避免垄断和不公平竞争，又可以避免暂时的瓶颈障碍。

八 信息引导服务

提供信息引导，推进市场完善和发展。在市场条件下，经济信息传递和市场反应常常带有时滞性和不确定性，通常采用改变市场信息结构，促进信息畅通的办法来减轻市场的波动幅度。同时，也通过流畅的信息来引导企业生产，使之更加接近社会需求，并进而引导企业朝着更加符合国民经济发展的方向运行，为企业提供及时、准确、全面的信息服务。政府必须在整个管理系统建设起功能齐全、高度灵敏、富有效率的信息网络系统，包括建立专门的信息机构，使政府系统内部上下左右形成纵横交错的信息网络；建立专门为企业服务的信息库、资料库、数据库等，广泛收集、贮存信息；加强信息预测、收集、研究和传递工作，通过正式、非正式途径发表经济趋势的预测，并搜集消费者对商品的意见和要求，向企业提出改进意见。

九　完善社会保障体系

发展和完善与企业相关的公共设施、公益事业，为企业和社会提供服务，这是市场体制下政府最广泛、最丰富的一项职能。具体来看有以下几个方面的内容：建立和完善社会保障体系，主要包括养老保险制度等；发展和完善与企业相关的公共设施和公益事业，为企业发展创造良好的外部环境；提供科技成果服务，即通过各类科研机构，研究企业急需的各种技术，尤其是高新技术，并及时地加以提供；建立和健全会计师事务所、审计事务所、职业介绍所、律师事务所、资产评估机构等社会组织，为企业提供公正、客观的服务；搞好培训服务，主要是通过完善就业服务体系，培训就业人员，帮助其再就业，同时也帮助企业培养各个层次的管理人才和技术人才。

以上是政府为讲求公平，稳定社会经济秩序，对市场的局限和不足所进行的弥补，就我国来说能否达到这一目标，需要政府在打破计划经济体制的前提下，逐步实现由微观到宏观，由管理到服务，由直接管理为主到间接管理为主，由行政手段为主到以经济、法律手段为主的转变，这样才有可能从根本上建立起政府宏观调控下的市场功能与政府职能相得益彰的市场经济体制。

第七章
公共行政的公共品供给职能

公共产品，简称公共品，最早是由财政学者林达尔在 1919 年《公平税收》一文中提出的，后被经济学家萨缪尔森引用，再后被其他学科广泛使用。本章采用狭义的公共品概念，以便区别于政治、经济等广义上的职能。

第一节 公共品理论研究的历史演进

公共产品（public goods），是与私人产品（private goods）相对应。从最宽泛的意义上说，私人物品是能够实现单个人独自消费和共同享用的产品。public goods 有多种译法，除了公共产品译法外①，还有公共物品、公共财货、公用品、公共品、公益物品和公益产品等，本书采用公共产品这一用法。

人们对公共产品研究源于人们对公共性问题的研究。最早对这一问题作出贡献的是大卫·休谟（Hume）。在《人性论》② 一书中，休谟论述政府起源，他试图说明某些对每个人都有益的事情，只能通过集体行动来完成，因此，后人称之为集体消费品（collective consumption goods）。此后，亚当·斯密在论君主或国家的义务时③提出并分析了公共产品类型、提供方式、资金来源、公平性等内容。而公共产品理论作为一种系统的理论直到 19 世纪 80 年代才出现。奥、意的财政学者将边际效用理论动用到财政领域，创立了较为系统的公共产品论。④ 其代表人物有潘塔莱奥尔、马左拉和马尔科

---

① 如吴俊培等翻译的美国费雪的《州与地方财政学》第二版中文版和张馨主译的英国 W. V. 布郎《公共部门经济学》第四版均把 "public goods" 译为公共产品。我国大部分教科书里都使用 "公共产品" 这一概念，在本书中，可能将 "公共物品" 和 "公共产品" 交替使用。

② 〔英〕大卫·休谟：《人性论》，商务印书馆，1983。

③ 〔英〕亚当·斯密：《国民财富的性质和原因的研究》，商务印书馆，1996。

④ 许彬：《公共经济学导论》，黑龙江人民出版社，2003，第 5 页。

等；此后的林达尔（Lindahl）、约翰森（Johansen）和鲍温（Bowen）对公共产品补偿问题做了研究，提出自愿交换理论。而现代经济学对公共产品研究起点以 1954 年和 1955 年保罗·萨缪尔森（P. A. Samuelson）发表在《经济学与统计学评论》第 36 期和第 37 期上的《公共支出的纯理论》和《公共支出理论图解》为标志①。此后，马斯格雷夫、科斯、布坎南、阿特金森、斯蒂格利茨等分别从不同的角度对公共产品进行分析，形成了公共产品理论。

一　公共品"源"理论的追溯

公共产品理论具有深刻的理论渊源，它主要包括休谟的公共产品思想、斯密和穆勒对公共产品的研究。下面就对上述 3 人关于公共产品研究的观点综述如下。

（一）休谟的公共品思想

早在 1739 年，大卫·休谟在《人性论》中探讨了超越一个人利益的公共性的事务的处理问题。其关于公共产品的主要观点：一是分析的对象超越私人产品的范围，提出集体消费品；二是人类是为利益所支配的，人们最关心的是自己以及自己的亲人或有关系的人。但是人类只有在遵守普遍的规则，维护社会正义的前提下，才能实现私人利益；三是列举公共草地积水的例子来说明公共利益与政府的关系。他认为，对于由大家共同消费的物品单纯靠个人无法达到公共利益的最大化，只有通过政府才能解决这一问题。②

（二）斯密对公共品的研究

继休谟之后，亚当·斯密对公共产品的有关问题进行了经济学分析。其主要观点：一是通过对政府和君主的义务或职责的阐述，初步划分公共产品的类型。即君主的义务首先是保护本国社会的安全③；君主的第二个义务是保护人民不受社会中任何人、其他人的欺负和压迫④；君主的第三个义务是建立或维持某些公共机关或公共工程。⑤ 斯密从上述三个方面对政府

---

① Samuelson, P. A, The Pure Theory of Public Expenditure, The Review of Economics and Statistic, v. 36, No. 4, pp. 387 – 389, November 1954; Diagrammatic Exposition of a Theory of Public Expenditure, The Review of Economics and Statistics, v. 37, No. 4, pp. 350 – 356, November 1955.

② 〔英〕大卫·休谟：《人性论》，商务印书馆，1983。

③ 〔英〕亚当·斯密：《国民财富的性质和原因的研究》，商务印书馆，1996，第 254 页。

④ 〔英〕亚当·斯密：《国民财富的性质和原因的研究》，商务印书馆，1996，第 272 页。

⑤ 〔英〕亚当·斯密：《国民财富的性质和原因的研究》，商务印书馆，1996，第 284 页。

职责进行区分，实际上也是对公共产品做了初步分类。① 二是斯密对公共产品进行了细分，形成了全国性公共产品和地方性公共产品的思想，同时把公共工程和设施分为便利社会商业和促进人民教育的公共工程②。三是探讨了公共工程和公共设施的提供方式。安全和司法必须由政府提供；对其他的公共设施和公共工程，不同的时期，不同的国家可以有不同的提供方式。③ 四是比较和分析了公共工程不同提供方式的效率。公共工程设施本身是为商业服务的，私人供给往往比政府有更符合经济效益的判断，从而保证这类公共产品的供给效率。相反，如果由政府提供，就可能和实际需要不符合，或者发生浪费，甚至是为了某些官员偏好而置公共利益于不顾；教育由国家兴办才是有效的方法。④ 五是公共工程供给中的公平问题。他认为有基于两种原则的公平观：一是基于受益的公平观点；一是基于支付能力的公平观。⑤

（三）穆勒等人的思想

斯密之后，穆勒等许多经济学家在讨论财政问题时，涉及公共产品和公共资源问题。⑥ 其主要观点：一是对于一些非生产性资源的使用，应该由政府做出规定；二是为了增进普遍利益，政府必须履行如铸币、规定度量衡、铺设道路、修建灯塔、对土地和海洋进行勘测等职能；三是为弥补一部分人认识能力的缺陷，政府也应行使一些特殊的职能。如免费的初等教育。

从大卫·休谟，到亚当·斯密，再到穆勒，他们都认为公共产品问题是与政府职能密切相关的。他们从政府的职责角度提出了关于公共产品的范围和供给方式等方面的有益思想。如将国防、道路、安全、桥梁、法规、制度、教育等作为公共产品看待。但是这些古典的经济学家还没有专门提出公共产品的概念、特征和界定标准。公共产品的判断主要是依据其特点和提供

---

① 斯密提出保护本国社会安全、通过制度对人身权和财产权进行保护也是典型的公共产品；维持公共和公共工程等都是今天最典型的公共产品。

② 〔英〕亚当·斯密：《国民财富的性质和原因的研究》，商务印书馆，1996，第292页。

③ 〔英〕亚当·斯密：《国民财富的性质和原因的研究》，商务印书馆，1996，第285页。

④ 〔英〕亚当·斯密：《国民财富的性质和原因的研究》，商务印书馆，1996，第287～332页。

⑤ 〔英〕亚当·斯密：《国民财富的性质和原因的研究》，商务印书馆，1996，第374～378页。

⑥ 〔英〕约翰·穆勒：《政治经济学原理》，商务印书馆，1991。穆勒在该书第五篇"论政府的影响"中对公共产品和公共资源问题进行了阐述。

主体。一般而言，它指那些不是由单个人独立消费的，而是由许多人参与消费的设施和服务，或是供一部分人或少数人消费，但由私人提供会出现供给不足或者效率低下或难以做到公平的产品和服务，如司法和初等教育等。另一方面，对这类产品而言，古典经济学家在坚持市场经济的大前提下，突出政府在供给中的作用。但他们同时认为，许多人消费的产品究竟以什么方式提供，并不存在绝对的效率模型，而应当根据当时具体社会经济发展情况综合考虑。

二 系统公共品理论的提出

系统公共产品理论的提出主要包括奥意财政学派的公共产品理论和瑞典学派的公共产品理论。前者代表人物有意大利经济学家潘塔莱莫尔、马左拉、马尔科和奥地利经济学家萨克斯。[①] 后者代表人物是瑞典经济学家威克塞尔和林达尔。下面就对上述两派的公共品理论进行简单介绍。

（一）奥意财政学派的公共品理论

奥意财政学派的公共产品理论主要观点：一是潘塔莱奥尔提出公共支出的分配标准。他认为，公共支出的分配取决于不同公共支出项目的边际效用比较，包括某一支出项目的内在效用与其他可能支出项目相比较的效用。[②] 二是马左拉对公共产品价格的形成问题做了研究。他认为公共产品不能分割使用，也难排除不付费者，通过市场供给会导致供给不足。但是，与私人产品相似的是每个人对公共产品的需求或评价实际上是不同的，因而尽可能按照人们从公共产品消费中得到的边际效用付费。[③] 三是马尔科的观点，认为国家活动应受到资源稀缺性约束，公共产品也应按照边际原则支付税金等。四是奥地利的萨克斯对公共需要做了细分，他将公共需要分为个人的集体需要和集体需要。前者是某些利益集团的集团利益的特殊需要，相当于私人需要，可通过交纳会费方式解决；后者是纯粹的公共需要，必须通过税收方式解决。

（二）瑞典学派的公共品理论

瑞典学派的公共产品理论的主要观点是：一是威克塞尔将公平问题引入公共产品理论中加以分析；同时发现政治程序对公共产品供给效率的影响；

---

① 张馨等：《当代财政与财政学主流》第三章，东北财经大学出版社，2000。
② 〔意〕潘塔莱奥尔：《公共支出分配理论》，1883，意大利文版。
③ 〔意〕马左拉：《论财政科学》，1890，意大利文版。

二是林达尔（Lindall）、约翰森（Johansen）、鲍温（Bowen）强调在公共产品配置中对市场自愿交换的模拟，创立了自愿交换理论，并分别建立了林达尔均衡模型[1]和鲍温模型[2]。林达尔均衡模型证明了公共产品的供给与需求的存在以及合理的差别税率可以通过自愿的交易而实现，这比奥意学派将边际效用理论引入公共产品均衡分析，无疑前进了一大步。但是这一模型毕竟比较简单。首先一个两人模型如果人数增多，结果是否相同；其次在该模型中，均衡的达到实际上也取决于消费者双方的完全的理性和对称的讨价还价的能力。[3]

三　发展中的现代公共品理论

现代公共产品理论（纯公共产品理论）始于 1954 年和 1955 年保罗·萨缪尔森（P. A. Samuelson）的两篇文章[4]。此后马斯格雷夫（R. A. Musgrave）[5]、斯科[6]、布坎南（J. M. Buchannan）[7] 等人从不同角度对公共产品进行了分析[8]。

---

[1]　林达尔模型论述了两个平等的消费者 A 和 B 共同组成社会，在一定时期、一定技术条件下，最大国民收入等于该社会资源约束下可以达到的最大私人产品和公共产品总和。它解决了这两个消费者将如何分担公共产品成本从而达到公共产品的供给均衡。如果 Y 表示国民收入，YA 和 YB 表示 A 和 B 的税前收入；X 表有 $Y = XA + XB + G$；从收入角度看有 $Y = YA + YB$。为了补偿公共产品的成本，该社会对 A 和 B 征税，A 承担的份额为 m，则 B 承担的部分为 $(1-m)$，A 的收入等于在私人产品上的开支 XA 加上承担的税收 Mg，即 $YA = XA + MG$。同样 $YB = XB + (1-m) G$。三个公式分别表示了私人产品和公共产品之间的均衡，税收份额变动导致的消费者均衡点移动，林达尔均衡图。

[2]　Bowen, H. R. *The Interpretation of Voting in the Allocation of Economic Resources*, Quarterly Journal of Economics 58, 1943。Bowen 提出了林达尔模型类似的公共产品均衡。

[3]　张馨等：《当代财政与财政学主流》第三章，东北财经大学出版社，2000。

[4]　Samuelson P. A. *The Pure Theory of Public Expenditure*, The Review of Economics and Statistics, v. 36, No. 4, pp. 387 – 389; *Diagrammatic Exposition of a Theory of Public Expenditure*, The Review of Economics and Statistics, v. 37, No. 4, pp. 350 – 356, November 1955.

[5]　Musgrave, R. A. Excess Bias and the Nature 表示私人物品；G 表示公共产品；XA 表示属于 A 的私人产品，XB 表示属于 B 的私人产品。从产出角度看 of Budget Growth, Journal of Public Economics 28, 1985. Musgrave, R. A. and Musgrave, P. B. Public Finance in Theory and Practice, McGraw-Hill, 1989.

[6]　〔美〕R. 科斯等：《财产权利和制度变迁——产权学派和新制度学派译文集》，上海三联书店，1993。

[7]　J. M. Buchannan, *An Economic Theory of Clubs*, Economic 32, 1965; *The Demand and Supply of Public Goods*, Rand Mcnally, 1968.

[8]　参见〔美〕理查德·A. 马斯格雷夫（R. A. Musgrave）《比较财政学分析》，上海三联书店，1996，该书从角度论述公共产品、斯科在《财产权利和制度变迁——产权学派和新制度学派译文集》中从角度论述分析公共产品、布坎南（J. M. Buchannan）《民主过程中的财政》（上海三联书店，1992）从角度分析论述公共产品。

其主要贡献：一是定义了纯公共产品。① 二是研究了公共产品的局部均衡。萨缪尔森认为，公共产品的局部均衡与私人产品均衡是不同的，公共产品的局部均衡分析就是只考虑公共产品的一个产品市场的均衡。他所分析的局部均衡与鲍温的均衡在形式上基本相同，区别就是假设不同，他的假设前提是存在着很有洞察力的人，知道个人的偏好函数，来解决公共产品个人偏好的显示问题②。三是公共产品的一般均衡研究。保罗·萨缪尔森（P. A. Samuelson）和马斯格雷夫（R. A. Musgrave）对私人产品和公共产品同时均衡进行了分析，也就是在生产可能性方程的约束下，假定其他消费者的效用水平一定，寻找某个消费者效用最大化的条件。于1955 年首次对两个消费者，一种私人产品和一种公共产品的帕累托最优做了图解。其研究表明，公共产品最优供给的一般均衡条件是消费者对私人产品和公共产品的边际替代率之和等于公共产品和私人产品生产的边际转换率。

比较古典经济学和林达尔等人的分析可以发现，萨缪尔森对公共产品给出严格定义。古典经济学家认为公共产品是与市场失败（Marketing Failure）和政府职能等问题联系在一起，意奥经济学家明确公共产品共同消费、成本分摊等特性，试图分析消费与所承担的税收之间的联系，但都没给出严格定义。同时分析公共产品局部均衡和一般均衡，使边际效用理论在公共产品最优配置中得到彻底运用，为诸如征收税率、公平分配和效率兼顾等研究奠定理论基础。

现代公共产品理论代表人物为阿特金森、斯蒂格利茨、布坎南、蒂布特等。其重要贡献如下：

（一）阿特金森和斯蒂格利茨（J. G. Stiglitz）的连续性处理③

阿特金森和斯蒂格利茨对萨缪尔森和马斯格雷夫的公共产品理论进行了修正，以使其能适合更为一般的情况。他们指出萨缪尔森严格定义的公共产品是一种极端情况，可称为"纯公共产品"，"更为一般的情况是，有一类

---

① 萨缪尔森在《公共支出的纯理论》中利用数学工具对公共产品做了经典定义：数学公式为：$XK = \sum ik$（$I = 1$, $\cdots I$; $K = J + 1$, $\cdots$, $J + K$），即任何一个消费者消费的都是整个公共产品，个人消费等于全体消费；公共物品在个人之间是不可分的，要消费就消费全部。如社区的和平与安全、国防、法律、空气污染控制、防火、天气预报和大众电视等。

② 胡代光：《西方经济学说演变及其影响》，北京大学出版社，1998，第 677 页。

③ 〔英〕安东尼·B. 阿特金森、〔美〕约瑟夫·E. 斯蒂格利茨：《公共经济学》，上海三联书店、上海人民出版社，1994。

商品具有这样一种性质：某个人消费的增加并不会使他人的消费以同量减少"。① 也就是说，如果将纯私人产品作为一极，消费者实际消费的商品是从这一极到另一极逐渐过渡的一系列产品，大量存在中间状态的产品。

（二）布坎南（J. M. Buchannan）的俱乐部理论②

俱乐部理论（Theory of Clubs）或称为社团理论，由詹姆斯·布坎南（James Buchannan）和查尔斯·蒂布特（Charles Tiebout）开创。但二者侧重点不同。

詹姆斯·布坎南（James Buchannan）在"俱乐部的经济理论"③中，力图从理论上定义经济学上的可以适用从纯公共产品到纯私人产品之间的连续体的任意一点，即对所有产品从纯公共产品到纯私人产品进行了一个一般性的定义。同时他还分析了产品的特性、成本和消费它的集团之间的关系。④ 查尔斯·蒂布特（Charles Tiebout）研究地方公共产品的供给模型即：蒂布特模型⑤。蒂布特模型与布坎南俱乐部产品模型研究思路相近，但内容不同，它侧重地方公共产品的供给的方式和有效运作方式所需要的条件，对地方公共产品的供给模式和供给效率进行了有价值的探讨⑥。但蒂布特模型没有考虑消费者自由流动的成本；该模型的假设和现实的距离是明显的；要使最优社区规模与对此社区有共同偏好的消费者数量正好吻合，这种可能性太小；没有考虑一些非流动的私人产品对社区选择的重要影响。

---

① 〔英〕安东尼·B. 阿特金森、〔美〕约瑟夫·E. 斯蒂格利茨：《公共经济学》，上海三联书店、上海人民出版社，1994，第 620~621 页。

② J. M. Buchannan, *An Econmic Theory of Clubs*, Economica, vol. 32（1965）; *The Demand and Supply of Public Goods*, Rand Mcnally, 1968.

③ J. M. Buchannan, *An Economic Theory of Clubs*, Economica, vol. 32（1965）, pp. 1 – 14.

④ 布坎南的俱乐部的经济理论用数字公式表示：$C = f\,(X,\,N)$；或 $X = Q\,(C,\,N)$（其中 C 表示俱乐部产品的总成本，X 表示俱乐部产品的数量，人数 N 代表俱乐部规模）。有了这样的成本条件和产出条件，就可以分析俱乐部均衡和其他条件。俱乐部均衡指通过建立俱乐部规模和消费水平、生产成本之间的关系，可以寻找俱乐部最佳规模，包括最佳产品数量和最佳成员数以及个人与俱乐部之间的最佳分配。同时分析达到俱乐部均衡所需要的条件，如成员的同质性、俱乐部成员的流动性、俱乐部独立管理等。

⑤ Tiebout, C. M., "A Pure Theory of Local Expenditure", Journal of Public Economy, vol. 64, No. 5（1956）, pp. 416 – 424。参见费雪《洲的地方财政学》第五章，中国人民大学出版社，2000。

⑥ 蒂布特模型分析要形成最适合公共产品数量的最佳社区的条件：（1）消费者在各社区间的流动不受任何限制；（2）各社区的税收—服务组合的信息是充分的；（3）可供选择的社区数量是很多的；（4）社区选择不影响就业机会；（5）公共产品或服务在社区内没有外部性；（6）任一类型的社区都有一个最优规模；（7）低于最低规模的社区会寻找新居民以降低平均成本。

第二节 公共品的相关概念

一 公共品的界定及特征

对公共产品的界定，不同的经济学家对公共产品特性认识不一样，大体可以分为四种：第一种以萨缪尔森和马斯格雷夫为代表，突出了公共产品的非竞争性和非排他性；第二种以美国鲍德威（Robin E. Wildasin）以及奥斯特罗姆夫妇、萨瓦茨为代表，强调公共产品的共用性；第三种强调非排他性；第四种强调非竞争性。

（一）萨缪尔森和马斯格雷夫

萨缪尔森在把公共物品界定为每个人对这种产品的消费都不会导致其他人对该产品消费减少的产品。它的特征[①]：一是非竞争性（non-rivalness incomsumption）。即增加一个人的消费并不减少其他人消费的特性称为非竞争性。非竞争性与竞争性相对的，它指产品的可得性与消费者的数量无关，这就意味具有非竞争性特征的产品一旦提供，增加一人消费的边际成本为零。二是消费的不可分割性和非排他性（non-excludability），这是判断公共产品的主要标准。而马斯格雷夫等人从公共产品关联度方面对它的特性做了进一步阐述："一种纯粹的公共产品在生产或供给的关联性上具有不可分割性，一旦提供给社会的某些成员，在排斥其他成员的消费上显示出不可能或无效。"[②] 因此，以萨缪尔森和马斯格雷夫为代表的经济学家认为公共产品有三个特性：非竞争性、非排他性和不可分割性。

（二）鲍德威及奥斯特罗姆夫妇、萨瓦茨

第二种以美国鲍德威（Robin E. Wildasin）以及奥斯特罗姆夫妇、萨瓦茨为代表的经济学家是从产品是提供给单个人消费还是许多人消费的角度来定义公共产品。即"指被一个人消费的商品是私人产品……公共产品是被不止一个人消费的产品"。[③] 鲍威德（Robin W. Boadway）和威迪逊（David E. Wildasin）认为："一些商品表现出在同一时间中可使多个个体得益的特

---

① 参见保罗·A. 萨缪尔森、威廉·D. 诺德豪斯《经济学》（第 12 版、第 16 版），华夏出版社，2001 和 Samuelson P. A. The Pure Theory of Public Expenditure, The Review of Economics and Statistics, v.36, No.4. 中对公共产品特性做了详细描述与分析。

② 丹尼斯·缪勒：《公共选择》，中国社会科学出版社，1999，第 15 页。

③ 〔美〕布鲁斯·金格马：《信息经济学》，山西经济出版社，1999，第 73 页。

性，即它们是被共同消费的。由一特定群体同时消费的产品的典型例子是国防、法律执行、广播电视、为控制洪水所提供服务。这些产品被称为公共产品"。① 奥斯特罗姆夫妇、萨瓦茨等人把消费的公共性当作区分私人产品和公共产品的两个定义性标准。

（三）强调非排他性的观点

第三种观点是从是否收费或者所收费用是否等同于市场价格来判断是否是公共产品，也就是从排他性角度来判断。这有三种情况：一种是一个产品是不可排他的，或者排他成本很高，从而通过市场的方式收费很困难，就会成为公共产品，如路灯；一种是如果一种产品在技术上是可以排他的，但习惯上是免费提供的，也是公共产品，如道路；一种是如果一种产品可以完全通过市场有效率地提供，但国家出于公平或正外部性而免费提供，也是公共产品，如教育、医疗服务等。但出于分析的目的，经济学家仅把那些不能在任何使用者支付基础上被供给的产品，如灯塔定义为公共产品。②

（四）强调非竞争性的观点

第四种突出非竞争性，认为是否排他不是判断的依据。持这种观点代表人物是布鲁斯·金格马。他列举了排他性和非排他性的公共产品例子（见表 7-1）。

表 7-1　公共产品的不同性质

	由联邦、州或当地政府提供	由商业或非营利机构提供
排他性	收费公路、一些国家公园、公立高等教育、信息	电影、私人教育、信用报告、私人俱乐部、游艺园、有线电视、信息
非排他性	烟花燃放、灯塔、一些国立公园、公共道路、信息	电视、广播、慈善捐赠、信息

资料来源：〔美〕布鲁斯·金格马《信息经济学》，山西经济出版社，1999，第 73 页。

从中我们看出，公共产品可以是排他，也可以是非排他的。相应的提供主体可以是政府，也可以是私人企业，还可以是非营利组织。

---

① 〔美〕鲍威德（Robin W. Boadway）和威迪逊（David E. Wildasin）：《公共部门经济学》（第二版），中国人民大学出版社，2000，第 44 页。
② 〔澳〕休·史卓顿、莱昂内尔·奥查德：《公共物品、公共企业和公共选择》，经济科学出版社，2000，第 68 页。

综上所述，我们认为公共产品是指那些在消费上具有非竞争性和非排他性的产品和服务。相对于私人产品，公共产品具有以下特征[①]。

非排他性。公共产品的非排他性指为了满足社会需要而提供的公共产品，可以无差别的由应当享受的每个社会成员共同享有。

消费的非竞争性。非竞争性有两方面含义[②]：一是边际生产成本为零。这里的边际成本是指增加一个消费者对供给者带来的边际成本；二是边际拥挤成本为零。即每个消费者的消费不影响其他消费者消费的质和量。这种产品不仅共同消费，也不存在消费中的拥挤现象。[③]

二 公共品的识别与类型

（一）公共产品识别

根据公共产品的定义和特征可以看出，公共产品的特性是二重的，但是二重性是彼此独立的，非竞争性并不一定是与非排他性相伴随。布郎和杰克森（Brown and Jackson，1990）[④] 进一步阐述公共产品的识别。如图 7－1。

根据该图显示的步骤，首先产品是否具有竞争性，如果具有竞争性，那么再从技术上看其是否具有非排他性（不可排他性），如果是，或者虽然技术上可以做到排他，但排他的成本过高。从而使市场失灵，这类产品就属于纯公共产品。相反，如果这种产品具有竞争性，又同时具有排他性，则属于私人产品。但除了私人产品和公共产品外，还有两类产品，介于纯私人产品和纯公共产品之间，一是具有竞争性但不具有排他性的产品，二是不具有竞争性但可以排他的产品。这两类产品称为混合产品，即准公共产品或拟公共产品。前者为公共资源，后者称俱乐部产品。

（二）产品类型

不同的经济学家根据不同的视角对产品分类不同，下面介绍几种常见的分类即 C. V. 布郎和 P. M. 杰克逊的产品分类、曼昆的产品分类、奥斯特罗姆的产品分类、E. S. 萨瓦斯的产品分类。

---

① 除了排他性和非竞争性，也有人认为还存在外部经济性——正外部性和负外部性。参见孙良媛、商春荣《现代微观经济学》，山西经济出版社，2001。

② 乔林碧、王耀材：《政府经济学》，中国国际广播电视出版社，2002，第71～73页。

③ 潘勇明、杜莉：《公共经济学》，复旦大学出版社，2001，第48页。

④ 〔英〕C. V. 布郎、P. M. 杰克逊：《公共部门经济学》（第四版），中国人民大学出版社，2000，第28～30页。

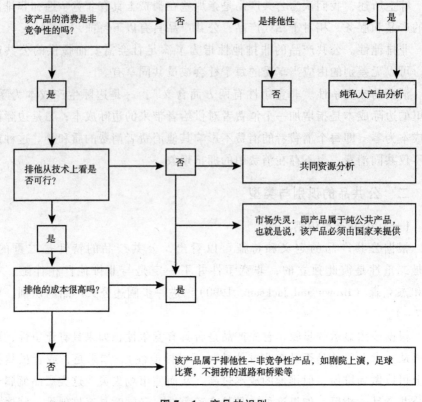

图 7-1　产品的识别

C. V. 布郎、P. M. 杰克逊的产品分类①

布郎和杰克逊根据排他性与竞争性的双重维度，不仅将产品分为四种，同时还揭示了每种类型产品的排他性程度、供给主体、分配方式、融资方式等，并给出现实中的例子。具体详见表 7-2。上述的分类也存在一些问题。在上述四种组合中，除了纯私人产品和公共产品的两种情况外，其他四种情况都可以找到所举例子与其组合特征不符合的例子，许多例子需要进一步探讨。②

① 〔英〕C. V. 布郎、P. M. 杰克逊：《公共部门经济学》（第四版），中国人民大学出版社，2000，第 35 页。
② 如在非竞争与排他的组合中，学校、交通系统、保健服务、接种、有线电视、私人游泳池等，消费上并非是非竞争性的，实际上存在一定的竞争性；在竞争性与非排他性组合中，一是是否凡是公共公园、公共财产资源和公共游泳池就一定具有竞争性需要考察；二是究竟是因为非排他性才成为公共产权的还是因为公共产权的安排才具有非排他性特征，是需要探讨的。

表 7 - 2　C. V. 布郎、P. M. 杰克逊的产品分类

	排　他	非　排　他
竞争	纯私人物品： 排他成本较低； 由私人公司生产； 通过市场分配； 通过销售收入融资。 如食物、鞋子	混合产品： 产品得益由集体消费但受拥挤约束； 由私人公司或直接由公共部门生产； 由市场分配或直接由公共预算分配； 通过销售收入融资，如对该服务的使用权的收费或通过税收筹资。如公共公园、公有财产资源、公共游泳池
非竞争	混合产品（俱乐部产品）： 含外在性的私人产品； 私人企业生产； 通过含补贴或矫正税收的市场分配； 通过销售收入筹资。 如学校、交通系统、保健服务、接种、有线电视等	纯公共产品： 很高的排他成本； 直接由政府生产或与政府签约的私人企业生产； 通过公共预算分配； 通过强制性税收收入筹资。 如国防

曼昆的产品分类[1]

曼昆用二维标准进行产品分类，尽管标准相同，但结论并不同（见表 7 - 3）。首先，非竞争性和非排他性的组合、布郎和杰克逊称之为俱乐部产品，而曼昆称为自然垄断产品；其次与布郎等人将交通系统归为俱乐部产品不同，道路在曼昆的分析中可以分别属于全部四种情况的一种[2]。

表 7 - 3　曼昆的产品分类

		竞　争　性	
		是	否
排他性	是	私人产品 如冰激凌、蛋糕、衣服、拥挤的收费道路	自然垄断 如消防、有线电视、不拥挤的收费道路
	否	公有资源 海洋鱼、环境、拥挤的不收费道路	公共产品 国防、知识、不拥挤的不收费道路

---

① 〔美〕曼昆：《经济学原理》第十一章，生活·读书·新知三联书店、北京大学出版社，1999。

② 对于道路而言，同样是收费的道路，当它是拥挤时就是私人产品，不拥挤就成了公共资源；同时，不收费的道路不拥挤和拥挤时也属于不同的产品。曼昆不是从消费特征对产品来分类，而是对产品进行分类，再分析各类产品特征的。

奥斯特罗姆的产品分类①

奥斯特罗姆夫妇根据产品的使用或消费的共同性与排他性的不同特点，将产品分为私益物品、公益物品、可收费物品和公共池塘等四种类型（具体详见表7-4）。他们采用的双重标准与 C. V. 布郎、P. M. 杰克逊、曼昆等人是一致的，但分类后产品名称不一致。

表7-4 奥斯特罗姆的产品四分法

		使用中的共同性	
		分别使用	共同使用
排他性	可行	私益物品：面包、鞋、汽车、理发、书等	收费物品：剧院、夜总会、电话服务、收费公路、有线电视、电力、图书馆等
	不可行	公共池塘资源：地下水、海鱼、地下石油	公益物品：社群的和平与安全、国防、灭蚊、空气污染控制、消防、街道、天气预报、公共电视

E. S. 萨瓦斯的产品分类

根据上述经济学家对产品的分类，如果考虑排他性和竞争性程序，共用二维坐标轴表示，可以将产品在一个平面上标示出来，萨瓦斯对此做了总结②。见图7-2。

产品分类的反思

通过前文对 C. V. 布郎、P. M. 杰克逊的产品分类、曼昆的产品分类、奥斯特罗姆的产品分类和萨瓦斯的归纳的理论解读我们可以看出，他们都是按照二重性进行产品分类的。实际上，完全符合萨缪尔森定义的公共产品在现实中几乎找不到，经济学家对产品归类并不一致也不令人满意。

（1）归纳的不完整性。

以萨瓦斯加入连续性因素的分类图为例，图中右上角和左下角的情况值得商榷。右上角包括矿藏、海鱼、空气、开放的牧场和江湖等。这些产品与公共产品区别在于有竞争性，与私人产品区别在于有非排他性。但是如何判

---

① 埃莉诺·奥斯特罗姆：《公共事物的治理之道》，上海三联出版社。2000；《公共服务的制度建构》，上海三联出版社，2000。

② 〔美〕E. S. 萨瓦斯：《民营化与公私部门的伙伴关系》，中国人民大学出版社，2002，第50页。

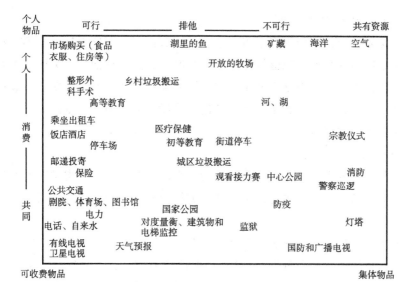

图 7 - 2　不同物品和服务的排他及消费特征（四个拐角处所示为"纯粹"物品）

断"同一产品"？如果把总量当作一个产品，那么，矿藏、海鱼、空气、开放的牧场和江湖等在消费中具有的竞争性未必比那些处于图右下方的灯塔、国防、消防和警察等消费的竞争性高；如果"同一产品"是指消费的那一部分资源，确实具有很强的竞争性，但事实上与私人产品无异。因此，尽管引入连续性，但对非竞争性和非排他性本身需要做深入探讨。

（2）对非竞争性再探讨。

首先，从产品在消费中的竞争性看，一是几乎任何一种消费品者是竞争性与非竞争性的结合体，即产品本身的性能是多元的，产品的一种效用或属性是竞争性的，但另一种效用与属性却是非竞争性的。如水果，从吃角度是竞争性的，但从树上欣赏，却是非竞争性的。二是竞争性是因条件而变化的，是动态的。许多产品和服务，在一定范围内是非竞争性的，但一旦使用数量超过一定范围，就会出现竞争性，即竞争性与稀缺性有关。三是非竞争性情况可能不止一种①。四是非竞争性与共用的关系是复杂的②。

---

① 一般而言，消费上非竞争性有如下几种：一是相同的产品可以零成本取得或复制，如空气；二是同一产品可以反复使用而不影响产品本身性能，如书、画、音像制品等；三是同一产品可以在同一时间被不同人消费，如交通规则等制度。

② 非竞争性不是一个产品被共有的充分条件：消费本身是一种参与性消费或关系性消费，不能离开他人的消费，如看大型演出、广场集会等，即他人消费与自己消费的互补性与竞争性并存。

（3）对非排他性再探讨。

一是非排他性的原因有很多，它包括不必排他、不值得排他、不应该排他和排他成本太高而不能够排他等四种情况。二是非排他性从主体角度看有两种不同情况，并且与是否使用构成不同的关系：从消费者角度看，非排他性与共用一致，从生产者角度看，排他与共用是兼容的。三是排他性往往会受到受技术和制度的影响。

（三）公共品类型

公共产品分类在理论界有多种，为了全面分析公共产品类型，下面从两个维度对公共产品类型进行概括：即依据排他性所做的分类、依据产品形态所做的分类。

依据排他性所做的分类之局限

以巴泽尔的思路为依据[1]，选择排他性作为产品分类标准，完全的公共产品是非常少的，国防、空气、地球引力或许是纯公共产品的例子。大量的产品都拥有不同程度的排他性，属于准公共产品[2]。准公共产品分为以下几种：一是消费可排他和收益的不完全排他的产品。如教育和医疗服务。二是一种消费活动同时借助了排他性和非排他性的两部分产品，或者一个产品的某个属性具有排他性而另一些属性不具有排他性；如教育、医疗、公路、电话、电视、自来水等。三是从消费者角度看，非排他性在一定范围内，超过了这一范围就具有排他性；而从生产者角度看则具有排他性的俱乐部产品[3]。四是地方性公共产品。如布雷顿（Breton）根据公共产品提供的地理区域将公共产品划分为地方公共产品、区域公共产品和国家公共产品[4]。地方性公共产品（Local Public Goods）是覆盖整个地区和区域的公共产品，根

---

[1] Y. 巴泽尔：《产权的经济分析》，上海三联书店、上海人民出版社，1997。在该书中巴泽尔从产权界定的成本和收益比较的角度，分析产权的不同形态，从而从产权的角度对私人产品和公共产品进行了分析，并根据产权类型对产品进行分类。

[2] 准公共产品在学术界也称为混合产品、准公共产品或非纯公共产品。它是指同时具有公共产品和私人产品特性的产品。

[3] 根据桑格拉和谢哈特的定义，俱乐部是一个群体自愿共享或共担以下一种或多种因素以取得共同得益：生产成本、成员特点或具有排他性得益的产品。转引 [英] C.V. 布郎、P.M. 杰克逊《公共部门经济学》（第四版），中国人民大学出版社，2000，第65页。而俱乐部（clubs）产品是经济学家布坎南于1965年发表的《关于俱乐部经济理论》一文中提出，即这种产品适合纯公共产品和纯私人产品之间的连续体上的任意一点（I. M. Buchannan An Economic Theory of Clubs, Economica, vol. 32 (1965)，pp. 1 – 14.）。

[4] Breton, A. A, *Theory of Government Grants*. Canadiam Journal of Economics and Political Science, 31, 175 – 187, May 1965.

据地方的等级又可以进一步细分。蒂布特（Tiebout）分析了地方公共产品提供和运作方式，消费者通过"用脚投票"选择社区，通过人员自由流动形成数量和质量最优的地方公共产品，如同质社区。[①] 五是拥挤的公共设施，如道路、桥梁、公园及娱乐设施等，这些产品的使用数量是可变的，奥克兰[②]（Oakland）和桑德莫（Sandmo）[③] 对这类公共产品进行分析。六是最终私人消费品的生产借助了公共投入。在生产领域中类似于纯公共产品的是中间型公共产品，即由一组厂商同时使用生产要素。[④]

依据产品形态的分类之不足

依据公共产品形态可以分为资源形态的公共产品、物质产品形态的公共产品、服务形态的公共产品、制度形态的公共产品、文化形态的公共产品。资源形态的公共产品或公共资源是指自然界中存在的人们可以加以利用的资源。如公共海域、空气、星空、地下矿藏等；物质形态的公共产品是指借助于有形的产品才可以满足人们的需求，如道路、桥梁等。服务形态的公共产品是主要借助于一种公共服务来满足人们需求的公共产品，如法律服务、义务教育、咨询、信息发布等。制度形态的公共产品是以条文的形式出现的，人们消费的不是文字，而是文字里的规定。文化形态的公共产品理论中涉及较多，而制度形态的公共产品和文化形态的公共产品在所有古典经济学里长期被忽视。下面就对制度形态的公共产品与文化产品做一介绍。

制度形态的公共产品与普通的商品不同：一是制度是一种公共产品。"制度安排一旦被创始就会成为公共货品"[⑤]，具有收益递减和非拒绝性。二是制度是无形的产品；三是制度是公共选择的结果；四是制度的供给与需求及其供求平衡并不是单个个人自主行为可以实现的；五是正规制度的供给是非竞争性的，是一种自然垄断。制度根据不同的标准有不同的类型。如道格

---

① Tiebout, C. M. *A Pure Theory of Local Expenditures.* Journal of Political Economy, 64, pp. 414 – 424, October 1956.

② Oakland, W. H. Congestion, *Public Goods and Welfare, Journal of Economics*, 1, pp. 339 – 357. November 1972.

③ Sandmo, A. *Public Goods and the Technology of Consumption Review of Economics Studies*, 40, pp. 517 – 528, October 1973.

④ 〔英〕C. V. 布郎、P. M. 杰克逊：《公共部门经济溷》（第四版），中国人民大学出版社，2000，第45页。

⑤ 林毅夫：《关于制度变迁的经济理论：诱发性变迁与强制性变迁》，载〔美〕R. 科斯等《财产权利与制度变迁——产权学派与新制度学派译文集》，上海三联书店、上海人民出版社，1994，第373～374页。

拉斯·诺斯和戴维斯把制度分为制度环境与制度安排两方面①；林毅夫根据人类对制度需求的两种类型，经济与安全，把制度分为发挥安全功能的制度和发挥经济功能的制度②。舒尔茨把制度分为用于降低交易成本的制度（如货币和期货市场），用于影响生产要素的所有者之间配置风险的制度（如合约、分成制、合作社、公司、保险等）；用于提供职能组织与个人收入流之间联系的制度（如财产）；用于确立公共产品和服务的生产与分配的框架的制度（如高速公路）③；制度还可以分为内在制度和外在制度④。而文化形态的公共产品从载体区分可分为物质文化、制度文化和精神文化；从实体性内容分为精神气质和文化素质（文化技艺）。

第三节　难以摆脱的"魔咒"：公共品的困境

随着工业化和市场经济的推行，一方面越来越多的私人产品被生产出来，人们的多样化需求得到了满足，另一方面，社会面临越来越多的公共性问题。

一　"公地悲剧"

公共产品由于非排他性或部分排他性而无法经济地实现排他，导致一系列问题，如公地悲剧、公共产品供给不足和集体行动的困境等。而在技术上可以实现排他，基于使用效率或伦理规范的考虑不能实现排他，或完全排他，从而产生制度安排的困境。这类困境被理论界称为"公地悲剧"⑤。不同的经济学家对公地悲剧进行了不同视角的分析：加勒特·哈丁分析了一块对所有人都开放的草地，出于本能的逻辑思维，最后的结果就会对公地产生

---

① L. E. 戴维斯、D. C. 诺斯：《制度变迁的理论概念与原因》，载〔美〕R. 科斯等《财产权利与制度变迁——产权学派与新制度学派译文集》，上海三联书店、上海人民出版社，1994，第 268 ~ 269 页。

② 林毅夫：《关于制度变迁的经济理论：诱致性变迁与强制性变迁》，载〔美〕R. 科斯等《财产权利与制度变迁——产权学派与新制度学派译文集》，上海三联书店、上海人民出版社，1994，第 378 页。

③ T. W. 舒尔茨：《制度与个人经济价值的不断提高》，载〔美〕R. 科斯等《财产权利与制度变迁——产权学派与新制度学派译文集》，上海三联书店、上海人民出版社，1994，第 253 页。

④ 〔德〕柯武刚、史曼飞：《制度经济学——社会秩序与公共政策》，商务印书馆，2000，第 36 ~ 37 页。

⑤ Garrett Hardin, *The Tragedy of the Commons*, Science, 162 (1968)：1243 - 1248.

无情的悲剧……在一个信奉公地自由的社会里，每个追逐个人得益的人的行为最终会使全体走向毁灭①。阿尔钦指出公有产权意味着一条路或公园或共有的渔区所出现的过度拥挤，公共苹果树上的苹果从来没有成熟过②。"属于所有人的财产就是不属于任何人的财产……海洋中的鱼对渔民来说是没有价值的，因为如果他们今天放弃捕捞，就不能保证这些鱼明天会在这里等他。"③ 而道威斯用囚徒博弈形式④分析了公地悲剧。

如图　公共牧地博弈

		放牧者甲	
		守　信	背　叛
放牧者乙	守信	甲 10，乙 10	甲 11，乙 −1
	背叛	甲 −1，乙 11	甲 0，乙 0

二　"搭便车"和"强制乘车"

搭便车（free rider）的根本原因在于非排他性。"任何时候，一个人只要不被排斥在分享由他人努力所带来的利益之外，就没有动力为共同利益做贡献，而只会选择做一个搭便车者。如果所有参与者都选择搭便车，就不会产生集体得益。"⑤ 这样的结果是"如果一种产品存在生产成本或者排他成本（边际成本不为零），那么非排他性政策将导致过度需求和资源耗竭"⑥。"在低排他成本情况下，个人努力与获得产品之间的联系是很清楚的。而在

---

① Garrett Hardin, *The Tragedy of the Commons*, Science, 162（1968）：1243 – 1248.

② A. A 阿尔钦：《产权：一个经典注释》，载〔美〕R. 科斯等《财产权利与制度变迁——产权学派与新制度学派译文集》，上海三联书店、上海人民出版社，1994，第 174 页。

③ H. 斯考特·戈登在《渔业：公共财产研究的经济理论》中描述相似的"公地悲剧"。转引自埃莉诺·奥斯特罗姆《公共事物的治理之道》，上海三联出版社，2000；《公共服务的制度建构》，上海三联出版社，2000。

④ 假定一块牧地上有两个人，通过在该地放牧得到牲畜，通过在市场上出售牲畜得到收入。对该地来说，经过一定的放牧期，有一个最佳的放牧量 A。如果两个人都守信，也就是都放牧最佳数量的 1/2，双方都可以得到净收入为 10，但是，如果两个人中一个人守信，一个人背叛，则该地总的净收益下降到原来的一半，即 10，但如果背叛者得到了过度放牧的好处而只能支付了全部损失的一半。另一半由守信者支付。结果背叛者得到净收益为 11，而守信者得到的是 −1，即亏损。如果两个都背叛，则牧场收益为 0，两者收益均为 0。

⑤ 埃莉诺·奥斯特罗姆：《公共事物的治理之道》，上海三联出版社，2000；《公共服务的制度建构》，上海三联出版社，2000，第 18 页。

⑥ 埃莉诺·奥斯特罗姆：《公共事物的治理之道》，上海三联出版社，2000；《公共服务的制度建构》，上海三联出版社，2000，第 29 页。

高排他成本下，一个人可以使用自己没有做出贡献的产品，这种联系就不清楚了。高排他成本产品的非贡献者就是搭便车者。"① 搭便车者可以分为故意的搭便车者和无意的搭便车者、自愿搭便车者（willing rider）和非自愿搭便车者（unwilling rider）。②

三　非竞争性、规避成本与排他悖论

有一类公共产品从排他的可能性看并非不容易实现，从而由私人提供是可能的，但从排他的结果来看，可能会造成另一种效率的损失。排他性的损失源于这种产品具有不同程度的非竞争性。斯蒂格利茨称之不值得（undesirable）③。这也是萨缪尔森定义的纯公共产品在供给中出现的排他悖论，即额外增加一个人使用成本为零，不排他是私人无法提供的，排他是不合理的。斯密德用"共享性产品"来表示这种具有至少是部分非竞争性的产品，即边际成本等于零，或是不等于零但非常小的产品。这种共享性产品在排他成本很低的情况下，很容易当作私人产品来提供，如广播电视信号。另一方面要考虑的是如何分摊成本，与信息或知识有关的产品都面临两难困境：不排他则无法解决成本问题，无法提供激励。排他成本为零时，额外的使用者如何支付，应该追求生产者效率最大化还是消费者利益最大化？"边际成本为零的概念突破了承担成本与获得收益之间的必然联系，谁是边际使用者，谁有资格只支付边际成本，是一个需要对权利进行公共选择的问题。"④

同时，斯密德还分析了"规避成本⑤"和"占先权"对共享产品在分配上的影响。一种可共享的产品事实上并不一定被共享，而要使某人规避这

---

① A. 爱伦·斯密德：《财产、权利和公共选择》，上海三联书店、上海人民出版社，1999，第67页。

② 关于搭便车者可以分为故意的搭便车者和无意的搭便车者、自愿搭便车者和非自愿搭便车者的区分论述，可参见 A. 爱伦·斯密德《财产、权利和公共选择》，上海三联书店、上海人民出版社，1999，第 83～84、68～70 页。

③ Joseph E. Stiglitz, *Economics of the public Sector*, p. 122, Second Edition, W. W. Nonton & Company, New York, 1988.

④ A. 爱伦·斯密德：《财产、权利和公共选择》，上海三联书店、上海人民出版社，1999，第118页。

⑤ 规避成本指一个既定的物质单位并不因增量使用者而带来成本，表明该产品有利用的潜力，但这并不意味着该产品在实际中能补利用或充分利用，这种利用差别的代价被定义为规避成本（参见 A. 爱伦·斯密德《财产、权利和公共选择》，上海三联书店、上海人民出版社，1999，第111页）。

种享用就会付出成本。规避成本越高，人们的选择性就越小，规避成本极高时，产品就变成共享性产品。规避成本的多少与产品质量有关，人们可在不同质量的产品之间进行选择时，规避问题就不突出；如果没有选择，规避问题就突出，并与"占先使用"① 有关。

四　交易费用和度量成本导致的难题

以上的三种情况没有考虑交易成本（transaction cost）本身。为了排他或收取费用，要额外支付交易费用，如在桥头设置障碍、派人检查等。交易费用或排他的成本不仅是私人公司是否选择供给的一个重要变量，也是影响社会福利的重要因素。对于存在较高的交易费用的产品，无论收费还是不收费，都会有福利的损失②。这里交易费用主要指科斯意义上狭义的市场交易费用，但实际上，公共产品的困境还在于包括度量成本在内的广义交易费用的存在。公共产品的度量成本很高导致人们不愿意拥有它，而这种产品要进行交易，除了狭义的市场交易成本，还包括很高的度量成本③。人们对公共产品消费的质量和数量是不清楚的，对成本以及成本与绩效之间的关系也不清楚，导致公共产品很难同私人产品一样进行交易。"个人物品的计量、计价和分装销售是相对容易的，而集体物品处理远非如此简单。……通常很难——并非不可能——界定和测量提供集体物品听组织的绩效，这意味着很难确定集体物品的合理的供应量，也无法估计它的成本。"④

综上所述，我们可以看到公共品在供给中的种种困境，其突出表现可以归纳为以下几个方面：由于不可排他性而导致搭便车，结果表现为拥挤以致最终的"公地悲剧"或者公共产品通过市场供给不足，而通过政府强制征税或者政府授权企业强制性收费则会导致"搭便车"或"强制乘车"并存的结果；另外，从社会资源使用效率的角度看，排他会造成效率损失的产品，由此产生排他与否的两难选择，以及规避成本损失，优先选择权和成本

---

① 非选择性的公共产品不会因为一个人的使用而改变其可使用的数量，并且有既定的可利用的物质单位。因此会产生"谁选择"与"成本分摊"问题，即共享性产品的相互依赖问题"不仅集中在成本分摊方面，而且集中在谁先获得共享产品的数量和质量的选择上"。

② 交易费用导致的效率损失（福利损失）还包括巴泽尔讲的财富的耗散。

③ Y. 巴泽尔：《产权的经济分析》，上海三联书店、上海人民出版社，1997，第 4 页。

④ 〔美〕E. S. 萨瓦斯：《民营化与公私部门的伙伴关系》，中国人民大学出版社，2002，第 56 页。

分摊等问题；而且，由于交易费用和度量成本而造成一种难以排解的困境——不排他的过度攫取和排他造成的货币和非货币的交易费用的浪费。

第四节　公共品供给模式的选择

从公共产品困境可以看出公共产品在供给上存在种种难题，既有效率上的，也有基于社会基本价值判断的。但是，尽管公共产品在供给上存在种种问题，我们还是要试图在公共产品的诸多供给方式中寻求较好的供给方式。

一　公共品多种供给方式存在的可能性

公共产品指"那些无论是个人是否愿意购买，都能使每个社会成员获益的物品，私人物品是可分割、可被不同人消费，并且对他人没有外部收益或成本物品。高效的公共物品需要政府提供，而私人物品可以通过市场进行有效的分配"①。长期以来，排他性被看做是市场机制条件下提供产品和服务的一个必要条件，但在公共产品性质分析中指出，非排他性情况有多种，有技术上不可行、技术上可行但成本过高、技术上可行成本也低，但是非排他会造成社会效率的损失、社会道义上的、社会基本价值判断不允许等。这些都是导致市场失败的原因。因此，既然导致市场失败原因不同，对其修正的方式也可能不同。

（一）产品性质的可变性

产品的性质是随知识、技术条件和收入条件变化的，所以其供给模式也应相应变化。一个产品或一个产品的某个属性的潜在价值越是被认识到，个人将其界定为私人产品的预期收益就越高，将其界定为私人产品的激励就越强。这种变化依赖于知识的进步。技术也是改变产品性质或供给模式的关键，当人们认识到潜在价值时，如果没有相应的技术，那么情况可能不会改变，真正改变人们的选择是现实的成本和收益。只有当产权界定的收益大于成本时，产权的界定才是有效的。只有技术的变化使得潜在的收益变为现实的收益，提高了排他的收益，或者降低了排他的成本，产品的性质以及供给模式才会发生相应的变迁。收入对供给模式的影响主要源于收入改变了约束条件。当小时工资提高时，人们的时间价值相对增加，金钱价值相对减少。

---

① 保罗·A. 萨缪尔森、威廉·D. 诺德豪斯：《经济学》（第 12 版、第 16 版），华夏出版社，2001，第 268 页。

在新的约束条件下，人们更注重一种产品获得方便程度。如公园的秋千是公共的，家庭后花园的秋千是私人的，当人们收入较低时，人们或许喜欢到公园去荡秋千。但当收入提高后，人们去公园的时间成本增加，从而更愿意选择在自家后花园安装秋千，这样，原来公共秋千变成了私人秋千，其供给方式发生了改变①。

（二）政府运行的成本

政府作为市场的替代物，其运行是有成本的。市场不能提供令人满意的公共产品是因为排他困难或收费困难，这种困难根源在于公共产品交易中高昂的私人交易成本。以致无法进行有保证的产权交易，产生搭便车问题。政府之所以能解决搭便车问题，并不是政府提供公共产品本身的生产函数变了，也不是消费者偏好发生了改变，而仅仅在于政府能够动员对于公共经济的运作来说是必要的强制性手段。政府作为经济行为主角而与其他经济组织的不同在于政府的决策建立在权力的普遍性和强制性的基础上，它与私人组织相比具有的优势是：课税优势、允许或禁止优势、节约市场交易费用的优势和遏止搭便车的优势②，遗憾的是，类似优势的发挥通常伴生着强制性搭便车和双重成本③等问题。

（三）生产和供给的不可分割性

政府提供公共产品并不意味政府直接生产公共产品。政府的供给可以分为直接生产和间接生产两类。前者又分为中央直接生产和地方直接生产，后者在实践不断出现新的形式，尤其是新公共管理运动（new public management）将市场机制引入公共管理中，政府的功能是舵手、裁判，而不是划桨者和运动员④。现实中常见的政府间接生产的形式有：授予私人企业经营权、与私营企业签订合同、政府参股、经济资助等，并且不再出现新形式。萨瓦斯结合产品安排和生产的不同情况列出 10 种制度安排（表 7 - 5）⑤。

---

① 〔美〕安东尼·B. 阿特金森、约瑟夫·E. 斯蒂格利茨：《公共经济学》，上海三联书店、上海人民出版社，1994。

② 毛寿龙：《中国政府功能的经济分析》，中国广播电视出版社，1996，第 19～21 页。

③ 双重成本指政府采取强制性的收费方式虽然减少了昂贵的市场交易成本，但却产生了高昂的行政费用和征税造成激励扭曲导致的经济的效率损失。

④ 〔美〕戴维·奥斯本、特盖·盖布勒：《改革政府：企业精神如何改革着公营部门》，上海市政协编译组/东方编译组编译，上海译文出版社，1996。

⑤ 〔美〕E. S. 萨瓦斯：《民营化与公私部门的伙伴关系》，中国人民大学出版社，2002，第 69～70 页。

表 7 - 5　萨瓦斯列出的 10 种制度安排

生产者	安排者	
	公共部门	私人部门
公共部门	政府服务、政府间协议	政府出售
私人部门	合同承包、特许经营、补助	自由市场、志愿服务、自我服务、凭单制

（四）供给主体的多元性

政府只是市场的替代者之一，从公共产品供给主体角度可以有多种选择。市场制度无法提供质量和数量令人满意的公共产品，这一问题的根源在于私人利益与公共产品的矛盾。作为私人对立面的是集体，政府只是集体的一种形式。要提供更多的公共产品，有必要求助于一定形式的集体行动。"公共产品的生产由消费者联系承担……每个从公共产品的消费中受益的人都必须支付一定金额的资金以支付公共产品的生产。"[1] 强制性税收只是分摊费用的一种方式，公共产品同样可以用非政府的方式提供。"对公共产品的资助并不一定来自税收，用户的花费、捐赠或广告收入都可以资助公共产品的生产……"[2]在融资方式多元化的情况下，供给主体的选择空间扩大。除了政府，可以作为公共产品供给主体的还有私人、社区、第三部门和国际组织等[3]。

二　公共品基本供给模式分析

公共产品的供给模式分为极端的政府模式、私人模式和处于二者之间的混合模式三大类。政府服务的可看作纯政府供给模式，而自由市场、自我服务和志愿者都是私人模式的典范。

（一）纯政府模式

纯政府模式是指政府不仅负责公共产品的供给、安排，而且直接进行生产。

政府提供产品并不是消除了公共产品的生产成本，而是解决了公共产品供给成本的补偿问题。政府供给公共产品首先需要征税，征税会对整个社会的产出产生较大的影响；为了收取提供公共产品所需的费用，还必须借助于庞大的征税机构，以计算和收取税收，由此，必须花费高昂的行政费用。这实际上也是一处交易费用，是通过行政的方式实现公共产品交易的费用。这

---

① 〔美〕布鲁斯·金格马：《信息经济学》，山西经济出版社，1999，第 73～74 页。
② 〔美〕布鲁斯·金格马：《信息经济学》，山西经济出版社，1999，第 73～74 页。
③ 黄恒学：《公共经济学》，北京大学出版社，2002，第 35～50 页。

种交易费用对社会来讲同样是一种损失或成本。

征税本身还会带来激励的扭曲，征税打击了人们的生产积极性，导致社会总产出的下降。关于这一点，供给学派的经济学家们做了较充分的讨论。乔治·吉尔德在《财富与贫困》一书中就对征税的种种不良后果做了分析。例如，他认为，高的边际税率导致劳动生产率的下降，因为高劳动生产率的人减少了工作，而低劳动生产率的人增加了工作；其次，高税率还会造成储蓄的投资的不足，而投机增加，"劳动生产率的增长陷于停顿，储蓄率降至百分之四以下。通常作为经济发展锋芒的上层阶级——大部分投资的源泉——纷纷转向可以躲避捐税的非生产性活动，囤积黄金，购置不动产，从事投机买卖"[1]。总之，税收，尤其是高税率的税收减少了生产的激励，使劳动生产率下降。征税对产出的这一影响我们可以进一步用图形来说明。

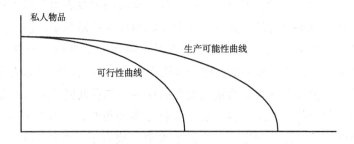

图 7 - 3　征税使得实际产出小于最大可能产出

如图 7 - 3 所示：有两条曲线，外面的一条是生产可能性曲线，即一个社会的全部资源都充分利用所能生产的最大数量的私人产品和公共产品组合的理想状态，线上的每一点都是帕累托最优的。但是，由于公共产品的供给存在搭便车问题，需通过征税的方式来解决，因此会出现征税的双重成本，背离的帕累托最优，结果，实际的产出如图中的可行性曲线所示，在生产可能性曲线的内部，实际产出小于可能的最大产出，关于征税的结果这一问题，供给学派的代表人物阿瑟·拉弗（Arthur Laffer）做过专门的研究，其结果可以用著名的"拉弗曲线（Laffer Curve）"[2] 来表示。

---

① 乔治·吉尔德：《财富与贫困》，上海译文出版社，1985，第 29 页。

② 裘德·温尼斯基：《赋税、收益和拉弗曲线》，载于《现代国外经济学论文集》第五辑，商务印书馆，1984，第 28 页。

拉弗曲线是表示税收与税率水平之间关系的曲线。如图上半部分，纵轴表示税率，横轴表示可以得到的税收总量，拉弗曲线表明，当税率等于零时，税收总量等于零，当税率从零开始上升，可以征集的税收总量上升，由于税率较低，对生产的打击不大，因此税收总量上升较快，当税率继续提高时，税收总量也继续上升，但税率的上升对生产的打击已经比较明显，因此一方面是单位产出的税收上升，另一方面是产出的下降，两种作用的结果是使税收总量的上升速度放慢，当税率上升到 P0 时，税收达到了最大限度，如果继续提高税率，那么，由于产出的下降对税收总量增长的负面作用抵消了税率的提高对税收总量增长的正面作用，结果税收总量反而减少，当征收 100% 的税收时，私人没有任何生产的愿望，产出等于零，可以征集到的税收总量也等于零。所以税率超过 P0 的区域被称为税收禁区。

假定公共产品的供给的费用全部来自税收，则税收的最大数量决定了公共产品供给的最大数量，如图的下半部分，垂直的虚线表明由最大税收数量决定的公共产品供给的最大数量。图中纵轴为私人产品数量，假定公共的资源用于私人产品生产的最大产出数量为图中的 A 点，此时，公共产品数量为 O，如果增加公共产品供给，则一来用于私人产品生产的资源减少，二来公共产品通过税收方法来供给造成额外的成本，二者共同使私人产品数量减少，如果公共产品的数量较多，必须征收更多的税收，税收价格也要上升。但是，由图的上半部分决定的税收的最大数量决定了公共产品的最大数量，如图中的 M，超过这一点，继续提高税率的结果是税收的下降，以及私人产品数量和公共产品数量的同时减少。图中只有 AB 曲线才是私人产品和公共产品转移的实际可行性曲线。

以上的分析还是假定是柏拉图式的理想政府，但是，一旦政府获得了强制性的权力而没有另一种制衡力量，还会产生另外的问题。亚当·斯密就曾对政府的强制性权力的可能的后果进行过分析，他指出："有许多收通行税道路所征的税额，往往比好好修理这些道路所必要的费用额多两倍以上，然而工程却是用极潦草方法进行，而且有时竟然全没进行。"[①] 而且，政府的目标往往与公正的真正的目标不一致："一个崇尚虚饰的朝廷的骄矜大吏，往往乐意经营壮丽堂皇的工程，例如王公贵人时常经过的大道。……至于偏在乡村的许许多多小工程，既不足以壮观瞻，又不足以邀声誉，除了实际上

---

① 〔英〕亚当·斯密：《国民财富的性质和原因的研究》（下卷），商务印书馆，1996，第287～288 页。

有极大的效用以外，没有其他可取的地方。这样，无论就哪一点说都似乎是过于琐细不值一顾的工程，怎能叫堂哉皇哉的大吏注意呢；所以，在这种人的管理下，这种小工程总是受漠视的。"在假定政府也是追求经济利益的条件下，政府的权力保证了成本的支付，但并不能保证一定会按照成本征税，当政府拥有特别的征税权而又没有其他企业生产相同的产品作比较或与之竞争时，政府很可能倾向于通过多征税的方法直接提高收益，而不必花费精力去降低成本；如果假定政府并不追求经济利益，那么，我们又很难准确保政府能够以最低的成本提供公共产品。所以，当政府由于拥有特别的征税权而又没有其他企业生产相同的产品作比较或与之竞争时，政府很可能倾向于通过多征税的方法直接提高收益，而不必花费精力去降低成本；如果假定政府并不追求经济利益，那么，我们又很难确保政府能够以最低的成本提供公共产品。所以，当政府由于拥有征税权，而解决了私人企业因非排他性导致的收费的困难时，可以提供产品，但却并不能保证以符合效率的原则提供。这里，我们仅仅揭示政府供给公共产品除了产品生产本身的成本以外，还会额外产生出一些成本，造成效率的损失。而政府供给中存在的其他问题在前面的公共选择理论中已有分析。

我们可以把征税的两部分成本，即征税的行政成本和扭曲造成的损失看做是政府供给公共产品除生产成本外的直接成本和间接成本，前者也可以看做是一种交易费用，是为了收费而支付的费用，相当于市场上的交易费用，而后者可以看做是社会福利的损失。

以上的分析是在如下假定下进行的，即公共产品的需求是已知的，生产本身的成本与私人进行时是一致的，但实际上，由于缺少竞争等原因，政府提供公共产品所花费的生产成本，往往高于私人所花费的成本。

1. 私人模式

除了政府模式，供给公共产品的模式首先是私人模式。私人供给公共产品面临的关键问题就是私人愿意提供公共产品吗？如何解决排他问题？在利他主义的假定下，答案或许是肯定的。从理论上，我们虽不能排除人们捐助的可能性，在实践中我们也发现客观存在着这类供给形式，但在经济人假定的前提下，如何解释私人供给公共产品的可能性和合理性呢？

对公共产品的私人供给这一问题最先做探讨的是亚当·斯密。斯密从历史发展的角度，探讨了国防供给模式的变迁。他发现，事实上，"国防"，更准确地说战争，最初甚至不是由政府而是由私人直接提供的。"就最低级最粗野的狩猎民族说，人人都是狩猎者，人人亦都是战士。"① 稍微有些进步的游牧民族的社会状态，也基本如此，因为他们日常的生活或游戏，往往带有操练的性质，使之能够随时作战。比较进步的农业社会，每个人也都是战士或者也都很容易成为战士。因为他们从事的劳动使他们成为战士的费用很小。"在更为进步的社会里，上战场作战的人，以自己的费用维持自己就全不可能了。"②

科斯定理证明庇古的错误在于要求任何一种外部性都要求政府进行纠正。没有科斯分析的路径，解决外部性可引入许可证制度。而关于私人供给产品在理论上的可能性，戈尔丁（Kenneth D Goldin）在《平等进入与选择性进入：公共产品理论评论》③ 一文中做了探讨。他认为公共产品可分为"平等进入（equal access）"和"选择性进入（selective access）"两种。前者是不附带任何条件的使用，即任何人都可以不受自身经济、身份、智商等条件限制平等地获得使用权的产品；后者则是需要具备一定条件才能获得使用权的产品。即通过经济的或其他手段使一部分人作为共同消费的主体，而将另一部分人排除在外。因此，至少是一种公共产品存在私人供给的可能。

新制度经济学家普遍认为不存在固定的产品生产模式，而根据技术和制度的变化，在具体约束条件下选择最佳的生产供给模式。当约束条件变得使产品适合私人供给时，私人的供给就不是不可能的。如同市场失败推不出政府干预的有效性一样，公共产品的私人供给的可能性并不以为私人供给一定比政府供给有效率。正如巴泽尔所说："先验的推理不能表明私人所有一定比政府更具有效率……如果测量和监督成本很高，那么私人所有与零交易费用状态相比，就决不会没有浪费……"④ 公共产品的私人供给是有条件的。一部分公共产品供给可通过志愿者、捐赠、自我服务等形式实现供给，但这一行为超过了"经济人"的行为范畴。

需要引进利他主义的假定。在这种假定下，我们需要继续研究利他主义是怎样对行为产生影响，其传导机制是什么，其结果是什么，其效率如何？利他主义动机导致公共产品供给的范围是什么，利他主义是如何形成的等。

---

① 〔英〕亚当·斯密：《国民财富的性质和原因的研究》（下卷），商务印书馆，1996，第254页。

② 〔英〕亚当·斯密：《国民财富的性质和原因的研究》（下卷），商务印书馆，1996，第257～258页。

③ Kenneth D. Goldin, "Equal Access VS Selective Access: A Critique of Public Goods Theory", Public Choice, 29（spring），1979, pp. 53－71.

④ Y. 巴泽尔：《产权的经济分析》，上海三联书店、上海人民出版社，1997，第97页。

2. 公私伙伴关系

公共产品供给主体的多元化和供给与生产的不同结合方式使得公共产品供给具有多种模式，萨瓦斯归纳出 10 种具体模式①。即政府服务、政府出售、政府间协议、合同承包、特许经营、补助、凭单、自由市场、志愿服务、自我服务等②。这些形式还可以有不同的组合，比如多样化安排（multiple rangements），即一种产品可以用以上多种方式提供。混合式安排（hybird rangements）即同一服务的供给在同一个主体上采取多个方式，如特许加补贴。此外还可以采取局部安排（partial arangement），即某一服务的某些环节实施一种特定的安排，如部分承包、部分凭单等。

公私伙伴关系可从三个层次上界定③。第一层次指"公共和私营部门共同参与生产和提供物品和服务的任何安排，如合同承包、特许经营、补助等符合这一定义"。第二层次指"一些复杂的、多方参与并被民营化了的基础设施项目"。第三层次指"企业、社会贤达和地方政府官员为改善城市状况而进行的一种正式合作"。公私伙伴关系的形式有多种，以基础设施为例，萨瓦斯采用了一个连续体来表示从政府部门完全公营到私营企业完全民营的可能形式。如图 7 - 4。

国有企业	服务外包	运营维护外包	合作组织	租赁建设经营	建设转让经营	外围建设	购买建设经营	建设拥有经营

完全公营—————————————————————完全民营

图 7 - 4 公私合作类型连续体

除了政府和国有企业，都属于公私伙伴关系，下面就对其主要形式做一简单介绍。

---

① 〔美〕E. S. 萨瓦斯：《民营化与公私部门的伙伴关系》，中国人民大学出版社，2002。

② 政府服务是指政府部门雇员提供服务，政府是服务的安排和生产者；政府出售指政府机构向人们出售物品和服务。政府服务与政府出售的区别在于后者是指向消费者收费，具有强制性；政府间协议指一个政府雇员或付费给其他政府以提供公共服务；合同承包指政府通过与私营企业、非营利组织签订关于公共产品和服务的合同的方式来提供公共产品；特许经营指政府将垄断性特许授予私营企业，允许其在特定领域里提供特定服务；补助指围绕特定物品而对特定消费群体实施补贴；自由市场指公共产品完全由私人生产和安排服务，消费者自由选择；志愿服务指通过志愿者劳动，由慈善组织和其他志愿团体提供服务；自我服务指消费者自己给自己提供服务。

③ 〔美〕E. S. 萨瓦斯：《民营化与公私部门的伙伴关系》，中国人民大学出版社，2002，第105页。

服务外包（service contract），即与基础设施有关的某些特定的服务，以合同的形式包给民营企业去完成。如铁路部门的售票、供水系统的读表等。同时公共部门依然对这些设施的管理和维护承担全部责任，并为固定资产筹资，提供流动资金等。

运营和维护的外包或租赁（operations and maintenance contract or lease），同样是拥有基础设施的政府部门与民营部门签订合同，但内容是基础设施的经营和维护工作。不同的是民营部门对基础设施的经营和维护承担全部责任（O&M 合约），但不必承担资本风险。

租赁—建设—经营（Lease-Build-Operate，LBO），是一种政府与民用其余的一种长期合同，民营企业利用自己的资金扩张并经营现有的基础设施。除了要向政府部门缴纳租金和在法律上不拥有所有权外，与完全的民营差别不大。

建设—转让—经营（Build-Transfer-Operate，BTO），民营部门首先对基础设施进行建设，建成后将所有权转给政府，再通过长期的合同形式，从政府那里获得经营权，在经营的期限内，可向用户收费，以收回投资。

建设—经营—转让（Build-Operate-Transfer，BOT），民营部门在特定的期限内，建设、拥有并经营基础设施，有权向用户收费，期限结束，将公共设施的所有权转移给政府。

外围建设（Wraparound Addition），即民营部门投资兴建已有的基础设施的一些附属设施，并在一定的期限内经营整个基础设施，其中民营部门投资投资兴建的部分所有权归民营部门。

购买—建设—经营（Buy-Build-Operate，BBO），首先将现有的基础设施出售给民营部门，授予经营权，民营部门负责扩建和经营，一般通过特许协议规定价格、质量等标准。

建设—拥有—经营（Build-Own-Operate，BOO），民营部门特许投资兴建的基础设施，拥有其所有权并负责经营，但一般要接受政府在价格和应运方面的规定。

三　公共品供给模式的选择标准

既然有诸多公私伙伴关系，那么该如何选择呢？影响选择模式的因素是什么？萨瓦斯做了具体分析并提出评价一项具体模式的 11 条标准[①]：服务

---

① 〔美〕E. S. 萨瓦斯：《民营化与公私部门的伙伴关系》，中国人民大学出版社，2002，第106 页。

的具体性（specificity of service）、生产者的可得性（availability of producers）、效率和效益、服务规模、成本收益的关联度、对消费者的回应性、对欺骗行为的免疫能力、经济水平、种族水平、对政府指导的回应性、政府规模。[①]

上述的 11 个标准实际可以归结为效率与公平两个标准。从效率标准来看，自由市场能够达到效率的有效机制是竞争，因此，从以上的模式看，越是能够引起竞争，越是能够直面消费者的选择方式，就越有效率。然而，在公共产品的生产中，大多数具有规模效应。而规模经济存在意味着完全竞争与之是矛盾的，当生产者数量较少时，竞争是不充分的，而人为限制规模又会制约规模经济效果，因此，对公共产品生产而言，效率的实现需要在竞争和规模之间较好地平衡。正因为这两个方面的平衡，也给政府对公共产品效率选择上留下了人为处理的可能性。另一方面，公共产品的供给涉及公平标准。而公平和效率的权衡也是由政府做出的。

第五节　我国公共品供给体制的现状、问题及对策

一　我国农村公共品供给

（一）农村公共品供给体制的现状

总体而言，现行农村公共产品供给体制是在继承人民公社时期制度框架的基础上建立起来的。

在人民公社体制下，基本生产资料归集体所有，公共产品的供给和使用都由集体统一组织、安排，农民只是集体经济组织内的劳动者。由于通过税收等制度内财政手段筹集到的公共资源极为有限，而且仅限于公社本级，因而制度内公共产品供给不足，人民公社正常运转所需的公共产品不得不主要依靠制度外供给，实际中采用的则是以劳动力代替资本的方法，由政府以行政命令的方式动员并组织劳动力承担土壤改良、水利建设、道路修建等劳动

[①] 服务的具体性指服务能补精确描述；生产者的可得性描述了私人企业参与公共产品生产和供给的意愿的大小；效率和效益决定因素是竞争；服务规模过大或过小的供给都是无效的；收益和成本的关联度会对消费者产生理智消费的经济激励，从而实现效率；对消费者的回应性，当消费者成为服务的安排者时，可提高服务的回应性；对欺骗行为的免疫力是指在安排者和生产者不是同一主体，会产生委托代理关系，容易导致寻租等腐败行为；经济公平指机会公平和结果公平；种族公平指对国家内各种族实施公平提供公共产品。

密集型投资项目。家庭经营的普遍推行导致了人民公社制度的最终瓦解。从 1982 年起开始撤销人民公社，到 1985 年，全国农村已经建立了 9.2 万多个乡（镇）政府（包括民族自治乡镇），82 万多个村民委员会，并相应建立了乡财政，继人民公社之后体制下的"乡政村治"模式基本形成，农民的身份也随之发生了很大的变化，他们已不再纯粹是集体经济组织内的生产者，而是相对独立于乡政府和村委会的农业生产经营者，有自己独立的生产经营权、劳动自主权和剩余索取权。

农业基本经营单位和核算单位的变化带来了农村公共分配秩序和分配关系的变革，进而要求对农村公共产品的供给体制做出相应的调整。然而，由于家庭经营的制度变迁发生在中国社会产生重大转折的历史时期，既缺乏系统的理论准备和制度设计，也不是自上而下有组织、有计划地实施的，这就决定了制度本身的不完善和发展变迁的长期性；家庭经营自上而下的诱致性制度变迁并未能给诸如农业基础设施、农业技术推广以及农村公益事业等公共产品的供给提供有效的制度安排，现行"乡政村治"模式下的农村公共产品供给体制仍然只是人民公社时期供给体制的继承。其特点是：

1. 以制度外财政为主的公共资源筹集制度

改革后的乡镇政府作为一级行政机构，拥有相应的财权，承担着社区内公共产品供给的责任。按《宪法》的规定，乡级政权的职能是"领导本乡的经济、文化和各项社会建设，做好公安、民政、司法、文教卫生和计划生育等工作"，其职责范围几乎涵盖了农村社会生活的各个方面。与其庞大的职责相比，乡镇制度内财政所能筹集到的公共资源显然力不从心。事实上，随着国家经济重心的转移，农业经济的比较优势逐渐丧失，农业税收的调节机制进一步弱化，农村的财政力量已大为衰减。1994 年的分税制改革更加剧了基层财政的这种窘迫局面。目前全国两千多个县市中，存在财政赤字的县市已经超过半数，这些县市成为"吃饭财政"的单位，根本没有余力顾及公共产品的生产。在这种情况下，乡镇企业上缴的利润、管理费、国家明令收取的乡统筹费以及各种集资、摊派、捐款、收费、罚没收入等制度外的财政收入便成了弥补地方公共财政萎缩的一种体制上的"创新"。

自上而下的制度外公共产品供给决策机制也是问题的一个方面。在现行公共产品供给体制下，公共资源的筹集采用的是一事一收费的形式，每项收费都有特定的用途，这相当于在实践中默许了基层政府为一项新的公共产品的供给向农民取得费用的合理性。由于基层政府所追求的目标与农民的要求并不是完全一致的，因此，为了达到基层政府的目标，农村社区制度外公共产品的供给就主要不是由乡、村社区内部的需求决定，而是由社区外部的指令决定，例如乡及乡以上政府和部门下达的各项收费任务、布置的各项达标、升级活动等，而由此产生的供给成本则可通过向农民收取集资、摊派以及各种费用的形式取得。

2. 生产性公共产品供给不足，影响了农业生产的持续、稳定发展

改革以后，中央财政的事权向地方财政转移，大量过去由中央政府包下来的事情现在要由县、乡政府承担。但是，由于基层政府制度内财政资金不足，而制度外资金的投放又缺乏有效的激励，造成农村生产性公共产品供给不足。同时国家投资的减少也并没有为基层政府投资所弥补。现行体制下，不仅新的生产性公共产品供给不足，而且原有的供给水平也遭到了相当程度的破坏，水利设施淤塞，农田道路失修，导致农业抗灾能力薄弱，影响了农业的持续稳定发展。

3. 非生产性公共产品供给膨胀，超过了农民的负担能力

与生产型大型公共产品的供给不同，基层政府一般对非生产性公共产品的供给有着较强的动力。这些产品主要为：关系农民生产生活的各项服务，如县属职能部门和事业单位在乡镇的诸多派出机构，即所谓的"七站八所"等事业、企业单位提供的各项服务、咨询；上级政府所要求的各项达标升级活动；以筹集资金为目的向农民提供的各项低质量甚至是虚假的公共产品。农村公共产品供给的强制性和公共资源筹集的随意性，造成了非生产性公共产品的恶性膨胀并最终成为农民负担沉重的主要因素。

4. 供给渠道单一，无法满足农民对公共产品供给多样性的要求

在现行体制下，私人投资由于受政府政策和产权界定的影响，难以大规模进入农村公共产品供给领域，政府仍是单一的供给主体。但是受到决策目标和资金的限制，政府提供的公共产品数量有限，质量不高，难以满足农民对公共产品多样性、高质量的要求，这既影响了农村经济的发展，也造成了农民对政府的不满和抵触。

5. 机构膨胀，"吃饭财政"的现象日益严重，进一步加重了农民负担

强制性的公共产品供给方式，必然要求有一套完整的、自上而下的公共产品供给的执行机构——公共组织自身，从而带来乡镇机构膨胀、人员队伍庞大等现象，并消耗大量的公共资源用于机构运行和人头费开支。而公共资源筹集的随意性又为这种膨胀在资金上提供了可能，最终形成"养

人收费，收费养人"的恶性循环，既降低了工作效率，又加重了农民负担。

（二）新型农村公共产品供给体制的构建

由以上分析可以看出，尽管当前的制度环境较人民公社时期已经有了很大改变，但从公共产品供给决策的政府主导性、供给的强制性、公共资源使用的随意性以及筹集的制度外特征来看，现行体制仍然只是人民公社时期的继承与延续。相对于农民需求的变化，农村改革明显滞后于经济发展的要求，必须积极进行创新体制的研究。

1. 完善农村公共产品的供给决策机制，充分体现农民的意愿

引入村民自治的最初诱因，是要将农民重新组织起来，解决农村公共产品供给不足的问题。但由于乡镇政府职能向村级组织的渗透，村民委员会部分地失去了应有的自治色彩，变成了农村公共产品自上而下供给政策的执行机构，扭曲了农民的意愿。要彻底改变这种局面，应该做到：其一，明确划分各级层政府和农村社区村民自治组织供给公共产品的责任。各级层政府作为政府公共权力的化身，负有供给公共产品的不可推卸的责任；村民委员会作为村民自治组织，其主要职能不是供给公共产品，而是在国家有关法律范围内，通过村民公约等方式对社区加以管理。其二，充分发挥村民大会和村民代表大会的作用。村民大会作为农村社区的最高权力机构，对社区事务享有最终表决权。社区公共资源的筹集和公共产品的供给须经村民会议或村民代表会议表决同意，凡未经投票表决而擅自动用本社区筹集到的公共资源的行为都是违法的。对于公共资源的使用，村民大会和村民代表大会也依法拥有监督权。其三，县乡社区内的大型公共产品供给应在广泛听取群众意见的基础上，由本级人民代表大会投票表决，常规性的公共产品供给也应接受人民代表大会的监督检查。

2. 积极引进私人投资，构建多层次的公共产品供给结构

前面提到，社会产品可以分为纯公共产品、准公共产品和私人产品。一般来说，纯公共产品可以由政府统一提供，准公共产品则可以通过政府补贴的方式，由政府和私人混合提供。而私人产品则主要通过市场来供给。借鉴这一理论，我们可以将农村社会产品进行大致分类，从而确定其相应的提供方式。其一，农村纯公共产品由政府统一提供。大型骨干水利工程、农村道路建设以及全国性的农业病虫害防治等，适合于由政府统一提供。但由政府提供并不等于这些产品一定要由政府部门生产。政府可以通过合同的形式引进私人投资或直接交由私人生产，然后再由政府购买。其二，农村准公共产

品应该按照政府补贴和私人投资相结合的方式由政府和农民私人混合提供，例如，地区性的农业病虫害防治、中小型水利工程、农业科技教育、农技推广和农业机械推广、农村电力、节水农业等。这些产品通常既有社会受益，又有生产者个人受益的特点，属于准公共产品的范畴，可以在政府补贴的基础上，按照"谁受益，谁负担"和"量力而行"的原则，由农民按照受益程度的大小进行集资生产。在实际操作中，可以通过村民大会或村民代表大会，充分收集农民的意愿，拟定集资方案，由乡政府或村委会具体负责实施。这类产品也可以先由政府公共提供，然后按照受益大小，向使用者收取相应的使用费。其三，小范围受益的低级公共产品，可以考虑将农民组织起来，通过俱乐部的方式提供。灌溉、治虫、湖泊的渔业资源利用、种植、养殖的供产销联合体、乡村道路、农产品的加工和流通等，由于其外溢较小，且受益群体相对固定，属于俱乐部产品的范畴。对于这类产品，由政府提供显然是不合理的，而对农民个人来说，由于外部性的存在，由私人提供也容易造成效率损失，因而理想的方式是将农民组织起来，成立农业合作社，通过合作社将外部收益内在化，提高供给效率。最后，确保农民私人产品的生产不受政府干预。农业耕作、种植养殖、施肥、收获、销售等，是纯粹的私人产品，应当由农民自主进行，避免政府的直接行政干预，但政府可以给予适当的指导。

3. 积极推进农村税费制度改革，理顺公共分配关系

现行体制下，制度内农村公共资源不足，要靠制度外再筹集的做法，已经到了非改革不可的地步。既要防止制度外财政的过度膨胀，又要在农村筹集到足够的公共资源以确保农村公共产品的供给，从当前来看，唯有进行农村税费制度改革，通过提高现有农村地方税税率，把现行制度外财政中具有税收性质的部分转化为制度内征收，其余部分在清理的基础上作为税收的附加一并征收，然后再按其用途返还，才能从根本上解决问题。这一方面可以通过税收的权威性确保公共资源的筹集，另一方面也可以从根本上杜绝乱收费的情况发生。同时，农村税费制度改革作为一项系统工程也必须与农村教育体制、乡镇行政管理体制以及农村基层民主制度等配套改革措施协调进行。

4. 加强对公共资源使用的监督、检查，坚决杜绝权力腐败行为

主要应做到：实行村务公开、政务公开，定期向群众公布收支情况，增加公共资源使用的透明度；积极发挥各级人民代表大会的监督、检查作用，确保公共资源的合理使用；强化社会审计监督作用，及时查处各项违规、违纪行为，将公共资源的使用置于严格的社会监督之下。

二　我国城市公共品供给

(一) 城市公共品供给存在的问题

中国城市公共产品运营是在特定的背景下进行的，其投资方式、价格确定及经营管理等都不同程度地存在问题。

1. 投资渠道单一，以指令性计划确定价格

中国经济体制转型以来，为了增强企业自我积累和自我发展的机会、提高居民生活水平，政府在进行收入分配时逐渐向企业和居民倾斜，造成城市财政收入总体增长幅度较小。依据国际经验，在经济起飞过程中，城市交通、电力和电讯业投资的增长应快于加工工业投资的增长，没有这些部门的超前发展，就不可能有经济的成功起飞。在中国特定体制背景下，公共产品的投资基本依靠政府进行，政府财力又难以全部满足投资需要，使城市公共产品的供给严重滞后于加工工业发展。

另外，受长期计划经济体制影响，城市水、电、气、热、公交等公共产品的商品属性被忽视，基本上被看做无偿的福利性产品。城市公共产品供给被低收费和严格的价格管制所束缚，而政府却以财政补贴方式来维持其低效率运营。由此，公共产品建设的量越大，政府背的包袱越重，形成"建设越多，亏损越大；投资越多，黑洞越深"的恶性循环。转型以来，虽然价格已进行了一些调整，但仍未达到可以维持简单再生产的成本价格水平。这在政府财力不足、补贴不能全额到位的情况下，加剧了公共企业的经营困难。价格的管制，一方面使市场经济条件下应有的价格调节机制失灵，另一方面对经营公共产品的企业又无吸引力，加之管理部门缺乏资产经营意识，不能将现有的存量资产盘活，因而依靠政府实现扩大再生产成为不得已的选择。

2. 公共部门垄断经营

中国城市公共产品实行的是条块分割的行政管理模式，水、电、气、热、通信、道路分属不同的行政管理部门；邮电、通信、电力等实行条条管理模式，以中央政府的一级调控管理为主，地方政府基本上没有管理权；水、气、热、道路等以地方的块块管理为主，立项、计划权等集中在城市建设行政主管部门。政府作为垄断经营者，把公共产品的生产任务指令性地分配给其他行政附属物——国有企业，因此，在公路、桥梁、路灯、公园等公共领域几乎都有一个自上而下，上下对口的庞大行政机构，这些行政机构统一下辖各自领域里众多的专业性国有企业，并垄断了整个行业的经营活动，

这也为设租、寻租培育了气候和土壤。在现行"建管一体、养管一体、管修一体"的管理模式下，管理部门也容易依靠行政管理权垄断设计及施工等，排斥市场竞争。缺乏竞争又必然导致国有企业低效率，结果是国有企业整体运营成本高、质量水平低、经营管理的效率低。

3. 规模效益差，资金使用不能形成整体合力

城市公共产品建设资金除由城市财政筹集和向世界银行贷款外，还以各种"收费"形式来筹集，分散由各部门管理。这就使中央政府用于公共产品投资的资金分散，预算约束不强、预算外资金不能最大限度地发挥作用，也难以形成资金统一使用和规模经济的合力。

（二）城市公共品供给体制改革

从国际上看，发达国家已成功地探索了引进市场机制来建设公共产品的经验，而且至今仍在探索公共产品投融资、经营和管理等各环节的运营体制改革路径。从国内来看，"十五大"确定的经济体制目标和经济发展战略，为城市公共产品的市场化运营改革提供了前提条件。所以，应树立公共产品的市场化运营观念，使人们破除公共设施"福利型"、"供给型"的旧观念，破除公用事业只能由国家垄断投资和经营的观念，鼓励其他经济成分参与经营，推行公共产品的有期、有偿使用。

1. 引进竞争机制

公共产品经营企业之间的竞争是提高其运营效率的先决条件。斯蒂格勒在新加坡和加拿大做过实证研究，认为无论公共企业还是私营企业，提高效率的普遍原则是激励机制和竞争机制。无论是自然垄断性物品生产，还是优效性物品生产，没有竞争的生产将严重缺乏效率。所以，增强激励机制，吸引政府以外的各种企业从事生产活动，使它们与政府公共企业一起在竞争中生存，这是公共产品运营管理体制改革的第一步。

2. 改革产品投资体制

稳定、多渠道的投资资金供给，是公共产品生产的根本保障，获得稳定的资金来源，就应介入多元投资主体、开辟多种投资渠道。这主要包括：

中央和地方（城市）政府的财政投资。城市公共产品中有相当一部分是纯"公共物品"，具有完全的非竞争性和非排他性，它们必须由政府来投资，这是市场经济中政府职能的一个重要方面。随着金融制度的创新和资本市场的发展，政府可以加以利用的财政融资手段逐步增加，比如政府具有一般企业所没有的信用优势，可以以政府信用作为担保，发行公债，筹集财政资金从事投资活动。

公共产品经营企业的经营收入再投资。城市公共产品中有很大比例的准"公共产品"，它们应该实行企业化经营，通过对这些产品的经营，企业不仅可以为社会创造外部效应，也可以为自身带来经济效益，从而保证企业自我积累、自我发展的生命力。从这个意义上说，公共产品，尤其是基础设施的投入不仅是社会经济行为，也包含着市场经济行为。就后者来说，有投资就应有回报，投资主体多元化要与受益主体多元化相统一。应该运用市场机制，盘活存量资产、实行资产化经营。

政府和银行的低息贷款及发行债券筹资。政府财政贷款及争取世界银行、亚洲开发银行等的低息贷款，对于约束公共企业经营和管理，具有一定的积极意义。1980年，日本的公共基础设施建设的投资来源中，财政投资贷款占24%、市场发行债券占18%。中国近年发行的电力建设和自来水建设债券都有力地支持了公共企业投资建设。

大力引进外资。引进外资建设城市应该是目前中国公共产品建设重要的资金来源渠道。近年来从国外流入中国的私人资本已经急剧增加，尤其是外资开始进入公共产品投资领域，而且作用不断增大。改革开放初期，外商对中国的投资主要集中在投资短、见效快、风险小的加工工业和第三产业，它们的投资带有明显的试探性。随着中国投资环境的逐步改善，大中型跨国公司的投资比例不断增加。

设立公共投资专业性基金。近年来，储蓄总额呈现出稳定增长的势头。储蓄总额的增长，为公共产品投资资金面的拓宽和资金量的递增提供了条件，也为投资基金制度的实施提供了可能。投资基金制度是把大众投资分散的资金汇集起来，委托专门的投资机构进行投资，借以分散投资风险，使投资者按其投资比例享受较为稳定收益的一种投资制度。为了拓宽城市公共产品投资渠道，可以允许设立公共投资专业性基金，政府可以予以税收减免优惠并提供保底收益率。基金管理人可以自主选择以哪些政府公共项目为其投资对象。如果基金管理人在政府规定范围内不能选择到合意项目，则可以把资金贷给政府，并由政府按规定的保底收益率支付利益，保底收益率可以高于银行存款利率。在欧美等发达国家，为了促进城市公共开发项目的实施，经常利用证券投资机制寻求资金来源，这些国家的政府将证券发行所得到利息以及部分资产售出所得归还给投资者，以获得比其他融资方式更充足的资金来源。

3. 改革城市公共产品经营体制

国外的经验证明，对于公共产品经营可以采取直接公营的形式，也可以采取其他经营形式。

目前，中国已经有很多城市允许私人企业（私立学校）经营中小学教育，并以此取得较高经济和社会效益。但总体来说，中国公共产品的经营体制还没有得到彻底改革，需要进一步加大改革力度，主要措施有：

（1）改革政府的干预行为。将政府直接生产经营公共产品的传统方式，改变为以补贴和管制方式来干预公共产品经营。对企业进行某些补贴，是为了弥补公共产品经营的巨大固定成本；对居民进行某种补贴，是为了使其"选票"能够表达对公共产品的需求信息。采用管制方式，可以监督、审查公共部门的实际成本与价格状况，保证公共资源的优化配置。

（2）进行市场化改革。随着科技进步，一些公共产品经营部门已丧失了其自然垄断性，顺应这一变化，应将不具备自然垄断的公共部门果断推向市场。

（3）明确划分公共产品经营职能。公共产品经营中引进市场竞争机制已势在必行。政府可以将某些城市道路、桥梁、港口等基础设施的专门经营权拍卖给私人、法人团体和外商，由它们来经营；也可以将一部分垄断性行业的现有国有企业资产或将要建成投入使用的资产出售；还可以实行股份制改造，由股份制企业或私营企业来经营，政府可以尽快收回投资。对于不能出售和股份化的企业，政府可以采用租赁、托管和公司化等方法实行商业化经营，从而缩小政府直接经营的范围。

（4）改革价格体制。对于公共产品定价的意义远远超过了经济理论范畴，因而确定合理的价格水平是极其困难和复杂的，也是因为如此，价格体制改革才具有重要的意义。价格体制改革的主旨是：确定社会边际成本定价准则，使城市公共产品经营在总体上保持一定的"收益"水平；通过价格调整存量结构以减轻公共产品的运营压力，实现"以城养城"。主要措施包括：

其一，总体上上调公共产品的定价水平。中国城市公共产品供给不足是一种常态，为缓解供求矛盾、保障社会整体福利最大化，应该按照有偿使用原则，提高自来水费、电费、电话费、煤气费、公共交通费、养路费等。这些费用长期低于成本，国家财政要给予生产经营企业巨额暗补。若将这些产品不同程度地加价，使生产经营企业能够基本上做到收支平衡以至略有赢利，则既能减轻财政负担，又能促使其增长速度超过加工工业增长速度。

其二，基础价格体现公共福利性特点。公共产品价格与城市居民生活密切相关，保持合理的基础价格对保障居民生活的"必须性"具有重要意义，应以土地低价批租甚至无偿提供土地、限制进入企业数量和减免税收等方式刺激企业投资，降低企业成本，做到既提高企业利润率，又不会造成物价上涨过快。

其三，依靠其他价格形式实现公共产品生产企业"自我积累、自我发展"的经营原则。对超额享受公共产品的人，根据产品价值、服务质量等因素的差别来制定浮动价格，拉开价格差别。

第八章
公共行政法治

行政权存在的历史可以一直追溯到政治国家的出现，然而行政法治的历史却短得多。也就是说政治国家出现以后，在很长一段时间内行政权是不受法律约束的。资产阶级革命成功以后，为了从制度上铲除封建专制，限制行政权的专横与暴虐，保护资产阶级的经济自由与政治民主的权利，提出了行政法治的主张。

第一节　公共行政法治的理论基石

行政法治的提出基于迫切的现实需要和深刻的理论基础。现实上，取得了政权的资产阶级迫切需要从制度上限制行政权力的暴虐，为资本主义的自由发展创造制度空间。理论上，启蒙思想家的学说为行政法治的提出奠定了深厚的理论基础。

一　天赋人权说

近代启蒙思想家在进行权利—权力的论证和制度设计时，其逻辑起点都是天赋人权。启蒙思想家在描述权利起源时，都从假想的自然状态开始，格劳秀斯所描绘的自然状态是"没有财产之分，人人平等自由；人们只受自然法的约束；个人是自己权利的保障者，有权抵抗他人的不正当的行为，人们在自然状态中曾过着和平、宁静的生活"。[①] 斯宾诺莎所设想的自然状态是"人们不受任何法律的约束，每个人也不服从任何其他人"。"在自然状态下每个人都有生存这一最高的自然权利，因而他们都

---

① 徐大同：《西方政治思想史》，天津教育出版社，2001，第127页。

只受自然法则的支配，就像水中生活的鱼一样，大鱼有最大的天赋之权吞吃小鱼。"[1] 霍布斯由自然状态人人享有平等、自由的权利得出自然状态是"一切人反对一切人的战争"的结论。洛克则认为自然状态是一种"完备无缺的自由状态"。尽管启蒙思想家所描述的自然状态是不同的，但有一点是相同的：人们所享有的权利都是天赋予的。天赋予了人权，人就好好享受这种上帝的赐予就是了，为什么还要放弃一部分权利建立国家呢？启蒙思想家有不同的解释：格劳秀斯认为是为了享受公共的权利和利益；斯宾诺莎认为是为了追求安全的生活，避免同类之间的损伤；霍布斯认为是为了摆脱自然状态，寻求和平。尽管对人们为什么结成政治社会的目的理解不同，但采取的方式，启蒙思想家的认识是基本相同的，即通过契约的方式。在参与制定契约的主体，契约的内容，放弃和保留的权利等具体问题上又出现了分歧，但对人民是权利的所有者，虽然人民放弃了一部分权利的使用权，把它交给了集中行使的人，但权利的性质没有发生改变，人民仍是主权者，仍保对权力行使的授予权和变更权，在这一点上是一致的。

天赋人权说解决了权利的来源与权力产生的起点问题，并为解决权利与权力之间的关系提供了理论依据。

二 政治原罪说

政治原罪说是人性原罪说和权力原罪说的延伸。基督教认为，人从出生即从其始祖——亚当和夏娃那里继承了罪，这种罪被称为原罪，人的一生都在赎罪，也就是说人性是恶的，它始于人的始祖。权力原罪认为，权力从开始来到人间即有罪，政治是有罪的人使用有罪的工具，因而，政治便也难以脱开这种与生俱来的罪——原罪。正是在这个意义上，西方人认为，政治是必要的罪恶，腐败是附着在权力上的咒语。人性假说一直是一个颇存争议的问题，支持者、反对者各执一词，然而，人性原罪说及其延伸——政治原罪说，为为什么要对政治权力进行限制提供了理论根据，并为政治思想家进行制度设计提供了理论起点。权利是人民的，过政治生活是人类的必然选择，这就要求人民必须放弃或转让部分或全部权利。但是政治又先天具有恶性，怎么办？作为主权者的人民怎样才能保证转让出去的权利变成公共权力后能够按照自己的授权目的和要求行使？顺理成章的选择便是，法治和分权。这就是第三个理论基石。

---

[1] 徐大同：《西方政治思想史》，天津教育出版社，2001，第132页。

三 分权制衡说

按照分权学说的先驱洛克的观点，"如果同一批人同时拥有制定和执行法律的权力，这就会给人们的弱点以绝大诱惑，使他们动辄要攫取权力，借以使他们自己免于服从他们所制定的法律，并且在制定和执行法律时，使法律适合于他们自己的私人利益，因而他们就与社会的其余成员有不相同的利益，违反了社会和政府的目的"。① 在洛克看来制定法律和执行法律的权力必须明确界分，只能分属于两个不同的权力主体。孟德斯鸠则更进一步告诫人们："当立法权和行政权集中在同一个人或同一个机关之手，自由便不复存在，因为人们将要害怕这个国王或议会制定暴虐的法律，并暴虐地执行这些法律。"② 正是基于分权学说，资产阶级把国家权力分为三部分：立法权、执法权和司法权。把立法权交给议会，把执法权交给行政，把司法权交给法院。三者各司其职，各守其序，不得僭越。行政机关必须按照立法机关制定的法律从事行政管理活动。

第二节 公共行政法治的历史流变与时代特质

行政法治从提出开始，其含义就随着时代需要和理论进步不断发展变化，了解行政法治流变的过程、影响因素、发展脉络及时代物质，对于正确理解和把握行政法治，在理论和实践上都有重要意义。

一 公共行政法治的含义

行政法治或称依法行政，尽管在提法上有所不同，德国称为"依法行政"，法国称为"行政法治"，英国称为"法治"或"依法行政"，日本国称为"依据法律行政或法治行政"。③ 在解释的语义表述上也存在差异。但其基本含义是一致的，即行政权是执行法律的权力，其行使必须有法律的依据，受法律的约束。具体包含四个方面的内容：①主体合法。行政权力行使的主体是法定的，不具有随意性。一般情况下各国都由宪法和法律对行政权力行政主体的资格、权力来源、编制、职权范围、活动原则等进行严格规

---

① 转引自杨海坤《跨入21世纪的中国行政法学》，中国人事出版社，2000，第293~294页。
② 转引自杨海坤《跨入21世纪的中国行政法学》，中国人事出版社，2000，第293~294页。
③ 杨解君、孙学玉：《依法行政论纲》，中共中央党校出版社，1998，第3~4页。

定，不存在超越法律之外的行政权力行使主体。②职权法定。行政机关行使的行政职权都是由法律明确规定的，行政机关只能在法律规定的职权范围内从事行政活动，非经法律授权，行政机关即不拥有相关的权力。③依法行政。行政行为的内容、程序必须合乎法律的要求，行政立法行为要在宪法、法律授权的范围内，依照法定的程序立法，所制定的法规、规章或规范性文件不得与宪法、法律相抵触；行政执法要求国家行政机关处理行政事务必须依法适用法律、法规，做到行为合法、程序合法。④权责统一。权力和责任是统一的，如果行政机关没有按照法律的规定从事行政活动，该作为的不作为，即构成渎职；不该作为的作为即构成越权。不管是渎职、越权还是滥用职权都是违反法律、法规的行为，有权机关可以依法撤销，行政机关应承担违法行政行为的责任。

二　公共行政法治的历史流变

行政法治的内涵随着行政法治实践的发展，从其产生至今一直在适应各国行政变化的需要中不断地发展和演变。了解这一发展和演变过程，有利于动态地把握行政法治的发展趋向，指导我国的行政法治实践。

（一）　从单纯议会所立之法到包含议会所立之法与行政所立之法

把"法"的范围限定在议会制定法，是行政法治的初衷，除了在理论上和实践上反映了资产阶级与封建王权斗争的诉求外，也吻合了资本主义发展初期的社会现实。自由资本主义时期，过分强调市场这只"看不见的手"的作用，奉行政府不干涉主义，认为"管得最少的政府是最好的政府"，那个时期"除了邮局和警察以外，一名具有守法意识的英国人可以度过一生却几乎没有意识到政府的存在"。① 正是极其有限的政府职能与立法事务，议会有足够的时间、精力和能力满足社会对于立法的要求。

到了 19 世纪末 20 世纪初，随着生产的高度社会化，科学技术的迅猛发展，自由竞争逐渐演变为垄断竞争，许多社会问题，诸如通货膨胀、失业、贫困、劳资矛盾等大量涌现，单靠市场调节这只"看不见的手"已很难使社会走出困境，迫切需要政府这只"看得见的手"的全面干预，"最好的政府，最少的管理"被"最好的政府，最大的服务"代替。政府对政治、经济、社会生活的全面干预，致使行政权力急剧膨胀，面对日新月异的行政事务，议会立法越来越感到力不从心。议会立法满足不了行政实践需要的事实

---

① 威廉·韦德：《行政法》，中国大百科全书出版社，1996，第 3 页。

使得议会不得不把部分立法权委托给行政机关，依法行政中"法"的范围便由单一的议会制定的法扩展到包括议会制定的法和行政机关制定的法。当然，行政机关制定的法与议会所立之法还是有很大区别的，不仅法律位阶不同，效力等级不同，不得与议会制定的法律相抵触，而且，受法律优先（或法律优位）、法律保留原则的制约。上述演变过程显然不是或不完全是理论设计的结果，更多的是实践发展的需要，因而，行政法治中"法"的理念的这一微小的变化（与它给实践带来的变化相比）立刻得到了行政实践的强大回应：行政职能范围迅速扩大；由原来固守法律限制以维持秩序为目的的消极行政转变为以实现公共福祉为目的的积极行政。

（二）由单一实体法到实体法与程序法并重

行政法治提出之初，无论是向来注重法律程序的英美法系，还是素有注重实体传统的大陆法系，都没有对行政程序表现出太大的兴趣，其原因并非偶然：行政管辖领域的尽可能缩小；议会制定法的尽可能详尽和严格的限制性遵守；行政自由裁量权的完全剥夺；司法审查的严格执行等使得仅靠规定行政机关的组织及其权限的实体法，从行政结果的角度实施对行政权力的控制已经足够或基本满足限制行政权力，保障公民合法权利的要求。

随着国家对政治、经济、社会事务的全面干预，行政权力领域的不断扩大与影响的日渐增强已成不争的事实，自由裁量权的日益扩大已成为不可逆转的趋势。与此同时，行政权在整个国家权力结构中的地位也发生了微妙的变化：行政权力已经部分获取了传统意义上属于立法和司法的权力。以上诸多变化，从理论上讲，使行政权力部分摆脱立法权与司法权的约束或滥用行政权成为可能。大量的行政实践表明，这种令人担忧的可能很快变成了无情的现实。单靠实体法注重结果控制的传统做法已很难有效实现对行政权的控制，"除司法程序外，我们还需要在地方政府和中央政府中创设新的程序形式"[①]，这种新的程序就是行政程序，它能有效克服纯粹依靠行政诉讼这种事后救济的不足。行政诉讼的特点是事后性和被动性，事后性决定行政侵权结果是其发生的前提和必须付出的代价，即便公民在事前、事中明知或确信行政行为侵犯其合法权益，也不能诉诸救济，更没有积极主动参与以矫正行政行为的权利，只能听凭侵权结果的发生，这无论对于以公平还是以效率为目标模式的行政价值观都是相悖的。被动性一方面限制了司法权的审查范

---

① 哈罗·J. 伯尔曼：《法律与宗教》，转引自季卫东《法律程序的意义》，《中国社会科学》1993 年第 1 期。

围：只能对于公民提起的部分行政侵权行为进行司法审查，大量的行政行为
或者由于性质特殊，或者由于当事人缺乏经济实力，不能受到法院的审查；
另一方面决定了司法权行使的界限：司法权与行政权的关系决定了司法权不
能干预行政权的行使，更不能参与其中，难以实现全程监控和及时矫正。

行政程序法的出现改变了单一实体法的不足，对行政权的控制也由仅仅
对行政结果控制转向对行政过程和行政结果的双重控制。

尽管行政程序法在英美法系和大陆法系产生的过程、方式与原初动因不
尽相同：前者是由判例将基于自然正义产生的司法程序，以行政行为的
"司法性"为桥梁，逐步演变为行政程序的，其产生的原初动因是为了实现
行政的公平；后者直接以制定法的形式确认行政程序，其产生的原初动因是
为了实现行政效率。然而，两者在实践中的效果却不同程度地体现了行政程
序的内在价值：扩大公民的行政参与，提高行政行为的正确性和可接受性程
度；整合各种利益与冲突，实现公平与效率的兼容与平衡，保证社会的长期
稳定与发展；通过行政程序的过程公正来保证和提高实体的结果公正。

20 世纪中期以后，行政程序作为有效控制行政权力的工具模式和价值
模式得到世界各国的普遍采用，并一度出现行政程序法典化的热潮。现在行
政程序制度已演变为包括：听证制度、信息公开制度、职能分离制度、不
单方接触制度、回避制度，以及说明理由制度等一系列制度组成的制度体
系。

（三）从形式法治到实质法治

人民通过政治选举将权力交给其选出的议会，议会是代替人民行使权
力、表达意志的机关；行政机关是执行人民意志即执行法律的机关；司法机
关是判断法律是否得到执行并进行裁决的机关。行政法治提出之初，确立了
行政权力必须依法行使的观念。然而，这种行政法治观念还仅是形式法治，
即严格强调法律条文对行政权的形式约束，而不考虑授权法的目的，法律内
容的合法性、正当性，行政行为内容对公民权利的实际影响。事实上，形式
合法的行政法治观违背了法治提出的原初含义"法治应包含两层意义：已
成立的法律获得普遍的服从，而大家所服从的法律又应该本身是制定得良好
的法律"。① 这种不顾法律实质和社会实效的形式法治后来为德国和日本的
法西斯主义者利用，成为行政对内暴虐，对外扩张的工具。"二战"后，惨
痛的历史经历迫使人们不得不对形式法治进行反思，德国法学家赫特布鲁特

---

① 亚里士多德：《政治学》，商务印书馆，1995，第 199 页。

痛心地指出："法律实证主义以其'法律就是法律'的信条，使德国法律界对专横、非法的法律失去抵抗力。"① 为此，德国宪法明确规定了对恶法的抵抗权，"对于所有要排除这一秩序者，在没有其他救济方法时，所有德国人都有抵抗权"。② 从宪法的高度确立公民对于恶法的抵抗权，为实现从形式法治到实质法治的转变奠定宪法基础成为"二战"后各法治国家的通行做法。实质法治带来了依法行政从观念到制度的一系列转变：行政权力的行使不仅要在形式上合乎静态的法律条文更要在内容上合乎动态的法，即合乎法的精神，合乎法律制定的目的，合乎保障公民合法权益的需要；对行政行为不再要求事事都要有法律依据，而是要求对公民课付义务的行为需有法律依据；适应由统治行政向服务行政转变的需要，一改过去纯粹追求形式公平的模式为公平—效率模式；行政主体由专属于国家行政机关向其他社会主体的多元化转变；行政行为由排斥公民参与，动辄依靠强制力实施的强权力行为变为由广泛的公民参与、合作，尽量不用强制力的弱权力行为；依法行政的原则也由合法性原则演变为包括合法性原则、合理性原则、比例原则和信赖保护原则的原则体系。

三 公共行政法治的时代特质

适应行政民主的需要，当代行政法治已逐渐朝服务行政和参与行政的方向发展，表现出鲜明的时代特征。

（一）行政权力行使主体多元化

三权分立实现权力分化的同时也完成了权力行使的专门化，因而，行政权力的行使专属于行政机关，行政机关系行政权力行使的唯一主体似乎在理论和实践上都不存在任何争议和挑战。这种"烟囱工业时代盛行的老式官僚主义"在实践上所创造的"彪炳"的"业绩"使人们对全能主义政府观深信不疑：政府完全可以从职能范围上包揽，从实际能力上实现对一切政治事务、经济事务和社会事务的管理。人们需求的无限性、个性化、多样化与复杂化向全能政府提出了挑战；单靠政府这一唯一的行政权力行使角色、采取管理范围无限扩大的方式已不能满足社会的需要。出于对政府失败的理性认识，有限政府理论应运而生：政府在能力、效率、成本与收益、合法性上都应有一定的限度，政府不可能也没有必要将一切政治事务、经济事务和社

---

① 转引自郭道晖《法治行政与行政发展》，《现代法学》1999 年第 1 期。
② 转引自郭道晖《法治行政与行政发展》，《现代法学》1999 年第 1 期。

会事务包揽无余，并事必躬亲。正是社会生活的各个领域都不可能离开政府，而政府的行为又必须有一定的限度这一看似悖论式的选择决定了政府必须在一些领域退出，把原属于社会和公民的而一度纳入政府行使范围的权力交给公民或"非政府组织"、"准政府组织"、"社会中介组织"、"第三部门"等社会组织行使；即便是属于政府自己职能范围的权力也不一定非要排他性地行使，可以从"满足顾客需要"和讲究实际效果出发引入公私竞争、公公竞争、私私竞争等竞争机制，招募好"划桨手"做好"掌舵"和"授权"工作，既然"公共行政的中心问题被看作是提供公共利益和服务时，除了扩充和完善官僚机构外，其他的组织形式也许可以提供所有这些功能"。① 行政权力行使主体多元化，不仅不会弱化政府的功能，相反，它一方面可以使政府从许多领域和事务中"淡出"，专门把好宏观之"舵"；另一方面，多元行政主体可以最大限度地实现公民对行政事务的参与，在能力和正当性上有效弥补政府一元行政主体的不足。

（二）公民在行政权力行使中的位置前移

如果从公民在行政权力行使中的位置及作用角度分析，依法行政大致经历了三个阶段：①排斥公民参与阶段；②允许公民事后救济阶段；③公民事前、事中与事后全方位参与阶段。根据资产阶级启蒙思想家的理论，公民与国家是这样一种逻辑关系：主权在民，是国家意志的执行机关，必须依据议会制定的法律行政。理论上的缺陷以及实践上巩固新兴政权的需要使得资产阶级把民主仅限于政治领域，行政领域无论是理论上还是制度操作上都没有公民参与的空间。

在英国，1947 年王室诉讼法出台之前，"国王不会为非"一直是不可动摇的信念，英国行政法学家威廉·韦德把这一理念解释为："国王没有做错事的法律权力，他的法律地位，有别于普通国民的权力和特征，是法律授予他的，法律并没有给他侵权的权力。"② 在法律上，国王是中央政府官员的雇主；同时又是中央政府合同的缔结者；由于国王法律上的豁免权，国家公务人员的侵权行为便不能通过诉讼追究国家责任，矫正行政行为，至多是以公务员个人责任代替国家责任。

在美国，奉行的是"国家主权豁免"原则，根据此原则，联邦和各州政府不能作为被告。美国联邦最高法院在 1884 年"蓝福"案中对此进行了

① 转引自张永伟《行政观念更新与行政法范式的转变》，《法律科学》2001 年第 2 期。
② 威廉·韦德：《行政法》，中国大百科全书出版社，1996，第 512～513 页。

明确表述，国家拥有至高无上的权力，未经国家同意，任何人皆不得向国家起诉。①

资产阶级掌握政权之初，主权在民思想已通过宪政制度得以确立。但权利取决于补救办法。由于行政权力行使中排斥公民参与，诉讼救济制度没有建立，行政权力行使还处于不受公民权利任何约束的绝对权力状态。

自从1889年法国在卡多案件的判决中，正式否定了部长法官制，建立独立的行政法院制度开始，行政诉讼制度相继在各国确立，依法行政进入第二阶段：允许公民事后通过行政诉讼进行救济。此阶段的特点是行政机关在依法从事行政行为的事前和事中不允许公民介入，只存在命令——服从关系；即便在事前或事中公民明知行政行为违法，也只能听任结果的发生，等行政行为由结果不确定状态到结果完全处于确定状态时，才可以提起行政诉讼，通过法院的审查来纠正和弥补违法行政行为。与第一阶段相比，进步是明显的，然而，事后性参与和救济有着与生俱来的缺点：没有事前和事中广泛听取意见，调查、核实事实，在事实的认定上往往带有行政机关或工作人员的个性色彩和选择偏好，不利于事实的认定和法律的适用；没有赋予公民以事前、事中参与的程序权利，公民便无法了解行政行为的整个过程，无法感受和体验行政机关是如何从程序公正和结果公正出发认真细致地进行事实的判别和法律的选择的，降低了行政行为的可接受性程度，增大了行政行为的执行成本；没有事前、事中的公民参与，增加了行政行为违法和侵权的机会，提高了为此而付出的社会成本。

当代依法行政普遍进入了第三阶段，即公民事前、事中、事后全方位参与阶段。政治民主只给人民管理国家、保护权利设定了一种假想的框架，仅是一种权力运行的可能性。不要说人民选出的议会是否会制定出代表民意的法律，就算是法律是民意的体现，行政机关又能完全按照法律设定的目的和方式行使行政权，即便行政机关都是以良善的愿望执行法律？可能性被无数的事实证伪，仅靠政治民主是难以实现人民管理国家、保护权利的初始目的的，必须同时实行行政民主。公民不能仅限于选出其代表组成议会即完成自己的使命，更应该对行政权力实现积极的参与和消极的控制，才能保证行政权力始终行驶在民意的轨道上。于是，从制度上确认了公民的行政参与权使公民能通过参与行政权力的运作实现意志的及时表达和利益的有效保护成为

---

① 王景斌：《西方国家赔偿制度历史发展简介》，《外国问题研究》1997年第4期，第60～62页。

依法行政的当代特征。

（三）政府与公民的合作，权力色彩弱化

传统行政管理理论和行政法理论认为，强制性是行政的重要特征，因而，行政行为都是以强制力作为后盾的。随着民主政治的发展，政府与公民协作关系的出现与日渐成熟，政府与公民合作的产物——行政指导、行政合同、行政奖励等新型行政行为也获得了长足发展。相对于以强制力作为后盾的强权力行政行为，新型行政行为更倾向于合意、合作，权力色彩减弱，影响力因素增强，因而，被称为弱权力行政行为。虽然，这一现象在传统行政法框架下还没有完全得到认可和解释，但是它的产生与发展绝非偶然：不仅是行政现实的要求，更重要的是它代表了行政发展的方向和趋势。近年来，席卷全球的改革政府运动，实质上就是实现由国家行政到公共行政的制度变迁过程。国家行政的核心是行政权，行政目标是运用行政权实现国家管理，行政主体是行使行政权力的行政机关，行政行为是行政主体行使行政权力的行为，行政权实施的保障或方式是国家强制力。公共行政的目标是最大限度地实现公共利益，行政主体是公共管理和公共服务的主体，实现公共行政的方式是建立在公开、平等、合意基础上非强制性行为。由国家行政到公共行政的制度变迁过程，从行政方式上看，就是行政强制性逐渐减弱非强制性逐渐增强的过程，因为"行政并不仅是行政行为和行政强制执行，而是使用各种各样的手段来实现其目的"[1]，即便是行政强制执行，在各民主国家也逐渐呈现出强制性弱化、保护人权色彩增强的特点。在日本，"过于苛酷而与尊重人权保障自由之新宪法精神不符"的直接强制也不再广泛适用，只是作为最后的手段，而强制性相对弱得多的代执行成为强制执行的核心。在德奥，特别强调应以最轻微之方法达到强制执行之目的的原则。

第三节　公共行政的法治原则

行政法治原则体现了行政法治的基本精神，是法治理念和原则在行政领域的具体贯彻和运用，是行政主体在公共管理活动中的基本行为准则。

一　行政合法性原则

行政合法性原则是指行政主体的存在和行政行为的实施必须有法律依

---

[1]　转引自张永伟《行政观念更新与行政法范式的转变》，《法律科学》2001 年第 2 期。

据、合乎法律的要求，违法或无效应予撤销，违法行政主体应承担相应的法律责任。其具体要求是：任何行政职权都必须基于法律授予才能存在；任何行政职权的行使都必须依据法律，遵守法律；任何行政职权的委托及其运用都必须具有法律依据符合法律要旨；任何违反上述三点规定的行政活动非经事后法律认可，均得以宣告为"无管辖权"或"无效"。行政合法性原则所要解决的第一个问题是"法"的范围问题，这一问题一直处于不断发展之中，并争论不休。行政法治提出之初，行政合法性原则中"法"的范围被严格限定在议会制定的法律。随着行政权的膨胀，议会立法无法满足日新月异的行政管理的需要，行政管理在专业化、技术化的优势使得行政权获取了原来属于议会职权的立法权，因而，法的范围便扩展到包括议会所立的法与行政机关所立的法。行政机关的哪些行为是立法行为？是所有制定规范性文件的行为？还是部分制定规范性文件的行为？对此问题一直存在争议。在法律（人大或其常委会制定的）、法规应属于法的范围上不存在太大的争议，在规章及其以下的规范性文件是否纳入法的范围争议颇多。有人认为应将法的范围严格限定，如果不加区分和限制地将行政机关制定的所有规范性文件都纳入法的范围，势必造成法的泛滥，带来更多的法律冲突和法律矛盾，影响到我国法律体系的严肃性和统一性。有人认为应将法的范围进一步扩大，地方性规章的制定主体应不限于省、自治区、直辖市人民政府，省会所在市的人民政府及国务院批准的较大的市的人民政府，而应该扩大到地级市的人民政府，从而扩大了规章的范围。要对规章的法律性进行权威性的认可，如果否认规章的法律属性，势必造成法理概念的矛盾与混淆；否认规章的法律效力，势必造成抽象行政行为与具体行政行为之间的对立与困惑；否认规章的诉讼价值，势必使具体行政行为与司法行为断层。有人甚至认为应将规章以下的大部分规范性文件纳入法律的范围。① 根据我国的法治建设的实际，法的范围主要包括：宪法；法律；行政法规与地方性法规；行政规章与地方性规章；自治条例、单行条例；我国参加的为我国所承认的国际条约、国际协定。

二 行政合理性原则

行政合理性原则是指行政行为的内容要客观、适度，合乎理性。在理解合理性原则时既要防止对"理"作极为宽泛、不着边际的理解，也要防止

---

① 沈荣华：《关于地方政府规章的若干思考》，《中国法学》2000 年第 1 期。

对"理"作极为褊狭的理解,"理"主要是指客观、适当、适度、合乎法律精神。行政法律规范按照其强度分为:强制性规范和任意性规范。强制性规范对行政行为的内容、方式、程序都有详细、具体的规定,行政机关只能按此规定实施行政行为,毫无自由裁量的余地。任意性规范是指规定人们可以为一定行为的规范,对权利义务的具体内容一般不做具体规定,行政机关在实施行为时允许在一定的范围和幅度内斟酌、选择,采取认为适当的措施的行为。按强制性规范所为的行政行为称为羁束行政行为,按任意性规范所为的行政行为称为自由裁量行为。行政合法性解决了行政行为合法的问题,显然有利于控制羁束性行政行为,但对于自由裁量行政行为而言,合法不一定合理、适当,因而,合法性原则对于控制"形式合法的违法行为",即违反法律的精神的行为感到力不从心,行政合理性原则就是通过解决合理、适当的问题,来弥补行政合法性原则的不足。行政合理性原则在具体实践中一般通过以下几个标准来判断:自由裁量权的行使是否出于正当的动机;自由裁量权的行使是否符合法律授权自由裁量的目的;是否考虑了相关因素;相同情况是否相同对待或不同情况是否不同对待;比例是否适当;是否存在刁难。

三 行政公正性原则

公正是一切法律的共同品性,它源于古老的自然公正观念。行政法治观念出现后,行政活动也变成了一种法律活动,同样存在着认定事实和适用法律的问题,因而,行政公正对于行政法治同样不可缺少。公正,即"公平对待"、"相应平等",其基本要求是:行政机关必须平等地、无偏私地行使行政权。具体表现在:

行政立法应公正地分配行政机关与行政相对人的权利与义务。立法是一种法律创制过程,必须公正地分配各种社会权力,立法公正是行政公正的起点,没有立法的公正,便没有行政的公正。历代思想家都对如何公正分配社会权利进行了探讨。亚里士多德认为政治社会的存在目的就是引导人们过一种正义和有德性的生活,因而,什么是正义和如何实现正义应是每一个政治共同体共同探求的目标,亚里士多德对正义进行了探讨,把正义分为"分配的公正"(或"分配的正义")与"矫正的公正"(或"矫正的正义")。罗尔斯的《正义论》认为,正义有两个原则:一是平等自由原则;二是机会均等和差别公平原则。实质上都涉及社会价值的分配问题。它同样是立法所应遵循的原则。

行政权的行使应符合公正的要求，不仅保证实体公正，也要保证程序公正。长期以来，"结果就是一切"的行政观念盛行，在行政管理中只重结果，不重过程；只重实体，不重程序。行政公正强调实体公正的同时，也强调程序的公正。程序公正主要包括以下几个方面：其一，行政主体在做出影响相对人的权益的行政行为时应当听取相对人的意见，相对人有为自己申辩的权利；其二，行政机关在做出行政行为时应当坚持公开的原则，接受相对人及社会公众行政行为的监督；其三，行政机关在行政行为时应遵守不单方接触制度；其四，行政机关不得作为自己案件的法官，对于应该回避的情形应主动回避。

四　行政公开原则

行政公开是指行政活动的过程及行政机关所依据、制定或决定的文件、资料、信息情报除涉及国家机密和个人隐私等法定不得公开的情形外，一律公开。

20世纪中期，各民主国家政府都纷纷进行了行政公开的制度建设。走在前面的美国，于1966年和1976年先后制定了《情报自由法》和《阳光下的联邦政府法》，美国人用自己的思维方式理解行政公开的重要性及其与民主、参与的关系："如果一个政府真正是民有、民治、民享的政治的话，人民必须能够详细地知道政府的活动。没有任何东西比秘密更能损害民主，公众没有了解情况，所谓自治，所谓公民最大限度地参与国家事务只是一句空话。"[1] "阳光是最好的消毒剂，一切见不得人的事情都是在阴暗的角落里干出来的。"[2] 上述表达形象、直观地揭示了行政公开的价值旨归：民主、参与、防止腐败。

行政资讯公开是行政公开的重要表现形式。行政资讯主要是指行政主体存在的法律根据、行为依据以及在行政行为的过程中产生、获得的一切与行政行为直接相关的资讯。它包括行政权存在和行使的法律依据和行政机关制定或决定的文件及与行政行为直接相关的资料、信息情报等。从行政民主的要求看，行政权力的行使必须有法律依据，作为行政权力行使的法律依据必须是事先以法定形式向社会公布。如果未经公开或公布，公民没有遵守的义务。如美国《联邦行政程序法》明确规定："不得以任何方式强迫任何人服

---

① 王名扬：《美国行政法》，中国法制出版社，1995，第959页。
② 王名扬：《美国行政法》，中国法制出版社，1995，第960页。

从应当公布但没有公布于《联邦登记》上的任何文件，也不应使其受到此种文件的不利影响，除非他在实际上已及时地得知此文件的内容。"① 行政机关制定或决定文件及与行政行为直接相关的资料、信息情报等也是公民了解、掌握行政信息，参与行政程序，维护自身合法权益的重要前提。因此，政府必须根据法律的规定主动公布或依公民的申请及时、迅速地提供其所需要的行政信息。如西班牙1958年的《行政程序法》就规定："行政案件中利害关系人有权在任何时候通过有关办公室得到适当的信息，了解审理情况。"②

行政公开的主要内容是行政过程的公开。行政过程包括行政决策和行政执行两个过程。现代行政决策往往具有涉及范围较广，对人、财、物等社会资源的投入要求量大，一旦失误极易造成无法挽回的损失的特点。因而，将决策的理由、依据、方案的设计、选择等向社会公开，最大限度地保证公民的参与，有利于把决策风险降低到最低限度。实践证明决策成本越高，民主性、科学性越强，执行成本就越低。行政执行是行政机关将纸上决策付诸实施或将抽象的法律适用于具体事件的过程。这一过程往往直接与公民权利与义务息息相关，公开有利于及时矫正行政偏差。行政过程的公开主要体现在听证制度的建立和不断完善。听证就是指行政机关在作出可能影响相对人的权利义务的行政决定之前，应充分听取利害关系人的意见，给利害关系人以陈述、质证、辩驳的机会的一种程序性法律制度。听证制度是现代行政程序中最核心的制度；它为公民民主权利的直接、有效的实现提供了制度保证，为现代西方各国的行政程序法所推崇。

行政公开的另一个不可忽略的因素是行政决定的公开。行政决定对公民权利往往产生直接具体的影响，因而，公开是其最基本的要求。行政决定公开使相对人了解行政决定的依据、条件、过程、结果、理由，让公民信服或公民不服也能及时行使行政救济权。各国行政法或行政程序法大都对行政决定公开做出了相应规定，并限制性地规定应当公开的行政决定不公开，该行政决定不能产生法律效力，不具有行政执行力。无论是行政决策还是行政执行都必须公开办事依据，公开办事条件，公开办事程序，公开办事结果。该公开的不公开，行政行为便不能产生法律效力，不具有行政执行力。

五　行政责任原则

行政责任原则是指行政机关及其工作人员在享有行政管理职权的同时，

---

① 转引自杨海坤、黄学贤《中国行政程序法典化》，法律出版社，1999，第120页。
② 转引自杨海坤、黄学贤《中国行政程序法典化》，法律出版社，1999，第120页。

也应承担行政活动所产生的法律责任。行政责任原则是行政法治的题中应有之义。原因很简单，法治的含义是循法而治，法律就是一种价值趋向，不仅明确表明了提倡什么，反对什么，保护什么，禁止什么，而且，对背离其趋向的行为设定了相应的责任，从法律规范的构成可以明显看出这一特征：法律规范一般总是在前一部分规定了应不应当为或可以不可以为某种行为，后一部分则规定违反法律应承担的责任。由此可见，法律就意味着责任，没有没有责任的法律，因而，也不存在没有责任的法治。有人认为行政责任包括政治责任，道德责任，法律责任，我们认为，此处所讲的行政责任主要是法律责任，即违法行政行为应承担违法责任。违法行政是指行政主体违反行政法律规范的行政管理行为。它除了违法主体应具备行政主体资格，即违法行政的主体必须是职权或法定授权的机关或组织外，还必须有违法的行政行为，即行政主体没有按照法定的职权范围、条件、方式、幅度和程序从事行政作为与不作为。行政法治要求行政主体必须严格依照法律行使行政职权，违法行政行为必须承担违法行政的法律责任，体现了权责统一的原则，是行政管理朝服务政府，有限政府，责任政府过渡的必然要求。

第四节　公共行政法治的过程与具体内容

公共行政法治的过程主要包括行政法律规范的创制、行政法治的实现与行政法治的救济，它们是一个完整的系统，其中贯穿了法治的精神、法律的价值、法治的方法与手段，既抽象思辨又具体可感。

一　行政法律规范及其创制

研究行政法律规范的设定首先要研究哪些是行政法律规范，对此，学者说法不一，中国台湾地区学者认为主要有成文法规范和不成文法规范。成文法规范主要包括：宪法；法律；行政机关所发布的命令，包括单纯命令和法规命令在内；自治法规，即由地方自治团体所制订的法规；国际条约。不成文法规范包括：建国思想或立国主义；习惯，包括行政先例、惯例和民间习惯；道德；宗教教义；法学的理论基础，包括法学思想、观念、诠释、推理、原因等；判例，即法院在审理案件时的判决；法律解释；学说，即学者就行政法学及相关科学方面所发表的思想见解；各种专业知识；外国法律制度；国家政策和施政方针；民意，即民众的意愿、看法等；国际法。①

中国内地学者的争论主要集中在宪法、行政实例、行政案例、行政习惯是否能够成为行政法律规范。综合各种观点我们认为能够成为行政法律规范的主要有：

1. 宪法或宪法性文件

宪法中有着大量的关于行政机关自身管理与管理社会的法律性规定，是调整行政关系的法，因而，具有行政法律规范的性质。在我国宪法中，具有行政法律规范意义的规定主要有：关于国家行政机关的设置、组成及基本职权、职责的规范；关于国家行政机关活动的基本原则的规范；关于公民在有关行政法律关系中享有的权利和应尽的义务的规范。②

2. 法律

全国人民代表大会制定的基本法律和全国人大常委会制定的法律很大一部分属于行政法律规范。有些是纯粹的行政法律规范，如《国务院组织法》；有些主要内容是行政法律规范，同时少量的内容具有民法、刑法等法律规范的性质，如《产品质量法》；有些只有一少部分，甚至是个别条款具有行政法律规范的性质，如《婚姻法》。在内容上有关行政机关的组织设置、权限范围、管理体制等行政法律规范；有关行政权力行使运行的原则、要求、程序等的行政法律规范；有关对行政权力监督及行政权力侵害救济的行政法律规范。

3. 行政法规、行政规章

行政法规是国务院制定的规范性文件的总称，行政法规的内容绝大部分具有行政法律规范的性质。国务院的立法权包括固有立法权和全国人大的授权两种，行政法规相应分为职权立法和授权立法两种。职权立法是指国务院根据宪法和组织法确定的职权，就其管辖范围内的行政事项制定规范性文件的活动。授权立法指权力机关出于某种需要，将其所享有的立法权赋予本来不享有该项立法权限的部门行使。③ 授权立法所形成的行政法规即国务院并不享有该项立法权限，享有该项立法权限的立法机关将自己享有的立法权授予国务院，由国务院来行使该项立法权所制定的规范性文件。行政规章包括部委规章和地方政府规章两种。部委规章，是国务院各部、各委员会

---

① 杨海坤：《跨入21世纪的中国行政法学》，中国人事出版社，2000，第135页。
② 杨海坤：《跨入21世纪的中国行政法学》，中国人事出版社，2000，第134页。
③ 应松年：《行政法教程》，中国人事出版社，1997，第99页。

根据法律、行政法规、决定和命令，在本部门的权限范围内按照法定程序制定的规定、办法、实施细则、规则等规范性文件的总称。[①]"部委规章是法律规范分层化发展的产物，也是以宪法为基础的统一的法律体系中的基本组成部分。"[②] 它与立法机关制定的法律、国务院制定的行政法规，地方性法规和规章也不同，具体表现为：法律是国家最高意志的体现，而部委规章是国家在行政管理方面的意志体现；法律调整的是社会各个方面的基本社会关系，而部委规章调整的是行政机关与公民、法人和其他组织在行政管理领域内的关系；法律是创设性的，而部委规章是将法律所创设的权利义务具体化，不能超出法律规定的范围。部委规章与行政法规的不同不仅表现在制定主体不同，还表现在行政法规可以依据宪法和法律规定的原则精神，对公民、法人和其他组织的权利义务及其行政处罚做出创设性规定，并对法未规定的领域，依据宪法和立法机关授权，做出调整，甚至做出超前性和实验性规定，而部委规章必须依据法律、行政法规及国务院的决定、命令制定，如不适当则有被撤销和改变的可能。部委规章与地方性法规和地方性政府规章相比，部委规章规定的是全局性事务，而地方性法规和规章规定的是地方局部性事项。[③] 地方性规章是指由省、自治区、直辖市以及省、自治区人民政府所在地的市和国务院批准的较大的市的人民政府根据法律、行政法规、地方性法规，按照规定程序制定的普遍适用于本地区行政管理工作的规定、办法、实施细则、规则等规范性文件的总称。

4. 地方性法规、自治条例、单行条例以及特别行政区的法规

地方性法规是省、自治区、直辖市以及省、自治区人民政府所在地的市和国务院批准的较大的市的人大及其常委会针对所辖区域的事务在法律法规授权的范围内制定的规范性文件。地方性法规在很大程度属于行政法律规范。

5. 国际条约、国际协定

为我国承认的国际条约、国际协定中大量存在着有关行政管理方面的规范，也属于行政法律规范的范围。

行政法律规范的创制，在《宪法》、《立法法》及其他相关法律中都有或多或少的规定，从实证的角度讲，似乎不存在什么问题，但从法理的角度

---

① 应松年：《行政法教程》，中国人事出版社，1997，第107页。

② 罗豪才主编《行政法论丛》第1卷，法律出版社，1998，第97页。

③ 罗豪才主编《行政法论丛》第1卷，法律出版社，1998，第97页。

拷问，行政法律规范的制定取决于哪些因素？什么时候和地方要用行政法律规范加以调整？行政法律规范的密度和调整强度取决于什么？怎样分配这些不同层次的立法权？却是现行法律规定所无法解释和回答的问题，因而，严格地说，行政法律规范的制定一直在缺乏系统理论指导的情况下进行，其结果可想而知。行政法律规范的制定要想适应社会发展的需要，适应社会管理的需要，必须解决好理论基础问题。

虽然，为了解决我国行政法学的理论基础问题，学界进行了较为长期和热烈的讨论，并先后提出了服务论；政府法治论；公共权力论；公共利益本位论；控权论；平衡论；控权—平衡论；"一个中心，两个基本点论"（以保障公益为中心，以授权与控权为两个基本点）。[①] 但是，有些理论，比如服务论、政府法治论等还只是一种政府与公民关系或政府应该如何管理自身与管理社会的理念，无法解释和解决行政法律规范产生的基础和发展的趋向。控权论、平衡论与控权—平衡论仅是行政法律规范制定时所遵循的技术性手段或策略性措施，很难解释哪些权是该控制的，哪些权是需要平衡的，如何平衡等问题。公共权力论与公共利益本位论，应该算是部分解释或解决了行政法律规范制定的立足点问题，但是，由于其思维进路仍是沿用国家行政的思维模式，因而，其无法从公民主体际的利益需求视角来探寻行政法律规范设定的依据。正确的做法应该是从公民主体际的利益关系出发，通过公民利益关系的相容性与相斥性分析来寻找法律关系以及行政法律关系存在的必要性；再通过对利益关系可能受到的损害，分析法律关系或行政法律关系保护的可能强度，通过公民现实的利益关系把握现实的公共利益，而不是抽象的、概念化的公共利益；再通过对公民利益与公共利益的现实可能关系的分析确定行政法律关系存在的必要性，范围、密度与强度，从而，按照一定的标准配置立法权限。

法律产生于利益关系的调整，其存在价值也在于利益关系的调整。因而，利益关系的诉求便是分析法律的逻辑起点。利益关系按照其相容程度大致可分为：完全相容关系；有限相容关系；完全不相容或者说完全相斥关系。在资源非常充裕的时空条件下，利益主体在利用资源实现其利益要求时，其利益关系是完全相容的，不会产生冲突。因而，在这种情况下，法律没有存在的必要。有限相容关系出现的条件是，在有限的范围或条件下，利益是相容的，但超出了一定的范围或条件，利益关系便不相容，如建房，前

---

① 杨海坤：《跨入 21 世纪的中国行政法学》，中国人事出版社，2000，第 73 ~ 77 页。

面的房子在一定的高度时，不影响后面房子的采光，利益主体间的利益关系是相容的，但超出一定限度便会影响到后面房子的采光，利益主体间的利益关系便是不相容的。在相容的领域，没有必要用法律加以调整；在不相容的领域，法律调整便成为必要。在资源稀缺的地方和时候，利益的实现往往具有排他性。在这一领域法律必须加以调整。应该说，通过利益关系的相容程度来分析对法律的需求，仅是一种客观分析，只表明法律出现的可能性。法律是现实的，它的存在和调整强度不仅仅取决于客观的冲突可能性，更取决于冲突的现实性，即取决于利益主体间的主观态度、冲突强度及影响等。如果对于可能发生或已经发生的冲突，冲突各方能够理性面对，协商处理，或选定中立于冲突双方的第三方裁断，而又不以损害国家利益、公共利益或第三人的利益为代价，法律则不需调整，或至多由民法调整；如果冲突强度大，损害程度深，或者损害到国家利益或公共利益，则可能由行政法来调整；如果其主观恶性强、损害程度深，到一定程度还要由刑法来加以调整。各种法律调整利益关系一般遵循这样的原则：利益关系主体间可以自我调整的，则不需要法律的调整；利益冲突可以由民法调整的，就不必由行政法调整；可以由行政法调整的，就不需由刑法来调整；刑法调整是一种无奈的选择，这种国家暴力只出现在其他的法无法调整或不能调整的情况下。

长期以来，我国立法试图涵盖社会生活的所有领域，过分迷信国家强制力对社会利益关系的调控作用，把不需由法律调整的利益关系纳入法律调整的视野；把本由民法调整的利益关系行政法化；把应由行政法或其他法律关系调整的利益关系刑法化。使社会形成了一种暴力依赖——没有暴力或强制力便无法进行社会管理和利益调整。

行政法律规范的调整应该定位在民法规范不能调整而又不需要上升到刑法规范调整的范围和区间内，涉及公共利益的情况和条件下。这就引出了什么是公共利益的问题？首先，需要解决的是公共利益是一个理论的抽象还是一个具体的现实。按照启蒙思想家的思路，公民权利通过契约的方式，转化为公共权力，公共权力就取得了为了公共利益干预公民权利的正当性，但是，公民权利是怎样变成公共权力的？公民利益是怎样变成公共利益的？这种变化是物理变化还是化学变化？启蒙思想家仅提供了一些模棱两可的"让渡""合成"之类的词，便将公民利益糊里糊涂转变成了可以在任何情况和条件下对抗公民利益的公共利益。公共利益不应是抽象的，它是具体现实的，它应该有明确的受保护的特定和非特定的对象，而且，是公民个人不能或不便保护的。并不是具有公共利益的情况和场合，必然有行政规范出现的必要，要看公共利益和公民利益的关系，公共利益与公民利益也存在着完全相容、有限相容和完全相斥的情况，即便是在公民利益与公共利益完全相斥的地方和情况下，也并不必然是公共利益永远高于公民利益，公共利益应该存在法律设定的边界，以防止公共利益的泛化与滥用。沈荣华先生在《论公共利益的法律边界》一文中对公共利益的法律边界进行了分析，认为，"要正确界定公共利益的法律边界，必须梳理公共利益法律边界的指标体系"。作者并创造性地将公共利益法律边界的指标体系确定为，主要包括价值指标、利益指标、实体指标与程序指标所构建的边界。沈文并对这几个指标体系进行了深入的分析，认为："公共利益法律边界的价值指标是指给社会与人类提供的善的环境，这个环境应该越来越有利于人类的生存和发展，越来越便利人们的生活与工作。""公共利益法律边界的利益指标是指给人类提供的物化和非物化的公共安全和公共福祉，是指给社会带来的公共产品。这种物化和非物化的公共福祉和公共产品，不仅体现出公共利益与个人利益的相容性，而且体现出公共利益与个人利益发展的一致性。""公共利益法律边界的实体指标是由设立一个列举性条款、一个概括性条款和一个排除性条款构成。""公共利益法律边界的程序指标是指实现公共利益公开、透明的路径与形式。"① 上述分析对于我们为公共利益设定法律边界提供了新的理论进路。

国务院废止了《城市流浪乞讨人员收容遣送办法》，颁布《城市生活无着的流浪乞讨人员救助管理办法》，新《婚姻登记条例》的正式施行，江苏省十届人大常委会修改通过了新的《江苏省暂住人口管理条例》，原来条例中"严禁无婚姻证明的男女混住"的条款在新的条例中被取消等，都体现了法律创制正逐渐朝着有利于调整社会利益关系的需要、社会的利益诉求的方向发展。

二 行政法治的实现

行政法律规范这些纸上的权利义务，要想变成现实的法律定在，就必须依靠执行机关的执行。前已述及，随着公共管理理念的变化，行政机关已不再是为社会提供公共产品和公共服务的唯一主体，主体多元已是世界性的潮流和趋势。行政主体的活动也不再是被动的适用法律的过程，不论是行政立

---

① 沈荣华：《论公共利益的法律边界》，《江苏行政学院学报》2004 年第 6 期，第 86~87 页。

法和行政执法，都已由消极行政转向积极行政。消极行政强调行政主体对法律的严格遵守，即"无法律即无行政"，"法不允许即禁止"，严格防止对公民合法权益的侵害。积极行政并不强调行政主体的所有行为都必须有法律依据，只是强调让公民课负义务的行为必须有法律依据，而赋予公民权利的行为可以没有法律依据，行政主体不能仅满足于不侵犯公民合法权益，更重要的是要为公民的福祉和发展提供积极的保障和服务。因而，现代行政法治更倾向于实质法治，更强调行政权的行使要遵循行政法律的精神和价值，而不是严格、僵化的对行政法律规范条文的遵守。从这种意义讲，行政主体制定和执行法律的过程就是价值选择的过程，只有从这种意义上才能真正理解行政法治的实现。

法律的价值主要有：秩序、正义、自由、效率等。秩序，以博登海默的看法是指"在自然界与社会进程运转中存在着某种程度的一致性、连续性和确定性"。[①] 正因为人类社会"普遍存在着无连续性、无规律性的现象，亦即缺乏可理解的模式——这表现为从一个事态到另一个事态的不可预测的突变情形。历史表明，凡是在人类建立了政治或社会组织单位的地方，他们都曾力图防止不可控制的混乱现象，也曾试图确立某种适于生存的秩序形式。这种要求确立社会生活有序模式的倾向，绝不是人类所作的一种任意专断或'违背自然'的努力"。[②] "这样的混乱，只有靠采用法律规则，才能避免。必须先有社会秩序，才谈得上社会公平。社会秩序要靠一整套普遍性的法律规则来建立。而法律规则又需要整个社会系统地、正式地使用其力量加以维持。"[③] 行政权力就是对建立社会秩序的法律规则"系统地、正式地使用其力量加以维持"的重要力量。

正义是"由一定社会经济基础所决定的社会正当性的理想和观念，它是社会制度正义和主体行为正义的有机统一"。"制度正义是指社会的基本经济、政治、社会结构和制度本身所具有的正义性，也可称之为制度正义原则。""行为正义是社会主体的行为所具有的正当性，它具有两个基本特征：一是社会主体行为与社会经济、政治法律结构和制度内在的价值理念以及社

---

① 博登海默：《法理学——法哲学及其方法》，邓正来、姬敬武译，华夏出版社，1989，第207页。

② 博登海默：《法理学——法哲学及其方法》，邓正来、姬敬武译，华夏出版社，1989，第207页。

③ 彼得·斯坦、约翰·香德：《西方社会的法律价值》，王献平译，郑成思校，中国人民公安大学出版社，1989，第38页。

会的一般道德观念和法律观念相一致，或至少不是相悖的。二是主体的行为具有合法性，即不与国家法律规定的原则和规范相冲突。"① 亚里士多德将正义分为"分配的正义"和"矫正的正义"。菲尼斯根据亚里士多德的正义学说，把正义分为分配的正义和交换的正义。罗尔斯提出两大正义原则："第一个原则是平等自由原则，该原则要求每个人都有平等的权利，享有与其他人相同的最广泛的基本自由。第二个原则是差别原则，该原则要求社会、经济的不平等，诸如权力、财富的不平等，只有在地位和官职对所有人开放，并且这种不平等对所有人都有利，特别是对在社会中处于最不利地位的人有利的情况下，才符合正义。"② 无论是哪种学说和见解，正义都内含着行政权力的保障作用。

孟德斯鸠认为："自由是做法律许可的一切事情的权利，如果一个公民能够做所禁止的事情，他就不再有自由了，因为其他的人同样有这个权利。"③ "个人自由常常是与政府的民主形式相伴随的。而且，从历史上看，在民主制度之下，个人自由比在任何其他政府形式之下更容易受到保护。"因而，自由程度与政府的民主程度存在着正相关的关系，自由的实现在很大程度上信赖政府的行为。

效率，是投入与产出的比例，它是指单位投入，即单位的资源消耗所获得的效果或产出，在行政管理上，是指同样的社会资源的投入与给社会提供的公共产品和公共服务的数量、质量之比。当然，政府所追求的效率与企业不同，因为政府的行为，其效果有时是很难计算的，有直接效果，间接效果；显性效果，隐性效果；现实效果，潜在效果；等等。政府所追求的效率首先应该在公平的前提下，没有公平的效率最终只能损害效率。

概而言之，政府实施法律的过程实质上就是进行价值确认和价值选择的过程。

三　行政救济

保护权利最有效的手段是法治，法治一般主要有四个环节：权利的宣告；权利的设定；权利的实现；权利的救济。缺少任何一个环节都不能算是完整的法治社会，行政法治也是如此——行政救济在行政法治过程中起着重要作用。

---

① 公丕祥：《法理学》，复旦大学出版社，2002，第 93~94 页。
② 吕世伦：《现代西方法学流派》（上卷），中国大百科全书出版社，1999，第 87 页。
③ 孟德斯鸠：《论法的精神》，商务印书馆，1982，第 154 页。

人类社会有过很长时间的私力救济历史，当个人或族群的权利受到损害时，往往依靠个人或族群的力量进行私力救济。在私力救济中，当事人既是法官，又是执行官，给以侵害者什么样的惩罚，全凭救济者的意志和实力，因而，带有很大的随意性和不确定性。为了使人类社会不致在相互冲突中消亡，便产生了公力救济。公力救济的出现是人类文明的进步，是不是随着公力救济的出现，私力救济便退出了历史舞台，换句话说，公力救济是否完全取代了私力救济？对此问题，学界观点不一。有一种观点认为，公力救济一旦作为私力救济的异物被人类创造出来，便无条件地取代了私力救济。这种观点长期以来在我国学界占据主流地位。另一种观点认为，公力救济是作为弥补私力救济的不足被人类创造出来的，因而，在私力救济能够很好地解决社会矛盾与冲突的地方和时候，属于私力救济的领地，公力救济只存在于那些私力救济失灵的领域。还有一种观点认为，公力救济取代私力救济是社会的进步，然而，这种取代不是完全取代，公力救济也有自己的不足，私力救济的领地就限于补充或弥补公力救济的不足。后两种观点有一个共同之处，那就是，强调公力救济价值的同时，没有否认私力救济的存在价值。人类法律发展史表明，私力救济并不都是野蛮的，有些在安定社会关系方面却有着公力救济无法比拟的优势，因而有其存在的合理性；公力救济也有其不可克服的弱点，试图用公力救济完全取代私力救济，让公力救济独自担负起解决社会冲突的重任，不仅不可能，也不现实。但是公力救济作为一种主要的、制度化的、程序化的救济手段和途径占据法律救济的主阵地，私力救济仅起到补充公力救济不足的作用。行政救济就是国家依靠公力救济对行政权力可能造成的损害予以救济的程序化、制度化的手段和途径，它主要包括行政复议、行政诉讼和行政赔偿。

（一）行政复议

行政复议是行政救济的主要方式之一，它是由于行政相对人不服行政主体的行政行为依法向有权行政机关提请重新审查处理并由受理申请的行政机关对行政行为依法审查并做出相应决定的活动。行政复议在许多国家存在，它是由行政机关自己解决行政争议的方式，理论上认为，在行政机关自己能够解决的范围内，司法权一般不得干预；司法权对行政权的审查一般是在穷尽了行政救济之后，因此，称为"穷尽行政救济原则"。行政复议在美国被称之为"行政上诉"；日本、德国谓之"异议审查"；中国台湾地区、韩国称之为"行政诉愿"。

"穷尽行政救济原则是指当事人没有利用一切可能的行政救济以前，不能申请法院裁决对他不利的行政决定。当事人在寻求救济时，首先必须利用行政内部存在的、最近的和简便的救济手段，然后才能请求法院救济。"①由此可见，行政复议作为一种简便、经济、灵活、快捷的救济手段，担负着重要的行政救济功能。

对行政复议的性质的认识主要有三种观点，即"行政说"、"司法说"、"行政司法说"。"行政说"认为，行政复议是完全的司法行为，可以按照一般的具体行政行为的要求处理。"司法说"认为，行政复议在行为性质、行为的发动者、行政机关的法律地位等方面与具体行政行为有比较大的差异，在性质上更具有司法性质，甚至认为行政复议是形式上的行政行为，实质上的司法行为。"行政司法说"认为行政复议兼具行政与司法的双重性质，就复议的主体、结果而言，表明其行政性质；就复议的性质与程序看，又具有明显的司法性，具有"准司法"的性质，此观点较为准确、客观、全面地把握了行政复议的内涵。②

行政复议的特征主要概括为：①复议申请人只能是公民、法人或其他组织；②被申请人必须是国家行政机关；③必须是因公民、法人或其他组织认为行政机关和行政机关工作人员的具体行政行为侵犯其合法权益而提起的。

行政复议对行政行为的救济主要体现在两个方面：一是其对行政行为救济的广度；二是对行政行为救济的深度。广度主要是能得到行政复议矫正的行政行为的范围，在我国，在实施行政复议之初的一段时间，只有具体行政行为才能通过行政复议的途径得到矫正，现在，不仅具体行政行为，一部分抽象行政行为也可以通过行政复议的方式得到矫正，从理论上，随着法治理念的进步，所有有可能给公民带来不法侵害的行政行为都应该通过行政复议的途径得到救济。深度一般指行政复议审查所遵循的原则，行政复议一般遵循合法性审查加合理性审查的全面审查原则。

（二）行政诉讼

行政诉讼是指公民、法人或者其他组织认为行政机关和行政机关工作人员的具体行政行为侵犯其合法权益而向人民法院提起诉讼，人民法院对该具体行政行为的合法性进行审查并做出裁判的活动。行政诉讼是行政法治的制度保障。为了保证国家行政机关依法行使行政职权，保障行政行为的合法性，保证行政行为在侵犯公民合法权益时得到及时的补救，设定了行政诉

---

① 王名扬：《美国行政法》，中国法制出版社，1995，第651页。
② 杨海坤：《跨入21世纪的中国行政法学》，中国人事出版社，2000，第530~531页。

讼，为争议各方提供一个平等的平台，用矫正的正义为行政法治提供保障。

行政诉讼的特征是：第一，行政诉讼的原告只能是认为行政机关和其他行政主体的具体行政行为侵犯了自己合法权益，即与行政行为有法律上的利害关系的公民、法人和其他组织。第二，行政诉讼的被告只能是做出行政行为的行政主体。第三，行政审查的对象是公民、法人或者其他组织认为侵犯其合法权益的具体行政行为。第四，行政诉讼的主管机关是人民法院，行政诉讼是由人民法院进行审理并做出裁判的诉讼活动。作为一种诉讼救济——行政诉讼所能给予公民的救济程度主要取决于受救济案件的范围和法院对案件审查的深度，即审查范围。受案范围，是指行政诉讼主管范围或人民法院受理行政案件的范围，是指人民法院对行政机关的哪些行政行为拥有司法审查权，或者说是指公民、法人或者其他组织对行政机关的哪些行政行为可以向人民法院提起诉讼的法定界限。确定行政诉讼受案范围一般遵循以下原则：①根据宪法，从进一步保障公民、法人和其他组织合法权益出发和促进行政机关管理工作法制化出发，适当扩大行政诉讼受案范围；②正确处理行政权与审判权之间的关系；③从国情出发，正确处理必要性和可行性的关系，积极地、实事求是地确定行政诉讼受案范围。各国行政诉讼受案范围的方式有以下几种：①概括式；②列举式；③结合式。我国行政诉讼受案范围分别用概括式、列举式和排除式加以确定。

受案范围与审查范围是两个不同的概念，受案范围通常指"事物的横断面而言，即一个概念所包括的广度"。[1] 而审查范围主要指"问题的深度，即法院在多大的纵深程度以内对问题进行审查"。[2] "司法审查的范围实际上是在行政机关和法院之间进行权力和责任的分配，即：行政机关有多大的决定权力，法院有多大的决定权力，哪些决定应由行政机关作出，哪些决定由法院作出。这个分配影响行政活动的效率和公民权益的保护。如果审查的范围过于严格，大部分行政问题将由法院决定，显然不利于行政效率的发挥，因为行政机关不能利用他们的专门知识和经验，也不符合国会设立行政机关的目的。如果审查的范围过窄，法院的审查受到很大的限制，大部分问题全由行政机关决定，法院只是一个橡皮图章，照例认可行政机关的决定，这种情况显然不利于保护公民的正当权益。"[3] 审查范围一般是通过审查标准来

---

① 王名扬：《美国行政法》，中国法制出版社，1995，第673页。
② 王名扬：《美国行政法》，中国法制出版社，1995，第673页。
③ 王名扬：《美国行政法》，中国法制出版社，1995，第674页。

确定。有的国家采取法律审标准，有的国家采取事实审加法律审的标准。我国既采取事实审，又采取法律审，即合法性审查的标准。

（三）行政赔偿

行政赔偿是国家对行政侵权造成的损害承担赔偿责任的法律救济制度。行政赔偿制度经历了四个阶段：否定阶段，即国家对行政侵权造成的损害不承担赔偿责任阶段；相对肯定阶段，即国家对公务员的违法过错损害承担赔偿责任，但对于公务员合法行为造成的损害，限于例外才负赔偿责任；肯定阶段，认为公务员是国家雇员，其行为应视为国家行为，造成损害国家应承担赔偿责任；危险责任阶段，即国家应对其在为公民提供公共产品和服务的过程中的危险承担损害赔偿责任，体现责任政府的要求。[①]

对于行政赔偿的责任性质，比较有代表性的观点有：代位说，认为公务员在行使行政职权的过程中侵害公民的合法权益属于公务员个人责任，国家承担责任仅是一种替代责任；自己责任说，认为国家作为雇主应该对公务员造成的损害承担责任；合并责任说，认为公务员的职务行为造成公民的损害应该由国家承担，公务员的不法行为则应该由公务员个人承担，国家仅承担代位责任；中间责任说，认为公务员侵权行为原则上是国家承担责任，如果公务员个人存在故意或重大过失，国家仅承担代位责任。

行政赔偿范围体现了国家对行政侵权造成的损害给予救济的范围，即国家对行政行为造成的损害承担赔偿责任的领域。一般情况下，各法治国家都对行政侵权造成的人身权和财产权的损害予以赔偿，但是，在什么范围内负担赔偿责任是不尽一致的。按照美国联邦赔偿法的规定，"国家只赔偿当事人由于政府职员过失的或不法的行为或不行为直接产生的损害，使当事人处在如果没有政府职员的行为以前的经济地位"。[②] 法国已由原来的"从赔偿物质的损害发展到赔偿精神的损害"。[③] 按照现行行政赔偿法规定，我国行政赔偿的范围仅限于直接损害，间接损害及精神损害不属于行政赔偿的范围，不利于对公民权利的保护和对行政权力行使的约束。正在修改的我国行政赔偿法已将扩大行政赔偿范围列入行政赔偿法修改的议程，随着法治建设的不断推进和责任政府、服务政府意识的不断增强，行政赔偿的范围将会逐渐扩大。

---

① 杨海坤：《跨入 21 世纪的中国行政法学》，中国人事出版社，2000，第 594 页。
② 王名扬：《美国行政法》，中国法制出版社，1995，第 774 页。
③ 王名扬：《法国行政法》，中国政法大学出版社，1988，第 715 页。

第九章
公共行政伦理

20 世纪 70 年代中期至今，随着新公共行政改革运动的不断高涨，行政伦理的学术研究和应用也得到快速发展并呈现出多样化特征。行政伦理问题逐步走进公共行政中心领域，受到公共学者和政府官员越来越多的关注。

第一节　公共行政伦理概述

据有文字可考的文献来看，伦理学作为学科体系最早产生于古希腊，以亚里士多德的《伦理学》的发表为标志，但西方的伦理学与政治学分化之后，伦理主要是一种生活伦理。在中国传统社会，没有伦理与政治的区分，因而，伦理更多地服务于社会治理的需要。在一定程度上中国的伦理就是一种治理伦理。

美国是开展公共行政学研究最早的国家，其公认的标志是伍德罗·威尔逊于 1887 年 6 月发表在《政治学季刊》第 2 期上的著名论文《行政学研究》。在这之后，美国行政学获得了巨大发展。然而行政伦理学作为一门学科在美国的兴起却推迟到 20 世纪 70 年代，即是说比行政学的研究落后了大约 90 年。

1990 年代以后，行政伦理越来越引起世界各国政府的重视，各国纷纷加强行政机关的伦理建设，加紧出台行政伦理法或公务员伦理法，加强对公务员的行政伦理教育。行政伦理建设甚至被列入世界经合组织、联合国等国际组织的重要议题。国际行政科学大会把行政伦理作为重要的研讨主题。1993 年 10 月 29 日在中法两国行政学术会议上，时任国际行政科学会会长的法国人盖布莱邦在专题报告《当代世界行政科学研究现状及其研究重点发展趋势》中指出，行政伦理是当前行政科学研究的重点课题。1999 年 7

月 12～15 日在英国文官学院召开的国际行政学会第一次专门国际会议的主题
是："公共行政责任：协调民主、效率和道德"。与会代表认为，公共行政责
任至少应包括五个方面：法律、财政、政策和绩效、民主、道德。大会选择
的四个分题均与行政伦理有关。2000 年 7 月 10～13 日在中国国家行政学院召
开了国际行政院校联合会。中外专家围绕"增进政府的责任性、回应性和效
率"这一主题展开讨论。有专家指出，在加强法制，提高效率方面，可以采
取以下措施：明确政府的政治责任、行政责任、法律责任和道义责任；坚决
惩治政府中存在的腐败现象；建立政府工作人员的行政监督与责任追究制度，
除对政府廉政方面进行监督外，还要对政府的勤政与效能进行监督；强化政
府及公务员的行政伦理建设。上述情况表明：行政伦理已经成为世界各国公
共行政自身建设的焦点，成为理论界讨论的热点，成为公众关注的重点。

一　公共行政伦理的概念

综观国内学者关于公共行政伦理的概念，主要有两种观点。

政府职业说。持该种观点的学者认为，政府管理也是一种职业。任何一
种职业，都应该有其职业道德与职业规范。政府职业道德就是政府公职人
员，在行使公共权力和人事公务活动的过程中，通过内在的价值观念和善恶
标准理性地调节个人与个人之间，个人与国家之间，个人与社会之间多种利
益关系的职业行为规范。按照这种观点，政府职业道德就是公务员职业道
德。持这种观点的人相当普遍。因此，研究公务员职业道德的著作较多。

行政主体说。赞同此种论点的学者强调，行政伦理是关于行政主体国家
行政机关、公务员道德规范的总和。王伟、车美玉（中国）和徐源锡（韩
国）编著的《中国韩国行政伦理与廉政建设研究》一书"从行政伦理的主
体性、政治性、层次性、职业性、现实性、系统性等几个不同角度来把握行
政伦理的基本内涵"。从主体性角度分析，"从国家公务员个体作为行政伦
理主体的意义上，行政伦理是指国家公务员的行政道德意识、行政道德活动
以及行政道德规范现象的总和；行政机关群体作为行政伦理主体的意义上，
行政伦理是指行政体制、行政领导集团以及党政机关在人事各种行政领导、
协调、服务等事务中所遵循的政治道德和行政道德的总和"。周奋进著《转
型期的行政伦理》认为，行政伦理是研究行政机关及公务员的道德理念、
道德准则、道德操守的学说。包括两大部分：一是行政机关整体的伦理约
束、导向的机制，二是行政机关人员，即公务员的伦理观念及操作。上述观
点把行政主体分为行政机关和公务员两类，认为行政伦理应该研究行政主体

中这两个相互联系的主体，这在行政伦理主体的认识上大大地前进了一步。罗德刚认为：行政伦理是关于公共行政系统以正义和公正为基础的行政伦理价值观、行政伦理原则和行为规范的总和。它是公共行政主体即整个行政系统的特殊伦理要求。

前一种我们称之为狭义的公共行政伦理，后一种我们称之为广义的公共行政伦理，本书采用的后一种概念，即公共行政伦理是国家机构和全体公职人员在依法有效地治理国家过程中，应遵循的伦理道德要求的总称。

二　公共行政伦理的范畴

所谓行政伦理范畴，就是反映和概括行政伦理主要本质、体现特定社会整体的行政伦理要求，并成为公共行政主体特别是广大公务人员的普遍信念而对公共行政行为发挥重要影响的基本概念。

国家行政学院的王伟教授认为：行政伦理有八大范畴。

行政理想。恩格斯说过："外部世界对人的影响表现在人的头脑中，反映在人的头脑中，成为感觉、思想、动机、意志，总之，成为'理想的意图'[①]，并且通过这种形态变成'理想的力量'。"行政理想作为特定的道德理想和伦理理想以及特定的政治理想和社会理想，是行政论理的灵魂，在行政实践中表现出理想的力量。其核心内涵，就是主张各级政府、行政机关和其他公共行政主体以及全体公务人员都要努力做好公共行政工作，全心全意为人民服务。

行政态度。从本质上讲，行政态度就是工作态度，是各种政府、行政机关和其他公共行政主体以及全体公务人员对社会、对人民履行各项公共行政义务的基础。行政态度具有政治学、经济学和伦理学的意义，它不仅揭示各种公共行政群体和全体公务人员在公共行政活动中的地位和参与公共行政工作的方式，同时也反映其主观态度。行政态度是在公正因素的作用下形成的，其中包括"职业的三要素"，即维持生活、发展个性和服务社会。应该承认，这"三要素"在社会主义初级阶段的公共行政选择中都是需要的。但是，政府、行政机关和公务人员在自己的行政态度中，应该把服务社会放在首位。为此，必须大力倡导以忠于职守、认真负责、公平公正为基本内容的行政态度。

行政义务。行政义务就是行政责任，包括各级政府、各类行政机关的群

① 《马克思恩格斯选集》第 4 卷，人民出版社，1995，第 232 页。

体责任与公务人员的个体责任两大部分。行政义务作为行政责任，首先是"应该做的"，但是，这种"应该做的"行政责任，只有被公务人员认识之后才能自觉去履行。因此，作为行政伦理基本范畴的行政义务，不是一般的行政责任，而是自觉意识到的行政责任。

行政技能。行政技能是履行行政义务的基本保证，也是行政理想和行政态度的具体体现。公共行政工作责任重大，往往是代表国家，归根结底是代表人民掌握和行使公共权力；公共行政工作角色多样，既是群体利益的代表者和维护者，又是群体意志的体现者和执行者，还是群体关系的设计者和协调者；公共行政工作对象特殊，面对各行各业的人、财、物，涉及社会生活各方面的方针、政策和战略，从根本上从事的是使社会有机体得以健康有序地运行所必需的领导、管理、协调、服务等精神性活动。基于这些职业特点，行政技能不但在公共行政实践中具有极其重要的伦理价值，而且必然成为行政伦理体系中不可缺少的基本范畴。

行政纪律。行政纪律是公共行政工作顺利进行的制度保证。一般地说，行政纪律就是行政行为规范，它要求行政机关和公务人员遵守秩序命令、依法行政，是调节党政机关和公务员与社会、与人民群众以及公共行政领域中局部与全局关系的重要方式。具体地说，行政纪律是行政机关和公务人员在利益、信念、目标基本一致的基础上所形成的高度自觉的新型纪律。这种自觉的纪律是社会主义法规性与道德性的统一，成为行政伦理的重要方面。换句话说，行政纪律虽然有强调性的一面，同时还有为各级党政机关和广大公务人员内心信念所支持、所自觉遵守的另一面，而且是更重要的一面，从而具有深刻的伦理内涵。自觉的意志表示与坚定的行政要求这两种因素的统一，构成了社会主义行政纪律的基础。所以列宁特别指出："在共产主义者看来，全部的道德就在于这种团结一致的纪律和反对剥削者的自觉的群众斗争。"

行政良心。行政良心是对行政义务（行政责任）的自觉意识。行政良心在行政生活中有着巨大的作用，它贯穿于公共行政过程的各个阶段，左右着党政机关和公务人员行政行为的方方面面，成为公共行政工作的重要精神支柱。它不但成为公务人员行政规范的本质内容之一，而且是行政行为选择的基本动因之一。

行政荣誉。行政荣誉是党政机关和公务人员在模范地履行了自己的行政义务与行政责任后所获得的社会肯定性的评价以及自己内心中善的价值认同，是党政机关和公务人员的行政义务和行政良心的价值尺度。从主观方面看，行政荣誉是行政良心中的自尊心、自爱心的表现。它能使行政机关和公务人员自觉地依法行政，宁愿做出自我牺牲也要保持行政尊严和行政人格。简言之，行政伦理之所以重视行政荣誉，主要目的在于，把社会和人民对于行政行为的外在评价，通过行政荣誉转化为党政机关和公务人员的自我评价，从而使其更好地履行行政伦理的各种职责。

行政作风，所谓行政作风，是指党政机关和公务人员在长期的行政生活中所表现出来的一贯态度，从其形成的角度分析，行政作风是上述七个范畴相互作用所结成的硕果。从其价值的角度分析，好的行政作风作为一种习惯势力，具有积极的潜移默化的教育作用。行政作风具有极其巨大的伦理价值，说到底，行政作风就是行政道德，就是行政伦理。

三　公共行政伦理的地位和作用

公共伦理属于行政哲学，是公共行政学研究的重要领域。公共行政伦理是公共行政管理的主导思想和灵魂。在 21 世纪，公共行政伦理所涉及的范围将比以往任何时候都更加广泛，其内容将比以往任何时候都更加丰富，其重要地位和作用将比以往任何时候更加突出。公共行政伦理在公共行政领域的广泛运用将对推动公共行政自身的文明进步、对政治的调控、对促进经济的持续发展和推动文明的进步发挥独特的作用。

1. 行政伦理对公共行政自身建设的作用

行政伦理对公共行政自身建设的作用首先表现在行政伦理是公共行政的主导思想和灵魂。公共行政有没有一个主导思想和灵魂？作为管理社会的系统或功能活动体，需要一个主导思想，需要一个灵魂，即一种精神力量和价值导向，需要一个定向器和定位器。这是一个不仅关系公共行政自身，而且关系国家政权巩固和社会全面发展的带根本性的问题，不容忽视。提及行政伦理，人们自然地想到廉政建设。行政伦理建设是解决腐败的治本之策。人用道德的力量把自己管住了，法律对他来说就不成为羁绊。行政伦理是解决勤政的重要手段。道德的精神力量是巨大的，它远比"考勤"境界高出许多。目前，我国公共行政除腐败、勤政问题外还有行政体制改革、行政职能转变、政府机构改革、公共政策制定、行政领导和公务员素质、行政机关工作作风、行政效率与效能等诸多问题，行政伦理都应该在这些领域发挥作用，从价值导向上推动这些领域的尚存问题得以及时有效地解决。现代政府就是责任政府，现代政府必须注重自身建设，现代政府建设的方向就是用伦理精神塑造政府。

2. 行政伦理对政治的调控作用

政治和行政伦理都是由一定的社会经济关系所决定的上层建筑和社会意

识，政治对行政伦理的影响最直接、最有力。政治是促进行政伦理形成和发展的重要力量，是行政伦理赖以巩固和发展的后盾，甚至还直接影响行政伦理的具体规范。这是问题的一个方面，问题的另一个方面是，行政伦理对政治的巩固起维护和调节作用。首先，这是历史的经验教训。就我国的历史而言，凡是某一历史时期行政伦理建设抓得紧，官纪官风良好，则政治清明，经济发展，政权巩固；反之则政治腐败，社会动荡，政权腐朽以致垮台。其次，现代国家必须德法兼治。江泽民同志曾指出：在建设有中国特色的社会主义，发展社会主义市场经济过程中，要坚持不懈地加强社会主义法制建设，依法治国，同时也要坚持不懈地加强社会主义道德建设，以德治国。对一个国家的治理来说，法治与德治，从来都是相辅相成、相互促进的。二者缺一不可，也不可偏废。再次，行政是现代政治的中心，作为政治治理，必须在行政系统建立自律机制。在行政系统内部，必须建立健全行政监督机制。健全的行政监督机制应包括法律机制（外控机制）和行政伦理机制（内控机制）两个方面。只讲外控机制，不讲内控机制，在理论上是不全面的，在实践上是有害的。

3. 行政伦理对经济发展的作用

行政伦理植根于社会经济关系之中。一定的社会经济关系决定一定的行政伦理的性质，一定行政伦理的内容是一定社会经济关系的反映，行政伦理规范的变化是一定社会经济关系的变化造成的。因此，一定的社会经济关系决定一定的行政伦理。伴随着市场经济的发育和发展，我国的经济关系正在发生着急剧变化。这些变化，极大地冲击着行政机关和公务员以往的行政伦理观念和价值标准。调节市场经济的力量，不仅要靠市场法规，还要靠道德的力量。经济学家厉以宁在《超越市场与超越政府——论道德力量在经济中的作用》一文中指出：习惯与道德是市场调节、政府调节以外的第三种调节。这是因为政府和市场不是万能的，会出现市场失灵和政府失灵，而道德的力量能使经济体制更好地运转。该书还强调：没有精神的起飞就没有经济的起飞，当前必有重视道德的重振工作。这就要构建符合时代要求、能极大地推动社会主义市场经济健康发展的伦理精神。马克斯·韦伯在《新教伦理与资本主义精神》一书中也力图论证：理念和理想并非问题实质的反映，它可以成为引导社会经济变迁的真正独立又自发的动力。

4. 行政伦理对社会进步的作用

社会的进步不仅体现在社会主义市场经济的建立和完善，还体现为政治体制和行政体制的良好运作，同时还体现为人民思想觉悟的提高。社会进步不仅需要物质力量，而且需要精神力量。行政伦理是推动和促进社会进步的强大的精神力量。行政伦理学的研究有利于确立适应社会主义市场经济发展的伦理理念，从而推动市场经济发展。我国目前正处于转型时期，社会主义市场经济的建立和完善要求行政管理体制做相应的调整，伴随着行政体制和管理方式的变化，原有的行政伦理受到挑战，建立新的行政伦理可以促进社会主义市场经济的健康稳定发展。行政伦理的建设还可以保证行政体制自身的健康运行。行政体制是人与人之间的关系构成的，这种关系一方面有赖于制度定位和法律调整，另一方面需要通过道德加以规范，制度和法律为行政体制的有效运行提供了必要的基础，行政伦理则是进一步提高行政质量的保证。当忠诚、公正、仁爱、尊重人等伦理充分体现于行政体制时，就会大大补充制度与法律作用的不足。行政伦理建设还有利于行政人员增强抵御腐朽伦理思想侵蚀的能力，提高行政人员的道德水平。市场经济条件下，利益出现多元化的倾向，这也导致了人们价值观念的多样化。这种多元化的利益和人多样化的价值观念。势必会在国家行政机关及其行政人员身上反映出来，造成伦理主体的分化，而要解决这个问题必须依靠加强伦理建设。

第二节　公共行政伦理的价值诉求

价值是关系性范畴。它是指主体与客体之间需求与满足需求的关系。行政价值观是行政主体对一切行政价值和一切行政活动、行政行为进行评价、判断、选择的根本标准，它对一切行政价值和一切行政活动、行政行为具有深层次基础性的决定和导向作用。所以，一个国家的行政伦理危机常常根源于行政价值观的迷失和混乱。

在哲学的意义上，价值是事物和人的一种存在方式，而对于社会治理体系而言，价值就是实质。只要有人的地方就会有价值的问题。在传统的科层制管理体制下，人们信奉"工具理性"忽视对价值问题的关注，作为服务型社会治理模式的公共行政，从理念到制度设计层面都体现了对价值的高度重视，体现出公共行政与传统管理的实质区别。

一　公共行政伦理的终极价值追求：公平公正

实现社会公平应该是公共行政的目的，政府官员往往只强调行政执行的效率和经济性，为此甚至不惜以牺牲社会公平为代价。所以，新公共行政学便明确主张，政府官员应运用他们管理社会和其他项目上的自由处置权，去保护并促进社会中无特权群体的利益；主张实行以公众为中心的行政管理以及非官僚制、民主决策和行政过程的分权等。什么是公共利益，沃尔特·利普曼常被引用的话用在这里是恰当的。他认为"如果人们目光清晰、思维理性和行为公正、仁慈，他们所选择的就是公共利益"。其行政伦理价值即是社会公平。在罗尔斯看来，公平是实现公正的前提条件，罗尔斯主张任何人在深入思考公共利益时都应该从原初的角度着手，也就是不要考虑你自己的社会、文化、经济或生理条件因素，即他所说的"无知之幕"。

柏拉图的《理想国》就是围绕正义展开的，认为理想的国家就是正义的国家。他认为理想国应具备明智、勇敢、节制和正义这四种德性。现代行政是公共行政。在民主宪政国家里，行政权力源于人民主权或人民权利，属于公共权力。同样，行政组织是公共的，不是君主一家之行政；行政职位是公共的，不是家天下。公共行政的公共性决定了它的公正性和正义性。近现代以来普遍流行的公共行政理念、民主和宪政制度并行，共同改变和调整着行政在国家和社会中的位置和功能。公共行政理念、民主和宪政制度必然产生公正和正义原则。美国著名哲学家、伦理学家约翰·罗尔斯（Jonh Rawls 1921～）于1971年发表了他的著名的《正义论》一书。在这本书里。罗尔斯认为，正义是社会制度的首要价值，正像真理是思想体系中的首要价值一样。它的基本主题就是合理安排好社会基本结构，在我国当前就是积极推进体制改革和完善新体制。

但也有行政学者对此持反对意见，认为公平、公正仅仅是行政伦理所借助的分析工具，而不应将它作为价值目标，但我们认为政府存在的价值在于它仅是维持社会正常动作的工具目标，人类最终的目标是实现人类的大同社会，实现人和自然和谐相处，人和人的和谐相处。所以政府就应该把保证社会的公平、公正，解决社会的贫富分化，消除不平等作为政府的一个重要价值目标，是政府的一个重要职能目标，其必然之义，公平、公正是公共行政的终极价值目标追求。

二 公共行政伦理的基础价值追求：廉洁

中国宋代的清官包拯说："廉者，政之本也，民之表也；贪者，政之祸也，民之贼也。"中国还有"公生明，廉生威""廉者昌，贪者亡"等具有深刻行政伦理价值的古训。环顾全球，贪污腐败是一种非常普遍的社会现象。贪污腐败破坏政府管理秩序与行政权力的公正原则，激化社会矛盾，毒化社会风气，导致公众对政府的不信任，对社会的稳定与发展业已构成严重的威胁，引起国际社会的普遍关注。无论各国的社会制度和意识形态有多大的差异，但社会公众的要求则是共同的，这就是要求管理国家的政府是一个廉洁的政府。江泽民同志在中国共产党第十五次全国代表大会上的讲话中就特别要求全党以及全体公务人员牢固树立廉政的观念："反对腐败是关系党和国家生死存亡的严重政治斗争。我们党是任何敌人都压不倒、摧不垮的。堡垒最容易从内部攻破，绝不能自己毁掉自己，如果腐败得不到有效惩治，党就会丧失人民群众的信任和支持。在整个改革开放过程中都要反对腐败，警钟长鸣。"

三　公共行政伦理的市场价值追求：效率

行政效率是行政学或行政管理学的核心概念之一。迄今为止，人们对于行政伦理与行政效率之关系的认识仍然比较抽象。我们认为，行政效率是公共行政伦理的市场价值追求。只有确定了这一重要理念，才能更好地实现公共行政伦理与行政效率的有机统一。要寻求提高行政效率的途径，必须重视行政伦理的功能与作用。而要使行政伦理充分发挥其提高行政效率的功能与作用，不可不具体地分析行政伦理的各个方面对于行政效率的实际影响。只有在这种具体分析的基础上，才可能有针对性地设计出有利于行政效率提高的行政伦理的方案和措施，才可能使行政伦理对于行政效率之提高的功能与作用落在实处。所谓行政伦理，是行政活动中的诸种伦理因素及其作用和结果的总称。我们可以将行政伦理研究划分为三个主要的方面：行政人员的道德素质、行政组织的道德属性和行政运作的道德控制。行政伦理的这三个方面都对行政效率有着直接或间接的影响。行政人员的道德素质，是指行政人员内在化的职业道德品质，主要包括对行政工作的高度的道德责任感和廉洁奉公的道德操守。高度的道德责任感，使行政人员能够尽心尽力做好自己的本职工作；廉洁奉公的道德操守，则使行政人员能够正确地行使手中掌握的权力，而不是以权谋私。行政人员的道德素质的这两个部分，对于提高行政效率有着重要的作用。因为如果行政人员没有对于行政工作的高度的道德责任感，不把做好行政工作作为自己应尽的道德责任，那么，他就可能玩忽职守、消极怠工、出勤不出力，其所做的工作的量和质都可能难以令人满意；如果行政人员不能廉洁奉公，那么，公共权力就会蜕变为谋取私利的工具，国家对公共领域的投入就可能被转移到私人领域，从而导致公共产出的减少。① 此外，在行政人员具备一定的道德素质的前提下，可以运用道德激励的方式，有效地激发行政人员的工作积极性，从而提高行政效率。

四 公共行政伦理的主体价值追求：品端

执行公共事务的公务人员的品行是公共行政追求的一个重要价值目标。早期的行政价值伦理研究也主要是围绕这方面展开的。20 世纪 70 年代行政伦理主要集中于对道德选择的论证，1981 年马克·T. 利拉提出，在道德选择的问题上，理性分析方法过于简单化，在公共组织中要注重培养能与公共服务相契合的行政个性，以补充理性分析方法带来的缺陷。平科夫更是提出应该从个性的角度来理解公务人员的品行。

哈特列出了人们心目中公共行政管理者应该具备的一些个性特征：高度谨慎，道德英雄主义，对人类的关心和热爱，对公民的信任以及对提高自身道德修养的不懈追求。他还提出了"道德事件"（尤其是"道德危机"和"道德对抗"）、"道德过程"（尤其强调"道德目标"和"道德实施"两个子过程）的分析框架。在此框架的基础上，库珀和瑞特则指出，作为行为潜在诱因的品德与个人所持的价值和原则是一致的，它并不是个人面临道德危机和道德对抗等事件时于一瞬间形成的，而是在日常生活中随着个人道德行为的实施和对道德目标的追求缓慢而持续地形成的，而这一过程恰恰是具体的道德事件（道德危机和道德对抗）得以解决的基础。

品行虽然是公共行政伦理追求的一个价值层面目标，但是如何形成良好的品行却是一个艰难的过程，这既需要制度方面的保障，还要公务人员对服务国家和人民大众的理念的理解，更依赖于法律对于品行不端的惩戒。但是"为人民服务"应该作为公务人员品行的核心价值追求。

以上的价值追求是建立在对我国行政从中国历史、实践和政治文化分析的基础上提出的，是否存在普世的公共行政伦理追求目标，从理论分析的角度来看，如果单纯将公共行政作为一种管理手段来考虑，显然是存在的，通过近年签订的大量国际条约、国际公约、国际惯例，可以发现其中存在一些共有的价值追求，例如公平、公正，效率，但是公共行政和政治的相关性使得其无法突破意识形态束缚，形成普世的价值追求。特别是对公务人员的道

---

① 吕耀怀、吴义平：《行政伦理对于行政效率的具体影响》，《长沙民政职业技术学院学报》2004 年第 1 期。

德要求各国的要求并不相同，特别是各国的文化、政治信仰在其中扮演着重要的角色。

第三节 我国公共行政伦理的建设

当我们审视和解读中国行政伦理建设的发展脉络的时候，一个不容争辩的事实呈现在我们面前：东西方在沿着不同的方向在发展，美国的行政伦理建设重在强调政府的责任，而中国的行政伦理建设侧重于公务员的伦理道德建设，当我们再反思我们的伦理建设的时候，我们实际上忽略了政府政策伦理和执行伦理等相关伦理问题的研究，但是现在我们惊喜发现的一个态势就是，许多法院在行政执法中提出要"人性化"的执法，这又折射出我们实际上已经意识到：原来在伦理建设中一直忽视了一些本该不忽视的东西。

美国学者库珀指出：伦理困境的实质是责任和义务的冲突性和对抗性，这种责任和义务的对抗性是现代和后现代社会中的角色扮演的多样化和个人身份认同的多元化现象造成的，而且随着现代社会向后现代社会的过渡，这种冲突趋势还会加强。所以伦理冲突是不可避免的。而要解决伦理冲突，就不仅要求改革外部控制资源（法律、组织和规章等）还要求行政人员个体积极运用自己的伦理自主性抵制不道德的组织和组织上的极不负责任的行为，而自主性的获得要通过行政人员个体有意识地培养自己的内部控制资源（个人的价值观、信仰）。库珀的话对我国的行政伦理建设很有参考意义。

一 我国公共行政伦理建设的基本原则

行政伦理建设基本原则对行政伦理建设具有指导意义，了解并掌握行政伦理建设的原则对于更好地进行伦理建设，防止伦理建设出现偏差具有重要的理论和现实意义。我国行政伦理建设的基本原则主要有如下几个。

（一）服务原则

按照供求关系理论，政府是提供公共需求的主体，为社会提供必要的服务是政府的重要职能。服务的基本要求是：第一，服务而不是掌舵。公务人员日益增长的重要角色是帮助公民表达并满足他们共同的利益，而不是试图控制社会并将社会掌舵到一个新的方向。第二，公共利益是目的，而不是副产品。公共行政者必须促成建立一个集体的、共享的公共利益观念。其目标并不是被个人选择所驱使去寻找快速的解决之道，相反，它是共同利益和共同责任的创新。第三，战略地思考，民主的行动。满足公共需要的政策与规划能通过集体努力和合作程序而有效、负责任地获得。第四，服务于公民，而不是顾客。个人利益是通过关于共享价值的对话而产生的，而不是个人自我利益的整合。因此，公务人员不应仅仅满足于回应"顾客"的需要，而要聚焦于公民并在公民之间建立信任与合作关系。第五，责任不是一个简单的概念。公务人员不仅要关注市场，他们应该同时关注依法行政、政治规范、专业标准与公民利益。第六，尊重人的价值，而不是重视生产力的价值。如果他们基于对所有人的尊重，通过合作过程与共享领导来运作，那么，公共组织及它们参与其中的网络从长期来看将运作得更为成功。第七，尊重公民与公共服务的价值，重于企业家精神的价值。公共利益将由于公务人员和公民承诺对社会作出富有成果的贡献而更好地增进，而不是因为具有企业家精神的管理者好像公共钱财是他们自己的一样的行动。

前一段落解决了如何服务的问题，为谁服务是我们要关注的又一个问题。在我国服务的对象应该是人民，"为人民服务"是我国社会主义道德建设的核心，也是我们伦理建设的出发点的根本目的。要把"为人民服务"作为行政伦理建设根本宗旨和规范要求，其基本要求就是从人民的根本出发，坚持集体利益高于个人利益。

服务原则就是要从社会价值导向上倡导"领导就是服务"，"服务就是奉献"的伦理价值观，在社会控制模式上坚决制止自私者为己谋利益的社会机制。

（二）效率原则

行政伦理的效率原则就是注重行政行为的实际效果，把行政行为所产生的实际效果或预期效果作为行政管理追求的一个目标。这对于合理地评价行政行为有积极意义。

（三）公平、公正原则

普雷斯顿（Preston）认为："伦理学就是关注什么是公正、公平、正义或善，关注我们应该做什么，而不仅仅是仲裁条款最容易接受、或什么是恰当的或（和）权宜之计。"[①] 正如亚当·斯密所指出的，对社会而言，政府的职能主要是以下几点："第一，保护社会，使其不受其他独立社会的侵犯。第二，尽可能保护社会上的各个人不受社会任何他人的侵犯，也就是说

---

① 〔美〕特里·库珀：《行政伦理学：实现行政责任的途径》，中国人民大学出版社，2003，第 8 页。

要建立严正的国家机关。第三，建立并维持某些公共事业及某些公共设施。这样的政府职能是非常有限的。"① 政府的重要职能就是维护社会公平和公正，但是现实生活中，贫富悬殊以及房价过高、百姓买不起房子等各种现象表明，政府在维护社会公正、公平方面还有许多工作要做。

二　我国公共行政伦理建设的框架体系

伦理建设是个系统工程，它是由一系列的子系统构成的，这些系统包括以下方面。

（一）支持系统

1. 政治支持

"实际政治的需要，使政治职能与行政职能分离的想法不可能实现。政治必须对行政有一定的控制。"② 这段话揭示了政治与行政的内在关系，行政伦理的建设没有政治的支持显然是不可能的。政治支持在我国体现为执政党对行政建设的重视，可以说执政党的支持是行政伦理建设的前提，这种重视体现为任何行政伦理建设方针的出台都离不开执政党参与，而且行政伦理建设的推进也要靠执政党，执政党为行政伦理建设提出的方针政策是行政伦理建设的指导性文件，同时也是政治支持。

2. 舆论支持

所谓："凡举国之事，主体在民，主导在官"。社会的压力也是行政伦理建设的一个重要的支持，美国发生的"水门事件"，使美国民众一片哗然，公众强烈要求政府调查"水门事件"，民众在"水门事件"爆发出来的热情使美国政府开始反思政府在伦理建设的重要性，随后，美国政府成立了"美国政府伦理办公室"，领导美国的伦理建设。

3. 机构支持

伦理建设的直接载体是行政伦理建设机构的成立，美国的"水门事件"发生以后，卡特政府通过"1978年政府伦理法案"（Ethical in Government Act of 1978）。该法案就收入公开、政府雇员行为遵守联邦政府机构等问题做了新的和更为严格的规定。还成立了首家"美国政府伦理办公室"用以负责实施这些制度。我们要关注的是官僚组织不总是很好地鼓励其组织成员按公共道德规范行事，反而常常会设置障碍。1960年代尔格瑞姆在耶鲁大学做

---

① 亚当·斯密：《国民财富的性质和原因的研究》（上卷），商务印书馆，1965，第318页。
② 彭和平、竹立家：《国外公共行政理论精选》，中共中央党校出版社，1997，第28~31页。

了一个实验，他在实验室构建了一个基本的组织结构，包括不同年龄、性别、信仰偏好、职业和教育平的大约980人参加了实验。绝大部分实验对象都能够按照实验要求去做，表现出对这个组织的服从，甚至当要求电击别人时也很少有人拒绝。尔格瑞姆的实验证明：通过一系列逐渐的心理过程，实验对象从相对自制的个体逐渐自愿地成为实验者的工具，并在这个过程中最终抛弃了对其自身的行为所应负的所有的道德责任。问题的实质在于组织化的层级节制，更多的时候是一种组织文化，往往会成为道德追求的障碍，而且还会惩罚那些意欲按照道德行事的个体，有时候仅是提出类似的建议也会受到惩罚。所以如何避免这种倾向是一个值得研究的问题。

（二）保障系统

1. 责任保障

杰斐逊有句名言：公共行政人员必须永远牢记他们是"人民的公仆，而不是人民的主人"，公务人员在面临伦理困境时的行为选择要从自己承担的责任和义务（客观责任）出发进行行为选择，同时让公务人员为此所做的选择要承担相应的责任，公务人员承担人相应责任包括对政党政治责任、对行政机关的行政责任、公共行政所承担的法律责任和道义责任，这四个方面构成公务人员责任的内容。

所谓政治责任是指政府行为与政府决策必须符合、保护、促进人民的利益与福利。如果政府决策失误或行为有损人民利益，虽不受法律追究，但要承担政治责任。人民的权利构成政府的行政责任，为公众服务是政府的法宝责任。公民权利是国家之本，是行政权力之源，政府责任是行政权力的核心，是政府属性的本质。政府的法律责任意味着政府及其工作人员违反法律规定的义务、违法行使职权时，必须承担相应的法律责任。政府的道德责任不仅意味着政府要正确地做事，即不做法律未允许的事情，而且意味着要做正确的事情，即促使社会变得更美好的事情，而不是做有损社会的事。政府机关及其工作人员的生活与行为必须符合人民与社会所要求的道德标准与规范。政府机关工作人员必须谨守行政道德责任的原则：公务员执行公务必须符合公众利益和国家利益，真正服务于公民与社会，应表现出最高标准的清廉、真诚、正直、刚毅等品质；公务员个人不能运用不正当的方式在执行职务时获取利益。西方各国都有较为完备的道德责任法典，如美国有《政府道德》、英国有《文官法典》、加拿大有《利益冲突章程》等等。

没有责任羁绊的公共权力会导致公共权力拥有者的滥用。责任追究不及时会增加人们对政府公共权力的不信任感，会对政府公共权力产生抵触情绪，政府必须积极地履行其社会义务和职责，在公共行政管理实践中承担起道义的，政治的，行政的、法律上的相应责任。美国的学者库珀就坦言，公共伦理就是关于责任的学科。

2. 培训保障

公务员的相关伦理知识的获得，需要在培训的过程中获得，在对公务员进行日常培训的时候要加入相关的伦理教育的内容，并考虑将这种成绩作为保管员晋升的一个重要的标准。培训的内容可以根据不同行业的实际确定不同的培训内容，通过经常性的培训，让公务人员在内心建立起防御体系。但遗憾的是我们在对公务人员进行培训时很少涉及职业伦理方面的内容，更多是侧重对政策和党的路线方针政策和行政技能的培训，这一点可以从各级党校对各级领导干部的培训目标中体现出现。实际上作为一个领导干部或者公务检查员应该首先是做一个好人，然后才能谈得上做一个好官，做一个为大众服务的具有良好的职业道德的人，而在这一点上我们做得很不够，而国外的好多国家在这方面为我们提供了很好的案例。在美国，任何一个行业的执业资格考试第一张试卷总是关于职业素养方面的，只有这门课过了，才能有资格从事某一行业。这一理念很值得学习。在法国，公务人员进行培训时，职业素养方面的培训占整个培训的1/3，因为无论是培训者，还是受培训者都清醒地认识到只有具有良好职业素养的人才能胜任公共服务的责任。

（三）监督系统

1. 人民监督

1945年7月，黄炎培先生访问延安时曾问毛泽东同志：一个国家往往是："其兴也勃焉"、"其亡也忽焉"，最后政息人亡，这简直是成了历史的周期率，共产党有什么新路跳出这个周期率？毛泽东同志十分有信心地回答道："我们已经找到了新路，这条新路就是民主，只有让人民来监督政府，政府才不会松懈；只有人民起来负责，才不会政息人亡。"这里，清楚地表明了人民群众监督的极其重大的价值。国家行政学院的王伟教授认为，要真正实现人民监督，要从两方面着手：一是解决思想认识问题——人民群众是国家的主人，依据委托—代理理论，政府只是人民的代理人而已。二是采取多方面措施，逐步建立群众监督的运行机制。其一要建立群众举报机制。其二是建立政务公开机制。这将有助于保证行政伦理与公务员行为规范的切实实施。

2. 立法监督和司法监督

"制礼以崇敬，立刑以明威"，行政伦理建设应和法制建设相互配合。

行政伦理的立法监督具体的制度有：宪法监督制度，听取和审议工作报告制度，受理申诉、控告、检查制度，询问和质询制度，选定问题调查制度。行政伦理的司法监督包括人民法院的监督和人民检察院的监督。此外，监督系统还包括政党监督和行政监督。

三　我国公共行政伦理建设的有效途径

当代中国的行政伦理建设需要从行政文化建设与行政制度建设两大层面着手。

（一）行政文化建设

文化是一种非常复杂的社会现象，包括广义和狭义的文化，广义的文化是指人类在社会历史实践中所创造的全部物质文明和精神文明，狭义的文化则是指人们在社会实践中形成的思想、意识、观念的积淀。自 19 世纪下半期英国学者泰勒在《原始文化》一书中把文化概括为知识、信仰、道德、法律、习惯以及人的行为能力的综合体后，人们多从狭义的角度理解文化，主要包括两方面的内容：一是由各种社会心理构成的心理型文化，如风俗习惯、价值观念、思维方式、审美意识、道德情操、宗教情绪、感觉认识、民族性格等感性、直观的社会意识形态，二是由各种社会思想体系构成的知识型文化，包括政治、法律、伦理、科学、艺术、文学、教育、哲学、宗教等系统理论的社会意识形态。行政文化是与行政相关的文化，是行政体系中的成员在一定的社会文化背景下所形成的对行政活动的态度、情感、价值观和信仰，以及人们所遵循的行政方式和行政习惯等。具体来说包括人们的行政观念、行政意识、行政思想、行政理想、行政道德、行政心理、行政原则、行政价值、行政传统等。行政文化是一种多层次的、复合的文化，它的形成受到多方面因素的影响，如历史条件、地理环境、社会制度、民族特性、文化心理、文化背景、传统习惯等。行政文化可以影响行政行为、行政心理和行政制度的建设。[1] 库珀将伦理分成四个层次：表达层次、道德规则层次、伦理分析层次、后伦理层次。[2] 其中后伦理层次的达到离不开行政文化建设。庄锡福在其新著《文化视野里的当代中国行政》中提出，构建新型行政文化的途径是：以制度伦理建设为基础，使公共伦理建设与个体道德建设

---

① 竺乾威：《公共行政学》，复旦大学出版社，2003，第 282 页。

② 〔美〕特里·库珀：《行政伦理学：实现行政责任的途径》，中国人民大学出版社，2001，第 8~15 页。

既有区别又互相促进；制度变革应输入足够的公共性、服务性、法治性的伦理精神，文化创新应强调发展公民权利意识和自主自治意识的优先性、根本性意义；以公共意识和法治意识为核心，以公民权利意识、公务员责任意识为重点持久开展全民性的学习和教育；以政府行为的公正性、法治性对全社会产生示范和潜移默化。

（二）行政伦理立法

对相关的成熟的行政伦理规范国外许多国家通行的做法是将之上升为法律。卡特政府通过"1978 年政府伦理法案"（Ethical in Government Act of 1978）。该法案就收入公开、政府雇员行为遵守联邦政府机构等问题做了新的和更为严格的规定。同样的，里根政府丑闻之后，布什总统要求对 1978 年的伦理法案做适当修订，以扩大和加强它的控制力，这就是后来的"1989 年政府伦理改革法案"。日本有《国家公务员伦理法》。它们的做法值得我们借鉴。

（三）行政制度建设

制度设计上的缺陷必然会带来伦理问题。所有的不公平都是制度设计造成的，制度可以说是一切罪恶的源泉。对行政伦理建设最重要的一个环节就是进行自由制度反思和重新设计。T. 尔茨说："我将制度定义为一种行为规则，这些规则涉及社会政治及经济行为。"[①] 新制度经济学把制度（Institution）看做是一种秩序，由规则所构成。制度从纵向又可以分为规范性行为准则、宪法秩序和制度安排三个层次。规范性行为准则包括道德、习俗和意识形态等，它们从文化层面约束人们的行为。宪法秩序则指的是关于各种人类活动的基本原则，涉及社会政治、经济等诸方面，它以宪法为核心，是制定社会各个领域相应行为规则的根据。"制度安排的定义是管束特定行为模型和关系的一行为规则"[②]，它包括成文法、习惯法和自愿性契约等等。在制度的三个层次中，宪法秩序和规范性行为准则的稳定性周期长，各种习惯性行为规范和意识形态来自多年的积累，一旦形成不会轻易改变。相对而言，各种制度安排倒是经常发生变化。因此，制度变迁主要发生在制度安排的发明期。制度变迁有"强制性制度性变迁"和"诱致性制度变迁"。近年来西方国家的"政府再造运动"、"顾客导向的改革"都是在对原有的政府管理的反思的基础上进行的政府制度变迁。

---

① R. 科斯等：《财税权利与制度变迁》，上海三联书店，1993，第 253 页。
② R. 科斯等：《财税权利与制度变迁》，上海三联书店，1993，第 377 页。

伦理价值是一切行动的根本。事实上，每个人每天也都是在这个价值的系统中行事。孟子曾说："苟得其养，无物不长，苟失其养，无物不消"。政府相关部门在要求公务人员尽力从公的同时，必须主动积极塑造一个行政伦理的实践环境，并有计划地建立起行政伦理的规范。如此一来，领导阶层才能放心授权下属，而基层公务人员才可能真心地投入工作，提升政府施政的表现。

第四节　公务员伦理建设

公务员伦理建设是行政伦理建设的重要组成部分。本节着重分析公务员职业道德的内涵、内容、要求以及建设路径。

一　公务员职业道德概述

道德可分为社会公德、职业道德、婚姻家庭道德三种类型，国家公务员职业道德是职业道德的一种类型。国家公务员职业道德是表达公务员职业责任、体现公务员职业特征，调整公务员职业行为，具有善恶意义的原则规范、心理意识和行为活动的有机统一。

国家公务员职业道德与其他职业道德相比有以下四个特征。[①]

1. 阶级性和社会性的统一

国家公务员职业道德是社会统治阶级的思想意识形态，是统治阶级伦理思想最直接、最集中的体现。国家公务员在其职业活动中，必须服从国家意志，按照国家的法律、政策和道德规范办事，为统治阶级的利益服务。国家公务员职业道德有为人民服务、为社会服务、忠于职守、廉洁奉公等搞好社会公共行政的原则和要求，同时具有一般社会公德和公共生活准则的原则和要求。国家公务员职业道德把为统治阶级服务和为全社会服务的道德原则和要求有机的统一起来。

2. 时代性和继承性的统一

各个时代公职人员的职业道德特别是政府官员职业道德的内容和要求反映了当时的经济、政治和文化发展状况。这种反映是具体的而不是抽象的，从而充分体现了时代性。任何类型的公职人员职业道德都有其产生、发展和消灭的历史过程。不仅不同社会发展阶段有不同的公职人员职业道德规范，

---

① 罗德刚等：《行政伦理的理论与实践研究》，国家行政学院出版社，2002，第85页。

就是在同一社会形态，公职人员职业道德规范也是发展变化的。但是这种发展变化具有继承性。后一个时代的公职人员职业道德都批判地继承了前一个时代的公职人员职业道德，从而使公职人员职业道德在思想观念上、规章制度上和行为要求上有所发展。

3. 民族性和开放性的统一

国家公务员职业道德具有民族性，是因为各民族的经济、政治、文化条件和环境条件不同，民主传统、民族习俗、心理素质不同。中国的公务员职业道德凝聚着中华民族的文化，美国的公务员职业道德凝聚着西方文化。在现时代，公务员职业道德的开放性越来越明显。世界经济一体化带来了管理文化的交融。西方人研究中国文化，研究中国古代和现代的公职人员职业道德。同样，在我国改革开放的历史时期特别是推行和完善公务员制度的今天，中国人也研究外国文化和外国的公职人员职业道德，吸收其有用的东西。

4. 统一性和层次性的统一

就一个国家的公务员职业道德规范而言，国家对全体公务员都有统一的要求。我国的《宪法》、《国家公务员暂行条例》等法律法规对我国全体公务员职业道德都有明确规定。除这些统一要求外，在中国共产党党章以及其他党纪常规中，在国家公布的其他法律、法规中，在地方性规章中以及党和国家领导人讲话中，都对县、处以上的国家公务员特别是高级领导干部提出了更高和更具体的约束措施。同时，对某些行政领域的公务员还有特别要求。统一性要求、层次性要求以及领域的特殊要求，共同组成国家公务员职业道德规范体系。

二　国家公务员职业道德的内容和要求

孟子曰："修身、齐家、治国、平天下。"明代的《大明律》认为"治国先治吏，治吏必先重礼"，可见，对国家公务员的行为提出明确的规范是多么需要。现阶段国家公务员的职业道德的主要要求有如下一些方面。

诚信忠诚。公务员要忠于国家、忠于党、忠于人民。忠于国家，这是国家利益至上的要求；忠于党，这是因为中国共产党是唯一的执政党，中国共产党是中国各族人民利益的忠实代表，党的利益就是国家和人民的利益；忠于人民，这是由于人民是国家的真正主人，广大的公务员只不过是人民的公仆。各级公务员严守职业秘密。

公正廉明。一方面，要严格执行私人财产申报制度，其变动情况要及时向组织反映，不得接受有相关利益单位的馈赠，政府间的馈赠要交公。不得以任何形式涉足营私活动，不得在私营企业和三资企业担任兼职。不得贪污受贿；另一方面，尽量满足各级公务员的物质生活要求，实行高薪金高待遇的工资福利制度，以此作为补偿和廉洁奉公的保障。公正就是公道正派，不徇私情，公务员条例要求广大公务员做到公道正派，执法如山。在处理各方面的利益关系时，要坚持公正平等的原则，不偏袒一方，也不损害和压制、打击任何一方，对于任何人，无论亲疏远近，都一视同仁，平等相待。在用人方面要举贤任能，要有求贤若渴之心，要有不避亲仇的荐贤之为。要不计个人得失，敢于推荐高于自己才能的人。不要拉帮结派，不要另立山头，搞小团体，搞歪门邪道和各种不正之风。要执法如山，有错必纠，刚正不阿，不畏权贵，不允许有任何不受法律约束的"特殊公民"存在。要赏罚分明。要赏不遗远，罚不阿近。不贪，不占，不奢，不奢即不奢侈浪费。要按规定标准住房、用车。不公款吃喝和旅游，接待一律从简，要务必保持艰苦朴素的"延安精神"。

勤政为民。广大公务员要勤于政务，忠于职守，尽职尽责。这既是管理人员与国家和政府关系的本质体现，也是管理人员工作方面的道德要求；既是管理人员做好本职工作的基本条件，也是其应尽的道德义务。要在其位，谋其政。要坚守岗位。勤勤恳恳，任劳任怨，认真负责，要开拓进取，不迷信权威，不墨守成规。不惧怕习惯势力。要实事求是，尊重客观规律。

注重效率。提高效率就是用最少的人、财、物、时间的投入取得最大的成果，提高效率是公共行政追求的目标。"效率就是生命"，这在激烈竞争的国际环境中，在社会主义市场经济条件下，尤其如此。办事不讲质量和实效，不讲速度，是我国公共行政的一大痼疾。人、财、物的浪费，是不道德的表现，是极大的道德犯罪。过去，我们有许多劳民伤财的惨痛教训。要发挥公务员的积极性创造性，建立有效的工作制度和行政程序，摒弃衙门作风和形式主义。

三 公务员职业道德规范

公务员的职业道德规范不可谓不全，但在现实生活中屡遭践踏，引人深思。出现这种情况的原因究竟何在。当今社会行政人员角色逐渐从公民角色中分离出来，他们既是公民的雇员又是公民中的一员，既有责任为公众提供服务又有权利作为公众的一员接受服务。这种双重角色经常会产生冲突性的义务，即公共行政人员不仅是"大众公仆"，而且是某一特定组织的公务员，这种特定组织的公务员角色尽管在理论上从属于更大规模的公共服务体系，但在道德约束力和激励机制方面它却是最具体和强有力的，公务员角色很容易受制于特定组织并被特定组织界定。当这种情况发生时，效忠组织的义务和维护公共利益的职责之间的关系就被混淆了，执行上级的命令就等于完成了一个公务员应尽的职责。公民角色和行政人员角色不可能彻底分离，但是在现代社会这种分离的趋势越来越明显，它造成了不确定数目的公共行政人员在工作中放弃了一些公民的权利和义务，伴随着他们对雇员关系身份的认同，同时也伴随着具有不同文化背景的公民越来越强烈地要求参与政府管理，这种角色的颠倒现象造成了大量的伦理困境。这种情况也构成了对公务员职业道德规范的严重挑战。在公务员的公共服务过程中，角色冲突在所难免，在这种情况下我们制定了细致而又目标明确的公务员职业道德规范，但规范是软性的，即使偶尔违规，你也无奈他何，最多是纪律处分，况且规范是死的，而人是活的，要规避它很容易。再说规范总有遗漏之处，哪能穷尽一切。国外的趋势是将一些道德规范上升为法律，变为刚性的东西。谁要是触犯，就受法律的制裁。中国人和外国人历来对人的看法差异很大，外国人把人看成是自私的，内心总存在恶，因此要用法来制约人的行为。他们崇尚法律，从古代的希腊、罗马到现在发达的资本主义国家莫不如此，因此在国外出现许多的法学家。而我国长期以来受儒家的思想影响。特别重视人的个人修养，认为修身、治国是一脉相承的。重视对人的教化，因而出现了许多思想家和伦理学家，却鲜有法学家，长期以来忽视制度建设和法制建设。这种认识上的惯性一直持续到现在，"当人们处于从恶能得到好处的制度之下，要劝人从善是徒劳的"。[①] 因此，道德规范法制化是一种趋势。许多资本主义国家把道德纳入法制轨道加以强化，如美国有《政府道德法》、加拿大有《道德法典》、英国《荣誉法典》中的《防止腐化法》等。这种做法非常值得我们学习，但如何将一些道德规范上升为法律，以及将哪些道德规范提升为法律都需要研究，须联系我国的实际，也不能照搬外国的做法。另外，对于公务员职业道德规范还要进一步细化、标准化，原则性的规定尽量要少之又少。这样在评价一个公务员时就会避免任意性。

美国著名行政伦理学家特里·L.库珀教授在《行政伦理学：实现行政责任的途径》中强调指出，现在人们已经日益达成这样的共识，那就是在"民主管理过程中，不可以有任何具有体系性质的普遍的或最终的基本原

[①] 萨拜因：《政治学说史》（下卷），商务印书馆，1986，第633页。

则，但它们起着替代的或临时权益的作用，它们会因时变化以适应我们变动不居的社会契约。历史就是对这种社会契约演化过程的记录"。所以在当代社会，任何制度的合法性"只有通过开展具有广泛参与性的管理问题讨论，才能在生活的'公共'方面取得一致性意见（即达成契约），仅仅诉诸权威，在这个世界已经行不通了"。库珀的这一观点构成了他观察和讨论当代世界公共行政伦理问题的基本视角和前提背景，依赖于这一视角和背景的支撑使得库珀对行政伦理问题的讨论摆脱了传统的逻辑演绎或道德直觉的局限，从而在现实主义层面上以一种兼具道德牵引力和实践操作性的科学理性方式，为解决当代世界形形色色、缤纷复杂的伦理困境和伦理冲突问题提供了一个可行的解决方案。他的这一分析对于我们思考现代公务员职业道德规范很有借鉴意义。现代社会变迁相当剧烈，用一个几年甚至几十年不变的一种规范去对公务员的行为进行约束显然不合时宜。"刻舟求剑"的故事我们已经讲了很久，但现实生活中这样的错误我们仍然一犯再犯，真是悲哀。我们应该在公务员职业道德规范中不断增加新的内容。

第十章
公共行政监督

公共监督是世界各国普遍关心的问题。公共权力是管理公共事务的一种支配能力，具有极大的强制性、扩张性、渗透性、影响性和控制性。公共监督是人们为达到政治、经济、军事、司法等方面的某种目的或目标，依据一定的权力，在公共治理中，通过对事务进行内部分工约束、外部民主性参与和控制等若干个途径，对公共权力的资源、主体权责、运作效能等方面进行相对独立的检查、审核、评议、督促的活动。而对公共权力的非公共运用则构成了腐败。如何防止权力产生腐败呢？最现实的、最有效的途径就是对权力进行制约和监督。

第一节　公共行政监督的理论基础

公共监督首先起源于社会生产和分配的活动中，后运用于公共社会治理中。公共监督制度已成为国家政治制度的组成部分，是防治公共权力腐败的重要机制。公共监督理论与监督制度是通过丰富的监督实践发展而来的，同时又经历了近现代社会民主政治发展和市场经济，公共监督从自上而下的检查督促转向社会公共事务管理中的控制，转向国家权力运作中的监控与制约，转向权利的维护。通过公共监督，降低治理成本，纠正治理偏差，促进社会合作，服务经济发展，抑制腐败行为，提高管理效能。

一　西方国家的公共监督理论

西方公共监督理论可以追溯到古希腊、古罗马时期。现代西方的公共监督是与其民主制度的建立相一致的。在资产阶级革命过程中，在尊重人、高扬人类理性的理念的指引下，启蒙思想家们的思想不仅是摧毁封建君主专制制度的锐利武器，同时也是公共监督产生的理论基础。

（一）主权在民思想

法国思想家莫尔在《反暴君论》一书中提出，国王是人民的公仆，人民是国家的主人，人民立君，不是君立人民。洛克根据当时英国的情况，认为人民主权要由议会来行使。在他看来，当政府与人民发生争端时，人民应该是裁判者；政府若一意孤行，违背主权者的意志，人民就可收回自己的权力，甚至以强力对付强力。法国启蒙思想家卢梭，从抽象的人性论出发，提出人类为了保全自己，摆脱在自然状态下的种种不便而进入社会状态。为此，人们签订"社会契约"，自愿地把自身的一切权利转让给整个集体，并且由于每个人都这样做，所以他也从集体那里获得了自己让渡给别人的同样权利。卢梭的"公意"理论比较完整地体现了"主权在民"的思想。他认为，人民主权是不可转让、不可分割、不可代表的，至高无上且不允侵犯，因此什么代议制、分权制、君主制都有悖于人民主权的原则。他还特别强调"行政权力的受任者决不是人民的主人，而只是人民的官吏，只要人民愿意就可以委托他们，也可撤换他们。对于这些官吏来说，决不是什么订约的问题，而只是服从的问题"。[①] 为监督政府不至于篡夺人民的主权，避免"人民的统治"蜕变成为"对人民的统治"，他对代议制不能充分体现民意似乎有毫不妥协的厌恶感，以至于他设想像古罗马人民大会那样，借助民众定期集会制定法律和决定政府及其官吏的去留，甚至使用武装斗争的方式也是合理合法的。

（二）分权制衡思想

监督政府必须有一定的方式和手段，否则，监督就只能停留在理论的精细描述上。为了防止权力的滥用，提高权力行使的效益，权力的适当分离和相互制约，古已有之。亚里士多德和波里比乌斯就曾有所论述。但是，分权制衡作为一种政府组织结构的原则，却是起源于洛克和孟德斯鸠。如果说，"主权在民"的思想主要解决了人民应该监督政府的问题，那么，分权制衡的思想则解决了人民如何监督政府的问题。

英国资产阶级思想家洛克，把国家权力划分为三部分：立法权、执行权和联盟权。立法权、执行权必须分开，否则，就会给掌权人提供滥用权力的机会和方便，于是他们在"制定和执行法律时，使法律适合于他们自己的私人利益"。[②] 故而，需要在立法权和执行权之间建立相互的制约关系，即

---

① 卢梭：《社会契约论》，何兆武译，商务印书馆，2003，第127页。
② 洛克：《政府论》（下篇），商务印书馆，1981，第89页。

所谓的外在制约。洛克从自然法理论出发，从新兴资产阶级的角度着想，为了削减王权，把国家权力分成立法权、执行权和对外权，并要求由不同的机关来执掌。另外，他还提出立法权与行政权相互制约和协调。

法国资产阶级启蒙思想家孟德斯鸠在《论法的精神》中，论及权力滥用与政治自由以及在权力行使过程中的冲突及其解决时，明确提出政治自由只存在于国家权力不被滥用的地方。孟德斯鸠指出："一切有权力的人都容易滥用权力，这是万古不易的一条经验。有权力的人们使用权力一直到遇到界限的地方才休止。"① 为了防止权力的滥用，孟德斯鸠主张以权力制约权力，实行职能性分权。在孟德斯鸠看来，要防止滥用权力，就必须以权力制约权力，实行行政、立法和司法三权分立，相互制约，彼此平衡。

汉密尔顿在美国的建制实践中，对分权与制衡进一步做了解释、发挥和补充。他提出，国家权力一分为三，只是相对的分治，在某些场合和某些时候可以允许权力间的局部的必要的混合。与汉密尔顿有异，托马斯·杰弗逊从防止专制和暴政方面考虑，认为代议民主制不仅要重点限制总统和司法机关的权力，议案也应由两院来审议。分权制衡思想是许多西方国家建立政治体制的指导思想，它大大增强了立法机关、司法机关对行政机关的公共监督力度。

（三）法治论

法治是与专制、人治相对立的。法治的基本含义是指有关国家和社会的公共事务都须在法的支配下处理，任何个人或团体都不得凌驾于法律之上，法律面前人人平等，各个权力主体都应严格依法办事，当权利或权力受到侵犯时可以得到救济。

柏拉图、亚里士多德在探讨人治和法治时，认为法律有治国安邦的功能，"法治优于人治"，法治可免除一切情欲的不公正的影响，"应当服从法律的统治"②。亚里士多德还提及，实行法治要有良法，有了良法还必须遵循；法律也要随着法制环境的变化而慎重地修订和补充。西塞罗等自然法学派人士认为，法律要体现人类理智和神的智慧，保证人民的幸福，故政府权力必须依法行使，并受到自然法的审查和限制。

洛克认为法律必须保护和扩大个人的自由权利，必须限制统治者行使权力的边界，法律必须得到切实的遵循。在他看来，"法律一经制定，任何人

① 孟德斯鸠：《论法的精神》，商务印书馆，1961，第154页。
② 亚里士多德：《政治学》，商务印书馆，1983，第199页。

也不能凭他自己的权威逃避法律的制裁，也不能以地位优越为借口，放任自己或任何下属胡作非为，而要求免受法律的制裁。公民社会中的任何人都是不能免受它的法律制裁的"。①

孟德斯鸠把自由和法治相联结，认为以权力制约权力，其制度形态必然是以法律制约权力。讲求法治，要防止权力乘虚而入，故在保证司法独立的同时，还必须重视法制教育，法律面前人人平等。他写道："自由是做法律所许可的一切事情的权利；如果一个公民能够做法律所禁止的事情，他就不再有自由了，因为其他的人也同样会有这个权利。"②

卢梭认为，法律是主权者意志即"公意"的记录，任何人的自由都是在平等地服从法律时才有的。统治者若强制他人守法，他自己也得严格守法。共和国对于行政官员要设置一些限制和约束，以便维护法律的神圣性。

法治主张注重公共权力行使的法定范围、法定程序和滥权的补救，注重公民权益的保障，呼吁依法办事、行政公开和司法公正。这些不乏深刻和合理之处的探讨，尽管因其历史唯心主义的基础而略显逊色，但从社会历史发展的眼光看，它们为西方国家强化对公共权力的宪政监督和司法审查奠定了理论基础。

（四）有限政府论

新兴资产阶级在与封建专制及"王权"的斗争中，始终将政治自由与经济自由相结合。在洛克等启蒙学者看来，政府是一个相对独立的实体，是与社会和个人利益相分离的一套机构和运行过程，因此政府的权力必须限定在某个界限内，不损害个人与社会的权力和利益。从这种观念出发，一些启蒙学者在不同程度上主张用个人权利、自由财产权和宪政自由来约束或抗衡政府权力。第一，用天赋的、绝对优越的个人的自由权利（含生命、健康、自由和财产等权利）作为政府权力的道德约束。第二，从财产权保护的角度考虑确定抗衡政府的经济基础，提出限制政府权能及其运作的宪政原则和法律制度，让财产权的保护构成政府权力扩展的边界或底线。第三，设置政府运作的制度屏障，防止政府内部的集权、滥权与专断。

有限政府论认为，一方面通过代议制民主政体的安排，解决主权与治权的矛盾，既让分离了的政府存在于个人与社会之上，又使政府的权能能够被市民社会代表（通过选举等方式）所控制与监督；另一方面，把分权与制

---

① 洛克：《政府论》（下篇），商务印书馆，1981，第 59 页。
② 孟德斯鸠：《论法的精神》，商务印书馆，1963，第 154 页。

衡作为政府内部权能的功能性配置原则，让政府权力在每个分布点上都处于自身内部某种力量的牵制和控制状态。与此相配合，还应当以法制来规范政府权力的运作过程与范围。革命时期所产生的有限政府理论，尤其是有关政府目的与权力范围的种种限制原则，经由洛克等人的阐明和传播，并通过美国《独立宣言》、《宪法》以及法国的《人权法案》这一类具有伟大历史意义的文献而得到具体体现，成为近现代权力制衡和社会监督得以发生和形成的理论渊源。

（五）　自由主义监督观

19 世纪中叶，适应工业资产阶级自由经营、自由贸易和自由竞争以便尽可能地追求和攫取经济利润的需要，以强烈的物的依赖性为基础的人的自由和平等，作为交换价值过程的各种要素的一种理想化的表现和交换价值再生产的必然要求，已经在现实中与所有权三位一体了。自由主义的思想家们正是从这个现实出发来阐述社会、政治、文化领域中的公共治理与监督的。自由主义的思想家们认为，人们需要政府在某些方面作为"守夜人"去保障个人的自由，其职能相应地限定在保障安全、履行执法责任、维护和建设某些公共设施等狭小的范围之内。但政府权力的行使极易把公职人员腐蚀。因此，自由主义者在当时大力宣扬"管得最少的政府才是最好的政府"，同时也主张要对执掌权力的人进行监督，防止他们滥用权力。

自由主义大师密尔认为，自由就是对政治统治者所施暴虐的防御。为此他特别看重思想言论的自由、经济的自由和对政府权力的限制。他认为，若全体人当中除一人之外都持有相同的意见，仅一人执有相反的意见，那么这一人的意见也应受到尊重。为了个人自由，除了必须否定君主专制，实行代议民主制之外，政府对经济和社会生活中的三种情况不宜干涉：一是所要办的事（如经济事项），若由个人来办比由政府来办更好一些。二是有些事情（比如陪审制度、地方自治、慈善事业等）让个人来办虽未必能像政府机关和官吏那样办得好，但仍宜让个人来办。因为这样可以增强公民的主动性，锻炼他们的判断能力，在这些领域中使他们获得熟习的知识。三是政府不应包揽那些纯粹的社会事务，以免束缚社会大众的活力和增加政府机构的负担。在界定了政府、社会、个人三者间权力的边界之后，密尔从功利原则出发讨论了代议制中的管理与监督问题。他认为代议制政府能集中人们的智慧和才能，并且能促进人们的美德和智慧的发展，还拥有最好的法律、最纯洁的司法、最为开明的行政、最公开和最不繁重的财政制度。代议制政府还适宜对经济实行"不干涉原则"，"无为而治"，任其自由发展。在他提出的若干措施中，突出了议会不重管理而重监控的功能。密尔的主张，在当时的目的大致是为了巩固工业资产阶级的经营自主权，提高工业资产阶级的政治生活地位，阶级的狭隘性显而易见。

二 马克思、恩格斯和列宁的公共监督理论

马克思和恩格斯在批判继承空想社会主义思想家关于人民民主监督思想的基础上，提出了自己的公共监督理论。列宁则对马克思恩格斯的公共监督思想进行了带有制度化和操作性色彩的探索。

（一）马克思、恩格斯的公共监督理论

人民民主监督思想在空想社会主义思想家的著述中有一些天才的预见，如：差额秘密投票选举、集体决议、限任制与离任审查、议会监督、监督专员和人民代表大会制下的议行合一等等。马克思、恩格斯在此基础上，广泛研究前人思想，批判地吸收前人的思想成果，结合巴黎公社政权建设的经验和工人阶级政党活动的实践，论述了工人阶级政权运作中监督的必要性、监督的内容和监督的方式。

马克思和恩格斯认为，国家及其政权机构伴随着阶级的产生、发展和消亡而有一个产生、发展和消亡的历史过程。但随着生产力的快速发展，人类社会不断进步，国家凭借其公共权力承担者的身份以执行某种社会职能为基础进行政治统治的，但是，资产阶级的国家机关高居于社会之上，是统治社会、压制社会的力量，以社会的主人自居。而巴黎公社让社会民众当家做主的创举，让他俩高兴地看到，公社政权"是终于发现的、可以使劳动者在经济上获得解放的政治形式"。马克思和恩格斯在总结巴黎公社经验时，热情肯定和赞扬了公社政权建设中的包含人民监督色彩的措施。

人民的监督包括：第一，议行合一。公社铲除旧的国家机器，建立议行合一的工作机关。这样，让民众拥有民主管理的、负有责任的政权组织。第二，公开性和普选制。公社把行政、司法和教育等方面的所有公职向民众公开，一切公职人员由普选产生，且随时可以被选举者撤换或罢免，从而让公职人员作为勤务员在公众监督之下负责地开展工作。第三，取消特权和实行低薪。公社取消国家高级官吏所享有的一切特权和高额薪金，让他们所得的报酬与熟练工人的收入持平，从而防止和避免人们钻营权职而升官发财。

马克思和恩格斯在指导工人阶级运动和工人阶级政党建设中，还对党内民主监督、党派之间的合作与监督、新闻舆论监督的意义、做法等有一些富

有指导价值的阐述。

（二）列宁的公共监督理论

列宁在继承和发扬马克思、恩格斯监督理论的基础上，带有更多制度化、操作性的探索色彩。在十月革命前，列宁就认定苏维埃政权正像马克思恩格斯所讲的那样在经济、道德和精神等方面都还带着它脱胎出来的那个旧社会的痕迹，无疑应让工农群众对党员和干部在政治舞台上的一举一动做普遍的监督。列宁的设想是，所有的人都来执行监督和监察职能，使所有的人暂时都变成"官僚"，因而使任何人都不能成为官僚。与此同时，他还希望通过工农群众开展的"监督和计算"逐步地实现由资本主义向社会主义的过渡，让"俄国的一只脚"小心谨慎地"踏进社会主义"。

在新经济政策的实施过程中，面对新的经济社会发展与变革，列宁呕心沥血探索的社会主义民主监督，已经趋于既有上下监督又有平行监督，既有群众监督又有专门机构监督，既有俄共（布）党内监督又有党外监督的全方位监督。

列宁的社会主义民主监督的主要内容包括：第一，在明确划分党务部门和政府部门职能基础上，坚持和完善俄共（布）领导，建立严格的党内监督。第二，改组工农检察院，形成党政监督合力。第三，特别关注司法监督和舆论监督。为确保民众利益不受侵害，列宁主张坚持法律面前人人平等的同时，加强司法监督。列宁热情地支持和鼓励报刊等大众传媒作为舆论监督的中介。他主张让民众利用报刊发表批评信、批评报道等来对行政行为和社会生活各方面予以监督，让报刊在民主管理、民主监督中发挥功效。

三　中国共产党的公共监督理论

无论在革命战争年代，还是在社会主义建设时期和改革开放时期，中国共产党人都十分重视党内外、政府内外监督工作的开展以及制度建设，形成了一整套比较完整的公共监督理论体系，这些对搞好行政监督工作有着极大的指导意义。

（一）毛泽东的公共监督理论

在领导中国革命和建设的伟大实践中，毛泽东一贯高度重视廉政建设，提出了一系列有关行政监督和反腐倡廉的理论、观点，并采取了许多行之有效的措施。

早在革命战争年代，在苏维埃区域，尽管条件艰苦，环境险恶，但腐败现象时有发生，如浪费、贪污、任用私人、以权谋私等，对新生政权的存在和发展威胁很大。为此，以毛泽东为代表的中国共产党人，为了建立有别于腐败的国民党政府的廉洁的新政府，进行了长期的探索。在毛泽东看来，加强监督、反对腐败，实行廉洁政府的有效途径就是走民主之路。

毛泽东的公共监督理论的主要内容有：第一，发挥人民群众的监督作用。人民群众是党和政府的力量源泉，充分发挥人民群众对党和政府的监督，才能够减少监督的空白点和盲区。第二，重视民主集中制。在国家机关中实行民主集中制，是毛泽东的一贯主张。新中国成立后，将民主集中制作为党和国家重要的组织原则和活动原则写进了具有临时宪法作用的《共同纲领》和《中华人民共和国宪法》之中，使这一原则得到了法律上的保障。毛泽东不仅对民主集中制的意义有深刻的论述，而且对具体的操作层面，也有有益的探索。第三，重视监督主体的多元化。对党和政府的有效监督，离不开多种监督主体的设立及其功能的充分发挥。毛泽东除了强调要充分发挥人民群众的监督作用之外，还指出要发挥好新闻媒体、民主党派的监督，还要有独立的专门监督机构进行监督等等。

（二）邓小平的公共监督理论

邓小平继承和发展了毛泽东有关公共监督的理论，在带领全党和全国人民进行社会主义现代化建设和实行改革开放的新形势下，论及党和国家廉政建设、民主政治建设、民主集中制原则、反对官僚主义和腐败等问题，以马列主义为指导，阐释了具有中国特色社会主义的民主监督理论，提出了许多富有时代特点的新观点。第一，重视搞好党内监督。党的执政地位决定了党对国家行政机关监督的极端重要性，而要搞好党的监督，首先必须搞好党内监督。第二，发挥人大和政协的监督作用。各级国家行政机关是各级人民代表大会的执行机关，因而各级人民代表大会在我国行政监督中具有不可替代的作用。邓小平主张要通过各级人大，积极推进民主选举、民主决策和民主管理，使人大的各项决策都有较高的民意含量，增强决策的科学化、民主化。人民政协是中国人民爱国统一战线组织，它的基本职能之一就是进行民主监督，如何发挥政协的监督作用，邓小平十分关注。第三，加强人民群众的监督。人民群众参与监督，既是社会主义民主的具体体现，也是人民主权的具体体现。一个社会的监督体系是否民主化，最重要的是看以人民群众为主体的社会监督是否完善，邓小平认为人民群众监督要制度化，只有制度化的群众监督，才能把群众的政治参与保持在理性的轨道里，才能避免历史上"大民主"的弊端。第四，实现监督的法制化。邓小平对马克思主义监督理论的最重要贡献是明确提出实现监督的法制化问题。

综观邓小平的有关论述，加强监督法律、制度建设，一要建立完备的法律体系，加快立法体系，使监督工作有法可依；二要坚持"公民在法律和制度面前人人平等，党员在党章和党纪面前平等"的原则。

第二节　我国公共行政监督的实践分析

公共行政监督理论在实践中，得以丰富和发展，进而发挥指导实践的作用，其中既有人的认识的深浅、时机的适宜问题，又有条件的成熟和操作的技术问题，受到政治、经济、文化、环境方面诸多因素的制约。

一　我国公共监督体制的缺陷

近年来发生在领导干部中、特别是高中级干部中以权谋私、权钱交易腐败案件有增无减，腐败蔓延的势头没有得到有效遏制，重大违纪违法案件一再发生，有的部门和行业的不正之风还比较严重。中纪委处理的案件中上至政治局委员、省部级领导干部，下至一般公务员，人数达百万，如此庞大的群体，说明我国现行公共监督体制还存在严重缺陷。

（一）政府职能转变滞后

国际经验表明，体制转轨时期腐败往往呈现多发易发的态势。在现阶段，我国的政府职能转变尚未完成，旧体制下权力运行方式具有巨大惯性，出现了较大规模的腐败现象，包括寻租活动盛行，重要根源是政府过度干预的体制，行政权力仍对经济生活干预得过多、过直接，对资源配置垄断过多，某些不必要的行政审批行为、屡禁不止的条块分割行为、部门权力利益化行为、部门利益法规化行为，都可以某种冠冕堂皇的理由作为腐败的借口。政府过度干预的体制为政府官员提取租金提供了大量的机会和手段。政府过度干预的体制集中表现为政府垄断或政府过分管制。我国政府职能转变滞后，受利益驱使而产生了寻租、设租、抽租行为，并形成了滋生以权谋私、权钱交易的重要土壤。而通过检视已有的相关理论成果可以发现，布坎南公共选择理论中的"寻租理论"，对于分析和解决我国在体制转轨过程中出现的腐败问题颇有借鉴意义，按照布坎南的"寻租理论"，价格差、汇差、利差被称作"租金"，租金中很大一部分是政府管制、干预市场的结果。某些个人或利益团体为了牟取自身经济利益，获得"租金"，向某些政府官员行贿、腐蚀拉拢，使其做出有利于自己的政策、法令和行政措施，这就叫"政治寻租行为";而某些政府官员可能扮演一个被利用的角色,利用行政干预的办法来人为地创造"租",诱使某些个人或利益团体向他们"进贡",这就叫"政治设租行为";某些政府官员直接利用权力营造私利,故意提出某项将使某些个人或利益团体受损的政策、法令和行政措施作为威胁,迫使某些个人或利益团体割舍一部分既得利益与政府官员分享,这就叫"政治抽租行为"。"政治寻租行为"、"政治设租行为"和"政治抽租行为"都是"权"与"钱"的交易行为。寻租型腐败所导致的恶劣后果是造成政府向社会的掠夺性争利,严重损害了政府的信誉和公信力。

(二)权力配置不合理

在我国,权力配置不合理的最大问题是权力过分集中。"权力过分集中"的问题,是一个长期困扰我们的老大难问题,又是一个迄今尚未根本解决而亟待解决的新问题。"权力过分集中"的主要表现:一是"党委过分集权",各类不同组织具有不同的性质和职能,并非"同一种性质的权力",但"一切权力"过分集中于党委领导机关,导致"党政不分",以党代政;"党企不分",以党代企;"党事不分",以党代事;"党群不分",以党代群等等的局面,为此,邓小平提出的以党政分开为基础和核心的"分开",不是分多分少而是从根本上分开的问题。二是"领导者个人高度集权",各级组织的权力集中于主要领导者个人手里,表现在"一把手"管理权限过大,有些部门和关键岗位掌握的权力过分集中于"一把手",决策权、执行权、监督权集于一身,产生了一言堂、家长制、个人滥用权力等等现象,加上监督权限的不科学、不合理,权力结构处于失衡状态和监督乏力现象,存在不受制约的权力"真空地带"。三是权力的约束和监督软弱乏力,尚未形成有效的制约机制,其中原因之一在于权力配置的不合理,权责配置不科学,强调权力多,明确责任少,有权无责,加上受利益的驱使,权力与利益的挂钩,一些部门和公务人员对利益和权力紧抓不放,对无利的责任一推了之,出现了团体腐败。

(三)权力运行程序不规范

权力行使程序的不规范和不透明,使以权谋私得以发生。

第一,不规范是权力运行缺乏清晰、严密、具体的规范,未形成互相衔接、环环相扣的权力和责任网络机制,自由裁量权过宽过大。权力行使程序的不规范表现在:一是程序的随意性。虽然规定了程序,有人在权力行使中却不遵守程序,随意减免既定程序,甚至改变程序规则,使大量权力行使得不到有力的监督和纠正,特别是"一把手"的权力行使没有受到程序的制约，存在着监督盲点，出现"弱监"和"虚监"，使监督主体难以操作。二是监督主体的软弱性。由于制约程序、手段和措施的明确度、可操作性不完善，从我国监督实践的表面上看，监督客体处于强大的监督网络之中，实际上监督客、主体是处于领导和被领导的地位，甚至于处在人身依附性的地位，加上复杂社会关系、人际关系，好人主义盛行的单位，下级、同级常常出于现实的考虑，造成不敢监督，不能监督。

第二，不透明指权力运行程序和规则对外公开的程度不够。权力行使程序的不透明表现在：一是有关条件和规则程序由于通过"内部文件"、"部门规定"等对外开展工作，只有政府官员才知道，难免出现"暗箱操作"，滋生腐败问题。虽然近年来大力倡导政务公开，但其进度取决于领导的重视程度，效果参差不齐，一些地方和部门避重就轻、时有时无，特别是对人、财、物等权力行使的核心部位触动不大。二是非正式活动的状况是难以监督。表面上决策层按公开自己的管理规则和办事程序办事，背后存在大量的、非公开的活动，远比公开的有影响力。三是人民群众是监督的主体，但对权力的运作过程不太熟悉，群众的举报很多，但举报的成效如何，取决于重视程度如何。难怪有人说监督主体权力在虚化。

（四）权力运行的法治化程度不高

从立法角度看，监督条例不完备，监督弹性很大，缺乏具体地可操作性，如：组织法过于简单，对机构设置、组织结构、职责权限、责任形式等缺乏明确具体的规定；行政程序法至今尚没有一部统一完整的基本法律，有关的法律规定大都散见于不同法律文件中，而且往往相互冲突，笼统抽象，缺乏可操作性和权威性，不足以有效依法规范权力运行。这样容易在实施监督过程中产生盲目性和随意性，难以达到监督目的，影响监督的严肃性。

从执法角度看，执法部门和执法人员有法不依、执法不严、违法不究的现象普遍存在，徇私枉法、执法犯法等滥用权力的行为屡见不鲜。执法监督制度不完善，漏洞太大，政府系统内部的专项监督部门由于独立性不够，在处罚上又缺乏具体的法律依据，监督执法阻力重重。

从法律监督角度看，监督重心放在"查错纠偏"上，出现了忽略权力运行前的预防性（事前监督），偏重于权力运行后的追惩性（事后惩戒）；对违纪违法监督多，对工作失误监督少；对监督"事"多，对监督"人"少；对行使任免权多，对行使弹劾权少等现象，习惯以部门文件的形式来约束和监督权力运行，违反规定大多采用行政处罚或纪律处分，标准也是因人而异、因事而异，不具有威慑性，监督的整体功能未能得到充分发挥。

（五）激励机制和惩罚机制的扭曲

公职人员的行为在一定程度上是受理性支配的。在正常情况下，廉洁并有工作成绩，就可以得到合理的报酬和奖励，腐败则将受到相应惩罚。提高收益预期，加大腐败的风险预期，可以促进廉洁。西方学者研究表明，政府官员工资报酬过低，录用和提升不按成绩评判，惩罚和查处不力，腐败程度就越高。从我国情况看，激励机制和惩罚机制发生扭曲是产生腐败的一个重要诱因。就具体而言，公务员阶层名义工资水平不高，在某种程度上引发"灰色收入"、"黑色收入"；公务员录用、晋升、奖惩、退休等尚未充分体现功绩制原则，会导致用人腐败、贪污受贿、"59 岁现象"；财政拨款缺口和"创收"任务，引起公共部门经商办企业、有偿服务、乱收乱罚等问题难以杜绝；查处案件效率不高、惩罚力度不大，以行政处分代替法律制裁，是腐败分子"铤而走险"、"前腐后继"、"集体腐败"的重要原因之一。

二　建立权力制约机制的实践意义

公共权力是由人民赋予的，应当用来为公共利益服务，并受人民的监督，但公共权力的行使有可能偏离为公共利益服务的目标，被掌权者滥用，甚至成为个人谋取私利的工具。建立权力运行制约机制，正是为了对公共权力的行使加以有效的监督和制约，防止权力腐败。

（一）以权力的制约防止滥用权力

权力在运行过程中具有权力形式的强制性、权力构成的层级性、权力指向的多样性、权力内容的交换性、权力来源的稀缺性和权力主体的双重性等特点。在运行过程中，权力主体的最终载体是拥有双重身份的人，一方面因具体的职责而产生的权力，是一种形式主体，权力行使者本人带有个人色彩；另一方面权力主体拥有的权力具有国家或群体权力的代表性，是一种实质主体，该权力只有相对的使用权和履行权，无处置权和占有权，一旦离开自己的岗位和职责，拥有的权力会自动地失去。当形式主体和实质主体相背离不统一时，权力主体借助于国家的力量来给个人带来收益，这是权力发生变质的理论上的原因。所以，权力不仅可以增进社会利益，也可能为个人利益服务。权力的两重性必然要求对权力的获得、运行过程、运行后果进行监督。

对公共权力的行使加以有效的监督和制约，建立权力运行制约机制，防止权力腐败必须做到：第一，要防止滥用权力，权力必须得到有力的监控。腐败是权力得不到有力的监控。第二，要防止滥用权力，权力应有适用范围、界限和限度。有权力的人们使用权力一直遇到有界限的地方才休止。当权力处于无界限和绝对状态时，其就会无休止地扩展开来并发生作用，约束权力的功能则在事实上处于无效状态。第三，要防止滥用权力，自由裁量权应是相对的。要制止权力运行中背后关系活动，要让权力的行使不能根据领导者的个人重视程度和个人素质来进行，而是根据法定程序和规则来监督实行。这一监督程序和规则，需要保证监督不因领导的干扰而破坏，让领导者明了他们的权限范围，明了权力的有限性而非无限性，明了该做和不该做的事的界线和标准。个人权力的无限制只会导致集体领导的变形走样。

（二）以权力的分解防止滥用权力

对公共权力行使，尤其是对敏感性的重要权力的行使，应当适当分权或分工。从权力、责任、程序等方面构建一种分工制衡关系，使各种权力之间保持一种既互相配合、又互相制衡的状态，是保证权力不被滥用的前提。

要建立切实有效的权力分工制衡机制，必须注意：第一，有效的权力制约必须保证主体间的地位平等，权力主体间没有隶属关系。如果地位不平等，监督制约的效果就会大打折扣。第二，有效的权力制约，主体间是相对独立的，其经济实力亦是均衡的。倘若监督主体在人权、财权、物权等方面受监督客体的制约，那么监督主体就很难主动、有效地实施监督。第三，监督主体在监督活动中需有相对独立性，不得无故被罢免、调动，有权拒绝上级的所谓"指示"等。

（三）以权力的合理配置防止滥用权力

权力是处理政务的手段，责任是完成工作的要求。政务活动需要有权力，但权力不是无限的，必须加以合理界定，科学配置权力：①使权力处于合理状态，彼此相互协调、相互制衡，实现效能最大化。②确定权力的自身界限，权力在什么范围、层次上行使，人们尚未给予应有的重视。要在权力行使的同时课以相应的责任。有权力而无责任，权力必被滥用；只有责任而不赋予一定的权力，责任必将落空。权力与责任的对等和统一，是保证分工明确，各司其职，各负其责必不可少的前提条件。为保证权力运行的规范和严密，需对程序的各个环节进行合理设定，确定相应的规则。

（四）以权力运行的法治化防止滥用权力

关于权力运行的法制化问题，邓小平有精辟的论述。他指出："制度好可以使坏人无法任意横行，制度不好可以使好人无法充分做好事，甚至会走向反面。"强调制度化、法制化，使这种制度和法律不因领导人的改变而改变，不因领导人的看法和注意力的改变而改变。邓小平的上述论断为把权力运行纳入制度化和法制化轨道提供了强有力的理论基础。

第三节　重塑公共监督体系

我国现有的权力监督体系和方式，在督促政府机关及其工作人员廉政勤政，提高行政效能，促进国家的政治稳定和经济的可持续发展等方面，发挥了重要作用。同时我们也应清醒地看到，监督体系还不健全、不够合理、不够完善，重塑公共现行监督体系十分必要。

一　公共监督的监控体系

健全我国公共监督的监控体系需要强化对公共权力的规制控制、体制控制、社会控制以及审计监督，并构建和完善包括政党监督、人大监督、司法监督、行政机关内部监督与行政监察、群众监督以及社会舆论监督在内的监督网络体系。

（一）对公共权力的规制控制：以法律制约权力

对公共权力的规制控制是指制定严密的法律法规，规范权力的运作过程，控制官员的用权行为，目的在于使易于越轨的公共权力在立法、行政、司法、守法的各个运行环节上都受到法律的制约，一旦行为"脱轨"，便有法律依据制裁这种脱轨，我国在反腐败过程中，曾经走过弯路，即主要靠道德约束和政治运动抑制腐败，它导致我国公共权力的行使不是以法律为度量范围，而是以长官意志为标准边界，公共权力从未受到过法律力量的实质约束。在现代社会，人们已充分认识到，控制腐败必须有赖于法律的制定及其实施。法律基于公共利益和社会秩序而赋予国家行政机关一定的权力和职责，就必然要求国家行政机关的行政行为符合权力运用的目的而不滥用权力，维护公共利益而不以权谋私，合法执行权力而不越权违法，履行法定职责而不失职渎职，遵守法定程序而不丧失程序公正。强化法律监督的作用，正在于法律规范具有道德规范所不能比拟的普遍性、权威性和强制性。同时，权力监控还必须从严，这种控制和惩罚，主要来自于外部的外力，它犹如一种动力，能够推动政府及其官员的行为合法正当，但它更多的是一种威慑力，如同悬在头上的一把利剑，对于不法行为会有力地予以戳穿。应当加大对于国家公职人员贪污、贿赂、挪用、豪赌等腐败行为的惩治力度，并使法律责任成为腐败行为所支付的最大成本。

（二）对公共权力的体制控制：以权力制约权力

以权力制约权力，意味着一种国家权力对另一种国家权力的外在约束，通过各国家机关之间的相互制约，达到权力的基本均衡，防止其中的一项权力过于强大而被滥用。国家机关行使公共权力的行为，关系到各国的政治、经济、文化建设事业的发展大局，因此，重视国家机关之间的权力制衡，绝不仅仅是从"人民主权"的民主意识角度所做出的考虑，而是体现为一种强化国家管理的"实用性"要求。除了立法权、行政权、司法权之间制约关系的建立健全外，在法律监督体制上，还需要建立外部的、独立的监督机关以制约权力。

以权力制约权力的基本途径和方法为：①权力缩减。政府只保留一部分管理权和审批权，不能事无巨细横加干涉。②权力分解。权力由不同机关、不同官员掌握，防止重大权力的独断专行。③权力制衡。立法机关、司法机关应切实享有对行政机关的控制权，改变目前行政权力膨胀而立法、司法权力弱化的局面。④权力公开。政府应充分意识到，"暗箱操作"是助长权力腐败的温床，在反腐败中，我们决不能忽视"政务公开"的呼吁及其潜在力量。⑤权力监督。现有的审查制度、审批制度、审计制度、监察制度、质询制度、考核制度、罢免制度、听证制度、复议制度、诉讼制度等，都可以称之为权力控制的利剑，也都应该不断健全发展。

（三）对公共权力的社会控制：以权利制约权力

以权利制约权力，是指明确国家权力和公民权利之间的联系和界限，发挥公众对于国家权力的制约作用，使他们在保护自身权利的过程中，对于国家机关及其公务人员的权力行为进行监督。因为合法的权力源于权利。以公民权利作为制约和平衡国家权力的一种社会力量，一切权力属于人民，反映到具体运作上，可分为人民直接行使权力和间接行使权力，通过一定的政治框架、制度设计，为公民的参与提供一定的渠道。

按照"人民主权"的观点，公权力代表着社会共同体的共同性，政府只是实现人民共同利益的代理人，政府与社会成员一样并不拥有特权，相反，它要服从构成共同体规则的政治的、法律的和道德的约束。社会组织、社会团体、社会成员有权通过参政权、选举权、质询权、批评权、建议权、罢免权、听证权、申诉权、控告权、检举权的行使，维护自身利益，制约权力行使，使民主监督成为确保国家权力合法运行的重要根基。同时，人们应该深刻地认识到：人民并不直接享有立法权、执法权、司法权，而需要委托特定的国家机关和公职人员行使公共权力，如果权力机关破坏了权力与权利的平衡结构，人民的利益就会受到损害。民主监督的实质，在于动员各种社会的监督资源，形成社会内部的多层次的权力监督网络，实现对于权力控制的"综合治理"。

（四）对公共权力的审计监督：以专门技术控制权力

现代生活中，由于经济利益的驱动，一些不法之徒采取各种手段和伎俩，在财产占有、投资增值、交换分配、消费使用的每一个环节，加剧了非法敛财聚财的活动。审计是国家审计机关通过审查原始凭据、账目、报表、资产、文件，对有关国家机关、财政金融机构、企业事业单位的财政财务活动进行检查、审核、评价、鉴证，以判断其真实性、合法性和有效性的活动。审计监督拥有一套完整科学的操作体系，这类特殊的技术方法，使审计机关得以揭露和纠正经济领域的违法腐败行为，为纪检、监察、法院、财政、税务部门的监督及侦破大案要案建立了功绩。可以说，审计监督已成为市场经济大潮中控制权力腐败的重要手段，并为其他任何监督形式所不能替代。审计机关担负着特殊的使命，这要求其在组织体制上必须具有一定的独立性，不受其他行政机关、社会团体和个人的干预。

二　公共监督的网络体系

对公共权力（主要是国家权力）的监督，必须包括对权力的授受、运作、功效诸方面实施全方位的控制、评估、警示和补救；必须健全国家权力的自我约束和外部约束，并增强其独立性和权威性；必须注重社会公众（含民众、社团等）的监督参与；必须适应权力运作环境和监督环境的发展；必须切实地强调公平、公正和效能的原则。

（一）政党监督

政党监督主要包括执政党即中国共产党的监督和各民主党派的监督。

中国共产党的监督主要是政治领导、思想领导和组织领导，包括党对国家行政管理工作的领导和监督。中国共产党对国家管理工作的领导和监督，主要通过党的各级组织及全体党员来完成对国家行政机关及行政人员多种方式的监督，确保国家机关及其公职人员尤其是全体党员认真履行职责，遵纪守法，克服官僚主义，严查以权谋私、贪污腐化等违法乱纪现象。党和政府的性质不同，职能不同，党对行政机关工作的领导和监督并不是实行以党代政、党包办政府的工作，而是具有宏观性和全面性的监督。要真正实现党对国家管理工作的宏观性、全面性的监督，要使党的监督机制科学、有效、强有力，从目前来看必须完善党的具体监督机制。

民主集中制作为党内生活的根本原则，覆盖着党内生活的方方面面，是党的全部生活的系统工程。健全的民主集中制应该是体系化的制度，主要包括党的代表大会制度、选举制度、党委制度、报告制度、监督制度这些基本的制度，以及更为具体的一些党内生活制度，如与选举制度紧密相连的任期制度、罢免制度，与党委制度紧密相连的议事决策制度、党委生活会制度等等。这些制度是相互配套、相互支持的。健全的民主集中制，体现在制度上，应具体明确，有很强的可操作性。制度约束不同于道德要求，可以做什么，不可以做什么，做又应该怎样做，都必须规定得清清楚楚。不仅要规定应该怎么做，而且要规定不这么做，又该怎么办。惟其如此，制度才能规矩方圆、令行禁止。健全的民主集中制还应该具有严肃性、权威性和不可逆性。民主集中制是党的组织原则、组织制度，同时也是党的纪律，谁也不准违背民主集中制的纪律，违背了就要受到惩处，任何人都不能例外。制度的权威性和不可逆性，必须体现在执行制度的严肃性上。不然，制度就形同虚设，不足为戒。

要理顺党内监督体制。一是对党的各级纪律检查委员会的领导体制实行必要的改革，在保持双重领导体制的基础上，进一步加强垂直领导的力度，对党内监督机构实行派驻制，既要对已经派驻的机构进行统一管理和协调，又要在适合设立而又没设立的地区和部门设立派驻机构，其业务工作和领导任职由派出机构直接负责，逐步使党内监督机关派驻制成为主要的监督形式。二是在现行的体制下，必须通过立法保证监督机关有一个良好的执法环境，树立党内监督权威，扩展监督机关的权限，尤其是对同级党委重大决策的参与权、考核权、弹劾权和质询权，对违法违纪案件的立案权、检查权和处分权。

完善党内法规，强化党内民主。一是建立和完善党内法规，包括党的领导制度、民主集中制度、干部管理制度、廉洁从政制度、党内监督制度等一系列规范。二是强化党内民主，在现行民主集中制的基础上，进一步公开透明党内事务，扩展基层党员的知情权，变单纯的自上而下监督为上下互补的监督。拓宽党员检举、揭发、申诉、控告和上访等监督的渠道，真正体现对权力的民主监督。

在我国现行的政党体制下，中国8个民主党派既不是执政党或亚执政党、次执政党，不是在野党、反对党，而是有中国独特内涵的参政党。各民主党派是参政议政的重要政治权力，也包括对国家行政机关进行监督。民主党派通过加入各级人大、人民政协组织，对执政党和政府工作提出意见、建议或批评。在我国反腐败斗争中，民主党派是对执政党和政府实施外部监督的重要力量。

第一，各民主党派通过参加各级政府来发挥参政的作用。各民主党派成员除了参加人民代表大会并有部分人士担任相应的领导职务以外，有相当一部分人士参加各级人民政府并担任相应的领导职务，与中共党员干部合作共事。中国民主党派参政的根本目的是帮助、支持执政党执好政，而达到这个目的的手段，既有出主意，反映情况，参与决策，提出建议等方法；同时，也有批评、提意见和监督的一面。后者虽然没有西方国家政党之间那种重视桌面上的辩论与争斗，或利用程序进行竞争的激烈场面，而更加重视会前会上的充分沟通、协商与讨论，集思广益，增进共识，然后依法定程序付诸表决，实行少数服从多数的民主原则。这种注重细微研讨和协商的民主作风，是中国的特点和优势，应该肯定并努力创新和充分发挥它的作用。

第二，各民主党派通过与中共的政治协商，对执政党及其政府发挥参政议政的作用。执政党在就国家和地方重大决策或政府领导人选问题向人民代表大会提出建议之前，都通过党派间的协商会、座谈会、谈心会、通报会或个别人之间的沟通，以及民主党派提出的书面报告、建议等等方式，与民主党派、无党派民主人士进行协商，广泛征询、吸纳他们的正确意见。

第三，民主党派人士可以通过人民政协会议、党派间的政治协商会或别的形式，以党派的名义对政府工作及其工作人员提出批评、建议或意见，实施民主监督。政协会上提出的提案，经人民政协立案之后，转交政府有关部门承办解决，做到案案有回音，落实到位，收到实效，是民主党派发挥监督作用的一种有效形式。

第四，在人民代表大会及其常委会中，各民主党派成员的人民代表与其他各界的人民代表一起，就政府工作报告、政府提出的议案、人事任免案等等进行审议、讨论，发表见解和主张。虽然他们是在地区代表团中，而不是以某一个党派的名义进行审议和讨论，但其提出的意见和主张，无疑也带来了或反映了本党派的呼声和愿望，表达了民主党派的利益和要求。

第五，民主党派中的人民代表、政协委员，以及一部分非人大代表和政协委员的民主党派中的专家学者，通过应邀列席政府的某些会议，或参加对某些重大问题的专题调查、论证活动，提出决策建议，以影响政府的决策和运作。目前，民主党派对公共权力的监督，仅限于批评和建议，不带有强制性和惩处性，这种监督往往流于形式，比较软弱。要充分发挥民主党派的监督作用，在民主党派中设立专门承担监督职能的机构，对权力主体进行监督，必须使民主党派的监督更具有权威性；建立和疏通党政部门与民主党派联系的渠道，定期向他们通报情况，让民主党派的监督建立在明白知情的基础之上，聘请他们担任廉政建设特邀监察员、联络员，参加党风政风检查及经济案件和其他有关案件的查处工作，以便更好地发挥其监督作用。

（二）权力监督

我国政体是人民代表大会制，实行"议行合一"的原则，按照我国宪法规定，人民代表大会具有立法、决定、任免、监督四项职能。人民代表大会是体现民意最集中的地方，人大必须对由其产生的政府及司法机关进行监督，以保证他们的行为符合人民的利益，这是人大实施监督的必然性。人大对行政机关及公务人员的监督是法制监督，现阶段人民代表大会的监督权主要有：财政监督权、军事监督权、外事监督权、人事监督权、立法监督权、政策和计划监督权。切实有效地行使人大的监督权是完善我国政治监督体制、遏制腐败蔓延的重要举措，对保证政府和司法机关高效、廉洁、公正地行使权力，对强化政府内部行政监察，保障人民群众的社会监督权力具有重要意义。人民代表大会的监督遵守集体行使职权、公开监督、依法监督的原则。我国人大监督政府的方式主要有：听取和审议政府工作报告，这是人大及其常委会监督政府工作的基本形式；审查和批准国民经济计划和财政预算、决算；审查政府的法规、决定和命令；质询和询问；视察和检查；建议、批评和意见；受理申诉和检举；罢黜职务。1982年《宪法》规定："一切国家机关和武装力量、各政党和各社会团体、各企业事业组织都必须遵守宪法和法律。一切违反宪法和法律的行为，必须予以追究。"说明我国人大拥有监督党的权力。

要完善和加强人大监督职能和力度，从目前角度看：①加强人大自身建设，即包括提高人大及其常委会人员的素质；改变人大及其常委会人员的成分，改变现职干部代表较多的现象，实施监督者和被监督者适当分离；设立人大专门监督机构，使人大监督有职、有权，又有机构；建立人民群众罢免不称职的人民代表的制度；建立健全人大、人大常委会、人大代表与群众沟通机制。②改进和加强对宪法、法律和法规实施的监督，对行政、审判、检察机关工作的监督，对国家机关工作人员的监督，督促各个国家机关的组成人员依法办事、勤政廉政，坚决纠正有法不依、执法不严、违法不究、以钱代法、以权压法等现象，坚决纠正滥用权力以及其他超越法律的行为，实行和完善执法责任制、评议考核制和冤案错案责任追究制，严格依法办事，保证国家政令的畅通和方针政策的贯彻落实。③加强宏观监督，立足于重大事项和难点、热点问题的监督，充分发挥各种监督形式的优势及其协同作用，强化监督的力度。同时，要注重把人大的监督和审计监督、舆论监督、群众监督等监督机制结合起来，增强监督效果。

（三）司法监督

司法监督是人民检察院、人民法院依据权力机关的法律授权，依照法律规定的程序，对行政机关及其工作人员的违法行为和行政机关工作人员的职务犯罪行为，进行的检察、审判，以纠正行政机关的违法行为，惩罚职务犯罪，保障依法行政，保护公民、法人和其他组织的合法权益的活动。司法监督的主体是人民检察院的法律监督和人民法院的审判监督；司法监督的对象是行政机关及其公务人员；司法监督的内容是行政机关的违法行为和公务人员的职务犯罪；司法监督的手段是审判和检察；司法监督的目的是保护公民、法人和其他组织的合法权益，保障依法行政。在我国，司法权和行政权同属执行权，实行司法权对行政权的监督，如果说立法监督是"防患于未然"，那么司法监督就是"止患于已然"，是一种事后监督；司法监督具有监督的法定性、强制性、权威性等特点，公正的司法监督在反腐败和维护法治方面能够发挥特殊作用。

我国的司法监督还有许多工作要加强，如：赋予法院和检察院真正独立的权力和地位，形成对政府权力的制约；尽快出台完备详尽的反贪污法、监督法，理顺法院内部监督同人大、政协、检察机关、社会舆论等外部监督的关系，为司法监督提供法律依据；加快司法系统公正改革，确立法官当事人隔离制度；实行政法"收支两条线"，强化各级法院院长、庭长的行政管理监督权，重视对法官和其他工作人员的教育等等，真正实行审务公开，检务公开，扮演好公正廉洁，政治昌明的保护神角色。

（四）行政监督

行政机关的内部监督是指行政机关内部上下级之间的监督，以及行政系统内部专设的行政监察机关和审计机关对行政机关及其公务人员的监督，属于行政机关的自我监督。行政机关内部监督的主要形式是行政监察，行政监察对各级人民政府贯彻国家政策、法律法规和政令的公务活动及其公务员依法行政的情况进行监督检查的活动，是人民政府行使监察职能的机关。监察机关依法行使职权，不受其他行政部门、社会团体和个人的干涉，目的是保证政令畅通，维护行政纪律，促进廉政建设，改善行政管理，提高行政效能。行政监察机关的主要任务是监督检查国家机关公务员执行廉政制度的情况和自身廉洁状况，查处贪污贿赂、以权谋私等违法违纪案件，促进廉政建设，进行廉政教育。行政监察包括效能监察、执法监察和诉愿监察。行政监察机关完整有效地行使上述监察职权，对于约束行政机关依法行政、高效率行政具有十分重要的意义。

行政监察在监督体系中具有不可替代的作用。要强化行政监察部门对公共权力的监督，应做到：第一，改革现行行政监察体制，使监察部门由双重领导向垂直领导过渡，增强行政监察的独立性和自主决定权，独立性是监督机关公正、有效地行使职责的重要保障。第二，明确各监督机构的职能和权限，明确其廉政责任，在此基础上发挥行政监察部门与其他监督机构的反腐合力。第三，从监督内容上来看，首先要立足于解决当前反腐败中的突出问题，抓住社会、群众普遍关心的"热点"，加大反腐力度，开展执法监察并提高办案质量和效率。其次要强化效能监督，效能监督主要是以倡导为主，结合一定的强制力来督导行政监察对象以提高行政效能。效能监察就是要督促各级政府规范行政行为，实行办事公开，提高办事效率，实现社会目标，以赢得公众对政府的信任。

（五）群众监督

反腐败是一项系统工程，不仅需要自上而下的体制创新，更需要自下而上的民主监督。群众监督是反腐倡廉、提高政府机关工作效率的首要选择。公民对国家行政机关及其工作人员进行监督是宪法赋予的基本权利。腐败是公共权力的非公共运用，实际上是对社会的争利行为，是对人民群众的利益侵犯，来自于人民群众自下而上的监督是最为强大的制衡力量。公民对行政机关及其工作人员的监督，主要通过批评和建议、控告，检举和举报、申诉、信访等多种形式进行的。

为真正发挥群众监督的优越性，我国应大力加强群众监督建设。第一，调动群众监督的积极性。对于政府部门来说，要加大群众监督宣传的力度，让公众了解参与的途径与形式，了解自己的举报、揭发的权利。树立公众的社会责任感和正义感，造成全社会与腐败分子作斗争光荣的舆论。此外，政府部门应制定具有可操作性的奖励制度，对于举报者酌情给予奖励。第二，建立国家统一的举报受理机关，如举报中心、举报局等。专门的举报受理机关要具备相应的法律地位，拥有相当的职权，配备、装备必要的人员、机构和设备。第三，尽快制定反贪污、反腐败公众举报法。统一的专门的举报法规定举报原则，受理举报的机关的职责、举报形式、举报的受理程序、举报人的义务和权利，举报人的保护、奖励和惩罚等。举报法能够提高全社会对举报的重视，使公众举报有了法律依据的保障，也便于对群众的宣称。第四，在国家政府部门当中设立专门机构，由人民群众负责该机构的日常工作。该机构的职责主要在于动员、组织公众参与反腐败斗争，受理公众举报线索，调查腐败现象，同时负责监督有关部门对公众举报案件的查处情况。第五，为公众监督创造条件，如实行政务公开，提高政府运行的透明度；设立多渠道的公众监督的途径；提高受理举报机构的办事效率与接待作风。

（六）社会舆论监督

黑格尔说过，社会舆论是人民表达他们意志和意见的无机形式。在我国，社会及舆论界依法享有广泛的监督权，一切国家行政机关及其工作人员必须认真听取来自社会各界的意见和建议，注意新闻舆论的社会影响，认真接受人民的监督。社会舆论监督是指社会舆论主体通过大众传播媒介对行政机关及其工作人员直接或间接地用言论或行动表示自己的看法，以影响或监督行政机关及其工作人员的行为，具有迅速、敏锐、直接、及时、覆盖面广的特点，是现代社会和民主国家的一种极为重要的政治民主监督力量，已经成为人民群众参政、议政的主要渠道，它在国家的政治、经济、文化生活中，对促进政府的廉政、勤政，提高政府效率，发挥着有着重要的作用。社会舆论监督在反腐、防腐中具有重要作用，在声势浩大、影响面广的面前，惧怕社会舆论监督发现而放弃腐败动机，腐败分子担心腐败行为被曝光，加上舆论监督及时、公开的特点使公民的目光能迅速聚集在官员腐败及案件上，形成了强大的社会压力，迫使司法机关秉公办事，对腐败分子依法惩处。社会舆论监督被西方国家视为制约立法、行政和司法的"第四种权力"。社会舆论监督的主要形式有：新闻舆论监督、公众舆论监督。

强化新闻舆论监督，要做好以下几方面工作：首先，要促进和发挥舆论监督的作用，逐步实现舆论监督的制度化和法制化。舆论监督的基本条件是提高政府工作的透明度，从制度上、法律上对有关新闻自由的范围等加以规定。在今天的反腐败斗争中，人们在呼唤政治体制改革的同时，也需要新闻舆论承担起反腐败的社会责任，创造公正的舆论环境，弘扬正气，打击腐败：制定新闻法，就是确立新闻舆论监督的地位，将新闻媒体的权力、义务和责任，舆论监督的范围、对象、基本原则等通过法律固定下来，将其纳入法治化的轨道。法和舆论监督，同属限制和制约权力、维护人民权利的两大社会力量，二者相辅相成。其次，要使各舆论机构具有相对的独立性。扩大舆论监督的独立性。为了确保舆论监督的权威性，在坚持正确舆论导向和维护稳定大局的前提下，要保证新闻媒体对重大腐败案件有采访、调查、报道、评论的权利。这些权利是法律保护的，任何部门和个人不得干扰。以保证舆论监督的真实性和公正性。扩大舆论监督的权限，一是要减少党对舆论监督的行政干预，二是要新闻单位对舆论监督的报道实行独立负责制。

第四节 构筑有效的公共监督机制

没有有效的监督机制，就无法对权力构成有效的监督。党的"十六大"报告指出："加强对权力的制约和监督。建立结构合理、配置科学、程序严密、制约有效的权力运行机制，从决策和执行等环节加强对权力的监督，保证把人民赋予的权力真正用来为人民谋利益。"我国权力监督机制的建设，必须紧密结合实际情况，针对现实生活中需要和现实机制的缺陷，拾遗补阙，该继承的继承，该废除的废除，该完善的完善，该修订的修订，该细化的细化，该更新的更新。

一 起始监督机制

在公共权力运行过程中，权力的主体具有双重身份，一方面，权力主体所拥有的权力具有一种国家或群体权力的代表性，该权力只有相对的使用权和履行权，而无处置权和占有权；另一方面，权力的最终载体是人，因具体的职责而产生的权力，带有个人色彩，由于监控不力，往往会产生借国家的力量给个人谋收益的现象。权力主体是腐败行为的主导因素，必须将公共权力主体的产生和更替纳入法治化、公开化、程序化的轨道，这是我们遏制腐败的"第一道屏障"。

（一）领导者选拔任用机制

逐步扩大领导者选举产生的范围是社会主义民主政治的发展要求。我国在相当长一段时间里，总是强调决策民主，忽视选举民主，使宪法赋予人民的选举权打了折扣。当下在任用领导者的问题上，依然存在着以人或机构作为"执政中介"的做法，使任命权掌握在少数领导者手中，官员的产生主要是上级领导的旨意，人民群众的意见起不了决定作用。正因为大部分重要岗位上的官员不是由人民群众选举的，而是由上级任命的，官职有可能成为某些领导者手中用于交换的稀缺资源，这种人一旦达到目的后，只对上级负责，不对人民群众负责，脱离群众，排斥群众监督。因此，必须逐步扩大公开民主选拔的比例，用制度化、程序化来遏制任用权力上的恶性膨胀，建立这项制度，有利于优秀人才的脱颖而出，有利于遏制权力腐败和推进民主与法治的进程，有利于扩大人民群众的知情权、参与权、选举权和决定权。

（二）领导者任期制

建立健全任期制的实质在于：在一定领导岗位上任职都要有明确的时间界限，任期一到，职务一般都自然解除，形成正常的"下"的运行机制，对"下"有了政策依据，便于各级党委及其组织部门操作，领导者心理上也容易接受。建立和完善领导者任期制，要按照不同类型、不同层次的领导职务，规定不同的任职期限、届数、最长任职年限；要明确任期届满时的考核、评价标准，根据考核结果决定领导者的进退去留。

（三）领导者选拔任用责任机制

领导者选拔任用责任机制包括：一是推荐责任制，这是选拔任用的第一道程序，是选拔任用的"源头"，明确规定推荐的注意事项、责任和处理办法，增强推荐人的责任意识和风险意识，能达到监督把关的目的；二是考察责任制，这是选拔任用的第二道程序，是对选拔任用进行监督检验的过程，利于确保考察的客观性、真实性和公正性；三是用人失察失误责任追究制，这是一种用人风险机制，对遏制具有重要意义。另外，还有任用回避制、任职前公示制等等。这些机制有利于增强选人用人的风险意识，有利于堵塞一些素质不高的人甚至腐败分子混入领导岗位。

二　过程制约机制

腐败的过程主要发生于公共行政权力运行过程中，要有效地制约权力，关键是对公共行政权力运行过程予以制约。

（一）政务公开机制

在我国政治权力运作过程的封闭性，是当前腐败产生的重要原因之一。随着我国政治民主化建设加快，政务公开作为反腐倡廉、政府制度创新的一项基本建设已逐步在全国推广。政务公开使人、财、物的流动、政府和整个社会权力系统的运转、制度与法律的执行、官员活动与社会公共利益的相关的情况，都处于公众的视线之中，使人民群众了解政府是否严格守法执法，及时发现和纠正公务活动中的违法行为，维护法律和制度的权威，有效地保障权力在法制规定的范围内行使，推进行政管理的高效化，对权力行使者形成了很强的制约作用。要实行政务公开，必须加强和完善法制以及其他制度的建设，充分发挥新闻媒介的作用。制定《政务公开法》，提高权力运行的透明度，通过听证制度、说明理由制度、咨询制度、公开发布信息制度等，增加行政过程的透明度。对失职渎职、徇私枉法、延误失误、监管不力、滥用权力的，应当追究有关部门和人员的行政法律责任，杜绝出了问题无人负责现象。

（二）对"一把手"监督的机制

目前，不少单位的"一把手"拥有很大的权力，制约不好会给群众带来灾难，甚至会阻碍社会的发展。构建对"一把手"的监督机制和体制，是党和国家监督体制的重大创新，也是迫切需要解决的实践问题。

一是必须建立合理分权的机制。不能仅靠"一把手"主动分权，还必须用"硬性"的办法，依法分解、合理配置他的权力。确立个人手中的权力对组织而言，必须是有分寸、有限度的，他们的权力只能限于对本地区、本单位的宏观领导权，应当把人事、财务、业务工作等方面的具体签字权、审批权、调配权适当地分开，在区分责任、确定规范的前提下授予副职或其他人。

二是必须强化以权制权的机制。无权的监督是无效的监督，监督者对被监督者的权力行使，要产生有效的制约和校正作用，必须运用科学管理对"一把手"权力运作进行管理、约束，防止权力滥用，以实现公共权力的健康运行。

三是必须建立"一把手"选举罢免机制。我国罢免制度和弹劾制度的运转机制不很灵便，选民对他们不称心的甚至变质腐化分子颇有无可奈何之感。在尚不具备普选的完全条件下，进一步建立健全官员的罢免条例、制度和程序，形成比较灵便的"随时撤换"机制，完善选民自主选择自己管理者的机制，使选民在法律规定下有权自主选择与撤换自己管理者。

四是必须对"一把手"建构刚性责任机制。建构刚性责任行政机制是从制度上预防、遏制和惩治渎职犯罪的根本途径。刚性的责任机制包括警示教育、刚性法治和监督体系等几大基本要件。警示教育是渎职行为的心理克星，是对"一把手"的道德约束机制，必须加强党性锻炼，树立为人民服务的观念，树立正确的权力观、地位观和名利观；刚性法治是渎职犯罪的法律克星，是制约"一把手"的法治机制，建立健全制度来制约、规范"一把手"的行为；完善的监督体系是渎职现象的监督克星，使他们在执行党纪、政纪面前"循规蹈矩"，达到"不敢腐败"和"不能腐败"。

五是建立上级对"一把手"的监督机制。上级组织监督责无旁贷，又最具有权威性。人是权力运作的主体，掌权人具有良好素质，是保证权力不被滥用和失控的重要前提。上级组织把好用人关，主动加强对所管理的领导班子和领导干部的监督，认真搞好年度和届中考察。

（三）监督体系的协调机制

权力监督体系是一项宏大的社会系统工程，如果监督整体合力得不到充分发挥，会使监督无力、虚化，各种腐败现象更加严重。因此，要使各系统的监督主体互相配合，科学配置，协调一致，形成合力，建立权力监督体系的协调机制显得尤为迫切和重要。建立权力监督体系的协调机制，一是通过制定有关监督法律法规，对各监督主体规范其地位、职责、权限，规定其监督活动的范围、方式和程序，确定监督主体间、监督主客体间的责任、利益、权利、义务等关系，使监督主体明确各自的具体工作目标；二是各监督部门建立在党委统一领导下的联系制度，进行综合指导和协调，加强各监督主体的整合力量；三是在权力监督体系中建立一条信息高速公路，形成一个全方位、多层次、强有力的监督体系网络，形成有利于发挥权力监督体系整体功能的协调机制。

三　经济监督机制

由于改革的渐进性，新旧体制同时运行时，会引起不平等竞争的环境，加上市场机制建设滞后经济发展，为个别单位和少数人带来巨大的超额利润，不可避免地在政策、管理等方面留有一些"空隙"，导致市场秩序混乱，有可能使权力进入市场为权钱交易提供了条件。要有效地防治腐败，必须运用经济手段来遏制腐败现象，从经济源头上防止腐败，尽快建立健全经济监督机制。

（一）财政监督机制

现行的财政管理体制、财政运行机制、财政规章制度及财政监督检查等方面，有不适应社会主义市场经济的地方，在某种程度上会为腐败现象的滋生提供了土壤和条件。因此，必须建立健全防范机制，从经济源头上进行深入治理。在继续抓好落实"收支两条线"规定、试行会计委派制度、推行政府采购三项工作的同时，建立和完善公共财政机制，包括建立科学、规范、公开、透明的预算管理体制和运行机制，建立财政监督与审计监督、司法监督相互配合、相互制约的预算执行监督体系，建立以社会中介机构为主体的财务监督体系，建立和完善以《预算法》为中心的财政监督法律体系和以《会计法》为中心的会计监督法律体系，建立严密的责任追究制度，解决财政"缺位"和"越位"的问题，将财政资金的使用逐步转移到满足政府履行职能和社会公共需要上来，实现预算编制、执行、监督的高度法制化，从体制、机制、制度上解决各种腐败问题。

（二）经济责任审计机制

实行领导干部任期经济审计制度，把组织监督与审计监督有机结合，是促进领导干部廉洁勤政的有力措施。为更好地做好这项工作，各级组织人事部门、纪检监察部门、审计部门应紧密配合、互相协调，真正把这项工作落到实处。通过对领导干部的经济素质审计，对领导干部及广大干部有所教育，有所警戒，有所监督。

四　法治监督机制

法律具有公开性、强制性、稳定性和普遍约束力的特点，是打击腐败、匡正滥用职权行为的重要武器。在我国的执法实践中，过之于软、失之于宽、量刑太轻、"官官相护"、以言代法、以罚代刑等问题十分突出，人们普遍呼吁，中国的法律是不是"心太软"。因此，必须树立法律至上的旗帜，构建完备的法律体系作为依法治吏、严肃执法、违法必究、建设社会主义法治国家的前提条件，切实把法律确立为评判和衡量社会各系统的价值标准及运行合理性的重要尺度，把法律作为杜绝权力与人情因素的侵扰及排解社会纠纷的首选方式，把国家权力的配置作为法律内容和运作过程的重要方面，重点控制权力侵夺与滥用，使各个法律主体在法律面前一律平等，构筑坚强的法纪防线。

（一）依法规范权力

完善权力配置，必须以法律为依据，进一步加强规范权力运行的法律法规建设，从而保证权力依法运行，其主要内容包括：一是权力法定。必须依照法定权限行使权力，不得逾越法律法规授权的范围，否则是无效权力；同时也要强化不作为的法律责任，实现法定权力和法定责任相一致。二是程序法定。一旦权力的行使违反法定程序，有关监督机构、司法部门就可裁定其行为违法，中止行政违法行为，并使违法者承担相应的法律后果，应当强化依法办事的意识，树立违反法定程序也是违法的观念。三是监督法定。对各种腐败行为的内容、认定、处罚等应尽可能地以法律法规形式予以明确，以便于依法监督和依法查处。

（二）重典反贪治贪

对现实生活中存在重罪轻判的现象，应实行"依法重惩"，只有重典治贪，才能产生巨大的震慑力，使腐败分子慑于法律的威严而不敢妄动贪念。重典反贪需要完善法治，使我们的监督制度和机制能适应社会主义建设的需要。如：制定《反贪污贿赂法》，有效预防和严厉惩治腐败，使反腐倡廉要真正抓到实处、抓出实效。

（三）方法科学可行

除考虑宏观层面上的监督机制外，还应考虑中观和微观层面的问题。要制定切实管用又易于操作的制度，并充分考虑制度建设的后续措施和配套措施，针对出现的新情况、新问题，不断完善规章制度，形成严密的有机体系。加强和完善对权力运行过程中的制度建设，必须注意：一是实行关口前移，争取主动监督。在反腐败斗争中，人们往往重视惩治的作用而忽视预防，这是导致职务犯罪屡打不止或越打越多的重要原因之一。古人云："防为上，救次之，戒为下。"加强和完善预防性制度的建设尤为重要，也势在必行。我们监督目的不是单纯的打击、惩处，而防患于未然，提出预防性的措施，以减少因工作偏差带来的损失。"扁鹊理论"给世人的哲学启示，治病和防病相辅相成，在一定条件下，预防人类疾病比治疗人类疾病更为重要，不但容易做到，而且效果更好。惩治和预防职务犯罪，就是把"治"和"防"结合起来。二是强化事中监督，监督落到实处。通过办事的公开度和透明度，加大检查考核力度，改变重建轻管的现象，有利于开展有效的监督，减少暗箱操作带来的负面影响。三是加大事后监督，提高监督权威。把日常的监督与管理工作结合起来，改变管事管人脱节现象，对干部遵纪守法、廉政的检查、考核情况，要在一定范围内。四是对现有制度加以深化和细化。"深化"是增强制度的系统性。"细化"是增强制度的可操作性。制度要具体、完备，参照性强，操作容易。

五　自我约束机制

在治理社会和国家的过程中，道德的作用十分重要；法治与德治的正确结合，是科学的治国之道，又是科学的治吏之道，因此，必须牢固构筑思想道德防线，实施以德治吏，加强道德建设，解决重"法治"轻"德治"的问题；必须通过学习教育，要注重干部思想建设和廉洁自律教育，树立正确的权力观，正确认识权力的来源；加强领导班子内部的互相之间的监督，健全和完善领导班子议事制度，提高领导干部民主生活会质量。当然，仅靠道德的约束作用是不够的，还必须以法制建设作为后盾，两者缺一不可。

第十一章
政府公共财政

"兵马未动，粮草先行"，没有"财"便无"政"，财政在公共行政中具有十分重要的作用。改革开放以后，我国的财政体制改革作为整个经济体制改革的突破口，率先打破与高度集中的计划经济相适应的统收统支体制，在中央与地方政府的财政关系、政府与国有企业的财政关系以及税收制度等方面设定了体制的改革目标，逐步明确了建立公共财政体制的目标取向，并为此在财政收入体系、财政支出体系和财政宏观调控体系三大方面进行了一系列全方位、根本性的改革。

第一节　公共财政的理论回顾

市场经济的运行，必然要求政府建立公共财政。本节首先对西方公共财政理论做一简要考察。

一　市场经济呼唤公共财政

无论是从理论还是实践上看，公共财政是建立在市场经济条件下的政府财政。没有市场经济，就没有公共财政；发展市场经济，必然要求建立公共财政。公共财政理论的最早奠基人是18世纪英国经济学家亚当·斯密，他在《国富论》中将政府财政的管理范围和职能限定在公共安全、公共收入、公共服务、公共工程、公共机构、公债等范围，描绘了基本的公共财政理论框架。公共财政理论认为，在市场经济条件下，市场机制发挥资源配置的基础性作用，也就是说凡是市场可以有效配置资源的领域，都应让市场机制去发挥作用。但是，仅靠市场机制来配置社会资源是远远不够的。因为有一类社会需要，市场机制无法有效提供，整个社会需要存在两种不同的类型，一是个人需要，即个人和企业的生产、生活需要，并且这类需要可以通过个人、企业自身的市场行为得到满足；二是社会共同需要即个人或企业都需要，但不能通过它们的市场行为得到满足，也就是自己无法满足自己的需要。解决这类需要，市场机制失灵，必须借助市场机制之外的资源配置机制来弥补这一缺陷，也就是建立政府配置资源机制。

在市场经济条件下，市场机制在配置资源中发挥基础性作用，凡是市场能够解决的问题交由市场去做，政府不予介入。但市场配置也存在不足和缺陷，主要是不能有效地向社会提供公共产品和公共服务。因此，在市场经济条件下，政府与市场应该有明确分工，政府的主要职责就是向社会提供公共产品和公共服务，以满足社会的共同需要。为履行这一职能，必然要形成一定的分配关系以及与市场经济相适应的财政管理方式，这就是公共财政。

中国社会经济转型，特别是社会资源配置方式的转变，迫切要求政府遵循市场的游戏规则，从过去包揽整个社会生活的各方面转向主要在市场有缺陷的领域发挥自己的作用。即政府应为全社会提供高效、优质的公共品和公共服务。政府的这一活动范围决定了公共财政的基本职能。换言之，公共财政应从组织政府收入、安排政府支出、提供公共品、弥补市场失灵出发，履行其配置社会资源，调节收入分配和稳定宏观经济等职能。

二　西方公共财政理论的形成与演进

众所周知，西方公共财政理论的形成和发展，较之其他学科的形成和发展要晚得多。它是伴随着资本主义生产方式的产生而产生并发展的。英国重商主义学派托马斯·曼倡导的"贸易差额论"、"国防财政论"就是西欧与专制君主利益相一致的产物。威廉·配第的《赋税论》被誉为西方最早的财政专著，是在重商主义走向古典经济学派过渡阶段，随资产阶级政治经济斗争需要出现的，并没有完全摆脱重商主义理论的影响。西方国家财政理论真正具有科学的性质，始于18世纪中叶英国古典经济学家亚当·斯密。17世纪中叶到19世纪初，资本主义生产方式处于迅速发展上升时期，古典学派最杰出的代表亚当·斯密顺应资本主义发展需要，集前人财政理论之大成，于1776年出版了财政学说专门论著《国民财富的性质和原因的研究》对国家财政进行了深入系统研究，全面阐述了自己的观点，积极宣扬经济自由、发展自由放任的资本主义市场经济，主张国家职能越小越好，政府只要能起着"守夜人"的作用就足够了。国家财政支出必须限制在国防、司法、公共工程建设和维护公共机关的需要。国家财政收入来自君主或国家财产收入和来自赋税收入两个方面，并以地租、利润和工资三种收入作为课税划分依据，提出了著名的税负公平、确实、便利、节约四大原则。《国富论》的庞大体系，为公共财政奠定了理论基石，对西方各国在财政理论上的发展产生了广泛而深远的影响。因此，人们都称亚当·斯密为其政策主张倡导者，经过大卫·李嘉图的继承和发展，对西方各国公共财政理论的发展产生了巨大影响。

19 世纪最后 20 年，自由资本主义开始向垄断过渡，到 20 世纪初形成了垄断资本主义制度，从而要求垄断资本主义的经济理论逐步取代自由资本主义经济理论。由于各种社会矛盾激化，1929～1933 年爆发了资本主义历史上波及最广、最深刻、最剧烈的经济危机，这次危机从美国开始，很快冲击到整个资本主义世界的各个角落，导致整个资本主义世界的生产量下降了 1/3 到 2/5。例如英国下降了 23.8%，法国 32.9%，德国 40.6%，意大利 33.1%，美国下降达 46.2%。在此背景下，以国家干预经济为代表的凯恩斯主义应运而生。凯恩斯主义者以凯恩斯的《就业、利息与货币通论》为理论基础，把经济危机的根源归结为"有效需求不足"，要求政府放弃自由资本主义原则，实行国家直接干预经济生活，提出了政府运用财政货币政策，增加投资，刺激消费，实现充分就业的一整套理论政策体系。西方国家以凯恩斯主义理论为根基，普遍推行赤字财政政策，增加公债发行，强化税收功能，扩大政府开支等扩张性财政政策，从生产、分配、流通领域调控国民经济运行。国家职能已从过去的"守夜人"拓展成为全面干预经济社会的重要工具。凯恩斯主义风行一时，几乎主导了近半个世纪西方的财政理论基础。到了 20 世纪 70 年代，资本主义世界出现了严重失业与剧烈通货膨胀同步上升的"滞胀"局面。之后西方国家先后产生了一些同凯恩斯理论相悖的经济学说，财政理论出现了新的变化。如货币学派，供给学派的财政理论及其政策主张，反对国家干预经济。

三　学者对公共财政的研究：中外比较

如上文所述，在西方，公共财政理论的鼻祖是亚当·斯密，他的《国富论》确立了西方早期公共财政学的理论框架。到 1892 年巴斯塔布尔 (Bastable) 出版了《公共财政学》（public finance）一书，标志着财政学作为一门独立完整的学科体系和专著正式出现。

1936 年意大利学者马尔科的《公共财政学初步原理》在美国翻译出版，该书围绕公共品理论和公共经济论述阐明财政问题，从而将英美财政学理论的"政府收支"转向"公共经济"上来。阿兰（Allen, E. D）和布朗里

（Brownlee，O. H）1947 年出版的《公共财政经济学》首次采用马尔科的观点，将财政作为"经济学"，界定政府活动边界，并将经济增长与就业等问题与财政的收支联系起来，指出"公共财政学很快变成对公共经济的研究"。

在考察财政活动动机的问题上，学者们强调政府提供公共品的动机与需要，是由个人或集团的动机和需要引起的，它们才是测度公共财政利弊的实际依据。由此形成了以布坎南（J. M. Buchanan）为代表的公共选择学派。布坎南在其《公共选择》一书中分析了官僚与经济效率，提出了关于官僚的经济理论，为民主政治环境下的公共政策提供了理论分析框架。

另一方面，有的学者对公共经济的研究是从弥补市场失灵这一视角进行的。霍伯尔（Herber）1976 年的《现代公共经济学》，霍夫曼（Haveman）1970 年的《公共部门经济学》，温弗雷（Winfrey）1973 年的《公共财政学：公共选择与公共经济》，分别从资源稀缺、市场配置效率以及外部性与公共品的存在等不同层面，研究了公共经济存在的必要性，并由此引出公共财政的基本职能。

应当说，公共财政学的新转向形成了现代公共财政学。1966 年出版了以公共经济学命名的现代公共财政学杂志，即《公共经济学杂志》[1]。近几年来信息经济学与博弈论的运用，学者们从信息不对称、不完全以及市场非均衡等观点出发，重新诠释了政府与市场、政府与企业、政府与公民以及各级政府之间的分配关系，对财政收支制度的有效性进行了深层次的研究。特别是面对世界经济全球化的态势，对政府如何有效地防范金融风险、保持国民经济的稳定增长，政府各项宏观经济政策的有效性和政府的职能等问题进行了重新探讨，形成了以新凯恩斯主义为主流的理论和政策格局。[2]

与西方相比，我国现代财政基础理论和专门著述的研究起步较晚。我们所见到的中国学者撰写出版的财政著作，如陈启修著《财政学总论》、李权时著《财政学原理》、何廉和李锐著《财政学》等等，都是民国时代的产物，至今还不到一百年。这些著作的理论基础，内容及结构体系，基本上是20 世纪二三十年代西方财政理论的翻版，没有中国特色。

新中国成立至改革开放前夕，我国财政学界对财政问题进行了探讨，形成了不同观点，其中"国家分配论"、"社会再生产论"、"剩余产品论"、"社会共同需要论"以及"价值分配论"等具有代表性。"国家分配论"强

---

① 哈维·S. 罗森：《财政学》，中国财政经济出版社，1992，第 9 页。
② 王健：《新凯恩斯主义经济学》，经济科学出版社，1997，第 2～11 页。

调财政以国家为分配主体。"社会再生产论"主张财政作为分配范畴应从社会再生产出发加以研究。"剩余产品论"强调财政分配是由剩余产品形成各种社会基金的一个经济过程，体现的是国家、集体、个人之间的对剩余产品分配关系。"社会共同需要论"强调财政的分配应为满足社会的共同需要对人力、财力、物力的分配活动。"价值分配论"则强调财政的分配乃是国家对价值的分配。显然，各种观点都承认财政是一个分配范畴，是一种国家的经济分配行为。但在财政的起源、分配主体、分配对象（客体）、分配形式等问题上形成各自的观点。①

改革开放以后，我国围绕中央与地方政府的财政关系、政府与国有企业的财政关系以及税收制度等方面进行了一系列改革。特别是 1992 年确立社会主义市场经济体制的改革目标后，我国政府逐步明确了财政体制改革的目标是建立公共财政体制，并为此在财政收入体系、财政支出体系和财政宏观调控体系三大方面进行了一系列全方位、根本性的改革。学界结合中国具体国情，借鉴西方公共财政理论与实践的有益经验，根据市场经济对公共财政的内在要求，强调市场在资源配置中起基础性作用，在正确界定政府与市场的关系等重大问题上达成共识。普遍认为，公共财政既要弥补市场失灵，双双要建立健全完整的市场坐标系；既要在收入领域通过相应的经济和法律手段调控收入分配，解决社会分配不公问题，还要加大对涉及国民经济命脉的产业的投入，从而确保国民经济持续、稳健、快速的发展。

第二节　公共财政活动边界与公共财政的基本职能

要确立公共财政的基本职能，首先应界定政府公共财政活动的边界。

一　公共财政活动的边界

市场机制失灵的领域，也就是需要公共部门即政府发挥作用、加以干预的领域。②而政府或公共部门作用的发挥离不开公共财政的支撑，因此，公

---

① 陈共：《财政学》，四川人民出版社，1995，第 16～21 页。
② 在我们看来，政府可以干预、弥补市场失灵之外，但不要以为政府这种干预与弥补就一定能成功。因为如果说可以用政府干预来弥补市场失灵，那么必须满足这样的三个假设条件：第一，政府代表多数人利益，因而会比个人行为更体现社会利益或公共利益；第二，政府更明智，政府在理智上强于个人；第三，政府的运作是高效率、低成本。然而，在现实社会经济中，这三个假定条件难以满足。

共财政活动边界的界定应围绕着市场失灵之处进行，不同的学者在界定公共财政活动边界上是存有一定差异的。

阿图埃克斯坦在其《公共财政学》著作中，将公共财政活动的边界界定为"仅限于私人部门不能做的范围内才允许政府活动"。① 在这个范围内，公共财政的职责被规定为通过资金分配为社会提供以下几类产品或服务：一类是提供那些"不能简单地通过市场提供的产品和劳务"。该类产品和服务常常具有两种相互关联的性质：第一，它们是对一个集体而不是对个人提供的。第二，它们不能对拒绝付款的个人加以阻止享受。再一类资金是用以解决"私人和社会费用或得益之间的偏离"，或者叫做"外界有利或不利因素"的产品项目。第三类是提供"特别技术风险"产品。第四类是用于经营"自然垄断"性行业。这类行业由于"没有竞争对利润加以限制，为了保证合理的价格，或需要某种形式的公共干预"。第五类是其他一些政府和财政活动，主要有执行防止经济萧条和通货膨胀的经济政策、强制征用权的使用、为市场提供方便和廉价产品等。

理查穆斯格雷夫等学者则从对市场机制运行指导、修正、补充的角度界定公共财政活动的范围。提出的论据是：公共财政赖以发挥作用的"更重要的原因"，是因为"市场机制事实上无法发挥全部经济职能"，因此在某些方面，"则需要公共政策的指导、修正和补充"。公共财政在这些方面的活动主要有：①为使消费者和生产者获得自由进入市场的条件而进行的政府调节或其他措施。②在那些由于成本降低而使竞争变得无效的场合实施的政府调节。③政府为市场活动提供所需要的契约交易的法律保护。④需要通过公共部门提供的某些具有生产特点消费特色的货物，即用以解决"外在性"问题所导致的"市场失灵"现象。⑤对市场机制和财产继承权等因素导致的收入与财富分配进行的社会调节。⑥执行为达到就业、物价、经济增长等目标所需要的公共政策。⑦为未来消费提供与私人估价不同的贴现率。②

布坎南从解决"纯粹市场经济"种种弊端的角度，论述和列举了公共财政活动范围和必要性。主要有：首先是针对市场经济"不能以大多数人可接受的分配方式或分配产品"所采取的"政治上的行动"。其次，为了解决"纯粹市场经济存在的第二个大的困难"即"垄断权可能出现在非政府

① 参见阿图·埃克斯坦《公共财政学》，中国财政经济出版社，1983，第 10 ~ 15 页。
② 参见理查·穆斯格雷夫等《美国财政理论与实践》，中国财政经济出版社，1987，第 14 页。

经济中"，它会歪曲"消费者的主权原则"，降低经济的"全部效率"。再是为了实现政府稳定货币总需求的职能，认为这是"这种高度简化的非政府经济所存在的第三个主要问题"。与上述问题相关联的另一个问题是保持经济的长期增长，消除垄断阻碍资源运用的充分效率和需求波动导致的失业和通货膨胀现象。最后，是为了解决"非政府经济不可能解决的、因复杂的经济相互依赖所产生的问题"。指的是"当一个人的经济行为影响其他许多人的效用或成本时，类似市场的交换不可能自发地出现。这是'公共'或'集体'货物和服务的范围"。①

二　公共财政职能的界定

尽管学者们对公共财政活动边界存有一定的差异，但其观点仍具有共同性。

（1）资源配置职能。政府直接创办企业或参股经营或对私有企业进行补贴来提供公共品或劳务。政府通过在市场上进行购买间接影响社会资源配置，如美国政府每年购买量约占全美国总生产量的1/5。政府通过制订针对微观经济运行的法律、法规和条例矫正外部效应，管制不完全竞争行业。政府还可通过价格补贴或发放补贴性贷款来支持某个产业或某个企业的生产和发展，等等。

（2）调节收入分配职能。如上文所述，市场公平原则与社会公平原则是不同的。萨缪尔森认为这不是市场失效，而是分配机制存在问题。政府可以通过征收累进所得支持税、转移支付、公共补贴、收入增进计划和提供社会保险等方式参与再分配，以达到改善分配机制的目的。值得一提的是，这个问题较多的是规范问题而不是实证问题。它不仅涉及经济学，更多是涉及政治学。"经济学不能回答诸如多大程度上的贫困是可接受的和是公平的这类问题。它能做的是帮助设计提高穷人收入的有效计划。"②

（3）稳定经济职能。由于市场失灵，一国经济往往呈现出频繁的经济波动，这种波动有时会给国民经济毁灭性的打击。当总需求与总供给失衡时，可以增加或减少政府财政支出（如用于公共工程的投资、失业救济金支出等）和调整累进所得税，逆经济风向而动，"熨平"经济波动，减少经济波动带来的损失，从而确保国民经济持续、稳定地增长。

---

① 参见詹姆斯·M. 布坎南《公共财政》，中国财政经济出版社，1991，第13~15页。
② Paul A Samuelson and William D. Nordhaus：*Economics*（ffteenth edition），p. 34.

第三节　公共财政收入

对公共财政收入问题的考察，主要从公共收入的形式、分税制以及费改税等层面进行。

一　公共收入的形式

简单地说，公共收入指政府为履行其职能而筹集的一切资金的总和。经济学家常常将政府如何提供公共品或劳务的成本费用分配给社会成员，视为公共收入的基本问题。对此，公共收入的形式大体上可分为税收、公债、规律等三类。

税收是国家（政府）为了实现其职能，凭借政治权利，按照法律规定的标准，向有纳税义务的单位或个人无偿地、强制地征收实物或货币，以取得财政收入的一种特定的分配形式。税收不是从来就有的，它是随着生产力的发展，以国家的出现为前提而产生的。布坎南将历史上曾有过的税收制度从规范的意义上划分三种范式：第一，税收可以被视作范围广泛的财政交换过程的成本。换言之，税收是人们为了得到政府提供的由公共部门生产的物品与服务而支付的"价格"；第二，税收是社会必须承担的固定费用，由政治决定的开支引起的融资需要使这些负担成为必要，它与个人可转嫁的利润流动无直接关系；第三，税收可以看成一套强制施加的费用。[①] 在布坎南看来，不同的范式有对税收进行限制的不同标准。在第一种范式中，税收的界限决定于国民本身对集体提供商品的喜爱程度。在这种模式中，财政过程是自愿交换过程。在第二种范式中，税收与政治过程隔绝，国家税收的绝对水平仅要求满足预定的财政义务，这与伦理准则无关。在第三种范式中，布坎南认为伦理限制发挥不了作用的原因只是有时受到作为占统治地位的精英阶层指导方针的伦理限制。这一范式中，税收绝对水平的正面限制来自对君主（统治者）追求最大财富行为的限制。很明显，布坎南的不同税收范式的提出是国家理论在税收领域具体应用的结果。

与税收的特性不同，公债是政府依据信用原则，自愿、灵活地取得公共

---

① 斯蒂格里兹也认为，税收基本不具备自愿的性质，它与大多数财富转移不同，"大多数其它转移是自愿的，而税收具有强制性"。参见斯蒂格里兹《政府经济学》，春秋出版社，1988，第368页。

收入的一种有偿形式。在布坎南看来，税收与政府借贷都是一种"交换"的财政过程。即是人们取得公共活动利益而支付的"价格"，它的基本特征是对人们实际收入或财富的强制性减少，借此政府能为资源运用提供资金，通过公共服务，提供公共品，使人们的实际收入或财富有所增加。公债则相反，政府是根据自愿交换原则来取得收入的，其目的也是为它的购买或支出融资。同时，私人购买政府债券不像税收一样是强制的结果，甚至不是为了换取公共服务利益，而是换取政府向他们提供未来收入的承诺或义务；或者说是进行一项有政府担保的投资活动。通过比较研究，布坎南认为，对公民来说，税收意味着减少现期的实际财富，这一"交换"过程的条件由政治决策过程确定。而购买公债只是放弃现期实际资源的运用，但要求政府在未来时期里向债权人支付一笔放弃的资源并获得投资收益的补偿。

公共收入还包括规范的政府收费，如规费、使用费等。

规费是政府部门为公民提供某种特定服务或实施行政管理所收取的手续费和工本费。通常包括两类：一是行政规费，诸如外事规费（如护照费）、内务规费（如户籍规费）、经济规费（如商标登记费、商品检验费、度量衡鉴定费）、教育规费（如毕业证书费）以及其他行政规费（如会计师、律师、医师等执照费）；二是司法规费，又可分为诉讼规费（如民事诉讼费、刑事诉讼费）和非诉讼规费（如出生登记费、财产转让登记费、遗产管理登记费、继承登记费、结婚登记费等）。

使用费是按受益原则对享受政府所提供的特定公共品或劳务相应的支付的一部分费用。对政府所提供的诸如公路、桥梁和娱乐设施等收取使用费是与受益原则相一致的。政府对诸如公共住宅、公共交通、教育设施、公共娱乐设施、下水道，供水以及公共保健等收到的使用费通常只相当于为提供该物品或劳务所花费的成本费用的一部分。一般说来，政府收取使用费作用主要是：一方面有利于促进政府所提供的公共设施的使用效率，另一方面有助于避免经常发生在政府所提供的公共设施上的拥挤（congestion）问题。[①]

需要指出的是，政府取得公共收入有其规范的形式，必须遵循一定的收入原则。

二　完善分税制财政体制

1994 年实施的分税制保证了中央和地方财权收入的同步增长，使我国

---

① 王传伦、高培勇：《当代西方财政经济理论》，商务印书馆，1995，第 174～178 页。

初步建立了税收的分级征收和分级管理的制度；使我国税收管理体制由中央高度集中制逐步地向地方适当分权的方向发展；从根本上克服了 20 世纪 80 年代在计划商品经济条件下建立起来的税收制度的某些局限性。但是，由于它是市场经济发育不成熟的早产儿，先天不足，在市场经济日益成熟和世界经济向一体化发展的今天，其机能越来越不适应，存在着诸多缺陷与不足，主要体现在以下几个方面。

第一，政府事权及相应的支出责任范围缺乏科学合理的界定，政府间事权及支出责任的划分不明晰、不规范。如政府与市场、政府与企业及公民间的责任权利关系没有理顺，政府职能及财政支出责任范围不明确；中央与地方固有事权及支出责任的界定不够具体、不明晰，缺乏法律保障；中央对事权的集中依然过度，分权不到位，事权和财权脱节的矛盾比较突出；政府间职权及支出责任调整的随意性大，政策的"一刀切"和"越权"问题较为突出。

第二，税收立法权和税收政策制定权过于集中，税收划分不清晰。税收立法权和税收政策制定权过于集中，不利于地方政府因地制宜地安排财政预算和管理。公共物品具有层次性，按其受益范围的大小，可以分为全国性公共物品和地方性公共物品。公共物品的提供由中央和地方之间的分工制度确定，是一种经济机制设计，有必要由中央政府提供全国性公共物品，地方政府提供地方性的公共物品。税收是公共财政的主要来源，税收作为公共物品的价格，各级财政支出所提供的公共物品的范围大体与本级政府辖区界限相一致。所以，中央和地方政府拥有各自的税权，才能保证各级政府支出的基本需要，才能有效地提高政府机构的效率。

第三，地方税收体系不健全、法规不统一，内外税制差别大，税制结构不合理，主体税种不突出等问题，制约了地方财政职能的有效发挥。

第四，转移支付制度不够科学、规范，均等化功能弱。如各种转移支付形式的政策指向不明确，错综复杂，不够规范，各项专款过多，且缺乏程序化、公式化的分配办法，随意性较大。

针对上述问题，应从以下几方面入手加以解决。

（1）按照市场经济的内在要求和公共财政原理，科学明确地界定中央政府和地方政府事权的范围。这里的界定是通过国家立法而不是行政干预来实现的。在我们看来，完善中国的分税制，理顺中国政府间的责权利关系，需要发挥国家立法的作用，以宪法为依据，建立和完善包括政府组织法、财政法、预算法、税法等在内的法律，弱化行政干预，为分税制运行奠定可靠的法律基础。

（2）以事权划分为基础，明确界定政府支出的范围；同时依法明确、具体地划分中央政府与地方政府之间的支出责任，这里需要依法明确划分中央政府固有支出与地方政府固有支出；依法确定两级或多级政府间的共同事务及相应的费用分担标准等。支出范围的界定和支出责任的划分，将为政府间划分税制和非税收入提供可靠依据。

（3）依据政府间事权和支出责任的划分，遵循中央财政主导地位和调动两个积极性的原则，构筑中央税收体系和地方税收体系，合理划分税种及税收立法、征管权限，构建合理、规范的政府间税收分配关系。

（4）立足中国国情，借鉴国际经验，按照效率优先兼顾公平、法制化和规范化、方向性和透明度等原则，构建一个有效的转移支付机制，逐步加大转移支付力度、规范转移支付形式，增强转移支付机制在均衡地区间财政经济发展差距方面的功能。

三 加速费税改革进程

从实践看，在目前政府收入格局中，实际上形成了非规范性政府收入与规范性预算收入两足并立的局面。非规范性政府收入的来源，基本上是各种各样、形形色色的政府收费（如行政事业性收费和基金性收费），非规范性的政府收入又大大多于规范性的政府收入。

收费是政府部门依据行政权力，在提供某种服务或便利等背景下收取的成本补偿，它也是满足政府职能需要的一种筹资方式。规范化的政府收费只有两类：一类是规费，再一类是使用费。

无论规费还是使用费，一个共同特性是，收费是以政府提供某种物品和服务为前提的，根据受益大小服务成本来收费，"谁受益谁负担"，因此，收费的项目同家庭、企业的日常生活密切相连，并具有一种直接的服务报偿关系。此外，各国规费和使用费系列的政府收入，不仅纳入各级政府预算管理和监督，而且建立了严格的收费征收、管理、使用、检查的综合管理制度。

我国目前的各种收费，问题不是出在政府要不要有收费，而是各级政府在依法设立的规范费外巧立名目、擅自出台不规范、不透明的各种收费，随意分割国民收入，扰乱国家的分配秩序，损害政府形象。

费改税改革的目标就是要彻底规范税收与收费的范围，规范政府的收入行为，为公共财政的建设奠定制度基础。这一改革将通过界定政府公共收入的范围来界定政府征税与收费的范围，对现有的行政事业性收费和政府性基金进行清理，将一切不合理、不合法的收费坚决取缔；将大部分收费基金改为税收；将体现权利与义务对等关系的收费按市场经济原则转变为经营性收费；对继续保留下来的各种收费，实行规范化管理。具体地说，主要体现在以下两方面。

（1）"费改税"。

政府部门收入机制的非规范性，固然主要反映在"费多税少"这一特殊的矛盾现象上，但这并不意味着所有的"费"都应改为"税"。也绝不是说，"费"就没有存在的必要性。实际上，税有税的内涵和外延，费有费的地位和作用。两者之间，并不能互相替代。对那些具有税收性质（名为"费"实为"税"）且宜于纳入税内管理的收入项目，可以通过"费改税"的办法，尽可能纳入税收的轨道（如将社会保障统筹改为社会保障税、将教育费附加改为教育税等）；或扩大现有税种的税基，将其并入现行有关税种统一征收（如将土地使用费并入土地使用税、将现行车辆购置附加费并入消费税的汽车税目）；或根据其性质，改设新的税种另外征收（如新开征车用燃油税，取代原有的道路和车辆的养路费、公路运输管理费等）。

（2）"规范费"。

对那些未纳入税收轨道的收费项目，则须通过"规范费"的办法，按照规范化政府的内涵和外延，分别归入"规费"和"使用费"系列，并相应进行规范化的管理。具体工作步骤应先清理，后规范，再分步纳入预算管理。对现存的各种政府收费项目，应当首先进行全面的清理，区分为合理的与不合理的收费两大类。坚决取缔那些不合理、纯属乱收费的项目，并将那些合理的且已构成政府部门必要收入的项目，纳入"规范费"的范围。

很明显，费改税是进一步深化经济体制的重要内容，是一项利国利民的大事。但它涉及各个部门和各级政府之间利益的调整，以及有关机构改革和人员的安置、分流问题，改革难度较大。为使费改税改革的各项方案顺利出台，必须采取相应配套改革措施，尤其需要政府改革的支持，需要各级党政领导的大力支持，各部门的协调和配合，以及相应的立法保证。

第四节　公共财政支出

公共支出（public expenditures），亦称财政支出或政府支出，系指政府为履行其职能而支出的一切费用的总和。公共支出是公共财政活动的一个重要方面。在西方国家，公共财政对经济的影响作用主要表现在公共支出上，政府干预、调节经济的职能也主要是通过公共支出来实现的。

一　公共支出结构

依据公共支出的性质，可将公共支出分为购买性支出和转移性支出。购买性（exhaustive expenditures）支出直接表现为政府购买物品或劳务的活动，包括购买进行日常政务活动所需的或用于进行国家投资所需的物品或劳务的支出。前者如政府各部门行政管理费，后者如政府各部门的投资拨款。它由这些物品或劳务数量与它们的价格相乘来计算。转移性公共支出（transfer expenditures）直接表现为资金的无偿的、单方面的转移，这类支出主要包括政府部门用于养老金、补债务利息、失业救济金等方面的支出。按照公共支出的目的、控制能力、受益范围等还可以将公共支出做各种不同的分类，如预防性支出与创造性支出、可控制性支出与不可控制性支出、一般利益支出与特殊利益支出等等。

各国在支出管理上，一般采用预算上的分类方法。对公共支出的预算分类，是根据政府财政预算的编列的支出项目来进行的。在西方国家，预算支出项目的编制通常与政府部门的职能或机构设置结合起来，即有多少职能就设置多少支出项目，有多少机构就设置多少支出项目。各国的情况虽有不同，但归纳起来，大体有下列几项。①

（1）国防支出。包括各种武器和军事设备支出，军事人员给养支出，有关军事的科研支出，对外军事援助支出等。

（2）外交事务支出。包括驻外使馆支出，国际会议支出，对国际组织缴纳费用支出，外事机关活动经费支出等。

（3）行政管理支出。包括国家元首，国会，国家行政机关，公安警察机关，司法机关的管理费支出等。

（4）经济建设支出。包括公营企业支出，公共经济事业支出，农业援助支出，交通运输支出，物资储备支出，对外经济援助支出等。

（5）社会文教支出。包括社会保障支出，社会救济支出，教育支出，科研支出，文化事业支出，医疗卫生支出，退伍军人福利和服务支出等。

（6）保护环境和自然资源支出。包括能源支出，污染控制设施建设支出，水力、电力资源设施建设支出等。

---

① 参见刘玲玲等《中国公共财政》，经济科学出版社，1999，第132~138页。

（7）政府债务支出。包括公债利息支出、公债还本支出和公债管理支出等。

二 政府支出的绩效

斯蒂格里兹认为，对政府支出的规范评价有三个方面：效率；项目造成的分配结果；不同项目能达到政府目标的程序。[①]

（一）收入效应、替代效应与引致无效

西方财政理论认为，政府支出在市场经济中产生收入效应与替代效应。当政府支出项目降低了某些商品的价格时，存在替代效应。由于政府提供的产品增加了市场中该商品的供给，这引起价格的下降，居民将在更多的商品中进行选择。例如，政府对高等教育的学费补贴存在替代效应，因为补贴意味着教育费用的下降，居民会用教育来替代他们原想花钱购买的其他商品。如果政府的支出改变了居民的财富状况时，则存在收入效应，它同样将导致居民的消费结构发生变化。如政府给贫困人口提供免费食品将产生收入效应。多数情形中收入效应与替代效应共同存在。斯蒂格里兹认为，通常只有替代效应会产生低效率。因为收入效应一般不影响市场得以有效运作的价格体系。

为了说明这两种不同的效应，请看以下事例。假定政府准备给穷人以食品资助，可以有两种方式。一种方式是发行食品券；另一种是给予食品补贴，譬如给予穷人购买食品的支出额以10%的补贴。前一种方式类似增加居民的收支，因此它只带来收入效应；居民消费的食品量取决于食品的收入需求弹性。后一种方式类似于降低食品的价格，因此它将带来替代效应，它会导致居民过多地消费食品，因为此时居民实际购买食品的成本低于社会成本（差额为补贴弥补），这显然会导致社会资源的浪费，这种效率的损失被称为引致无效。

由于不同的支出方式会导致居民的不同消费行为，政府便可利用这种关系达到政策调控的目的。例如，如果不希望人们过多地消费食品，则可以采用食品券的支出方式；如果希望人们主动地接受教育，则可采用对教育费用进行补贴的方式。

（二）分配的结果

财政再分配的目的与结果之间往往会产生偏差，这便需要对政府分配政

---

① 参见斯蒂格里兹《政府经济学》，春秋出版社，1988，第229~244页。

策的结果进行仔细分析，否则分配可能引起适得其反的结果。例如，在医疗保健方面，政府给老年人的资助，老人明显从这个项目中获益；但在某种程度上，政府资助代替了老人家庭的支付，因而真正获益的可能不是老人，而是负有赡养责任的那些人。

另一个例子同样可以说明这一点。例如政府为解决穷人的住房问题而给予其补贴，真正受益的可能是房产商。因为政府的补贴使穷人的购房能力上升，需求增加会提高住房供给的价格，真正受益的是房东而不是受补贴的穷人，在这一例子中，补贴必须与价格控制结合才有效。长、短时期的不同，分配的结果可能也有差异。仍以住房补贴为例，在短时期内，由于住房供给周期长，住房的供给弹性非常小，政府住房补贴所引起的需求上升可完全被价格的上涨所消化，房产商们几乎吸收了所有补贴带来的好处。但在长期，住房的供给会对需求和价格做出反应，供给会增加，价格下降，此时，租房者的境况才能变得好一些。

当政府支出项目的获利者不是政府想要帮助的人时，这便发生了利益的转移。尽管不同的人从某个政府支出项目中得到不同的利益，要弄清楚每个人得到多少利益几乎不可能，但弄清楚社会上各类人怎样受到不同的影响却是可能的。这一点对分析政府支出的效应具有相当的重要性。例如，如果政府对小麦价格进行补贴的话，那些以大米作为主食的人们所获得的政府资助便少于小麦为主食的人。这便是一种新的不平等。政府支出政策被认为常常是这样有利于少数集团的利益。

如果穷人从政府某个项目中获得的利益比他们通过税收系统对这个项目的贡献多的话，这种项目的分配效应被称为是"累进的"，如果富人获得的利益超过他们的贡献，则分配效应是"累退的"。简单地讲，如果政府支出项目有利于穷人的话则是"累进的"，反之，如果政府支出项目有利于富人的话则是"累退的"。也可以说，符合再分配原则，有利于改善穷人境况的收入分配具有正分配效果。

政府的不同支出方式可以有不同程度的正分配效果。例如，对于穷人孩子的教育来说，一种方式是政府资助大学以使其所收学费降低，另一种方式是政府直接贷款给那些孩子。对于第一种方式，一般而言，具有较高收入的家庭的孩子往往受到良好的中等教育，因此他们便有机会考上大学，从而获得政府的教育资助。而如果政府贷款能直接贷款给低收入家庭读不起高中的学生并使其能得到资助去接受高等教育的话，则个人直接贷款资助的方式比资助大学的方式具有更强的累进性或正分配效果。

如上所述，对政府支出分配结果的评价不仅取决于其结果对哪类人有益，而且取决于不同的支出方式。对政府支出政策的选择不仅包括要或不要的选择，而且包括怎样实行的方式选择。例如在美国，政府现行的资助高等教育的系统同整个私立教育系统相比，可能是累进的；但与高等教育的贷款资助系统相比，其分配效果又是较为不利的。

（三）平等与效率的替代关系

设计一个累进性更强的支出项目往往必须花费较高的成本。斯蒂格里兹认为，关于不同项目满意度的争论不仅源于平等和效率之间的相对重要性，而且还与它们之间的转换性质有关，即效率与收益之间的数量对比关系。这种对比关系实际上仍然涉及人们的价值观念。假定甲方与乙方之间对平等与效率之间的替代关系的价值观持有不同的看法，甲更偏重于效率，乙更倾向对平等给予较高的评价。对于甲的平等—效率转换的最佳均衡点来讲，效率高于平等；相反，对于乙的最佳均衡点来讲，平等高于效率。产生人们对平等与效率之间进行选择差异的一个原因是人们对平等与效率的转换性质的不同判断。甲可能认为，为获得多一点的平等可能需要牺牲大量的效率，而乙则相反，认为为获得多一点的平等只需要损失少量的效率。显然，由于这种判断的不同，甲将放弃追求平等而保持效率，乙则希望获得更多的平等。

具体来说，如果认为失业者找不到工作的原因主要是没有合适的工作，则为弥补失业带来的收入平等的损失而给予失业者的失业补偿及其大小与人们找工作的热情的关联不大。这样，增加失业救济金造成的效率损失很小，平等与效率之间没有多少转换。但如果认为失业者寻找工作的愿望对失业救济金的多少十分敏感，例如，当失业救济金足以维持失业者的生活时，失业者几乎不会有热情去寻找新的工作，甚至会引起在职工人工作热情的丧失，因为他们可能缺乏失业所引起的生活压力。这样，增加失业救济金造成的效率损失将会很大，平等和效率之间转换非常惊人。据此斯蒂格里兹认为，平等和效率之间的转换问题在实际评价政府支出政策或具体项目时是十分重要的。

三 政府采购与我国政府的实践

为提高预算资金的使用效率，便于社会监督，西方国家实行政府采购制度有效地提供公共品和公共服务已有两百多年的历史，值得借鉴和学习。

所谓政府采购是指各级政府为了开展日常政务活动或为公众提供公共服务的需要，在财政部门的监督下，以法定的方式、方法与程序，从市场上为政府部门或所属公共部门购买商品、工程和服务的行为。

政府采购制度作为财政制度的组成部门，在很多国家已有相当长的历史，如美国在 1778 年的《宪法》中，就有了政府采购的条款。政府采购在各国的经济管理中有着非常重要的地位，据欧盟估算，政府采购的金额占成员国 GDP 的 15%，为了加强对规模巨大的采购进行管理和监督，各国都制定了专门的政府采购法规，通过法律规定达到一定金额的单项采购必须采取竞争性方式购买，使采购活动公开、公正、公平地进行。如美国《联邦政府条例》规定：单项合同金额达到 2500 美元的采购，如无特别规定，必须采取公开招标或竞争谈判方式。国际经验表明，政府采购节支幅度在 10% 以上。

1999 年 4 月，我国财政部颁发的《政府采购管理暂行方法》对有关管理问题做出了规定。

（一）主管机构

我国政府采购的主管机构是财政部，负责全国政府采购的管理和监督工作，中央以下的政府主管机构是财政部门，负责本地区政府采购的管理和监督工作。财政部门作为政府采购的主管机构，职责是制定政策，对政府采购实施管理和监督，不得参与和干涉政府采购中的具体商业活动，具体商业决策是采购机关的职责。按国际通行经验，监督管理采购活动的核心手段是采购资金支付。根据我国《预算法》第 48 条规定：各级国库库款的支配权属于本级财政部门。因此，在现行的法律体系下，财政部门具有政府采购行为的监督管理手段，在推动政府采购工作方面，能够达到"四两拨千斤"，"事半功倍"的效果。

（二）采购机关

政府采购机关是政府采购的主体，是政府采购事务的实施部门，没有管理职能。目前，不少地方二者职责全部放在采购中心，这样财政部门就参与了政府采购的商业性决策。在政府采购的起步阶段，这种现象的存在有一定的客观原因，但这种运动员与裁判员兼于一身的情况碍于公平竞争，不适应市场经济的要求，不宜长期存在，采购中心应逐步与财政部门脱钩。

（三）中介组织

中介组织主要是指具有招标能力的一些招标机构，这些中介组织在我国政府采购的起步阶段将发挥十分重要的作用，因此必须加强管理和引导。在试点阶段，采购机关可以委托社会中介组织承办政府采购具体事务，但委托是有条件的，中介组织不管其现行的隶属关系如何，如果要承办政府采购业务，必须取得财政部门的资格认证。随着政府采购活动全面开展要不断研究招标工作中的一些具体问题，例如招标文件的编制规范化和科学化，评标方法的引进、开发、评估和推广。

（四）供应商

政府采购与商业采购的根本区别之一，在于政府采购对供应商有更高的要求，除了技术要求和能力要求外，政府采购还对准入的供应商有政策性要求，包括纳税情况，环保达标情况，生产规模情况，是否有走私、歧视妇女和残疾人就业情况等。政策性要求是为了推动社会整体进步；从根本上维护公众利益，公平竞争；让供应商在同一起点开展竞争。因此，财政部门及有关部门应对供应商准入政府采购市场的资格进行审核。外国供应商准入我国政府采购市场，总的要求是依据有关协议对等准入。没有相关协议，我国没有让外国供应商准入的义务。如果必须购买外国产品的，经有关部门批准，可以获得一次性准入机会。

第五节　构建与市场经济体制相适应的公共财政体系

通过上文分析，我们认为要构建符合市场经济内在要求的公共财政体系，应从以下几方面入手。

一　明确财政的公共性质

财政分配是社会公共权力的组成部分，财政是国家凭借其权力参与社会产品初次分配和再分配过程中形成的一种分配关系，这种分配关系的形成是为了保证统治者即国家权力机关行使职权。俗话说以财佐政，没有财就没有政，为了保证权力机构正常运转需要的费用开支和保证社会的共同需要，必须由社会成员无偿地提供一部分社会产品，用于政府施政的需要和对社会分配进行有效地调节，使社会经济生活顺利进行。社会产品的初次分配体现的是效益，谁创造的效益高谁的收益就多；社会产品的再分配体现的是公平，政府财政通过再分配来保证不创造社会产品和没有收益人群的生活保障。

由国家凭借公共权力对社会资源进行有效配置，通过财政分配向社会提供公共产品。这里包含公共财政分配的目的、内容以及与社会再生产一般分配的区别和社会产品的分配秩序。用简单的话来说，公共财政，就是竞争性生产领域财政资金将不再是投资来源，财政资金主要用于满足公共需要。从这一点来说，建立公共财政体系，是对传统计划体制进行釜底抽薪，也从根本上体现了市场经济的逻辑要求。政府提供公共产品不仅是一个分配问题，而且涉及公共产品的生产、分配、交换、消费在内的整个经济过程。公共财政理论在分析市场失灵、划清政府职能与市场职能界限的基础上，明确提出公共财政的职能范围是为市场提供服务，包括提供公共产品、纠正外部效应、维护市场有效竞争、缓解收入分配不公、减少经济波动和失衡。按照社会主义市场经济的要求，为了全面、准确反映政府财政的职能范围和财政支出方向，加强国家财政的宏观调控能力，必须对现行的支出结构进行有效的调整，逐步建立政府公共财政体系。但是建立政府公共财政体系必须从有利于促进市场经济发展、有利于政府满足社会共同需要出发，使公共财政的范围、结构和方法与政府职能的范围、方向相一致，因此公共财政的建立和完善必须坚持市场经济的原则、体现政府职能的原则、讲求公平与效益的原则、依法办事的原则。

二 通过市场对资源进行配置

社会主义市场经济体制一个最本质的规定，就是由市场对资源进行基础配置。这一点是提高经济效益的关键，没有这一点就没有真正的市场经济。传统计划经济体制经济上的低效益甚至无效益，根本原因在于政府根据自己计划对社会的绝大部分资源进行配置，这种政企不分、排斥竞争的做法，让我们尝尽了苦头，实践无数次地告诉我们，政企不分不仅企业搞不好，而且政府该管的事也管不好。根据市场经济的要求，在竞争性的生产领域，政府必须退出当裁判。在分配过程中，这一点也很重要，财政投资于一般性的生产经营领域，财政对企业大量的补贴，都不属于市场经济行为。建立公共财政体系，不是说财政可以不支持经济发展。建立公共财政体系之后，财政支持经济的方式有所变化，一是通过制定科学、合理的财政税收政策为企业创造公平合理的竞争条件；二是通过加强基础设施建设，创造良好的投资环境、生产环境、社会环境。这两方面，正是市场经济体制发展所要求的，缺一不可。

三 明确社会对财政的需要

财政在社会再生产过程中需要财政如何行使职能，行使哪些职能，这一点必须明确。首先我们必须明确社会再生产需要分为两部分。一部分是在生产过程中的一般需要，包括：①补偿消耗的生产资源和生产费用；②用来扩大再生的增加投入；③应付不可预见的后备基金或保险基金。另一部分是和生产没有直接关系但在生产过程中不可缺少的共同需要：①维护社会生产环境的管理费用，包括行政、司法、国防、外交等；②促进社会再生产发展的共同需要，如科学技术、社会教育、市场建设、文化卫生等；③必须由政府提供的各种社会保障，包括丧失劳动能力的老年人、残疾人和失业者的基本生活保障及劳动者的医疗保障等。社会再生产过程中的一般需要，是生产者自己的事情，如果要能够保证生产顺利进行的话，就必须进行再生产的补充投入。而社会再生产过程中不可缺少的共同需要，靠生产者个人是不行的，必须依靠公共权力来进行。政府是全社会的政府，财政是政府工作的重要组成部分，政府的职能是公平公正地覆盖全社会，财政工作必须做到公平公正的进行分配。政府不是某部分企业的政府，政府通过财政分配参与竞争性领域投资，实际上是对政府职能的扭曲，要从根本上解决这个问题，除了行政体制改革等因素外，将建立公共财政作为财政改革的最终目标是十分重要的。

四　解决财政错位问题

长期以来，由于计划经济旧体制的影响，财政工作中错位问题十分突出。一方面，应该由财政保证的一些公共需要得不到有效的保证，就是我们常说的财政"缺位"问题，如国家安全、政权建设、基础教育、科技基础研究、农业发展、扶持贫困等等。另一方面，大量的财政资金用于一般性竞争领域的项目投资，就是我们常说的财政"越位"问题，这些投资往往成为政府和财政的沉重包袱。如果越位问题得不到及时解决，我们的各项事业的发展、社会公平公正原则以及市场竞争秩序的建立，都会受到严重阻碍。只有坚定公共财政的改革目标，才能从根本上解决财政错位问题。在现实面前，选择建立起来的政府公共财政模式，这就要求我们必须确立明确的指导思想，必须在市场的基础上明确公共财政的范围，以市场所要求的范围作为财政政策的出发点，必须充分认识到财政行为的非市场性，只能用其非市场行为去弥补市场行为中的不足，不能包办市场活动甚至从事市场性的盈利行为，市场中的定问题还要由市场自我解决。

五　建立政府干预型公共财政

市场失效最明显的基本特征就是宏观经济波动，经济周期波动作为潜在的问题和病灶，一直存在于市场经济成长、运动、发展过程的内部。以宏观经济运行紊乱为突出表现的这一隐患，随着市场经济不断发展壮大日益明显并严重起来。从世界经济运行来看，宏观经济动荡，已成为对社会制度和经济制度的致命威胁，无论是经济发达国家还是发展中国家，许多政府都放弃了传统的经济不干预主义，纷纷采用凯恩斯主义的经济主张，尤其是运用财政政策和货币政策对经济运行给予强有力的干预，政府大规模的扩张活动范围，使政府财政的规模和公共性更加突出，财政政策作为经济与政治生活的主要工具走到了政府宏观调控决策的最前端。在这一世界性的大背景下，我国正在建立的市场经济体制和公共财政模式，显然是政府主导和政府干预型的，政府运用财政政策手段平抑市场运行的周期性波动成为国家财政的基本功能之一。

建立政府主导和政府干预模式的市场经济体制和公共财政模式，对我们国家来说，是与我们国家的现实状况有密切关系的。我国目前正处于经济转型时期，是一个处于不断改革开放的发展中国家，市场经济还没有真正建立起来，与西方国家成熟的市场经济根本无法相比，市场配置资源的手段刚刚开始发挥作用，而且我们的生产资料还是以国有资本为主，在这种情况下，如果政府财政不对经济进行有效的干预，宏观经济结构就无法进行调整，宏观经济环境就无法得到改善，市场经济也很难建立起来。

从目前的情况看，财政的非市场资源配置对抑制经济下滑、经济结构调整、保持经济长期增长的作用更加突出。当前的经济问题主要是配置于市场领域的社会资源和生产要素处于相对饱和的状态，第二产业生产出现过剩，必须进行有效的调整，这就给财政提供一个良好的契机，财政可以通过分配政策，将一部分资源和要素从一般性竞争领域撤出，转投到基础设施和公用设施等非竞争领域，通过财政政策对市场"过剩"的资源进行重新配置，这不仅关系到短期内经济增长的刺激效应问题，更关系到今后经济的长期增长，因为中国经济的进一步发展已经到了要靠基础设施大量投入来带动的攻坚阶段。

第十二章
公共行政新方式

自 20 世纪 70 年代以来，传统公共行政面临越来越严峻的挑战。一方面，信息技术革命、全球化趋势下的行政环境变得日趋复杂多变，要求传统公共行政必须突破狭隘的视野、被动僵化的运作方式，增强回应性；另一方面，负载过重的传统公共行政对层出不穷的社会问题，应对乏力，加上绩效低下、行政傲慢，使其面临着前所未有的信任危机。为摆脱这种困境，许多国家进行了不懈的行政改革探索。如果说现代政治学、经济学、心理学、管理学的理论和方法为这次改革提供了新的思路和丰富的素材，那么现代企业成功的管理方式则在改革中得到了较为全面的移植和应用，并取得了明显成效。本章就现代公共组织较为广泛采用的、源自企业的三种管理方式做一些介绍。

第一节　公共部门的目标管理

目标管理（Management by objectives，缩写为 MBO）是以泰勒的科学管理和其后出现的行为科学理论（特别是其中的参与管理）为基础形成的一套管理制度。凭借这种制度，可以使组织成员亲自参与工作目标的制定，实现"自我控制"，并努力完成工作，从而对员工的评价和奖励更客观、更合理，以有效激发员工为完成组织目标而努力。目标管理特别适用于对主管人员的管理，所以被称为"管理中的管理"。

一　目标管理的历史由来

20 世纪 50 年代，目标管理出现于美国，但对谁是目标管理的创始人，管理学界并没有形成一致的看法，在德鲁克（Peter F. Drucker）之前的亨利·法约尔、林达尔·厄威克和切斯特·巴纳德，之后的道格拉斯·麦克格戈、爱德华·施莱和乔治·奥迪奥恩都对目标、目标的实现及目标管理做过论述。但学界普遍认为德鲁克对目标管理理论的体系化和推广作出了重大贡献。1954 年，德鲁克在《管理的实践》一书中，提出了"目标管理和自我控制"的主张。之后，他又在此基础上发展了这一主张，认为企业的目的和任务必须化为目标，企业的各级主管必须通过对这些目标对下级进行领导，以此来达到企业的总目标。如果一个范围没有特定的目标，则这个范围必定被忽略，如果没有方向一致的分目标来指导各级主管人员的工作，则企业规模越大，人员越多，发生冲突和浪费的可能性就越大。所以应当通过目标来衡量每个人的贡献大小，以此来保证组织总目标的实现；而只有让职工自己来制定符合总目标的个人目标，总目标的实现才更有把握。

目标管理作为一种新的管理方式，已经被政府、社会组织、企业等组织和部门广泛采纳和普遍使用，在整个管理领域产生了具有深远意义的影响。在中国，各级政府都建立了目标管理的中国模式——目标责任制。目标管理甚至促成了改革开放后中国各级政府间的一种新的关系模式——压力型行政的诞生。

二 目标管理的意蕴

奥蒂奥纳（Odiorne）认为："目标管理是一种程序，借由组织中上、下层级的管理人员一起来确定组织的共同目标，并以对组织成员的期望结果来界定每一位成员的主要责任范围，同时依次指导各部门的活动，并评估每一位成员的贡献"。韦里奇（Weihrich）认为目标管理是"一套广博的管理系统，其以系统的方式整合诸多管理的关键活动，有意识地引导组织与个人目标能有效率且有效能的完成"。

我国有学者认为，"目标管理系由参与管理制定目标，并经过自我管理和自我控制等管理方式，建立各级人员的责任心和荣誉感，最终以实现组织绩效的一套管理系统"。[①] 还有学者认为，"目标管理就是指，组织的最高领导层根据组织面临的形势和社会需要，制定出一定时期内组织经营活动所要达到的总目标，然后层层落实，要求下属各部门主管人员以至每个公务员根据上级制定的目标和保证措施，形成目标体系，并把目标的完成情况作为各部门或个人考核的依据。简言之，目标管理是让组织的亲自参加自我控制并努力完成工作目标的一种管理制度或方法"。[②]

---

① 张成福、党秀云：《公共管理学》，中国人民大学出版社，2001，第 307 页。
② 詹伟：《公共行政学教程》，中国公安大学出版社，2003，第 378 页。

可以看出，目标管理与一般管理一样，是一个管理系统，并非是一个孤立的方法。其关键词在于"管理"，而不是"目标"，"目标"只是达到有效管理的手段。目标清单尽管重要，但如何设定目标、实施目标则更重要。与一般管理相比，目标管理体现了以下三个特质。

一是强调面向成果的管理。传统的管理方法评价公务员的表现，往往是管理者根据自己的印象、本人的偏好和对某些问题的态度等定性因素来评价。所以德鲁克认为传统组织管理会导致三种错误倾向：过分强调个人技术忽视总体目标；过分重视上司偏好，忽视工作的真正目的；不同层次间目标不一致，沟通不畅，赏罚不一。他认为，要纠正这些错误，必须用目标来统一员工的意志和工作，让每个部门、每个员工都将注意力转向组织的长期目标，并为此作出自己的贡献。

二是注重分权与自我控制的管理。目标管理基本上是以麦克雷戈的"Y理论"作为人性论基础。德鲁克认为，员工是愿意负责的，是愿意在工作中发挥自己的聪明才智和创造力的；如果我们控制的对象是一个社会组织中的"人"，则人们应控制的必须是行为的动机，而不应当是行为本身，也就是说必须以对动机的控制达到对行为的控制。目标管理的主旨就是用"自我控制的管理"代替"压制性的管理"使管理人员能够控制他们自己的成绩。这种自我控制可以成为更强烈的动力，推动他们尽自己最大努力把工作做好，而不仅是"过得去"就行了。要使每个部门、每个人有效的自我控制，应将传统管理中集中于上级的权力尽量分配给下级，让他们自主做出决定，自己采取行动，自动纠正偏差。

三是实施参与式管理。目标的实现者同时也是目标的制定者，即由上级与下级在一起共同确定目标。首先确定出总目标，然后对总目标进行分解，逐级展开，通过上下协商，制定出政府各部门的目标。实现目标的计划拟定、实施，成果的评价，经验和教训的总结等方面，在遵循上级监控的前提下，也注重发挥下级的能动作用，重视下级的充分参与，要求上下沟通，共同协商。所以目标管理还是一种激励下级、开发和培养下级能力的手段。

三　目标管理的基本过程

目标管理的过程大体上可以分为三个基本环节，即目标的制定、目标的实施、成果评价和奖惩。

（一）目标的制定

目标是管理活动的预期，是引领管理过程的主导因素，目标是否切实可行决定了目标管理的成效，所以目标的制定是目标管理的核心环节。

1. 制定目标的依据

公共部门不同于私人部门，其管理的价值取向是多元的，公共管理活动亦受到多方面的约束，因而政府部门在制定目标时，要考虑多方面要求。首先，目标必须符合宏观行政环境，应考虑特定时期的社会、政治、经济要求和特定地域文化、历史、自然、人口等条件的制约。其次，微观行政环境对行政目标的确立会产生直接的影响。政府部门活动的最大特征在于其公共性，而公共性是通过法律政策为行政规定活动内容、方向和规则来保证的；同时行政组织的目标具有系统性，总目标的实现依赖分目标的落实，上级目标离不开下级目标的保证，为此行政组织建立了科层制体制。所以，法律政策的权威性和科层制的层级节制规则，要求行政组织制定行政目标要以法律政策和上级要求为依据。现代行政理念要求行政以"质量"、"服务"、"顾客"为取向，行政组织制定目标不得不考虑服务对象的要求。行政活动还有连续性，后续的行政活动或以先前的行政活动为基础或必须与先前的活动保持协调，可见，行政目标的制定受前期行政结果的影响。另外，行政目标的实施是以现有的组织条件为依托，组织可资利用的人、财、物，制度建设现状，文化氛围制约着行政目标的制定。

2. 目标的制定程序

一般由准备工作、初步拟定目标、讨论与修订、制定目标实施计划、填写目标卡片几个步骤组成。

准备阶段是为制定目标提供信息基础。应该说所有制定目标依据的信息都在收集之列。由于法律政策、服务对象的要求、前期工作情况和组织现状一般已掌握较为充分且相对稳定，实践中，收集更多的是动态性更强的上级信息，即上级提出的方针、目标和要求。

初步拟定目标基本上可以划分为两个环节。一是选定关键目标因素。关键目标因素是指在目标管理中决定工作成绩的大小和管理成败的内容和环节。选定关键因素就是突出重点，抓"牛鼻子"，有利于资源的高效利用。关键因素是工作的主要领域、阶段性的主要任务及其影响工作成败的关键环节。二是量化关键目标因素。即将目标具体化和可衡量化。包括目标任务与具体的部门、个人挂钩，实现目标的对象化和目标任务的指标化。指标化的内容不是投入而是产出，不是活动而是结果，这才是目标管理的精髓。量化的主题应是结果的数量、质量、时间与成本等。

目标管理是通过目标层层细化，以实现总目标，也是通过参与激励下级，实现自我控制，激发下级主动性、创造性。所以在目标草案拟定之后，管理人员要征求上级意见并与下级进行民主讨论，在此基础上再进行科学修订，最终确定目标。讨论的重点应是关键目标因素确定是否合理、完整，量化指标是否既有挑战性又切实可行，上下级目标间、前后目标间是否协调一致，目标中是否有激励因素。

目标拟就之后，还应该制定目标实施计划，它既是实现目标的行动时间表，也为目标实施的监督和控制提供了基础。

目标卡片是关于目标及实施计划的书面说明，它以表格的形式将目标计划记录下来，作为管理、监督和评价工作成果的依据。

3. 有效目标的标准

目标体系将是实施、监控和评价的依据，目标体系本身的质量对目标管理至关重要。什么是有效的目标？

一是挑战性与可接受性的统一。挑战性要求目标的达成要有一定的难度，必须要付出一定的努力。唾手可得的目标不是目标管理的目的，因为目标管理本身以人性观为基础，以激发人的创造性为目的的。同时，目标还必须有可接受性，必须是"跳一跳能摘得到的"，必须是目标主体职权和可以控制资源能达成的范围之内的。

二是协调性与个别性的统一。目标管理遵循的是"从大处着眼，从小处入手"的思维逻辑，执行的是"自上而下"，再"自下而上"的双向互动的行动方案，是以下级的绩效保证上级目标的实现。所以要使下级切实取得高绩效，下级的目标必须体现岗位特点，为具体工作提供指引、奋斗方向。同时，个别性的目标又不能各行其是，必须保持上下协调、左右协调。

三是确定性与弹性的统一。确定性是指目标内容要对最终预期结果做具体的、明确的描述，规定完成什么，何时完成，完成的数量、质量与成本。缺乏确定性的目标与没有目标无异，因为没有确定性的目标就会沦为单纯的期望、口号，无指引性和可监控性。另一方面，目标又是对未来的预期，其实现程度受未来许多不确定因素的影响，正如前所述，在行政领域尤为明显。所以目标要预留弹性范围，以便在实施过程中，根据调整机制适时做出弹性调整。

（二）目标的实施

有效的目标只是为目标管理奠定了前提，管理的成效如何关键还要看实施效果。目标管理的基础是人的荣誉感、责任心，目标管理者认为人有创造性、能动性，相信只要下属参与制定了目标、认可了目标，他们都会信守自己的承诺，乐于奉献，勇于创造。所以目标管理在保证上级必要的监控的前提下，最大限度地让下属自我管理、自我控制。而有效的自我管理、控制必须有自我发挥的条件，这就是要有授权和物质保障。

1. 授权

授权是为了实现预定目标而赋予目标主体必要的支配他人或事物的权力，它是目标主体发挥主动性、创造性，有效执行目标的条件，也是目标主体的责任基础，会强化下一步奖惩尤其是惩罚的道德说服力，增加评估和奖惩的可接受性。

授权包括授予行动的权限和参与预算的编制、执行的权力。授予怎样的行动权限才是合理的，一般认为，这种权限必须是一种自主决定的权力，在权力范围内，不受上级随意干预；权限的广度和深度要与职责一致；权限应是事先授予的；权力授予应是明确的、具体的，是容易理解的和界限明确的；权限应尽可能地授予低级的、具体的、目标的实际实施者。上级仅保留必要的例外事件的处理权。显然，在传统权力高度集中的政府部门，这种授权不是每一个权力既有者乐于见到的和容易做到的，实践中有目标，无实施或有目标管理之名，而无目标管理之实的症结多出自于此。为此，上级或权力既有者深刻地理解目标管理的精髓和关键就至为必要了。

"巧妇难为无米之炊"，财政保障不足，目标肯定不能实现。整体上财政充足，但财力的不合理的配置，目标也不一定会实现或者不能合理的实现。因为只要一个分目标财政保障不足，总目标的实现就会受到影响。即使每一个分目标和目标的实施环节都有足够的财力保障，政府部门财政的公共性也会引起财力使用的不经济，因为不会有或起码很少有目标的实施者声称财力过剩。这种情况又违背了目标管理的初衷，因为效益和成本本身就是目标管理的内容之一。所以，在目标实施中寻求一种合理的财政资源配置机制既是目标管理实现的保证，又是目标管理本身的要求。我们认为可在预算编制中引入竞争机制，授予所有目标实施主体预算编制的参与权和讨论权。其有效性在于目标的实施者了解目标实施的具体细节，比上级更清楚财力需求情况，可以防止上级单独编制预算的主观随意性，这是其一。其二，具体的政府部门在一定时期财政资源相对确定的情况下，让所有的分目标实施主体参与讨论，相互竞争，充分博弈，有利于有限资源达到最合理的配置。当然，有限的资源必须在整体上既能满足所有分目标实现的需要，又不至于过剩，否则竞争毫无意义。其三，经过自己参与、讨论认可的，而不是上级强加的、被动接受的预算，对目标实施主体更有道德上的约束力，从而使目标实施主体克制实施中不必要的浪费行为，防止超预算情况的出现。在实施目标过程中，还要授予目标实施主体预算内资金的支配权，这是目标管理"自我管理"、"自我控制"精神的当然要求。

2. 控制

目标管理强调自我管理、自我控制，并不排斥上级必要的管理和控制。因为，首先，自我控制力是有限的，自我控制力的大小与授权范围是一致的。当纠正目标实施过程的偏差所要求的控制力超过了自我控制力时，就必须要求上级的控制。其次，目标管理是个系统性管理，总目标与分目标、分目标与分目标之间是一个支配和耦合关系。总目标的确立受到外界客观环境的制约，当环境发生变化，总目标也要求变化，从而引起分目标的变化。即使总目标不变，但只要任何一个分目标实施的偏差，也会要求对其他分目标的预期结果、实施进程的调整。显然，这种调整具有优先性而且是自我控制难以实现的。所以目标实施中的控制可以分为两个层次，一是日常管理中的自我控制，一是重大的、例外事项的上级控制。

有效的控制包括三个必不可少环节，一是明确控制因素。控制因素是对目标确立、实施有重大影响的因素。明确控制因素，也就是确立目标管理的"监测站"、"瞭望塔"和纠偏的切入点。一般来说，控制因素有五个。第一是环境因素。因为环境是制定、实施目标的基础。当环境变化了，就应当考虑修订目标。可以说环境决定了具体目标管理的存续与变更。因此，环境是第一控制因素。第二是目标因素。目标在目标管理中起"导航"、"指引"的作用。如果我们将现状和目标之间的理想进路称为"目标路径"，将实际实施进程称为"实施路径"的话，两条路径的完全重合，也即现实和理想一致，我们就可以说目标实施进展顺利，相反，两条路径存在偏角，就有控制的必要。显然，目标也是切实可行的、重要的控制因素。第三是计划因素。计划是"目标路径"的具体化，它为实现目标提供了阶段性的目标和时间安排，因而参照作用比目标因素更为现实和具体。第四是财政因素。财政是目标管理的目的之一，又是目标实施的保障，因而它既可以成为控制参照指标，也可以成为一种有效的控制手段。第五是日常工作因素。它由具体工作的方式、方法、步骤、时限等因素构成。所有目标实施的偏差都是由具体工作造成的，而对偏差的纠正又离不开具体工作，所以对具体工作的控制更为重要。如果做一概括，可以发现上述五种因素依次对控制的参照意义逐渐减弱，对控制的纠偏意义逐渐增强。如果从控制主体来看，对环境因素监控的在于上级，日常工作的监控在于具体的目标实施者，而对目标、计划和财政的监控既可以是上级，也可以是目标的具体实施者，这要看偏差的性质和原因以及上级对具体实施者授权的大小。有效控制的第二个环节是建立监测和预警系统，以预测和衡量上述因素的变化和影响，发现偏差。这个系统主要由检查制度、报告制度、会计制度、审计制度、评估制度等组成。第三个环节是采取纠偏行动。

（三） 成果评价和奖惩

客观、公正的成果评价可以检验目标管理成效，可以为后续工作的提高提供经验和教训。在公正评价基础上的奖惩，会产生激励和鞭策效应。

目标内容当然是成果评价的客观基础，但把目标与结果绝对地、机械地一一对照，形成的成果评价结论往往并不一定公正。因为目标是根据其制定当时的既有或预测的条件事先确定的，有很强的主观性，这就有可能高估或低估条件的制约作用，也有可能忽视了必要条件或强调了非必要条件，在这种情况下的一一对照式的评价，必然会高估或忽视个人的主观努力程度，这种评价当然不公正，在此基础上的奖惩也不合理。所以评价中要考虑不可预见因素对目标实现的影响。当然任何一个目标实施中，或多或少、或大或小都会受不可预见因素的影响，而且不可预见的因素和个人努力对结果的各自贡献率也很难确定。所以我们主张，基于总结经验教训、促进工作的评价，应该对不可预见的因素和个人努力因素对目标的影响同等重视，不忽视任何一个因素与结果之间的因果关系。而基于奖惩目的的评价，只考虑重大的、明显的不可预见因素的影响，对其对结果的影响程度的评估可由上级在听取目标实施者和其他人员的意见基础上合理确定。这样做的好处是，不考虑细微的不可预见因素的影响，可以保持目标的刚性，不损伤目标管理的价值，又不会明显影响目标实施者的利益。考虑重大的、明显的不可预见因素对结果的影响，是公正的需要。如果这时仍片面地维持目标的刚性，要么会挫伤目标实施者的积极性，要么是鼓励投机取巧者。在确定重大的、明显的不可预见因素对结果的影响程度时，充分听取意见，对目标实施者来说，可以增加评价和奖惩的可接受性；对其他人来说，可以给他们以公平感，从而不损伤目标管理的激励作用。

评价可以自我评价、互相评价、专门机构评价或上级评价。正如上文所述，在不能就目标与结果做直接的评价的情况下，应结合各种评价方式做综合评价。

评价必须与奖惩紧密结合，这是目标管理的特色环节，也是目标管理激励功能之所在。但相比私人部门，政府部门的目标管理的奖惩受到一些限制，因为政府部门奖惩有法定条件的限制，而目标管理的奖惩条件和法定奖惩条件并不一致，为此，有必要对法定奖励制度做适当改革，如改固定工资制为固定工资和可变工资结合制，改奖金平均制为差别制，增加奖惩类型，授予基层政府部门部分奖惩权限。

四　目标管理的适用性考量

目标管理是在工商企业中发展起来的管理方法，其适用受到一系列条件的限制。具体的政府部门在引入目标管理模式时，必须检视这种制度的适用性，这是成功开展目标管理的前提和保障。一般来说，应仔细考虑下列因素。

（一）基于政府部门系统稳定性的考量

政府部门与外界环境始终处于交流和互动状态，但是交流程度和互动灵敏度对具体的政府部门是不同的，如果政府部门的开放程度高，与外界的交流量大、互动灵敏度高，则政府部门的目标在时间和性质上流变性强，也即目标的确定性越低。所以，系统稳定性越强，越易引进目标管理。

（二）基于目标明确性、协调性考量

先要考虑目标的明确性。与私人部门相比，政府部门的目标有多元性。在多元目标中，有的目标易量化，如达到目标的时间、成果数量、成本核算等。有的目标则是模糊的，如服务质量、公众的认可、公平状态、人权保护程度等。所以目标单一、易量化的政府部门采用目标管理可行性高。其次，要考虑多元目标之间的冲突与协调。在多元目标中，有些目标是相互促进的；有些目标是相互冲突的，甚至是此消彼长的关系，如公平与效率。对冲突的目标，过分地强调哪一方都是不适合的，应该强调均衡。而均衡是一种无幅度的状态点，追求一种无幅度的状态点本身就与目标管理的设定目标底限，上不封顶的激励精神相悖。因此，目标管理只能在多元目标相对协调、促进的政府部门采用。

（三）基于战略的考量

目标管理一般是短期的，或以一个确定的时间段，或以一项具体任务、项目为管理周期。短期性决定了易产生短期行为，重视眼前利益，忽视长远利益。所以在引入目标管理时，必须考虑确立的目标、目标实施及奖惩的激励效应是否有碍政府部门长期战略目标的实现。

（四）基于政府部门组织文化的考量

政府部门引入目标管理不仅要考虑技术因素，而且要考虑组织文化因

素。传统政府部门采用科层制管理模式，强调集权、命令、支配、监督、控制、服从。而目标管理则是在一定程度上对传统政府部门的管理文化进行革命和颠覆，要求政府部门改集权为分权，改命令、支配为参与和协商，改上下的监督控制为自我管理、自我控制。所以政府部门在决定引入目标管理时，要检视各层人员是否真正了解目标管理的精神意蕴；高层是否能克制人的本能的权力欲，而舍弃部分既有的权力；下层是否能克服在科层体制下形成的囿于本部门、本岗位的狭隘视野，增强全局观点；能否战胜长期形成的唯诺服从心态，正确运用上层授权，增强主动性和自我管理、控制能力。

总之，目标管理与任何其他的管理方式一样，不具有普适性。在引进目标管理时，必须结合环境、政府部门的现状、特点，运用权变的观点来考虑。

第二节　公共部门的全面质量管理

公共部门的全面质量管理，就是将工业生产的全面质量管理的基本观念、工作原则、运筹模式应用于公共部门，以达到公共服务的全面优质、高效。

全面质量管理（Total Quality Management，简称 TQM），最初由美国的 W. 爱德华·戴明（W. E. Deming）在日本的工业管理中实践摸索的。1961年，美国通用电器公司的费根堡姆（A. V. Feigenbaumt）和质量管理专家朱兰（J. M. Juran）在《全面质量管理》一书中提出了全面质量管理的科学概念和理论。全面质量管理作为一种新的管理模式，一开始被许多私人部门接受和应用。其在私人部门的良好绩效表现与传统公共管理模式下的政府困境形成鲜明对比。所以，20世纪八九十年代，在新公共管理思潮为主导的行政改革中，又被引入政府部门。在英国梅杰政府的"公民宪章"、美国的"质量改进总统政务会"、以色列的"政府质量运动"和欧盟的政府质量研讨会中，都可以发现全面质量管理对当代公共管理的影响。

一　公共部门全面质量管理的特征

（一）顾客导向的管理

顾客导向是 TQM 的价值前提和观念基础。TQM 主义者认为，公共部门要改变传统公共行政的权威心态和政府为尊的状况，要像私人部门一样，树立顾客至上的观念。要以"顾客"观念取代传统公共行政中"当事人"观念，要以向顾客提供服务，提供顾客满意的乃至超越顾客期望值的服务为公共管理的核心理念。

那么，何者是公共服务的顾客呢？顾客是指受公共政策和公共行政行为影响的人。一般可分为外部顾客和内部顾客。外部顾客是指最终受公共政策或公共行政行为直接或间接影响的人，或曰行政相对人。内部顾客是指在政府部门工作前后衔接的程序中，接受前者工作成果作为自己工作加工对象的人，也即前者是后者的供应商，后者是前者顾客。在全面质量管理中，更强调外部顾客的满意，外部顾客的满意度才是质量管理的标准，内部顾客的满意度取决于、服务于外部顾客的满意度。

奥斯本和盖布勒（Osborne and Gaebler）认为，顾客导向的作用在于，可以促使政府部门对顾客真正负起应有的责任；可以减少政府部门决策中政治因素的不当干预；可以减少政府部门活动中的浪费；可以激发政府部门内部成员的创新行为；可以为公众创造更多的公平机会，培养他们的选择能力，为他们提供更广泛的选择。[①]

（二）以质量为中心的前馈管理

"质量第一"是 TQM 的核心理念。质量就是"民众于第一次及每一次接受政府服务时，该服务均能满足民众的期望与需求"，民众的期望与需求也就构成了政府部门的服务质量标准。

如何保证和提高质量水准呢？TQM 理论认为，传统的事后质量检验，不能预防废品、返工及其损失；而传统的统计质量控制，缺乏对组织管理和员工能动性重视，因而都不可能真正保证和提高质量水准。所以，主张采取前馈性的、预防式管理，即在生产或提供服务之前，和顾客广泛沟通，听取、确认和分析顾客对产品或服务的要求，并反馈给生产或服务提供系统。在此基础上，生产或服务提供系统的每个环节根据质量要求制定自己的质量和工作标准，形成一个从始点到终点的全过程的质量保证体系。

（三）全面的质量管理

对在组织系统内部，如何通过管理提高产品质量，TQM 从系统论角度，提出了"全面"的管理对策。TQM 理论认为最终的产品或服务质量是一个相互影响的工作过程综合的产物，任何一个工作流程中的工作质量和中间产品质量都影响着最终的质量。传统质量管理把注意力或集中在最终产出上或

---

① 戴维·奥斯本、特德·盖布勒：《改革政府——企业精神如何改革公营部门》，上海译文出版社，1996，第 164～169 页。

局限于产品和服务本身是不妥的。保证和提升质量必须要有全面的观点。

1. 对所有质量的管理

管理对象不仅包括产品、服务质量，而且包括决定产品、服务质量的工作质量；不仅包括窗口环节质量，而且包括每个行政要素的质量。

2. 对全过程的管理

对工业生产而言，管理过程不局限于产品的制造过程，而是要扩张到市场研究、产品开发、生产准备、采购、制造、检验、销售、售后服务全过程。对公共管理而言，全过程管理要求对决策、执行、监督所有环节的管理。

3. 全员参与质量管理

对所有质量和全过程的管理，要求全员都必须参加管理。所以 TQM 理论格外强调调动人的主观能动性，要求全员加强质量意识，放手让员工去发现质量隐患，改进不足，提高质量。主张在政府部门采用 TQM 管理者认为，政府部门全员管理有自己的优势，政府部门中许多公务员从事政策分析、预算和信息分类工作，但很少分析和帮助自己改进工作，这是亟待开发的资源。

（四）持续改进的质量管理

在时间维度上，TQM 强调持续性，即认为满足顾客需要不是一个生产或服务过程能完成的，而是一个循环持续的过程。要求每一个环节的员工将上一个工作过程的生产或服务结果的顾客满意和不满意情况与自己工作情况对照、分析，寻找工作中的成功之处和缺陷，并加以巩固和改进。依此循环往复，持续进行，以使自己的产品或服务质量日臻完美。

（五）多种方法综合运用的管理

由于 TQM 是以系统观作为思维工具，意识到多种因素对质量控制的影响，因而在管理中广泛运用多种方法。在具体管理方法上，追求操作方法的科学、效率，制度的规范、合理，组织文化的适应、匹配；在流程上，注意上游产品、服务质量，自身工作质量和下游顾客的质量需求的综合协调；在控制因素上，综合考虑环境、管理和人的因素的完善和提高；在技术上，广泛运用多种记录、沟通、统计、分析、控制的科学技术方法。

二　PDCA 循环：公共部门全面质量管理的程序

全面质量管理是一种规范的管理模式，有着科学的工作程序。美国管理大师戴明将全面质量管理程序概括为 PDCA 循环，又称"戴明循环"。下文将介绍 PDCA 程序，并以 PDCA 程序为框架，介绍相关的管理措施。

（一）PDCA 循环

1. 计划（Plan）

计划的主要任务是寻找质量问题，拟定质量方针，建立质量标准、目标和工作制度等。

寻找质量问题就是发现现有的服务存在哪些问题，考虑如何提供最佳服务。要做到这点，必须首先弄清自己的顾客是谁，他们对现有的服务有哪些不满和希望的服务质量是什么。这要求和顾客（包括内部顾客和外部顾客）进行广泛的沟通。沟通的方法可以是商量、问卷调查、实地调查、电话或上门走访。其次是对沟通结果进行分析。分析的目的是找出质量问题。TQM中有很多分析方法，如鱼骨图、削减图、流程图、推行图、控制图①等。通过分析再确定问题可能存在的工作根源及改进的主要方向。

制定质量方针就是在查找问题的基础上，根据现有的条件，确定下一步质量管理的方向，包括服务水准等级及与之有关的组织形象、信誉目标，拟采取的大概措施及责任机构、人员。

质量标准、目标是质量方针的细化。质量标准是衡量质量状况的指标项目。一般来说，下列指标可作为政府部门的服务质量标准：①可靠性，即提供的服务是否准确、及时，是否遵守承诺等。②回应性，即对顾客的服务要求，回应是否迅捷。③能力，即公务人员是否具备提供服务所必需的专业知识和技能。④服务信道，即服务信道是否畅通，服务的时间安排、信道设置是否方便顾客。⑤服务礼貌。⑥沟通，即听取是否仔细，阐释是否详细，态度是否耐心。⑦可信度，即服务动机、利益取向、行为表现是否正确，是否为顾客信赖。⑧安全感，即服务结果能否提供安全、自由的环境，是否能保障顾客的生命、财产和隐私。⑨善解人意，即是否做到了解和满足顾客的愿望和需求。⑩有形性，即服务硬件设施是否适用，服务人员仪态、衣着是否得体大方。② 质量目标是各项质量标准所要达到的最终结果。它可以根据标准本身特性或定性描述或量化。质量标准、目标可以分为组织整体性的和具体岗位的，他们的有机结合构成了统一的质量指标体系。

工作制度是质量指标在行为上的转化。它根据质量指标要求逻辑地转化为行为要求，规定了各工作环节，各岗位的职责、职权。工作制度可以理解为工作质量要求，它决定了服务质量。因此，质量指标向工作制度的转化是

---

① 后文将对其中两种方法做简单介绍。
② 张成福、党秀云：《公共管理学》，中国人民大学出版社，2001，第 313～314 页。

TQM 的关键、难点，也是 TQM 持续改进的重点内容。

2. 实施（Do）

就是按照计划阶段的方案，采取具体行动和措施，贯彻执行。TQM 的系统性、全面性和公务员参与性要求在实施中改变传统管理中管理层与公务员之间的管制与被管制的关系，充分激发公务员的主动性、积极性；要求整个系统充分的交流沟通。所以在实施中要做到：①要让公务员理解 TQM 的核心理念和意义，支持计划方案。这除了要让公务员参与计划特别是具体岗位的计划制定外，还要再深入宣传，营造 TQM 的文化氛围；②基于岗位能力选择员工；③培训与开发。要分类培训，要加强各类公务员质量意识和质量管理方法、技能的培训以及沟通能力、合作意识和技能的培养；④激励。要鼓励公务员与服务对象交流，对工作进行不断的分析和改进，为公务员提供良好的工作环境，给予适当的表扬和奖励，激发公务员发挥潜能；⑤建立正式的沟通渠道来协调组织与公务员、组织与外部顾客、公务员与内外顾客的关系，以保证服务的及时性和运转畅通。

3. 检查（Check）

即查看实施阶段的各项活动是否遵循了计划，结果是否达到了预期要求。TQM 要求有全面的质量记录，包括实际服务过程、质量目标达到的程度、顾客的满意程度、质量改进状况、人员的技能和培训等记录（在这个意义上，全面质量管理又称为基于事实的管理）。记录是检查、分析工作和服务质量的依据。检查就是将这些记录和计划相对照的过程。由于政府部门有些工作性质和活动成果难以客观准确地记录，所以，上级部门在检查时，还要结合必要的对内、外顾客的调查。

4. 处理（Action）

即根据检查结果采取相应的措施。检查结果无非是达到乃至超过质量目标，或未达到质量目标。处理就是将达到质量目标的工作程序和相关因素加以认定、固定，将造成未达到目标的做法和因素加以改进。因此，处理可以被看成是判定质量结果、识别质量结果与工作方法有机联系及其对工作方法的固定或修正的过程，其中包含了分析、识别、固定和修正等一系列活动。

（二）环环相承

这些程序体现了 TQM 的持续不断改进质量、全员质量管理和全过程质量管理的精神。

在处理阶段识别的成功经验、失败教训将成为下一个 PDCA 循环 P 阶段的资料，成为制定、改进质量方针、质量标准目标或管理制度的基础。成功经验加以肯定；失败的质量管理将被分析，从而被杜绝或改进。在总结经验教训的基础上，第二个循环的工作、服务质量都会提高。持续不断循环，环环紧扣，质量逐步提高，日臻完善。

TQM 最终落实在具体环节、具体岗位上，所以 PDCA 循环既体现在政府部门宏观层次上，也体现在微观层次上，也即无论哪个工作环节，哪个工作岗位都存在 PDCA 循环。从结构和动态角度看，整个 TQM 是一个大环套小环，环环相扣，环环相承的不断运动过程。

三　公共部门实施全面质量管理的策略

"幸运的是，TQM 可以在机构的任何一个部门内部实施，只要这个部门有自己的一套工作和一定的独立工作权力"。[①] TQM 在目标上，旨在提高组织的产品或服务质量，而不改变组织的活动目标和方向；在手段上，是以顾客满意为导向，改善内部管理；在技术上，兼采定量和定性的方法，因而它在公共行政中运用不存在任何政治上或技术上的限制和障碍，任何公共行政都是相容的，既可以针对具体的整个公共组织，也可以针对其下属的某一部门或机构甚至岗位。这一点与目标管理和战略管理不同，后两种方法从私人部门引入政府部门虽已成为现实，但不可否认，它们的固有特质与公共行政性质、特征或多或少存有冲突，因而其适用公共行政的范围、方式上多少受到一定限制。

TQM 和公共管理有高度的相容性，并不意味着政府部门运用 TQM 没有任何阻力，可以轻而易举、一蹴而就地采用。相反，政府部门长期形成的传统体制和已被广泛接受的工作方法对引入 TQM 形成巨大的挑战。所以，政府部门贯彻 TQM 必须讲究一定的策略。

(一) 质量改进策略

TQM 中，起点是工作的加工对象——特定的供应物，终点是工作的服务对象——顾客，工作就是在供应物上追加价值，满足顾客的需求。所以，改进质量必须从供应物、顾客和工作三方面入手。

首先，与供应商协同工作以确保工作过程中使用的供应品符合要求。供应商可能是政府部门内部工作流程中的上一个工作部门，也可能是外部门的承包人或顾问，供应品可以是一系列的材料、文档、数据。供应品的合格、

---

① 史蒂文·科恩、罗纳德·布兰德：《政府全面质量管理》，中国人民大学出版社，2002，第9页。

优质可以减少许多不必要的工作量，保证能生产出更高品质的产品。所以应当与供应商建立一种长期的、融洽的工作关系，一种基于双方共同利益基础上的伙伴关系。在工作之前应该与供应商商谈供货。商谈要主动、开诚布公，提出要求，又要用心倾听。因为供应商在供应品领域更为专业，而且对其顾客的业务和工作了解很多，因此，与供应商协作可以优化供应，甚至建立一种更富有成效的工作系统。与供应商协作有时无需太多周折，一个电话或一个短暂的会面即可，有时却是一个长期、反复的过程，这时虽然不减少或增加工作量，但却为工作质量的提高打下基础。

其次，与顾客协作。TQM 的基本理念永远是顾客决定质量。顾客的需要成为公共安排服务的向导，是衡量服务成功与否的重要尺度。这里要做好下列两方面工作。

一是顾客确认。"'每个人都是我们的顾客'或'纳税人就是我们的顾客'，从长远来看这也许是事实，但是当工人、主管人员、管理人员以及在职官员不得不试图做出许多选择时，这样一个宽泛的定义似乎没有什么用处。"[1] 也就是说，在具体的政府部门、机构或岗位，都有特定的服务对象，必须根据这项事务是用来做什么的，试图帮助哪些人，要影响哪些人的行为，试图提供哪些服务或便利来确定顾客。所以顾客可能是全部服务对象，也可能是其中的部分；可能存在政府部门内部，也可能是外部，可能是上司，也可能是下属。

二是分析顾客需求，设定目标。了解顾客的需求可以通过调查、中心问题分析、电话或上门走访服务的使用者或未使用者，及来自实地调查人员的反馈。顾客表达需求有时并不直截了当，有时甚至并不了解真正的需求，因为需求只有在得不到的时候才会被注意，所以对顾客的需求还必须要诊断、分析。顾客的需求会有不同，有时甚至是明显的矛盾，显然，作为政府部门放弃哪一部分顾客都是不明智的。为此，在设定目标时，或进行折中，这样各方均不能认为是最佳，但可以使他们都满意，或要确定两个或两个以上的设计，以供选择。当然，政府部门也不能以无所不能的姿态来考虑顾客的需求，只是要在资源能力范围内，尽力做好工作来满足顾客的要求。

最后，分析和改进工作进程，提高质量。质量问题总是产生于工作进程之中，史蒂文·科恩、罗纳德·布兰德把工作分为增值工作、必须的但非增

---

[1]　史蒂文·科恩、罗纳德·布兰德：《政府全面质量管理》，中国人民大学出版社，2002，第30 页。

值的工作、返工和不必要的工作。增值工作是为顾客增加收益的工作。必须的但非增值的工作是指不为外部顾客创造价值，但没有这些工作就无法做一些增值性工作的工作，主要指预算、人事、后勤等工作。返工是指不能满足顾客要求而必须重做的工作。不必要的工作是指在没有顾客时或有顾客时也没有必要的工作。提高工作质量就是要尽量压缩必须的但非增值的工作时间，杜绝返工和不必要的工作，用更多的时间来做增值工作。工作质量低下的另外一个原因是组织工作系统的无法正常运行所造成的延误和阻止。为此，必须对工作及工作系统进行分析、改进。[①] TQM 实务中有许多工作分析的工具，如鱼骨图、削减图、流程图、工具推行图、控制图、关联图、直方图、过程决策程序图，其中有些是专业性较强的统计分析工具，实际操作和应用比较复杂。这里介绍常用的鱼骨图、削减图。

鱼骨图又称因果分析图，是为了寻找产生质量问题的原因，采用集思广益的方法，从大到小，从粗到细，寻根究底，并将找到的原因和结果相连而成的一种图形。下图（图 12 –1）[②] 是某人事部门快速处理职位请求的障碍。

工作中的问题都可以利用鱼骨图分析法，但一个图只能用来分析一个具体问题。在寻找问题的原因时，要鼓励、发动所有员工参加。

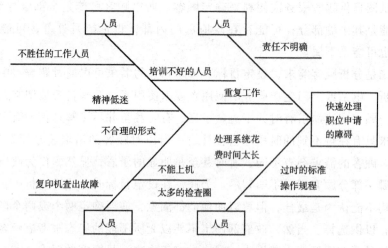

图 12 –1　快速处理职位请求的障碍图

---

① 史蒂文·科恩、罗纳德·布兰德：《政府全面质量管理》，中国人民大学出版社，2002，第80 ~ 84 页。

② 史蒂文·科恩、罗纳德·布兰德：《政府全面质量管理》，中国人民大学出版社，2002，第96 页。

削减图又称帕累托图，是一种按照频率、持续时间和重要性对事件进行分类的图表。该图的特色是它显示了一种排列顺序说明，通过排列事件的频率，削减图很明显表明了哪种因素或问题应给予更大的关注。下列是某部门发放救济金失误情况的列表（表12－1）。[①]

表 12 - 1　某部门发放救济金失误情况表

原　因	次　数	比率(%)	累计百分比(%)
表单填写不清	153	71.8	71.8
工作人员大意	29	13.6	85.4
分类失误	25	11.8	97.2
其　他	6	2.8	100
合　计	213	100	

根据上表，可以画出削减图（图12－2）。

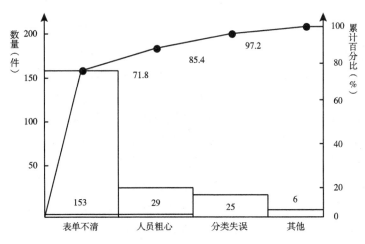

图 12 - 2　某部门发放救济金失误情况图

横坐标表示影响质量的各因素，按影响程度的大小从左到右排列，直方形的高度表示因素影响的大小，曲线表示各影响大小的累计百分比，这条曲线称为帕累托曲线。

削减图的纵坐标可以一些表示资源的或表征质量的因素来表示，如件数、时间、金额。横坐标是表示原因，一般主要原因列出两个到三个，最多

---

① 魏娜、张璋主编《公共管理中的方法与技术》，中国人民大学出版社，1999，第43页。

三个。如果主要原因过多，就会失去寻找主要原因的意义。不太重要的原因可用"其他"概括，因为该图主要是寻找主要原因。

（二）管理策略

1. 启动策略

①启动不必等待上级的批准。TQM 是以服务质量为导向，以改进工作方式和工作流程为核心内容的管理方法，因此，无论部门和岗位的地位高低，只要有独立的职能，就可以引进 TQM。②从小的项目入手。任何变革都意味同惯例某种程度的决裂，而人们往往在惯例上倾注了大量的智力上的、职业上的、社交上的及情感上的投资。变革获得人们的支持与参与，必须让人们看到实效。近年来在政府部门引入了许多时髦的管理方式，诸如PPBS（计划、企划及预算体制）、MIS（信息管理体制）、OD（机构发展）、PERT（项目评估及展望技术）及 ZBB（零基预算）等，这些都有一定的实用性，但无一像其承诺的那么好。在引入 TQM 中，要打消员工将信将疑甚至抵制的态度，必须让员工尽快看到它的效用。所以，应从简单易行立竿见影的小项目入手，而不必一开始就拟整体计划。"TQM 理论的逻辑性和魅力远不如实际成效那么有说服力。"[1] ③采用合理的培训形式。TQM 有着与其他管理方法迥然不同的理念和概念，因而对员工进行培训，让他们了解有关理论和操作方法很有必要。"能够真正掌握 TQM 的惟一途径就是将其核心理论逐步运用到日常工作中去。"[2] 要避免单纯的理论灌输，尽量少采用集中培训。史蒂文·科恩和罗纳德·布兰德认为在工作中穿插安排培训效果比较好，"我们一直在试验一种方法，即五周为一培训期，在此期间安排五次培训，每次四小时"，这"能够使受训者充分吸收并尝试应用所学的知识，我们提倡布置家庭作业"，如"要求每个人为一个具体工作过程中他或她所负责的那一部分任务制作流程图，然后，在下一星期的培训课上可以针对所遇到的问题、心得及疑问进行讨论，这样一来，受训人员可以得到充分自信去应用那些工具，并开始改进自己的工作"。[3] ④吸收公务员到 TQM 中来。TQM 是一种全员的质量管理，要求公务员广泛地认同、参与和践行。所以，逐步扩大参与面，是

---

[1]　史蒂文·科恩、罗纳德·布兰德：《政府全面质量管理》，中国人民大学出版社，2002，第111页。

[2]　史蒂文·科恩、罗纳德·布兰德：《政府全面质量管理》，中国人民大学出版社，2002，第105页。

[3]　史蒂文·科恩、罗纳德·布兰德：《政府全面质量管理》，中国人民大学出版社，2002，第106页。

TQM 启动阶段的一项重要工作，决定 TQM 成败的关键。管理者吸收公务员广泛参与，可以采用以下策略：一是根据公务员的平时表现，辨别哪些人赞成、欣赏 TQM，注意培养这些人成为推行 TQM 的核心成员，发挥他们在变革中的支持、维护和引领作用。二是建立新体制的可信度，当然，最有效的方法是让公务员看到 TQM 的功效，这就是为什么启动 TQM 要从小项目着手；同时，让公务员看到管理者推行 TQM 的坚定决心也是建立可信度的有效方法，一方面，要让公务员看到为推行 TQM，管理者不惜放弃了长期形成的，为其所钟爱的工作惯例及某些特权；另一方面，对参与分析工作并加以改进的公务员，要予以奖励，对第一批质量改进项目要进行大张旗鼓的宣传。三是为公务员改进工作质量提供条件，要为公务员鼓励和支持公务员和客户接触、交流和切磋。如果公务员的客户是高级别的上级领导人，公务员无法接触到，管理者要代为完成交流，最好是促成面对面交流；要鼓励公务员对工作进行分析，尊重其建议；另外还要为员工学习、应用 TQM 提供必要的物质条件。提供上述条件对管理者来说，有时并不容易，是需要有勇气的，因为有些条件往往是管理者的特有资源，如对客户资源的掌握，尤其像与高级别领导人的交流在传统政府部门管理中，部门管理者有专断权，是管理者身份和地位的象征。

2. 日常管理策略

政府部门在传统官僚体制形成的一些管理方式与 TQM 精神内涵往往发生冲突，成为推行 TQM 的障碍。日常管理中，管理者有必要检讨、修正这些管理方式。一是弱化等级制度观念，营造"赦免"氛围。

一个公共组织的工作过程绝大多数是管理层制定的或最少是得到其认可支持的，公务员如果认为任何改进的建议都是对管理层权威和价值观的挑战，工作改进建议将得到的回报是在官僚体制下易如反掌的冷淡态度、或打击报复，公务员就不会有热情去分析工作，而听从指示被其视为是价值保全的最适宜的对策选择。戴明认为："赦免"就是让公务员"摆脱恐惧"，营造实话实说的心理基础。科恩、布兰德认为要用"赦免"向公务员提供这样的信息：神圣不可侵犯的人也可以被质疑。他们并主张，用奖赏来积极创造和巩固反映工作过程实情的行为，以温和、宽容的态度对待"无情"的实话实说，以口头的而不是书面的、保密而不是公开的原则鼓励开诚布公地探讨等措施来营造"赦免"氛围。①

---

① 史蒂文·科恩、罗纳德·布兰德：《政府全面质量管理》，中国人民大学出版社，2002，第22～23 页。

二是用不断的改进代替量化的定额。量化工作目标一直被视为有效的管理手段，而 TQM 理论家和实务专家则明确反对量化目标的做法。他们认为目标量化存在如下缺陷和弊端：指标往往是根据上年度完成定额经验性地设定，并没有基于工作过程的客观依据，而且目标量化中往往会有这样的心理效应，"真正做这项工作的人会试图低估他们完成工作的能力，而那些不负责这项工作却在管理阶层中地位较高的人却试图设定较高的目标"。[1] 根据这个理论，目标量化使人们过于关注结果定额，会形成阻碍公务员的能力发挥或强化管理层制定不切合实际的高目标倾向。前者和莫顿的研究成果高度契合，莫顿在研究官僚制对员工的影响中，认为官僚制度会给雇工以暗示，即最低水平的工作成绩是可接受的，换句话说，设定最小的标准会鼓励雇工只做最小的工作量，那么他们对组织的贡献会被最小化，官僚作风的惰性文化就会开始滋长。当指标设定过高，彼德·斯科特思（Peter scholtes）认为会有这样的结果，"当可测量的目标无法实现或不现实时，个人或团体就有可能伪造出一种与目标一致的结果……实现一种无法达到的目标越大，这个数字的水分就越多"。目标量化还导致一种"风暴工作法"倾向，即当最后期限临近时，人们就快速、大强度在工作。我们在政府部门中常见到的现象，一年中前三个季度完成工作的 1/3，2/3 的工作被推迟到最后一个季度，甚至最后一周或一个月，就是"风暴工作法"的表现，结果质量被抛至脑后。TQM 理论家和实务专家主张目标的内容应从指标定额转向改进工作，关注体系的生产能力，而不是凭空设定的结果。认为将目标放在改进工作上就可以防止工作滑坡，相反将精力放在一次大的胜利（结果）上，可能要冒"折本"（工作能力和质量的下滑）的危险。

三是持续性改进。TQM 的信条是永远不停地改进质量。所以，公务员的惯有思维——每次改进之后庆祝一番，然后停下脚步好好休息了，必须改变。显然，让 TQM 在组织中深深扎根，这是个转变思维方式的过程，是长期的，为此，必须巩固和强化公务员 TQM 思维方式，要对公务员进行持续不断的培训，训练和鼓励公务员在工作中不断应用 TQM，引导和督促不停地思考这样一些问题，我的工作产品的顾客是谁？他的真正要求是什么？我的工作质量他/她满意吗？我的工作步骤有哪些？哪些步骤还有改进的余地？改变哪些工作方法可以节省时间和预算？引导和督促可采用经常向员工询问

---

① 史蒂文·科恩、罗纳德·布兰德：《政府全面质量管理》，中国人民大学出版社，2002，第 44 页。

这些问题，鼓励员工和他的客户交流或通过培训强化这种意识等方法。

（三）培育支持性组织文化

科恩、布兰德认为，"TQM 应当是无形的"，"TQM 植根于机构中的一个重要标志是，人们不再把它当作一项孤立的任务来看：它仅仅是成为机构的工作方式"。[①] 也就是说，只有当改进质量成为公务员日常工作不可分开的组成部分，成为公务员的一种本能习惯和思维模式，我们才可以认为TQM 已在组织确立。从文化学的角度看，也就是在组织中是否形成了 TQM支持文化，是判断 TQM 成败的一个标准。

TQM 支持文化是一种追求变革和创造的文化，这与政府部门官僚制中稳定的文化相冲突。官僚制的特征是强调工作的制式化，追求行为的一致性、稳定性和可预测性。制式化抑制个性张扬，妨碍了独立思考和创新。组织理论家切斯特·巴纳德（Chester Barnand）和菲利浦·塞尔尼克解释了制式到个性抑制的心理过程，"一个组织中的 SOP（标准操作规程）和各种关系最终会因为其成员认定自己的位置、身份而非他们的工作而变得具有价值。组织的工作方法使人觉得舒服，人们在工作时有一种安全感和归属感，并抵制扰乱这种舒服安排的任何改变"。[②] 可见，公共组织非当引入了 TQM就能自动生成其支持性的文化，相反，自始就存在抵制性文化。所以，培育支持性文化是政府部门应用 TQM 必不可少的策略。

组织文化就是组织中的共同价值观、心理和思维方式，或者说组织中每个人拥有的、相同的意识，其基点在个体上，外观上表现为集体性、相同性。TQM 的支持性文化就是组织中每个成员都形成了质量至上，不停地与客户交流，不停地改进工作的意识。培育 TQM 支持性文化也并不像一般人认为的，如同文化一样玄虚、难以把握。心理学和行为科学已揭示了强化机制在改变人的意识和行为模式上的巨大功能。

管理实践中的许多强化制度和方法都可以在培育 TQM 文化中发挥他们的功能，诸如奖励、惩罚、授予认同感、表扬与宣传、率先垂范，树立榜样、建立规范等。强化要与 TQM 倡导和抑制的行为紧密联系，并要做到公正。

---

① 史蒂文·科恩、罗纳德·布兰德：《政府全面质量管理》，中国人民大学出版社，2002，第175 页。

② 史蒂文·科恩、罗纳德·布兰德：《政府全面质量管理》，中国人民大学出版社，2002，第54 页。

第三节　公共部门的战略管理

"战略"（Strategy）原是与战术或策略相对应的军事术语。战术或策略（Tactics）是指赢得局部战争或某一战役的低层目标和方法，所以战略意指赢得战争胜利的总目标及其拟采取的方针、主要政策与任务。后来，战略术语及其内含的考虑、处理问题的方式、方法被引入到管理理论。美国经济学家切斯特·巴纳德（Chester I. Barnard）在他 1938 年出版的《经理人员的职能》一书中第一次使用了战略概念，1960 ～ 1980 年代，经过钱德勒（H. J. Chadler）、安索夫（H. I. Ansoff）、波特（Michael Porter）等人的发展，企业战略管理理论框架和研究方法得以形成和发展，成为管理理论的一个重要分支。1980 年代在西方行政改革运动和新公共管理思潮的推动下，战略管理又被引入公共行政，成为公共部门管理的一种新方法。

一　公共部门战略管理的一般理论

（一）战略管理的意涵

什么是战略管理？战略管理与其他管理方法有什么不同？人们认识不尽相同，缺乏公认的定义。诚如雷恩所言，"战略管理的定义就像这方面的作者一样多"。① 但不同的定义是从不同角度对同一对象的内容和特征的描述和概括。如果将这些定义结合起来，则可以勾勒出战略管理的完整图画。巴尼（Barney）将战略和战略管理的定义归纳为三类：等级定义、匹配定义和包容定义。②

等级定义是从管理过程来界定的，认为战略管理就是决定组织的使命和目标，选择特定的战略，并通过特定的战术活动实施这些战略的过程。如汤普森（Thompson）认为，"战略管理系指规划、执行、追踪与控制组织战略的过程"。

匹配定义是从战略决策与内、外界环境的关系来界定。它把战略看成是组织利用优势、回避弱点，对外部环境中的威胁和机会做出反应而采取的行动。战略管理就是组织分析竞争环境以发现威胁和机会，分析自身资源和能

---

① 转引自孟卫东、张卫国、龙勇《战略管理》，科学出版社，2004，第 3 页。
② 以下三种定义方法参考了孟卫东、张卫国、龙勇《战略管理》（科学出版社，2004）第一章的相关内容。

力以明确优势和弱点，然后将这种分析相互匹配，扬长避短，趋利避害，以选择战略的过程。亨利和凯斯特（Issac-Henry, keste）就是这样定义的，他们认为：战略管理通常指，①将对组织未来发展的内、外环境进行分析的活动；②将整体组织与对其发生冲击的议题进行分析的活动；③关注组织目标以及发展方向的战略选择；④促进战略的有效执行。

包容定义是以明茨伯格、波特为代表的一些学者提出的，从五个侧面对战略的内涵进行了阐释。①战略是一种计划。即是组织在开展活动前有意识、有目地开发和制定的计划。②战略是一种计谋。组织制定和实施战略是与对手互动的，根据对手的反应不断调整自己的行动，所以战略是组织威胁和战胜竞争对手的一种手段，而且是动态竞争手段。③战略是一种模式。计划的战略并不总是全部能得到实施，在实践中，还有些行动决策是事先没有预计到的，所以已实现的战略总是已设计的战略和意外战略相结合的模式。④战略是一种定位。战略是组织在竞争环境中确定自己地位的一种反映。⑤战略是一种观念。战略是组织成员共享的价值观、理想、文化，是组织的一种激励工具，帮助组织形成更强的凝聚力和进取心。包容定义力图融合战略管理的众多观点和学说，考虑了更多影响战略管理的因素，反映了战略管理本身内在的多重性和复杂性，提醒人们不能固守僵死的计划，而应根据变动的环境抓住各种机会。同时还指出战略管理既是实践活动，又是观念的表达和培养。

通过考察上述定义，我们可以发现战略管理有多重意蕴。

1. 战略管理是基于一个以未来为导向的、长期的、总体的谋略管理

首先，战略管理是战略规划和战略实施的结合体。其次，战略管理是根据一个面向未来的、长远的目标和蓝图实施的管理，战略管理的目的是通过管理活动沟通现在和未来，力图达到组织的愿景，实现组织的发展。最后，战略管理从总体谋略入手，关注整体和全局，追求长远利益，而不纠缠细枝末节和眼前利益。

2. 战略管理是基于内外环境的管理

从这个意义上，战略管理是务实的，是建立在事实基础上的。首先，战略的制定和实施依据客观的外界政治、经济、文化条件，外界条件变化了，战略内容也跟着变化。也可以说，战略管理就是不断分析外界环境，发现和避开威胁组织生存的因素，寻求和抓住组织发展的机遇，努力与外界环境保持协调一致，实现和谐发展。其次，战略管理还要与组织内部环境匹配，因为任何战略还必须得到实施和实现才有意义，实施必然要受组织内部条件的

制约。一项战略规划无论与外部环境多么匹配，只要超越了内部条件可保障的范围，那么这个战略管理必定是无绩效的。内部环境一般指组织可支配的人、财、物资源，组织结构，组织文化，高层管理者的价值观、态度、信念以及利益相关者的期望。

3. 战略管理是规划的战略管理和应急的战略管理的统一

由于战略管理是基于环境的管理，一方面，一定时期内，环境在总体上是稳定的，这决定了事先规划的战略在一定时期内是适应的，符合组织发展需要的；另一方面，环境又是不断变化的，尤其局部环境可能发生剧烈的变化。所以战略管理在保持相对稳定的同时，又要随机应变。也可以说，战略管理既要基于事先规划的战略保持管理的完整性、连续性，又要基于环境变迁坚持战略管理的适时调整、创新，而且不排除在环境突变情况下，战略管理内容的急变和革命性转换。

4. 战略管理是理性分析和直觉判断的结合

诚如西蒙所言，"管理就是决策"，战略管理从规划到实施的整个过程实际上都存在决策。从决策的方式看，战略管理是理性分析与直觉判决的结合。一方面，在规划战略时，逻辑的推理、数量的计算和精确的模型是优化战略决策的必要条件；另一方面，诸多环境因素本质上是不可量化的，或与战略决策相关联的环境因素是多重的，这都使逻辑和计量的理性思维方法无法施展。在应急条件下，效率要求也不允许理性分析。因此，利用瞬间的直觉、偶然的顿悟、意外的灵感、长期的经验来决策是必不可少的。

5. 战略管理是前瞻性思考和由外而内的管理哲学

从思考和处理问题的方法论上看，战略管理在时间维度上，是从未来着眼，以未来安排、支配现在。在空间维度上，由外而内，即脱逃自我中心，从他人或外在环境的观点来看组织问题，而非从自己组织内部去诠释外在问题。前瞻性为组织发展建立愿景，为员工树立共同理想和奋斗方向；由外而内则使愿景、理想建立在事实基础上，从而使管理更具科学性、可行性和说服力。这就是为什么明茨伯格说，战略管理也是一种观点，有激励功能，能使组织产生凝聚力和进取心。

（三）公共部门引入战略管理的背景

战略管理原本产生于私人部门的管理方法，20世纪80年代被广泛运用到政府部门中。如美国《政府绩效和结果法》（The Government Performance and Result），要求到1997年所有联邦机构都必须实行战略规划。在许多州政府机构也采用了战略规划。"在非营利部门，一项研究表明，在随机从

104 个艺术组织和 38 个精神护理机构中抽取的 44 个非营利组织中，仅有 8 个没有从事正式的战略规划。"[①] 战略管理在政府部门的广泛运用，不是偶然的，而有着深刻的社会背景。根据波兹曼和史陶曼等人的观点，下列原因构成了战略管理在政府部门广泛运用的背景。

1. 现代社会日趋复杂、动荡的外部环境

如果说传统公共行政在相对稳定、确定的环境氛围下，可以在政治与行政二分的框架下，关注行政内部过程，根据政治决策有条不紊地管理的话，那么在现代社会，这种管理方法已不适应时代的要求。现代社会的信息化程度和社会化、全球化水平不断提高。如果我们把全球化、社会化看成是环境变迁的动力源，那么信息化则可以看成是环境变迁的加速器，全球化、社会化一方面使社会各种利益、观念、制度、技术相互影响、吸收和融合，另一方面使他们拉近、碰撞，张力加强。信息化则使这种既统一又对立的矛盾运行加快。从而使整个行政环境呈现出错综复杂、变动不居的状态。在这种情况下，行政系统要发挥功能，提高绩效，必须应对环境挑战，从环境背景出发，确立既适应环境要求的又能快速应对的管理方法和策略。显然，战略管理的特质满足了这种要求。

2. 国际竞争加剧

全球化的另一个结果是国际竞争加剧。公共管理作为一种组织、整合、引导国家内部资源，回应国际竞争的中枢力量，当然要从宏观的视野、长远的观点制定国家发展战略，实施战略管理。战略管理一方面可以明确发展重点，优化资源配置，整合社会力量，增强国家的竞争力；另一方面，可以为社会指明方向，统一社会意识，凝聚社会力量，鼓舞社会奋进。

3. 政府部门职能的重新定位

在传统自由主义指导下，政府"守夜人"的职能不能驯服市场这匹野马。人们在认识到这个问题后，又走向了另一个极端，全面武装政府，于是政府职能全面扩充，政府成为全能政府，国家成为行政国家。全能政府运行近半世纪后，人们又发现政府也会失灵。在重新审视和总结几个世纪的做法和经验的基础上，新自由主义粉墨登场，政府职能重新定位，政府从划桨者变成舵手。由于舵手的谋划、指引、激励等功能和战略管理精神的高度契合，政府部门当然会将战略管理从私人部门中请出，成为自己手中的权杖。

---

① John M. Bryson, Strategic Planning for Public and Nonprofit Organization, San Francisiso: Jossey Bass, 1995, p. 5, 转引自陈振明《公共管理学》，中国人民大学出版社，2003，第 429 页。

4. 私人部门战略管理的示范性影响

20世纪60年代以来，战略管理在私人部门显示出神奇功效。福特公司利用"成本优先"战略起死回生，通用汽车公司运用"差别化"战略夺取了美国汽车业的霸主地位，日本的汽车企业运用战略管理成功地将小型汽车打入了汽车王国美国。而同时期，政府部门则疾病缠身，财政入不敷出，绩效低下，公众不满。两极对照，战略管理的优势彰显。政府部门为摆脱困境，不得不在管理上改弦易辙，私人部门的战略管理自然成为学习的榜样。

二　公共部门战略管理的过程

从历时性角度看，战略管理又是一个系统的逻辑过程。我们之所以说它是一个逻辑过程，是因为这个过程更多的是一种逻辑工具，更具有方法论的意义，是指导人们认识、分析和实施战略管理的理论工具，而不仅仅是客观战略管理过程简单的再现性描述。实际上，任何一个有实效的战略管理过程，都不是单纯的线性过程；相反是一个边实践边学习，边总结边提高，边反馈边修正的过程，是一个各个环节既相互承接，又不断反复，相互交织、结合的复杂过程。可见，我们这时讲的管理过程，是对实际管理过程的简化、提炼，指明了战略管理各主要环节之间的逻辑联系。

战略管理过程应该包括哪些环节或步骤，理论上存在较大差异，如管理学家斯蒂芬·罗宾斯认为有九个步骤，即确定组织当前的宗旨、目标和战略，分析环境，发现机会和威胁，分析组织资源，识别优势和劣势，重新评价组织的宗旨和目标，制定战略，实施战略，评价结果。[①] 我国学者吴肇基则将战略管理过程划分为两个主要步骤，即战略规划和战略实施，在两个主要步骤中又分别再细化若干个小的步骤。[②] 张成福教授将战略管理过程划分为四个步骤，即环境分析、战略规划、战略实施、战略评估。[③] 战略管理过程划分的差异只表明不同学者基于行文技术需要，对步骤做出程度不同的概括，并不意味着他们对战略管理过程内容的认识和划分标准存在分歧。我们下文将以张成福教授的四个步骤为框架，介绍战略管理过程及各个步骤涉及的问题。

（一）环境分析：SWOT分析法

环境分析的主要任务是运用系统的方法识别、分析影响组织决策和绩效的

①　罗宾斯：《管理学》（第四版），中国人民大学出版社，第171~175页。
②　吴肇基：《公共管理学》，中国戏剧出版社，2001，第267页。
③　张成福、党秀云：《公共管理学》，中国人民大学出版社，2001，第70~80页。

内外因素及其影响程度，从而了解组织的优势（Strength）和劣势（Weakness）、机会（Opportunity）和威胁（Threat）（SWOT分析法由这四个单词缩写而成）。

根据环境因素的可控制性，可以把环境分为外部环境和内部环境。外部环境是指存在于组织之外，组织不能控制但对组织的决策和绩效产生影响的外部条件的总和，一般包括人口、经济、政治/法律、社会/文化、技术、国际和行业形势。内部环境是指组织能够支配和控制的组织内部的资源和能力，一般包括财政、组织、实物、技术等有形资源及其能力和人力、创新、声誉等无形资源及其能力。分析外部环境可以明确组织的机会和威胁；组织可能做什么，不可做什么；哪些因素可以促进组织取得高绩效，哪些因素可能妨碍组织取得高绩效。而对内部环境的分析则使组织明确自身的优势和劣势，能够做什么。只有将内、外环境分析结果结合起来，才能确定组织应该做什么，制定正确的战略规划。

环境因素的多样性和高度不确定性决定了环境分析的困难性。所以，采用科学的方法以确认关键影响因素及其影响程度至关重要。战略管理理论研究和实践中已发展出多种分析方法，常用的有对外部环境的PEST分析法、结构化分析法和对内部环境的VRIO分析法，然后对内外环境的分析结果进行合理的、有效的匹配，从而决定采取相应的战略规划就构成了完整的SWOT分析法。

PEST（Political Economic Social Technologic）分析法就是要求管理者列示经济、政治、社会和技术对组织产生的影响。其基本操作程序是：①详细列示经济、政治、社会和技术环境因素有可能对本组织产生影响的每个细目；②逐个分析这些细目变化的内在驱动力，以把握其变化规律；③逐个分析这些环境细目对组织过去和现在产生的影响，判断趋势，以预测其未来的可能影响；④确认环境的关键影响要素。战略管理者一般对环境要素变化相对敏感，对关键环境因素的识别不会有太大困难，困难在于判断关键因素的发展趋势及其未来对组织的潜在影响程度。[①]

结构化分析法是指波特（M. E. Porter）的"五要素"分析法，是在私人部门战略管理中发展出来的。随着政府部门以顾客为导向的价值目标的确立和模拟市场化竞争的运行方式的推行，这种分析法也可在部分政府部门中采用。该方法将竞争环境分为五个基本要素：①进入的威胁。取决于进入壁

---

① 吴肇基：《公共管理学》，中国戏剧出版社，2001，第268页。

垒的难易程度，它涉及规模经济、资金要求、成本优势、分销渠道、预计的报复、差异化和政府行为；②供应商的影响。取决于其讨价还价的能力，它涉及集中或分散供应、供应商的品牌、转移成本、顾客的重要性、联合或分散等；③购买者的影响。取决于购买者讨价还价的能力，涉及替代品供应、购买的集中度、买方联合、购买品成本等；④替代品威胁。取决于替代程度；⑤竞争。取决于竞争者的均衡程度，涉及固定成本、市场状态、差异化、边际收益、兼并、退出壁垒等。战略管理者对这些因素的分析，识别重要影响因素，从而确定战略目标。①

VRIO分析法是巴尼（Barney）针对组织内部环境因素建立的分析框架。他根据组织所拥有的资源和能力，提出了四个问题：①价值（Value）问题。是指组织是否有资源和能力对环境威胁或机会做出反应，有价值的资源和能力为组织制定和实施有效的战略提供条件，赢得竞争优势。②稀有性（Rareness）问题。是指有价值的资源和能力是稀有的还是普遍的，稀有的能形成竞争优势，而普遍的形成竞争均势。③可模仿性（Imitability）问题。有价值的且稀有的资源和能力如果是不易模仿的或模仿昂贵的，可形成持续的竞争优势，相反则这种竞争优势是暂时的。④组织（Organization）问题。是指组织拥有有价值的、稀有的且难以模仿的资源和能力只意味着具有取得竞争优势的潜力，要将潜力现实化，还必须有效的组织来利用这些资源和能力。所以组织问题就是管理架构，包括组织结构、管理控制体系和报酬政策。②

通过内外环境分析，SWOT分析法还要求将分析结果列出，即列出组织的关键外部机会是什么，关键外部威胁是什么，关键内部优势是什么，关键内部劣势是什么。然后对内外环境进行合理的、有效的匹配，形成组织行动的战略选择基础。从理论上讲，一个组织可以有以下四种战略环境匹配，即①优势—机会（SO）战略环境，②劣势—机会（WO）战略环境，③优势—威胁（ST）战略环境，④劣势—威胁（WT）战略环境。

（二）战略规划

战略规划是在环境分析的基础上，确定战略意图，拟定战略决策的过程。战略规划主要包括的工作内容有，根据对环境的分析预测，决定需要充分利用的外部环境因素和内部资源，或者规避不利的外部环境因素和内部资

---

① 吴肇基：《公共管理学》，中国戏剧出版社，2001，第268页。
② 孟卫东、张卫国、龙勇：《战略管理》，科学出版社，2004，第70～76页。

源；决定组织要强调的价值优势，在此基础上选择战略规划的切入点；设定基本的、明确的战略方向，并明确任务；选择恰当的策略；制定执行战略任务和策略所需的具体、周密的行动方案。

显然，对任何公共组织而言，都希望处在 SO 战略环境之中，因为 SO 战略环境是一个机会优势并拥，占有天时、地利、人和，具备广阔的施展空间的环境。然而，这种理想的战略环境不是任何组织或在任何时候都具备的，对大部分组织而言，总是机遇和困难或威胁和优势并存，处在 WO 或 ST 战略环境之中。而且，少数组织可能身处 WT 环境，内外交困，身临绝境。另外，要强调的是，四种战略环境并不是组织面临的总体环境，也即外部环境对一个组织而言，并非意味着全都是机会或威胁，也可能部分环境因素对其而言是机会，而另外的环境因素对其是威胁，内部条件也有优劣之分，所以战略环境在具体情境中，是非常复杂的，内外环境的匹配是一些具体环境因素的匹配，而非总体环境的匹配，并且一个组织内外环境的匹配，有多种组合方式，往往从组合结果上看，四种匹配状况对一个组织可能同时并存。所以组织在战略规划中，要运用高度的智慧，强调充分利用何种机会环境因素，突出自身某种优势价值，并形成有机的匹配；同时规避威胁和劣势，或防止机会和优势的不匹配现象出现。

在环境选择、优势强调、弱点规避的基础上，公共组织可以形成自己的战略选择。企业战略管理中，一般将战略模式分为竞争战略和合作战略，竞争战略又包括差异化战略、成本领先战略、集中战略、规避战略等。这些战略模式在公共服务市场化的背景下，公共组织无疑可资借鉴。差异化战略是指公共服务的内容和方式上标新立异，形成特色，提供其他组织没有提供，而又为公众所需的服务项目或方式的战略模式。成本领先战略是在服务成本低于平均成本的优势基础上，形成价格优势，赢得竞争优势的战略模式。集中战略是将服务的提供集中在某个或某些少数细分项目或细分市场上，舍弃其他服务项目和市场，正所谓"扬长避短"，"有所为，有所不为"，"有所为"的是利用优势方面，当然还要利用上述的差异化战略、成本领先战略来实施、实现；"有所不为"实际上是采取规避战略。合作战略是指组织为了避免恶性竞争，造成两败俱伤，而与其他组织共谋或结成战略联盟，实现双赢的战略模式，其实质是双方通过合作，共同改变外界竞争环境或双方内在资源上互有长短，通过合作实现长短互补，营造内部能力。战略模式选定实际意味着战略目标、切入点和战略任务的形成。

战略模式只是宏观的、抽象的目标愿景，其实现还必须依赖具体的策略或曰战略发展方法的保障，所以战略发展方法是战略规划不可缺少的内容。战略发展方法也可以说就是对机遇和优势的实际利用，威胁和劣势的规避。不同的战略模式有其对应的一种或几种战略方法，可单独使用也可合并使用。常用的战略方法有：开发，即利用技术、资金、人力资源、组织网络资源等方面的优势开发新产品、新服务或新市场，实现竞争优势或多样化发展，开发是实现竞争战略常采用的方法；并购，并购可以形成规模效应，实现成本优势，也可以避开市场壁垒，快速进入市场，还可以减少竞争对手，改变竞争环境；联合，联合是实现组织间资源优势互补的有效方法，是规避战略模式常采用的方法。联合可以联合开发，也可以是联合经营。联合的组织形式有多种，可以采用正式的组织形式，如形成合资、合作组织，可以是松散型的组织形式，如网络组织和机会联盟，也可以是承包经营、许可经营。

（三）战略实施

战略实施是运用组织的力量以及对其管理的整个行动过程，也是将战略构想转化为现实绩效的过程。战略实施主要包括以下活动：明确战略实施的阶段及其相应的目的、指标；建立与战略相匹配的组织结构；进行有效的资源配置；建立有效的协调、控制机制。

战略实施是长期的，既需要战略构想和战略实施活动保持协调，还需要各种实施条件间保持协调，而且新战略的确立往往意味着变革和创新，所以战略实施较之于其他常规管理更充满挑战性。在战略实施中，组织结构和组织文化对战略实施效果有重要影响。

在战略管理中，战略具有主导性，组织结构具有能动性，组织结构是战略有效实施的必要条件；而且，战略具有前导性，而组织结构则有滞后性，正如管理大师钱德勒的所言，"战略决定结构，结构紧随战略"，所以，组织结构是战略管理不容忽视的问题。组织结构问题包括组织的结构形式和治理结构形式。不同的战略类型必须有与之匹配的结构形式，不同的战略实施阶段也要有相适应的结构形式。治理结构主要解决管理中的权力配置和行为控制问题。

组织文化的内涵丰富，可指组织在意识和物质的一切成果，由精神、制度、行为和物质等文化形态有机构成。这时仅指意识层面上的组织文化。意识层面的组织文化本身所具有的导向、约束、凝聚、激励、辐射功能，可以保障战略得到有效的实施。但也应该看到，组织文化有刚性和连续性的特点，一旦形成，就很难改变，而战略管理是适应不断变化的环境的产物，可见，战略管理与组织文化存在固有的张力。所以，在战略实施中，必须着力培育和创新与战略相适应的组织文化。组织文化培育应从内容和机制上入手，在内容上，首先要让所有组织成员对战略价值、目标、发展方向、策略和计划有着高度的认同，并在此基础上形成对战略的信念、贯彻的坚定意志、积极的行为风格。其次，培养员工的让公众满意意识。战略管理是一种强调竞争优势的管理，但任何竞争优势只有得到公众认同，才是真正的优势，何况，公众满意还是公共行政的根本宗旨。可见，让顾客满意的意识是公共战略管理的应有内涵。再次，是危机意识。危机意识可以说是战略管理的诱因，只有危机感，才能使员工认同、信仰战略。当然，团队精神、爱岗敬业、业务能力也是培养组织文化不可或缺的内容。在机制上，核心是要把组织打造为学习型组织，这是组织文化培育的制度保障。战略管理不是一劳永逸，而是随环境变化不断地调整甚至是转移，每一次调整或转移，在文化层面上就是一次观念革新，这要求在组织内部必须建立能促进学习，可快速更新观念的学习机制，这也要求在组织中建立培训制度、讨论交流制度、知识共享制度。

（四） 战略评估

从阶段性角度来看，战略评估是对战略规划的可行性、适应性的评价和对具体某个战略管理过程的绩效的考核和验收。主要工作是将战略目的、计划指标和实际工作成果进行比较。要回答的问题是计划指标是否完成？如果完成了，还要回答战略目的是否达到？经验有哪些？如果没有完成，其原因是什么？是实施的环节存在问题，还是计划指标过高？抑或是策略不当，甚至自始环境分析和战略目标的确定就是错误的？

从整体性角度来看，可以将具体战略管理过程中战略评估看成是战略管理循环的中间环节，是一个集中汇集、分析、加工各种信息的阶段，从这一意义上说，评估阶段又有反馈功能，对下一个循环的战略管理具有重大意义。这种反馈功能是通过它能回答下列问题而成就的。一是通过上一阶段的战略实施，它可以回答现时外部环境是什么。因为实施阶段在一定意义上就是组织与外界的信息交流，通过评估可以使组织对现时外部环境，尤其是直接的外部环境有真实而全面的了解。从而为回答，外部环境是否改变，如何改变，原有的机会和威胁是否相同，有没有新机会和新威胁出现。二是可以回答组织现有的优势和劣势是什么？因为，刚刚结束的战略实施实际上就是对组织的资源和能力的实地核查和检阅，特别是能力只有通过实践才能真实了解。评估实现了对内部环境的汇总和梳理。

评估的第三个功能就是做出是否维持、调整或转移战略的决策。显然，这个功能是建立在上述两项评估基础上的。

三　公共部门应用战略管理的效应

虽然政府部门广泛应用战略管理已是不争的事实，但是对它的有效性学者间却存在较大分歧。

对公共部门战略管理的效应持肯定态度的学者，将引入战略管理视为解决传统公共行政的短视及其产生一系列弊端的良方。布赖森（Byrson）从四个方面对此进了阐述：一是促使组织更多地收集环境和行动者利益信息，推动战略思考和行动，重视学习和对未来行动方向的澄清以及对行动优先性的确定；二是战略管理根据对未来的预测做出今天的决策，使决策建立在理性的、可辩解的基础上，有助于组织明确使命，提炼和沟通战略目标，协调跨层次和部门的决策，提高决策质量；三是战略管理是对内外需求和压力做出的明智反映，使组织明确主要争端，从而提高组织责任感和绩效；四是使组织的团队工作和专业能力获得加强。① 我国学者张成福教授也对战略管理引入公共管理的正面效果做了总结，一是为组织提供战略发展方向；二是可以指导资源配置的优先顺序；三是强化组织对环境的适应能力；四是设定了追求卓越的标准，为组织发展定位；五是提供了控制和评估的基础。② 另外，波兹曼和斯特陶斯曼、纳特和巴可夫、休斯都对政府部门的战略管理给予了积极肯定。

但是，对政府部门引入战略管理也一直存在批评意见。欧文·E. 休斯对批评意见进行了梳理，总结出七条批评意见，一是战略规划是基于对环境的理性分析按逻辑所做的战略设定、计划，而实际上公共行政的目标是在相互冲突的社会、政治力量妥协和折中下形成的，战略管理的抽象性与公共行政现实性是冲突的；二是战略规划长期性、计划性而使其过于呆板，而难以应对迅速变化和动荡不安的外部环境；三是战略的刚性与应对动荡的环境变化所要求的公共行政的创造性和革新精神相违背；四是私营部门和政府部门差异很大，如目标的清晰度就存在差异，如果政府部门照搬战略管理会使其变成装饰和象征。五是政府部门制定的战略，与政治控制难免产生抵触，如果损害了政治官员的利益，会产生责任问题；六是政府部门设定目标有实质

---

① 转引自陈振明《公共管理学》，中国人民大学出版社，2003，第 457 页。
② 张成福、党秀云：《公共管理学》，中国人民大学出版社，2001，第 85～86 页。

困难，战略考虑毫无意义；七是行政官员任期的短暂性决定的行政短期行为取向与战略的长期性所要求的行动的持续性矛盾，决定了战略管理的失败。① 针对上述批评观点，支持者进行了批驳，认为有些问题的出现，并不是政府部门引入战略管理存在问题，而是因传统僵化的行政体制所造成的执行不当的问题，如，休斯认为战略的呆板、刚性就是如此。有的问题的前提假定被认为是不正确的，如，将政府部门战略决策和政治决策对立假定，休斯认为就是这样。有些问题则可以通过变通予以解决，如纳特和巴可夫提出用"最终目标"取代具体目标，可解决政府部门设定目标的困难。布赖森更指出，"战略计划自己本身不是目的，只是一套协助领导者制定决策和采取重要行动的观念，只有当它帮助重要决策人通过战略方式进行思维与行动时，才显示它的价值"②，这里，布赖森把政府部门战略管理的效用不是界定在工具的有效性上，而是设定在思维方法的更新上，从而全盘否定对战略管理的责难。尽管如此，批评观点还可以给予我们以启示：政府部门运用战略管理，有着重要的价值，但却存在诸多限制和不利因素，这要求我们必须根据政府部门的实际，创造性地使用。

---

① 欧文·E. 休斯:《公共管理导论》，中国人民大学出版社，2001，第191页。
② 欧文·E. 休斯:《公共管理导论》，中国人民大学出版社，2001，第193页。

第十三章
电 子 政 务

在人类历史发展进程中，技术变革与制度变迁往往互相影响，共同促进文明的进步。20 世纪 50 年代，著名传播学家麦克卢恩（Marshall Mcluhan）曾说过，任何技术都倾向于创造一个新的人类环境①。每一次技术革命都会引起政治组织形式和政府治理方式的变化。所谓政府管理创新，就是探索和建立较为合理的政府管理模式，以适应新环境的变化和现实的挑战，确保国家权力更好地服务于民众，使社会资源得到最优化配置，从而促进整个国家和社会持续、稳定、快速、协调的发展，实现对国家和社会的有效治理②。每一个时代都有与其时代特征相适应的政府治理模式，20 世纪 80 年代以来各国政府管理创新策略有一个共同特点，就是利用现代信息和通信技术改造政府，推进电子政务（E-Governance）建设。

第一节　电子政务概述

研究电子政务，必须全面把握电子政府的内涵和特征、认清电子政务的流程和规律，准确分析目前电子政务建设存在的问题，科学制定电子政务发展的规划目标，推进电子政务健康发展。

一　电子政务的内涵

何谓电子政务，国内学界没有一致的看法，更没有得到普遍认可的定义，甚至其名称，不同的场合提法也不一样，如电子政府、政府信息化、数

---

① 理查德·A. 斯皮内洛：《世纪道德：信息技术的伦理方面》，北京，中央编译出版社，1999，第 1 页。
② 刘明华、吴怀友：《党的执政理念与政府管理创新》，《理论探索》2005 年第 2 期。

字政府、网络政府等等。这些提法从不同的角度对电子政务进行了规范的描述，归纳起来，主要有下面几类观点。

1. 电子政务的核心就是政府上网

有学者认为，电子政务就是"利用现代信息技术首先把政府内部的机构联合为一体，组成政府部门的局域网，然后再和因特网连接。政府机关之间、政府和社会之间由各种电子化渠道进行互相沟通，政府从原先封闭行政体系中解脱出来，进入到全球的网络体系中，使广大的社会团体和公民个人可以方便的经由开放的系统查询政府信息，参与公共决策和享受服务"。[①]还有的学者认为，电子政务属于政府管理信息化建设下的子概念，俗称"政府上网"，它的主要含义包括：政府从网上获取信息，推进网络信息化；政府信息服务，即政府在网上设有自己的网站和主页，向公众提供非保密政府信息的检索服务，以使"政务公开"；电子化的政府服务，建立网上服务系统，使政务在网上与社会公众互动处理，即"电子政务"；将电子商业用于政府，即"政府采购电子化"，等等。

2. 电子政务是政府对信息化技术的使用过程

认为电子政务的主要内涵就是运用信息技术及通信技术构建一个基于计算机网络环境的电子化的虚拟机关，以改进政府组织，重组公共管理，最终实现办公自动化和信息资源的共享。具体阐释时不同学者的侧重点又有所不同。有些学者认为电子政务就是政府有效地利用现代信息技术和通信技术，同过不同的信息服务设施（如电话、网络、公用电脑等），在更方便的时间、地点及方式下，为政府机关、企业、社会组织和公民提供自动化的信息及其他服务，从而构建一个有回应力、有效率、负责任、具有更高服务品质的政府[②]。还有些学者认为，电子政务是指"依托互联网而运行的、与政府管理和服务社会事务相关的一系列政府活动和政府行为方式"。[③] 简单地说，就是在互联网或各种网络上建立的虚拟政府。如上海已经提出的电子政务概念就是在互联网上实现电子政府的工作，可以使自然人、法人从电子化的渠道最大限度地获得政府的信息与服务，通过技术手段使政府事务处理信息化、规范化、网络化。

3. 宽泛的电子政务界定

根据互联网实验室 2001 年发布的《中国电子政务研究报告》，电子政

---

① 卢宁：《政府上网和政府形象的塑造》，《探求》2003 年第 3 期。

② 王天星：《试论电子政府的推进与行政法面临的新挑战》，《中国公务员》2002 年第 9 期。

③ 杨凤春：《什么是电子政务》，《决策咨询》2002 年第 7 期。

务的内涵是运用信息技术及通信技术打破行政机关的组织界限，构建一个电子化的虚拟政府，使得人们可以从不同的渠道取用政府的信息及服务；而政府机关间及政府与社会各界之间也经由各种电子化渠道进行相互沟通，并依据人们的需求、人们可以使用的形式、人们要求的时间及地点，提供给人们各种不同的针对个性服务的选择。

上述定义有一共同特点，即过于强调电子政务的技术应用方面，并没有完全揭示电子政务的实质。实际上，电子政务不能简单等同于政府部门办公自动化和政府信息化，它是以信息技术和通信技术为前提，但实现电子政务的关键和核心并不在于技术手段，技术手段的运用只是电子政务的初级形态，政府的存在方式、行为方式、行政理念才是更深层次的方面。

基于这一考虑，我们认为电子政务的定义应该从非技术层面入手，应该强调政府由技术因素引发的在非技术层面（如制度层面、人的层面、理念层面）的变化。只有具备了非技术层面的特征要素，才是"电子"的政府，即一种不仅仅在技术上，而且在各个方面不同于传统政府的政府模式。因此，电子政务是在信息社会和政府管理创新的大背景下，以现代信息技术和通信技术作为实现服务和管理目标的主要手段，兼有虚拟和现实的存在方式，并有相应的管理理念和内部结构（包括功能整合系统、高素质的人力资源、有效率的制度体系等）为支撑的新的政府模式。

二 电子政务的技术框架和内容

根据国际通行的规则，为了保证信息的安全，电子政务的网络必须建成内网和外网，内网包括部门局域网和连接部门的专网，内部业务在内部局域网运行，政府部门间内部信息交换和协同办公必须在内部专网上运行，政务公开和与用户有关的网上交互办公业务在外网上运行。内部局域网和专网与外网之间用隔离网闸安全隔离，以确保信息安全。专网与内网之间进行逻辑隔离，保障业务信息的有序和互不干扰。具体结构见图 13-1 所示。

从政府管理的角度看，通常以服务对象确定电子政务的内容。电子政务服务对象非常广泛，包括本机关内部，也包括其他机关、企事业单位以及社会公众。其能够处理的信息内容包括机关内部信息、可在一定范围交流的信息及能够公开发布的信息，它能够进行信息发布、受理各类申请、投诉、建议和要求，不仅能接受和发布信息，还能交互地处理信息。由此，电子政务应包括三个方面内容：①G2G（Government to Government）：政府部门之间

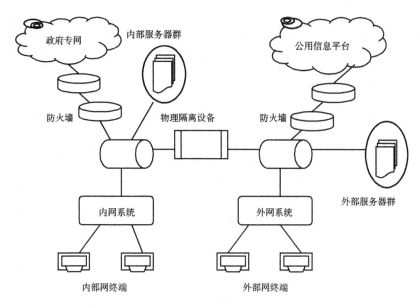

图 13 - 1　电子政务系统网络模型图

的电子政务；②G2B（Government to Business）：政府与企业间的电子政务；③G2C（Government to Citizens）：政府与民众的电子政务（具体内容见表13 - 1）。

表 13 - 1　电子政务的内容

G2G	G2B	G2C
（1）电子法规政策系统 （对所有政府部门和工作人员提供相关的现行有效的各项法律、法规、规章、行政命令和政策规范）	（1）电子采购与招标 （通过网络公布政府采购与招标信息,为企业参与政府采购提供必要的帮助）	（1）教育培训服务 （通过建立全国性的教育平台,资助所有的学校和图书馆接入互联网和政府教育平台）
（2）电子公文系统 （在政府上下级、部门之间传送有关的政府公文,如报告、请示、批复、公告、通知、通报等）	（2）电子税务 （使企业通过政府税务网络系统,完成税务登记、税务申报、税款划拨、查询税收公报、了解税收政策等业务）	（2）就业服务 （通过电话、互联网或其他媒体向公民提供工作机会和就业培训,促进就业）
（3）电子司法档案系统 （在政府司法机关之间共享司法信息,如公安机关的刑事犯罪记录,审判机关的审判案例等）	（3）电子证照办理 （让企业通过互联网申请办理各种证件和执照,缩短办证周期,减轻企业负担）	（3）电子医疗服务 （通过政府网站提供医疗保险政策信息、医药信息,执业医生信息,为公民提供全面的医疗服务）

G2G	G2B	G2C
(4)电子财政管理系统 （向各级国家权力机关、审计部门和相关机构提供分级、分部门历年的政府财政预算及其执行情况）	(4)信息咨询服务 （政府将拥有的各种数据库信息对企业开放，方便企业利用）	(4)社会保险网络服务 （使公民通过覆盖地区甚至国家的社会保险网络及时全面地了解自己社会保险账户的明细情况）
(5)电子办公系统 （通过电子网络完成政府机关工作人员一般性重复工作，如工作人员通过网络申请出差、请假、文件复制等）	(5)中小企业电子服务 （利用集合优势，帮助中小企业同电子商务供应商争取有利的能够负担的电子商务应用解决方案）	(5)公民信息服务 （为公民提供方便、容易、费用低廉的接入政府法律法规规章数据库）
(6)电子培训系统（对政府工作人员提供各种综合性和专业性的网络教育课程）		(6)交通管理服务（通过建立电子交通网站提供对交通工具和司机的管理与服务）
(7)绩效评价系统（按照设定的任务目标、工作标准和完成情况对政府各部门业绩进行测量和评估）		(7)电子证件服务、公民电子税务（允许居民通过网络办理结婚证、离婚证、出生证、死亡证等有关证书；允许公民个通过电子报税系统申报个人所得税、财产等个人税务）

三　国内外电子政务的发展

电子政务是现代政府管理观念和信息技术相融合的产物。面对全球范围内的国际竞争和知识经济的挑战，世界各国政府都把电子政务作为优先发展的战略。2003 年 11 月联合国发布《2003 年全球公共领域报告：处在十字路口的电子政府》报告，针对其 191 个会员国，公布了"联合国全球电子政府调查"。调查显示，在电子政府准备指数上，美国以 0.927 名列第一，其次为瑞典、澳大利亚、丹麦、英国、加拿大、挪威、瑞士、德国、芬兰、荷兰等发达国家，亚洲的新加坡与韩国分居第十二、十三位，日本排名第十八位。中国排名第七十四位，属于中等水平，与先进国家相比还有较大的差距。下面我们重点介绍电子政务发展有特色的国家和地区的概况，以便研究借鉴它们建设电子政务的做法和经验。

（一）美国

美国是较早发展电子政务的国家，也是电子政务最发达的国家。1992年，克林顿就任总统时宣布，未来的美国政府将是一个电子政府。1993 年 9

月，由副总统戈尔代表政府发表了《全国信息基础设施计划》，正式出台了"信息高速公路"计划。同年，克林顿政府在建立"国家绩效评估委员会（NPR）"时，提出应用先进的信息网络技术克服美国政府在管理和提供服务方面所存在的弊端，构建"电子政府"成为政府改革的重要方向。1994年12月，美国"政府信息技术服务小组"强调利用信息技术协助政府与客户间的互动，建立以客户为导向的电子政务，以提供效率更高、更便于使用的服务，为社会和民众提供更多获得政府服务的机会与渠道。1995年5月，克林顿签署《文牍精简法》，要求各部门呈交的表格必须使用电子方式，规定到2003年10月全部使用电子文件，同时考虑风险、成本与收益，酌情使用电子签名。1996年，美国政府发动"重塑政府计划"，提出要让联邦机构最迟在2003年全部实现上网，使美国民众能够充分获得联邦政府掌握的各种信息。2000年9月，美国政府开通"第一政府"网站（WWW. firstgov. gov），旨在加速政府对公民需要的反馈，减少中间工作环节，让美国公众能更快捷、更方便地了解政府，并能在同一个政府网站内完成竞标合同和向政府申请贷款的业务。美国政府的网上交易也已经展开，在全国范围内实现了网上购买政府债券、网上缴纳税款以及邮票、硬币买卖等。

到目前为止，已有超过60%的因特网用户通过政府网站进行事务处理。现在美国政府的网站能够提供包括办公室电话、办公地址、在线报刊、再线数据库以及外部网站链接、外语翻译、个人隐私政策、广告、安全特性、免费电话、技术服务等在内的27种功能。

（二）欧盟

欧盟的电子政务建设虽稍后于美国，但由于政策措施有力，进入21世纪，欧盟的电子政务已居世界前列。早在20世纪80年代，欧盟就制定了信息社会行动纲领，各成员国也分别制定了本国的信息社会行动计划和电子政务规划，并积极付诸行动。

1990年代以来，欧洲电子政务发展经历了三个阶段：第一阶段：1990～1994年，主要着眼于中央级政府部门的电子政务工作；第二阶段：1994～1998年，开始面向公民、企业以及所有行政机关的信息交换；第三阶段：1998～2002年，向政府职能整合的较高层次的电子政务发展。在电子政务建设方面，欧盟认为，电子政务的成功至少取决于三个要素：①简洁的界面，即方便企业、公众进入一个界面后，就容易进入其他界面；②信任和保密，即信息安全、保密和保护私人信息；③可进入性，即服务对所有公民开放，特别是对弱势群体和低收入阶层。欧盟在电子政务建设中所做的主要工作有：支持相关的 50 项电子政务科研项目；制订并实施"E 欧洲 2002"行动计划；制定并完善电子政务相关的法规；研究并推行欧盟成员国行政部门间信息交换，即 IDA 项目。这些项目和计划经过几年的实施，目前，欧盟成员国中，英国政府机构网站总数达 1000 多个，每周的访问请求超过 2000 万人次，成年网民有 18% 的人使用政府机构网站获取的服务或官方文件信息等。

（三）日本、新加坡

日本政府于 2000 年 3 月正式启动了"电子政务工程"。这项电子政务工程的主要内容是通过因特网等网络系统办理各种申请、申报、审批等手续，实施政府网上采购计划。该工程预计于 2003 年以前全面投入实际使用，日本政府在网上办理申报税金、递交有价证券报告、出口产品审批等政府各部门的 3000 多项业务，政府网上采购计划也全面实现。为了保证电子政务的可靠性和安全性，日本政府于 2000 年 3 月向国会提出了《电子签名与认证法案》，从而使电子签名具有同本人签字、盖章同等的法律效力。按照该项工程的计划，日本政府将在 2005 年以前让政府各部门的主要业务全部通过互联网进行，这标志着日本将全面进入办公电子化、无纸化的时代。

新加坡从 20 世纪 80 年代起就开始发展电子政务，现在已成为世界上电子政务最发达的国家之一。目前，普通公民在家里通过政府的"电子公民中心"网站即可完成各种日常事务，例如查询自己的社会保险账号余额、申请报税、新买的摩托车上牌照、登记义务兵役等。2000 年新加坡政府借助互联网完成了第四次人口普查，普查的速度和效率都比以前有了极大提高。

（四）中国

经过 20 世纪 80 年代末及 90 年代的努力，中国已初步建成了体系完整、结构合理的电子政务系统，目前已进入高、深层次发展阶段。以国家 48 个部委倡议开展的政务上网工程为契机，中央与地方的工商、海关、国税和地税等部门纷纷推出了各种网上办公业务。2000 年 7 月，中关村科技园海淀园管委会开通"海淀园数字园区"（www. zhongguancun. con. cn），并于 2001 年 4 月 1 日起对园区所辖企业全面实施网上办公，从而实现了"一网式"电子政务。2001 年 6 月 1 日，国务院 12 个部委共同参与的"中国电子口岸"（www. chinaport. gov. cn）在全国各口岸推广实施。"中国电子口岸"将上述部门分别管理的进出口业务信息流、资金流、货物流等电子底账数据集中存放到公共数据中心，在统一、安全、高效的计算机物理平台上实现数据共享和数据交换。国家各行政管理部门可根据执法和管理需要进行跨部门、跨行业的联网数据核查，企业也可在网上办理各种进出口相关手续。各地方行政部门都建立了自己的政务网站，不同程度地开展了一系列的网上审批、便民服务等，从而使电子政务深入人心，为大众所熟知。

中国的电子政务虽然发展速度很快，但与发达国家相比存在明显差距，具体表现在：缺乏明确的战略规划。电子政务战略规划可明确政府信息化的中、长期发展目标与方向，能够界定电子政务发展的范围和领域，确立电子政务的管理体制，并能指出电子政务实现的具体途径和具体方法。目前，虽然很多地方政府都相继出台或正在着手制定有关电子政务建设的规划文本，但很多规划的可实施性和可操作性较差；管理体制不够健全。多数领导对信息化工作比较陌生，没有理解和把握电子政务在工作中的本质属性，思想认识存在片面性。因而，在确定政府信息管理体制就存在较多的随意性，长期处于条块分割、各行其政的混乱状态；电子政务法制建设滞后。电子政务的健康、有序、可持续发展需要有统一的法律和法规做保障。在国外，为保障电子政务的发展，许多国家均制定并颁布了相关的法律、法规和行政命令。在美国有《行政公开法》，在德国有《信息和通讯服务规范》，在英国有《政府信息公开法》等。目前，我国有关电子政务法制建设仍处于起步阶段，《政府信息公开条例》以及《个人数据保护法》、《政府信息登记制度》等信息安全法规还处于研究和起草阶段；信息基础设施薄弱。我国信息化的信息基础结构比较薄弱。政府资金投入严重不足导致政府信息网络基础设施不够完备，尚没有形成较为完整的政府统一网络，更不用说国家的政府统一骨干网络。而许多经济不发达地区的政府部门连内部办公网络也没有，仍旧是传统的办公模式和服务理念，即便是有了自己的内部办公网络，也因管理运行维护不善没有发挥其应有的作用；与政府的业务工作分离。政府所有服务的在线化是政府信息化发展的必然趋势。可见，政府信息化必须有部门业务参与，必须将政府的管理和服务有机地结合起来。从我国目前的情况，尽管已有一些部门开始尝试"网上办公"、"一站式服务"，通过建立政府门户网站，提供双向互动的办公与信息服务，如网上政府采购、网上就业信息、网上订票（铁路、民航）、进出口配额许可证网上发放（外经贸部），但多数政府部门的业务仍无法实现与外界的双向互动；与政府行政管理方式的改革脱节。我国从1998年开始了新一轮的政府机构改革，但从改革方案和目前实施情况看，如何将电子政务建设与政府机构的改革有效地结合仍是一个空白和缺失，在一定程度上忽略了电子政务将对整个政府行政管理模式变革带来的积极作用，影响了政府机构改革的效果，延缓了政府信息化发展的进程。

第二节　电子政务条件下的政府管理创新

电子政务是政府改革的重要方面，以信息技术为载体实现对政府管理的创新和对政府职能的转变，是当前各国政府和许多电子政务专家都在探索的问题。原则上讲，电子政务条件下，各级政府可以运用先进的信息技术手段，在网上树立新形象，使自己更好地面向社会、面向企业、面向公众，提高政府工作的效率和质量，实现政府管理创新。

一　电子政务对政府管理创新的影响

电子政务对政府管理创新的影响是广泛而又深刻的，概括起来主要有以下几个方面。

（一）节约行政成本

电子政务实现了政府职能的转变，政府职能的重要方面在于为公众服务，如税收征管、企业登记、养老金发放，等等。电子政务建立的网上服务系统，使服务由面向办公室、柜台、窗口转向计算机屏幕，实现"人机对话"，使政务通过电子文件交换方式进行，极大地简化了原本的手续与步骤，提高了行政效率。

电子政府实现的组织转型，使机构设置由繁到简。例如，在电子政务的机构整合中，澳大利亚政府把原来由三个政府部门负责的功能合并到一个部门中去，这一个部门将负责社会安全、健康和家庭服务、就业、教育、培训和青年事务。这项工作完成以后，需要儿童成长方面服务的家庭就只需要和一个部门而不是和三个政府部门打交道了。大约有 2.5 万名政府雇员将转到这个新的部门中去，以后，这些人员将脱离政府系统。未来几年内，挪威、葡萄牙等国家，面向民众服务的将只有一个窗口。又如，在芬兰，Internet将减少 50% 的电话业务，在未来两年内，还将减少政府纸用量的 50%。据报道，美国公众服务署的高级系统可以使政府得到有关一个产品的所有信息，可以在线上进行价格比较，并且讨价还价，最终可以就在网上订购并支付货款，而这整个过程不需要任何的纸介质和中间人。这样，极大地提高了政府的管理绩效。

行政成本可以定义为政府组织在为社会提供公共服务，生产公共产品的活动过程中投入的人力、财力和物力资源。政府在提供公共物品，满足不同偏好，实现行政目标的过程中，无论是政府管理自身的行政组织的构筑、行政人员的录用、行政领导的升迁，还是政府管理社会的行政许可、行政强制、行政处罚，等等，都有一个成本耗费问题。比较起来，政府成本结构与企业成本结构在内在要素的比重关系上有所不同。而在政府生产成本结构中，人力成本和管理成本的比重最高，物力成本也是一个基本要素。电子政府的建立将使人力成本、管理成本和物力成本降低为最合理有效值。政府的人力成本包括的工资、奖金、培训、保健等耗费；管理成本是指在决策、执行、协调、咨询和信息运作过程中的费用；物力成本有办公场所、办公设备、物质能源等项目。政府生产过程本身就是最终产品的一部分，因此，人力成本和管理成本都直接影响最终产品的性质。现实中的政府成本结构既有必要成本、有效成本，也有超量成本、无效成本。适应管理需要，建立机构、配备人员是必要成本，机构臃肿、人员膨胀就是超量成本了；实现管理目标需要必要的信息协调和会议协调，而文山会海就是无效成本。政府管理有成本耗费，也就要有成本核算问题，讲求行政成本集约化，电子政府将使公务人员数量明显减少，管理运作中间环节极大压缩，物质配送与使用最为有效合理，并做到尽可能节约必要成本、有效成本，最大限度地减少超量成本和无效成本。现实生活中，成功的电子政务向民众提供服务的方式，正越来越类似于银行通过柜员机向顾客提供服务的方式转变，政府雇员可以通过计算机提交申请、旅行和费用报销及其他个人信息。供货者通过网络管理存货、保证质量并证实货款到达，消费者通过网络浏览商品目录、填写订单。原来在这些过程中处理纸面单据的人消失了，大大降低了成本，而且大大减少了出错的几率，提高了商品到达的速度。

（二）提高公共政策品质

政府决策是政府面对需要解决的一些社会重大问题做出某种政策或行动的选择。"决策科学化"是一个有着明确内涵的概念，它要求决策过程必须建立在制度的基础上，经过科学的程序，广泛发扬民主，大量收集信息，充分研究论证，采用集体决策的方式，利用现代化的技术手段，把静态的典型研究与动态的系统分析结合起来，把定性分析与定量分析结合起来，以期最大限度地提高决策精度。工业经济时代的科学决策方法经过了调查研究、科学预测、智囊协助、决断理论和试验等多个步骤，它实现了决策的科学化、程序化、民主化。知识经济时代电子政务的决策不仅具有工业经济时代政府决策的共同特点，而且更鲜明地表现出了知识和信息在政府决策中不可磨灭的巨大作用，使政府的决策更具科学化。

随着电子政府的建立，人类的社会化、组织化和信息化程度不断提高，决策主体也在逐步壮大。过去决策只是政府的事情，甚至只是政府某个负责人或某几个人的事情，很少有外界的参与。现在则是由政府决策层、各类智囊机构和专家系统，以至各种组织，社会公众共同组成决策主体，社会对决策的参与程度大大提高了。政府决策层作为决策的支持系统，虽然在决策过程中仍居主导地位，拥有对各种决策方案的最终裁定权，但是政府决策层在整个决策系统中的地位已经由"唯一"变成了"部分"。在电子政务行政管理领域，"小政府、大社会"目标会逐步确立，政府与智囊机构之间的职能划分十分明确，以充分发挥政策研究机构与社会专家系统辅助决策的功能，许多执行性的工作变得越来越程序化、制度化，最终达到数字化。因而，也就可以脱离某种依附，变得更加专业化、专门化。

我们可以将电子政府比喻为一座高效、有序运转的"信息处理器"，政府管理的过程便是收集、加工、处理信息的过程，而这些准确、适时、相关的信息经过以上程序的处理转化成类别清晰、内容准确的数据，储存在"信息处理器"的智能化内存中，当政府履行职能、制定政策时，相关的信息数据便准确上传、启用，使政府科学判断、理性决策、正确行动，全面服务于社会和公众。

（三）提高政府回应力

政府能力是指建立政府行政领导部门和政府行政机构，并使它们拥有制定政策和在社会中执行政策，特别是维护公共秩序和维护其自身合法性的能力。数字化信息技术革命加快了现代社会生产、生活的节奏，市场瞬息万变，市民的需求和社会生活朝多元化方向发展，这在客观上要求政府能及时、准确做出回应，迅速灵活地调整战略、策略。传统政府金字塔式的管理模式由于层级多、决策权高度集中，且存在难以完全克服的官僚主义作风和不负责现象，使这种结构模式从获得信息到做出决策再到调整政府的组织行为需要较长的周期，其结果往往是在迅速变化的环境面前显得机械、迟钝、呆滞，坐失良机，影响政府形象。而网络信息传递不受时空阻碍的互动方式，使人们在感知与介入世界方面获得了前所未有的、痛快淋漓的感觉，它将极大地提高人们参与政府管理的兴趣。一个连线的、一拨即通的政府，每一项议案都可引来大量电子邮件，因特网将成为市民与政府对话的主要途径。可见，电子政府的建立大大提高了政府的反应能力和社会回应力。

（四）促进信息资源的增值利用

政府作为社会的管理者，同时，也是社会最大的信息源，掌握着几乎全部的公共信息资源，若能充分利用此资源，实现政府信息流通和共享，必然有助于国家的整体发展。电子政务建立了一个政府与社会、企业、公众进行平等的信息交流与资源共享和交互服务的平台，电子政务信息设施与互联网连接，并提供开放的入口。在以互联网为核心的全球互联的虚拟空间中，只有人们需要，政府可以跨越时空障碍执行公务。当政府的触角以电子方式广泛而深入地伸向机构、公民和所有服务对象，当机构、公民和服务对象也能以电子方式深入到政府门户网站或其他公共服务站点时，一个全新的、类似企业与客户沟通的政府在技术上就已经建构起来。这时，政府既可以产生一些新的行政程序（例如允许人民在重要议题上参与"电子听证会"，借助"电子民意调查"取得大众观点，甚至扶植那些对社会福利有贡献的"虚拟利益团体"）来赢得民众的支持和认同，而公众也将以极大的热情介入"数字化政治行为"中，从而形成良性的互动。从这个简单的"公布式网络智能"模型中可以看出，电子化政府借用技术的力量把曾经近乎封闭的政治系统重新整合，并以提高透明度为主导的工作取向，以改善公共服务为基本的价值目标，从而增强了在真实世界里统治的权威性。

电子政务还使政府以外的企业、社会组织和个人能够通过政府提供的信息服务，即时地获取这些资源并实现增值利用，从而有利于国家和社会的整体发展。例如，通过互联网，政府可对当地信息产业的主要力量实施引导和组织，实现政府信息资源的市场价值，引导和形成新的消费热点和经济增长点，从而带动相关产业群的发展。政府信息包括政府机构的管理信息，以及政府运用国家力量，采自国民经济各领域的社会信息。电子政务在促进内部信息流通提高行政效率的同时，为公众和社会提供更有效的服务，进而推进社会各个领域信息技术应用和信息资源开发的水平，提高社会运行的效率和生活质量，这是政府职能由管理型转向管理服务型的坚实一步。

（五）促进政府廉政建设

信息公开是民主政治的基础，也是开放政府的根本要求。在传统的政府机构对外办公活动中，社会公众由于不能随时随地了解政府的办公程序与有关政策，常常"跑断腿"，产生抱怨情绪；政府公务员为了应付公众不断重复提出的问题，常常"磨破嘴"，产生厌倦情绪。甚至由于信息不明而产生腐败现象滋生的机会。互联网的运用，政府可以向公众公开办事程序，提高政府工作效率，促进廉政建设。电子政务条件下，政府在网上设置网站和主页，可以在网上公开政府部门的名称、职能、组织结构和办事章程等信息，依其性质向社会、组织、企业公开提供非保密政府信息的检索。以便公众迅速了解，增加了办事的透明度，同时，可以设立友好的访问界面及丰富的站点，接受社会各界的意见，自觉接受公众的监督，做到政务公开。

从现代政治学和行政管理学的角度看，政务公开的首要目的是约束行政权力的作用界线，最终减少政治腐败事件的出现几率。学者们曾对腐败下过一个精确的定义：腐败是指公共权力的非公共运作。通俗地说，在不该行使权力的场合行使了权力就形成腐败，必须予以约束的权力一旦被视为可供独揽的绝对权力就意味着绝对的腐败。既然权力是腐败赖以滋生的最佳土壤和温床，有人干脆可以理解到极端主张国家公务员只有义务而没有权力的地步，企图借此淡化行政权力意识，最大限度地培养公职人员的服务意识和责任感，遏制权钱交易等腐败现象的产生。历史上一个人想表明他"有权力"的简单办法即是不让别人知道他是如何做出一个决定的，善于搞暗箱操作、追求随意性、崇拜权力的弹性系数或人格化的权力的个人和机构通常都很有权。但当采取政府上网的高科技手段推行政务公开以后，公仆与主人的位置一下子真的明朗起来了。招生、招工、录干、进出口配额、办理证照、税费收缴和减免、收费管理和使用、职称评定、用地审批、征地补偿、城市规划、退伍转业军人安置、建设工程管理、固定资产投资项目审批、罚没款收缴和管理使用、邮电资费、电价管理、生育证审批和发放、计划外生育管理费征收和使用、扶贫救灾款物分配、农民负担、乡镇财务等等以前感觉"神秘莫测"的事项均被赤裸裸地挂到了网上晾晒、风干、缩水，人们开始实实在在地感到公仆的本职乃是服务，其手中的权力更多的是指责任和义务，感到许多部门和各级公职人员已不再扮演高高在上的管理者角度，而是转向了愿意进行换位思考，替办事者着想的服务者角色。

可以说，因特网为政务公开实实在在提供了方便、有效、快捷的载体。政府既掌握最大量的公共信息，又是法规、规章、政策的制度者，相对于公众，它居于信息强势地位。传统的科层制政府的政治运作过程，是密不可知或不甚可知的领域。从而，本应制度化、程序化、公开化的政务运作，由于暗箱操作，制度运用往往为少数人或个别集团操纵，使制度依附于个人或集团私欲。由于网络的交互式特点，电子政府在网上建立起政府与公众之间交流的桥梁，便于发挥民众的主观能动性，在网上行使自己对政府的民主监督权利。政府通过网络对民众来信和意见做出及时的处理，提高了工作效率，减少了腐败的产生，树立起了政府在公众中的威信，同时，还可以就一些问题开展网上调查，作为政府各部门工作的参考。"政府上网"的互动性，不但使公众了解政府的目标、计划、政府亦可随时了解公众的意见和要求，从而减少政府决策的盲目性、主观性，同时，也提高了公众对政府决策的理解度和支持率，增强了政府与公众的交流。值得一提的是，"政府上网"提高了传播交流的透明度，以往由于政府与公众的传播交流透明度低，交流渠道严重堵塞，导致公共权力私有化，出现以权谋私、权力商品化、自定政策、地方保护主义等种种问题。由此看来，具有高透明度的政府网上公关传播交流，拆除了传统交流的障碍，促进了政务公开，恰恰是遏制腐败的有效方式之一。因此，西方学者曾梦想把政府变成"玻璃缸里的金鱼"，清澈透明。在信息技术社会，电子政府为政务公开奠定了技术基础，也使西方学者的这个"梦想"成为可能，变为现实。

二 我国电子政务的发展

根据"十六大"关于行政体制改革的战略部署，借鉴国外电子政务发展的经验和趋势，当前，我国电子政务建设和发展应突出以下几个方面。

（一）政府职能转变

电子政务建设应该注重"政务"，重在推进行政管理体制和管理方式的改革，转变政府职能，提高行政效率。政府职能是政府管理的核心。政府管理创新，关键在于政府职能转变取得实质性进展。

1. 树立正确观念

转变政府职能，思想观念是关键。电子政务的实施，为现代政府提供了一个履行职能、实施管理、提供服务的平台。同时，电子政务的发展，要求行政权力透明化、管理规范化，使政府行为产生"鱼缸效应"，政府部门和公务员的一举一动，无时无刻不受到人民群众的监督和评判。必须提高行政机关工作人员、特别是各级领导的认识。

2. 科学界定职能

电子政务是政府管理方式的革命。它将建立一个更有效率的政府，把传统的政府管理和服务职能通过网络，直接推到公众和企业身边。要科学搞好职能界定。在市场经济条件下，政府机构应力求做到：不越位，不缺位，不错位。政府与企业的关系，形象地说就是："你开业我办照，你盈利我收税，你亏损我同情，你破产我救济，你违法我处理。"

3. 组织结构的重组与再造

现有的政府组织形态是工业革命的产物。是包括执行层、管理层和决策层在内的金字塔式的组织结构。随着现代信息技术的发展，执行层与决策层将直接沟通，管理正由传统的金字塔式模式向错综复杂的、扁平的网状结构转变。管理的层次将减少，人员将精简，业务流程要重新设计，只有这样，才能更好地建立政府与企业、居民的直接联系。

（二）社会主义民主政治

电子政务发展与民主政治建设相辅相成，要通过电子政务建立三个机制。

1. 察觉机制

要能敏锐、及时、准确地察觉潜在的或已出现的公共问题。特别要通过网络尽快完善民意调查体系。我国正处于经济起飞阶段，这个阶段，社会冲突增多。政府需要把握时机，及时疏导，实现大事化小，小事化了。每一项重大法律法规，政府政策的实施，客观上给哪些人带来好处，这些人的社会影响有多大；削弱了哪些人的利益，这些人的承受能力有多大，都应通过民意调查，获得可靠的数据。

2. 沟通机制

要使基层政府机构和人员所了解的民情、问题等，及时顺畅地反馈到决策机关。同时，使决策机关的意图等迅速传达给执行机关、基层和群众。

3. 公众参与机制

即对一些重大事项、重要决定、有关法规在正式出台前，通过政务网公开征求意见，使公众参与政府决策。

（三）电子政务网络

政府网站直接面对社会和公众，是提高政府服务水平、提高行政效率和监管水平的有效手段，在电子政务建设中占有很重要的位置，许多国家都非常重视。我国建设电子政务的整体框架，应当包括两个平台和一个门户网站。两个平台包括政务内网和公众服务外网，两网之间物理隔离，政务内网上密级不同的业务之间采用逻辑隔离。在国际互联网上建设我国政府门户网站，代表着中国政府的形象。中央政府门户网站统一对社会提供各部门和各级政府的服务。所有人都可以通过这个门户网站，进入我国电子政务的服务领域，之后可以到各级、各部门。

（四）安全保障体系

面对日益突出的信息安全威胁，如何构筑信息安全的"防火墙"是个迫在眉睫的大问题。我国在信息安全法规方面还比较薄弱，唯一一个全面性的法规，是1994年颁布的保护条例。要加强关键性安全技术产品的研究和开发，对引进产品的安全性进行分析。要采取措施，保障政务信息网络安全。

（五） 法律法规建设

法律法规的滞后性已经严重制约了我国电子政务的发展。目前各方面比较迫切需要的是两个法规，即《电子签章法》和《政府信息公开法》。没有《电子签章法》，就不可能实现电子办公，所有的电子政务都没有依据；没有政府信息的公开，就不可能实现政府信息的共享。

（六） 公务员技能培训

必须要适应信息时代对政府的要求，加强对公务员的信息技术的专业培训。通过举办培训班，开设培训课程和考试的办法，使各级公务员尽快改变管理和服务观念，掌握必要的技术，提高办公效率，适应并主动地推动电子政务的建设发展。同时，在新的电子政务框架下，建立业绩评价系统，按照设定的任务目标、工作标准和完成情况，对政府各级工作人员进行科学的测量和评估。

第三节　电子政务与新公共管理*

电子政务是在当代社会信息化程度加深的背景下产生和发展起来的，它集中地体现了由信息科学推动的政府变革和公共管理改革相结合的过程。新公共管理视角中政府管理不再是简单的文件处理和规范性的行政事务，其目的在于实现政府的根本目标，即提高政府的决策质量及其对社会的回应能力，增强公众参与，实现政府创新。在此情形下，参与、交流、共享、协作、整合等电子政务固有的特点势必与传统管理模式发生冲突，这就对政府观念转变和制度创新提出要求。

一　公共服务的强化

在政治学的视角中，政府是民众契约的产物，从本质上说，它应是一种为民众和社会提供公共服务的组织。角色定位的改变标志着政府的行政理念从传统的主体中心主义向客体中心主义的转移。传统的科层制组织模式强调秩序与行政过程，政府及其行政权力处于中心地位。在新公共管理理念的指引下，电子政务建设方向是推动政府公共管理职能的服务化，更多地"关注政府实施的各种计划、项目的有效性，表现出了一种目标导向的趋势，目

---

* 本节主要内容发表于《唯实》2004 年第 10 期，原题为《论新公共管理理念下的电子政务建设》。

标是中心，行政权力和行政行为是从属于这一中心的，是服务于目标的。而这个目标的具体表现就是'顾客'的满意"①。具体表现为如下几个方面。

（一）公共服务现代化

部门设置重复、条块分割严重以及等级制度森严是传统公共管理的积弊，由此造成公共部门服务手段单一、形式有限。电子政务为政府公共服务能力的提升创造了条件。一方面，网络化加强了政府的信息置换能力，政府可以使用各种新技术手段实现信息化管理，收集信息、处理信息、传递信息、沟通信息将以更快捷、更经济的方式进行，政府的整体行政效率将大幅度提高；另一方面，信息可以在政府部门内部为更多的人分享，这样，过去需要高层管理者直接过问的许多问题在较低的层级就能得到解决，组织内以上传下达为主要职能的中层管理可以得到精简，因信息传递不及时或错误所造成的内部消耗可以大为减少，行政程序得以简化，行政效率大幅度提高。

（二）公共服务多样化

电子政务建设对公共服务供给的形式和手段进行了创新和再造，政府以网络为平台充分实现自己的公共服务职能，这从根本上扭转了传统模式下政府与公众间的信息不对称状态。公众通过网络及时获取政府各方面的信息，直接表达自己的意志，提出对公共服务的要求；政府也能够通过网络获知公众对公共服务的要求及公众信息的反馈，并对公众提出的各种要求迅速做出反应，这样就使政府与社会公众之间的沟通得到了加强，公众的服务要求得到了满足。

（三）公共服务集成化

电子政务利用信息技术打破了政府的地域、层级和部门限制，使公众享受更完备、更全面以及无边界的服务成为可能。电子政务建设使公共部门拥有了一个以网络为依托的服务平台。在这个平台上。公众面对的是一个虚拟的功能集成的政府。他们不需要关心自己打交道是哪个部门及其提供什么样的服务。更不必到政府的办公场所。随时都可以登录到政府网站。在网上进行相关部门的链接就能获得自己所需要的服务。这样。公众办事的流程大为简化，所花的时间远少于过去。

政府职能的转变使公众、企业、团体等组织真正成为服务对象：政府以"顾客"（公众、企业等）为中心，确定其服务标准并向他们做出承诺，政

---

① 张康之：《论政府的非管理化——关于"新公共管理"的趋势预测》，《教学与研究》2000年第7期。

府角色定位相应的就从"我管理人"转变到"我服务人"。这一转变是当前世界范围内的公共管理变革的重要部分。

二 组织结构的革新

传统的公共管理模式呈金字塔式的层级结构，在这种模式下，各公共部门之间联系较松散，组织内部的互动通常是垂直的，互动方式是命令、服从和清晰的上下级关系，只有等级结构的高层了解全面情况，组织决策也在高层。这种模式显然削弱了下级的创造力和组织活力。

20世纪末，信息日益丰富、知识日益密集、变化日益迅速，上述传统的组织结构在具体操作时弊端日益明显。新公共管理作为现代政府公共服务的一种范式，理念上更加强调行政部门的工作效率、结果和服务质量，并以此作为提高绩效的关键环节，强调明确的绩效合同的机制。在此理念下，电子政务建设在改变政府传统角色的同时，还应对政府的组织结构进行重组。与传统公共管理不同，电子政务的管理模式是扁平化的网络结构，是集中式管理和分散控制相结合的管理，即每一个工作部门有相对的独立性，也有一定程度的决策权，同时以网络为平台，迅速及时地传递和处理大量信息，从而大幅度减少中间环节，增大管理幅度，推动传统的金字塔形科层制结构向扁平化和网络化转变。

具体操作中，电子政务可以利用信息技术构造更适合信息时代的公共部门的组织结构形式，公共部门的事务处理和业务工作进行虚拟整合，使整个服务系统的运行具有整体性与协调性。经过电子政务组织结构重组，公共部门的结构趋于扁平化，组织形态由金字塔式的垂直结构向网状结构转变，减少管理的层次，政务流程也随服务项目的不同进行了合理化的改进，组织结构上层的信息就能够畅通传达到中下层，中下层反馈的信息也能迅速地、无障碍地向上传递，不同层级之间的信息流动更加顺畅，传递过程中的信息损耗得到减少，失真得以避免。

总之，在电子政务条件下，信息的传递效率得到了极大改进，网络技术可以实现操作执行层与高层决策层的直接信息沟通，从而免去通过中间层来逐级传递信息的过程，加快了信息传递的速度，"显现出政府运行的完整性和协调性，为实现没有断层、没有间隙、没有阻滞的无缝化管理创造条件"[①]。由此，中间层级得以缩减，政府部门的组织结构更为扁平。

---

① 陈波、王浣尘：《电子政务建设与政府治理变革》，《公共行政》2002年第6期。

三　权力结构的调整

传统的公共管理模式是一种高度集权的结构，体现出较强的控制、命令、统一、封闭性特征。信息和权力集中于层级体系的上层，在等级链条的传递中透明度不高，容易导致"黑箱"操作。与此不同的是，新公共管理更为关注结果的实现和管理者的个人责任，比以前更严格地确定政府计划是否实现了其预定目标，并将公共服务的购买者与提供者区分开，即将"掌舵者与划桨者区分开"①。新公共管理模式认为政府对社会事务的介入并不一定总是指政府通过官僚手段行事，倡导以分权式管理取代高度集中的等级组织结构，这使资源分配和服务派送更加接近供应本身，由此可以得到更多相关的信息和来自民众的反馈。

电子政务建设顺应了这一变革方向，它使权力分散、自主管理由一种趋势发展为现实的可能。

一方面，电子政务改变了信息传递方式，使得各层级的管理者可以通过网络以极低的成本迅速获取信息，保证了中下级管理部门的自主决策，增强了组织活力和个人创造力；同时，由于上级能及时获得基层信息，能更有效地监督和引导下级的行政行为，从而有利于把握全局，实现政府的掌舵者角色。这一过程包含着中央政府的管理职能和权限向地方政府的下放以及同一政府部门内部上级对下级的权力下放。

另一方面，电子政务使公共管理部门与公众的关系得以改变。传统的集中的权力结构不仅很难有效地倾听公众的声音，其缓慢的信息传递方式也降低了对问题的反应与处置能力，使政府对社会变动与公众要求的回应速度和回应能力下降。电子政务条件下，政府的行政过程基本置于公众视线之内，公众意见可以在行政决策和执行中得到反映，这改变了公众作为被权力控制、管制的角色；处于管理一线的人员得到授权，能够在现场做出决策。可以说，电子政务通过网络上的信息传递，通过政府内部各层级、政府与社会之间的直接双向互动模式的建立，构建起了一种民主的力量。公共权力不仅向知识型权力转变，并开始呈现出分散的趋势，呈现出真正公共性的特色。

四　信息流动机制的转变

信息流动机制是指信息制定与应用的规则、对象及范围，它是政府与公

---

① 邹纯平、温小玲：《电子政务对公共行政的影响》，《江西行政学院学报》2001年第11期。

众权利与义务是否平等和平衡的一个重要方面。传统管理模式中，由于社会公众利益表达的途径与渠道的有限性，使政府扮演着公共权力主体（民众）的代理人角色，政府与民众存在着信息不对称：政府垄断了信息发布权，同时也是最大的信息资源的收集、应用和扩散机构，且这些资源大部分在政府系统内部流动，并在数量和重要性上由高到低依照等级逐步递减，这既造成政务活动对相关信息资源需求的不足，也造成公众对政府信息资源需求的匮乏。可以说，政府与公众在权力上的不对等在很大程度上根源于信息的不对称。同时，未来的社会是一个信息激增的社会，不同团体、不同个人之间知识差距和信息不对称的程度将会加大，面对爆炸式的知识增长，任何团体、个人都只可能通晓某一专业领域内的事情，专业领域之外则基本是外行，这无疑加剧了知识与信息的不对称性。

决策的科学化、民主化，管理的专业化需要充分掌握信息；政府职能的转变要求政府与非政府组织、企业、公众之间建立更广泛的信息联系；权力下放离不开必备的信息获取渠道；服务型政府要求更多地面向公众和更多信息交流。因此，建立信息的对称机制，使政务信息公开成为制度，使政务信息在政府机构内部、外部及内外之间畅通循环，促进对信息资源的合理利用，才可能使政府真正回应社会和公众的需求，为其提供更有价值的服务。

电子政务的建设为公众提供了一个公开、公正、公平地获取信息的平台，从根本上改变了政府与企业、社会、公众的信息不对称状态。在政府网站这个平台上，公共服务信息从部门和层级的界限中剥离出来，成为共享资源，社会和公众通过政府网站的数据库、虚拟空间，信息通道处于开放的状态，他们可以比以前更容易地获取公共部门的相关信息，能够直接表达自己的意志，提出对公共服务的要求，增强行政的参与性并加强行政监督。

电子政务使公共部门以电子方式广泛而深入地伸向机构、公众和所有服务对象，可以及时获取信息并快速做出反应；同时各种服务对象也以电子方式广泛而深入地参与到政务活动中来，使公民具有更多的政务信息和参与途径，从而构建起一个对称的信息流动机制。

第十四章
政府绩效评估

西方各国为了摆脱政府管理困境，纷纷推进政府改革运动，试图超越传统官僚制模式，使政府更具效力、责任和回应力，其在理论上的一个重大突破就是开展政府绩效评估。深入研究政府①绩效评估问题，对于指导行政改革、丰富公共行政的内涵具有十分重要的意义。

第一节　政府绩效评估导引

政府绩效评估作为西方国家应对经济全球化、政治民主化以及竞争国际化所引致的民族国家危机和政府公信力下降所推行的以公共责任和效率为核心理念的行政改革实践的重要举措，经历了一个逐步兴起和发展的过程。

一　政府绩效评估兴起、发展的机遇

绩效评估起初主要运用于工商企业管理之中，最早可以追溯到 20 世纪初期泰勒（Frederick W. Taylor）在《科学管理原理》中的时间研究、动作研究与差别工资制。随后，法约尔（Henri Fayol）在《工业管理与一般管理》一书中从更加宏观的角度将绩效管理从工商企业推广到人类的各种组织之中。从此，绩效管理的理论和方法也就成了适用于包括经济、行政、军

---

① 关于政府的含义，中外学者的看法并不统一。根据辛向阳研究员的概括，政府的多种含义大致有五个方面：（1）制定规则、为居民提供服务的机构，这是最广义的政府，也称为"超弱意义的政府"；（2）治理国家或社区的政治机构，这是次最广义的政府，也称为"次弱意义的政府"；（3）泛指一切国家政权机关，包括国家的立法机关、行政机关、司法机关和其他一切公共机关，这是广义的政府；（4）一个国家的中央和地方行政机关，这是狭义的政府（参见辛向阳《新政府论》，中国工人出版社，1994，第 6 页）。我们在这里将"政府"界定为狭义的政府，即中央和地方行政机关。

事和宗教组织在内的一般管理理论和方法。但将绩效评估真正应用于政府管理的理论研究最早始于第二次世界大战时期，其标志是克莱伦斯·雷德和赫伯特·西蒙的《市政工作衡量：行政管理评估标准的调查》一书。

绩效评估从根本上说是西方国家社会发展和政府改革推动的结果。众所周知，自由资本主义发展到垄断资本主义，自由竞争的极端化导致了可以摧毁自由竞争制度本身的社会矛盾和冲突。这在客观上需要有一个超脱于所有竞争主体来遏制垄断的协调者，需要有一个维持基本社会公正而免于社会崩溃的社会公共产品的分配者。生产高度社会化和科技的飞速发展成为经济发展的第一推动力，这又需要有一个执行社会公共事务的组织者。因此，在垄断资本主义条件下，从维护资本主义生产关系和正常社会秩序的客观需要出发，西方国家对社会公共事务不得不实行积极干预主义。于是，垄断资本和国家政权紧密结合在一起，政府的经济职能和社会服务职能均大大加强了。政府通过行政手段和法律手段来保证市场秩序的维持，通过预算和高额税收、发行公债等办法承担起某些社会公共事务的管理。在收入再分配领域内，政府采取一系列福利措施，以维护社会经济的发展和政治稳定。① 在这种社会背景下，政府行政权力日益强化，政府职能急剧扩张，政府涉足的领域急剧扩大，政府干预社会公共事务的程度急剧加深，由此导致了机构规模急剧膨胀和政府体制的变化：议会权力削弱，行政权力膨胀；政府成为集中主要权力的"万能政府"②，政府的官僚机构和军事机构不断扩大，并大有使权力过分集中到政府首脑一人身上的趋势。

政府管理的集权化和官僚主义化形成了政府垄断，推行"福利国家"、"人民社会主义"和"混合经济国家"的政策导致了政府管理失控、效率低下和财政赤字，导致了公众对政府的不信任和民权运动高涨。面对这种社会现实，以美国、英国、澳大利亚、新西兰、日本、荷兰等为代表的西方国家

---

① 蔡立辉：《西方国家政府绩效评估的理念及其启示》，《清华大学学报》（哲学社会科学版）2003 年第 1 期。

② "万能政府"在政府体制上的表现就是行政集权民主制（从西方主要发达国家民主制度演进的基本轨迹来看，可以大致划分为自由资本主义时期的代议民主、垄断资本主义时期的行政集权民主制和共同参与民主制。参见曹沛霖、徐宗士《比较政府体制》，复旦大学出版社，1993，第 2～24 页）。这种民主制一方面使政府行政权力与职能空前膨胀，另一方面也造成政府不堪重负和效率低下，并出现了诸如"福利病"等一系列问题，这些都直接引发了 20 世纪 70 年代兴起于西方国家的新公共管理运动。这场运动充分强调了公民参与和绩效评估的重要性。而对公民参与方式、途径和手段的重视与革新则直接推动了共同参与民主制的发展。

掀起了一场政府改革运动。以绩效为本的政府绩效评估措施正是这场改革运动所普遍采取的一项重要措施。

大规模的政府绩效评估开始于 20 世纪 70 年代初。1973 年，尼克松政府颁布了"联邦政府生产率测定方案"（The Federal Government Productivity Measurement），力图使政府绩效评估系统化、规范化、经常化。① 1974 年，福特总统要求成立一个专门机构，对所有政府部门的主要工作进行成本收益分析。1993 年初，副总统戈尔挂帅的研究组提交了《从繁文缛节到结果为本——创造一个运作更好花钱更少的政府》的研究报告，旨在"使整个政府的开支降低、效率提高"。② 不久，美国国会通过了《1993 年政府绩效与结果法》（Government Performance and Results Act of 1993），要求联邦机构对项目结果负责，试图通过一系列政府绩效试验计划来改进项目的绩效，并将公众导向、公众满意度和公共责任作为关注的焦点。到了布什政府时期，仍然坚持绩效为本的管理原则。布什明确指出："政府应该是结果导向的，它不由过程而由绩效引导"。他所确定的政府改革三原则为"以公民为中心，以结果为本，以市场为基础"。③ 美国州和地方政府也是公共组织评估的积极实践者。除仿照联邦政府的绩效与结果法案制定长期规划、年度计划和绩效报告外，许多州和地方政府在评估方面有所创新：佛罗里达州成立"政府对民众负责委员会"，于 1994 年颁布《政府绩效和责任法》，用 3 年时间研讨，制定出"佛州绩效标杆报告"。为了让市民了解市政绩效，宾夕法尼亚州费城市政府将内部 22 个机构的政策绩效，以精确的量化指标显现出来，形成"政策绩效指标体系"。④

与美国相比，英国政府绩效评估更为持久、广泛和成熟。1979 年，撒切尔夫人将雷纳勋爵任命为其顾问，并推行了"雷纳评审"（Rayne Scrutiny Programme）。雷纳评审是"'以解决问题为导向'的'经验式调查'，调查的起点是'人们已经了解的东西而非不了解的东西'"⑤。1980 年，英国环境大臣赫尔在环境事务部建立了"部长管理信息系统"（Management Information

---

① 钱江：《高绩效的政府管理实务全书》，新华出版社，2003，第 328 页。

② Al Gore, *From Red Tape to Results: Creating a Government That Works Better and Costs Less*, Washington DC: U. S. Superintendent of Documents, p. 1.

③ 中国行政管理学会联合课题组：《关于政府机关工作效率标准的研究报告》，《中国行政管理》2003 年第 3 期。

④ 蔡立辉：《西方国家政府绩效评估的理念及其启示》，《清华大学学报》（哲学社会科学版）2003 年第 1 期。

⑤ 周志忍：《当代国外行政改革比较研究》，国家行政学院出版社，1999，第 59 页。

System for Ministers)，试图通过将目标管理与绩效评估以及信息反馈相结合的方式为部长提供系统准确的信息。1982 年，英国财政部制定了"财务管理新方案"（Financial Management Initiatives），要求政府各部门增强"绩效意识"，并设计相应的绩效指标。1983 年英国卫生与社会保障部提出了较为系统的绩效评估方案，其中包含 140 个绩效指标，应用于卫生管理部门和卫生服务系统的绩效评估。这一时期，政府绩效评估的侧重点是经济和效率，追求投入产出比的最大化①。

除了美国和英国外，政府绩效评估在荷兰、澳大利亚、丹麦、芬兰、法国等国家都得到了蓬勃发展。有鉴于此，西方有学者惊呼"评估国"正在出现并取代"行政国家"。一位英国专栏作家对此感叹道："我们已经生活在这样一个时代：一个东西若不能测量，那它就不存在。"

二　政府绩效评估的基本内涵和理念

通过前文论述我们可以发现，西方国家政府绩效评估的实践正在如火如荼地开展，我们从中可以总结出一些可资借鉴的经验。同时，我国也需要大力开展政府绩效评估方面的理论研究和实践工作。为此，我们必须科学缜密地界定政府绩效评估的基本内涵和理念。

（一）政府绩效评估的基本内涵

为了科学界定政府绩效评估的内涵，首先有必要明确政府权力的来源。从权力来源上看，我国是人民民主专政的社会主义国家，我国《宪法》明确规定"中华人民共和国的一切权力属于人民"，因此人民是权力的终极主体和实质主体。关于社会主义国家政府的权力来源问题，马克思和恩格斯的人民主权学说②做出了经典阐释。马克思和恩格斯在批判吸收卢梭人民主权理论③

① 陈振明：《公共管理学》，中国人民大学出版社，2003，第 268 页。
② 马克思恩格斯的人民主权学说散见于《法兰西内战》、《共产党宣言》、《哥达纲领批判》等著作中，上述基本观点系根据这些文献归纳而成。
③ 所谓人民主权，意指国家主权源于人民。英国著名的人文主义者托马斯·莫尔首次提出了"政权来自人民"的朴素的主权在民思想，强调国王对人民负责不仅是可能的，而且是必需的，从而形成了人民主权理论的最早萌芽。法国著名的民主主义政治思想家卢梭是人民主权理论的集大成者。他认为，构成国家成员之间的约定即公意才是政治共同体的基础和合法性的来源。主权只是公意的运用，主权者不过是由全体个人结合而形成的具有生命和意志的公共人格。作为公意，主权是至高无上的、绝对的、神圣的、不可侵犯的。而政府则是人民行使主权的一种工具。卢梭的人民主权理论始终围绕着只有人民才享有全部至高无上的权力这样一个信念而展开，他所关心的始终是政府对人民或主权者的从属性质。参见托马斯·莫尔《乌托邦》，商务印书馆，1982；卢梭《社会契约论》，商务印书馆，1982。

的基础上，提出了自己的人民主权学说。他们认为：①人民主权与一般公民权利是相互联系，不可分割的。如果人民没有对国家的主权，也就不可能有公民的一般民主权利，而如果人民连最一般的民主权利都没有，也就意味着根本不存在人民对国家的主权。②君主主权与人民主权是根本对立的。在一个国家里，只能有一个主权，行使主权的主体也只能有一个，人民主权植根于民主共和制度中，与人民主体相联系，并由人民来实现。③作为人民主权体现的代议机关必须服从于和服务于人民。人民主权是人民在街头用战斗换来的，而不是谁的恩赐。作为人民主权体现的代议机关，正是人民斗争的结果。如果其违背人民的意志，损害人民的利益，甚至出卖人民，人民便可以使用革命的手段将其赶走，争取和捍卫人民的主权；④人民当家做主。无产阶级民主共和国的根本之点"仅仅"在于它的主权是属于工人阶级和全体劳动人民的，并且是由工人阶级和劳动人民自己来当家做主的。

　　既然政府的权力来源于人民，是人民委托给政府机关及其工作人员的，那么从应然层面看，确立服务本位的理念，全心全意为人民服务，并提高服务的效率、质量和效益，就理应成为政府的根本目标。然而，从实然层面考察，不难发现公共权力时常会背离其"公共性"本质而转化为谋取私利的工具。正如阿克顿勋爵所言：权力倾向于腐败，绝对的权力倾向于绝对的腐败①。孟德斯鸠也指出：一切有权力的人都容易滥用权力，这是一条万古不易的经验。② 有鉴于此，通过对政府绩效的评估来加强对公共权力的规范与控制，就成为题中应有之义。

　　政府绩效评估是根据效率、能力、服务质量、公共责任和公众满意程度等方面的分析与判断，对政府治理过程中的投入、产出、中期成果和最终成果所反映出的绩效进行评定和划分等级。政府绩效评估以绩效为本，谋求现代信息技术在政府机关之间、政府机关与公众之间进行沟通与交流的广泛应用，谋求公众通过公共责任机制对政府机关的直接控制，谋求政府机关的服务对立法机构负责和对顾客负责的统一；它以服务质量和公众需求的满足为第一位的评价标准，蕴涵了公共责任和顾客至上的管理理念；它以加强与完善公共责任机制，使政府机关在管理公共事务、传递公共服务和改善生活质量等方面具有竞争力为评估目的。

　　评估活动主要集中在对政府机关服务活动的花费、运作及其社会效果等

① Lord Acton, *Essays on Freedom and Power*, The Beacon Press, 1948, pp. 14 – 15.
② 孟德斯鸠：《论法的精神》，商务印书馆，1982，第 154 页。

方面的测定来划分不同的绩效等级。政府绩效评估不是一个单一的行为过程，而是由阐明评估的要求与任务、确定评估目的和可量化的目标、建立各种评估标准、根据评估标准进行评估、比较评估结果与目标、分析与报告评估结果、运用评估结果改善政府机关管理等所组成的行为系统，是一个由许多环节所组成的综合过程。

政府绩效评估的内涵包括两个方面：第一，它是作为改革与完善政府机关内部管理的措施，体现了放松规制和市场化的改革取向，是一种以结果为本的控制。就其所体现的放松规制的价值取向而言，正如詹姆斯·Q. 威尔逊（James Q. Wilson）所认为的那样，政府绩效评估意味着这样一种制度设计：在该制度框架下以取得的结果而不是以投入要素作为判断政府机关的标准。奥斯本（Osborn）与盖布勒（T. Gaebler）认为政府绩效评估就是改变照章办事的政府组织，谋求有使命感的政府；就是改变以过程为导向的控制机制，谋求以结果为导向的控制机制。1993 年美国《国家绩效评论》把政府绩效评估界定为政府官员对结果负责，而不仅仅是对过程负责；其目的在于把公务员从繁文缛节和过度规制中解脱出来，发挥他们的积极性和主动性，以便他们对结果负责，而不再仅仅是对规则负责。因此，对政府机关内部管理的改革与完善来说，评估所体现的放松规制（deregulation）是要寻求一种新的公共责任机制：既要放松具体的规制，又要谋求结果的实现；既要提高政府机关工作人员的自主性，又要保证他们对公众负责、对结果负责；既要提高政府行政的效率与管理能力，又要切实保证政府机关的服务质量。

第二，就其所体现的市场化而言，政府绩效评估直接指向政府机关应具有的职能决定了政府绩效评估必然包括重塑政府机关角色和界定其职能的内容。在市场化条件下，根据社会的发展要求和公众的需要提供良好的服务成了政府机关最重要、最广泛的职能和最根本的任务；政府机关的角色由管理者和监控人转换为公共服务的供给者。对政府机关职能范围内管理活动的绩效进行评定，也就是要对政府机关在确定公共服务供给的质量、抓好绩效管理、保证供给者无法利用提供公共服务的机会谋取不正当的利益、保障社会公平、提高公共服务供给效能、增加顾客选择的机会、更好地满足顾客需要等活动的绩效进行科学评定。

（二）政府绩效评估的基本理念

政府绩效评估的基本理念是什么？这一问题为不少政治哲学研究者所关注。埃克斯坦对于政治作为的研究，彭诺克对政治产品所做的具有启发性的分析，亨廷顿和阿尔蒙德对发展中国家的发展战略和发展目标的研究[1]，都对此做出了有益的探索。他们所共同认可的价值取向有增长、公平、民主和秩序等[2]。从我国构建服务型政府的目标来看，政府绩效评估作为改善政府机关与公众的关系、加强公众对政府机关信任的措施，体现了服务和顾客至上的管理理念。政府机关角色和职能的重新界定，将促使政府机关的基本运作方式、政府机关与公众之间关系定位的变化。政府机关与公众之间的关系由管理者与被管理者之间的关系将变为公共服务的提供者与消费者、顾客之间的关系。政府机关行使公共权力主要是为了实现公共利益、有效提供公共服务和主动为公众谋求福利。公众成为政府机关行政活动服务的对象，公众是公共服务的消费者和顾客。"代表普通公民的政府官员为各种服务提供系统制定出总体规则。在这些规则范围内，服务提供者应向顾客负责，顾客就是上帝。"[3] 这不仅使顾客、消费者、公众与他们作为这个社会的主人、所有者有了同一的意义，而且由于权力是对公共服务的直接控制，使根据公众的需要提供公共服务成为政府机关行政活动的应有之义。

在这种关系定位的前提下，政府绩效评估蕴涵的服务和顾客至上的管理理念必须特别强调政府机关的行政活动务必要以顾客为中心、以顾客需要为导向；强调政府机关是公共服务的供给者，应增强对纳税人需求的回应力，更加重视行政活动的产出、效率与质量。为此，倾听顾客的声音，按照顾客的要求提供服务，让顾客做出选择的机制等必须在政府绩效评估标准中得以体现。为此，政府机关至少要在下述方面达到要求：①分辨谁是或应该是政府机关服务的顾客；②调查和审视顾客所希望的服务种类、服务质量以及他们对服务的满意程度；③将服务水平和评估结果告诉给顾客；④为顾客提供选择公共服务的资源和选择服务供给的各种手段；⑤建立信息系统、服务系统和有利于顾客抱怨及其意见反馈的系统；⑥提供各种有效的途径让顾客表达抱怨与意见。这些都意味着政府机关应该为顾客提供能够得到的最高质量的服务。因此，政府绩效评估为改善政府机关与公众的关系，加强公众对政府机关的信任，实现更有回应性、更有责任心和更富有效率的政府机关改革目标提供了具体措施。

---

[1] 相关论述分别参见阿尔蒙德《比较政治学：体系、过程和政策》，上海译文出版社，1987；亨廷顿《现代化：理论与历史经验的再探讨》，上海译文出版社，1993。

[2] 马宝成：《试论政府绩效评估的价值取向》，《中国行政管理》2001 年第 5 期。

[3] 戴维·奥斯本、彼德·普拉斯特里克：《摒弃官僚制：政府再造的五项战略》，中国人民大学出版社，2001，第 198 页。

效率逻辑和公共责任逻辑是政府绩效评估内涵中所具有的不可或缺的两个方面。在这两个方面中，公共责任和顾客至上是第一位的，效率则是第二位的，效率只有用来满足公众的需要和实现公共利益时才有现实意义。

第二节　政府绩效评估的类型、程序和方法

政府绩效评估作为政府绩效管理的一个重要环节，其自身存在着不同的类型；而其作为一个循环的流动过程，又离不开科学的实施程序，需要遵循多样化的操作方法。

一　政府绩效评估的类型

随着行政活动日趋复杂化和多元化，行政组织绩效评估也呈现多样化的趋势。我们可以从不同视角将政府绩效评估分为不同的类型。具体而言，从评估的组织形式看，可分为正式评估和非正式评估；从评估的机构看，可分为内部评估与外部评估，从评估的时限看，可分为长期评估、中期评估与短期评估；从评估的层次看，可分为宏观评估、中观评估与微观评估；从评估的指标看，可分为定量评估与定性评估。

（一）正式评估与非正式评估

正式评估指预先制订完整的评估方案，由确定的评估者根据严格规定的程序所进行的评估。正式评估具有评估方案科学化、评估过程标准化、评价结论较为全面的特点。它在行政组织管理绩效评估中占主导地位，其结论可以作为评判组织绩效高低的根据。当然这种评估需要系统地掌握相关信息，并对评估者的素质有较高的要求。

非正式评估指对评估者、评估内容和评估程序没有严格规定，人们只是根据自己掌握的情况对行政组织绩效进行的评估。非正式评估方式灵活、简便易行，容易增强公众的参与意识，弥补正式评估的不足。但由于其缺乏科学的程序，评估者掌握的信息可能只是一鳞半爪，因此难免存在以偏概全、结果粗糙和主观随意性等缺点。

（二）内部评估与外部评估

内部评估是由行政内部人员所完成的评估。由于组织内部人员熟悉组织的运作、掌握第一手信息，因此有利于评估的开展；同时评估者也可以根据评估结果对组织目标和措施作及时调整。但是，由于评估就意味着质疑。由于评估者可能只代表某一局部利益；更由于评估本身的技术性，客观上决定

了内部评估很难做到客观公正、准确合理。

外部评估是由行政组织外的评估者所实施的评估。它可以是由行政组织委托的研究机构或专业性咨询机构进行，也可以是由新闻传媒或民间团体实施。与内部评估相比，外部评估一般较为客观，但由于难以获取准确、真实的信息，因此外部评估缺乏一定的权威性，其结论也不易受到重视。

（三）长期评估、中期评估与短期评估

长期评估是指对行政组织一定时期（一般是 5 年以上）的行政行为进行的评估，主要适用于需要长时间才能展现其效果的那些行政行为。

中期评估是指对行政组织某段时间（一般是 1～5 年）的行政行为的评估。由于在 1～5 年的时间内，大多数行政组织的绩效会比较充分地表现出来，因此中期评估的应用范围较广。

短期评估是指对行政组织较短时间（一般为 1 年）的行政行为的评估。短期评估主要适用于短期内便可充分展现结果的项目。

（四）宏观评估、中观评估与微观评估

宏观评估是指对行政组织绩效进行的整体性、综合性的评估。作为一个整体性的概念，它主要是对行政组织在特定时期内业绩所做的全局性评价，因而其评价体系和评价指标必须具有较强的综合性。

中观评估是指对行政组织内部各职能部门的评估。中观评估对象的特点决定了它一方面为宏观评估奠定基础，另一方面又蕴含了微观评估的各项内容。

微观评估包括对行政组织所实施的某些具体项目的评估和对组织成员个人实施的绩效评估。实际上，脱离了组织内部具体项目和具体成员的任何评估都难以保证宏观评估和中观评估的有效实施。

（五）定量评估与定性评估

定量评估是指用量化的指标实施的评估。定量指标又称数值分析指标，因为它具体、直观，所以，这种测评方法可以使评估结论直接、明晰地展示出来。但由于行政组织的绩效多半难以量化，因而，定量评估的方法在公共行政领域受到一定程度的限制。

定性评估则是对难以定量考核的绩效，通过概念、属性、通行惯例等项目进行描述和判断，从而示明绩效优劣的评估。由于定性评估指标具有一定的抽象性、广泛性，因此，它可以弥补定量评估的不足，但在实施过程中也时常暴露出这种方法的主观色彩。

总之，行政组织绩效评估的各种类型优劣参半。在实际操作过程中，应根据不同时间、不同工作条件，选择不同的评估类型，从而能够保证全面、有效地反映行政组织的实际绩效。

二　政府绩效评估的基本程序

政府绩效评估所指向的是政府机关在管理公共事务和供给公共服务过程中的投入、产出、中期成果、最终成果及其社会效果。评估活动主要通过对政府公共管理活动的花费、运作及其社会效果等方面的测定来划分不同的绩效等级，提高政府公共管理绩效。政府绩效评估并不是一个单一的行为过程，而是要遵循一定的操作程序。①

政府绩效评估的基本程序如图 14－1 所示。

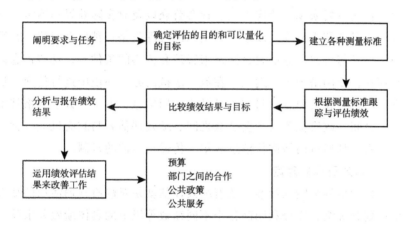

图 14－1　政府绩效评估基本程序图

政府绩效评估试图冷静、客观地评价公共管理活动所产生的效果，但由于这个过程的复杂性和各种地方利益、部门利益，使这种冷静、客观的评价很难实现。为此，开展政府绩效评估必须首先明确以下问题：对一级政府或一个政府部门的绩效进行评估，应具体划分为哪些评估项目；绩效目标如何确定；以任务为导向的结果应当如何测定；评估绩效时应当收集哪些信息；有根据的、可信赖的和可估价的信息价值是什么；如何才能最大限度地利用绩效评估结果来改进政府管理。其中最关键的是评估绩效所欲使用的信息资料、绩效目标的确定和评估项目的划分。

---

① 蔡立辉：《政府绩效评估的理念与方法分析》，《中国人民大学学报》2002 年第 5 期。

（一）信息资料的收集

这是指广泛收集涉及将要接受评估的政府及其部门管理绩效的各方面信息和资料。一般来说，划分评估项目和选定所要评估的内容取决于两个关键因素：一是绩效评估所欲使用的资料；二是绩效评估者根据其价值观选择和确定所评估的事项。绩效评估使用的信息资料包括政府及其各部门的服务承诺、工作计划与方案、工作报表、回复与解释社会公众提出问题或抱怨的信件和电话数量的统计与记录、解决实际问题的数量、实际取得的工作结果与社会效果、会议记录、物质投入与消耗、重大决策过程、成果鉴定的结果、绩效评估结果、管理方法的改进与调整等。要做到信息资料能够准确、客观和全面地反映政府机关的管理绩效、社会效果和公共管理过程中所存在的问题，信息资料的收集就必须真实、客观与全面。

信息资料主要来源于政府机关、社会公众以及对实际效果的鉴定、评估者所进行的调查和听证等。以绩效为基础的管理就是一种信息交流。在政府大量公共事务与公共服务都通过网络来管理和传递的条件下，这些信息以数字形态存在，以网络为传播途径，在数字虚拟的办公环境中进行传递、反馈与处理。因此，收集信息资料的关键是要运用信息、电子和数字网络技术在政府机关之间、政府机关与社会公众之间、绩效评估者与政府机关、社会公众之间建立一种通过网络进行信息收集、传递与反馈的机制。

（二）绩效目标的确定

绩效目标也称为绩效标准。政府绩效评估就是对政府管理活动的绩效进行评价和划分等级，区分和明确各个不同绩效等级上的具体绩效要求就是绩效目标。除了对不同的绩效等级规定明确具体的绩效要求之外，绩效目标还规定了明确、严格的产出和结果评估措施，每一个绩效等级需要达到什么样的绩效要求都是事先给定的。例如，在对环境管理部门的绩效进行评估时，假设其绩效等级可分为 A、B、C 三等，具体评估项目可划分为：①空气质量、污染及其指标；②水质量、污染及其指标；③毒素防治；④废物管理和利用。根据评估项目的划分，确定 A、B、C 3 个等级分别在 4 个评估项目上的具体绩效要求就是绩效目标。绩效评估过程就是根据绩效目标来对实际的管理和服务结果划分等级的过程。因此，政府绩效评估的程序开始于管理结果与绩效目标之间的比较。[①] 如果没有明确的绩效目标，政府绩效评估就

---

① Donald F. Kettl. Putting Performance Management to Work in the Federal Government. Papper of 2001 Annual Meeting of the American Political Science.

失去了方向，也不可能开展；如果绩效目标明确，开展绩效评估就会比较容易。

绩效目标包括量和质两个方面。"量"表明的是政府管理效率的大小，可以表示为：①效率比例，包括投入与产出的比例、单位时间内提供公共服务的数量比例、单位物质投入内提供公共服务的数量比例、无形损耗与一定公共服务之间的数量比例，以及这种比例发展的趋向；②频率大小和行政活动节奏的快慢，包括公共服务提供之间的时间间隔、社会公众提出要求与政府机关做出反映之间的时间间隔，以及这种频率变化的情况和趋向；③环节多少，包括政府部门从开始进行某项活动到这项活动全部结束之间的距离远近、步骤多少和所经过部门的多少。

"质"表明的是政府机关进行公共行政活动、提供公共服务的态度、所使用的方法与手段、管理能力，以及社会公众满意程度。哈里认为，政府机关绩效的"质量"包含服务质量和结果两个方面。"质量"是指公共服务是如何提供的，例如提供公共服务是否及时与准确、是否让顾客感到方便以及提供服务时的态度等；"结果"是公共服务供给之后所产生的社会效果，例如政府机关供给公共服务之后，社会、环境和人们的需要等是否得到了发展、改进，发展与改进的程度，社会公众满意的程度等。评估政府绩效不存在一个统一的适用于各级政府和各个政府部门的目标或标准。① 政府绩效评估的目标体系应包括两方面：一是由各个不同绩效等级的绩效目标所组成的一级政府或一个政府部门的绩效目标体系；二是由各级政府或各个政府部门的绩效目标所组成的政府机关绩效目标体系。

（三）评估项目的划分

评估项目划分与绩效评估之间存在着密切的联系。如何使政府机关绩效的优势与缺陷都涵盖到不同的评估项目中，这是使评估客观、公正，发挥评估导向作用的关键。绩效评估过程本身是一种主观活动，评估者选择什么样的评估资料、选择与确定什么评估项目等都是一种主观活动的体现。如果这种选择不能客观地反映公共管理活动过程、绩效结果与存在的问题，那就会起到相反的作用。因此，如何确定和划分评估项目直接指向的是以任务为导

---

① 2004年8月，由人事部和中国人事科学研究院专家组成的《中国政府绩效评估研究》课题组，宣布已经设计出一套适用于中国地方政府绩效评估的指标体系（共3级33个指标，详细指标体系参见人民网 http://www.people.com.cn，2004年9月）。在我们看来，政府绩效评估指标体系的设计不能过分强求统一，更不存在放之全国而皆准的指标体系。对于不同行政机关和具体职能部门来说，应有与自身职责权限相契合的评估指标体系。

向的结果如何测定的问题。

具体来说，划分绩效评估项目，一是要根据政府的具体职能，不同级别的政府和性质不同的政府部门的绩效评估就会有不同的评估项目。二是要根据社会发展的整体价值取向和社会公众的需求，这样就会使不同时间、不同地区和不同社会历史条件下的政府绩效评估，即使是对同一级政府或同一类政府部门的绩效进行评估，也会划分为不同的评估项目。

评估项目的划分是建立评估目标体系的基础。评估目标是衡量评估项目的量和质的尺度，也就是给评估项目中政府机关的绩效划分等级。衡量若干个评估项目量和质的尺度就构成了评估目标体系。

总之，政府绩效评估的过程就是划分与选定评估项目，按照划分与选定的评估项目，将反映政府机关绩效的各类信息与资料进行归类与整理、划分绩效等级、做出评价、公布和使用绩效评估结果的综合过程。[①] 在评估过程中应当注意：一是要选择一个适当的评价策略，包括开展以问题为基础的调查、选择评估的时机、评价的影响力等；二是要选择评价工具，包括选择评估方式、审计、经济与效率评论、评价说明、成本—效益分析、成本—效率研究、努力程度评价、执行过程评价、绩效监控、比较案例研究、实验设计、准实验设计、过程分析、设计和使用平衡记分卡等；三是应当重视绩效评估结果的公布，运用具有影响力的评价结果来提高政府机关的绩效。

三　政府绩效评估的主要方法

政府绩效评估的方法有许多种，其中比较常见的有下列几种。

（一）等级评定法

该方法的操作方式是，划分出不同的评定等级，并对每个等级进行相应的具体描述，然后针对每一个评价要素或绩效指标按照给定的等级进行评估。

该种方法的优点在于简单易操作。其缺点主要有下述方面：首先，由于操作简单，有些人容易做表面工作，在评定过程中敷衍了事。其次，评估者和被评估者都习惯于将评定等级人为提高。这样评估结果往往比实际情况要好。另外，有的时候由于对等级评价的标准表述得比较抽象和模糊，例如到

---

① 蔡立辉：《政府绩效评估的理念与方法分析》，《中国人民大学学报》2002 年第 5 期。

底什么样叫"创造性完成工作"、"明显超出绩效标准"往往令人产生歧义，这样不同的人在评估时标准可能会不统一。[①]

针对等级评定法的不足，可做下列改进：让评估者在做出评定等级的同时，对评定结果给出一个简单的评语，用一些事实来说明被评估者的绩效水平，从而给出做出该种等级的充分理由。例如，如果一个被评估者的绩效为优秀，那么就需要列举出一些证明他绩效优秀的行为表现。

（二）强迫分布法

该种方法可以在一定程度上弥补等级评定法的不足，防止评定结果比实际情况好。这种方法强调对各个等级的人数比例做出限定。此时，需要注意各个等级的比例分布接近正态分布。例如对"卓越"、"优秀"、"良好"、"需改进"、"不足" 5 个等级的比例分布按照强迫分布法设定如下表14 - 1。

表 14 - 1　强迫分布法示意表

等级	卓越	优秀	良好	需改进	不足
比例(%)	10	20	45	20	5

强迫分布法的比例规定只是一个对总体比例的控制，具体到各个部门，可以有一定的上下浮动。例如，有的部门可能只有几个人，很难要求它严格地按照比例分布来进行评定。

（三）排序法

该种方法的操作办法是，将政府人员按照某个评估因素上的表现从绩效最好的人员到绩效最差的人员进行排序。该种方法的通常做法是：将所有参加评估的人排列出来，针对每一个评估要素分别开展评估。首先找出该因素上表现最好的政府人员，将他排在第一的位置上，再找出在该因素上表现最差的人员，将他排在最后一个位置上，然后找出次最好的人员，将他排在倒数第二的位置上，以此类推。接着根据同样的方法对第二个因素进行评估。

排序法可以比较清楚地看到在每一个因素上表现好和表现不足的人员，但排序法的不足是，它只适合对人数较少的团队进行绩效评估，人数过多将会使排序变得过于烦琐。

[①]　陈芳：《绩效管理》，深圳，海天出版社，2002，第 168 页。

另外，排序法可能带来的一个负面影响就是政府人员之间的相互攀比和竞争。竞争本是一件好事情，它可以促使公务员为达到目的而努力工作，但也会诱发一些公务员不择手段的恶意竞争。

（四）行为锚定等级评定法

该种方法要求建立一个行为性的评估量表，对每个等级运用关键事件进行行为描述。具体步骤如下。

（1）确定评估要素。选取要评估的基本要素，并对每个要素的内容加以界定。

（2）确定关键事件。通过对工作比较熟悉的人（任职者或任职者的主管人员）提供一些关键事件，包括工作做得好的关键事件和工作做得不好的关键事件。

（3）将关键事件分配到评定要素中去。

（4）由另外一组对工作同样了解的人对关键事件重新进行审定、分配和排序。将这一组与前面一组分配关键事件时，在一定程度上（80%）一致的关键事件保留下来，作为最后使用的关键事件。

（5）对关键事件进行评定，确定分配到各个要素的各个等级上的关键事件是否可以代表各自的要素和等级。

与行为锚定等级评定法相类似并容易混淆的另一种评估方法是关键事件法。关键事件法是一种辅助性的评估方法，在对政府机关工作人员进行绩效评估时"一般不宜单独使用，而要结合其他一些评估方法同时使用，才能更全面地对工作人员的表现做出合理的考核评定"。[①]

（五）标杆管理法

美国俄勒冈州是以成功实施标杆管理法而著称的一个州级城市。20世纪80年代由州政府直接领导的俄勒冈进步委员会正式成立，全面的标杆管理法由该组织集中推进[②]。该组织认为，"标杆管理测评旨在使一个机构、城市或社区的福祉走向特定的境界和理想的状态"。[③] 这种理解显示的是对内部情况的关注：所谓的"最佳"不是由外部某个政府机构树立的，而是组织自身对未来前景的展望。在20多年时间里，该方法促进了政府绩效的明显改善，成功的核心在于制定了一套科学、合理、全面的指标体系。该州

---

① 陈刚、吴焕明：《人力资源管理方法》，广东经济出版社，2003，第416页。

② 张小玲：《国外政府绩效评估方法比较研究》，《软科学》2004年第5期。

③ 帕特里夏·基利等：《公共部门标杆管理》，中国人民大学出版社，2003，第128页。

在指标体系设计方面的成功经验可以归纳为以下几点：①与社会在未来时间内所希望达到的愿景以及政府所制定的战略保持绝对一致；②广泛征求社会各界人士意见；③在以组织战略为导向的基础上，聚焦于社会亟待解决的问题，而与此相对应的指标体系大致包括与长远发展有关的战略型指标以及与当前有关的应急型指标两个部分。

俄勒冈进步委员会根据上述原则所设计的指标体系由三个层次组成：①描述指标体系的所属领域；②在层次已定的基础上选取每一领域中若干具有代表性且具有较高测评价值的部分；③在每一部分确定最终具有针对性的测评指标，通过分解最终构成政府绩效评估的一系列具体指标。

（六）平衡计分卡法

平衡计分卡（Balance Score Card，简称 BSC）是由哈佛商学院 Rokert S. Kaplan 和 David P. Norton 于 1992 年发明的一种绩效评估和管理的工具。平衡计分卡问世以来，在西方企业界已经得到了广泛应用，并被《哈佛商业评论》评选为"过去 80 年来最具影响力的十大管理理念"之一。平衡计分卡是从企业发展的战略出发，将企业及其内部各部门的任务和决策转化为多样的、相互联系的目标，然后再把目标分解成由财务状况、顾客服务、内部经营过程、学习和成长在内的多项指标组成的多元绩效评估系统。如图 14 – 2 所示。

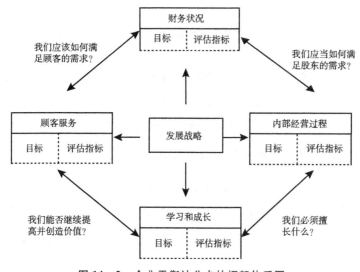

图 14 – 2　企业平衡计分卡的框架体系图

资料来源：Linking the Balanced Scored to Strategy，Kaplan and Norton，California Management Review，July 1996.

有学者根据地方政府的战略目标对平衡计分卡进行修正和整合，试图为构建科学、合理的地方政府绩效评估指标体系提供框架支撑。他们认为，基于平衡计分卡的地方政府绩效评估指标体系结构应调整为政府成本、政府业绩、政府管理内部流程、政府学习与发展四个指标，其框架体系如图14-3所示。[1]

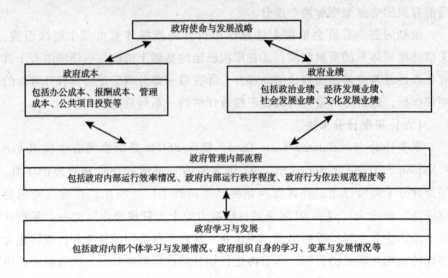

图14-3 政府平衡计分卡的框架体系图

第三节 政府绩效评估的困境及其排解

随着西方政府改革实践发展和理论研究的深化，政府绩效评估逐步为理论界和实践界所重视。然而由于起点较低、研究较晚、理论支撑较弱，这一工作还处于起步阶段，在理论和实践中存在多重困境。

一 政府绩效评估面临的多重困境

政府绩效评估对于创建高绩效的政府的意义十分重大。它对于科学地回答政府现代化进程中每个阶段需要建设的程度、每个阶段建设的实际程度、在特定的阶段中存在的不足以及如何改进等一系列问题[2]，都具有不可或缺

① 彭国甫、盛明科、刘期达：《基于平衡计分卡的地方政府绩效评估》，《湖南社会科学》2004年第5期。
② 孙学玉、周义程：《服务型政府的评估及其要素设计》，《理论前沿》2004年第9期。

的参照价值。政府绩效评估也是公共管理的核心命题之一。著名管理学家阿姆斯特朗就曾指出：若要改进绩效，您首先必须了解目前的绩效水平如何，测定是绩效管理的一个关键环节，因为如果不能测定它，你就无法改善它，除非对绩效目标实现程度的测定方法达到一致或谅解，否则一切确定绩效目标或标准的努力都是徒劳无益的。然而由于诸多方面的原因，政府绩效评估在理论和实践中都存在重重困难。林奇和戴伊两位学者在对美国政府绩效评估进行深入研究后认为，公共组织的一个共同特征就是绩效不易衡量，政府绩效评估在实践中常常受到多种限制，如内部无能的反功能（internal incapacity dysfunction）、政府绩效的因果关系难以确认、公共组织控制环境因素的能力很弱、政治因素对绩效衡量的影响显著等。[①] 具体来说，政府绩效评估主要存在下述困境。

（一）政府绩效评估理论的缺乏

绩效评估是绩效管理中的一个关键环节。绩效评估首先产生于工商企业中，最早可以追溯到 20 世纪初泰罗进行的工时研究和动作研究[②]，随后法约尔则将其从工商管理领域推广到人类一般管理领域。经过一百多年的发展，工商企业绩效评估有所进步。尤其是近年来，随着经济全球化和信息化时代的到来，各国企业面临更加激烈的竞争，为了提高自身的竞争能力，很多企业都在探求提高组织绩效的良方，绩效评估亦得到了一定程度的发展，但仍然不够成熟和完善。

与企业绩效评估相比，政府绩效评估则只有 30 余年的历史，相关的理论更为缺乏。学术界对于政府绩效评估的基本概念、评估程序、方法和技术等问题都存在较大分歧，对政府绩效评估指标体系的设计更是五花八门，而且缺少科学性和系统性。也正因为如此，无论是在西方发达国家，还是在我国等广大发展中国家，政府绩效评估的实践都很不尽如人意。如何尽快构建出科学、全面、系统的政府绩效评估理论，自然而然地成为摆在各国学者和

---

① Thomas Lynch and Susan Day, *Public Sector Performance Measurement*, 1996, pp. 409–419.

② 泰罗进行的工时研究和动作研究，开创了科学管理的新时代，并使其获得了"科学管理之父"的美称。然而，他关于在工厂主与工人之间进行一场"心理革命"的主张却时常被许多后来的研究者所忽视，并由此进一步导致对泰罗的重大误解。事实上，泰罗并没有忽视人的因素，我们以为甚至可以将他看成是社会人时代的奠基人。泰罗是从车间脚踏实地地干出来的，而法约尔则由于良好的家庭背景使其一开始就有机会担任高层管理者，进而培养了自己的战略思维能力。法约尔的贡献主要在于提出了管理的五职能说和十四项基本原则。参见 F. W. 泰罗《科学管理原理》，团结出版社，1999；H. 法约尔《工业管理与一般管理》，团结出版社，1999。

行政实践工作者面前的一个世界性难题。

（二）政府部门目标的多元性和内在冲突性

私营企业组织的终极目标常常是追求私人利益的最大化，与之相反，政府组织的最终目标通常被设定为实现公共利益的最优化。那么何为公共利益，不同层级、不同部门的政府组织各自需要体现的公共利益是什么，差异何在，是否有内在的冲突，这些本身就是难以从理论上彻底厘清的难题。如环境保护部门对大气污染的控制目标，与主张大力发展私人汽车的工业管理部门的目标可能会发生冲突等。在这种情况下，不同的价值取向导致不同的价值选择，导致不同的目标选择，导致不同的绩效评估结论[1]。更进一步来看，许多政府组织都不清楚自己的服务对象究竟是谁，因而更谈不上正确体现其公共利益了。戴维·奥斯本、特德·盖布勒经过调查研究后发现，美国很多政府部门都弄错了自己的服务对象，例如运输部认为自己的服务对象是公路运营商和公共交通系统（真正顾客应该是驾驶员和公交乘客），住房和城市发展部将服务对象确定为房地产开发商（真正的顾客应当是城市居民）。[2] 对政府部门而言，目标定位的确非常困难，有学者研究后认为："公共服务组织很少能制定出明确有限的目标以及完成目标的稳定而精确的行为程序"。[3] 政府目标不易确定的一个重要原因就在于，政府管理的重要职责之一就是对社会价值进行权威性分配，而今天的社会是多元化的变革性社会，社会利益和价值都是多元的，因此"政府往往需要在多元的、甚至是相互冲突的利益和价值之间做出平衡和抉择"[4]，这样政府在多元理性的平衡和矛盾中，往往会存在多元化的目标，而且在多元目标之间会产生内在的冲突。

（三）政府部门的产出难以量化

一般来说，私营部门通常以利润最大化为直接目标，其资金周转率、资产获益率、市场占有率等都有比较容易量化的指标，而政府部门的产品或服务通常是一些"非商品性"的产出，它们进入市场的交易体系后很难

---

① 彭国甫：《对政府绩效评估几个基本问题的反思》，《湘潭大学学报》（哲学社会科学版）2004 年第 3 期。

② 戴维·奥斯本、特德·盖布勒：《改革政府——企业精神如何改革着公营部门》，上海市政协编译组/东方编译组编译，上海译文出版社，1996，第 150 页。

③ Pollitt, Christopher (1990), *Managerialism and the Public Services: The Anglo-American Experience* (Oxford: Basil Blackwell), p. 121.

④ 张成福、党秀云：《公共管理学》，中国人民大学出版社，2001，第 15 页。

形成一个反映其生产成本的货币价格，从而造成对其进行准确测量的技术上的难度。[①]　与私营部门相比，在大多数情况下，政府部门的产出存在成本收益衡量的困难性，政府机构所生产的公共物品或服务难以用具体单位来计量，也不便通过市场交易的方式获取利润。因此，很难判断政府机构在公共物品或服务生产过程中是否尽可能地节约了成本，这必然大大增加评估难度。而从信息经济学视角看，由于政府提供公共物品或服务更具垄断性，其拥有很多重要信息并存在严重的信息非对称性，这样也不太容易通过横向比较来测度政府部门的绩效。正因为如此，所以官僚机构往往通过尽力争取使政治家相信它们所提出的公共物品或服务的产出水平所带来的社会收益比其真实结果要高，继而能够寻求获得使其预算规模最大化的产出水平。由于存在高额的交易成本，资金提供机构经常难以监督那些官僚机构的行为。官僚机构能够以两种方式来扩大其预算规模，一是通过说服政府当局使其相信它们的产出水平应当提高，二是通过使用没有效率的生产手段来生产任一产出水平的公共物品，从而增加预算投入。[②]　此外，政府的产出还时常具有间接性和周期性，经常体现为一些中间产品，其对最终产品的贡献量难以精确度量。

（四）　政府绩效评估信息系统不健全

从信息论角度看，政府绩效评估是一个信息筛选、输入、加工、输出和反馈的动态循环的系统工程，评估的信度和效度在很大程度上受制于信息的准确性和传输的有效性。从当下的现实来看，无论是西方发达国家，还是广大发展中国家，都缺乏健全的政府绩效评估信息系统，这无疑给评估工作造成严重障碍。与此相对应，政府绩效评估中的困难主要体现为评估所需信息难以收集，很多时候花费了大量的人力、财力和物力，但仍然难以根据所获取的信息有效地开展评估。由于政府部门之间通常存在着信息资源分散化、封闭化、分割化现象，难以进行信息资源的有效整合，从而造成了一个个"信息孤岛"[③]，由此必然加大政府绩效评估的难度。在评估过程中，信息不对称现象亦时常出现。由于信息系统的不完善，评估中常常出现政府与公众的沟通梗阻现象，从而导致评估质量的降低。

---

① 马骏：《公共行政中的"生产理论"》，《武汉大学学报》（哲社版）1997年第3期。

② 尼斯坎南：《官僚机构与政治家》，《法和经济学》1975年第18期。

③ 许多学者都将"信息孤岛"看成是政府之间的信息封闭与沟通障碍。我们认为，这种观点的局限性在于仅仅关注了政府自系统内部的信息交流问题，而忽略了从政府自系统与他系统良性互动的广阔视野来透视信息孤岛问题，并由此造成对政府"公共性"本质的漠视或忽视。

（五）政府绩效评估指标难以确定

评估指标是政府绩效评估的基本理论参照和操作依据。然而在评估过程中，政府绩效评估指标的架构与设计却存在诸多困难，这已成为制约政府绩效评估理论与实践的瓶颈。评估指标构建的困难主要来自下述方面：①政府提供的物品或服务大多不易量化，其服务品质很难用具体明确的指标来度量。②在评估指标的设计过程中，由于缺少充分的理论参照，设计中的主观随意性较大。③构建评估指标需要具备社会学、经济学、政治学、行政学、管理学、统计学、高等数学等多学科的背景知识，而由于现代学科分化越来越细，因此精通上述学科的通才很难搜寻得到。即使我们将不同学科的专家汇集起来，由于各自专业偏好和知识背景的差异，往往出现沟通的困难和意见的分歧，要形成科学的指标体系仍然勉为其难。④政府绩效哪怕是某一个简单行为的指标，都具有复杂性、多维性和易变性，难以科学、准确地加以厘定。比如对教育部门的绩效进行评估时，如果纯粹根据大学毕业生的实际就业率和就业质量这两个指标，显然不够科学，因为我们无法彻底搞清楚影响就业率和就业质量的可能因素究竟有哪些，或许很多时候就业率不高并非教育部门之过，而是诸如经济萧条导致就业机会减少、就业市场尚未成熟等其他因素造成的。

（六）政府机构及其人员自身利益的影响

公共选择理论的代表人物布坎南和图洛克两位学者认为，经济领域中个人行为的出发点是"自利"，政治领域同样如此，政府行为动机也是自利的，真正大公无私的行为者只是特例，不具有普遍性。为了实现自身利益的最大化，理性经济人会运用其所具有的信息努力追求自身利益。正因为如此，政治家和官僚总是更为青睐那些最能够体现自己利益的议案。[①] 该理论观点同样适用于政府绩效评估领域。政府绩效评估本质上是对政府机构及其工作人员业绩的考核和监督，因此必然要触及或影响被评估者的利益，那么理性的被评估者就要想方设法隐瞒真实信息，为评估的准确性设置重重障碍，或者通过多种手段保证评估结果好于实际状况，并以此为自己捞取政治资本。

二 改进政府绩效评估的有效途径

政府绩效评估是一个世界性难题，人们为走出困境，努力探求改进政府

---

① 丹尼斯·缪勒：《公共选择》，上海三联书店，1993，第 2 页。

绩效评估的有效途径①。

（一） 加强理论研究，培养专业性评估人才

政府绩效评估理论的发展程度取决于实践对它的需要程度。随着政府绩效评估实践的快速发展，政府绩效评估理论研究的春天必将来临。加强政府绩效评估理论的研究，离不开自然科学、社会科学和人文科学的学科精英以及政府实践工作者的共同努力，需要实现科际整合和运用跨学科的研究方法，更需要加强国家间政府绩效评估研究的交流与合作。

人才是政府绩效评估的核心要素。新古典经济学的著名代表人物阿尔弗雷德·马歇尔就较早地认识到了人的能力因素之重要性。他指出，生产的发动机是两样东西：一个是知识，一个是组织，而不是土地和种子。② 美国著名经济学家、诺贝尔经济学奖得主、人力资本理论创始人舒尔茨则明确地指出了传统的资本概念之片面性，并正式提出了人力资本这一概念，强调了人力资本在现代经济中广泛而重要的作用。他指出："人力资本的显著标志是它属于人的一部分。它是人类的，因为它表现在人的身上；它又是资本，因为它是未来满足或未来收入的源泉或两者的源泉。"③ 然而，在政府绩效评估领域，无论是西方发达国家还是广大发展中国家，评估人才都十分缺乏，其中一个重要原因就是没有形成一套科学合理的评估人才培养的制度化模式，因此必须将加强评估人才培养作为改进政府绩效评估的重要途径。建议在行政管理和公共事业管理等本科专业中开设政府绩效管理与绩效评估的专业课程，在研究生阶段设置专门的政府绩效评估专业，在入学考试的科目安排中体现出政府绩效评估的跨学科特征。此外，要重视对政府部门领导的培训，通过介绍公共部门绩效评估的基本经验，提高他们对绩效评估的认识水平。

（二） 完善评估立法，使政府绩效评估法制化、制度化

政府绩效评估必须有相应的法律保障才能有效地推行下去，一方面要从

---

① 甘肃省政府曾委托兰州大学中国地方政府绩效评价中心完成了《非公企业评议政府工作报告》。该报告汇集了 4000 多家非公企业对甘肃 14 个市、自治州政府和 39 家省属职能部门在职能履行、依法行政、管理效率、廉政勤政、政府创新等方面的测评记录。这种通过第三方来大规模地评估政府绩效的方式，在全国尚属首次。我们认为，评估主体多元化相对来说更有利于保证政府绩效评估结果的客观性和公正性，但如何有效地防止政府与第三方之间达成"私下交易"并增强社会评估机构的公信力，是使这种客观性与公正性得到充分体现的关键所在。

② 马歇尔：《经济学原理》（上卷），商务印书馆，1964，第 216 页。

③ 西奥多·W. 舒尔茨：《人力资本投资：教育和研究的作用》，商务印书馆，1990，第 19 页。

立法上明确政府绩效评估在政府管理中的重要地位和特殊作用，保证政府绩效评估的经常化和制度化；另一方面要对政府绩效评估的范围、形式、内容和方式等诸多问题都做出详细规定，使评估有科学的法律依据和规章制度可以遵循，从而把评估纳入法制化的轨道。此外，必须从法律上确定政府绩效评估机构在政府机关中所处的地位，保证其收集评估信息、开展评估活动、分析评估结果、提出改进方案等评估全程的畅通无阻，惟其如此，才能从法律上保障评估的准确、有效、公正和透明。当然，政府绩效评估的法律法规本身要具有科学性，同时又要得以及时有效地贯彻执行，这也是加强法治政府建设的题中应有之义。亚里士多德早在两千多年前就指出："法治应当包含两重意义：已成立的法律获得普遍的服从，而大家所服从的法律又应该本身是制订得良好的法律。"[1]

（三）健全政府绩效评估信息系统，保证评估的有效和准确

政府绩效评估必须以准确、完备和科学的评估资料为现实基础。由于评估所涉及的部门多、信息量大、信息不对称现象严重，绩效评估所依据的信息的准确性将大打折扣，评估的信度和效度也会大大降低。为此，建立健全完备的政府绩效评估信息系统就显得尤为必要。具体来说，至少应从以下几个方面着手。一是要组建专门负责搜集、加工信息的工作团队，由其对各方面的相关信息进行及时的收集、筛选、加工、整理和归类，形成政府绩效评估的信息资料库。二是要建立与政府绩效评估信息系统相配套的信息搜集制度，使信息搜集制度化、标准化、科学化，从而便于信息的归类整理、筛选加工和合理整合。三是要以推进政府信息化建设为契机，提高信息设备现代化、信息技术应用化和信息传递网络化程度。四是要优化和调整政府组织结构，减少管理层次，适当增加管理幅度，协调"条块分割"的管理组织构架的内在矛盾，消除信息孤岛现象，为政府绩效评估信息系统的创建提供良好的组织环境。

（四）强化公民参与，确立公民取向的绩效观

政府绩效评估作为改革和完善政府治理模式的依据和手段，体现了服务本位的改革取向和结果为本的评价机制。就其所体现的服务本位取向而言，政府绩效评估蕴涵着顾客至上的管理理念和公民取向的绩效观，政府机关理应实现从管理者和监控者向公共服务供给者的角色转换，并将根据公众需要提供良好服务作为其最根本、最广泛的职能。就其所体现的结果为本的评价

---

[1] 亚里士多德：《政治学》，商务印书馆，1995，第 199 页。

机制来说，政府绩效评估寻求的是对政府机关公共服务供给的质量、效能、公平性以及回应性的科学测定，目的在于避免供给者利用提供公共服务的机会谋求私人利益，尽可能实现公众利益的最优化。传统的科层制政府组织结构时常具有官僚化和自利化的倾向。汉娜·阿伦特曾批评性地指出："从科层制中知道，无人统治不一定是不统治；在某些情况下，它或许会成为一种最残酷、最暴虐的统治。"[1] 因此，为了有效地消解评估的制度性障碍，需要引入参与式民主制度，增强公民参与的动机，培养公民参与的兴趣，提升公民参与的效能感；拓宽公民参与的渠道，实现从"以人为中心的参与向以制度为中心的参与渠道发展，从简单性向复杂性的发展"；[2] 循序渐进式地提高公民参与评估的强度，实现量与质的有机统一。政府绩效评估中引入公民参与机制[3]，有利于政府更有效地朝着公民需求的方向努力，有利于政府机关及时纠正行动中的失误，有利于增进公民对政府绩效评估的监督、支持以及对评估结果的理解和认同。需要补充说明的是，公民参与政府绩效评估的程度并非越高越好，而应遵循适度与渐进原则，正如托克维尔所言："在规制人类社会的一切法则中，有一条法则似乎是最正确和最明晰的。这便是：要使人类打算文明下去或走向文明，那就要使结社的艺术随着身份平等的扩大而正比例地发展和完善。"[4] 政府绩效评估中的公民参与必须掌握这种"比例"，否则可能带来的是破坏而非促进。对此，亨廷顿的观点更加值得参考。他指出，在推进现代化的广大发展中国家，期望和指望之间总是存在较大的差距，并由此造成社会颓丧和不满。此时如果社会流动机会小，那么人们就会积极参与政治生活。如果参与水平高，而政治制度化的水平低下，那么就会造成政治动乱。[5] 由是观之，政府绩效评估中理应倡导渐进、适度和有序的公民参与。

（五）推行电子政务，形成政府绩效评估的新载体

电子政务要求打破传统的等级化官僚制组织结构，通过政府职能重组、组织流程再造，使管理结构由金字塔形的垂直结构向扁平化、网络化和交互

---

[1] 汉娜·阿伦特：《人的条件》，上海人民出版社，1999，第31页。

[2] 陶东明、陈明明：《当代中国政治参与》，浙江人民出版社，1998，第133页。

[3] 无论政府绩效评估的主体是谁，都需要有公民的参与。这种参与不仅体现在评估过程要透明和公开，确保公民及时获得信息，更体现在评估中要有公民（尤其是某一具体的行政机关直接接触的那部分公民）对政府绩效的讨论、评价以及对评估过程的监督。从这一意义上说，公民的参与权更多地体现为评估权与监督权。

[4] 托克维尔：《论美国的民主》（下卷），商务印书馆，1991，第640页。

[5] 亨廷顿：《变革社会中的政治秩序》，华夏出版社，1988，第56页。

式的管理体系转变。这样既有利于决策层、管理层以及操作层之间的沟通，减少信息失真的程度，又为公民广泛、深入的行政参与提供了新的载体和通道，进而提高政府管理的透明化、民主化和公正化程度，而公民参与也必将进一步推动政府绩效评估的开展。另一方面，电子政务为政府绩效评估迈向科学化、标准化和制度化提供了多方面支持。电子政务的组织系统主要由实体要素、支持要素、目标要素和人员要素组成。实体要素包括硬件、软件和信息资源库；支持要素是指保证电子政务顺利推进的法律制度；目标要素指电子政务所要实现的目标，如电子公文、电子商务等等；人员要素是维系电子政务良性运行的人力资源保证，包括对系统的维护和数据的收集、处理等[1]。上述要素为政府绩效评估体系的构建和评估工作的开展提供了有效的物质和制度保障。

（六）重构政府绩效评估的主体结构，实现评估主体多元化

政府绩效评估主体结构至少应包括综合评估组织、直管领导、行政相对人、评估对象自身等[2]。综合评估组织评估的主要是传统项目的内容，如制度建设、思想建设、组织建设以及作风建设等。综合评估组织通过实地调查、听取汇报、召开座谈会的形式，以定性评估方法为主。为了防止可能出现的主观随意性，综合评估要求评估要素尽可能的明确规范，便于操作。比如，制度建设方面规定要有工作管理制度、岗位责任制度和承诺公开制度等指标要素；政风建设方面要求体现遵纪守法、廉洁奉公、勤政为民、作风民主和诚实守信的要素内容。

评估对象的直管领导从总体的队伍建设、基本建设评估主体中分离出来，作为独立的评估主体，具有不可替代的优势。一般而言，评估对象的直接领导熟悉业务、熟悉部属，了解下属部门的运作情况，切身体察班子素质的优劣，工作质量的高低，政令贯通的程度。同时，直管领导的评估还可以作为一种平衡艺术，把一些在其他评估指标中难以精确反映的工作绩效相对的体现出来，以某种定性方式弥补现行定量评估的缺陷。比如，在政令畅通指标中，可以设置执行计划、完成临时任务、汇报反馈和部门协调等参考要素；在工作质量指标中，可以列入维护稳定、化解难题、应对突发事件、获得上级表彰等指标要素。

公民特别是评估对象的相对人作为评估主体，可以最直观地体现评估的

---

① 陈振明：《公共管理学》，中国人民大学出版社，2003，第308页。
② 卓越：《公共部门绩效评估的主体建构》，《中国行政管理》2004年第5期。

满意特征，明确评估的价值取向，通过这样一种"使用者介入"机制，将事实与价值取向结合起来，可以增加评估模式的社会相关性。美国国家公共生产力中心主任马克·霍哲教授非常重视公民作为评估主体的作用，他认为："只有政策制定者和市民积极主动地参与业绩评估——即参与让政府机构对他们的开支负责，对他们的行动负责，对他们的承诺负责这样的评估过程，上述的多重目标才能实现。"[①] 只有公民参与鉴别要评估的项目；陈述目的并界定所期望的结果；选择衡量标准或指标；设置业绩和结果（实现目标）的标准；监督结果；业绩报告；使用结果和业绩信息等评估的全过程，政府才能真正提高管理绩效。

---

① 　马克·霍哲：《公共部门业绩评估与改善》，《中国行政管理》2000 年第 3 期。

第十五章
公共行政改革与发展

当人类从工业社会迈向信息社会之后，传统公共行政所推崇的官僚体制由于其等级制线性组织结构所暴露出来的体制僵化、信息阻滞等弊端，使它的庞大躯体显得日益笨拙，行动迟缓，甚至"慢得像蜗牛爬行"；而信息社会急剧的变革和发展所要求的灵活机动、提倡参与和竞争、注重成本和效益等新的服务需求，又是它所缺少的；国际竞争的加剧，国内财政收入与公共支出之间的矛盾，既有管理和服务体制效能低下，使各国公共行政陷入了内外交困的境地，摆脱困境、推进改革成为当代公共行政的重要主题。

第一节 当代公共行政改革的动因分析

公共行政改革既是对数十年来行政管理理论和实践的检讨与反思，也是对新时代、新环境的自觉适应。越来越多的人认为打破旧有的思维模式，突破官僚制的局限，建立与信息社会相适应的、具有强烈创新精神的、灵活的、公民满意和需要的新型政府模式，是对时代的强力回应，具有划时代的重要意义。

一 公共行政改革的国际背景

20世纪后半叶，人类社会逐步从工业社会向信息社会转变，以微电子技术支撑的信息革命以摧枯拉朽之势将人类带入一个全球化的时代。在这一时代，超级信息符号开始渗透于"大烟囱经济"，以此为基础的新文明动摇并改变着原有的政治、经济和社会运行模式，世界政治、经济和文化领域发生了前所未有的变化。正如美国学者赖克所说："我们正在经历一场变革，这场变革将重新安排即将到来的世界政治和经济。到那个时候，将不存在国家的产品和技术，不再有国家的公司和国家的工业。届时将不再有国家的经济，至少是像我们所了解的那样的概念。在国家边界以内将剩下的只是构成一个国家的人民。"① "传统的行为方式渐渐降低为一种信仰方式"，"政治家因此而变得无权，国家也改变了角色。……国家作为一个社会调解人，它只能力所能及地管理疆界内的事务。国家地位已降为一个旁观者，就像法庭书记员，他只记录在其他地方所做出的决定，而无权做任何决定"。② 正是在这种全球化的强力推动下，世界政治、经济、文化正在发生前所未有的变化。

其一，社会利益和价值日趋多元化。思想上的共识在逐步丧失，统一的、普遍认可的标准在不断模糊，"每一种主张、理论、主义、意识形态都可以自成体系，自行其是，自己就是裁判，而不再仰仗传统意义上的'真理'和作为'真理'的载体的那种权威"③。在大工业时期和大众传媒条件下形成的大多数统一意志的民主，已经被信息社会日益凸显的个性化特征所取代，各种社会利益、价值和媒体必然呈多元化的发展趋势。与此相适应，无数的少数派权力必然会逐步代替具有关键合法性的多数派统治④，用统一的标准和模式来规定或衡量社会成员与组织的观念、行为都已经变得不现实了。

其二，层级政治在范围上不断扩大。超级信息符号的出现，知识、信息日益为更广泛的社会公众所享用，"符号分析员"如雨后春笋，迅速涌现；与此同时，等级制控制力量不断受到削弱，一些大公司超越主权观念的限制，正大规模地走出国门，遍布世界，等等，这些都迫使国家、地区、世界间的权力结构发生变化，政府与政府、政府与社会间的运作模式、管理理念都面临着前所未有的挑战。

其三，社会诸要素日趋多元化。由于知识的转移、信息载体的分散，社会由单向度向多向度、价值由一元向多元、单位由同质向异质的方向发展，大一统的社会蓝本正在不断地为迅速发展的信息力量所改写。

以上所有变化，都给传统政府带来新的挑战，使其无法继续以组织记忆来推动传统体制的运行，对社会需求的提供也无法在已经积累的知识中找到

---

① 罗伯特·赖克：《国家的作用》，上海译文出版社，1994，第1页。
② 阿兰·伯努瓦：《面向全球化》，载美国《泰洛斯》杂志1996年夏季号，第108页。
③ 徐迅：《"后现代"景观中的国家》，第271页，载刘军宁《自由与社群》，三联书店，1998。
④ 阿尔温·托夫勒等：《创造一个新文明》，上海三联书店，1996，第92页。

现成答案。因此,重新思考全球化、信息化条件下的政府管理理念和运行体制,成为当代世界各国政治与行政改革面临的共同课题。

(一) 全球化规定了国家政治的限度

全球化是目前各个阶层最为流行的话语之一,它从物质上到观念上全面深刻地影响和改革着包括个人、民族、国家以及各个组织在内的社会能动者及整个社会结构的存在,用新的选择和挑战组成了使各方濒于应付的困境。它逐渐超出了人们的认识框架,以至于难以找出一种权威理论来从总体上准确地描述、正确地解释以及恰当地预测变动着的全球化体系[①]。目前,我们能够清楚地看到的是,全球化的结果是权力和影响正在向超国家机构流动,包括国际货币基金组织、世界银行、欧盟、关贸总协定、地区性贸易协会等[②],无限竞争日趋激烈。在经济力量和技术力量的推动下,世界正在被塑造成一个共同分享的社会空间;在全球化条件下一个地区的发展能够对另一个地方的个人或社群的生活机会产生深远影响。当代社会和经济的剧烈变革似乎剥夺了国家政府或者公民控制、掌握或者抵制这种变革的能力,全球化有力地揭示了国家政治的限度[③]。"国家原有的坚固疆界逐渐变得没有意义,并且导致不断变化的生活模式的趋同之势"[④]。这也正是多年来许多国家寻求新的政府替代模式,推进公共行政改革的重要驱动力。对此,加拿大学者萨维评论说:"全球化的经济要求国家自由裁量权的某种牺牲,把它们让渡给国际机构并服从国际规则。例如,一个国家的贸易政策越来越受到国际协约的限制。我们正在感受到国家之间相互协调法律和政策的压力。"[⑤] 经合组织也注意到经济全球化必须建立相应的符合国际惯例的行政体制。所有欧盟国家都注意到:"作为已经采取的改善措施之一,它们都已经对自己的有关机构、法律制度和办事程序做了许多调整。与此相应,那些正在申请加入欧盟的国家都已认识到:如果它们想获得欧盟成员国的身份,就必须(在各级政府层次上)对它们各自的公共机构实行重大的并且经常是根本性的

① 星野昭吉:《全球政治学:全球化进程中的变动、冲突、治理与和平》,新华出版社,2000,第23页。

② 周志忍主编《当代国外行政改革比较研究》,国家行政学院出版社,1999,第6页。

③ 戴维·赫尔德、安东尼·麦克格鲁等:《全球大变革:全球化时代的政治、经济和文化》,杨雪冬等译,社会科学文献出版社,2001,第1页。

④ Axford, Barrie, *The Global System: Economics, Politics and Culture* (Cambridge: Polity press, 1995), p. 23.

⑤ Savoie, D (1994),"Reforming Civil Service Reform",Polity Options, April 1994,p. 5,转引自周志忍主编《当代国外行政改革比较研究》,国家行政学院出版社,1999,第6页。

变革。"① 有人说，中国加入世贸组织后，受到最大冲击的是各级政府，其意蕴也就在这里。

有学者认为，全球化提倡政府减少干预，成为虚拟国家、虚拟政府。笔者认为，这是有失偏颇的。全球化趋势使国与国之间的竞争空前激烈，各国也更加重视增强本国的综合国力和核心竞争力。经济全球化时代的政府也面临许多前所未有的新问题，当代中西方政府改革的一个重要原因就是"政府原本控制和管理的经济与社会变得越来越难以控制与管理了"②。因此，全球化要求政府具有更高的公共管理能力，并要求政府更加灵活、高效地运作，以增强政府的权变管理能力，提高政府对公民的回应能力，这些都要求政府管理方式的变革。

（二）提高国际竞争力的现实压力

冷战结束后，经贸问题迅速成为国际政治和国家竞争力的核心。在比较竞争优势的概念下，欧美日等国面临着新兴工业化国家经济上的挑战。为了巩固其优势地位，他们以国家机器为后盾，依靠强有力的外交和贸易公共政策的支持，使本国企业继续增长，并顺利地在其他国家获得了"经济版图"的扩张。这一目标的实现，与各国政府尽力维持失业率，保持一定程度的经济增长率，控制国家政权的稳定是分不开的。在第三世界国家，政府必须营造政治经济稳定度高、投资风险低的环境，以吸引全球化进程中的跨国性公司的进住，从而提高国家的竞争实力和地位③。因此，"处理国际问题不再是传统涉外部门的惟一职责……所有政府部门甚至地区和地方政府部门，都必须具有追踪、理解和处理国际问题的能力，这些源于国际的问题正渗透到各国社会经济问题的各个方面"④。这也是各国政府为适应新的竞争规律和态势，不断推进公共管理体制改革，提高公共管理效率的重要原因之一。

（三）公众对政府怀疑与期望的矛盾心态

"二战"以前，亚当·斯密的小政府观得到公众的普遍认可。认为"政

---

① 转引自高湘泽《1991～1994 经济合作与发展组织成员国的公共部门管理改革》，载《中国行政管理》1996 年第 3 期，第 45 页。

② Mayntz, R.（1993）. *Governing Failures and the Problem of Governability: Some Comments on a Theoretical Paradigm*. In Modern Governance, ed. J. Kooiman. London: Sage。转引自〔美〕B. 盖伊·彼得斯《政府未来的治理模式》，吴爱明、夏宏图译，中国人民大学出版社，2001，第 17 页。

③ 林水波、陈志玮：《企业精神政府的政策设计与评估》，载台湾地区《中国行政评论》1999 年第 8 卷第 2 期，第 46 页。

④ OECD（1990），Public Management Development Surrey：1990，Paris：*OECD*，pp. 9 – 10.

府是必要的罪恶"，管得越少越好。在这一理论的支持下，人们对政府敬而远之，并且百般限制政府的活动范围，因而政府的作用被界定在国家防务、警备以及不得不承担的公共责任等狭小的方面。20 世纪 20 年代起，市场出现了明显的增长与衰退交替的周期，并日趋加重，直到 1929～1933 年经济大危机爆发。凯恩斯主义强调政府干预政策的出现，减轻了危机对经济发展的巨大冲击和破坏，避免了 1930 年代大危机的重演，使西方资本主义国家的经济获得了长达 20 多年的高速增长，由此，社会公众对政府的信心开始转变。但是从 1970 年代开始，西方各资本主义国家出现了前所未有的经济停滞和通货膨胀的双重"瘟疫"，凯恩斯主义的所谓"灵丹妙药"开始失灵，人们对政府重新丧失信心[①]。这一时期，全球化进程在不断加快，一国的经济繁荣和政治稳定如果没有公共政策的有力支持，就会很快陷入危险的境地，与此同时，福利国家的数量仍在不断扩大，公众对政府的期望值更高了，政府在国家事务中的责任越来越举足轻重。他们一方面希望政府公共部门不断提高服务水平和服务质量，另一方面又不得不增加税赋负担。面对公众"工作更好，成本更少"的要求，政府必须以创新的思路，围绕提高政府效率之目标，进一步改善服务方式，对传统政府进行大规模改造，提供更为卓越的服务。

(四) 工商企业再造之经验的传播

据有关资料统计，西方世界的经济增长速度在第二次世界大战以后不断放慢，1970 年代大幅度下滑，而且大中小型企业的平均寿命大大缩短[②]。与此同时，产品和服务的商业寿命也大大缩短（即一件商品的使用寿命很长，但是在市场上的商业寿命很短），消费者要求得到更好、更新、价格更低廉的商品和服务的呼声，就像一根鞭子，驱使企业以"革命"的勇气推动企业不断创新，以适应历史的需要。于是，一大批目光远大的公司，针对工业

---

① 当时，凯恩斯主义面临着两大难题：一方面商品供过于求，生产效率下降，失业率上升，经济陷入停滞之中；另一方面，通货膨胀率上升。货币的投入不仅使物价居高不下，而且继续上涨。凯恩斯主义者由此陷入两难选择的境地。在此背景下，以货币学派、合理预期学派、供应学派、费莱保学派、哈耶克斯自由主义学派、公共选择学两派为核心的新自由主义"市场自发论"者纷纷向凯恩斯主义发难。

② 据统计，20 世纪 60 年代的年平均增长率为 5%。70 年代就下降到 3.6%，80 年代进一步下降到 2.8%。90 年代上半期则在 2% 左右。这些国家在短短的 20 年间就丧失了 60% 的增长势头。另有资料表明，20 世纪 70 年代以来，西方中小型企业的平均寿命不到 7 年，而且其中大约 1/3 寿命不到 2.5 年。大型企业的寿命固然要长数倍，但也少于 40 年。参见迈克尔·哈默、詹姆斯·钱皮《改革公司：企业革命的宣言书》，上海译文出版社，1999，第 2 页。

社会，尤其是早期工业社会所形成的一整套旧的生产经营管理制度及其背后的理念和原则，围绕流程再造，进行了"彻底的"（Radical）和"显著的"（Dramatic）改革，并取得了卓有成效的业绩。如改革组织结构，促使权力下移，更加强化消费者导向，加快创新速度等等。这些举措对政府和公共部门形成了巨大压力，他们不得不动手对日益官僚主义化的政府进行改造，以平息公民的抱怨。对此，福·莱茵（Flynn）和史垂赫（Strehl）曾做过客观评述："80 年代初期，欧洲服务的竞争力不断提高。银行和航空业管制的放松迫使公司为赢得客源展开竞争。这种竞争不仅仅体现在价格方面，而且表现在顾客服务方面。这种情况对公共部门产生了两个方面的影响。第一，它提高了公众对高水平服务的认识和期望。既然银行能够减少排队和顾客等待的时间，征税员有什么理由让我们在那里耐心等待？既然我们能够通过电脑终端即时买到机票，为什么领退休金需要那么多的复杂手续和函件往来？第二，它向公众表明，服务的提供可以有更好的办法，没有必要依靠官僚们根据他们自己的意愿和便利来行事。"① 在近 10 年中效法企业顾客至上的流程再造理念，改革和重塑政府服务流程成为普遍性举措。

（五）信息技术拉动了行政体制创新

人类社会自近代起共经历了三次技术革命。第一次技术革命发生在 16 世纪，它以瓦特发明蒸汽机为标志。这次技术革命属于机械技术方面的革命。第二次技术革命发生于 19 世纪，它以电子技术的出现及其广泛应用为标志，因而属于电子技术方面的革命。第三次技术革命则发端于 20 世纪 40 年代，它以原子能、电子计算机和空间技术等信息技术的兴起和广泛应用为标志，所以被称为"信息革命"。科技革命与政治革命紧密相关，技术革命拉动体制创新是社会发展的一般规律。信息革命对政府管理的影响是广泛而深远的。信息技术革命导致经济产业结构中农业和传统工业的比重不断下降，信息产业等高科技产业的比重不断上升。同时信息革命也使传统的粗放型经济增长方式逐渐失去了原有的价值，集约型经济增长方式成为有效的经济增长方式。这些又造成社会层级结构的变革，原有的金字塔式的社会组织结构逐渐被更加扁平化的社会组织结构所取代，这在无形中拉近了政府与公民、社会上层与下层的距离，有利于增强政府对公民的回应能力。信息技术

① Flynn, N. and Strehl. F.（eds.）（1996），*Public Sector Management in Europe*，London：Prentice Hall/Harvester wheatsheaf, p. 3，转引自周志忍主编《国外行政改革比较研究》，国家行政学院出版社，1999，第 10 页。

作为当代科技革命的核心，使知识共享成为可能，也进而促使公民社会知识水平的均衡化，提高了公民的文化素质和信息吸纳能力，增加了公民参与政府管理的可能性和政府满足公民参政议政要求的巨大压力。政府同时也面临着由政府向半政府的转换①。信息技术作为当代科技革命的核心，使知识共享成为可能，也进而促使公民社会知识水平的均衡化，普通老百姓取得信息的速度几乎和政府领导者一样迅速②。政府面临着公民参政议政的巨大压力，面临着由政府向半政府组织、向社区、向公民、向下一级政府单位下放权力的压力。以前只有靠政府才能解决的问题，公民和其他社会组织也能解决。现在公民的素质提高了，政府能办的事老百姓也能办，甚至能办得更好。同理，以前只有中央一级政府才能履行的职能，现在地方政府、基层政府也能履行好。政府有下放权力的要求，公民也有重新赋予权力的需要。与此同时，信息技术的发展与成熟，提高了政府管理的技术含量，为政府改善管理水平提供了技术支持。如 20 世纪 70 年代，美国在预算与财政系统中引入了"运作绩效评估系统"（Operationecl Performance Measurement System），使信息技术不断运用到美国政府中的人事管理、采购系统管理、公共项目管理等领域。信息技术使政府调整组织结构，压平管理层次，效法企业大幅度、少层次的管理模式成为可能③。

概而言之，信息革命对政府管理的"作用线条是：技术革命—经济结构、经济增长方式变革—社会结构变革、社会需求变革—政府公共管理变革"④。此外，信息技术的发展大大增加了社会事务的复杂性、变化性和时效性。因此，"信息时代的来临以及'数字化生存'方式要求政府对迅速变化着的经济做出反应，要求对政府组织及其运作过程做出变革与调整"⑤。

二 当代政府的财政、管理和信任危机

从中观的角度看，由于各国政府历史上的职能扩张和规模膨胀所导致的

---

① 有学者认为，技术革命作为改革的动力支持系统，对政府的作用路线是技术革命—经济结构、经济增长方式变革—社会结构变革、社会需求变革—政府公共管理变革。
② 奥斯本·盖布勒：《改革政府：企业精神如何改革着公营部门》，上海译文出版社，1996，第 16 页。
③ 宋世明：《美国行政改革研究》，国家行政学院出版社，1999，第 24、26 页。
④ 宋世明：《美国行政改革研究》，国家行政学院出版社，1999，第 26 页。
⑤ 陈振明：《走向一种"新公共管理"的实践模式——当代西方政府改革趋势透视》，载《厦门大学学报》（哲学社会科学版）2000 年第 2 期，第 82 页。

财政、管理和信任危机，成为各国推进行政体制改革的直接动因，这构成了西方各国公共行政改革的实践背景。

（一）财政收入与公共支出矛盾加剧

早在 20 世纪 20 年代行政学诞生之初，财政问题即成为四大要素之一[1]，人们认为财政是政府得以有效运行的基本条件。然而，在实践中财政问题却成为所有国家头痛至极的难题。由于政府职能的扩张和政府规模的扩大，各国财政开支持续攀高，部分国家甚至负债累累。在发达的工业化国家中，美国和日本号称拥有最小的政府。1996 年，公共开支占国内生产总值的比例分别为 33% 和 36%，而且继续呈上升趋势。在英国，撒切尔夫人时期虽然通过改革打破了福利国家的传统、压缩了公共部门，但政府支出的比例仅从原来的 43% 艰难地降到 42%。1994 年以来，许多欧洲国家为了加入《马斯特里赫特条约》，纷纷削减公共开支，但 1996 年的平均开支依然高于1990 年的水平。从与国内生产总值的比例看，法国为 55%[2]。巨大的财政开支，使政府感受到一种沉重的压力，寻求改革出路，自然成为各国政府的共同追求。因此，西方学者普遍认为，严重的财政赤字是世界各国大规模地推进公共行政改革的主要理由，甚至有学者直截了当地称其为"财政驱动"的改革。为什么发达国家和发展中国家自 1980 年代以来都是无一例外地陷入财政危机的境地呢？这与政府职能的扩张和角色转换有着直接关系。

在早期市场经济中，市场主体只是作为生产者的企业和作为消费者的家庭和个人，政府并不介入经济运行过程，只是充当"守夜人"的角色。这时政府的作用仅限于保护本国社会的安全，通过设立司法机构，保护私人所有权和人身权利，以及建立和维护必要的社会公共秩序和公共设施等。进入20 世纪，尤其是"二战"之后，在凯恩斯主义理论的影响下，政府职能大规模扩张，政府角色从保护者变为管理者。它不仅要建立和维护市场竞争制度，确立市场秩序规则，而且要干预调节经济运行过程，保持国民经济总量和结构的均衡；不仅要强调市场分配的结果，建立社会保障体系，促进社会进步，而且要利用政府力量，积极开展对外经济活动，增强本国在国际市场上的竞争力。不仅如此，政府还直接参与市场运行过程，通过向私人企业大

---

[1] 1926 年，美国学者怀特在其教学讲义《行政学导论》中，就把组织、法规、人事、财政作为教学和研究的主要内容。可见财政问题在理论上和实践中一直具有举足轻重的地位。

[2] 参见〔英〕克利夫·克鲁克《全球化与国家的未来》，载王刚、杨雪冬编译《全球化与世界》，中央编译出版社，1998，第 101 页。

量订货、采购而成为一个巨大的需求者①。同时，通过建立国有企业或者向私人企业参股来生产、提供公共品，进行基础设施和高科技的开发。近 20 年来，政府职能仍然呈扩张之势。"这些扩张既表现在新的管理领域（如环境保护、有组织的科技开发、信息时代的特殊管理需求，知识产权保护等），又表现在新的服务职能上（如制定指导性计划、建立经济和市场信息高速通道、帮助企业提高国际竞争力等）"②。正因为政府职能过于宽泛，这样为了处理不断增加的事务，其倾向于增加公务人员，而公务人员的低效率要求其增加的人员在数量上非常可观。这样政府的财政负担不断加重，财政危机日益严重。但这一时期，政府经济很不稳定，持续走低的政府财政收入与日益增长的公共支出形成强烈反差，而增税又会遭到企业和选民的抵制甚至反抗③，因此，解决财政困难的传统方法，在新环境下已是强弩之末，难以再有效力。

（二）公共管理和服务效能低下

近 20 年来，政府机构日趋膨胀，官僚主义盛行，行政成本不断攀升，经济民主不断受损，尤其是政府在干预经济上的不力和失败，使政府一天天陷入管理的危机境地。造成这一局面的原因是复杂的，就目前的情况来看，以下几点是十分重要的。

（1）政府之手伸向社会经济生活的每个领域。政府几乎垄断了公共物品的供给，它以全能理性履行公共职能。此时，"政府公共行政的价值取向也必然是政府本位"④。事实上，政府不是全知全能的上帝，它在垄断性地供给公共物品和管理公共事务的过程中，出现了效率低下、腐败无能、公共物品质量低劣以及公共事务纠缠不清等拙劣表现。"效率"、"质量"和"效果"难以让公民满意。

（2）政府行为目标与社会公共利益之间的差异性，决定了政府是公共利益代表之假设的非稳定性。政府是由官员构成的，官员也是经济人，也有

---

① 据有关资料统计，政府每年的公共采购额一般要占 GDP 的 15%。

② 周志忍主编《国外行政改革比较研究》，国家行政学院出版社，1999，第 13 页。

③ 以美国为例，1978 年 6 月 6 日，加利福尼亚州的选民投票通过了第 3 号提案，把地方的财产税减少一半。人们在通货膨胀和公共服务不佳的双重火网下再也不能忍受，抗税运动由此爆发。1982 年，各州和地方政府已经失去了将近 1/4 的来自联邦的经费。同 1978 年相比，1982 年是自大萧条以来衰退最严重的一年，各州政府一下子陷入窘境。参见戴维·奥斯本等著《改革政府：企业精神如何改革着公营部门》，上海市政协编译组/东方编译组译，上海译文出版社，1996，第 18 页。

④ 乔耀章：《政府理论》，苏州大学出版社，2000，第 197 页。

自身利益的追求，政府不是一个没有或超脱于自身利益的超利益组织，它本身也有自身的利益，政府利益往往是政府官员个人利益的内化①。像以牺牲社会长远公共利益换取自身既得利益的行为，如高福利；为获得政治资金被某些利益左右等等，都是其具体体现。

（3）政府机构存在着高成本、低效率的内生障碍。政府是一个非市场机构，其公共支出完全来自于税收，因而它没有硬预算的约束机制；同时，确定和度量非市场产出的困难和非市场产生的垄断性，使得非市场生产缺乏"基准线"和终止机制②。此外，由于政府机构的垄断性，提供公共管理和公共服务的各机构之间缺乏竞争，因而很难激发它们降低行政成本的动机，成本核算常常成为一个附带性的参数。也正是由于垄断，政府提供公共物品及服务所涉及的有关资源和成本信息被控制、隐匿，致使公众和其他社会主体无法对政府实施有效监督。

（4）政府管理主体的理性预期，导致公共政策失灵。理性预期学派认为，经济当事人都是追求效用最大化的理性人，其经营决策是建立在理性预期基础之上的③。人们能够迅速认识政策制定者的意图，一旦政府制定和发布了系统的或能够加以预期的改革，经济实体就会立即采取相应的对策把政

---

① 尼斯卡宁和缪勒对政府官员利益如何转化为政府利益曾做过实证分析。尼斯卡宁列举了政府官员可能具有的目标，如薪金、职务津贴、公共声誉、权力、任免权等。参见 Niskaman, W. A. Jr, *Bureaucracy and Representative Government*, Chicago：Aldine-Atherton, 1971, s38. 缪勒亦指出："正如股份持有者与经理之间形成所有权和支配权的分离而产生了企业的动力和监督问题那样，一个公共机构的产出性质和双边垄断背景造成该领域的动力和监督问题。……为证实使用销售或增长最大化作为企业经理的目标这一做法的正确性而提出的行为证据，可以用作证实关于公共官员方面的预算最大化的假定的正确性。"参见缪勒《公共选择》，商务印书馆，1992，第 156 页。

② 非市场产出的特殊性决定了其质量、度量的复杂性，因而其测度标准和测评方法也是不统一的；同时，政府部门的非市场产出又具有垄断性，一旦其被法律和法规确认便难以更正。因此，即便其低效、甚至"失败"，也难以有可靠的终止机制予以制止。参见高尚全等撰写的《查尔斯·沃尔夫的市场缺陷理论及其启示》一文，载《理论导刊》1996 年第 5 期。

③ 理性预期是指经济当事人依据适合的经济模型，充分运用已有的信息做出预期，以规避改革，从而导致失败。该学派有自己的供给函数：$Y = Y^* + h\,(p - pe)$，其中 Y 为整个经济的产出量，Y^* 为正常产出量，h 为常系数，p 为实际价格水平，pe 为预期价格水平。根据总供给函数，理性预期学派得出政策失效命题，如果货币当局的货币政策是事先公开宣传的，或者能够从货币当局过去的行为中准确加以推测，公众的预期价格水平 pe 就会靠近实际价格水平 p，两者之差为零，Y 等于 Y^*。这样的货币政策无法影响总产量，因而是无效的；只有当货币当局的政策意图捉摸不定时，pe 才会偏离 P，导致实际产出 Y 对正常产出 Y^* 的偏离。但是这种情况是经济波动，具有破坏作用。同时政策反复无常也是有害的。理性预期学派是从宏观货币政策的角度论述改革无效命题的，但常被学者们作为政府失败的依据之一。

府政策自动纳入自己的经济计算中，结果抵消了政策的预期效果，从而导致公共政策失败，产生管理危机。

（5）政府行为派生的外部性，导致管理危机，政府干预社会的主要目的和作用是为了纠正和弥补市场机制的失灵。然而实际运作中，常常会出现各种难以预料的副作用和消极后果，这一现象一般被称作政府行为派生的外部性，其后果必然会将政府善意干预所欲寻求的破绽，被补偿性回馈中的负效应所抵偿。政府行为派生的外部性还有一个突出的表现就是寻租问题。政府的定价行为、行政许可、关税和进口配额、政府采购等，容易产生权钱交易等各种腐败行为，从而加大整个社会的交易成本，降低政府的管理效能。

（三）合法性与公信力衰降

公众对政府的不信任由来已久。早在中国先秦时期老庄学派就主张治理天下最好的方式是无为而治，管得最少就是最好。在西方，亚当·斯密在《国富论》中将政府定义为"守夜人"，断言国家干预经济的结果，会使劳动从比较有利的用途转到不利的用途上，年产品的价值不仅不会顺从立法者的意志而增加，相反还会减少，社会进步会受到阻碍。只有经济自由，才能促进年产品价值增值，加速社会发展。弗里德曼夫妇也有他们自己的看法，他们认为："如果政府随意干预市场，管制企业家，那么繁荣就会变成萧条，进步就会变成倒退，所有的人均将陷入贫困。"① 沙尔顿（Arthur Seldon）对政府更是充满敌意。他说："在市场过程的引导下，即使恶人也会行善，而在政治的引导下，即使善人也会害人……目标不是以含混不清的政府职能原则为基础的'有限国家'，而是以政府应该只做到必须做的事之原则为基础的最少限制的国家。"② 政府无效率、不负责任和易于腐败，社会要尽可能地敬而远之。布坎南从个人主义方法论的角度，把政府分解成单元个人来加以研究，认为"自利"是人类行为的出发点，政治家及其所雇佣的人都是为自己利益服务的，他们首先考虑的不是公共利益，而是个人私利。大政府正是自利者在公共领域里理性选择的结果。人们应当利用宪政制度，把政府限定在最低的层面上，人们有理由不信任政府③。美国学者穆里·N.罗斯巴特在1978年出版了《一种新的自由：自由至上主义者的宣言》一书，对

---

① Milton Friedman and Rose Friedman: *Free to Choose: A Personal Statement*, Nen York: Harcourt Jovanovich, 1980, pp. 60 - 61.

② Arthur Seldon: *Capitalism*, Canmbridge, Mass. Basil Blackwell, 1990, p. 239.

③ 关于公共选择理论的详细分析，笔者将在下一节"公共行政改革的理论基础"部分做进一步阐述。

政府进行了更加猛烈的抨击。他认为，政府是自由的敌人。任何人都无权运用强力威胁任何人，或者侵害他人的财产权利。政府就是实施这种侵害的主要力量。"国家难道不是有组织的盗匪吗？征税难道不是大规模的、不受制约的偷窃吗？……如果你要知道自由至上主义者如何看待国家及其行为，你只要把国家想象成犯罪团伙，你就会明白了自由至上主义者的所有态度。"①以上学者对政府的怀疑、评判、指责，都是从政府职能的角度来进行的，但它们并不影响我们对政府信任危机问题的认识；同时，这些理论也会影响到社会公众的看法和信心。

从政府实践层面上看，人们对政府的怀疑、抱怨和批评更是不绝于耳。在美国，公民对政府的信任降到历史最低点。20 世纪 80 年代后期，接受民意测验的人中只有 5% 的人把在政府工作作为中意的职业。联邦高级雇员中只有 13% 的人愿意把公共部门作为未来的职业。有将近 75% 的美国人认为目前政府给他们的东西在比例上不如 10 年前多。一些管理和服务系统问题愈来愈多，公立学校质量被认为是发达国家中最差的，医疗保健系统几近失控，医院和监狱人满为患，用奥斯本等人的话说，好像大大小小的政府都同时开车撞到了墙上，政府已到了问题成堆的地步，人们对政府普遍持熊市看跌的态度。其他国家类似的问题也是层出不穷。在英国，1979 年公民对公共管理的满意率仅为 35%，不满意率高达 54%。

导致政府信任危机的原因是复杂的。但运行成本高，公共服务质量下降，官僚主义猖獗则无疑是其原因的主要方面。随着知识经济和信息化、网络化、知识经济的来临，公民的素质不断提高，公民了解政务的渠道更加畅通，手段日趋多元化，对政府的要求更加严格，公民参政的要求更加强烈。面对政府的财政危机、效率低下、贪污腐化、官僚作风盛行等诸多丑陋现象，公民对政府的不满情绪日益高涨，这必然导致政府出现"信任危机"和"合法性危机"。

在宏观上不可忽视的是信息化进程的推进，政府的可控型、统治享用型信息资源已经逐步在均衡化中共享，"长上合一"的威权政治日益为知识化推进的民主政治所取代，在这一时代背景下，政府权威正呈日益衰减的趋势。在发展中国家滥用权力、腐败成风，也是导致政府信任危机的重要原因

① Murray N. Rothbard：for a Nen liberty：The libertarian Manifesto，Nen York：libertarian Review Forndation，1978，p. 236，转引自毛寿龙、李梅、陈幽泓《西方政府的治道变革》，中国人民大学出版社，1998，第 39 页。

之一。用《红楼梦》里的话说，除了门口的两个狮子外，贾府里没有一个干净的东西。如果公众普遍对政府持这一看法的话，政府的信任危机就不可避免了。这些都"反映出公共行政的活动、使命及其运行方式的'合法性'受到怀疑和挑战"。因此，"提高公民对政府的信任度，重新确立公共行政在人们心目中的'合法地位'，成为西方国家行政改革的一个重要动力和目标"①。

三　官僚制的绝对理性和内在矛盾

对于包括企业型政府在内的整个行政改革的动因，人们多从理论上和现实矛盾中来寻找，而且揭示得非常全面、系统，但常常忽视导致政府现实层面种种问题的深层原因。我们认为，现代化进程中的全球化、民主化、信息化和人本化所带来的灵活性、创造性和快速反应性，以及公民自治性能力的增强，使得被称为人类社会最为成功发明的官僚制的固有缺陷日益暴露出来，改革官僚制，建立崇尚创造且具有鲜明个性和旺盛生命力的新的政府运行机制，成为当今社会公共行政改革的必然要求。

（一）官僚制性质与特点的再认识

官僚制，又称科层制，是人类组织建构的伟大发明，"是一个自成方圆的独立的体系——一种社会组织的特殊形式"②。它深深地植根于人们心中，并制约人们情感上的认同，"它作为一种组织原则"，"赋予工具理性在人类事务中至高无上的地位"③。在大工业社会为人们提供了相对稳定的组织载体和行为规范。其性质和特点，英国学者约翰·基恩在马克斯·韦伯的基础上曾做过精辟而详尽的论述④。

（1）官僚制是一整套始终如一的、在方法上有准备的和严格执行的指挥和服从关系。在这种等级组织体制内，上下级之间的关系是有严格规定的，下级必须毫不动摇地和毫无例外地去执行指示、命令。这是一种客观的权力矩阵关系，其结构中的每个人将当作需要命令和只需要命令的人那样无

① 周志忍主编《西方国家行政改革比较研究》，国家行政学院出版社，1994，第16页。

② 詹姆斯·Q. 威尔逊：《美国官僚政治——政府机构的行为及其原因》，中国社会科学出版社，1995，第1页。

③ 里查·A. 福尔柯：《追求后现代》，载《后现代精神》，中央编译出版社，1998，第126页。

④ 参见约翰·基恩：《公共生活与晚期资本主义》，马音等译，社会科学文献出版社，1999，第29页。

名无姓地受到非政治化的管理。下级只能处于被动和"奴役"的地位，只能依靠上级的首创精神和解决问题的能力来处理各种事务，"只有处在金字塔顶端的人才能掌握足够的信息而做出熟悉情况的决定"①。显然，这种体制是借助下属停止一切个人批评，被动地去服从和崇拜权威支撑起来的。对下级来说，如果他们脱离了组织就会感到忐忑不安和无依无靠，只有变成组织的人，才会感到有了归宿。

（2）官僚制的等级从属关系是按照复杂的任务或职务分工来体现的，在内部，人们说话、相互交往和工作人员的劳动都要受到自上而下的、行政分割的影响。每一个层次和领域都被分成各自独立的几个部分，由特殊的规范来约束。这些规范详细说明机构内部各个层次或工作岗位雇用的公务员必须具备的资格和应尽的义务。如处于官僚体系中的公务员是一种专门的职业，必须经过专门的培训；所有的公务员都要按照他们在组织内的地位获取薪水报酬，等等。

（3）在管理中具有明确的非人格性。官僚制的各种权力关系都是刻板的非个性的体系，受抽象的一般规则的指导，这些规则百分之百地和始终如一地适应每一种情况。一切活动都必须在规则的约束下按规章办事；灵活性、个性化处理问题的做法都会被拒绝和否定，也就是说，官僚们不能随意地按照他们所认为的适宜的方式来处理问题，每个人都必须纳入知识的大型法人群体中，所以，有人将其讽刺为"由天才设计让痴呆者操作的体制"。

（4）官僚制机构利用其技术优势居于支配地位。利用这种优势，官僚制机构能够自如地应对种种复杂的外部环境。正如马克斯·韦伯所言："推进官僚主义制度的决定性理由一直是超过其他任何组织形式的纯技术性优越性……精确、速度、细节分明……减少摩擦、降低人和物的成本，在严格的官僚主义治理中这一切都达到了最佳点"②。"行政任务的发展永远是行政管理官僚制度化的适宜土壤"③。"不管人民对官僚制度的弊端发出多少怨言，但如果存在着哪怕片刻的幻想，意味着持续的行政管理工作，除了通过办公机关中工作的办工人员去进行这种办法外，可以在任何其他地方去完成，那将是一种十足的幻想"④。事实上，在一个大机器时代里，有什么能比把机

① 戴维·奥斯本等：《改革政府：企业精神如何改革着公营部门》，上海译文出版社，1999，第16页。
② R. J. 斯蒂尔曼：《公共行政学》（上册），中国社会科学出版社，1988，第80页。
③ R. J. 斯蒂尔曼：《公共行政学》（上册），中国社会科学出版社，1988，第80页。
④ R. J. 斯蒂尔曼：《公共行政学》（上册），中国社会科学出版社，1988，第80页。

构本身建成"社会机器"更让人接受的呢?①

的确,官僚制行政体制在很长的时间内一直受到人们的青睐。特别是在经济大萧条和两次世界大战的严重危机时期,这种体制运转得十分有效。为工业化国家的快速发展起到了不可低估的作用。"二战"以后,出于建设一个强大而稳定的政府的需要,许多国家尽管政府体制差别很大,但仍然把官僚制作为他们建设政府的基础。② 他们强调中央集权,建立各阶层的组织结构,实行严格的专业分工,不断完善各种法律规范,等等,使国家逐步成为"国民组织化"的国家。在这种组织体制的支持下,促进了经济的发展,保持了社会的稳定,满足了工业化时期人民需要和期望的基本的、简朴的、千篇一律的服务,使公众获得了基本的公平感和平衡感。由于彪炳千秋的业绩,官僚制在长期的历史发展进程中成了政府效率的代名词,也得到了人们感情上的普遍认同。

(二) 信息社会官僚制政府的内在矛盾

自1970年代以后,面对瞬息万变、崇尚个性的信息化社会,走向极端化的官僚制政府逐步暴露出其现实不适应性,就像一部即将报废的机器,整体功能下降,捉襟见肘,维修成本太高,由此引发了公众的普遍不满。

(1) 严格的各层级的等级制线性形组织结构,导致机构膨胀、信息阻滞、信息失真率高。官僚制的核心特征之一就是纵向分层。组织有上下之分,人员有高级低级之分,一级管一级,一级对一级负责,上下按部就班,节制严明,标准统一,这对于增强上级对下级及公众的控制力,减少上一层次的管理幅度,提高政府行为的可靠性,等等,都起到了积极作用。但是,这一体制主要适应的是大工业时代模式化、标准化、慢节奏的工作和生活需要,而在以计算机技术推动下的信息社会,这种组织形式则逐渐成为阻碍经济社会发展的低效能载体。当今社会经济生活的节奏不断加快,行政对象越来越具有动态性、灵活性和不可控性。因此,政府必须更加高效、灵活、积极主动。而传统行政范式下的详细完备的规章制度扼杀了行政人员的积极性、主动性和创造性,行政人员抱着"不求有功,但求无过"的心态,越来越多的人趋于保守、胆怯、缺乏进取心和创新精神。因此,传统行政范式

---

① W. E. 哈拉尔:《新资本主义》,社会科学文献出版社,1999,第29页。

② 在这一时期,既有君主立宪制国家,也有民主共和制国家;既有单一制国家,也有联邦制国家;既有内阁政府,也有总统制政府。从执政党来说,不管哪一个政党,都无一例外地按照官僚制的要求来构建其组织体制。参见张尚仁《当代行政改革趋势析论》,载《华南师范大学学报》(社科版)1998年第5期。

下的刚性行政系统虽然在大工业时代能够使各种管理活动按部就班、井然有序地进行，但它已不适应新时代的要求。美国史维季特公司曾做过这样一个试验：将两个滑轮溜冰鞋用一根弹簧连起来，用第一只鞋来控制第二只鞋的移动，结果后者与前者的运行基本能够保持一致。接着再用另一只弹簧连起第三只鞋，并试着借助第一只鞋的运动来控制第三只，难度进一步加大，接着继续增加溜冰鞋，每只鞋都附上不同弹簧系数的弹簧，这样达到一定的限度就无法控制最末端的鞋子了[①]。官僚制的线性组织远比单纯的溜冰鞋和弹簧连成的线复杂得多。一方面，多层级划分使信息传递十分缓慢，加上官僚主义作风所形成的文牍主义和对要式行为的偏好，效率就更低。另一方面，由于沟通主体是具有价值偏好的各级各类官员，信息歪曲、截留现象不可避免。尤其严重的是，这种等级划分迫使下级必须仰仗上级的大脑来思考问题，下级只能被动地对上级负责，这势必造成政府机关对公众和社会的需求缺乏回应性和及时性，而这一点又恰恰是信息社会组织的致命弱点。

（2）官僚制政府对法律制度的过度推崇，与信息化时代的创新取向格格不入。官僚制政府对理性和效率无上推崇的结果是通过细致全面的法律制度扼杀千姿百态的个性。各种法律规范就像是一部程序严格的机械钟，时针、分针、秒针，大齿轮、中齿轮、小齿轮都必须事先按照一定的规则固定下来，大齿轮转动一圈，中小齿轮转几圈都不能有丝毫的误差。这是一个地地道道的缺乏灵活主动精神、创造精神的刚性系统。在循规蹈矩的现代大生产条件下，该体制能够使各种控制型管理井然有序，富有效率。然而在一个追求灵活、崇尚个性、避免雷同的信息社会条件下则成为经济建设和社会发展的不利因素。因为，它在动态中将理性推到了至高无上的地位，把千差万别的个体安置到一个固定的机械上，限制在狭小的范围内，它排斥竞争，无法激发社会各阶层、各领域的主动性、创造性。

（3）强烈的专业技术崇拜和细微固定的专业分工使政府功能日益减退。后现代理论认为，当代世界的错误在很大程度上同强制性地将整体分割成若干片断、个体有关。这些划分出来的"边界"变成了冲突的滋生地，如对种族、阶层、宗教、意识形态、性别、语言、年龄和文明的划分等等，导致连绵不断地暴力和苦难事件的产生[②]。这种人与世界、人与人、事物与事物之间分割对立的现象，也随着官僚制的建立和"完善"出现在政府领域，

---

① 彼得·圣吉：《第五项修炼：学习型组织的艺术与实务》，上海译文出版社，1996，第 322 页。
② 理查·A. 福尔柯：《追求后现代》，载《后现代精神》，中央编译出版社，1998，第 127 页。

在"政府与民众、政府行政机构内部以及每个管理者的人格内部"等领域体现出无所不在地分裂①。由于过度强调技术性和专业化，部门划分越来越细，部门数量日益增加。由于被隔离，各个部门之间分工而不合作，相互制约，相互扯皮，像一个个"鸽笼"，形影相吊、隔"岸"相望，"部门之间错误的交流、误解、调节、电话"等扯皮掣肘的事件不断发生②。并"造成袖手旁观、人心涣散以及背后活动，在这种情况下，就不可避免地埋下邪恶并滋生管理成本"③。这种"鸽笼"无休止扩展的结果，便是我们在当今政府中到处可以看到的部门林立、重叠交叉、相互推诿、臃肿庞大、官僚主义猖獗等现象。在计划经济时期的社会主义国家，这种现象就更为严重④。在全球化时代，公共事务的复杂化、动态化使得合作变得更加重要，许多问题不是一个部门所能解决，往往需要进行跨部门甚至是跨国度的合作。这样传统行政范式就成为行政发展的障碍和行政改革的对象。

（4）责任保障机制日渐丧失功能。部门过度分割必然导致各自为政、互不通融。就像筐中螃蟹，你钳住我，我拉住你，谁也不能随意动弹；就像钟表里的齿轮，我动几下，你动几下，谁也不能多动、早动。他们不必担心单独负责问题，因为最小的责任单位只能是一个系统，一个整体。最终，这种机制必然滋生出一大批得过且过、不求无功、但求无过的人。

其实对官僚制的批评由来已久。早在 1967 年就有学者指出，"在未来的20~25 年间，我们将为现在的官僚制送终"⑤。但时至今日，官僚制仍然普遍存在，且有人预言"永远不会消失"。其原因，主要在于各国行政生态环境的差异导致官僚制发展中的不平衡性，处于计划经济的国度与处于市场化的国度，处于传统社会与处于信息化的现代社会，所得出的结论都不会相同。但可以肯定的是随着信息化、全球化进程的加快，官僚制走向式微和被根本性改造的道路是不会逆转的⑥。

---

① 波林·罗斯诺：《后现代主义与社会科学》，上海译文出版社，1998，第128页。

② 麦克尔·哈默：《超越改革：以流程为中心的组织如何改变着我们的工作和生活》，上海译文出版社，1998，第33页。

③ 麦克尔·哈默：《超越改革：以流程为中心的组织如何改变这我们的工作和生活》，上海译文出版社，1998，第33页。

④ 政府在这一历史时期是"保姆政府"、"无限政府"，充当资源配置的唯一主体。从企业的产供销，到公众的衣食住行、吃喝拉撒睡，政府都要管理和提供服务，有了这些职能，就要设立相应的机构，部门林立、机构臃肿之状况便可想而知了。

⑤ W. 本尼斯：《未来的组织》，载《公共行政学经典著作选读》（国家行政学院编译），第386页。

⑥ 有学者认为，当前中国是官僚制不足，而非官僚制冗余，当务之急是完善官僚制。

第二节　当代公共行政改革的理论基础

综观近年来的研究成果，影响西方公共行政改革的思潮和理论主要有公共选择理论、交易成本理论、委托代理理论、管理主义等。其中公共选择理论、交易成本理论和委托代理理论为新制度经济学理论，管理主义为管理理论，它们是对当代西方公共行政改革影响最大的两大流派。

一　公共选择理论与政府失败论

早在 17 世纪中叶，传统经济学就被称为"政治经济学"。它提醒人们经济效率可能与更广泛的政治体制密不可分。然而，在其后的经济和政治科学领域并没有人对其进行详尽而又令人信服的研究。20 世纪中叶，脱胎于西方传统经济学理论的公共选择理论（Public Choice）揭开了这一问题的神秘面纱。它从人们追求最大利益的利己主义本性出发，把人们在市场相互交换中获得经济利益的理念和原则扩大到政府的决策领域，改变了人们长期以来只重视市场缺陷研究忽视非市场缺陷研究的不均衡状态，使人们对市场和政府功能有了更明晰、更全面、更科学的认识。从某种意义上说，这是对西方发达市场经济国家政府干预实践，尤其是对政府失败现实理论的反思，因而，被普遍作为西方发达资本主义国家处理政府与市场关系、推进政府行为改革的重要理论基础。

公共选择理论的代表人物是布坎南和图洛克，它是指与市场选择相对的公共领域的选择，是现代西方经济学中的一个重要分支。这里我们把它作为西方公共行政改革的理论基础，是因为它把公共行政学的研究对象——政府主体及其活动规律纳入自己的分析框架之中。它运用现代经济学的逻辑和方法，如经济人的假定、效用最大化、交换及供求分析等要素，分析现实生活中与民众相关的政治个体的行为特征，以及由此引出的政府及各种政治团体的行为特征。研究的范围和重点已跳出传统经济学领域延伸和扩展到政府公共政策的制定和执行当中。用该理论创始人布坎南的话说："公共选择是政治上的观点，它从经济学家的工具和方法大量应用于集体或非市场决策而产生"，"它是观察政治制度的不同方法"。① 因而我们将公共选择理论称为"政治经济学"、"行政经济学"、"官僚经济学"似乎更为精当、

① 詹姆斯·M. 布坎南：《自由、市场和国家》，北京经济学院出版社，1988，第 13 页。

准确。

　　公共选择理论是在特殊的经济和政治背景下产生的。"二战"以后，凯恩斯国家干预理论日渐盛行，并成为新主流经济学的理论支柱。凯恩斯主义认为，要发挥市场这只"看不见的手"的作用，必须具备一定的前提条件，而且市场本身也不是万能的，它具有内在的不稳定因素，其自律作用并不能有效地实现均衡，保证资源有效配置，它在公共品（pulic goods）、外部性（extemality）、垄断、市场不完全竞争、分配不公和宏观经济平衡等方面都存在着严重缺陷。如果政府能积极干预经济，主动采取措施刺激需求，就能够保持经济的快速发展，提供更多的就业机会。政府必须时时防止祸起萧墙，必要时挺身而出，用行政手段干预经济，实施反经济周期政策，调节经济运行偏差，救民于经济灾难的边缘。它把政府干预看做是解救市场、弥补市场缺陷的唯一良策。为此，西方市场经济国家普遍按照凯恩斯主义理论，对市场可能失灵的领域，采取了一系列干预措施，在一定程度上保证了市场的有效运行，维持了这些国家经济上长达近 30 年的持续发展。然而市场最终并没有按照凯恩斯主义所设想的目标来运行，而是出现了始料不及的滞胀危机：低增长、高通胀、高失业率和高财政赤字。这迫使人们不得不认识到，在市场失灵的背后可能还有政府干预本身的原因。为迎合以"反对国家干预、主张自由放任"的新自由主义的复兴，公共选择理论围绕凯恩斯主义干预动机和行为失败大做文章，认为利他的"哈韦路假设"是站不住脚的。政府并非是按公众要求提供物品和公共服务的机器，而是由自利人选出，并由自利人组成的群体。选举规则和个人的多元目标追求是决定政府行为的重要因素。在任何不合理的选举规则下产生的政府及政府官员为满足其个人利益而采取的行动，都会把经济状况和社会福利引入恶性化的境地。

　　公共选择理论的挑战性和对公共行政改革的指导性在于它对政府行为出发点的判断。该理论认为，经济领域里的个人行为出发点是"自利"，政治领域同样也不例外。其一，人是理性的自利主义者，是"经济人"。不管他们是购买商品的消费者，还是提供商品的生产者，还是某一政治团体的领袖，他们的行为动机都是自利的。现实政治和社会生活中真正大公无私的非自利主义者只是个例，不具有普遍性。其二，在行动上每个人都是理性的，都能充分运用他们所能得到的信息使其利益最大化。其三，自利的过程是从好的到较好的、坏的偏好依次选择的过程。他们总希望以最小的付出获得最大的利益。其四，偏好的选择要受到政治、经济和文化等各种因素的制约。

在这些基本观点的支配下，公共选择理论把政治舞台模拟成经济学意义上的交易市场，供方是政府、政治家、官僚和党派，需方是公众、选民和纳税人，他们的行为始终遵循着一个共同的效用最大化原则，即选民总是把选票投给那些给他们带来最大利益的人；政治家、官员则总是对那些最能满足自己利益的议案报以青睐①。

可以看出，公共选择理论弥补了传统经济学理论缺乏独立的政治决策分析的缺陷，使对市场失灵的研究进入一个更加广泛完整的领域，同时也为公共行政学提供了重要的研究视角和思考空间，尤其是它对经济的非市场决策，与行政决策具有相近或相同的特征：第一，集体性。由于经济和社会领域"白搭车现象"②的存在，各种抉择不可能通过分散的个体做出，它必须依主权者与民众之间的"中介"体——政府，以民主集中的方式进行。在现代社会这种集体中行为是任何国家和地区都无法避免的。第二，规范性。无论是市场领域，还是政治领域，人都是有偏好的，而且存在着种种差异，或是价值观的，或是感情的，等等。公共行政的作用，就在于制订规则，限制偏好的扩张，协调各种行为之间的偏差，满足公共利益的需要。如公共选择的一致同意制、多数票制、加权制、否决制，行政管理的首长制、委员会制、民主集中制等等都是如此。第三，非市场性。公共选择和公共行政的决策范围都是十分广泛的，大到国家、政府国防等政务问题，小到警察、消防、教育、环保、财产权、分配权等社会事务问题，市场都是无力提供合理配置的，唯有市场领域里的集体行动才能予以解决。

公共选择研究的行政性，还可以从它研究的内容里体现出来：首先是政治市场供求双方的交易过程。公共物品供给的种类、数量及税收额的确立是通过选举过程中讨价还价完成的。政治市场的供需双方在进行选择时总要对个人的成本与收益进行权衡。如果一项集体决策给他带来的收益大于他投赞成票时所需承担的实际成本，他就会赞成支持这项政策；否则就会报以冷漠甚至反对的态度。通过对这一交易、交换过程的研究，揭示出政治市场中政

---

① 丹尼斯·缪勒：《公共选择》，上海三联书店，1993，第2页。
② "白搭车"，英文为"free rider"，出自于美国西部的一个典故。早年在道奇城盗马贼横行，牧场主们就组织起来保护牧场，每个牧场主为这种自发的"保安力量"贡献一定的人力财力。但不久就有一些牧场主开始撤出这种组织。因为他们发现，只要"保安力量"存在，自己撤出后就可免费享有它的存在所带来的利益。这些个别撤出的人就成了"自由骑手"，即所谓"free rider"。但不久，由于人人都企图通过自己的撤出占集体的便宜，保安力量也就不复存在，盗马贼又猖獗起来。详见樊纲《市场机制与经济效率》，上海三联书店，1992，第156页。

治家、官员和议员的"经济人"特征。其次是集体选择行为和选择规则。政治市场上的集体决策行为是公共选择理论研究的重点内容，尤其是涉及政府行为的集体选择往往给予更多的关注。如，如何制定出最好的决策，如何避免最坏的决策；在什么体制下会产生好的决策，什么体制下会产生坏的决策等等。集体抉择行为还必须遵照某些协商规则，即投票规则来进行。如一致同意规则、多数票规则、加权规则、否决规则、需求显示规则等等，指出各种规则必须依据不同情境加以选择。第三是政府失败问题。同行政学研究一样，公共选择理论把分析政府行为效率以及寻找促使政府最有效工作的制约体系作为最高准则。认为市场有局限性，会出现失败，需要政府干预，然而政府的介入只是提供把事情办得更好的可能性，并不具有必然性。选民与政治家的经济人特征，以及"政治市场"运行的特殊性决定了政府工作的低效和政策偏差。据此，它进一步揭示并分析政府行为的动机，产生政策偏差的原因，政府部门扩张及内在的超支、超编问题，以及寻租给社会带来的危害等。

二　交易成本理论与政府组织结构的设计

在新制度经济学体系中，对当代西方公共行政改革有重要影响的另一个理论是交易成本理论。其在物品和服务的生产和交换最佳组织方式设计方面的独特研究，对于公共服务项目的外包和内部竞争机制的建立，对于未来组织形式和服务方式的选择，具有重要价值。

（一）交易成本理论的框架与分析方法

交易成本理论是新制度经济学的重要组成部分，它源于科斯（Coase）的《企业的性质》，意在说明厂商的出现和存在基础是为了减少经营过程中所需的成本，包括如何发现有关价格、搜寻信息、进行价格谈判、建立交易的契约关系、协调资源等。之后，交易费用成为资本主义经济得以顺畅运行的通称。他认为有了厂商，就有了组织化的市场，雇佣关系借此而形成，业主的权利也就能随之建立。20 世纪 70 年代，威廉姆森（Williamson）进一步发展了这一理论，认为，交易成本的存在和增大是由于普遍存在的人们认识的有限性和经济环境的不确定性[①]，在于追逐自利目标过程中的机会主义

---

① "有限理性"最早出自西蒙，意在说明人的行为是"意欲合理，但只能有限达到"。首先，基于能力个人在接收、储存、恢复以及处理信息时是有限制的。因此，组织是人类达到目的的有效手段，组织的出现是为了节省人的有限理性。其次，不管人们在使用文字、数字、图表来表达自己的知识或感性时只是有限的，故人们必须借助其他手段来进行沟通。

和小数条件①，在于交易双方信息不对称条件下的信息压缩（Information impactedness）②。这三对概念构成了威廉姆森交易成本经济学的基本分析框架，在这一框架中包括人的因素和环境因素两大类③。人的因素是对行为主体两个有关行为的基本假定，即上面所述的有限理性和机会主义；环境因素是说明交易活动的基本状况，即文中的不确定性和小数条件。信息压缩则是介于人的因素和环境因素之间的一种因素，分别与人的因素和环境因素发生不同的关系。其分析框架如下图15－1所示。

图 15 - 1　威廉姆森文易成本经济学的基本分析框架

　　威廉姆森认为，当交易有了组织性后，有助于克服有限理性、机会主义以及市场上不确定性和信息压缩现象，可以有效地降低因有限理性和源于自利的机会主义而导致的成本。如果组织能够将市场上的所有交易活动内部化，那么对于各部门遏制谋求垄断的动机，消除监督控制中的冲突，降低争议的发生率，减少信息压缩的机会，以及增强准道德（Quasimoral）氛围等都是有积极意义的。但事实上，组织性的存在，无法将市场上的交易活动全部内部化。因为，当内部组织所组织的交易量上升时，企业的规模也随之扩大，由于有限理性和机会主义的存在，企业管理费用会因此而骤升，并导致"官僚失灵"现象。因此，组织的规模通常有一定的限度。一般认为，当市场交易费用的节约与企业内交易费用的上升相等时，企业规模的扩张就要停止。从动态的条件看，最初的交易活动由企业来组织并非永远有效率。随着

①　机会主义是关于经济活动中行为主体的一个基本假定，指行为主体在交易活动中不仅追逐自利的目标，而且在追逐自利目标的同时会使用策略性行为，这一行为包括隐瞒真实信息、交易意图的不实陈述和欺诉等等。威廉姆森认为机会主义受到来自大数条件（Large-numbers condition）（即交易双方面临众多的可供选择的对手）的约束。当出现小数条件（Small-numbers-condition）时（即交易一方面临的交易对手少，甚至一个），机会主义便会普遍存在。

②　信息压缩，又称信息冲撞，是从不确定性和机会主义中导出的另一个条件。具体是指交易活动中一方比较容易地掌握了有关信息，而另一方要想获得这一信息通常要花费一定的代价。

③　参见袁安照、余光胜《现代企业组织创新》，山西经济出版社，1998。

分工的发展和市场条件的不断改善，先前由企业来组织的交易有可能被市场所取代。如果将市场也理解为一种组织类型，则完成一项交易的多种组织类型（市场、企业、各种形式的契约安排）是存在竞争的。一种组织类型之所以能够生存下来，是组织竞争选择的结果，市场失灵意味着企业组织只有效率，而组织失灵则相反。从组织竞争的角度上看，交易成本理论研究组织的框架，正是研究"组织失灵"的框架①。威廉姆森在分析交易和规制结构时指出，某项交易活动涉及的交易费用的大小与交易的维度有关，这些维度主要包括资产专用性程度②、不确定性和交易频率。组织交易的不同制度形式包括企业组织、市场以及存在于两种形式之间的各种契约安排。交易维度的不同将影响到交易费用的大小，而交易费用的大小又进一步影响到组织形式的选择。因此，一种特定的交易形式需与一定的规制结构相匹配。当然，一定的规制结构的选择，必须以交易费用最小化为原则，而交易费用的最小化又在很大程度上取决于资产专用性程度的高低。如果资产专用性程度较低，交易双方都可随时将资产移作他用，随时寻找适宜的合作。资产专用性理论对于解释为什么某些经济活动发生在市场，而另一些活动却发生在厂商内部，具有积极意义。

（二）交易成本理论在公共行政改革中的运用

交易成本理论同样适用于公共部门。1988 年姆瑞·J. 亨在哈佛大学完成的博士论文《公共行政的政治经济学》（The Political Economy of Public Administration)，以交易成本理论为基础探讨了管制制度、官僚体系与预算、公共服务、公私部门与政府企业化等公营部门制度的选择：他尝试性地以政治学和经济学制度的角色为基础，来分析解释现代政府有效运行所必需的关键制度特征。

但是，上述我们所分析的交易成本理论的要素和框架，最能广泛适用于公共服务改革的是资产专用性问题。它提示改革者哪些服务项目和职能可以利用市场机制，哪些更适宜于运用层级结构的等级制。当提供服务者行为的不确定性低，所需物品或服务的数量和质量易于衡量、潜在的供应商最大数

---

① 袁安照、余光胜：《现代企业组织创新》，山西经济出版社，1998，第41、42 页。

② 资产专用性（Asset specificity Principle）是指某种资产只能用于专门的用途，如果转移用于其他用途，则其价值大大降低。它主张越是高度专业性的资产，就越是要用内部组织的协调或命令取代市场机制的协调。否则，协调就要付出更多的监督和履行合约的费用。这一观点，对于政府纯公共品、准公共品职能分解与确立，以及组织机构的设置具有重要的影响。

时，将公共服务承包出去最好。如垃圾回收、卫生清扫、伙食供应、环境检测等事务性工作均可采用这一方式。如若条件相反，特别是当保持所供物品或服务的质量特别重要，或者说，资产专用性较高时，由政府内部机构提供则更好，如国防、外交等领域的政务活动①。对此，休斯有更为明确的论述。他说："对于某些公共部门来说，由于市场检验已经成为强制性的事情，内部完成的效果可能实际上会更好。当购买者与供应者之间的谈判较为复杂时，不应想当然地认为合同形式会有较好的效果，在这种情况下，拟购买的商品和服务的性质以及合同的详细内容对于取得理想结果具有决定性的作用。"②

三　委托代理理论与公共管理主体的确立

与公共选择理论一样，委托代理理论也是新制度经济理论中最具有方法论和规范性的流派之一③。它以有效的激励和责任制设计，引起了政府公共行政改革的关注。

（一）委托人—代理人模型及其特征

其实，"委托人"和"代理人"并非是经济学的概念，它们来自于法学。在法律上，当 A 授权 B 代表 A 从事某种活动时，委托—代表关系就发生了，其中 A 称为委托人，B 称为代理人。在信息经济学文献中，委托—代理关系则是泛指任何一种涉及非对称信息的交易，交易中拥有私人信息优势的一方称为"代理人"（agent），处于信息劣势的参与方为"委托人"（principal）。信息经济学正是借助这一分析工具，将各种经济交易模型置入其中多角度地分析各种不对称信息条件下的激励责任问题。其基本特征张维迎在詹姆斯·莫里斯（James Mirrlees）的理论基础上归纳为五种类型。④

（1）隐藏行动的道德风险模型。这种模型说明委托人只能观测到某种行动的结果，而无法直接了解到代理人行动本身和自然状态本身。在此情况

---

① 王满船：《西方行政改革的新公共管理模式评析》，载《中国行政管理》1999 年第 5 期，第 31 页。

② 欧文·E. 休斯：《公共管理导论》（第二版），中国人民大学出版社，2001，第 16 页。

③ 作为代理理论主要有两种类型。一是由詹森和麦克林在其论文《厂商理论：管理行为，代理成本和所有权结构》中提出的"实证代理理论"，或称为"代理成本理论"，另一类是信息经济学中以数学模型建构的"委托—代理"理论。本文讨论的主要是后者，即非对称信息条件下代理人的责任和激励机制问题。

④ 参见《詹姆斯·莫里斯论文精选：非对称信息下的激励理论》，商务印书馆，1997，第 5 ~ 9 页。

下，委托人可以设计一个激励合同以诱使代理人从自身利益出发选择对委托人最有利的行动。如一个主管无法直接了解其下属雇员的工作过程，但能够最终看到雇员的成绩状况。因此，以实绩和最终结果来论"英雄"就可以起到监管其工作过程的效果。

（2）隐藏信息的道德风险模型。该模型说明代理人观测到自然的选择，然后选择行动；委托人观测到代理人的行动，但不能观测到自然的选择。该情况下，委托人是通过设计一个激励合同诱使代理人在给定自然状态下选择对委托人最有利的行动。政府主管部门与企业稽查特派员之间的关系：稽查特派员了解国有企业的经营、生产和财务状况，政府主管部门不知道；这时，政府主管部门作为委托人所应设计的激励合同是向代理人——稽查特派员提供足够的刺激，以促使其加强对企业监管的责任心。

（3）逆向选择模型。代理人清楚地了解自己的类型，但委托人不清楚，在此情况下，委托人与代理人签订合同。乔治·阿可洛夫（George Akerlof）以典型的"经验商品"——资本为例，来解释逆向选择问题。指出私有信息的存在是信息不对称的根源，正是由于信息的不对称，互利的交易难以持续进行[①]。

（4）信号传递模型。该种模型表示代理人知道自己的类型，委托人不清楚。为了显示自己的类型，代理人选择某种信息；委托人在观测到信息之后与代理人签订合同。最典型的例子莫过于用人单位对雇员的使用，被使用者为了显示自己的能力，常常通过发送信号来进行。如拼命读书，获得高学位，以抵消逆向选择的影响[②]。因此，用人单位一般也将受教育水平，作为

---

① 假如一个买主面对许多卖主，不同卖主的二手车的质量有好有坏，好的比如应该值10万元，差的可能到了没有价值的地步，但买主浑然不知。尽管买主通过信息搜寻对二手车的"平均"质量有一个大致了解，但他还是无法确认自己买到的车子的质量，因此他不会出10万元来买车，而且习惯性地按照"平均质量水平"来出价，即出5万元：由于只肯出5万元，质量好的价格高于5万元的车就要退出，卖方当然不愿做赔本的买卖。当买主看到一些车退出，便会再一次调低出价，给出3万元，因为退出的车可能是质量较好的。这时质量在3万~5万元间的车又要退出交易。如此这般，买主每出一个价，就会有一部分车子退出；而每退出一部分，买主便会对留下来的车子出价降低一些，最后剩下来的愿意出售的绝不会是"布林"（plum），只能是"柠檬"：这种"按平均质量出价、部分退出、于是降低出价、再部分退出、再降低出价、再部分退出"的过程，经济学上称为逆向选择（adverse selection）。

② 斯坦福大学的迈克尔·斯宾塞（Michael SPence）在《劳动力市场的信号》一文中认为，教育不仅仅有提高能力的功能，而且有消解信息不对称带来的逆向选择的功能。他认为，不同素质的劳动力在获取像教育程度这样有传递价值的信息时所要支付的成本不同，因此，将教育水平作为传递能力高低的信息是可信的。

一种信息符号，并根据受教育程度来支付基本薪水。

（5）信息筛选模型。代理人知道自己的类型，委托人不知道；委托人提供多个合同供代理人选择，代理人则根据自己的类型选择一个最适合自己的合同，并根据合同选择行动。保险公司与投保人之间的关系即是这一模型的具体体现。

在文献中，上述四种模型并没有严格的意义，迈尔森（Mgerson）建议将所有"由参与人选择错误行动引起的问题"称为道德风险；将所有"由参与人错误报告信息引起的问题"称为"逆向选择"。前者，一般称为隐藏行动模型，后者一般称为隐藏信息模型，而委托代理理论习惯上只是指"隐藏道德风险模型"。它旨在强调，委托人不仅仅在于能够选出与职位相匹配的代理人，更重要的是有办法去激励代理人更尽心尽责。这也正是委托代理理论所追求的能够起激励作用的最优治理机制。

（二）委托代理理论置入非利润激励领域

回答这一问题可从三个方面来考虑。

（1）法律之规定性决定了委托代理理论在公共部门运用的有效性。莫（Moe）认为"在改革机构的等级制度中，国会是官僚机构的上级机关，它是委托人，而官僚机构是它的代理人。因此，国会作为委托人有权发布命令，采用激励制度，控制官僚机构议事日程以及在它认为有必要时构造委托—代理关系"①。当然，这种关系可能被利益冲突和不对称信息所围绕，因为双方在利益上都是经济人假设，都是追求己利的最大化，而官僚机构则试图使预算规模或其他方面的私利最大化，委托—代理关系下的利益冲突就不可避免。但是，立法者与特定的行政官员也可以找到使双方及关键利益集团都有益的妥协领域。所有立法者的意愿不能完全一致，必然会存在各种分歧，以代表各利益集团的利益，这对政府来说可能存在着若干个委托人，至于哪一方能成为真正的委托人，要视各方人数、偏好强度、结成联盟、成本以及是否能够实施程序控制等。

（2）委托人和代理人拥有不同种类和数量的信息。代理问题存在于一切组织之中，并能够成为社会、经济、政治生活的一个根本特征。其原因就在于这些组织中均存在着不同种类和数量的信息，存在着信息不完备、不对称的现象。立法者作为委托人不了解政府公务员的执行情况，而执行者往往

---

① 转引自乔·B. 史蒂文斯《集体选择经济学》，上海三联书店、上海人民出版社，1999，第358页。

不会主动将所有情况如实禀报。公民作为委托人不了解"公仆"的行政内幕和红包政治，使他们无法对"代理人"进行有效监督，甚至常常跟随代理人的意向行动。当然，并非所有的信息都是有用的，也不需要全部占有这些信息。问题是，委托人有时不知道自己究竟需要了解什么信息，能否及时获取想得到的信息。这也正是委托代理理论对政府管理改革的魅力所在。

（3）在政府委托人和代理人的隐情合约中，存在着严重的逆向选择和道德风险问题。立法机构对任命的官员缺乏了解，导致用人失察，产生不良后果，早已是司空见惯；对于一些考察准确，对被任命者个人信息清楚明了，但使用后的道德风险却难以控制，以权谋私，工作懈怠，官僚主义等消极行为时有发生。对于公民来说，选择满意的官员，或者是组织都缺乏有效的信息和可控制的监督权。这在政府机关普遍存在。凯威特和麦库宪斯对于政府中委托人如何解决好代理问题提出了四种措施：①筛选代理人。如果要选择一个政府机构来从事所委托的某项事务，立法者可通过比较有关多个代理人种种可能行为的情况来减少逆向选择问题。②合约设计。如果代理人是唯一的，那么代理问题的大小则取决于如何为机构分派管理责任而非谁来代理。为此麦库宪斯（1985）提出了两种立法机关可用的抵消逆向选择，特别是道德风险恶果的方式。一是由立法机关明确界定特定法规的管辖范围；二是由它界定执法的程序要求。③监督和汇报。委托人和代理人在达成合约后，代理人常常会利用信息上的不对称改变其行为，特别是当委托人授予代理人政府机构较大的自由裁量权后，问题就会更普遍。因此，立法者对政府机构进行监督、听取汇报是十分必要的。但是，对代理人进行监督往往是困难的、有成本的，特别是在收益难以计量的情况下。④机构检查。这通常要求拥有权力否决或阻止特定代理人行为的其他代理人来进行①。

（三）公共部门委托代理关系的责任机制

相对于私营部门来说，建立公共部门委托代理关系的责任机制要困难得多。由于政府工作的综合性、复杂性和无形性，有时很难确定谁是其真正意义上的委托人，也难以发现他们的真实意愿和要求。公共服务的委托人、所有者、选民等，其利益是非常分散的。因此，要想有效地监控代理人——公共服务者比较困难。对代理人来说，在任何情况下都难以确定每一个委托人

---

① 乔·B. 史蒂文斯：《集体选择经济学》，上海三联书店、上海人民出版社，1999，第359～362页。

可能希望他们做什么①。它们没有显现的利润追逐，没有股票市场，也没有可与破产相提并论的压力，甚至连职位的风险都没有。如果委托人不建立适当的激励机制来诱使代理人，政府效率就难以保证。休斯认为，公共部门的代理问题比私营部门更严重。

休斯认为要减少公共部门的代理问题，最好的方式是公共部门要尽可能地对外签订合同，把公共部门的代理关系转变同私营部门的代理关系。如分离政府部门的部分业务，通过民营化将其交给政府部门以外的主体去做。对此，也有人持不同看法。多纳休（Donahue）认为，这样也会在自身问题的基础上产生新的代理问题。如委托人——公众——如何才能充分说明以其名义并按照其经费要求所必须完成的事情？竞争是否能够约束供应者从而保证给公众的是公平的价格？是否可对产品彻底进行检测以便签订以产出为依据的合同？超出控制代理人范围的因素对管理结果的影响是否过于复杂以致不能仅仅根据成果决定支付标准？如果存在测量问题或风险问题要求代理人签订以投入为依据的合同，他们是否会试图不求成效或采取欺骗行为？若此，公众如何辨认并控制这些倾向？这些因素决定了公务员如何可靠和有效地履行与追求利润的代理人所签订的合同去实现共同的需要，等等。

休斯认为，合同形式具有一定的刺激作用，它与缩减政府规模的作用一样可以引入公共部门的管理中去，但其消极作用不容忽视。他提醒人们，如果将公共活动用签约形式包出去，承包方能否遵约履行义务是个大问题，实行绩效工资也有可能引发其他人员的不满。

柯武刚、史漫飞认为可以通过三种动力机制来确保代理人为委托人尽心尽力：一是在一定的激励下，代理人出于团结的考虑而将委托人的目标作为自己的目标；二是用直接监管和强制命令的办法来控制代理人，不从者即予以重罚；三是通过规则创造激励动力，使代理人出于其自身利益的考虑而追求委托人的利益。但政府中，选民对政府事务知之甚少，而且根本就不想知道。在这样的条件下，必须设法激励政治家和政府官员按选民的要求行事②。

四　管理主义与公共行政理论的融通性

管理主义（Managerialism），可分为工商管理主义和公共行政的管理主义。

---

① 欧文·E. 休斯：《公共管理导论》，中国人民大学出版社，2001，第15页。
② 柯武刚、史漫飞：《制度经济学：社会秩序与公共政策》，韩朝华译，商务印书馆，2000，第79、80页。

前者一般统称为管理理论，后者多以新公共管理（New Public Management，简称 NPM）命之。

（一）工商管理理论

工商管理理论对公共行政改革与发展的影响由来已久。早在 19 世纪末 20 世纪初，由于等级制过程和惯例等官僚制特征的一致性，泰罗的科学管理成果就被广泛地引入公共行政领域。如将"作业分解法"完善转化为"行政目标分解法"，将标准运用于官僚组织庞大体系中的各个部分，等等，使公共行政从经验管理转向科学管理，使追求效率成为政府管理的着眼点和落脚点[①]。正如博兹曼（Bozemen）所述："科学管理理论"在公共行政实践和政府研究中具有很大的影响……由于对科学管理和科学原则的信奉，其理论迅速扩展并得以流行，其对公共行政和公共行政人员的影响也达到了顶峰。……科学管理在 1910～1940 年间一直对公共行政起着支配作用，它使公共行政具体化为一个学术"领域"。法国管理学家亨利·法约尔在《工业管理和一般管理》中将工业企业中的活动分为技术活动、商业活动、财政活动、安全活动、会计活动和行政管理活动，认为，在企业组织中各级人员都程度不同地具有这六种活动，只是由于职务高低和企业大小的不同而各有侧重。同时，他还详细论述了管理活动的计划、组织、指挥、协调、控制等五项职能，并提出了包括分工、权力责任、命令统一、指挥统一、等级链、秩序、公平和首创精神在内的十四项管理原则。这些职能类型和管理原则，早已在行政学中深入人心。

到 1930 年代行为科学时期，传统管理的效率观和经济观在实践中逐渐暴露出其不足，如绝对不变的管理原则，把组织当作静态的机器，严格的等级制度，非人格化的管理，过分追求组织结构和法律法规的完善，孤立地看待组织，忽视与外部环境的关系等等，不仅使工商企业界的劳资矛盾日趋激化，也使政府管理效率明显下降，经济危机程度加深。用新的理论指导日新月异的管理实践，成为工商管理和公共行政面临的共同课题。

---

① 泰罗认为，"完成特定任务'均有'一种最好的方法，要努力通过减少疲劳、科学选择、使工人能力适合工作需要以及刺激性的工资制度和奖励计划等实现最大限度的个人发展，并进而提高工作效率"。泰罗还对计划职能和执行职能的划分进行了有益的探讨，提出管理部门应承担起"科学管理原则"的四种责任，即（1）用系统的更为科学的测量方法和个人工作要素的管理方法取代旧的单凭经验完成工作的方法；（2）对职工的录用和管理进行科学研究，努力使其适才适用；（3）通过工人的合作保证各科学原则的有效运用；（4）合乎逻辑地划分工人和管理部门之间的工作角色和工作职责。这些理论，都被泰罗的后继者们广泛地运用到公共行政管理中。

以埃尔顿·梅奥等人为代表的霍桑试验，揭示了工作群体的社会关联因素在管理中的作用，推翻了传统科学管理时期的许多假设，认为，人是"社会人"而不是"经济人"；工作人员的工作效率不仅与物质因素有关，而且与心理和社会因素有关；除正式组织外，非正式组织在管理中具有极其重要的作用；领导者所要建立的不应是以工作为中心的技术技能，而是以人为中心的社会技能。之后，切斯特·I. 巴纳德（Chester I. Barmard），以其协作系统理论丰富了行为科学的内涵。他认为组织不是单纯以人为内容，而是相互协作的各个人组成的系统；管理者的职能就是协作系统中作为相互联系的中心，并对协作的努力进行协调，以使组织更有效地运作。以后赫伯特·A. 西蒙（Horbert A. Simon）吸收行为科学、运筹学、计算机等学科的理论，继续从组织中人的角度研究组织行为问题，其有限理性决策理论对公共行政决策的科学化起到了直接而又有效的作用①。这一时期麦格雷戈（Donglas Mcgreger）的"X - Y"理论对公共行政改革与发展也起了积极作用②。

同样，自20世纪60年代起，以原子能技术、空间技术、电子计算机技术为标志的第三次科学技术革命，尤其是系统论、信息论、控制论的广泛运用和发展，使开放观、环境系统观、投入产出观在管理领域的确立，极大地促进了工商管理的科学化、定量化、现代化，也同时为公共行政科学化提供了理论支持和技术储备。这一时期对公共行政影响最大的流派是卡斯特（F. E. Kast）和罗森茨韦克（J. E. Rosezweig）的系统组织理论、利克特（R. Likert）的新型人类组织观和孔茨（H. Koontz）的权变观等。利克特认为，"社会科学的本体能够为形成一套组织和管理的普遍理论铺设道路"③，因此，他们的理论观点被广泛地吸收到公共行政领域，在以后的政府管理与

---

① 西蒙对公共行政的突出贡献是对决策问题的研究。他认为，管理就是决策。决策过程和决策行为存在于一切组织的管理过程之中。任何实践活动，无不包含着决策制定过程和决策执行过程。管理者是在"有限理性"的范围内运用相对简单的经验方法，按照"注意原则"挑选决策方案并进行决策的人。同时，西蒙还在《行政管理格言》一文中，对传统管理理论进行了批判。他认为，构成行政管理理论的大多命题和原则都具有格言的性质，格言虽然便利，却存在严重缺陷。因为它们常常是成对的出现，且相互矛盾。可以说，西蒙是对公共行政改革和发展最为直接的管理学家之一。

② 许多著作文献常常把马斯洛（A. H. maslon）的需要层次理论列入这一时期对公共行政有较大影响的理论。笔者认为这是不妥的。因为马斯洛的需要层次论当时仅仅出现在心理学领域，并未马上扩展到管理学和行政学当中。它引起管理学界的重视、并流传运用到该领域只是在20世纪60年代后才开始。

③ 〔印度〕D. R. 普拉萨德等：《行政思想家评传》，广东高等教育出版社，1988，第193页。

改革中普遍重视行政的生态环境变化，注重"输入"与"输出"之间的转换平衡，不断强化行政的反馈和监督职能，加快行政侵权和地方自治进程，使因时、因事、因地制宜的权变观深入人心，等等，这些都是与企业管理的理论突破和技术发展分不开的。

（二）新公共管理理论

进入 20 世纪 90 年代，政府规模的扩张濒临上限，社会公众对政府日益不满，财政上的入不敷出压得政府喘不过气来，政府的不可治理性因素日趋增多，加之新右派学说与保守主义政治意识形态的影响，重理与再造政府成为这一时期公共行政的主要思潮，这一理论倾向通常被称为新公共管理，或"管理主义"、"后官僚制典范"名称上的差异，反映出概念的模糊和语义上的分歧，正如周志忍所言，"管理主义虽贵为'主义'，却没有一个系统的理论体系和概念框架"。"它仅仅是公共行政的传统规范与工商企业管理方法的融合"，"严格说来，管理主义构不成一种'主义'，也很难说是一种理论，它不过是当代公共管理的一种时尚"。不论是将"新公共管理"看做是一种理论，还是视为一种"时尚"，都难以摆脱它对政府公共行政改革的重要意义，而这一价值又集中体现在它对公共行政与企业管理共同点的认识上。

毫无疑问，政府公共行政与企业管理之间存在着许多不同，但在本质上，或者说在高度抽象的技术层面，它们之间又是相同、相通的。早在 20 世纪 50 年代，刘易斯就有过简要评述："几乎政府所做的一切，私人公司都曾在某一时期采用过，这包括修路、提供警察、救火或仲裁服务。实际上，公共服务的大多数领域中，开拓工作都是由私人企业家做的，而政府的介入只是在相对较晚的阶段。"① 冈恩亦认为，将公共行政与企业管理视为根本上相互独立的两种类型的活动，太过于简单了。威伯认为，对于国家和不论什么所有制的企业来说，都具有官僚制共同的特点，就组织机构而言，①常规活动被定为正式职责；②为履行这些职责而发出指令的权限分配均衡；③为定期和持续履行职责，为行使相应的权力而制定规章制度。这些因素在"国家的活动领域内"构成一个机构，在"私人经济的活动领域内"构成一家官僚企业②。加尔布雷思从"投射"的角度看待公共行政与企业管理的关系，他认为，许多私有企业对公众有巨大的市场影响力，以致它们不再是"私有的"。威登鲍姆也认为，有些公司对政府的工作有很大的依赖

---

① 转引自 A. 普雷姆詹德《公共支出管理》，中国金融出版社，1995，第 11 页。
② 转引自 A. 普雷姆詹德《公共支出管理》，中国金融出版社，1995，第 11 页。

性，这与它们可能具有政府机构的某些特征有关①。古立克以 POSDCORB 英语字母的缩略来说明政府公共行政部门和私人企业的职能，它认为以下七项职能是管理者的共同职责：计划（Planning）、组织（Organizing）、人事（Staffing）、指挥（Directing）、协调（Coordinating）、报告（Reporting）、预算（Budgeting），这一观点，在切斯特·巴纳德和德鲁克关企业职能的文献中皆可以找到依据。格雷厄姆·T. 奥尔森在《公共事业和私营企业管理：它们在所有不重要的方面是否基本上是相同的》一文中，从管理策略、内部下属组织机构和外部客户等角度，进一步系统地概括了公共事业与私营企业之间的相似之处。详见表 15 – 1②。

到了新公共管理时期，公共行政与企业管理的差异性被进一步淡化。奥斯本和盖布勒认为，由于政府和企业是两种性质不同的组织，政府当然不能像企业那样运作，但在理念和精神上应当是相通的。"任何机构，无论是公

表 15 – 1　公共管理与私营企业之间的共同职能

管理策略

（1）建立组织目标及目标的优先等级（在预测外部环境和组织能力的基础上建立）。

（2）制订工作计划的实现目标。

管理内部的下属组织机构

（3）组织工作和人员调配工作：在组织工作方面，管理人员建立下属组织的结构（下属单位和职位，并指定其权力和责任）和工作程序（为协调和开展工作）；在人员调配方面，要在关键的职位上安排合适的人选。

（4）指挥全体人员和人事管理系统：组织的能力主要地体现在他的成员以及成员的技能和知识等方面；人事管理系统对组织中的人力资源进行增补、选择、社会化、训练、奖励、惩罚、辞退。这种人力资源构成组织的能力，以实现组织的目标，并对管理工作的特定指令做出响应。

（5）控制绩效：各种管理信息系统——包括执行预算和资金预算——报告和统计制度、绩效评定以及成果评估——帮助管理工作进行决策和测量计划进度，以实现目标。

管理外部的客户

（6）从属于某个共同权力组织的"外部"单位进行交往：大多数的总经理必须在更大的组织内部，与其他单位的总经理之间——上级的、平行的、下级的总经理——来实现其单位的目标。

（7）与独立的组织进行交往：组织包括政府其他层次的和其他分组织、利益集团以及私营企业；这些组织能够对组织实现其目标的能力起重大的影响作用。

（8）处理与报刊和公众的关系：他们的行为或者赞许，或者默认对组织都是必需的。

---

①　不管是政府具有企业的特征，或是企业具有政府的特点，但说明两者之间具有许多相同之处却是毋庸置疑的，这也正是公共行政的每次重大变革都与企业革命和体制创新密切相关的原因所在。

②　参见《国外公共行政理论精选》，彭和平等译，中共中央党校出版社，1997，第 337～338 页。

营私营，都可以有企业家的精神，正像任何公私机构，都会出现官僚主义"①。因此，运用企业经营中的顾客服务意识、成本意识、质量意识、创新意识，是可行的，也是有效的。在具体管理方法上，更是可以相互借鉴的，像目标管理（MBO）、全面质量管理（TQM）、战略管理和战略规划等方法早已在政府公共部门普遍使用。"新公共管理"者普遍认为，重建一个"做得更好和花钱更少的政府"，必须是企业精神影响和推动的企业型政府。

　　从不同的视角审视"新公共管理"或公共行政的"管理"内涵可能会有所差异，但基本观点和主张却是相同相似的。依据世界经济合作与发展组织（OECD）的界定，其内涵至少包括：①企业管理技术的采用；②服务及顾客导向的强化；③公共行政体系的市场机制及竞争功能的引入②。从拉森（Ranson）和斯图亚特（Stewart）的观点来看，新公共管理应包括：①视人民为顾客，并强调顾客的价值；②创造市场或准市场的竞争机制；③扩大个人以及私人部门自理的范围；④购买者的角色须从供给者的角色中分离出来；⑤契约或半契约配置的增加；⑥由市场来测定绩效目标；⑦弹性工资③。胡德（Hood）从管理的内部变化概括了"新公共管理"较之公共行政的七大变化：①让管理者来管理，部门领导负有更多的责任，不再仅仅服从别人的命令。②有明确的绩效标准并且便于测量。③重视产出控制，能够根据所测量的绩效将资源分配到另一个领域。④公共部门内部由聚合趋向分化。⑤向更具竞争性的方向发展。⑥将私营部门运行有效的管理手段运用到公共部门。⑦在资源利用上具有更大的强制性和节约性④。简·莱恩（Jan-Erik Cane）从治理模式上，对公共行政和新公共管理进行区分。他认为公共行政提供公共产品和服务的方式有三种：一是由政府机关或者公共企业在系统内进行生产；二是通过征收税费，提供监察经费；三是由政府机关进行公共管制。新公共管理认为提供公共产品和服务的角色包括购买者、提供者、承包者、管制者和仲裁者。其中的许多角色既可以由政府担当，也可以由非公共部门担任。政府可以充当委托人，在社会上寻找代理人⑤。

---

①　奥斯本、盖布勒：《改革政府：企业精神如何改革着公营部门》，上海译文出版社，1996，第 23 页。

②　OECD. Public Management Development [M] Pans：*OECD*, 1990, 1991.

③　Rans. n, Stewan, S. *Management for Public Domain*, ST. Martin's Press, 1994. 14~15，转引自张成福《公共行政的管理主义：反思与批判》，《中国人民大学学报》2001 年第 1 期。

④　参见〔澳〕欧文·E. 休斯《公共管理导论》（第 2 版），彭和平等译，中国人民大学出版社，2001，第 72~73 页。

⑤　简·莱恩：《新公共管理》，中国青年出版社，2004，第 4、5 页。

当然，管理主义理论作为公共行政改革的基础，也同样遭到了各方面的批评。有学者认为，经济学是一门有缺陷的社会科学，将其作为理论基础应用于管理主义是有局限性的；也有的学者认为，公共部门与私营部门毕竟是有差异的，公共部门模仿私营部门重视产出的变革必定会遭到挫败；还有学者将管理主义视为"新泰勒主义"，它不仅不是新东西，而且与人际关系理论相抵触，等等。这些不同意见说明，"管理主义"的确还不是一种系统化的、内涵十分确定的理论，它作为一种思想基础仍然需要不断完善、丰富和发展。

第三节　当代公共行政改革的目标趋向

当以大工业时代的管理思想、观念为范本的经典科层制模式面对以知识经济为时代特征的信息社会管理范式的挑战时，当代西方公共行政也不得不面对僵化的管理体制所带来的财政、管理和信任危机，各国政府不得不借助新的思维，在新的领域，寻求新的行政路标、行政模式和发展动力，力图使窘迫的行政活动更富生机和活力。为彻底改变以一致性、形式化和以中央监控为传统的官僚体制，西方各国开展了全方位的、富有创意的改革活动，其改革趋向和具体内容突出地体现在以下几个方面。

一　调控替代直接提供服务*

1930 年代以前，许多"公共"服务是由非政府机构提供的，表现最为普遍的是宗教团体、种族协会和街坊文教馆等领域。但是美国进步党人和新政拥护者认为，政府雇员应当承担起大多数的服务内容。他们对宗教团体和其他民间组织排斥信仰和种族不同的人的倾向表现出极大的不满，发誓要刹住使政府名誉扫地的承包制度所带来的普遍贪污腐败的歪风。于是，他们把绝大多数社会事务毫无选择地揽到政府名下。政府也由此成为单一的角色：收税员和提供服务者。久而久之，这种角色逐步强化，做了许多做不了、做不好、舍本求末的事情。

现在西方越来越多的有识之士认为，政府应回到"掌舵"的位置上来，并把重新塑造市场作为掌舵的主要途径。如通过提高污染代价，收取大量污

---

* 参见戴维·奥斯本等《改革政府：企业精神如何改革着公营部门》，上海译文出版社，1996，第 4 页。

染费或者征收绿费来防治污染；以税额减免为条件劝说公司雇用穷人；以新的手段促使新的金融机制的形成，等等。总之，他们总是不停地向私人部门施加各种可行和有利的影响让其"划桨"。有人估计，通过改变市场，一个政府可以具有比传统行政管理方法大一百倍的影响。首先，它有助于使政府真正成为政策的制定者、催化促进者、牵线搭桥者。其次，它有助于政府自由挑选最有能力和效率的服务者，使它们花同样的钱能够得到更大的效益，使它们能充分利用服务提供者之间的竞争保持最大限度的灵活性；同时还有助于它们建立以高质量工作表现为目标的责任制。第三，它有助于政府促进试验和从成功中学习。私营部门的竞争必定以具有新方法、新技术、新设想的机构的胜利而告终，它们成功的经验无疑对政府有重要的借鉴意义。最后，它有助于政府在进行"采购"时提出更加全面的解决问题的办法，使问题从根本上得以解决。

但是政府要掌好舵并不是一种容易的事，它必须同时建立一种把政策制定与服务提供相分离的体制，即高层决策层与具体操作层各司其职的体制，使其各有各的使命和目标，各有各的行动范围和自主权限。显然，实现这一目标尚有一段相当艰难的路程要走。

二　由强化干预转变为放担子、卸包袱

这是各国政府职能界定的总原则。它主要通过非国有化（Non-nationalization），即国有企业和公用事业的产权转移，由市场或社会来承担其生产和服务功能，从而使政府达到放担子、卸包袱的目的。这并非新的创造，但其涉及的范围十分广泛，特别是它所具有的超越意识形态的特征引起了各国行政学者的高度重视。放担子、卸包袱的主要实现形式是将国有企业的产权，通过抛售、销售、股份等方式最大限度地转化成私有企业，或多种所有制形式的实体；最主要的是管理权的转移，即将国有企业交给私人经营，企业的所有制性质仍是国有的，有人把这种形式称为"管理私有化"。它具体通过三种方式来运行：一是管理合同制。政府与私人企业公司签订合同，然后让私营企业管理国有资产，进行生产经营，政府付给一定的企业利润。二是管理租赁制。这种手段与合同制在经营权上是一致的，所不同的是要承担一定的经营风险，其实这是在合同制基础上的一种发展。三是管理让利制。这实际上是发展的租赁制，它是在合同的基础上承担经营风险和责任，所不同的是合同时间更长，由此租赁人要在投资、技术改造、员工培训等长远规划方面承担更大的责任。这是政府卸包袱更彻底的一种表现。非国

有化的原因很复杂，但主要是为了追求效率，减轻政府管理负担，促进资本市场的形成，改变企业对政府过度依赖的局面。

三　由重投入、重规章转移到重产出、重结果

乔治·巴顿将军说过，"决不要告诉人们如何做事。告诉他们，你希望他们做到什么。他们的独创性就会令你吃惊"。然而许多政府常常忽视这一点，甚至反其道而行之。"政府的大多数工作就是颁布各种规章制度，对各种抱怨作出反应和执行法律等"，"每位政府官员总是喜欢用法律规章制度限制下属可以做什么，不可以做什么，每一项决策和计划都是在严密的条例罗网中进行，高级文官能够说出决策或计划的确切程序，却在管理运行过程中忽视了他们的初衷。其结果是，他们仅仅是学会遵循每一项规章，花掉预算分解的每项资金，但对结果和收益毫不关心"①。西方国家的改革已经或正在力图改变这一弊病。美国联邦政府废除长达近万页的《人事手册》，成立"日落委员会"，通过《日落法》②，使规章和各类项目减少至最低限度。它明确规定各个机构的使命和目标，评估这些目标的实现程度，制订出奖励成功组织机构的预算制度和薪金制度。过去重投入的管理趋向使下级组织很难致力于工作表现的改进，当重视结果时，他们就不得不将工作重心放在最终的效益、效果上了。

四　人事管理制度由僵化转向灵活

公务员制度最早是为废除恩赐制、分赃制等具体不正当行为而创设的。它的主要功能是为保持社会公平和政治稳定。然而，这一制度发展到今天，已是一味地注重程序、讲求公平，却忽视了政府的最重要追求——效率。许多国家逐步感到，在信息化时代，传统的公务员制度已经成为阻碍社会发展、制约管理效率的严重障碍。因此，近20年来公务员制度经历了一场深刻的变革，一些重要原则和核心特征正逐渐被淡化。

（1）由于临时雇用制、合同用人制等一些新制度的推行，传统的文官法规定的"常任文官无大错不得辞退免职"的原则以及由公务员永业原则长期孵化产生的"铁饭碗"被打破。

---

① W. E. 哈拉尔：《新资本主义》，社会科学文献出版社，1999，第19页。

② 指美国联邦政府清除过多过时的规章条例的组织和法律。法律规定：联邦的每一项计划和规章条例未做重新授权，7年后即不再存在。日落委员会审查、决定是否应给它们重新授权，然后向总统和国会提出建议。

（2）政治中立原则名存实亡。1907 年，政治中立正式成为美国联邦机构人事制度的一个重要特征，然而罗斯福主持修改的条例却又明确允许竞争性机构以外的雇员有权就所有政治问题私下发表自己的看法。1993 年美国国会和参议院以政治中立使公务员成为二等公民为由，两次通过了雇员政治权力法案，且得到了总统克林顿的认可。这意味着业务类公务员参与政治有了法律依据。

（3）独立管理原则开始动摇，政府人事管理权不断强化。公务员管理权一般归独立的文官委员会负责，改革使文官管理权逐步削弱，公务员的录用、选拔、晋升权逐步转移到政府部门及其政务官手中。有些国家甚至取消了独立的文官管理机构①。同时，政府人事管理机构的管理重心也由内部的专业管理转化为综合性管理，如内部宏观控制（编制、预算）、公务员的权利争议裁决、激励机制的完善、人力资源的开发，等等。

五　由官僚政治需要转变为顾客需要

企业的利润来自顾客，因而他们懂得如何在竞争环境中对顾客利益予以极大的关注。而公共行政机构各部门的消费品分配主要控制在议会和民选的其他委员会手中，因而他们始终把一些行政部门和立法机关当作自己的顾客，并尽力取悦于它们。久而久之人们习惯地认为运输部的顾客是公路营造商和公共交通系统，而不是公交乘客；住宅和城市发展部的顾客不是贫穷的城市居民而是房地产开发商……这种漠视公众（真正的顾客）利益、服务对象模糊乃至倒置的传统做法实际上只能满足官僚政治的需要，而不可能使人民得到应有的尽善尽美服务。

为提高服务质量，改善公共机构形象，许多国家开始转变指导思想，强调以顾客为导向，以顾客为服务中心，用企业家精神转变政府人员的观念。他们通过顾客寻访、重点群体调查等各种各样的方法详细听取顾客意见，并在此基础上采取了一系列改革措施，包括：①提供小规模化的公共服务，打破传统划片服务的办法，给顾客提供更多的自由选择的机会和领域。②引入市场竞争机制，通过"顾客主权"对公共服务机构施加压力。③推行公民参与管理，并借助市场检验方法，定期反馈公民对服务质量的满意程度。

以顾客需要为中心的管理思想和管理模式所具有的优点是十分明显的：

---

① 1979 年美国撤销了原文官委员会，其职能分别由新成立的人事管理总署（简称 OPM）、功绩制保护委员会、联邦劳工关系局（FLRA）等机构行使。

它迫使提供服务的政府对被服务对象负有更强的责任心；使选择提供者的决定不受政治影响；刺激行政改革动机，使之在竞争中不断创新；保证人们在不同种类服务之间做出选择；有利于减少浪费；被授权的顾客更加尽责；能够创造更多的公平机会，等等。可以说，以顾客需要作为公共政策的出发点和利益分配的终结是政府本质的体现和回归。

第四节　当代公共行政改革的模式比较

最近 20 年来，在"政府再造"（government reengineering）理论的引导下，西方各国公共行政进行了全面而又深刻的改革，出现了各种取向的改革思潮。美国学者盖伊·彼德斯将其概括为市场、参与、灵活和解制四种类型，并对其结构、管理、利益和政策做了具体分析，在理论界产生了广泛而又深刻的影响。但以新制度经济学、管理主义为理论支撑的公共行政改革模式，亦以其对传统公共行政的承接、挑战、冲击和反叛，以及顾客至上、成本意识和创新精神获得了各国政府的普遍认可和青睐。这一节，我们将对这几种模式加以比较分析，以使我们的认识更为全面和深刻。

一　市场、参与、灵活、解制政府模式的要素分析

本节在分析方法上着重从结构、管理、政策和公共利益四个方面来加以研究。在结构方面，主要研究如何组织政府部门；在管理上研究政府将怎样聘用、激励和管理公务员，以及如何有效地控制政府财政资源。从政策的角度分析公务员在政策过程中应该起什么样的作用，政府如何对私人部门、非赢利性组织施加更加广泛的影响，等等。公共利益方面的分析，则旨在了解所采取的改革方案以及政府过程的结果能否使公众受益，等等。

（一）引导和体现竞争的市场模式

市场模式（Market Model）是改革中最流行、得到肯定最多的一种模式。该模式认为，当下的行政改革是利用市场并接受这样的假定，即私人部门的管理方法（无论是什么样的管理方法）几乎可以说是与生俱来地优越于传统的公共部门的管理方法。不管是经济发达的西方各国还是最贫穷的非洲国家是否考虑进行改革，人们普遍假设提高政府组织效率的最佳甚至唯一方法是用某种建立在市场基础上的机制代替传统的官僚制[①]。把市场作为改

---

① 　B. 盖伊·彼德斯：《政府未来的治理模式》，中国人民大学出版社，2001，第 21 页。

革模式不仅可以为改革提供道义上的支持，而且可以为政府更有效地运转提供切实可行的证据。正是在这一思潮的影响下，许多国家将市场化作为改革的摹本。其一，通过私有化，将政府控制或经营的公共服务项目交由私人企业或承包经营，或者将国有企业直接出售给私人企业。其二，通过公共服务付费制的实行，把价格机制引入公共服务中来，让公共资源得到最佳配置。其三，推行合同制，让政府放担子、卸包袱。将公共部门和政府作为顾客或委托人，同提供服务的组织即代理人签订合同，让政府间接为社会提供服务。其四，建立政府内部市场，将提供公共服务的政府部门人为地划分为生产者和购买者两个主体，让其通过契约关系进行市场运作。其五，大范围地进行分权，让授权主体具有相对独立的自主权，并与其他主体之间形成竞争。

在结构上，市场模式者们认为，传统政府结构过分信赖庞大垄断的、缺乏外部监督制约的官僚机构。这种机构最看中规章制度和权力对政府行为的指导，忽略市场信号和公务员个人的主观能动性，加之这种机构服务的无形性、迟效性、综合性，使得公众和民意机关在质与量上无法对其效率进行准确评估和监督。这无疑为传统组织带来了无法克服的结构性障碍。针对这一弊端，市场模式提出了战略性改革设想，主张下放决策和执行权力，把大的公共部门分解成若干小的像企业那样可以相互竞争的运作部门，将大量的服务职能下放给低层机构、私营部门或半私营部门来承担，迫使公共部门无法进行垄断性控制，从而达到降低成本、减少服务费用、增加服务种类、提高服务质量等目的①。如英国的"下一步改革方案"，将组成内阁的大的部委分解成若干小的执行局。这些局采取跟政府签订合同的形式来履行自己的职责，目的是使这些执行局具有更强的企业家精神、更大的自主权，能够像市场的私营公司那样按照市场机制运作。与英国相比，新西兰的改革更具有彻底性。从 20 世纪 80 年代开始，他们把大多数部委进行公司化改造，将其分解成若干很小的、且具有公司性质的、拥有自己权威的、半自主权的组织机构，并称之为公司化，因而在形式上更具有市场性质。美国的动作不是很

---

① 同样的理念在许多关于公众部门组织的研究中也有所反映。1960 年代和 1970 年代的企业组织是倾向于建立庞大的企业集团，以从事任何或所有的经济活动。但是，这种趋势到了 1980 年代和 1990 年代发生了变化，一些大型的企业集团纷纷解体，以更好地为顾客服务的新价值取向，成为建立企业组织结构的出发点。尽管许多企业集团仍然保持其庞大的规模，但其结构已向 M 型的方向发展，即在企业集团内部分设一系列相对独立的经营子公司，它们之间同样存在着竞争关系。

大，但也出现了相当大的收益。如过去国家垄断的邮信、邮包业务，现在已有 DHL 服务公司、联合邮包公司、联邦特快邮件服务公司等多家公司与政府竞争，服务成本大幅度下降，服务质量也由此大大提高。不难看出，传统的公共组织力图通过金字塔式的多层级结构实施管理和保证决策连续性，市场模式则强调积极进取的政府行为和个人责任，鼓励公共部门要致力于建立层级尽可能少的网络式结构，以保证各公共部门的低投入高收益。

在公务员管理体制和方法上，市场模式较之于传统做法具有根本性的变革，最典型的就是吸收私营部门的管理思想，打破集体化的工资分配制度，建立以功绩制为原则的、个性化的绩效工资制度，即工资标准因人而异，主要是依据公务员在市场上可能赢得的收入来确定，成就突出的给予更高的报酬，不管公务员的职级悬殊多大。这种工资制度要求主管领导更像一名企业家，他们要对所在机构的行为负责，并且要根据服务质量、收益大小及其他表现获得工资奖金，或者受到相应的惩罚。人们普遍认为，较低一级公务员和最低一层的公务员实行这一制度能够取得积极的效果。但是对政府领导层来说，由于其工作具有无形性、复杂性，其作用可能是极其微弱的。

此外，推行功绩制和绩效工资管理能否取得预期效果，目前还是一个悬而未决的问题，目的主要取决于对绩效评估的能力和科学准确程度，包括哪些工作可以按照绩效标准来评估，哪些不可以这样进行，都要有一个明确的界限。如果不能很好地解决这一难点，市场模式在公务员管理制度改革中的作用就难以发挥。这也正是该模式最不能令人放心和满意的地方①。

市场模式在公共政策的制定方式上不像结构那样在学理和实践上具有一致性。前文我们已介绍，市场模式主张将官僚机构的职能下放给许多具有企业家精神的政府部门来履行，与此相适应，其决策也必然要以市场反馈回来的信息为基础，并由具有企业家精神的部门领导根据自己的分析判断来制定。然而在实践中，推崇市场模式的高级官员又不愿放弃政治控制，仍希望具有企业家精神的部门对上级政策和意识形态方面指示俯首听命。这种现象一方面说明公务员的政治化趋势即使在以市场模式为代表的决策过程中也仍然无法停止，另一方面市场模式在关于公务员的政策作用方面与所提出的要求也是自相矛盾的。除此之外，市场模式在政策制定方面还存在其他方面的

---

①　绩效评估是一个世界性难题。它不仅涉及工作量，而且涉及产出结果的质及其实际影响。学术界有人认为绩效考核是一门艺术而不是一门科学。目前为了避免质的争议，绩效工资制多用于公务员的管理职能领域，而非强调质的政策职能领域。

一些问题：一是决策的协调与控制问题。过去一个统一的公共部门可能避免政策之间的相互冲突，但在机构分解之后，几个、几十个、甚至上百个执行局之间在政策上就不可能保持一致①。二是公民的作用和地位问题。传统政策在观念上把被服务者看做是公民，享有政治上的权利，有资格和权利获得各种公共服务。然而市场模式下的决策是把公民当作市场上的普通顾客来看待的，不再是政治意义上的公民。强调重点是公民的经济角色和权利，显然，公民的个人权利和法律地位被大大降低了。

最后一个分析视角是公共利益问题，即什么情况下才是好的政府。市场化改革从三个方面做出了努力，一是低成本高收益，主张采用非常规的手段和方式，如成立多家独立的个性机构来提供服务；二是建立更多的可以相互竞争的服务主体，让公众有选择自己最喜欢、最满意服务的权力；三是把公民既当消费者又当纳税人，使其既受市场价值的"调节"，又受政治价值的制约，让二者能够兼顾而不是偏废。

（二）重视激励和引导参与的授权模式

参与模式（Participation Model），又称授权模式，其主张在观念形态上几乎与市场模式相反：盖·彼德斯认为，该方法所倡导的用以证实其思想的政治意识形态是反市场的，它的价值倾向是寻求一个政治性更强、更民主、更集体性的机制向政府传达信号。它主张：①分权，即放权于基层。同市场模式一样，参与模式认为以官僚制为基础的公共组织是妨碍政府效率的严重障碍，其层层节制的、由上而下的管理形态限制了公务员对其所从事工作的参与，使得他们对组织产生距离感，也降低了他们对组织的承诺，因而主张将长期被排斥在决策或政策过程之外的管理者吸收到政府管理的整个过程中来，赋予他们参与决策的权力②。②放权于顾客，即给服务对象更多的权利。因为官僚体制内的专家无法获得制定政策所需要的全部信息，甚至得不到正确的信息；"不论是公共部门还是私人部门，没有一个个体行动者能够拥有解决综合、动态、多样化问题所需要的全部知识和信息，也没有一个个体行动者有足够的知识和能力去应用所有有效的工具"。顾客中往往隐藏着

---

① 与此相反，澳大利亚是在搞相反的一种变革。他们把国家 30 多个大部合并为 20 多个，以整合来避免政策的冲突。我国近 10 多年的改革也是按照宜粗不宜细的原则归并一些部委。这种模式与市场模式的结构分解，共同构成当今世界两种截然不同的结构变化形式。

② 其实，员工介入决策层一直是管理上研究的重要主题。像梅奥、阿吉里斯利克特、福莱特等管理学者都是主张以组织人本主义作为提高组织效率的最佳模式。在白领队伍日趋扩大的今天，参与更具有现实意义。

解决组织问题的"灵丹妙药"，顾客对公共服务问题最有发言权。③共同协商。放权不是把所有的权力一股脑地放手给低层公务员或公众，而是有针对性地吸收他们介入决策过程，共同协商问题。

可以看出，参与模式偏重于程序而非结构，但这并不是说不需要结构。在参与模式眼中，公共组织的结构应当是扁平化的。它主张打破过于严格的控制体系，减少中间管理层，缩短高层与基层的沟通距离，建立以"地方为主"（localness）的组织结构体系，让低层能够参与决策，或自主做出决定，而不是层层请示、层层汇报。彼德斯断言，如果基层公务员感觉到在决策中可以发挥更多的洞察力和专业能力并因此受到激励而提供优质服务，那么，控制性的层级节制就变得毫无意义了。如果这种格局得以转变，消除中间层次无疑是最好的选择。事实上，无论在公共部门还是在私人部门，压平结构、扩大管理幅度已经成为现代社会组织结构变革的主要趋势。

在管理上，参与模式强调内部的参与管理，让低层公务员更多地加入到权力资源的分配中来。在管理信息的流向上一改传统组织结构的自上而下式为自下而上式，用顾客的要求和意愿来决定政策取舍，利用开放性政治过程的优势，使政策成为组织的集体共识。在人事管理方面，与市场模式强调个人化、个人工资、个人技能评估不同，参与模式强调全面质量管理，强调小组化、集体化，以小组和集体为单位进行评估和奖惩等等。

在决策问题上，参与模式具有两个鲜明特征，一是在程序上自下而上，不再是传统的自上而下的过程，不主张按照集权的方式进行决策，认为低层公务员掌握第一手材料，同公众最接近，最了解公众需求，做出的决策更符合客观实际。二是通过公众的政治参与来进行决策，以此来最大限度地体现和满足公众的利益。这一点同市场模式强调公民的自由选择权有所不同，以教育改革为例，市场模式的做法是政府发给受教育者代用券，受教育者拿着这张券去挑选自己满意的学校，学校拿到券才可以跟政府划拨预算。参与模式的做法是让每个学校设立一个管理委员会，委员会由教师和受教育者家长组成，他们可以在这个组织里提意见、提建议，甚至可以争论，以进一步满足来自社会各阶层、各领域受教育的利益需要。严格地说市场模式是一种选择机制，取决于金钱或票据的流通，而参与模式则是一种制约、促进机制，是通过政治过程来实现的。

公共利益问题在这里是一个高度分散化的概念，它主张最大限度地吸收低层公务员和公民参与到政策的制订过程中来，并以此促使公共利益的实现，其具体方式包括：扩大低层公务员独立做出决定和对政策施加影响的范围，为公民提供更多的对政策施加影响的方式和机会，包括对话、公开辩论、全民公决等形式；提高公民在政策选择过程中的参与程度。可以看出，这是一种实质性的参与而不是形式上的参与。

（三）临时机构和短期雇用制的灵活模式

灵活政府模式（Flexible Government Model），又称弹性化政府，它是指政府及其机构有能力根据环境的变化制定相应的政策，而不是用固定的方式回应新的挑战。该模式最受关注，也最模糊不清。它的出现，完全是对僵化、无弹性的官僚政府的一种反叛。从组织的角度看，传统体制下的公共机构，不管其职能目标的存在多么短暂都会以种种理由存续下来，原因是组织所提供的概念透镜已经扭曲了人们对组织存续的知觉，很少会有组织主动愿意在变革方面进行投资。再则，长期性组织也的确有保持政策连续性、稳定性的优势，其制度化的能力可以避免犯重大的错误。但是，往往组织记忆既是先前学习的宝库，又是未来学习的潜在障碍，它常常会妨碍对较新和相关事物的学习，降低组织的适应力，加之其永久过程中本位主义的形成，又造成了运作过程中大量的协调性难题。从人事管理的角度看，由于文官制度的普遍推行，一个人一旦进入政府机关，只要是非本人意愿，且不触犯法律就可以终身被雇用。这种永久制政策常常使公务员对政策的看法和对现实所存在问题的认识被固定化、程式化；同时也使得公务员对自身利益和对组织机构的财政预算的关心程度超过了对政策的关注和对事业的关心。此外，由于科技的进步和经济的国际化原因，政府的任务形式、劳动市场性质发生了变化，兼职和临时雇用取代了终身雇用，季节性的雇用既大大地降低了政府的行政成本，又满足了人们职业生涯的多样化需求。这些都是形成灵活政府模式的重要原因。灵活政府模式在结构上的基本主张是在政府内部建立可选择性的结构机制，以大量的临时性机构取代那自认为拥有政策领域永久权力的传统部门和机构，如工作小组、特别委员会、项目小组、虚拟组织等①，使其不再固守传统的组织阵地，能够对不断变化的社会和经济情况做出反应，并能在职能目标实现之后及时地将自己终结。当然，这一举措还可以在意识形态上有效地抵制财政保守分子对常设机构开支膨胀和政策僵化进行的攻讦。

---

① 这里所涉及的"虚拟组织"，是指美国国家绩效评估（NPS）完成任务解散后，为使参与绩效评估的各成员之间继续保持联系而建立的这么一个"团体"。事实上，虚拟组织的概念是关于组织间建立网络系统这思维的正式体现，它可以当作以系统层次而非组织层次管理政府的一种手段，正如许多分析人士指出的那样，虚拟组织是许多公共部门行为的基础。参见盖伊·彼德斯《政府未来的治理模式》，中国人民大学出版社，2001，第82页。

与此相适应，灵活政府模式在人事管理上主张搞短期或临时雇用，使临时机构的雇员不再由享受终身雇用权的公务员来组成，强调管理者必须具有调动劳动力以适应变化需求的能力。临时雇用，有利于政府根据工作量合理确定和调节公务员的数量，从而避免冗员过多或人力不足等现象；同时也为政府节省开支，消除纳税人的不满，快速及时地增加服务需求提供了便利条件。但是从消极的角度，临时雇用还存在不少问题。如临时雇用使得公共服务的价值和特质受到威胁，从而大大降低临时雇员对组织的承诺和献身精神，使公务员制度所应体现的廉洁、忠诚、责任等价值观难以实现；同时，由于临时雇员工作生疏、专业知识欠缺，局部工作效率往往受到损害①。

在灵活模式下公务员对政府决策有何影响，理论上尚无明确的结论，人们只是从逻辑规范上做出大致的描述，认为灵活模式对传统组织的冲击与否定，必将大大削弱以共同文化和对现行政策的认同和承诺为基础的组织机构的权力，使稳定的机构、稳定的职业队伍变得飘忽不定，并进而导致政策的不稳定性。因为新的机构和人员常常会使组织丧失记忆，使决策者缺乏实践知识和经验基础。但有人不这样看问题，认为这样反而有利于创新，有利于开拓新的事业。撒切尔派和里根派都是这一观点的支持者。但是也有人认为即使后者成立，人们对于扑面而来的各种创造性的建议和主张，仍有一个选择和政策性协调的过程。

这种模式对公共利益从三个方面看是有利的：①降低了行政费用，主要是通过大量地雇用临时人员减少了政府开支。②增强了处理问题的灵活性。政府可以采取一些临时的特殊方法解决随时出现的问题，而不再是用长期固定机构捆住自己的手脚。③部门之间的临时性协调保证了政策的连续性和一贯性。但是笔者认为单从财政成本降低的角度来看待公共利益似乎有失偏颇。如果从临时雇员服务精神的降低、专业知识的欠缺，给特定顾客带来的服务质量下降上看，这种行政成本实际上加大了，甚至行为上本末倒置了。

（四）减少规制的解制模式

解制型政府模式（Deregulating Government Model），又称非管制政府模式，它的基本含义是指通过取消公共部门过多的规章制度，取消过程取向的控制机制，相信并依靠公务员的责任心、潜力和创造力，来提高政府的行动

---

① 美国审计总署就税收部门给公民提供的税收信息服务质量进行过调查，第一年发现，公众从咨询电话中获得的税收信息有70%是错误的，第二年虽有放进，但仍有50%的差错率。这些提供服务的雇员几乎都是政府临时雇用的。

水平，让政府更具有创新性和效率。①

　　解制型政府模式出现在传统的"照章办事"的国家绝非偶然，其原因是多方面的：其一，过多的内部控制严重地损害了政府效率。在"三权分立"国家，政治家对公共组织一般都存有戒心，因而对公共管理者往往施加多种限制，久而久之，公共管理部门的活动空间越来越小。其二，过多行政规则使得公共部门行动迟缓，缺乏弹性和回应力。其三，公务员制度变成了迷宫，管理者的"进管出"，问题丛生。其四，政府采购制度引发了贿赂和选择性签约等弊端，政府支出变相增长。对其弊端，戴维·奥斯本和特德·盖布勒在《改革政府》一书中有许多生动的描述。②

　　"每当事情出了毛病，政客们往往以一大批新的规章来应付。……但是政府通过繁文缛节把犯法者包起来，使他们逍遥法外，而惩罚其他人。他们这样做无异于在马逃走以后才关闭马厩大门——把所有的牧场工人都锁在里面"。"当然，我们接受规章和繁文缛节以防止发生坏事。但是同样这些规章会妨碍出好事。它们会使政府的办事效率慢得像蜗牛爬行。它们对正在迅速变化中的环境不可能做出反应"。"许多政府雇员不能做他们认为是正确的事情"，"他们忘记了他们所属机构的使命，满足于照章办事"。

　　解制型政府模式就是要打破这些条条框框，清除政府管理实质以外的其他附着物，让政府最大限度地释放潜在的能量和创造力，以新的创造性工作改进社会的整体利益。解制型政府模式不太看重结构，其着眼点主要在程序和有效行动的能力等方面，目的在于激发传统官僚机构官员的积极性和活力。它主张，不管是官僚体制还是非官僚体制，只要能够有效运转就行。因而，它并不像其他模式对官僚体制刻意贬斥，相反，认为官僚体制是可以接受的，甚至认为是求之不得的。由于这一模式不反对传统的政府结构，因此在管理上支持官僚机构的高层决策者依靠一定的行政文化来调动整个机构的行动。这种行政文化主要是指公务员的伦理道德在行政活动中的驱动力量，管理者必须依赖相信个人，依赖个人的价值观念、伦理道德来达到管理目标，在美

---

① 有关解制型政府的含义有另外一些表述。有的认为，解制型政府实际上就是市场模式或管理主义的别称，都是致力于放松内部控制的一种改革。也有人认为，解制型政府与参与模式是相互交叉的。参与模式倾向于雇员在组织决策上更具有影响力，而解制型政府则相信运用自由裁量权比运用规则、管制更有效。如果说主要差别的话，"解制"重在强调效率，"参与"重在自我实现。

② 参见戴维·奥斯本、特德·盖布勒《改革政府——企业精神如何改革着公营部门》，上海译文出版社，1996，第91、92页。

国他们取消了政府采购的一些规章制度，废除了长达近万页的人事管理手册。但是，人们也不无担忧地认为如果没有公务员的觉悟和高尚的道德信念作基础，一些组织和个人在没有规则的情况下，极易恣意妄为，危害公共利益。

从决策的角度来分析，解制型政府模式下官僚的决策作用明显被强化，而政治家的决策作用被大大降低，这对于过去把决策视为政治领导特权的传统观念是一次极大的冲击。在这一点上解制模式同参与模式不谋而合，皆认为公务员具有丰富的专业知识，又同社会公众直接打交道，因而应当允许他们做出更多的决策，有更多的灵活性。

在公共利益的体现上，解制模式与市场模式相比明显不同。前者认为政府在社会中应扮演一种积极角色，改革只是解除政府内部过繁的管理体制，通过取消政府内部对政府工作能力的限制或制约因素，使政府的能力更好地发挥出来，更好地适应社会的需要。政府可以有效地解决当今社会存在的问题，政府行为不会成为社会问题的一部分。后者认为政府过于垄断，没有效率，目的是把政府职能在改革中转变为市场职能，通过削弱乃至取消政府来改善服务。显然两种模式之间在公共利益的实现上存在着巨大差异。

二　市场、参与、灵活、解制型政府的异同比较

彼德斯将近 20 年来各国的行政改革概括为上述我们所分析的四种模式，如何认识它们之间的关系，哪些方面是相同，哪些方面是相异的，对于准确认识当代西方公共行政改革的特点和运作机制是十分重要的。我们下面对这几种模式在结构、管理、决策和公共利益上的特征做一个简单的梳理，详见表 15 – 2。

表 15 – 2　四种改革模式比较

模式类型	市场模式	参与模式	灵活模式	解制模式
问题诊断	垄　断	层层节制	永久性	内部管制
结　构	分　权	扁平组织	虚拟组织	没有特别建议
管　理	按劳取酬；运用私人部门的管理技术	全面质量管理；团队	管理临时雇员	更多的管理自由
决　策	内部市场；市场刺激	协商；谈判	试验	企业型政府
公共利益	低成本	参与；协商	低成本；协调	创造力；能动性

资料来源：B. 盖伊. 彼德斯《政府未来的治理模式》（*The future of Governing：Four Emerging Models*）。

四种模式所要重点解决的问题，一是公共部门的垄断性，使政府不思进取，高成本运作；二是层层节制的等级体制排斥基层公务员和顾客的参与，好的建议和主张，创造力和潜力难以体现；三是永久性组织稳定有余、创新

不足，不能随着社会职能的增减而灵活调整；四是内部规划过多，束缚了公务员的手脚。挫伤了公务员的积极性，无法创造性地开展工作。这些问题和症结，盖布勒和奥斯本在《改革政府》一书中以实证的方法进行了系统分析。

第五节 当代公共行政改革的战略与策略

自从戴维·奥斯本和特德·盖布勒在《改革政府》一书中提出运用企业精神型塑政府的十项原则以来，争论始终没有停止过，其中不乏批评之声。由于该书中的经验性案例多于系统性理论，使得其观点缺乏系统性、学术性和可操作性，也给学术研究和实践操作带来了困难。为了给公共行政改革的实践提出更具系统性和可操作性的理论指导，同时也为回应来自各方面的批评，戴维·奥斯本和彼德·普拉斯特里克在后续研究中推出了《摒弃官僚制：政府再造的五项战略》一书，两位作者在对十项原则加以整合的基础上，提出了政府再造的五项战略即核心战略（Core Strategy）、后果战略（Consequences Strategy）、顾客战略（Customers Strategy）、控制战略（Control Strategy）和文化战略（Culture Strategy）。由于这五项战略的第一个英文字母都是"C"，因此两位作者将其简称为"五 C 战略"（The Five C's），同时，戴维·奥斯本、彼德·普拉斯特里克还针对每项战略给出了具体的实施途径或工具①。

一 围绕目标和角色定位的组织流程设计

政府扮演的核心角色是掌舵，因此在很大程度上说，核心战略致力于改进政府的掌舵职能，而后果战略、顾客战略、控制战略和文化战略则更多地关注于如何改进政府的划桨职能。核心战略有助于政府更好地把握前进的方向，剔除那些对实现目标没有助益的职能，并为政府设计好整个"行程"。② 核心战略存在三条基本的实施途径，即准备行动，掌舵与划桨分离以及改进目标。目标是行动的先导，一个组织如果没有明确的目标，或者虽有目标但多个子目标之间存在内在冲突，那么组织再造也就无从谈起。正如约吉·贝拉（Yogi Berra）所指出的那样，"如果根本不知道要去哪儿，那么任何一条

---

① 我国学者陈振明教授将这些途径或工具称为西方政府再造的战术或策略，笔者认为这种概括是准确的，因此在这里采用他的表述。参见陈振明主编《政府再造——西方"新公共管理运动"述评》，中国人民大学出版社，2003，第 17 页。

② 戴维·奥斯本、彼德·普拉斯特里克：《摒弃官僚制：政府再造的五项战略》，中国人民大学出版社，2002，第 92 页。

路都可以带你通往其他不同的地方"①。因此,核心战略的第一条基本途径就是要明确公共组织的目标。为了明确准备行动的目标,需要借用一定的工具。具体来说,准备行动的工具主要有绩效和项目评估、优先选择审查、日落法则、资产出售、准私有化方法以及授权代理等六种。绩效和项目评估是一种定期的活动,要投入大量人力,对公共项目按照放弃、私有化、授权代理、重构或改革等思路提出建议。优先选择审查是由英国政府创造的一种方法,每隔5年就对执行机构及其职能进行全面审查,以决定其是否放弃、私有化、重组或重构。日落法则要求对某个项目或规制定期地重新赋权(一般是每7年一次)。资产出售强调将政府资产如企业、机场、水坝或铁路的所有权归为私人所有。

核心战略得以实现的第二条基本途径就是明确政府角色,将划桨与掌舵分离。将掌舵与划桨职能分离需要相应的工具。这些工具主要有两种:灵活绩效框架和竞标②。灵活绩效框架是一种将分离的职能分属不同组织,通过合同清楚地说明组织目标、预期结果、绩效后果及管理灵活性的元工具。竞标则是一种通过将每种划桨职能竞标出去,把职能分离推向纵深的元工具,无论公共还是私人服务提供组织均可对合同投标。

当政府再造者将掌舵职能与划桨职能分离以后,紧接着就需要利用实现核心战略的第三条途径:明确方向,改进目标。第三条途径的主要目的在于再造政府的掌舵机制,提升其掌舵能力。在这方面做得比较成功的国家首推新西兰③。美国的俄勒冈州在这方面做得也相对比较成功④。

改进目标需要通过一定的工具来实现。这些工具主要有结果目标、掌舵组织、战略开发、绩效预算、长期预算以及应计会计等六种。

---

① 转引自陈振明主编《政府再造——西方"新公共管理运动"述评》,中国人民大学出版社,2003,第8页。

② 戴维·奥斯本、彼德·普拉斯特里克:《摒弃官僚制:政府再造的五项战略》,中国人民大学出版社,2002,第100~102页。

③ 新西兰政府首先确定长期的结果目标然后将其分解成中、短期目标,最后再细分成行政机构的"产出目标"(Outputs Targets)。参见江岷钦、刘坤亿《企业型政府》,台北,智胜文化事业有限公司,1999,第124页。

④ 早在20世纪80年代后期,该州就进行了一项名为"俄勒冈阳光计划"的活动,为俄勒冈州设计了长远的经济发展战略,从而确定了结果目标。随后成立的"俄勒冈进步委员会"则进一步将州经济发展的结果目标加以具体化。该委员会每隔两年就会提出数百项标杆,或者确定要达到的结果目标,并将其压缩成大约35项"核心标杆"(Core Benchmarks)和15~20项"紧急标杆"(Urgent Benchmarks)。与此同时,俄勒冈州的大部分政府部门都提出了绩效测量措施,但遗憾的是没有哪个部门将绩效测量与标杆结合起来,从这一意义上说,该州还没有真正形成一套完整的掌舵系统。参见戴维·奥斯本、彼德·普拉斯特里克《摒弃官僚制:政府再造的五项战略》,中国人民大学出版社,2002,第105~106页。

二　有序竞争和绩效管理的行为诱因

后果战略的目的在于通过引进市场竞争机制以及绩效管理来形成政府机关及其工作人员关注公众需求、提高政府绩效的行为诱因。实施后果战略的途径主要有三种：企业化管理、有序竞争和绩效管理，其中企业化管理是最有效的途径。

所谓企业化管理（Enterprise Management），就是迫使公共服务提供组织像商业企业那样运作，并确定一个财政底线，让其在竞争的市场中履行职能。在企业化管理中，公共企业的收入不是来自纳税人交纳的税收，而是直接来源于其向顾客出售产品或服务的所获得的销售收入①。企业化管理使政府机关不再可以旱涝保收，其工作人员不得不担心自己现在和将来的薪资和前途，失败和失业的危险时时刻刻都存在，而这必然激发政府机构中的工作人员不断寻求降低成本、回应公众需求、提升服务品质的方法和策略。企业化管理的有效运作需要从政府再造的工具箱中搜寻一些基本工具，如公司化，企业基金、使用者付费以及内部企业化管理②等等。公司化即将公共组织转变为半独立于政府之外的公共企业。公共公司关注企业目标，如效益最大化、投资利润。通常，非政府的董事会和高层管理者制定组织发展方向和政策并对组织绩效负责。它们在政府的预算体制、人事制度、规划和采购制度之外运作。企业基金也称为"周转基金"、"交易基金"或"企业中枢"，它们主要是顾客收入而不是税收资金资助的公共组织。与公共企业相同的是，它们对顾客负责。不同的是，它们没有独立的管制机构。使用者付费即向政府服务的顾客收取财政费用（不论是外部顾客，还是其他的公共机构）。这笔钱用于支付提供服务的全部或部分政府成本。内部企业化管理即运用企业化管理（包括公司化、企业基金，使用者付费和取消垄断地位），以便使内部服务单位对其所服务的顾客和行业机构负责。

企业化管理并非在任何性质的公共组织中都可以采用，而且财政底线在某些时候也不是衡量成功的最恰当的指标，比如说环境保护、公共安全维护、公园管理等等都不适合向顾客收取费用。概括地说，当公共服务提供组织无法构建成企业时，"有序竞争"（Managed Competition）可以作为一种次

---

① 戴维·奥斯本、彼德·普拉斯特里克：《摒弃官僚制：政府再造的五项战略》，中国人民大学出版社，2002，第132页。

② 戴维·奥斯本、彼德·普拉斯特里克：《摒弃官僚制：政府再造的五项战略》，中国人民大学出版社，2002，第138~139页。

优选择。有序竞争的目的在于让政府服务潜在的提供者（私人公司和/或公共机构）以绩效为基础展开合同竞争。如果不可能签订合同，公共官员可以通过竞争标杆进行绩效测量并与其他相类似组织的绩效进行比较，这样就会产生心理和财政上的后果[1]。有序竞争的工具主要有竞标和竞争标杆两种。竞标即是指迫使各种组织为提供由公共部门承担费用的产品与服务而进行竞争。有三种基本方式：一是私—公竞争，谓之为"签约外包"或"外购"；二是公—私竞争，如菲尼克斯、印第安纳波利斯和英国所采用的竞标；三是公—公竞争，只有公共组织才允许参加投标。竞争标杆即对公共组织的绩效加以测量和比较，并在"成绩卡"、"绩效一览表"及其他形式的记分板上公布结果。这样可以使公共组织之间产生心理上的竞争，正好投合公共官员和雇员求胜的自豪感和欲望，还能以此作为财政奖励的基础。有序竞争需要设计有效的竞标过程（关于这一点很少有政府能做得好）。为此，有序竞争的第一个挑战就是要创造竞标各方都可以相信的过程，在公对私的竞标过程中尤其要做好这一点，因为每一方都会担心该过程已被操纵或对自己不利，私人竞标者则更为担心知情者会操纵整个竞标过程从而保证政府服务提供者必定中标。为了有效地保证竞标过程不受操纵，必须把竞标过程的控制权交给一个中立、非政治性的团体，而不能让执行这些服务的政府组织来控制。有序竞争的第二项挑战就是为所有竞标者创造平等的竞技场[2]。

后果战略的第三条实施途径就是绩效管理。利用这一途径的目的就是要通过制定严格的绩效标准，进行科学的绩效评估，采取合理的奖惩措施来激发政府工作人员的工作热情，提高其工作的效率和效能。绩效管理的基本工具主要有下面九种[3]。

（1）绩效奖励：即对雇员的成就提供非财政的认可。让员工知道自己的绩效已经得到欣赏、尊重和重视。

（2）精神补偿：即为雇员和（或）组织提供准财政激励，如带薪休假与新设备等。

（3）奖金：即工资之外的一次性现金奖励。奖给那些已经达到规定绩

---

① 戴维·奥斯本、彼德·普拉斯特里克：《摒弃官僚制：政府再造的五项战略》，中国人民大学出版社，2002，第133页。

② 参见戴维·奥斯本、彼德·普拉斯特里克《摒弃官僚制：政府再造的五项战略》，中国人民大学出版社，2002，第143~146页。

③ 戴维·奥斯本、彼德·普拉斯特里克：《摒弃官僚制：政府再造的五项战略》，中国人民大学出版社，2002，第147~148页。

效目标的个人或团队，但并不构成雇员赔偿基数的一部分。

（4）增益分享：即为雇员提供组织所达到财政节余的保证部分，条件是达到规定的服务水准和质量。这样赋予员工在增加生产率方面明确的经济利益关系。

（5）共享节余：即组织的增益分享。允许组织保留在财政年度（或两年度）所节约的部分资金，以备将来使用。这样就增加了组织节约的动机。

（6）绩效工资：也称为"功绩工资"，创新传统的补偿机制并使雇员工资的主要部分与绩效联系起来。同时，这种工具将工资表、工资提升与绩效联系起来，而不是提供财政比例附加，如奖金或增益分享等。

（7）绩效合同与协议：即要求管理者及其组织承担绩效风险。增加奖励与惩罚条款，并赋予领导者可以对那些没有提供预期结果的高层管理者（或整个组织）予以撤职（或撤销）的自主权。

（8）效率红利：即逐年以小比例减少机构的行政预算，但要求组织保持其产品水准。这样促使机构提高生产率，至少可以弥补流失的收入。由于每年都要减少预算，因而生产率改进的压力持续存在。

（9）绩效预算：即将所要求的绩效水准写进预算文件之中。在行政部门准备预算和立法部门通过预算时，规定所付资金要购买产品和结果。

三　顾客"以足投票"的责任回溯机制

"以足投票"的责任回溯机制体现的是顾客导向的战略和策略，其主旨在于实现公共服务的顾客导向，强化公共组织对顾客的责任，提高行政人员回应顾客需求的能力。顾客战略关注的中心议题是公共组织究竟应该对谁负责。事实上，许多政府组织都不清楚自己的服务对象究竟是谁，更谈不上对谁负责了。戴维·奥斯本、特德·盖布勒经过调查研究后发现，美国很多政府部门都弄错了自己的服务对象，例如运输部认为自己的服务对象是公路运营商和公共交通系统（真正的顾客应该是驾驶员和公交乘客），住房和城市发展部将服务对象确定为房地产开发商（真正的顾客应当是城市居民）①。正因为如此，顾客战略首先对顾客及其相关概念做了界定：主要顾客是指你的工作主要用来帮助的个人或团体；次要顾客指你的工作用来使之受益的其他个人或团体（但是不如主要顾客那么直接）；执行者则指那些应当遵守法

---

① 〔美〕戴维·奥斯本、特德·盖布勒：《改革政府——企业精神如何改革着公营部门》，上海市政协编译组/东方编译组编译，上海译文出版社，1996，第150页。

律和规章制度者，例如涉及国内税务局的纳税人、涉及发证机构的开发商、或涉及高速公路巡警队的驾驶员，但他们不是顾客；权益相关者指在公共系统或公共组织的绩效中，有一定利益关系的个人或团体，例如公立学校的教师，或涉及工厂安全机构的工会和企业团体。一些权益相关者可能是顾客，也可能不是①。

促使公共组织对顾客负责，通常需要采用三种途径：①顾客选择公共组织（choice of public organization）；②竞争性选择（competitive choice）；③顾客质量保证（customer quality assurance）。

顾客选择制度要有效地发挥作用，需要具备一些基本条件。首先是服务提供者要足够多，这样才能为顾客提供真正的选择；其次，顾客应该有充足的资源来发展出足够多的服务提供者；第三，顾客需要获得不同服务提供者在服务质量、成本等方面有价值的准确信息；第四，政府必须设计出科学合理的市场游戏规则，并保证规则的有效实施。最后，在创设市场时，政府要特别关注公平问题，尽可能地避免选择制度所产生的不平等现象。实施顾客选择制度需要借助于公共选择制度、顾客信息系统和经纪人制度等工具。公共选择制度意味着允许公共服务接受者在不同提供者之间进行选择，不管是公营的，还是既公又私的。顾客信息系统和经纪人制度则是指使用公共资源、自身资源或两者兼顾，为那些正在选择服务提供者的顾客提供关于每个提供者的质量和成本的信息，以便做出明明白白的选择②。

顾客战略的第二条实施途径就是竞争性选择制度。在使用竞争性选择制度时，需要注意以下几个问题。一是要防止服务提供者选择最好的或唾手可得的顾客的倾向。比如学校为了提高知名度，可能更乐于选择在考试中获得高分的学生；职业培训机构则更愿意挑选那些容易就业的人，而不愿接收那些不易就业者，因为这样更有利于提高其投资回报率。这些都要求政府在竞争性选择制度中必须采取一定的保护措施。二是要防止欺骗性营销。在激烈的市场竞争中，一些服务提供者可能会欺骗那些实际的或潜在的顾客，以便更好地销售其服务。因此政府要加强对服务营销的监督，并为顾客提供进行理性选择所需的信息。三是要防止根据等级或种族加剧种族隔离，政府的对策是精心设计选择计划的基本规则。竞争性选择制度的实施工具主要有竞争

---

① 戴维·奥斯本、彼德·普拉斯特里克：《摒弃官僚制：政府再造的五项战略》，中国人民大学出版社，2002，第183页。

② 戴维·奥斯本、彼德·普拉斯特里克：《摒弃官僚制：政府再造的五项战略》，中国人民大学出版社，2002，第188～189页。

性公共选择制度和代金券以及补偿计划等。所谓竞争性公共选择制度，是指鼓励顾客选择服务提供者并让公共资金跟随顾客，如明尼苏达州的跨学区选择制度。代金券和补偿计划则是指为那些有资格享有某种服务的人提供购买服务的资源，或对那些履行职责的服务提供者进行补偿①。

实施顾客战略的第三条途径是顾客质量保证。顾客质量保证要求公共政府组织设定科学的顾客服务原则和标准，并主动地寻求顾客的参与，接受顾客的监督。例如在 20 世纪 90 年代，英国约翰·梅杰政府的《公民宪章》就是将"顾客质量保证"付诸实践的典范②。顾客质量保证的基本实施工具有顾客服务标准、顾客赔偿、质量保证、质量检查员、顾客申诉制度以及专门调查官员舞弊情况的检察官等等③。

---

① 戴维·奥斯本、彼德·普拉斯特里克：《摒弃官僚制：政府再造的五项战略》，中国人民大学出版社，2002，第 191~192 页。

② 《公民宪章》明确规定了六项确保服务质量的基本原则：（1）明确的服务标准：制定、发布并监督用户合理要求的、明确的服务标准，并公布与此对照的实际绩效；（2）信息和透明度：有关公共服务运作状况、服务成本、服务状况及管理机构的信息必须完整、确切，并用简单明了的语言表达出来；（3）选择和协商：公共部门必须在一切可行之处提供选择，并有规范、有组织地与服务使用者进行协商。在对服务标准做最后决策时，要考虑用户对服务的看法及其对服务改进的优先选择；（4）礼貌和帮助：公共服务人员必须佩带印有名字的徽章，为顾客提供礼貌和有帮助的服务。一视同仁地向所有公民服务，并为其提供便利；（5）补偿机制：如果事情有误，必须做出道歉、完整的解释及迅速有效的救济：建立明确、便捷的尽可能包括独立审查在内的申诉程序；（6）物有所值：在国家能负担的资源限度内，经济、有效地提供公共服务。并依据服务标准，提高服务绩效的独立有效性。《公民宪章》不仅确定了这些原则，还通过一系列的机制来激活这些原则。如《公民宪章》要求每个公共组织与顾客协商，以便发现什么是最重要的事项，然后发布各自的事项；《公民宪章》要求为顾客或服务使用者提供更好的信息服务，如英国国家保健局设立了免费健康信息中心，该中心免费向公众提供医疗状况、治疗咨询以及地方医院等待时间等一系列服务。仅在 1995 年的前 3 个月，该中心就接听了 106500 个热线电话；《公民宪章》要求公共组织改进处理申诉的程序。为审诉者和不满意的顾客专门设立独立审查机制；《公民宪章》还为杰出顾客服务设立新的奖项。参见戴维·奥斯本、彼德·普拉斯特里克《摒弃官僚制：政府再造的五项战略》，中国人民大学出版社，2002，第 193~194 页。

③ 顾客服务标准，即公共组织承诺并公布的质量标准（如"顾客排队等待的时间不能超过五分钟"）。顾客赔偿，即如果顾客在第一次就感到不满意，组织必须承诺为顾客退款或重新免费提供服务。质量检查员，既包括专业人士也包括非专业人士，通常以团体形式对公共服务进行检查，并对其服务质量做出评价。有时候他们匿名深入服务系统进行活动，就像私人部门的"神秘顾客"一样。顾客申诉制度，即对顾客申诉进行追踪和分析，确保迅速予以回应，并提出组织能从投诉中学会改进服务的方法。专门调查官员舞弊情况的检察官，即顾客不满意系统对其申诉予以回应时，可以帮助顾客解决纷争以及得到其需要的服务和信息。参见戴维·奥斯本、彼德·普拉斯特里克《摒弃官僚制：政府再造的五项战略》，中国人民大学出版社，2002，第 196 页。

四　权力下移和还权于社区的控制体系

控制战略的核心内涵是公共组织决策权的下放。在传统的官僚体制下，行政权力尤其是决策权往往集中在组织的高层领导者及其团体手中。而在现代民主体制中，行政权将逐步往组织的低层转移或下放到社区，通过行政权力的下移和还权于社区来实现控制方式的转变，即由官僚体制严格的规章制度和等级命令式的控制形式向组织使命和绩效责任等结果导向的控制形式转换这一战略，我们称之为控制战略。

控制战略的实施途径主要有三种：组织授权（organizational empowerment）、雇员授权（employee empowerment）、社区授权（community empowerment）。

组织授权意在通过将许多对组织进行控制的规则及其他控制权由中央行政机构、立法部门、行政部门以及高层政府下放到该组织中，从而增强组织的自主权，提升其创新能力。雇员授权试图将权力下放到第一线的工作人员，通过雇员的自我控制和对组织使命或目标的承诺来取代组织内部的层级控制，从而减少或废除旨在控制雇员的烦琐、过时的规章制度。社区授权比前两种授权方式更为彻底。该种途径将部分控制权转移到社区，通过此种方式实现一定程度的社区自治①。

五　重塑异于官僚制的新型组织文化

文化战略中的文化包括组织成员的价值观、行为规范、态度和期望等。该种战略的目的在于通过组织文化的重塑来激发员工确立富有企业精神的新型文化观，并借此来提高组织效率、效能和服务品质。

在传统的官僚体制下，公共雇员受到极其烦琐和严格的规章制度、法律规范的约束，因此他们被塑造成习惯于顺应和遵守规章制度的"顺民"，"不求有功，但求无过"是他们心态的真实写照。因此，官僚体制所创造的是一种按部就班、自我保护、相互推诿、缺乏创新的组织文化。文化战略的目标就是重塑出一种完全有别于官僚型文化的新型组织文化。

文化战略的实施途径主要有三种：改变习惯、撼动心灵、赢得心智。改变习惯是文化战略的首要途径，该种途径试图通过让人们体尝新的经历，从

---

① 戴维·奥斯本、彼德·普拉斯特里克：《摒弃官僚制：政府再造的五项战略》，中国人民大学出版社，2002，第216～217页。

而形成新的行为方式。改变习惯的工具主要有下面十种[1]。

（1）知遇顾客，即无论通过焦点小组、对话，还是一线工作，使雇员接触其工作旨在帮助的对象。

（2）换位思考，在顾客的位置上体验，即要求雇员作为顾客，经历自己的工作系统（如申请救济金、申请许可证或参加课程），以使其能从顾客的观点来体验世情。

（3）职位轮换，即让雇员在组织内部变化不同的职位；对所做的工作充分负责，并在每个职位呆上足够长时间以认识其复杂性。

（4）实习期和见习期，即将局外人引进来，工作一定的年限，让组织接触新的经历；同时，选派一些成员到其他组织工作同样长的时间，让其体验新环境。

（5）交叉行动和交叉对话，即通过与其他单位、机构甚至企业一起合作或对话，使雇员超越官僚边界。制度的支持者，即建立吸引、支持、保护及颂扬公共组织创新行为的正式程序。

（6）竞赛，即通过对那些做出了最好行为典范者进行嘉奖，宣传领导者希望在组织中见到的行为。

（7）大规模、实时战略规划，让组织的大多数（如果不是所有的）雇员集中静思数日，在此期间，雇员充分参与认识组织战略的重大变化，并致力于推行之。

（8）问题排解，即在无障碍气氛中，进行集中、短期的团体活动，旨在激发关于如何改进既定工作流程的思想的自由流露。通常是团体在现场实施改进。

（9）交流组织经历，即数百名雇员分享新经历的其他大型活动，这些新经历形成了领导所希望的习惯、情感承诺和态度。

（10）重新设计工作，即不管是通过企业流程再造、改革行政体制，还是通过引进新工艺，永久性地改变雇员的经历。

撼动心灵试图通过改变人们的情感承诺（使公共雇员放弃原有承诺，并开发出与之截然不同的新型承诺）来强化由改变习惯所形成的新的行为方式。这一途径的操作工具有下列十种[2]。

---

[1] 戴维·奥斯本、彼德·普拉斯特里克：《摒弃官僚制：政府再造的五项战略》，中国人民大学出版社，2002，第 267~268 页。

[2] 戴维·奥斯本、彼德·普拉斯特里克：《摒弃官僚制：政府再造的五项战略》，中国人民大学出版社，2002，第 270~271 页。

（1）新符号，即从本质上传递所要建立的文化。人们接受组织符号时，会产生新的情感归属。

（2）新故事，即推出新的文化产品，帮助雇员维系于共同的价值、期盼、希望和梦想新的支撑点。

（3）颂扬成功，通过常规事件和自发事件，尊重个人、团队及整个组织的成就，强化领导者想要建立的文化。

（4）珍视失败，即意味着将失败的创新行为视为改进绩效和推动创新的机会（而不是责备和处罚的时机）。

（5）仪式，即体现和强化文化的特别事件。通常定期重复举行，给人们提供了新的试金石：一旦提供了这种分享的机会，就会吸引人们加入，有助于做出新文化所要求的情感承诺。

（6）投资工作场所建设。通过提高标准化的工作环境的质量向雇员证明组织的领导者重视雇员，也重视质量。

（7）重新设计工作场所，强化领导者所希望的情感承诺，如协作精神或致力于顾客服务。

（8）在雇员身上投资。通过投资提高雇员变革的能力，并向其证明，领导对所提倡的变革是认真的。

（9）联结活动。在信任、合作及对产生结果共同承担责任的基础上，开发雇员团体之间的新型关系。

（10）"瓦伦丁节"①，即雇员告诉别的工作单位并希望其采取其他行动方式的团体活动，这样有助于人们相互之间推心置腹，而不受工厂竞争和对抗的限制，并最终改变相互之间的承诺。

赢得心智，意在开发心智模式，即"通过建立对未来的共同愿景和关于'组织何去何从'及'如何达成组织目标'等新的心智模式来支持这种新的心理契约"②。赢得心智需要一定的操作工具，主要有十种③。

（1）假设进行表面处理，即确定难以言传、通常意识不到的假设的团体活动（这些假设形成塑造了体制或组织），并讨论其中哪些假设需要变革。

---

① Valentines，原意是"情人节"，这里用来比喻不同的单位和不同的员工相互之间坦诚相待、友好互助的交往活动。

② 陈振明主编《政府再造——西方"新公共管理运动"述评》，中国人民大学出版社，2003年，第11页。

③ 戴维·奥斯本、彼德·普拉斯特里克：《摒弃官僚制：政府再造的五项战略》，中国人民大学出版社，2002，第273～274页。

（2）设定绩效标杆，即比较不同组织的绩效，通过破除人们对原有企业管理方式的信任，废弃那些已经过时的心智模式。

（3）现场参观，为人们提供观察、感觉和接触组织的机会，这些组织展示了领导希望的文化、行为和结果，从而有助于废弃原有心智模式，引进新的心智模式。

（4）学习型团体，即通过一起学习新的知识，以改变雇员的心智。这些团体执行修炼型学习过程——确定所要学习的内容、向谁学习以及如何运用所学的知识。

（5）产生使命感，即用参与过程出台使命声明，使组织成员对组织的基本目标达成广泛的共识。

（6）建立共同愿景，即为雇员提供试图创造的未来的文字图像（即组织成员对组织所要完成的使命所形成的集体印象）。

（7）明确表达组织的价值、信仰和原则，即为雇员提示指导工作行为的非官僚标准。

（8）使用新语言，即取代官僚语言（词组、概念、修辞、整个词汇表），为雇员提供"试金石"，以帮助其通过中立区，并对文化进行内化。

（9）机构内部学校，即赋予组织内部教育和培训文化变革势力的能力，使其成为新文化的载体。

（10）给新成员导航，帮助新来成员理解组织的使命。愿景和价值——整个机构共同的基本心智模式。

为了更有效地实现政府再造，需要灵活运用下述五种战略，实现战略之间的优化组合。关于这一点，戴维·奥斯本、彼德·普拉斯特里克研究后发现了一些比较科学的组合方式①。

（1）在使用核心战略将掌舵与划桨职能分离时，也应当随即使用后果战略和控制战略来型塑划桨组织的行为模式。

（2）要将后果战略与控制战略配套使用：后果战略为组织提供改进绩效的强大压力和动力，但如果仍然受制于繁杂的规章制度，那么就无法通过创新性行为提升组织绩效；如果通过控制战略给予雇员更大的权力，却没有通过后果战略来设定绩效后果，也同样毫无意义。

（3）在要求组织对顾客负责时，也要为绩效设定后果并加以控制，因

---

① 参见戴维·奥斯本、彼德·普拉斯特里克《摒弃官僚制：政府再造的五项战略》，中国人民大学出版社，2002，第308页。

为只有如此才能使顾客服务标准真正发挥作用。

（4）在使用核心战略来改善掌舵时，也要使用绩效管理（后果战略），从而将所需要的结果转化为划桨组织的目标。

（5）在持续不断地建设企业家文化（文化战略）的同时，要将控制权交给雇员（控制战略）。

要将多种战略加以整合和综合运用，需要使用一些"元工具"。这些元工具至少有 12 种：绩效预算、灵活绩效框架、竞标、公司化、企业基金、内部企业管理、竞争性公共选择制度、代金券和补偿计划、全面质量管理（TQM）[①]、企业流程再造（BPR）[②]、绩效预算、选择退出或特许制度和社区治理机构等。

[①]　全面质量管理首先是由美国学者费根保姆（A. V. Feigonbaum）于 1961 年提出的一个概念。全面质量管理最初应用于企业管理之中，它是以质量为中心，建立在全员参与基础上的管理。全面质量管理的基本内容是"三全"，即：（1）对全面质量的管理，不仅包括产品质量，还包括工作质量和服务质量；（2）对全过程的管理，不仅限于制造过程，还包括市场研究、产品开发、生产准备、采购、制造、检验、销售、售后服务全过程；（3）由全体成员参与的管理，将质量责任落实到全体员工，人人为保证和提高质量而努力和担当责任；参见钱江主编《高绩效的政府管理实务全书》，新华出版社，2003，第 463~464 页。

[②]　流程再造强调改进工作流程，即通过重新设计工作流程来提高组织效率、效能和质量，这一元工具最初起源于私人部门。1993 年，麦克尔·汉墨和吉姆·钱皮出版了《公司再造》一书，从而使该工具获得普及运用。

主要参考文献

威廉·D. 希特：《典范领导者》，机械工业出版社，2004。

余克：《领导学》，台北，天麟文化事业有限公司，1983。

J. L. 皮尔斯、J. W. 纽斯特罗姆：《领导者与领导过程》，中国人民大学出版社，2003。

S. P. 罗宾斯：《组织行为学》，中国人民大学出版社，1997。

R. L. 哈格斯：《领导学——在经验积累中提升领导力》（第四版），清华大学出版社，2004。

H. 明茨伯格等：《〈哈佛商业评论〉精粹译丛：领导》，中国人民大学出版社，2000。

常健：《现代领导科学》，天津大学出版社，2004。

朱立言：《行政领导学》，中国人民大学出版社，2002。

多伊奇：《国家职能与国家前景》，《国外政治学》1987 年第 3 期。

盖塔诺·莫斯卡：《统治阶级》，麦格劳—希尔出版公司，1939。

V. 帕累托：《普通社会学纲要》，三联书店，2001。

王列：《现代国家的政治职能》，《经济社会政治比较》1995 第 2 期。

罗伯特·A. 达尔：《现代政治分析》，上海译文出版社，1987。

罗伯特·A. 达尔：《多元主义民主的困境》，求实出版社，1989。

加布里埃尔·A. 阿尔蒙德等：《比较政治学：体系、过程和政策》第 2 版，上海译文出版社，1987。

施雪华：《政治科学原理》，中山大学出版社，2001。

徐大同：《西方政治思想史》，天津教育出版社，2000。

于海：《西方社会思想史》，复旦大学出版社，1993。

J. C. 亚历山大编《国家与市民社会》，中央编译出版社，1999。

乔治·霍兰·萨拜因：《政治学说史》（上），盛葵阳等译，商务印书馆，1986。

汉娜·阿伦特：《人的条件》，竺乾威译，上海人民出版社，1999。

贾恩弗兰科·波齐：《近代国家的发展》，沈汉译，商务印书馆，1997。

洛克：《政府论》（下），叶启芳、瞿菊农译，商务印书馆，1993。

查尔斯·泰勒：《市民社会的模式》，邓正来译，〔英〕J. C. 亚历山大编《国家与市民社会》，中央编译出版社，1999。

卢梭：《社会契约论》，何兆武译，商务印书馆，1996。

黑格尔：《法哲学原理》，范扬、张启泰译，商务印书馆，1979。

约翰·基恩：《市民社会与国家权力型态》，邓正来译，〔英〕J. C. 亚历山大编《国家与市民社会》，中央编译出版社，1999。

《潘恩选集》，马清槐等译，商务印书馆，1981。

浦兴祖：《西方政治学说史》，复旦大学出版社，1999，第 292 页。

施雪华：《政府权能理论》，浙江人民出版社，1998，第 230 页。

J. Rawls, *A Theory of Justice*, Harvard University Press 1971.

Groly, *The Future of American Life*, Dardon, New York, 1963.

〔英〕鲍桑葵：《关于国家的哲学理念》，汪淑钧译，商务印书馆，1995。

马长山：《国家、市民社会与法治》，商务印书馆，2002。

丹尼尔·贝尔：《资本主义文化矛盾》，三联书店，1989。

道格拉斯·凯尔纳：《后现代理论——批判性的质疑》，中央编译出版社，1999。

俞可平：《社群主义》，中国社会科学出版社，1998。

Charles Taylor: *The Ethics of Authenticity*, Cambridge, Massachusetts: Harvard University Press, 1991.

詹姆斯·W. 西瑟：《自由民主与政治学》，上海人民出版社，1998。

戴维·米勒：《市场、国家与社群》，牛津大学出版社，1992。

托尼·布莱尔：《第三条道路》，载杨雪冬、薛晓源《"第三条道路"与新的理论》，社会科学文献出版社，2000。

安东尼·吉登斯：《第三条道路——社会民主主义的复兴》，北京大学出版社，2000。

乔耀章：《政府理论》，苏州大学出版社，2000，第 258 页。

浦兴祖：《当代中国行政》，复旦大学出版社，1993，第 417 页。

迈克尔·巴泽雷：《突破官僚制：政府管理的新愿景》，中国人民大学出版社，2002，第 133 页。

查尔斯·福克斯：《后现代公共行政——话语指向》，中国人民大学出版社，2001，第 201 页。

俞可平：《治理与善治》，社会科学文献出版社，2000。

罗伯特·D. 帕特南：《使民主运转起来》，王列等译，江西人民出版社，2001。

弗朗西斯·福山：《公民社会与发展》，转引自曹荣湘选编《走出囚徒困境——社会资本与制度分析》，上海三联出版社，2003，第 71 页。

弗朗西斯·福山：《信任、社会美德与创造经济繁荣》，海南出版社，2001。

March, J., and J. Olsen（1995）. *Democratic Governance*. New York: free Press.

弗兰·汤克斯：《信任、网络与经济》，转引自曹荣湘选编《走出囚徒困境——社会资本与制度分析》，上海三联出版社，2003。

米歇尔·克罗齐、〔美〕塞缪尔·P. 亨廷顿、〔日〕绵贯让治：《民主的危机——就民主国家统治能力写给三边委员会的报告》，马殿军等译，求实出版社，1989。

查尔斯·E. 林布隆姆：《政策制定过程》，朱国斌译，华夏出版社，1988。

托克维尔：《论美国的民主》（上），董果良译，商务印书馆，1991。

罗伯特·D. 帕特南：《独自打保龄球：美国下降的社会资本》，转引自李惠斌、杨雪冬《社会资本与社会发展》，社会科学文献出版社，2001。

丹尼尔·贝尔：《资本主义文化矛盾》，上海三联书店，1989。

塞缪尔·P. 亨廷顿：《变化社会中的政治秩序》，三联书店，1989。

迈克尔·华尔泽：《公民社会的思想——社会重建之路》，《国外社会科学》1994 年第 2 期。

约翰·基恩：《市民社会与国家权力形态》，转引自邓正来译《国家与市民社会》，中央编译出版社，2002。

Jorge M. Valadez, *Deliberative Democracy, Political Legitimacy, and Self Democracy in Multicultural Socities*, USA Westview Press, 2001, p. 30.

陈家刚：《协商民主》，上海三联出版社，2004。

罗尔斯：《正义论》（中译本），上海译文出版社，1991。

猪口孝、爱德华·纽曼、约翰·基恩：《变革中的民主》，吉林人民出版社，1999。

曼瑟尔·奥尔森：《集体行动的逻辑》，陈郁等译，生活·读书·新知三联书店，1996。

切斯特·巴纳德：《经理人员的职能》，中国社会科学出版社，1997。

《马克思恩格斯选集》第1～4卷，人民出版社，1995。

〔英〕亚当·斯密：《国民财富的性质和原因的研究》（上卷），商务印书馆，1983。

凯斯·费尔：《宏观经济学原理》，经济科学出版社，1989。

郭小聪：《政府经济职能与宏观管理》，中山大学出版社，1999。

辛向阳：《新政府论》，工人出版社，1994。

《顾准文稿》，中国青年出版社，2002。

廖进球：《论市场经济中心政府》，中国财政经济出版社，1998。

周开年：《政府与企业：角色如何安排》，湖北人民出版社，1994。

卫兴华：《市场功能与政府功能组合论》，经济科学出版社，1999。

宋承先：《现代西方经济学》（宏观经济学），复旦大学出版社，1997。

张志坚、唐铁汉：《中国：地方政府机构改革研究》，国家行政学院出版社，1999。

Barr, N.（1998）, *The Economics of Welfare State*, Oxford University Press.

Barlow, Robin（Sept. /Oct. 1970）, *Efficiency Aspects of Local School Finance*, Journal of Political Economy. 78：1028 - 1040.

Jrncks, Christoper（1970）, *Education Vouchers：A Reporton the Financing of Elementary Education by Grants to Parents*, Cambridge, Mass. Cambridge Center of the Study of Public Policy.

Samuelson, P. A.（NOV. 1954）, The pure Theory of Public Expenditures, Review of Economics and Statistics.

阿特金森、斯蒂格里茨：《公共经济学》，上海三联书店，1994。

胡庆康等：《现代公共财政学》，复旦大学出版社，1997。

〔日〕植草益：《微观规制经济学》，中国发展出版社，1992。

〔美〕E. S. 萨瓦斯：《民营化与公私部门的伙伴关系》，中国人民大学出版社，2002。

乔治·吉尔德：《财富与贫困》，上海译文出版社，1985。

裴德·温尼斯基：《赋税、收益和接弗曲线》，载于《现代国外经济学论文集》第五辑，商务印书馆，1984。

大卫·休谟:《人性论》,商务印书馆,1983。

亚当·斯密:《国民财富的性质和原因的研究》,商务印书馆,1996。

许彬:《公共经济学导论》,黑龙江人民出版社,2003。

毛寿龙:《中国政府功能的经济分析》,中国广播电视出版社,1996。

戴维·奥斯本、特德·盖布勒:《改革政府:企业精神如何改革着公营部门》,上海市政协编译组/东方编译组编译,上海译文出版社,1999。

〔美〕布鲁斯·金格马:《信息经济学》,山西经济出版社,1999。

黄恒学:《公共经济学》,北京大学出版社,2002。

罗奈·勒努阿:《没有国家的市场?》,《国外理论动态》1992年第41期。

黄健荣、梁莹:《建构问责制政府:我国政府创新之路》,《社会科学》2004年第9期。

格里·斯托克:《作为理论的治理:五个论点》,华夏风译,《国际社会科学杂志》(中文版)1999年第1期。

李普森:《民主的基本原理》,载《交流》1996年第3期。

杨海坤:《跨入21世纪的中国行政法学》,中国人事出版社,2000。

杨解君、孙学玉:《依法行政论纲》,中共中央党校出版社,1998。

威廉·韦德:《行政法》,中国大百科全书出版社,1996。

亚里士多德:《政治学》,商务印书馆,1995。

王名扬:《美国行政法》,中国法制出版社,1995,第959页。

杨海坤、黄学贤:《中国行政程序法典化》,法律出版社,1999。

应松年:《行政法教程》,中国人事出版社,1997。

罗豪才主编《行政法论丛》第1卷,法律出版社,1998。

博登海默:《法理学——法哲学及其方法》,邓正来、姬敬武译,华夏出版社,1989。

彼得·斯坦、约翰·香德:《西方社会的法律价值》,王献平译,郑成思校,中国人民公安大学出版社,1989。

公丕祥:《法理学》,复旦大学出版社,2002。

吕世伦:《现代西方方法学流派》(上卷),中国大百科全书出版社,1999。

孟德斯鸠:《论法的精神》,商务印书馆,1982。

季卫东:《法律程序的意义》,《中国社会科学》1993年第1期。

郭道晖:《法治行政与行政发展》,《现代法学》1999年第1期。

张永伟:《行政观念更新与行政法范式的转变》,《法律科学》2001年第 2 期。

　　王景斌:《西方国家赔偿制度历史发展简介》,《外国问题研究》1997
年第 4 期。

　　沈荣华:《关于地方政府规章的若干思考》,《中国法学》2000 年第 1
期。

　　彭和平、竹立家:《国外公共行政理论精选》,中共中央党校出版社,
1997。

　　竺乾威:《公共行政学》,复旦大学出版社,2003。

　　〔美〕特里·库珀:《行政伦理学:实现行政责任的途径》,中国人民大
学出版社,2001。

　　吕耀怀、吴义平:《行政伦理对于行政效率的具体影响》,《长沙民政职
业技术学院学报》2004 年第 1 期。

　　Paul A Samuelson and William D. Nordhaus:*Economics*(ffteenth edition).

　　哈维·S. 罗森:《财政学》,中国财政经济出版社,1992。

　　王健:《新凯恩斯主义经济学》,经济科学出版社,1997。

　　斯蒂格里兹:《政府经济学》,春秋出版社,1988。

　　查尔斯·夫尔夫:《市场或政府》,中国发展出版社,1994。

　　阿图·埃克斯坦:《公共财政学》,中国财政经济出版社,1983。

　　理查·穆斯格雷夫等:《美国财政理论与实践》,中国财政经济出版社,
1987。

　　詹姆斯·M. 布坎南:《公共财政》,中国财政经济出版社,1991。

　　王传伦、高培勇:《当代西方财政经济理论》,商务印书馆,1995。

　　刘玲玲等:《中国公共财政》,经济科学出版社,1999。

　　胡永佳:《治理的创新——电子政府的理论与实践》,电子工业出版社,
2002。

　　焦宝文等:《电子政府导论》,中国财政经济出版社,2002。

　　陈庆云,王明杰:《电子政务行政与社会管理》,电子工业出版社,2002。

　　傅大友等:《行政改革与制度创新》,上海三联出版社,2004。

　　王长胜:《中国电子政务发展报告》,社会科学文献出版社,2003。

　　道格拉斯·霍姆斯:《电子政务》,机械工业出版社,2003。

　　曹沛霖、徐宗士:《比较政府体制》,复旦大学出版社,1993。

　　钱江:《高绩效的政府管理实务全书》,新华出版社,2003。

　　陈振明:《公共管理学》,中国人民大学出版社,2003。

托马斯·莫尔：《乌托邦》，商务印书馆，1982。

卢梭：《社会契约论》，商务印书馆，1982。

亨廷顿：《现代化：理论与历史经验的再探讨》，上海译文出版社，1993。

戴维·奥斯本、彼德·普拉斯特里克：《摒弃官僚制：政府再造的五项战略》，中国人民大学出版社，2001。

陈芳：《绩效管理》，深圳，海天出版社，2002。

陈刚、吴焕明：《人力资源管理方法》，广东经济出版社，2003。

帕特里夏·基利等：《公共部门标杆管理》，中国人民大学出版社，2003。

F. W. 泰罗：《科学管理原理》，团结出版社，1999。

H. 法约尔：《工业管理与一般管理》，团结出版社，1999。

张成福、党秀云：《公共管理学》，中国人民大学出版社，2001。

丹尼斯·缪勒：《公共选择》，上海三联书店，1993。

马歇尔：《经济学原理》（上卷），商务印书馆，1964。

西奥多·W. 舒尔茨：《人力资本投资：教育和研究的作用》，商务印书馆，1990。

亚里士多德：《政治学》，商务印书馆，1995。

陶东明、陈明明：《当代中国政治参与》，浙江人民出版社，1998。

托克维尔：《论美国的民主》（下卷），商务印书馆，1991。

乔耀章：《论作为非国家机构的政府》，《江苏行政学院学报》2004 年第 1 期。

蔡立辉：《西方国家政府绩效评估的理念及其启示》，《清华大学学报》（哲学社会科学版）2003 年第 1 期。

中国行政管理学会联合课题组：《关于政府机关工作效率标准的研究报告》，《中国行政管理》2003 年第 3 期。

马宝成：《试论政府绩效评估的价值取向》，《中国行政管理》2001 年第 5 期。

蔡立辉：《政府绩效评估的理念与方法分析》，《中国人民大学学报》2002 年第 5 期。

张小玲：《国外政府绩效评估方法比较研究》，《软科学》2004 年第 5 期。

彭国甫、盛明科、刘期达：《基于平衡计分卡的地方政府绩效评估》，《湖南社会科学》2004 年第 5 期。

孙学玉：《公共行政学论稿》，人民出版社，1998。

孙学玉：《企业型政府论》，社会科学文献出版社，2005。

孙学玉、周义程：《服务型政府的评估及其要素设计》，《理论前沿》2004年第9期。

彭国甫：《对政府绩效评估几个基本问题的反思》，《湘潭大学学报》（哲学社会科学版）2004年第3期。

马骏：《公共行政中的"生产理论"》，《武汉大学学报》（哲社版）1997年第3期。

卓越：《公共部门绩效评估的主体建构》，《中国行政管理》2004年第5期。

马克·霍哲：《公共部门业绩评估与改善》，《中国行政管理》2000年第3期。

后　记

　　公共行政学自 20 世纪初被人们逐步认识并得以广泛研究、传播和应用以来，已经跨越一个多世纪的历程。它从功能主义阶段的静态研究、行为主义阶段的动态研究，到现代科学阶段的系统研究，鲜明地展示出其吸纳相关学科优秀成果的恢宏气度及传承科学理论精华的睿智。随着信息化时代特征的日益凸显，后官僚制理论大行其道，公共行政学研究面临着许多新的课题，其领域的拓展、视角的开辟将继续处于风云际会的动态之中。目前我们还不能武断地认定系统理论研究方法的寿终正寝，但是，以新制度经济学、管理主义对公共行政学研究各个历史阶段理论成果的承接、挑战、冲击和反叛，所形成的以公共管理为代表的各种新的流派，显示出当代行政科学研究异彩纷呈的辉煌成就。在此背景下，如何正确梳理行政学研究的脉络，及时吸收最新研究成果，形成具有时代特征的学习研究读物，是行政学界无法回避的重要现实课题。

　　本书是我们在吸收国内外行政学研究成果基础上试图形成的一本学术性教材。我们将行政学研究分为政治学取向、法学取向、管理学取向、经济学取向的研究流派，是对中外教材体系的一种大致分类，并非严格意义的区分，只是表明不同作者更多展现出来的价值取向。行政学具有高度的综合性和融通性，它必然会继续从管理学、法学、经济学等学科中汲取营养，丰富自己的内涵，其综合性特征将会逐步淡化，内涵飘移、风格迥异的分化性"取向"将会逐步消退。

　　本书的体系结构既不是板块论的设计，也不是要素论的简单组合，而是二者的有机统一。除导论外，组织、领导、公务员三章可视为主体篇；政治维护、经济职能、公共品供给三章为职能篇；法治、伦理二章为规范篇；监督、财政二章为保障篇；行政方式、电子政务、绩效评估三章为手段篇；最后一章为改革发展篇。

本书是集体研究合作的一项成果。具体分工是：孙学玉，第一、二、六、十五章；胡宗仁，第三章；凌宁，第四章；梁莹，第五章；曹永森，第七章；杜万松，第八章；仲兵，第九章；李阳，第十章；耿弘，第十一章；方宏伟，第十二章；盛华根，第十三章；周义程，第十四章。孙学玉统改、审定全书。

本书的出版得到了中共江苏省委党校、南京农业大学、社会科学文献出版社领导和专家学者的大力支持，得到了马宗利、尤晓燕等同志的热情帮助，对此深表谢意！

在写作过程中，我们试图最大限度地吸收学界的最新研究成果，使内容和体系具有科学性、完整性和可读性。但囿于水平所限，呈现给读者的最终成果与我们所希求的目标还有不小差距，若有不当之处，欢迎批评、指正。我们将会在今后的教学和科研中认真听取方方面面的意见，不断充实、修订、完善。

著　者

2007 年 5 月 17 日

公共行政学

著　　者／孙学玉 等

出 版 人／谢寿光
出 版 者／社会科学文献出版社
地　　址／北京市东城区先晓胡同 10 号
邮政编码／100005
网　　址／http：//www.ssap.com.cn
网站支持／(010) 65269967
责任部门／编辑中心 (010) 65232637
电子信箱／songyuehua2008@sohu.com
项目经理／宋月华
责任编辑／范明礼
责任校对／刘芙蓉
责任印制／盖永东

总 经 销／社会科学文献出版社发行部
　　　　　　(010) 65139961　65139963
经　　销／各地书店
读者服务／市场部 (010) 65285539
排　　版／北京中文天地文化艺术有限公司
印　　刷／北京京华虎彩印刷有限公司

开　　本／787×1092 毫米　1/16
印　　张／32
字　　数／548 千字
版　　次／2007 年 10 月第 1 版
印　　次／2007 年 10 月第 1 次印刷

书　　号／ISBN 978 - 7 - 80230 - 819 - 0/D·257
定　　价／59.00 元

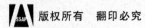